Margret Bechler

Margret Bechler
Mine Stalmann

Warten auf Antwort

Ein deutsches Schicksal

verlegt bei Kindler

Redaktion: Ulrike Riemer
Korrekturen: Linde Lang
Umschlaggestaltung: Dieter Vollendorf
Satzherstellung: Satz-Rechen-Zentrum, Berlin
Druck- und Bindearbeiten: Richterdruck, Würzburg
Printed in Germany
ISBN 3-463-00724-X

INHALT

Vorwort von Mine Stalmann 9

Vorbemerkung zu Kapitel 1 11

KAPITEL 1 Die Heimsuchung
September 1943 bis August 1944 13

Vorbemerkung zu Kapitel 2 26

KAPITEL 2 . . . bis zur Verhaftung
Herbst 1944 bis Juni 1945 28

Vorbemerkung zu Kapitel 3 44

KAPITEL 3 Im Untersuchungsgefängnis Zwickau
Juni/Juli 1945 45

Vorbemerkung zu Kapitel 4 59

KAPITEL 4 Im Speziallager Nr. 4 Bautzen
Juli 1945 bis September 1946 60

Vorbemerkung zu Kapitel 5 101

KAPITEL 5 Im Internierungslager Jamlitz
September 1946 bis März 1947 103

Vorbemerkung zu Kapitel 6 127

KAPITEL 6 Im Speziallager Nr. 1 Mühlberg
März 1947 bis September 1948 128

Vorbemerkung zu Kapitel 7 170

KAPITEL 7 Im Speziallager Nr. 2 Buchenwald
September 1948 bis Februar 1950 171

	Vorbemerkung zu Kapitel 8	206
KAPITEL 8	Im Zuchthaus Waldheim: Anklageschrift und Todesurteil Februar 1950 bis Oktober 1950	207
	Vorbemerkung zu Kapitel 9	265
KAPITEL 9	Im Zuchthaus Waldheim: In der Todeszelle Oktober 1950 bis März 1953	266
	Vorbemerkung zu Kapitel 10	323
KAPITEL 10	Im Zuchthaus Waldheim: Umwandlung in lebenslänglich März 1953 bis März 1954	324
	Vorbemerkung zu Kapitel 11	357
KAPITEL 11	In der Strafvollzugsanstalt Hoheneck: Bis zur Entlassung März 1954 bis April 1956	358
	Vorbemerkung zu Kapitel 12	395
KAPITEL 12	Bis heute: Warten auf Antwort	396
Nachwort von Margret Bechler		411
ANHANG	Die Bechler-Story Eine Dokumentation	415

Für meine Kinder
Heidi und Hans-Bernhard

Margret Bechler

Vorwort

Jedes Jahrhundert hat Besonderheiten, die es herausheben aus dem Strom der Geschichte. Für das unsere finden sie sich mühelos, es ist da viel passiert. Eines der erschreckendsten Kennzeichen ist die methodische Massenvernichtung, ihre Brutalität und Wahllosigkeit. Wir wissen nach den Erfahrungen der letzten siebzig Jahre: Was Millionen schon zugestoßen ist, das kann irgendwann jedem von uns geschehen.

Als ich die Tonbandaufzeichnungen von Margret Bechlers Hafterlebnissen las, fand ich auch dort, was an den Schilderungen Solschenyzins und Kopelews so erschüttert: Verachtung des Individuums, Negierung der menschlichen Würde, diese bewußte Verneinung des Humanitären. Das war das eine.

Ein anderes berührte mich fast noch mehr: Da wird eine Frau von ihren Kindern weggerissen, das Mädchen ist fünf, der Junge vier Jahre alt. Und sieht sie nicht mehr wieder. Hat nichts mehr von ihnen gehört in den dreiunddreißig Jahren, die seither vergangen sind. Kein Wort der Beruhigung, nicht in den zwölf Jahren der Haft, aber auch dann nicht, als sie, kaum in Freiheit, die Verbindung aufzunehmen suchte. Keine Mutter, die sich nicht ausmalte, wie ihr selber zumute wäre.

Ich wage nicht zu hoffen, daß dieses Buch Mutter und Kinder zusammenbringen könnte, aber vielleicht erhalten Heidi und Hans-Bernhard Bechler so Gelegenheit, umfassender und objektiver zu beurteilen, was sie bisher nur einseitig gehört haben. Das wäre schon viel.

Die Kapiteleinführungen sollen diesen ganz persönlichen und subjektiven Lebensbericht in seinen historischen Kontext stellen. An den Recherchen zum gegenwartsgeschichtlichen Hintergrund und an der Abfassung der entsprechenden Einfügungen war Ulrike Riemer maßgeblich beteiligt. Dafür danke ich ihr.

München, Juni 1978 — Mine Stalmann

Vorbemerkung zu Kapitel 1

Winter 1942.
Russischer Winter.
Im Raum von Stalingrad wurde innerhalb von Wochen eine ganze deutsche Armee aufgerieben und vernichtet. Es war die 6. Armee des Generaloberst Paulus, dazu Teile der 4. Panzerarmee. 22 Divisionen. 284 000 Mann.
In der eroberten Stadt zählten Stalins Gräberkommandos 146 000 Leichen: Verhungerte, Erfrorene, Gefallene. Den Marsch in die Gefangenschaft traten noch 90 000 an.
Unter den Überlebenden war der Armeeführer, der in letzter Minute zum Generalfeldmarschall beförderte Paulus, waren 22 Generale und mehr als 2000 Offiziere.
Vielen von ihnen hatte sich im Kessel von Stalingrad, angesichts ihres zaudernden Oberbefehlshabers, der sich Hitlers unmenschlichen Durchhaltebefehlen immer wieder beugte, die Problematik soldatischer Gehorsamspflicht mit ihrer ganzen Schärfe enthüllt. Sie litten darunter, daß Hitler ihre Pflichterfüllung und Treue zu einer gewissenlosen Kriegs- und Staatsführung mißbrauchte. Der Untergang an der Wolga beschwor Ahnungen einer noch größeren Katastrophe: des Untergangs Deutschlands.
Aus dieser Situation heraus wuchs die Bereitschaft zum Widerstand: »Für Deutschland, gegen Hitler!«
Am 13. Juli 1943 kam es in Krasnogorsk bei Moskau zur Gründung des Nationalkomitees Freies Deutschland. Zu seinen Vorbereitern gehörten vor allem deutsche Emigranten, die seit 1933 im sowjetrussischen Asyl lebten, wie die ehemaligen Reichstagsabgeordneten Wilhelm Pieck und Walter Ulbricht, die Schriftsteller Erich Weinert und Johannes R. Becher, aber auch schon eine Gruppe junger Kriegsgefangener, unter ihnen der Fliegerleutnant und Bismarck-Urenkel Heinrich Graf Einsiedel.
Als Emblem wählte man die Farben des deutschen Kaiserreiches: Schwarzweiß-rot.
Die Impulse zu dieser Gründung waren von Stalin selbst ausgegangen. Im Mai 1943 hatte er die Komintern, die Kommunistische Internationale, aufgelöst, um nunmehr alle antifaschistischen Kräfte zum Widerstand gegen Hitler aufzurufen. Dazu gehörte vor allem: die deutschen Armeen in Rußland zur Einstellung aller Kampfhandlungen zu bewegen.
Aber noch zögerten die meisten Offiziere. Sie hatten Bedenken gegen einen Widerstand vom »feindlichen Boden« aus und mißtrauten trotz des Verzichts auf marxistische Parolen den verkündeten Absichten. Auch konnten sie sich nicht zur Teilnahme an einer Organisation bereitfinden, die nach ihrer Meinung zu ungelenkter Zersetzung der deutschen Truppen, zum unkontrollierten Überlaufen aufrief. Doch ohne die Mitwirkung der Generale und Offiziere, deren Namen bei der Truppe und in der Heimat zählten, war das Nationalkomitee von vornherein zur Wirkungslosigkeit verurteilt.
Die Russen reagierten schnell. Sie regten die Bildung einer Initiativgruppe an, die zusätzlich zum Nationalkomitee einen Offiziersbund vorbereiten sollte.
Am 16. August 1943 siedelte eine Gruppe von Offizieren, deren Werber in den verschiedenen Gefangenenlagern raschen Zulauf fanden, mit dem Nationalkomitee nach Lunjowo bei Moskau über.
Noch immer aber fehlten die Generale der Stalingradarmee. Erneut griffen

die Russen ein. Hinter verschlossenen Türen unterbreitete ein Beauftragter den Generalen von Seydlitz, Dr. Korfes und Lattmann Zusicherungen der sowjetischen Regierung: Wenn es einem Zusammenschluß von Offizieren gelänge, die deutsche Wehrmachtsführung zu einer Aktion gegen Hitler zu bewegen, um den Krieg zu beenden, noch bevor er auf deutschem Boden ausgefochten würde, so wolle sich Moskau für ein Reich in den Grenzen von 1938 einschließlich Österreichs und für einen Fortbestand der Wehrmacht einsetzen. Bedingung sei lediglich eine bürgerlich-demokratische Regierung, durch Freundschaftsverträge mit dem Osten verbunden.
Walther von Seydlitz, Kommandierender General des II. Armeekorps, hatte sich deshalb empfohlen, weil er bereits im Kessel von Stalingrad mit einer mutigen Denkschrift hervorgetreten war, die Paulus zum Ungehorsam gegen Hitler, zum Ausbruchversuch und damit vielleicht zur Rettung seiner Armee aufgefordert hatte. Jetzt wurde von Seydlitz Präsident des Bundes Deutscher Offiziere, dessen Gründungsversammlung, durch Film und Rundfunk in alle Welt gemeldet, am 12. September 1943 in Lunjowo zusammentrat.
In einem Aufruf wandte sich der neugegründete Bund an die deutsche Wehrmacht. Er forderte deren Befehlshaber auf, durch einen geordneten Rückzug auf die Reichsgrenzen den Krieg durch eigene Entscheidung zu beenden. Ein zweiter Aufruf »An Volk und Wehrmacht« beschwor eindringlich die Katastrophe von Stalingrad:

> »Wir überlebenden Kämpfer der 6. deutschen Armee, der Stalingradarmee, Generale, Offiziere und Soldaten, wir wenden uns an Euch am Beginn des fünften Kriegsjahres, um unserer Heimat, unserem Volk den Rettungsweg zu zeigen.
> Ganz Deutschland weiß, was Stalingrad bedeutet. Wir sind durch die Hölle gegangen.
> Wir wurden totgesagt und sind zu neuem Leben erstanden. Wir können nicht länger schweigen!...
> Hitler und sein Regime tragen vor der Geschichte die volle, ungeteilte Verantwortung für die verderblichen Fehlentscheidungen, die Deutschland dem Untergang entgegenführen, wenn Volk und Wehrmacht nicht rechtzeitig die Umkehr erzwingen. Wir Generale und Offiziere der 6. Armee sind entschlossen, dem bisher sinnlosen Opfertod unserer Kameraden einen tiefen geschichtlichen Sinn zu geben. Sie sollen nicht umsonst gestorben sein! Aus der bitteren Erkenntnis von Stalingrad soll die rettende Tat hervorgehen. Wir wenden uns daher an Volk und Wehrmacht. Wir sprechen vor allem zu den Heerführern, den Generalen, den Offizieren der Wehrmacht. In Eurer Hand liegt eine große Entscheidung!...
> Verweigert Euch nicht Eurer geschichtlichen Berufung! Nehmt die Initiative in Eure Hand! Wehrmacht und Volk werden Euch unterstützen. Fordert den sofortigen Rücktritt Hitlers und seiner Regierung! Kämpft weiter Seite an Seite mit dem Volk, um Hitler und sein Regime zu entfernen und Deutschland vor Chaos und Zusammenbruch zu bewahren.«

Unterzeichnet von 95 Offizieren, an der Spitze der General der Artillerie Walther von Seydlitz, dann die drei Vizepräsidenten des Bundes: Generalleutnant Alexander Edler von Daniels, Oberst Hans Günther van Hooven und

Oberst Luitpold Steidle. Ferner Generalmajor Dr. Otto Korfes und Generalmajor Martin Lattmann.
Unterzeichnet hatte auch ein Major, Bataillonskommandeur der 3. Infanteriedivision (mot.) in der Stalingradarmee, der schon der Initiativgruppe angehörte und nun in den Vorstand gewählt wurde. Sein Name: Bernhard Bechler.
Bechler, geboren am 9. 2. 1911 in Grün bei Lengenfeld im Vogtland als Sohn eines Fabrikanten, war Berufssoldat. 1932 war er dem Hunderttausend-Mann-Heer (Infanterieregiment 10, Dresden) der Weimarer Republik beigetreten. Dem Treueeid, ein demokratisches Deutschland zu verteidigen, folgte wenige Jahre danach der Treueeid des Heeres auf Hitler. Sein dritter Eid, auf die Deutsche Demokratische Republik, sollte zwanzig Jahre später erfolgen. Bechler blieb Berufssoldat.
Wie alle, die sich im Nationalkomitee und im Bund Deutscher Offiziere zum Widerstand gegen Hitler bereit fanden, mußte auch er einen Preis zahlen: die Gefährdung seiner Familie in Deutschland.

Kapitel 1

Die Heimsuchung
September 1943 bis August 1944

Am 2. September 1943 erfuhr ich zum erstenmal von Bernhards Gesinnungswandel. Ich weiß das Datum noch, weil der 2. September unser Verlobungstag ist. Da stand morgens dieser Mann vor meiner Wohnungstür, ich kannte ihn nicht. Er mochte ungefähr fünfzig sein. Was mir als erstes auffiel, war sein grellbunter Schlips. Fast flüsternd, aber nicht ohne Selbstsicherheit sagte er, er habe mir eine Nachricht zu bringen, von meinem Mann.
Ich ließ ihn ein, ins Herrenzimmer. Als wir am Rauchtisch saßen, sagte er fröhlich: Ihr Mann läßt Sie grüßen, Sie und die Kinder.
Benommen fragte ich, woher er das wisse.
Ihr Mann ist ein kluger Kopf, er ist dem Nationalkomitee Freies Deutschland beigetreten und arbeitet jetzt für unsere Befreiung vom Faschismus.
In Rußland? fragte ich.
Er sagte: Ja, die Russen unterstützen diese Bewegung.
Etwas in meinem Verhalten muß meine Ungläubigkeit verraten haben, denn er fragte, ob ich etwa noch vom deutschen Endsieg überzeugt sei.

Ich sagte, ja. Natürlich.

Dann haben Sie aber noch viel zu lernen, sagte er. Ist Ihnen denn nicht bewußt, was wirklich vorgeht? Da sollten Sie mal die Fremdarbeiter hören, da würden Ihnen die Augen aufgehen. Ihr Mann, der hat den einzig richtigen Weg eingeschlagen.

Er horchte nach draußen und fragte dann, ob die Wände hier Ohren hätten.

Er merkte wohl, daß ich seine Ausdrucksweise nicht mochte, verbesserte sich: Ich meine, kann uns hier jemand hören?

Ich sagte, nein.

Er zog eine goldene Uhr aus der Tasche. Um diese Zeit könne ich meinen Mann hören, ihn oder einen seiner Kameraden. Ich hätte da ja einen ausgezeichneten Apparat, damit sei das überhaupt keine Schwierigkeit. Er stand auf, und ohne mich zu fragen, begann er am Radio zu schalten und zu drehen, sehr erfahren, das konnte man sehen, und während es rauschte und pfiff, nannte er mir Wellenlängen und Sendezeiten, und dann kam wirklich eine Stimme von weither, deutsch, nannte den Namen Graf, das weiß ich noch, sagte, dieser Mann, ein Fliegeroffizier, werde nun von seinen Eindrücken in der Sowjetunion sprechen. Darauf forderte eine andere Stimme die Deutschen auf, mit allen Mitteln diesen sinnlosen Krieg zu beenden. Zum Schluß kam die Versicherung, daß alle Kriegsgefangenen gut behandelt würden. Dann die Melodie: Der Gott, der Eisen wachsen ließ, der wollte keine Knechte...

Draußen ging die Klingel. Der Mann stellte hastig das Gerät ab. Wer ist das?

Ich erklärte ihm, es sei wahrscheinlich der Postbote.

Er wurde wieder ruhig.

Ich fragte, ob er denn keine Arbeit habe, daß er morgens Besuche machen könne.

Doch, sagte er, aber dies sei ihm wichtiger.

Ich hatte den Wunsch, ihm seinen Arbeitsausfall zu ersetzen, aber das wies er von sich, nur die Stumpen, die ich ihm aus Bernhards Zigarrenkiste anbot, nahm er.

Zusammen gingen wir hinaus. Draußen wartete wirklich der Postbote, er wollte Geld von mir, für unfrankierte Post. Während ich mit ihm sprach, entfernte mein merkwürdiger Besucher sich, am Treppenabsatz jedoch drehte er sich noch einmal um und rief überlaut: Heil Hitler! Ich fand das damals überflüssig, aber heute wollte ich, der andere, der einige Wochen später kam, hätte sich auch so vorsichtig verhalten, wieviel wäre ihm und mir erspart geblieben.

Der Postbote hielt mir einen Packen Briefe hin, es mögen zwanzig gewesen sein. Sie haben viel heute, sagte er, und ein Teil ist unfrankiert, nehmen Sie den auch?
Ich fragte, was es denn sei.
Der Postbote ungeduldig: Das könne er doch nicht wissen.
Ich nahm den ganzen Schwung. Während ich über den Flur ging, sah ich mir die Absender an, lauter unbekannte Namen, fremde, weit entfernte Ortschaften, die oft nicht mit den Poststempeln übereinstimmten. Ich hatte noch nie so seltsame Post bekommen. Ich machte einen Brief nach dem anderen auf, alle hatten den gleichen befremdenden Inhalt: Mein Mann habe im Rundfunk gesprochen, er lasse mich und die Kinder grüßen, ein Glück, daß es solche Männer gebe, die jetzt unser Schicksal in die Hand nähmen und diesem Krieg ein Ende machten. Auf einer offenen Postkarte stand sogar, der Tag der Vergeltung sei nahe, da werde der Spieß umgedreht und an den Galgen komme Hitler, der Übeltäter, und alle Bösen und Schlechten mit ihm...
Alles in allem sagten sie also dasselbe wie mein unbekannter Besucher, aber für mich blieb es unglaublich. Bernhard sollte auf der Seite der Russen gegen Hitler kämpfen — er, der einzige Nationalsozialist in dieser Familie, unbeirrbar, der Riß ging tief und verursachte manch unerfreuliche Stunde, denn sein Vater war ebenso unbeirrbar und wortstark dagegen. Und doch — wie kamen alle diese Menschen zu der Behauptung, mein Mann habe in einem feindlichen Sender gesprochen? Ich suchte nach einer Erklärung, die für mich plausibel war, und natürlich fand ich eine, solche Erklärungen findet der Mensch ja immer. Die Sowjets, so deutete ich es mir, hatten seinen Namen mißbraucht, das Ganze war eine Fälschung, mit Hilfe seiner Personalien und des Soldbuchs. Ja, das paßte. Paßte auch zu dem Bild, das ich damals von Kommunisten hatte. Als Rote Gefahr waren sie uns dargestellt worden, in Schule und Elternhaus, eine Bedrohung für das ganze Volk. Als uns einmal auf unserem sonntäglichen Ausflug ein Maiumzug begegnete mit roten Fahnen und roten Blumen und viel Musik — aufregend und interessant für uns Kinder —, belehrte mein Vater uns, daß dies die Vaterlandsverräter seien, schuld am verlorenen Krieg und daran, daß der Feind noch immer im Lande stünde. Er haßte die Kommunisten, aber auch die Nationalsozialisten.
Er war Marineoffizier gewesen, aktiv, und rote Matrosen hatten ihm 1919 die Achselstücke heruntergerissen. Mit dem Kaiserreich brach seine eigene Welt zusammen, ideell und materiell. Nie mehr danach konnte er meiner Mutter bieten, was bis dahin für beide selbstver-

ständlich gewesen war; bis in die Familie, bis in seine Ehe wirkte sich das aus.

Und ich? Wo stand ich?

Ich liebte meinen Vater, der Monarchist war. Ich liebte einen Mann, der Nationalsozialist war. Ich liebte meine Kinder, die zu klein waren, um irgend etwas anderes zu sein als meine Kinder und seine. Es ist nun mehr als dreißig Jahre her, seit man mich von ihnen trennte, ich weiß also nicht, welche Überzeugung sie heute haben, doch bin ich ziemlich sicher, daß man sie zu Kommunisten erzogen hat, und ich liebe sie, so wie sie sind.

An diesem Abend fand ich lange keine Ruhe. Unvorstellbar, daß Bernhard nun plötzlich auf der anderen Seite stehen sollte! Er, der gesagt hatte, das Leben könne keinen höheren Sinn haben als den, durch Einsatz des Lebens seinem Vaterland und Volk zu dienen.

Ich holte Bernhards Briefe aus der Schatulle hervor.

»Es war die Hölle! Ich weiß nicht, wem ich mehr für mein Leben danken soll, Gott oder dir...«, schrieb er 1942 aus Witebsk.

Dann der letzte Brief aus Stalingrad:

»Die Verluste sind grausam, und die Verantwortung erdrückt mich fast. Auf meinem Abschnitt steht noch alle fünfzig Meter ein Soldat. Jeden Augenblick kann der Russe durchbrechen. Allein der Gedanke, daß ich zu Eurem Schutz hier stehe, und das Wissen, daß Du daheim ebenso tapfer durchhältst, gibt mir die Kraft und den Mut zum Durchhalten...«

Und jener andere Brief, den ein verwundeter Kamerad geschrieben hatte, der am 21. Januar noch ausgeflogen worden war:

»...es war eine Ehre für mich, einem Mann mit so großer persönlicher Bescheidenheit, so großer Tapferkeit und unermüdlicher Fürsorge für seine Untergebenen dienen zu dürfen...«

So kannte ich Bernhard, so glaubte ich an ihn, so hatte ich nach dem Fall von Stalingrad, in der Ungewißheit, sein Bild in mir und vor den Kindern wachgehalten. Damals hatte ich angefangen, ein Tagebuch für ihn zu schreiben, in dem ich zu ihm sprach, als wäre er noch bei uns. In meiner Verzweiflung hielt ich mich daran fest, daß er so lange leben würde, wie ich ihn liebte und an ihn glaubte.

An diesem Tag ging mein bürgerliches Leben zu Ende. Noch wußte ich es nicht, lebte weiter wie bisher, es gab ja auch viel zu tun, alle die kleinen alltäglichen Dinge: die Wohnung, der Schrebergarten, die Vorsorge für diesen vierten Kriegswinter. Und die Kinder. Sie sollten unbeschwert aufwachsen, ich wollte eine fröhliche Kindheit für sie,

auch in diesen Zeiten. Jeden Abend sangen wir: ihre Lieblingslieder, meine und zuletzt das Lied für den fernen Vater: Weißt du, wieviel Sternlein stehen .... Rechts steht Heidi, links Hans-Bernhard, ich sehe uns heute noch so.
An einem solchen Abend kam die Gestapo.
Es war nicht so schlimm, wie es sich liest, nicht bei diesem ersten Mal. Zwei höfliche Männer standen vor mir, wiesen sich korrekt aus, sagten betont leise, es handele sich um eine Haussuchung.
Ich hatte keine Angst. Ich schlug ihnen vor, mir zu sagen, was sie suchten, dann würde ich es ihnen geben.
Schriftstücke, sagte der eine, alle Schriftsachen Ihres Mannes.
Ich führte sie ins Herrenzimmer und holte die Briefschatulle aus dem Schreibtisch. Ich konnte nicht anders, ich mußte sie darauf aufmerksam machen, daß es sich doch um persönliche Briefe meines Mannes an mich handele, um Liebesbriefe.
Der eine sah mich freundlich an. Sie sind glücklich verheiratet?
Ich sagte, ja.
Es gehe ihnen nur um die politische Einstellung meines Mannes. Ob er sich in seinen Briefen dazu geäußert habe?
Ich antwortete eifrig, froh, mit Zeugnissen über Bernhards politische Einstellung aufwarten zu können, die jeden Verdacht ausräumen mußten, es gab genügend davon. Aber als ich den Kasten öffnete, griffen die beiden schon selber zu, bekamen einen maschinegeschriebenen Brief in die Hand.
Mir wurde heiß vor Schrecken. Es war ein Brief meines Schwiegervaters, einer von zweien. Und in dem einen hatte er — als mein Bruder gefallen war — seiner Meinung über Hitler Luft gemacht, unmißverständlich, wie das seine Art war. »Er ist ein Verbrecher, der das ganze deutsche Volk noch ins Verderben stürzen wird«, stand dort. Ich wartete also mit klopfendem Herzen, während der eine las, war erleichtert, als er fragte, ob meine Schwiegermutter noch lebe. Nun wußte ich, er hatte den anderen, den unverfänglichen, in der Hand. Während ich antwortete, griff ich nach dem gefährlichen, behauptete, daß darin weiter über die schwere Krankheit meiner Schwiegermutter berichtet würde, legte ihn dann zur Seite und suchte eifrig nach dem Brief meines Mannes, in dem er mir die Ansprache wiedergab, die er anläßlich der Übernahme seines Bataillons gehalten hatte. Ich fand ihn und las vor: »Ich bin Nationalsozialist und glaube an die große Aufgabe des Führers. Ich erwarte unbedingten Gehorsam, jede Kritik an der Person des Führers oder an seinen Maßnahmen wird streng bestraft, es lebe Deutschland, es lebe der Führer. Sieg Heil!«

Sie hatten sich ablenken lassen.
Sie falteten andere Briefe auseinander, um sie flüchtig zu überlesen, und während sie das taten, fielen getrocknete Blumen heraus. Ich sammelte sie auf, dabei kamen mir die Tränen. Der eine sah es und tröstete mich, man könne doch eine Liste der Blumen aufstellen, und dann, wenn man mir die Briefe zurückgäbe, könnte ich die passende Blume wieder einlegen. Und tatsächlich, sie machten sich ernsthaft an die Aufstellung einer solchen Blumenliste. Danach baten sie um ein Foto meines Mannes, warfen noch einen flüchtigen Blick in den Bücherschrank, ganz deutlich nur um der Form zu genügen, dann verabschiedeten sie sich freundlich und gingen. Ich konnte mich nicht beklagen. Und dennoch...
In den folgenden Wochen brachte der Postbote fast täglich Briefe, meist anonyme. Auf einer Karte stand: Mensch, Margret, der Kerl ist dufte... Das stieß mich ab, wegen der plumpen Vertraulichkeit, aber auch weil hier ein völlig Fremder meinen Namen kannte. Es mußte also immer noch diese merkwürdigen Rundfunksendungen geben. Ich bin oft gefragt worden, ob ich je versucht habe, sie zu hören. Ich habe es nicht getan. Nicht nur, weil auf das Abhören feindlicher Sender die Todesstrafe stand, nicht nur, weil es mir wie Vaterlandsverrat vorkam, da war noch etwas. Ich glaube, ich hatte tief drinnen Angst davor, daß Bernhard mir mit seiner eigenen Stimme über Tausende von Kilometern bestätigte, was die Briefe und Karten behaupteten. Ich wollte nicht, daß an dem Bild, das ich von ihm hatte, gerüttelt wurde — selbst später nicht, als die Gewißheit schon unumstößlich war. Ich wollte wohl auch nicht wahrhaben, daß Bernhard zu den Leuten gehörte, die uns durch Nennung von Namen und Adresse — leichtfertig und gedankenlos, wie ich damals glaubte — in Gefahr brachten.
Bis ins Ausland mußten die Sendungen reichen, denn ich bekam sogar Briefe aus der Schweiz, aus Italien und Frankreich. Sie waren viel seriöser und machten mir deshalb noch mehr Angst. Einige enthielten lange politische Aufrufe deutscher Offiziere mit berühmten Namen oder Listen bekannter Persönlichkeiten, die zum Widerstand gegen Hitler aufriefen. Wie furchtbar der Nationalsozialismus auch sein mochte — damals war ich wie so viele fest davon überzeugt, daß es in einer Situation, wo Deutschland in Gefahr war, nur eines gab, nämlich zusammenzuhalten. Das Ausmaß nationalsozialistischer Gewaltherrschaft habe ich zu der Zeit nicht durchschaut.
Alle diese Briefe waren mit einem zusätzlichen Stempel versehen, ich konnte mir an den fünf Fingern abzählen, daß meine Post überwacht

wurde, das war schon ein merkwürdiges Gefühl. Dann fragte der Postbote eines Tages, ob ich »das Zeug« überhaupt haben wolle. Das kam mir wie eine leise Mahnung vor, der wußte also auch schon etwas, was er nicht sagen konnte oder wollte. Schnell sagte ich: Nein, ich lege keinen Wert darauf, nehmen Sie es wieder mit.

Von nun an warf er nur noch die frankierte Post in den Kasten.

Du mußt etwas unternehmen, sagte meine vorsichtige Mutter, das kann dich und die Kinder doch ins KZ bringen.

Ob wir wußten, was das war? Ja, wir wußten es. Der Pfarrer, der meinen Bruder und mich konfirmiert hatte, ein mutiger Mann und bekannt für seine offenen Worte von der Kanzel, war einmal für Monate verschwunden. Als er wiederkam, war er weißhaarig und das, was man gebrochen nennt. Nie mehr ganz derselbe. Und wir alle wußten, wo er gewesen war.

Nun sah ich mich an einem solchen Ort. Und die Kinder. Ich würde es vielleicht überstehen, aber nicht sie, sie waren zu klein. Und zudem, ich will da nichts beschönigen, hielt ich diese Leute für Vaterlandsverräter. Ich beschloß, mich deutlich zu distanzieren von dem, was da um mich vorging.

Aus etwa zweihundert Zuschriften suchte ich die anonymen heraus und brachte sie zur Polizei. Die beiden Beamten, denen ich sie vorlegte, zeigten sich nicht sonderlich erstaunt, bei Vermißtenfrauen sei das kein seltenes Vorkommnis, wenn auch nicht in solcher Zahl. Sie horchten erst auf, als ich von dem Besucher erzählte. Der eine, ein Obersekretär, sagte, mir sei doch wohl klar, daß es sich hier um eine Untergrundbewegung handele, und wer sein Vaterland liebe, sei verpflichtet, mit allen Kräften solche staatsfeindlichen Umtriebe zu bekämpfen.

Große Worte, aber ich dachte genauso wie er. Wie viele meiner Generation war ich mit jener Vaterlandsliebe großgeworden, die ohne Schwarzweißdenken und Feindbildvorstellungen nur schwer auszukommen schien. Es gab innere Feinde und äußere, Volksfeinde und Staatsfeinde, Judentum und Bolschewismus als große Weltfeinde.

Deshalb schien es mir selbstverständlich, den inneren Feind bekämpfen zu helfen, sofern ich konnte.

Der Obersekretär sagte, er habe eine Vermutung, was meinen Besucher angehe. Ein alter Bekannter, sagte er und lachte fast behaglich, ein Kommunist, einer, den wir schon lange festnageln wollen. Sie legten mir ein Album mit Paßbildern vor: Ist es der?

Spontan sagte ich nein.

Sie waren enttäuscht, man merkte, daß sie den wirklich gern festnageln wollten. Sie fingen an, mir zuzureden: das Bild sei klein und immerhin fünf Jahre alt, da verändere sich ein Mensch, und der Bart täusche vielleicht auch, ebenso die Frisur, ob er es nicht doch sein könne.

Ich blieb bei meinem Nein. Mir war sehr unbehaglich. Dem Vaterland zu helfen ist eine Sache, aber einen Menschen in eine Lage zu bringen, deren Folgen ich hätte ahnen sollen — das ist eine andere.

Dann also eine Gegenüberstellung, sagte der andere.

Wohl oder übel stimmte ich zu. Als man mir den Verdächtigen vorführte, verstärkte sich das Unbehagen. Meine Erinnerung versagte, nein, ich konnte wirklich nicht mit Bestimmtheit sagen, daß es dieser Mann gewesen war, ich vermochte mich kaum noch an das Gesicht zu erinnern, an den Mantel, ja, auch an den grellen Schlips und vor allem an die goldene Uhr.

Dann bleibt also nur eine Haussuchung, sagte der Obersekretär.

Zu dritt machten wir uns auf einen langen und schweigsamen Weg. Nur einmal sagte der Verdächtige, das werde er mir nicht vergessen, daran würde ich noch denken, büßen sollte ich das. Den ganzen Nachmittag war ich in einer trostlosen, feindlichen Welt: erst dieser Mann mit seinem Zorn auf mich, dann die Bitterkeit seiner Frau, die offenbar ganz vertraut war mit der Prozedur von Haussuchungen, und vor allem das beschämende Benehmen des Beamten. Er kannte sich in der ärmlichen Wohnung so gut aus, daß er genau wußte, wo der Kleiderschrank stand.

Es fand sich kein kamelhaarfarbener Mantel, kein grellbunter Schlips, keine goldene Uhr, auch sonst nichts Verdächtiges. Dem Beamten genügte das nicht, vielleicht war er auch enttäuscht, wie ein Jäger eben enttäuscht ist, wenn er keine Beute findet; im Wohnzimmer griff er wahllos nach einem Aktendeckel, blätterte darin, machte eine Schublade auf, ziellos und dreist.

Ich war erleichtert, als er endlich aufgab.

Für heute sei alles in Ordnung, sagte er zu dem Ehepaar, und mich verabschiedete er draußen mit dem zweifelhaften Kompliment, ich hätte mich gut gehalten. Man habe bereits die Kommandantur informiert, um in Zukunft bei solchen Besuchen gleich zur Stelle sein zu können. Ich würde in den nächsten Tagen Näheres erfahren.

Wenn es in den folgenden Tagen klingelte, fuhr ich jedesmal zusammen. So fremd mir alle kommunistischen Bestrebungen waren, so wenig war ich mit der Aufgabe einverstanden, die mir da zugeschoben wurde. Kurze Zeit später erhielt ich eine Aufforderung, mich auf der Ortsgruppe in Altenburg zu melden.

Hier herrschte ein anderer Stil: viele Uniformen, viele Hakenkreuze, Sprüche an den Wänden, braune Strammheit, lärmende Aufdringlichkeit. Ein Zuviel, das die bürgerliche Schicht als ordinär empfand.
Und nun stehe ich vor zwei dicklichen uniformierten Männern und habe schon einen Fehler gemacht. Ich habe beim Eintritt mit Guten Tag gegrüßt.
Ich werde gerügt. Ob das der richtige Gruß sei.
In mir steigt Trotz auf. Für mich sei es der richtige.
Genauso hat man Sie uns geschildert, sagt der eine.
Wer? frage ich.
Sie grüßen auch in Ihrem Hause nur mit Guten Tag, sagt er, wir haben Erkundigungen eingezogen. Er zieht einen Stapel Post hervor. Höheren Orts habe man sie beauftragt, meine Gesinnung festzustellen. Warum sind Sie nicht in der Partei?
Ich erkläre ihm, daß mein Jahrgang nicht mehr erfaßt wurde, wie man das damals nannte, weder vom BDM noch vom Arbeitsdienst.
Wie steht es mit Ihrer Familie?
Mein Vater ist Marineoffizier.
Haben Sie Geschwister?
Zwei Brüder.
Parteimitglieder?
Ich erkläre ihnen, daß der eine mit sechzehn gestorben ist. Er war in der HJ, sage ich, der andere war als Student im NS-Studentenbund. Er wurde aktiver Offizier. Er ist in Rußland gefallen.
Ihre Großeltern?
Es lebt nur noch eine Großmutter. Sie ist achtzig.
Sie entblöden sich nicht zu fragen, ob meine achtzigjährige Großmutter in der Partei sei. Auch das muß ich verneinen. Ich habe wirklich nicht viel zu bieten, nur mein Mann war begeisterter Nationalsozialist, aber als Berufsoffizier auch nicht in der Partei.
Und was sagen Sie dazu? Einer der Beamten greift in ein Regal und nimmt einen Packen abgefangener anonymer Briefe heraus.
Davon hätte ich sehr viele erhalten und bekäme laufend weitere, sage ich, und die Kriminalpolizei sei verständigt.
Sie machen sich noch eine Weile wichtig, auch den arischen Nachweis wollen sie erbracht haben, vielleicht weil ich mit Mädchennamen Dreykorn heiße, dann lassen sie mich endlich gehen.
Auf dem Nachhauseweg machte ich mir Gedanken. Wo hatten sie Erkundigungen eingezogen? Ich lebte damals in einer Wehrmachtswohnung in Altenburg/Thüringen, dort war Bernhard vor dem Krieg zuletzt stationiert gewesen. In dem Haus wohnten nur Offiziere und

Zahlmeister. Wurde ich von einem bespitzelt? Nicht von Mörkes, das konnte ich mir nicht denken. Vielleicht von den Zahlmeistern oder der Hausmeistersfrau? Glauben konnte ich auch das nicht.
Einige Tage später kam der angekündigte Anruf von der Kommandantur. Mit verlegener Stimme machte mir ein Offizier den Vorschlag, eine Klingelleitung von der Kaserne zu meiner Wohnung legen zu lassen, so daß ich bei ungebetenen Besuchern Hilfe heranklingeln könne. Ich vermochte mir das nicht so recht vorzustellen, er wohl auch nicht, aber ich hatte nicht den Mut abzulehnen. Die Klingel wurde dann genau einen Tag zu spät verlegt und hat überdies nie funktioniert, da die Leitung viel zu lang war.

Mein nächster Besucher kam gleichzeitig mit der Milchfrau, das war unser beider Unglück. Jeden Morgen gegen halb zehn drückte die Milchfrau auf sämtliche Klingeln, Türen gingen auf, alles traf sich im Erdgeschoß auf dem Treppenabsatz vor meiner Wohnung. Als ich an dem Morgen mit meinem Krug herauskam, sah ich einen Mann neben den Frauen stehen. Während mir eingeschenkt wurde, sprach er mich an: Sind Sie Frau Bechler?
Ich sagte ja, ich wußte sofort, was er wollte. Sein Äußeres war mir sehr unsympathisch, auch kam er mir aufdringlich vor. Aber ich stand ja dieser ganzen mir aufgezwungenen Entwicklung ablehnend gegenüber, wie sollte ich da einen neuen Boten meines Unglücks nicht abstoßend finden?
Er komme im Auftrag meines Mannes; laut und wichtigtuerisch sagte er es. Ich bildete mir ein, daß die Frauen aufhörten, miteinander zu sprechen, aber vielleicht war das gar keine Einbildung. Später erfuhr ich ja, daß sie mich alle im Auge behalten sollten. Als ich meine Tür schließen wollte, stellte er den Fuß dazwischen, hielt mir einen Brief unter die Nase, den habe er mir geschrieben, aber dann habe er es für besser gehalten, persönlich zu kommen, den ganzen weiten Weg von Zwickau, und nun könne ich ihn doch nicht so vor der Tür abfertigen.
Ich ging nicht auf ihn ein, ich forderte ihn nur auf, wieder zu gehen. Sofort. Dann gelang es mir, die Tür zu schließen. Ich blieb einen Augenblick stehen, um meine Aufregung niederzukämpfen, da hörte ich, wie er auf der Treppe zu schimpfen anfing: Da kommt man nun von weither, um ihr eine Nachricht zu bringen, über die sie sich freuen könnte, und sie will es nicht einmal hören. Dabei ist ihr Mann ganz groß. Der hat erkannt, daß es mit Hitler und Konsorten abwärtsgeht. Was für eine sinnlose Gefährdung für ihn und mich. Das konnte ich

mir nicht länger anhören. Ich riß die Tür auf. Sie wissen nicht, was Sie tun, rief ich, verlassen Sie sofort das Haus. Ich schlug meine Tür sofort wieder zu und hörte, wie er dumme Gans rief und daß er schon bei ganz anderen Leuten gewesen sei, und die seien froh gewesen über die Nachrichten, die er brachte.

Dann klingelte und klopfte es gleichzeitig. Es war die Hausmeistersfrau. Den dürfen Sie doch nicht fortlassen, sagte sie aufgeregt, die Polizei hat uns doch gesagt, was hier los ist.

In mir läuft ein Band ab, rasend schnell. Ich denke, alle haben es gehört. Wenn ich jetzt nichts unternehme, habe ich mich schuldig gemacht. Ich denke, das bedeutet KZ, das überstehen die Kinder nicht. Ich sage, ja, laufen Sie ihm nach, ich rufe die Polizei an.

Ich rief also die Polizei an, die Nummer kannte ich schon auswendig, erzählte von dem Besucher, daß ich allein ihn nicht festnehmen konnte und was ich nun tun solle.

Wo ist er jetzt? fragte der Beamte.

Ich sagte, ich wüßte es nicht, zum Bahnhof vermutlich.

Also dann kommen wir zum Bahnhof, sagte er, folgen Sie ihm und versuchen Sie, ihn so lange aufzuhalten.

Ich glaubte nicht, daß ich ihn noch einholen konnte, und das hätte sicher auch gestimmt, wenn der Mann sich nicht benommen hätte wie ein Verrückter. Statt die Abgelegenheit unseres Hauses zu nutzen und über die Felder im Wald zu verschwinden, lief er mit wehendem Mantel, den Hut in der Hand, mitten auf der Straße Altenburg – Leipzig. Jeder konnte sehen, daß er auf der Flucht war.

Trotzdem hätte ich ihn nicht mehr einholen können, aber mein und sein Unglück wollte es, daß mir mein Schrebergartennachbar, ein alter Eisenbahner, auf dem Fahrrad entgegenkam, ein freundlicher Mann, der die Kinder so gern hatte wie sie ihn. Er fragte mich, was los sei und ob er mir helfen könne.

Ich erklärte ihm, daß ich den Mann einholen und festnehmen müsse, den da vorn.

Das schaffen Sie doch nie, sagte er, ohne eine Ahnung zu haben, worum es sich handelte, da helfe ich Ihnen. Er erwischte meinen Besucher tatsächlich, aber als er ihn gestellt hatte, wußten wir immer noch nicht so recht, was wir nun tun sollten, da öffnete sich am gegenüberliegenden Haus ein Fenster. Wieder einer, der mir helfen wollte. Gemüsehändler und Hilfspolizist.

Der Mann ließ sich zum Bahnhof bringen. Er hätte, als wir durch ein kleines Gehölz mußten, leicht ausreißen können, ich wünschte es mir insgeheim, wir hätten ihn bestimmt nicht aufgehalten, ich

wollte nicht, und der Hilfspolizist war viel zu dick und unbeweglich. Aber unser Gefangener trottete dumpf neben uns her; da dachte ich mir, daß mit dem etwas nicht in Ordnung sein müsse, wenn das der Untergrund war, dann konnte mit dem Untergrund nicht viel los sein.
Am Bahnhof bekam ich einen Schreck. Der ganze Platz war abgesperrt. Ein Beamter, den ich von der Haussuchung her kannte, kam auf uns zu, bedankte sich bei dem Hilfspolizisten und schickte ihn nach Hause. Dann winkte er einigen Polizisten; sie nahmen den Mann in die Mitte, sehr geschickt, ohne ihn zu fesseln, ja sie berührten ihn nicht einmal, sie gaben ihm ein Fahrrad in die Hand, das mußte er schieben, banden ihm auf diese Weise sozusagen die Hände, führten ihn so ab, fast ohne Aufsehen.
Später erfuhr ich, daß man chiffrierte Mitteilungen bei ihm fand und er noch am selben Tag der Gestapo in Jena überstellt worden sei. Ich habe ihn nicht wiedergesehen.
Allein ging ich nach Hause, zurück durch das Gehölz. Ich hatte immerzu das Bild vor Augen, wie der Ring der Polizisten sich um den Mann schloß und wie er sich ohne Widerstand abführen ließ. Da habe ich mich an den Wegrand gesetzt. Ich brach in Tränen aus, ohne eine Erleichterung zu spüren. Ich hätte gern alles ungeschehen gemacht. Mein Leben lang hat mich der Gedanke verfolgt: Ich habe einen Menschen, er hieß Anton Jakob, der Gestapo ausgeliefert. Die Schuld hat mich nie losgelassen. Wird Gott, so fragte ich mich damals, mich je davon freisprechen?
Von Anton Jakob hörte ich nur noch einmal, fast ein Jahr später, es muß am 20. oder 21. August gewesen sein. Das Attentat auf Hitler war erfolgt. Seither hatten sich bei mir die Haussuchungen gehäuft, wurden auch gründlicher und rücksichtsloser durchgeführt, und jedesmal nahmen die Gestapoleute neuangekommene Briefe mit. Dennoch hatte ich in zwei Fällen Besucher fortschicken können, schnell und ohne Aufsehen. Beide Male waren es Frauen gewesen, die eine mit einem Kind an der Hand.
Am 20. August also bekam ich diesen Brief, einen Einschreibebrief aus Zwickau, der Absender war ein Rechtsanwalt. Mir war sofort klar, daß es sich nur um meinen Besucher von damals handeln konnte. Ich nahm mir nicht die Zeit, ins Zimmer zu gehen, auf dem Flur noch riß ich den Brief auf, setzte mich auf eine Kommode und las. Der Anwalt schrieb mir, Anton Jakob sei vom Volksgerichtshof zum Tode verurteilt worden, und nun habe seine Frau in ihrer Hausgemeinschaft Unterschriften für ein Gnadengesuch gesammelt, und sie bäte auch mich, ja gerade mich, sich daran zu beteiligen in dem Sin-

ne, daß ich bezeugen solle, ihr Mann habe mir den Eindruck gemacht, im besten Glauben zu handeln, nur mir privat etwas Gutes tun zu wollen, ohne politische Absicht. Ich solle darum bitten, das Todesurteil nicht zu vollstrecken. Zum Schluß bat der Anwalt mich, innerhalb von zwei Tagen zu antworten.
Ich war tief erschrocken. Was sollte ich tun? Einerseits hätte ich gern geholfen, andererseits hatte ich Angst vor den Folgen, die ich ebensowenig absehen konnte wie die Wirksamkeit meiner Bitte. Ich telefonierte mit meinem Vater und bat ihn um Rat. Noch am selben Tag rief er zurück und teilte mir das Ergebnis seiner Unterredung mit einem Anwalt mit: Ich müsse auf jeden Fall ablehnen, im eigenen Interesse.
An dem Abend setzte ich mich hin und versuchte, in diesem Sinn eine Antwort abzufassen. Es war sehr schwer, und ich möchte das möglichst genau wiedergeben, denn dieser Brief war ja später die Grundlage der Anklage gegen mich.
Ich schrieb, daß ich es bedauerte, der Bitte nicht nachkommen zu können. Das alles müsse sehr schmerzlich für sie sein, und die Ablehnung fiele mir deshalb schwer, aber ich sei bei keiner Verhandlung zugegen gewesen und auch nie als Zeugin vernommen worden, so könne ich mir nicht vorstellen, daß ihr Mann allein wegen seines Besuches bei mir zum Tode verurteilt worden sei. Es müsse noch andere, gewichtige Gründe gegeben haben, über die ich nichts wisse. Außerdem lebten wir in einer Ausnahmezeit, mein Bruder sei in Rußland gefallen, mein Mann dort vermißt, das Schicksal unseres Volkes stünde auf dem Spiel, auch deshalb könne ich ihre Bitte nicht erfüllen.
Diesen Brief schickte ich per Einschreiben an den Zwickauer Rechtsanwalt.
Anton Jakob war schon tot, als der Anwalt an mich schrieb. Man hatte ihn am 17. August 1944 hingerichtet. Seiner Frau war das Urteil, wie damals üblich, erst zugestellt worden, als es bereits vollstreckt war.
Ich hätte ihn gar nicht retten können.
Diese Tatsache wurde mir später bei einer Vernehmung mitgeteilt, doch wurde sie – soweit ich weiß – nie zu meinen Gunsten verwandt.
Die Albträume, daß sein Tod mein Leben belastet, blieben über Jahre quälend.

Vorbemerkung zu Kapitel 2

Herbst 1943.

Am 14. September, zwei Tage nach der Gründung des Bundes Deutscher Offiziere, fand in Lunjowo bei Moskau eine zweite Versammlung statt. Der Bund Deutscher Offiziere wurde dem Nationalkomitee Freies Deutschland angegliedert. Beide Seiten waren übereingekommen, die Gegensätze zugunsten einer Einheitsfront zurückzustellen. General von Seydlitz wurde zum Vizepräsidenten von Erich Weinert bestimmt. Zuvor hatte man in der strittigen Frage der Propaganda eine Übereinkunft erzielt: Das vor allem durch kommunistische deutsche Emigranten repräsentierte Nationalkomitee verzichtete auf die von den Offizieren beanstandete »Wehrkraftzersetzung«, das heißt, die deutschen Truppen wurden nicht mehr zur Bildung von Kampfgruppen aufgefordert. Als Gegenleistung stimmte der Offiziersbund dem Vorschlag zu, von nun an nicht nur auf die Armeeführer, sondern auch auf den einfachen Soldaten einzuwirken.

Trotz dieses Konsenses liefen die Aktivitäten der beiden Gruppen in der Praxis getrennt. Die Arbeit des Offiziersbundes konzentrierte sich auf die Offiziers-Gefangenenlager sowie auf Appelle an die deutsche Wehrmachtsspitze. Das Nationalkomitee richtete sich nach wie vor an die Soldaten in den Kriegsgefangenenlagern und an der Front.

Beide Organisationen verfolgten außerdem das Ziel, durch Informationen über die tatsächliche militärische Lage, durch Berichte über von Hitler und seinen Mordgehilfen verübte Verbrechen die deutsche Zivilbevölkerung aufzurütteln und so den Boden für einen Sturz Hitlers zu bereiten.

Seit dem 21. Juli 1943 erschien wöchentlich in Moskau die Zeitung *Freies Deutschland.* Sie wurde nicht nur in den Kriegsgefangenenlagern verteilt, sondern auch über der Front abgeworfen. Ihr Chefredakteur war Rudolf Herrnstadt, in der Weimarer Republik Korrespondent des *Berliner Tageblattes* in Warschau und in Moskau; sein engster Mitarbeiter Alfred Kurella. Die einzelnen Beiträge wurden von Mitgliedern des Nationalkomitees und des Offiziersbundes verfaßt. Sowohl die militärischen Kommentare als auch die wirtschaftlichen, politischen und kulturellen Artikel zeichneten sich durch eine Freizügigkeit aus, die in der sowjetischen Presse unbekannt war. Die Nachrichten, die den Kommentaren zugrunde lagen, bezog die Redaktion vom Radio-Abhördienst 205, einem Institut, das deutsche und alliierte Sendungen aufzeichnete. Verantwortlich für die Auswahl war ein junger Mitarbeiter, er hieß Wolfgang Leonhard.

Ebenso liberal und objektiv waren die Sendungen des von Anton Ackermann geleiteten Rundfunksenders *Freies Deutschland.* Viermal täglich strahlte er seit dem 18. Juli 1943 zwischen 10.30 Uhr und 23.15 Uhr Sendungen aus, die auch in Deutschland empfangen werden konnten. Die einzelnen Beiträge stammten von deutschen Emigranten und gefangenen Offizieren. Rundfunksprecher waren Wolfgang Leonhard und Fritz Heilmann. Die Sendungen folgten meist dem Schema Nachricht, Kommentar und Namensdurchsage deutscher Kriegsgefangener, dazwischen als Pausenzeichen die ersten Takte des Liedes *Der Gott, der Eisen wachsen ließ.*

Neben der Arbeit in Zeitung und Sender richteten sich die Bemühungen des Nationalkomitees vor allem auf eine von den russischen Aktivitäten unabhängige deutsche Frontpropaganda. Es wurden geeignete Männer ausgebildet, die die propagandistische Tätigkeit an einem Frontabschnitt zu lenken und zu überwachen hatten. Dazu gehörte: die Verteilung von Flugblättern und der Zeitung *Freies Deutschland,* der Einsatz von Lautsprecherwagen und Funkanlagen, die Übertragung von Schallplatten mit Aufrufen führender Männer des Nationalkomitees und die Entsendung von Frontbeauftragten, oft waren es Kriegsgefangene, hinter die feindlichen Linien.

Auf diese Weise fanden ungezählte Aufrufe der gefangenen Generale von Stalingrad ihren Weg zu den deutschen Truppen. So appellierten unter anderem von Seydlitz an den Generaloberst Model, von Daniels an den Generalfeldmarschall von Manstein, den aussichtslos gewordenen Kampf abzubrechen und Hitler den Gehorsam zu verweigern. Nach Oberst Graf Stauffenbergs Attentat auf Hitler vom 20. Juli 1944 entschloß sich der langumworbene Generalfeldmarschall Paulus zu einem Aufruf: »Der Krieg ist verloren ... Deutschland muß sich von Adolf Hitler lossagen.« Im August trat Paulus der Bewegung bei. Der von ihm und neunundvierzig Generalen im Dezember unterzeichnete Appell »An Volk und Wehrmacht« konnte den Kriegsverlauf jedoch nicht mehr beeinflussen.

An der Verbreitung der Ziele des Nationalkomitees wirkte aktiv auch der Major Bernhard Bechler mit, zunächst als Mitarbeiter der Rundfunk- und Zeitungsredaktion. Viel Staub — vor allem in den eigenen Reihen — sollte ein Artikel von ihm aufwirbeln, in dem er über das Zustandekommen zweier berüchtigter Befehle schrieb: des Kommissarbefehls und des Gerichtsbarkeitserlasses. Wie hatte es sich in Wirklichkeit zugetragen? Schon Monate vor Beginn des Rußlandfeldzuges waren die beiden Erlasse auf Befehl Hitlers im Oberkommando des Heeres zur Vorbereitung des »Falles Barbarossa« ausgearbeitet und als Weisung an die Truppe weitergegeben worden. Gemäß Hitlers Parole: »Der Kommunist ist vorher kein Kamerad und nachher kein Kamerad«, sollten Kommissare und Soldaten der Roten Armee, aber auch Zivilisten, planvoll und rücksichtslos ermordet werden. Entwürfe für die berüchtigten Erlasse waren auch in der Abteilung des Generals z.b.V. Eugen Müller, dessen Adjutant Bechler war, entstanden. Diese Entwürfe hatten vorangehende Konzepte nicht nur an Schärfe übertroffen, sondern auch die Endfassungen wesentlich bestimmt. General Eugen Müller war es auch, der diese Befehle auf seinen Instruktionsreisen zu den Truppen durch seine Erläuterungen keineswegs abgeschwächt hatte, im Gegenteil. Bernhard Bechler, damals Begleiter des Generals, dürfte die Anweisung in Warschau im Juli 1941 mit eigenen Ohren gehört haben: »Träger der feindlichen Einstellung nicht konservieren, sondern erledigen.« Bechler zeichnete übrigens die Weiterleitung des Kommissarbefehls an die Truppen »für die Richtigkeit«. Das Dokument ist im Anhang faksimiliert.

Im Juli 1944 luden die Russen Bernhard Bechler und andere ein, an einem Lehrgang in der Antifa-Schule Krasnogorsk teilzunehmen, um mit marxistisch-leninistischem Gedankengut vertraut zu werden. Bechler willigte ein. »Ich werde immer das machen, was Moskau mir sagt«, erklärte er damals gegenüber Graf Einsiedel, ebenfalls Teilnehmer des Schulungskurses.

Monate danach, am Neujahrstag 1945, fuhren Bechler und Einsiedel als Bevollmächtigte der 2. Bjelorussischen Front von Moskau aus zur kämpfenden Truppe. Unter Bechlers Kommando begaben sich deutsche Kriegsgefangene in den Kessel von Graudenz. *Freies Deutschland* vom 28. März 1945 (3. Jahrgang Nr. 13) enthält Bechlers »Bericht über meine Tätigkeit am Kessel von

Graudenz vom 20. Februar bis 6. März 1945«. Er ist im Anhang nachzulesen. Graudenz wurde für Bernhard Bechler zum Großen Erfolg. Die Sowjets zeichneten ihn für seinen Einsatz mit dem Orden des Großen Vaterländischen Krieges aus. Er rechnete es sich als persönliches Verdienst an, den Kommandanten der Festung, Generalmajor Fricke, zur Übergabe bewogen zu haben. Lew Kopelew, Major der Roten Armee, dem Bechler als Frontbevollmächtigter des Nationalkomitees zugeteilt war, bestätigte: »Bechler arbeitete in der Tat gut in unserer Gruppe, hatte aber keinerlei Kompetenz, Entscheidungen in eigener Verantwortung zu treffen. Er beobachtete peinlich genau die Subordination ... Er tat nichts ohne ausdrückliche Erlaubnis.«
Hier auch die Passage aus einem Gespräch mit dem Festungskommandanten, das Bechler unmittelbar nach der Kapitulation von Graudenz, am 5. März 1945, aufgezeichnet hatte:

> Fricke: »Ich kenne Sie, Sie haben mir einen Brief zugestellt, aber Sie wissen ja, daß es mir nach einem Führerbefehl verboten ist, derartige Briefe zu öffnen. Ich mußte ihn ungeöffnet nach oben durch einen Fieseler Storch weitergeben ...«
> Bechler: »Damit haben Sie, Herr General, meine Frau und meine zwei Kinder dem KZ und dem Tode ausgeliefert. Denn durch diesen persönlichen Brief hat die Gestapo nunmehr einen klaren handschriftlichen Beweis meiner Tätigkeit ...«

Aber die Gestapo war schon früher in den Besitz klarer Beweise gekommen — über Bechlers Aktivitäten ebenso wie über die der anderen Offiziere des Nationalkomitees. Zunächst allerdings hatte man dessen Existenz heruntergespielt. Erst als Frontbevollmächtigte begannen, auf die im Kessel von Tscherkassy eingeschlossenen Divisionen einzuwirken, griff Hitler zu massiven Gegenmaßnahmen. Walther von Seydlitz war der erste, der aus der Armee ausgeschlossen und in Abwesenheit zum Tode verurteilt wurde. Die anderen sollten bald folgen.
Nach dem gescheiterten Hitler-Attentat vom 20. Juli 1944 erstreckten sich die Maßnahmen auch auf die Angehörigen. Über viele Familien wurde Sippenhaft verhängt. Nicht nur Ehefrauen waren betroffen, auch Kinder und Verwandte. Die anderen standen unter ständiger Beobachtung durch die Gestapo — unter ihnen Margret Bechler.

Kapitel 2

... bis zur Verhaftung
Herbst 1944 bis Juni 1945

Mit Gerüchten fing es an.
Die Zahlmeister benahmen sich auf einmal so seltsam.
Schon seit den Haussuchungen hatte ich unter ihren Ausfällen und Sticheleien zu leiden gehabt, es war wohl nichts Persönliches; Zahl-

meister (und ihre Frauen noch mehr) waren oft hochempfindlich, und das hing mit der leichten Verachtung zusammen, die ihnen von Heeresoffizieren entgegengebracht wurde, und ungewollt mochte auch ich sie vielleicht irgendwann einmal beleidigt haben.
Jetzt aber spürte ich an ihrem unausgesprochenen Verhalten, daß eine ungünstige Veränderung eingetreten sein mußte. Als ich eine der Zahlmeistersfrauen darauf ansprach, fragte sie mich, ob ich denn nicht informiert worden sei über meinen Mann.
Ich verneinte.
Im Kasino, sagte sie, sei aber schon darüber gesprochen worden. Es liefe da etwas.
Ich fragte nach, aber da behauptete sie, auch nichts Genaues zu wissen.
Klatsch und Tratsch, dachte ich, Gehässigkeit, aber es gelang mir nicht, das Geschwätz beiseite zu schieben; ich fühlte, daß etwas auf mich zukam.
An einem dunklen Novemberabend kam ich vom Einkaufen nach Hause. Ich konnte mir Zeit lassen, einige Wochen zuvor war eine alte Frau aus Köln in das vierte Zimmer meiner Wohnung eingewiesen worden. Thüringen war voll von Rheinländern, die beim Heranrükken der Amerikaner auf Befehl von Goebbels ihre Heimat verlassen mußten; die westlichen Sieger sollten menschenleere Städte und Dörfer vorfinden. Ich hatte Glück gehabt mit Frau Vogt, es lebte sich gut mit ihr, und für die Kinder war sie eine Art Großmutter.
Sie machte mir die Tür auf, ehe ich klingeln konnte. Ein Offizier aus dem Nachbarhaus sei dagewesen, er habe mich sprechen wollen, es müsse sehr dringend sein, denn er habe gebeten, ich solle ihn sofort nach meiner Rückkehr aufsuchen. Ich drehte mich auf dem Absatz um und ging, das Einkaufsnetz noch in der Hand, hinüber ins Nachbarhaus. Als ich dort läutete, wurde mir sofort aufgemacht, man hatte offenbar auf mich gewartet, es war der Hausherr selbst, ein älterer Major, Reserveoffizier, wir kannten uns nur flüchtig. Er nahm seinen Mantel vom Haken und sagte, er wolle mich hinüberbegleiten, und die Art, wie er das sagte, ließ mich Schlimmes befürchten.
Als wir über den Rasen zurückgingen, rutschte ich auf einer gefrorenen Pfütze aus und fiel hin. Wie er sich da über mich beugte und sagte: O Gott, hoffentlich ist Ihnen nichts passiert, das wäre zuviel, da wußte ich, daß mich nichts Gutes erwartete.
Ich fragte, ob irgend etwas sei, mit meinem Mann.
Gleich, sagte er, ich sage es Ihnen drinnen.
Im Herrenzimmer saßen wir uns eine Weile stumm gegenüber, er

fand kaum Worte, als er mir dann in halben Sätzen mitteilte, eine Geheimsache sei gekommen, liege schon seit zwei Tagen auf dem Standortkommando, aber keiner habe es übernehmen wollen, mit mir zu sprechen. Der Standortoffizier habe gesagt, ich kann es nicht, ich bringe das nicht fertig, und schließlich habe man ihn gebeten, als ältesten Offizier und weil er mich kenne.
Ich bat ihn, endlich deutlicher zu werden. Ja, sagte er, es ist etwas sehr Ernstes. Sie haben ja im letzten Jahr schon immer diese Briefe bekommen, und Sie wissen ja, was darin behauptet wird.
Ich war etwas erleichtert: wenn das alles war. Ich hielt ihm entgegen, was ich mir in dieser ganzen Zeit mit Erfolg eingeredet hatte: daß Bernhards Name mißbraucht wurde.
Er schüttelte den Kopf, es habe sich einwandfrei herausgestellt, daß es sich nicht um eine Fälschung handele.
Dann stand er auf und wurde ganz dienstlich.
Er sagte: Im Auftrag des Standortkommandanten habe ich Ihnen folgendes mitzuteilen: Ihr Mann, Major Bechler, ist laut geheimer Dienstsache als Hochverräter aus der Wehrmacht ausgestoßen und in Abwesenheit zum Tode verurteilt worden. Die Vollstreckung erfolgt nach siegreicher Beendigung des Krieges. Sie haben die Erlaubnis, innerhalb der nächsten Woche die Geheimakte beim Standortkommandanten einzusehen.
Er sagte: Ihr Gehalt fällt mit Ablauf des Monats fort. Falls Sie weiter zu Ihrem Mann stehen, haben Sie und natürlich auch Ihre Kinder keinen Anteil mehr an den Einrichtungen des nationalsozialistischen Staates, wie zum Beispiel Krankenhaus, Luftschutzkeller und — was für Ihre Kinder wichtig ist — Schulen.
Er sagte: Das Offizierskorps ist angewiesen, in diesem Fall jeden persönlichen Verkehr mit Ihnen abzubrechen. Ich soll Ihnen nahelegen, daß Ihnen im Fall einer Scheidung gewisse Erleichterungen gewährt werden können, wie zum Beispiel Unterstützung durch die Fürsorge und selbstverständlich die Benutzung der öffentlichen Einrichtungen. Ich bitte Sie, das ganz gründlich zu bedenken, ehe Sie Ihre Wahl treffen.
Noch während er sprach, liefen blitzschnell Gedanken in mir ab: Er wird zu Unrecht beschuldigt, sie mißbrauchen Namen und Papiere der Gefangenen. Oder etwa nicht...? Nein, das glaube ich nicht, ehe ich es nicht von Bernhard selbst höre. Und wenn er es doch getan hat, wird er einen Grund gehabt haben. Es gibt grausame Arten, Menschen zu Dingen zu zwingen, die sie nicht tun wollen. Ich kann ihn nicht verurteilen, ehe ich nicht selbst mit ihm gesprochen habe. Auch

mein Trauspruch kam mir in den Sinn: Einer trage des anderen Last; jetzt würde ich ihn zu beweisen haben.
Ich sagte also: Es ist ungerecht, einen Menschen in Abwesenheit zum Tode zu verurteilen, ohne daß er sich verteidigen kann. Ich glaube das auch nicht, was meinem Mann vorgeworfen wird. Ich kenne ihn anders, daran muß ich mich halten. Ich bleibe seine Frau.
Sie wissen, welche Konsequenzen dieser Entschluß hat?
Ich sagte: Ja, das weiß ich, und ich bin bereit, sie zu tragen.
Sein Gesicht entspannte sich, wurde weicher. Und dann sagte dieser Mann, der mir vor einigen Minuten verkündet hatte, das Offizierskorps sei angewiesen, jeden persönlichen Verkehr mit mir abzubrechen: Gnädige Frau, ich stehe Ihnen jederzeit zur Verfügung. Wenn Sie irgendein Anliegen haben oder irgendwelcher Hilfe bedürfen, dann kommen Sie zu mir.
Ich habe seine Hilfe nie in Anspruch genommen, aber dieses Angebot in der ersten Stunde meines neuen Daseins als Ausgestoßene war ein großer Trost. Von diesem Augenblick an wußte ich, daß meine Mitmenschen mich nie verlassen würden, und ich habe recht behalten.
Ich mußte noch die Kinder zu Bett bringen. Als wir im Badezimmer lachten und planschten, schob ich erst einmal alle Gedanken beiseite, die Kinder sollten nichts merken, solange es irgend ging.
Dann saß Heidi in Bernhards großem Bett, in dem sie schlief, seit wir Frau Vogt aufgenommen hatten, und betete mit ernsthaftem Gesichtchen, und der Junge sprach es ihr mit strahlendem Eifer nach: Lieber Gott, behüte unseren Vater in Rußland und laß ihn bald gesund heimkommen. Amen.
Leise ging ich hinaus, stand ausgestoßen im dunklen Flur. Die Wirklichkeit brach über mich herein. Was sollte nur aus uns werden? Die Wohnung. Kein Krankenhaus, keinen Luftschutzkeller ... und was wird aus Kindern, die nicht zur Schule gehen dürfen?
Ich flüchtete mich ins Kinderzimmer und fing an aufzuräumen: die Eisenbahn und was so herumlag. Ein Bilderbuch war noch aufgeschlagen, altmodisch, aber die Kinder liebten es: die Häschenschule. Ich setzte mich an den Tisch, starrte auf eines der Bilder und dachte: Was bleibt noch? Da hob sich eines der Bilder in mein Bewußtsein, ein Wiesengrund in der Morgenfrühe, Erde und Himmel, Sterne und Blumen — das bleibt. Ich nahm das Buch hinüber ins Herrenzimmer und legte es vor mich hin auf den Schreibtisch, wo ich jeden Abend saß und für Bernhard Tagebuch schrieb. An diesem Tag überfiel mich Angst. Würde es jemals in seine Hände kommen? Es war ja nur ein paar Stunden her, da hatte man mir mitgeteilt, er würde

gleich nach siegreicher Beendigung des Krieges hingerichtet! Alles in mir wehrte sich dagegen, ein solches Urteil so einfach hinzunehmen. Ich beschloß, alles zu tun, was in meiner Macht stand, um ihn zu retten; das Tagebuch sollte auch dazu dienen.
Doch an dem Abend schrieb ich nichts hinein, zuviel war zu bedenken.
Geld hatte ich genug.
Von Bernhards Gehalt hatte ich viel gespart; das war ja nicht so schwer in einer Zeit, in der alles rationiert war. Bernhard träumte seit seiner Jugend von einem Bauernhof, darauf wollte ich sparen, das hatte ich mir vorgenommen. Finanzielle Sorgen hatte ich also nicht.
Aber das andere. Ich sagte mir, das kannst du heute abend nicht mehr zu Ende denken. Und weil ich sicher war, daß ich nicht schlafen konnte, bin ich in den Keller gegangen und habe mir eine Flasche Wein heraufgeholt, und dann habe ich den Haute Sauterne, den Bernhard aus Frankreich mitgebracht hatte, getrunken, wie Wasser, die ganze Flasche. So bin ich über diese Nacht hinweggekommen.
Am nächsten Tag ging ich zum Standortkommandanten.
Er legte mir höflich die Akte vor. Da las ich, was der Major mir gestern schon verkündet hatte, nur ausführlicher. Ich las, daß Bernhard wegen Hochverrats aus der Wehrmacht ausgestoßen und in Abwesenheit zum Tode verurteilt wurde. Nach siegreichem Abschluß des Krieges sollte das Gerichtsverfahren vor dem Volksgerichtshof durchgeführt werden. In Abwesenheit bleibe für ihn das Urteil bestehen. Falls seine Frau sich zu ihm bekenne, träten für sie folgende Beschränkungen ein: Kürzung der Lebensmittel- und Kleiderkarten, der Kohlenlieferungen, Verbot der Benutzung staatlicher und öffentlicher Einrichtungen wie Krankenhäuser, Schulen und Luftschutzkeller. Die Frau, so hieß es, habe dann an der deutschen Volksgemeinschaft keinen Anteil mehr.
Neben mir saß der Standortkommandant.
Ich sagte ihm, daß mein Entschluß sich nicht geändert habe.
Er sagte, er respektiere das. Aber ich müsse mir darüber im klaren sein, daß ich dann sehr allein sein würde.
Er irrte sich.
In der Zeit, die nun folgte, war ich oft einsam, aber ich war nie ganz allein, immer gab es irgendwo einen Menschen, der entschlossen war, mir zu helfen, auch später in den Lagern: Deutsche und Russen, Gefangene und Wärter, selbst in der Todeszelle und in völliger Isolierung. Ohne diesen Beistand meiner Freunde und meiner Feinde wäre ich heute vielleicht nicht mehr am Leben.

Als ich nach Hause ging, hatte ich die Worte des Standortkommandanten schon fast vergessen, ich stellte ganz praktische Überlegungen an: Wie kommen wir über den nächsten Winter? Kartoffeln und Gemüse habe ich aus dem Garten, achtzig Gläser Eingemachtes stehen schon im Keller, selbst bei gekürzten Lebensmittelrationen werden wir nicht verhungern, und erfrieren werden wir auch nicht, die Kohlezuteilung für den ganzen Winter ist auch schon eingelagert.
Aber die blieb mir nicht lange.
So viele Freunde ich haben mochte, die Zahlmeister waren nicht darunter, und schon gar nicht ihre Frauen. Eine von ihnen machte dem Wirtschaftsamt Meldung über meinen Kohlevorrat; der Beamte, der zur Prüfung geschickt wurde, erzählte es mir ganz offen. Er stellte fest, daß alles rechtmäßig war — zu meinem Glück —, aber um der Anzeige Genüge zu tun, war er verpflichtet, mir über die Hälfte wieder wegzunehmen.
An einem dieser Tage kam unsere Hausärztin. Ich hatte mir vorgenommen, allen Freunden und guten Bekannten den Sachverhalt darzulegen, aber bei ihr war es nicht nötig, sie wußte die Neuigkeit schon. Ihr Mann war Militärarzt, und sie hatte lange in den Offiziershäusern gewohnt, mit dem Militärpfarrer war sie sogar befreundet, von dem mochte sie es wohl auch erfahren haben. Sie müssen sich sofort scheiden lassen, sagte sie, das ist lebenswichtig für Sie und die Kinder.
Ich sagte, daß ich das auf keinen Fall tun werde.
Aber wenn es wirklich stimmt, sagte sie, dann hat Ihr Mann es drüben gut und läßt Sie hier seine Sache ausbaden.
Ich wollte nicht weiter diskutieren. Mein Entschluß stehe fest, antwortete ich ihr, aber ich würde es allen Bekannten freistellen, ihre Bindungen an mich zu überdenken und auch zu lösen.
Ach Quatsch, sagte sie, ich habe nur an Sie gedacht. Zwischen uns bleibt alles wie bisher.
Von nun an schaute sie ungerufen bei uns herein, und wenn sie gegangen war, fand ich immer ein Stück Butter oder Wurst oder eine Tüte mit Eiern.
Sie war ein seltsamer Mensch, weich, gütig und selbstlos und dann wieder von stählerner Härte. Da war ein Bruch in ihr, der sie dann wohl auch nach Kriegsende zu ihrem grauenhaften Entschluß trieb.
Meine Freundin Grete, Gutsbesitzerin und als geizig verschrien, wie sie mir einmal selbst erzählte, verhielt sich ganz anders. Sie gab nie einen Ratschlag, sie wußte nur immer, wann ich Hilfe brauchte. Eines Tages stand ihr Kutscher mit einer Fuhre Kohlen vor meiner Tür und

füllte meinen Keller wieder auf, und sie selbst kam mit einem Korb Äpfeln, Eiern und etwas, wovon ich während des ganzen Krieges nicht zu träumen gewagt hätte: einer ganzen Speckseite. Und als ich später ins Krankenhaus mußte, nahm sie wie selbstverständlich die Kinder.
Wir hungerten nicht, wir froren nicht, ich hatte auch keine direkten finanziellen Sorgen, aber das Ausgeliefertsein an Mißgünstige, das zermürbte mich schneller, als ich geglaubt hatte.
Seit November ging ich nicht mehr in den Luftschutzkeller. Aber ich brachte es nicht über mich, auch die Kinder jede Nacht zunehmender Gefahr auszusetzen. Unser Haus lag ungünstig zwischen dem Kasernenkomplex, der Eisenbahnhauptstrecke und einer Munitionsfabrik, mitten im Industriegebiet, von meinem Fenster aus habe ich einmal sechsunddreißig Schornsteine gezählt. In diesen Monaten verging daher fast keine Nacht ohne Fliegeralarm. Ich brachte also die Kinder in den Keller, versuchte an den mißbilligenden Zahlmeistergesichtern vorbeizusehen, ging wieder hinaus, allein. Ich stellte mich ans Fenster, wartete auf das Dröhnen in der Luft, die künstliche Aufhellung der Nacht, die näherkommenden Detonationen. Ölraffinerien loderten wie Fackeln, tagsüber verdunkelte Ruß und Staub zerstörter Zechen die Sonne, Weltuntergangsstimmung. Ich litt unter der Unbarmherzigkeit meiner Mitbewohner mehr, als ich wußte; ich wurde krank, ohne es zu merken, aber der Arzt, bei dem ich die Kinder zur Welt gebracht hatte, der sah es sofort. Wieder einer, der mir half. Auf einem Einkaufsweg in Altenburg traf ich ihn vor seinem Krankenhaus, er war dort Chefarzt. Er sah mich und begrüßte mich: Was ist denn mit Ihnen? Sie sind doch krank. Kommen Sie sofort mit. Als ich ihm im Krankenhaus gegenübersaß und er wieder fragte, brach ich in Tränen aus. Ich erzählte ihm alles. Da sagte er, Sie bleiben jetzt hier und erholen sich.
Ich erklärte ihm, ich hätte keinen Anspruch mehr auf die öffentlichen Einrichtungen.
Was meinen Sie damit, fragte er.
Ich darf nicht ins Krankenhaus, sagte ich.
Er schüttelte unwirsch den Kopf. Sie kommen heute noch.
Auch meinen Einwand mit den Kindern ließ er nicht gelten. Er selbst rief Grete an, und damit war auch das geregelt. Und abends, als ich in meinem Einzelzimmer einschlief, da wußte ich, daß er recht hatte: Ich war krank.
Er behauptete, es müsse noch etwas Organisches sein, mein seelischer Kummer sei sicher der Grund für alles, aber meine Blässe werde nicht

allein dadurch erklärt, und er behielt recht. Ich hatte eine Gebärmutterentzündung.
Damals waren für mich alle Krankheiten, die den Frauenarzt betreffen, eigentlich etwas wie eine weibliche Verfehlung. Ich habe mir wirklich gesagt, wie abscheulich, so etwas darfst du doch gar nicht haben. Auch das noch. So lag ich im Bett und weinte und kam mir noch schuldiger und ausgestoßener vor.
Dann kam der Arzt zur Visite, er putzte mich herunter und fuhr mich an, ob ich denn von allen guten Geistern verlassen sei, da läge ich in seinem einzigen Einzelzimmer, obwohl das Haus überbelegt sei, und bekäme seine letzte und beste Medizin und machte mich mit solchen Gedanken weiter krank. Werden Sie gefälligst gesund, sagte er, wenn ich noch ein Wort von Ihnen über Ihre Krankheit höre, sind Sie meine Patientin gewesen.
Ich glaube, diese Strafpredigt half mir mehr als alles andere, gesund zu werden.
Ein paar Tage später wurde das Krankenhaus bombardiert. Ich lag wie alle transportfähigen Kranken im Keller auf einem Strohsack und schlief, war schon wieder so gesund, daß ich den Sirenenton nicht einmal hörte; ich wachte auf von dem Gefühl, daß das Haus sich senkte, das seltsame Heulen der Bomben war genau über uns, die Luft im Keller wurde zusammengepreßt, das Atmen ging nicht mehr wie sonst, tat auf einmal weh, die Doppelbetten schwankten, brachen auseinander, plötzlich riß die Kellermauer auf, eine Wolke von Staub und Mauerbrocken wurde hereingedrückt, Menschen schrien, Säuglinge jammerten, ich fühlte ein Ziehen in meiner Brust, als müßte ich sie alle stillen, von oben kam das Geschrei der Frischoperierten, die man nicht transportieren konnte.
Das Krankenhaus war schwer beschädigt, mich zog es nach Hause, wie sah es dort aus? Ich wollte auch den Arzt entlasten, der seine Kranken nicht mehr unterzubringen wußte. Unser Haus stand noch, nur die Fensterscheiben waren zersprungen. Ich nagelte die Fenster mit Pappe zu, machte Ordnung und holte die Kinder.
Ich war wirklich gesund. Die Sticheleien im Hause machten mir wenig aus, auch nicht, daß die Zahlmeister sich einen eigenen Keller ausbauten, weil sie nicht einmal die Notgemeinschaft mit meinen beiden kleinen Kindern ertragen wollten. Erst als die Front naherückte, änderte sich das; plötzlich fand das Haus sich im alten Luftschutzkeller zusammen, die Unterschiede waren wie weggewischt.
Der Stadt war ein Ultimatum gestellt worden: Kampflose Übergabe bis Mitternacht oder Beschuß bis zur Zerstörung. Wir warteten im

Luftschutzkeller auf die Entscheidung: zweiminütiger Dauerton aller Sirenen bedeutete Übergabe.
Was ging in mir vor?
Ich hätte froh sein müssen. Kriegsende — das war, so hoffte ich, die baldige Rückkehr meines Mannes und das Ende meiner Ächtung; Freude und Erleichterung hätte ich also fühlen müssen. Statt dessen litt mein vaterländisches Herz, das überzeugt war, ein verlorener Krieg bedeute Deutschlands Ende. Als der Sirenenton die Übergabe ankündigte, fühlte ich die Leere völliger Ungewißheit.
Ich ging hinauf und brachte die Kinder ins Bett. Kein Fliegeralarm mehr, keine Bomben, keine Lebensgefahr, aber was trat an die Stelle? Als wir aus dem Keller kamen, rollten Panzer über die Straßen, ich sah einen fünfstrahligen Stern und dachte, das seien die Russen. Dann drehte ich mich und sah meine Hausbewohner winken; ich fand es schamlos, waren das nicht die, die mich angezeigt und überwacht hatten?
Den ganzen Tag lang war das Haus voll fieberhafter Tätigkeit. In den Fluren stapelte sich Besitz, der gerettet werden sollte, denn man fürchtete Plünderung oder Beschlagnahme, alles Wertvolle sollte in den Keller. Gleichzeitig wurde entnazifiziert, Bücher und Bilder wurden verbrannt oder vergraben.
Was hatte ich aufzuweisen?
Meine Tagebücher. Die konnte ich nicht verbrennen. Sie waren für Bernhard bestimmt, Erinnerung an die Zeit meines Leidens. Einige Bücher vielleicht. Dann das Hitlerbild.
Jetzt nahm ich es herunter und sah mir das Gesicht zum erstenmal genau an, fand keinen Zug von Größe, waren wir so blind gewesen? Nun war er tot, nicht kämpfend untergegangen an der Seite der alten Männer und halben Kinder, die er zur sinnlosen Verteidigung Berlins aufgeboten hatte, sondern feige von eigener Hand.
Es ging ein Gerücht, daß unsere Wohnungen inspiziert werden sollten, eine Suche nach Waffen vor allem, wir hatten uns währenddessen im Keller aufzuhalten; ich lehnte das Bild gegen die Wand, als sei es vom Nagel gefallen, schrieb dann in großen Blockbuchstaben auf einen Briefbogen: daß ich meine Wohnung beließe, wie sie sei, ein Besiegter verlasse sich auf den Großmut des Siegers.
In den kommenden Tagen brach jede Ordnung zusammen.
Kasernen und Wehrmachtsmagazine wurden geplündert. An unseren Häusern strömten endlose Züge vorbei, Einheimische, Fremdarbeiter, entlassene Häftlinge.
Auch unser Treppenhaus sah bald wie ein Warenlager aus: Anzüge,

Röcke, Blusen, Strümpfe. Als ich Frau Mörke fragte, was sie damit wolle, sah sie mich erstaunt an: Tauschen, das sei doch klar, es werde noch lange dauern, bis in Deutschland normale Verhältnisse herrschten — wenn wir das überhaupt noch erlebten. Abends ließ der Militärpfarrer uns durch seinen Jungen zu sich bitten, es waren so an die zehn Familien; alle erschienen, und in seinem aufdringlich wohlwollenden Ton teilte er uns mit, er habe einen großen Vorrat an Kaffee, Tee, Schokolade und anderen hochwertigen Lebensmitteln im Keller, ursprünglich für Lazarettbetreuung bestimmt, das entfiele ja nun, und er habe sich gedacht, die Vorräte sollten aufgeteilt und bei den einzelnen Familien aufbewahrt werden zur Unterstützung durchziehender Soldaten und Flüchtlinge.

Wir waren einverstanden.

Treu und redlich verschloß ich meinen Anteil in meinem Keller und sah am anderen Tag voller Staunen, wie Kinder, die mit meinen spielten, Schokolade aßen und Brote mit Büchsenwurst; und meine sahen zu und hatten nichts, aber ich brachte es nicht über mich, die Vereinbarung zu brechen. Später hätte ich mich dafür ohrfeigen können, als nämlich die beiden Männer, die mich verhafteten, auch diesen kleinen Vorrat beschlagnahmten, den ich so getreulich aufgehoben hatte.

Es gab kein Radio, keine Zeitungen, Strom hatten wir eine ganze Weile nicht, alle Nachrichten wurden von Mund zu Mund weitergegeben, mit einer Schnelligkeit, die mich immer wieder verblüffte. Ein Gerücht kam auf, in den verschiedensten Ausschmückungen, aber der Kern blieb immer gleich: Seit Tagen wurde erzählt, Frau Dr. Ramhorst habe sich vergiftet, zusammen mit ihrer Freundin und deren drei Kindern. Ich wollte es nicht glauben, vor einigen Wochen noch hatte sie mich im Krankenhaus besucht, halberblühte Forsythienzweige in der Hand, kurz darauf hatten wir noch einmal miteinander musiziert; ich kannte auch die Freundin, eine junge schöne Frau, und die drei Kinder, fröhliche, gesunde Kinder, warum nur?

Ich mußte sie selbst sehen, mich überzeugen, ich wollte einfach die Hoffnung nicht aufgeben, sie hatte mir so sehr geholfen, vielleicht brauchte sie nun meine Hilfe. Aber ich hatte Angst vor dem Weg, die polnischen Fremdarbeiter aus der Munitionsfabrik machten die Straßen unsicher, auch war es verboten, das Stadtgebiet zu verlassen, allein unser Militärpfarrer hatte sich beim amerikanischen Stadtkommandanten eine Sondergenehmigung verschafft.

Zu ihm ging ich, bat ihn, mitzukommen, vielleicht könne man noch helfen.

Er meinte, auf ein Gerücht hin dürfe man doch nicht sein Leben gefährden.
Ich hielt ihm vor, daß die Ärztin doch gerade mit ihm und seiner Familie besonders befreundet gewesen sei.
Er sagte, in diesen Zeiten müsse man zuerst an die eigene Familie denken. Jeder sei sich selbst der Nächste, und wenn es so sei, wie gesagt werde, dann könne ohnehin nicht mehr geholfen werden.
Ich bat ihn, es doch wenigstens zu versuchen, er als Pfarrer habe doch gewisse Verpflichtungen.
Er entgegnete mir, von einer gewesenen Offiziersfrau brauche er sich nicht an seine Pflichten erinnern zu lassen.
Ich wurde so zornig, daß ich nach dem Blumentopf griff, der zwischen uns auf dem Tisch stand. Den hätte ich ihm fast an den Kopf geworfen, wenn ich nicht im Aufblicken seine erschrockenen Augen gesehen hätte. Da stellte ich den Topf hin und ging.
Ich machte mich also allein auf den Weg.
Unterwegs begegnete ich einer Gruppe betrunkener Polen, die Gewehre umgehängt hatten und sich ziemlich breitmachten, aber sie taten mir nichts. Steif ging ich an ihnen vorbei, nur keinen ansehen, nichts tun, was sie herausfordern könnte. Als ich sie im Rücken hatte, kam es mir so vor, als würde es hinter mir unheimlich still, ich ging weiter wie bisher, gab mir Mühe, nicht schneller zu werden. Dann Geschrei: Deutsches Schwein, legt sie um, die Sau! Weiter, bloß weiter, Schritt für Schritt entfernte ich mich, da, ein Knall, ein Zischen in den Bäumen über mir, das mußte eine Gewehrkugel gewesen sein. Gelächter hinter mir, weiter, weiter, Schritt für Schritt, nicht langsamer, nicht schneller.
Als ich weiß, daß ich außer Sichtweite bin, fange ich an zu laufen, laufe bis Windischleuba.
Das Dorf liegt wie ausgestorben.
Im Doktorhaus stehen die Türen offen. Ich trete ein, steige die Treppe hinauf, ich weiß, daß die Wohnräume oben sind. Ein Geruch liegt über allem, woran erinnert er mich? Plötzlich fällt es mir ein: Bei uns zu Hause hatte es so gerochen, als mein toter Bruder aufgebahrt lag.
Da weiß ich schon, daß es zu spät ist.
Eine alte Frau kommt aus dem Wohnzimmer, die Mutter von Frau Ramhorsts Freundin, aufschluchzend nimmt sie meine Hand, ja sie sind tot, alle fünf.
Wir sitzen im unveränderten Wohnzimmer, helle Biedermeiermöbel auf buntem Kreuzstichteppich, goldene Sonnenmuster auf weißen Mullgardinen, alles unverändert, nur der Geruch ...

Ich hätte es verhindern können, sagt die alte Frau, sie haben mich gefragt, ob ich mitkommen wolle, ich habe es für dummes Gerede gehalten, aber es war ihnen ganz ernst, und ich habe das nicht wahrhaben wollen.
Aber der Grund, sage ich, sie hatten doch überhaupt keinen Grund.
Sie erzählt, die Amerikaner seien im Haus gewesen, hätten alles durchsucht, die Praxisräume durchwühlt, Medikamente und Instrumente mitgenommen.
Aber das reicht doch nicht für einen solchen Entschluß, sage ich.
Sie zögert, dann erfahre ich die ganze Wahrheit. Ich wußte, daß ihre Tochter mit einem Arzt verheiratet war, nicht jedoch, daß er KZ-Arzt war. In Buchenwald. Es hätte mir auch nicht viel gesagt, denn ein Arzt konnte, so dachte ich damals, auch an einem solchen Ort nur Helfer und Heiler sein, von den grauenvollen Experimenten und den Todesspritzen wußte ich nichts.
Ja, sagt die alte Frau, und dann die Rundfunknachricht, das hat ihnen den Rest gegeben. Sie sieht mich an, als müsse ich Bescheid wissen, ich sage, wir hätten keinen Strom. Ihr Schwiegersohn sei aus Buchenwald geflohen, ehe die Amerikaner kamen, erzählt sie, und die Bevölkerung sei aufgefordert worden, bei seiner Ergreifung behilflich zu sein. Das hatte die junge Frau um den Verstand gebracht, das und die Vorstellung, was die Sieger ihr und den Kindern antun würden.
Ich frage, ob ich die Toten sehen könne.
Die alte Frau sagt, sie seien furchtbar verändert.
Aber ich will nicht gehen, ohne Frau Dr. Ramhorst gesehen zu haben.
Es ist ein entsetzlicher Anblick. Sie haben hohe Überdosen genommen, um ganz sicher zu gehen, ich erkenne sie fast nicht wieder, dazu die Totenferne; ich kann es nicht über mich bringen, ihre Hand zu berühren, wie ich es eigentlich gewollt habe.
Die drei Kinder? Sie liegen nebenan in ihren Bettchen.
Nein, ich will sie in Erinnerung behalten, wie ich sie zuletzt gesehen habe.
Als ich nach Hause kam, fand ich ein Entschuldigungsschreiben des Militärpfarrers, er bat um Verständnis, infolge der besonderen Umstände hätten seine Nerven ihn im Stich gelassen. Wie immer das sein mochte, auch zum Begräbnis ging er nicht.
Ich machte mich noch einmal auf den gefährlichen Weg, diesmal nahm ich in einer großen Tragtasche meinen fünfarmigen silbernen Leuchter mit und alle Blumen, die ich in meinem Garten finden konnte, es war eine ungewöhnliche Zeit, und sie brachte einen dazu, ungewöhnliche Dinge zu tun.

Wieder ging ich sechs Kilometer zu Fuß, schleppte mich ab mit den Blumen und dem schweren Leuchter, stellte ihn brennend vor die breite Grube mit den fünf weißen Särgen, wartete dann auf die Ansprache. Ich hatte ja den salbungsvollen Ton unseres Militärpfarrers noch im Ohr und rechnete nun mit Abfälligem über die Toten und mit Vorwürfen. Aber der hier war von anderer Art, er fand warmherzige Worte für die Toten, harte nur für sich, in einer Art Selbstanklage, weil er das Unheil nicht geahnt und es sich zu leicht gemacht habe. Und während dieser Predigt, die ganz in meinem Sinn war, flackerten die fünf Kerzen im Frühlingswind und trösteten mich.
Neben der alten Frau stand ein blonder Mann, den ich noch nie gesehen hatte. Sie stellte ihn mir später als Freund ihres Schwiegersohns vor. Seine Einheit war in Wien aufgelöst worden, seither war er unterwegs, auf dem Weg in den Osten, er hatte sich die Füße wundgelaufen und wäre gern etwas geblieben, aber sie sagte, der neue Arzt sei gehässig und habe ein scharfes Auge auf sie.
Dann kommen Sie doch mit mir, sagte ich impulsiv, ich kann Sie schon für ein paar Tage unterbringen.
Er dürfe mich nicht gefährden, sagte er, ich müsse erst wissen, wer er sei.
Er war das, was man einen Edelnazi nennt.
Mit zwanzig hatte Baldur von Schirach ihn zu seinem persönlichen Adjutanten gemacht, er entsprach so sehr den Vorstellungen, die man sich damals von Deutschlands Jugend machte. Er brachte Jahre mit Repräsentationsreisen und Besichtigungen zu, bis ihn eines Tages das Gefühl beschlich, nichts wirklich Sinnvolles zu tun; er bat deshalb um Ablösung und um einen Einsatz, der ihn forderte. Man versetzte ihn zu Robert Ley, dem Reichsorganisationsleiter. Dort lernte er arbeiten, wie er sagte. Und dann bekam er seine große Chance: Innerhalb von sechs Wochen sollte er einen Plan über Ausrüstung und Personalbedarf für den Westwall aufstellen. Ihm war klar, daß er immer ein kleiner Angestellter bleiben würde, wenn er das nicht schaffte. Aber er schaffte es und wurde Personalchef von Ley. Auch dort blieb er nicht. Als er bei einer Frontbesichtigung in Rußland seinen pelzgefütterten Mantel auszog und ihn einem Soldaten umhängte, mußten die Herren vom Stabe, in deren Begleitung er war, zähneknirschend seinem Beispiel folgen, das verziehen sie ihm nicht, kurze Zeit darauf wurde er zur Front abgestellt.
Das war Hans Elden. Der einzige Mensch, dem es später gelang, zu mir ins Untersuchungsgefängnis in Zwickau vorzudringen, um mir die Sorge um die Kinder zu nehmen. Er versprach mir — ich werde

ihm immer dankbar dafür sein –, so lange bei ihnen zu bleiben, bis ich wieder daheim sei oder mein Mann, und ich wußte, daß er sein Versprechen unter allen Umständen halten würde.
Ich nahm ihn also mit nach Hause an jenem Nachmittag, baute auf dem runden Tisch im Kinderzimmer nützliche Dinge für ihn auf: Socken, Wäsche, einen Zivilanzug, legte Seife und ein Handtuch zurecht. Er gehörte zu den Menschen, die unbefangen Dankbarkeit zeigen können. Er nahm einfach meine Hand, und mit der seltenen Offenheit, die einen dazu brachte, ihm ganz zu vertrauen, sagte er, die alte Frau habe ihm von mir erzählt. Ihr haben Sie geholfen, mir helfen Sie, wer sorgt eigentlich für Sie?
Da liefen mir die Tränen übers Gesicht. Ich erzählte ihm die ganze Geschichte.
Ihr Mann muß her, sagte er, so schnell wie möglich. Schreiben Sie einen Brief an ihn. Ich gehe in den Osten, und irgendwo da muß Ihr Mann ja sein. Ich verspreche Ihnen, daß der Brief ihn erreichen wird – wenn er überhaupt erreichbar ist.
Seltsamerweise war ich vollkommen überzeugt, daß es diesem Mann gelingen würde, Bernhard zu finden, »irgendwo im Osten«.
Er blieb diesen einen Tag.
Er war von einer Ruhe, als wären es Wochen, fand Zeit, mit den Kindern zu spielen und mit Frau Vogt zu plaudern, mir meine Wohnung zu »entnazifizieren« und zum Bahnhof zu gehen, um sich nach einem Güterzug in Richtung Osten umzusehen. Alles gelang ihm.
Aber auch er stand unter quälendem Druck.
Spät am Abend erzählte er mir, daß er beschlossen hatte, den Krieg nicht zu überleben, und er hatte auch seiner Frau den Rat gegeben, mit den Kindern aus dem Leben zu gehen. Er wollte nicht, daß sie den Russen in die Hände fielen, der Propagandaminister hatte dafür gesorgt, daß wir alle wußten, was in Ostpreußen vor sich gegangen war.
Aber wie er auch an der Front sein Leben aufs Spiel setzen mochte – das Schicksal verschonte ihn, und nun fürchtete er, seiner Frau könne gelungen sein, was er nicht erreicht hatte, der Druck dieser Verantwortung trieb ihn nach Hause, die Hoffnung, zu retten, was vielleicht noch zu retten war, auf jeden Fall aber: bei seiner Familie zu sein.
Was kannte ich von alledem?
Wo war mein Mann? Wäre er nicht schon zu Hause, wenn es ihn so zu seiner Familie zurückgetrieben hätte wie Hans Elden?
Mein Mann kam nicht.

Ich hörte auch nichts von ihm, obwohl ich erst am 9. Juni verhaftet wurde. Wir durften inzwischen wieder das Stadtgebiet verlassen, und ich war nach Nobitz gefahren zu Grete. Wir hatten uns lange nicht gesehen, und ich wollte ihr von Hans Elden erzählen und der Hoffnung, die er mir gemacht hatte.
Dort wurde ich verhaftet, bis dahin folgten sie mir, so eilig hatten sie es.
Wir waren im Garten, Grete und ich. Ein Gewitter zog auf, und wir beschlossen, ins Haus zu gehen. Im Hof stand einer von diesen offenen amerikanischen Militärwagen, ein amerikanischer Soldat lehnte daran. Grete runzelte die Stirn, was wollte denn der hier? Schneller gingen wir auf das Haus zu, in der Halle warteten zwei Männer, der eine sagte, wissen Sie, ob Frau Bechler hier ist?
Ich sagte ihm, daß ich Frau Bechler sei. Da klappte er einen Ausweis auf, Kriminalpolizei. Später erfuhr ich, daß sie eine Art Hilfspolizisten waren, sie hatten wohl auch keinen Haftbefehl, der Amerikaner draußen war ihre Legitimation, aber in jenen Tagen reichte das, es ging ja noch alles wild durcheinander.
Der andere legte mir blitzschnell Handschellen um.
Sie wollten mich abführen, da trat Grete dazwischen, sie bat darum, mich begleiten zu dürfen, das wurde auch erlaubt.
Gefesselt werde ich in die Wohnung geführt, vor die Kinder. Als ich so hereinkomme, zwischen den beiden Männern, schreit mein Junge, schreit, als ginge es ihm ans Leben. Ich knie mich vor ihn hin und nehme ihn in das Rund der gefesselten Arme, so kann er die Handschellen nicht mehr sehen. Ich flüstere ihm allerlei zu, Zärtliches und Beruhigendes, daß er keine Angst haben solle, bald würde ich wieder da sein, ich oder sein Vater. Während ich noch mit ihm beschäftigt bin, fühle ich mehr als daß ich es sehe, wie Heidi ganz still aus dem Zimmer geht. Sehen Sie, was Sie da machen, sagt Grete empört, was soll denn daraus werden.
Einer der beiden sagt brutal: Der Kopf wird rollen.
Der Junge hat es wohl nicht gehört oder nicht verstanden, er hört auf zu weinen, ich weiß, daß ich mich jetzt um Heidi kümmern muß, ich will die Handschellen loswerden und sage, daß ich zur Toilette muß.
Sie schließen die Fesseln auf, aber ich werde gewarnt: kein Selbstmord.
Ich frage sie, ob sie denn nicht sähen, daß es mir nur um die Kinder gehe.
Ich nehme den Kleinen auf den Arm und suche Heidi. Im Badezimmer finde ich sie, sie steht im äußersten Winkel, hinter die Wanne ge-

drückt. Stumm steht sie, lautlos strömen Tränen über das kleine Gesicht, werde ich das je vergessen?

Als ich zurückkomme, hat eine Art Haussuchung stattgefunden, bei der es offensichtlich um Beschlagnahme von Wertsachen und Lebensmitteln geht, auch der Vorrat, den der Pfarrer uns neulich zu treuen Händen übergeben hat, ist dabei. Nun gehen sie auf Grete los, aber die läßt sich nichts gefallen.

Sie haben Frau Bechler mit Lebensmitteln unterstützt, sagt der eine aggressiv, da sieht man's, andere mit Füßen treten und selbst an der Quelle sitzen.

Jawohl, sagt Grete, ich habe Frau Bechler unterstützt, weil sie wegen ihres Mannes aus der Volksgemeinschaft ausgestoßen worden war. Sie wissen wohl nicht, daß ihr Mann dem Nationalkomitee angehört?

Das macht Eindruck, die beiden werden bescheidener, sie sind nicht mehr an Beschlagnahme interessiert, sie geben mir Zeit, ein paar Brote zu schmieren und das Wichtigste in eine Strohtasche zu packen, wie man sie damals hatte, dann drängen sie zum Aufbruch.

Grete nimmt mir die Kinder aus dem Arm, sie verspricht ihnen ein Spiel draußen auf der Wiese, wie gut, daß Kinder so leicht abzulenken sind. Als sie das Zimmer verlassen haben, werde ich wieder gefesselt, so führt man mich hinaus.

Wir fahren vorbei an der Wiese, auf der Grete mit den Kindern spielt, ich höre sie lachen und rufen, ich ducke mich, ich will nicht, daß sie mich entdecken und an alles erinnert werden.

Ich habe sie nicht wieder gesehen.

Vorbemerkung zu Kapitel 3

Kriegsende.
Am 8. Mai 1945 unterzeichneten in Berlin Generalfeldmarschall Keitel, Generaladmiral von Friedeberg und Generaloberst Stumpf die bedingungslose Kapitulation der deutschen Wehrmacht:

> »Wir Unterzeichnete erklären uns im Namen des deutschen Oberkommandos mit der bedingungslosen Kapitulation unserer gesamten Land-, See- und Luftstreitkräfte, sowie aller Streitkräfte einverstanden, die gegenwärtig unter deutschem Befehl stehen, gegenüber dem Obersten Befehlshaber der Alliierten Expeditionsstreitkräfte und gleichzeitig gegenüber dem Oberkommando der Roten Armee.«

Der Bilanz dieses Krieges steht an Opfern, Schrecken und Verbrechen nichts Vergleichbares zur Seite:
55 Millionen Tote, davon mehr als 20 Millionen Zivilisten — 3,8 Millionen Deutsche.
Unermeßliche Opfer hatten die Völker der Sowjetunion zu tragen: 7 Millionen Zivilisten, 13,6 Millionen Soldaten bezahlten mit ihrem Leben. Jeder zweite russische Kriegsgefangene kam in deutschen Lagern um.
Etwa 6 Millionen Juden wurden in den Vernichtungslagern des Dritten Reiches umgebracht. Juden und Kommunisten, die Weltfeinde Nr. 1 in Hitlers verworrener Weltanschauung — für ihre Ausrottung war gründlich, planmäßig gesorgt worden.
Am 30. April 1945 beging Hitler im Bunker der Reichskanzlei in Berlin Selbstmord. In seinem »Testament« machte er das deutsche Volk für die Katastrophe verantwortlich. Schon aus dem Jahr 1941 datiert der Hitlersatz: »Wenn das deutsche Volk einmal nicht mehr stark und opferbereit ist..., so soll es vergehen und von einer anderen stärkeren Macht vernichtet werden... Ich werde dem deutschen Volk dann keine Träne nachweinen.«
An diesem Tag, als Hitler Selbstmord beging, landete auf einem kleinen Flugplatz zwischen Frankfurt/Oder und Küstrin ein sowjetrussisches Flugzeug: Deutsche Emigranten, die »Gruppe Ulbricht«, kamen aus Moskau nach Deutschland zurück; zu ihnen gehörten unter anderen Otto Winzer, Hans Mahle, Karl Maron, Rudolf Herrnstadt, Fritz Erpenbeck, Wolfgang Leonhard, die alle zwei Tage später in Berlin eintrafen. Wolfgang Leonhard hat in seinem Buch *Die Revolution entläßt ihre Kinder* das Wiedersehen mit der zerstörten Reichshauptstadt festgehalten:

> »Es war ein infernalisches Bild. Brände, Trümmer, umherirrende, hungrige Menschen in zerfetzten Kleidern. Ratlose deutsche Soldaten, die nicht mehr zu begreifen schienen, was vor sich ging. Singende, jubelnde und oft auch betrunkene Rotarmisten... Viele Menschen trugen weiße Armbinden als Zeichen der Kapitulation oder rote als Begrüßung für die Rote Armee...«

Bernhard Bechler hatte Berlin bereits einige Tage früher erreicht. Als einziger aus dem Nationalkomitee, der nicht zum Kreis der Altkommunisten gehörte, war er zu diesem frühen Zeitpunkt nach Deutschland zurückgekehrt — im Gefolge der Roten Armee. Nach seinen eigenen Berichten war er in den letzten Apriltagen 1945 in das umkämpfte Berlin gefahren, hatte im Berliner Stadtbe-

zirk Wittenau mit Arbeitern eine 1.-Mai-Kundgebung veranstaltet, mit ihnen gemeinsam die Internationale gesungen. Das sei sein bis dahin schönstes politisches Erlebnis gewesen.
Bernhard Bechler begann konsequent, seine bürgerliche Herkunft abzustreifen.
In Deutschland, das von Hitler in einem beispiellosen Chaos, ohne funktionsfähige Verwaltung und Regierung, zurückgelassen worden war, hatten nun die Siegermächte das Wort. Am 5. Juni ging die oberste Regierungsgewalt in Deutschland offiziell in ihre Hände über. Deutschland wurde in vier Besatzungszonen aufgeteilt. Die ehemalige Reichshauptstadt, obwohl von den Russen allein erobert, sollte gemäß den Beschlüssen der Yalta-Konferenz vom Februar 1945 von den vier Alliierten gemeinsam verwaltet und in Sektoren aufgeteilt werden.
Im sowjetisch besetzten Teil machte die Reorganisation der Verwaltung verhältnismäßig rasche Fortschritte. Am 4. Juli 1945 wurden die ersten drei Landes- bzw. Provinzialverwaltungen durch Anordnungen der SMAD (Sowjetische Militäradministration Deutschland) gebildet: Mecklenburg, Sachsen, Brandenburg.
Bernhard Bechler, Major der Stalingradarmee, Vorstand des Bundes Deutscher Offiziere, Absolvent der Antifa-Schule, Frontbevollmächtigter des Nationalkomitees, wurde Erster Vizepräsident der Provinzialregierung der Mark Brandenburg.

Kapitel 3

Im Untersuchungsgefängnis Zwickau
Juni/Juli 1945

Ich hatte noch nie ein Gefängnis von innen gesehen, wie sollte ich auch?
In den zwölf Jahren meiner Haft habe ich dann einige kennengelernt, schlechtere und bessere, gute gibt es nicht, und keines machte mir je den Eindruck, als hätten die Menschen, die man — aus welchen Gründen auch immer — dorthin gebracht hatte, eine Chance, sich zu ändern und zu bessern.
Von Anfang an ist alles auf Demütigung und Entwürdigung abgestellt: Stein und Eisen, drahtüberspannte Flure, klirrende Metalltreppen, Kälte für Auge und Ohr, kein Halt für das Gefühl, krankmachend von Anfang bis Ende.
Im Wachtzimmer saßen zwei schwerhüftige, unschöne Frauen, gelas-

sen und versiert, als sei der Betrieb ihnen nicht fremd. Später hörte ich, daß die Sieger es sich leicht gemacht und die alten Wachtmannschaften übernommen hatten, nun versahen sie so gleichmütig ihren Dienst wie zu Hitlers Zeiten.
Ziehen Sie sich aus, sagte die eine.
Ich zog meinen Mantel aus.
Weiter, sagte sie ungeduldig.
Ich lehnte ab.
Sie blätterte in Papieren, als hätte sie nichts gehört, die andere aber trat an die Tür und schrie: Friedrich.
Mich packte Angst. Rief sie den Hausknecht? Sollte der mich ausziehen? Oder prügeln? Da zog ich mich lieber selber aus, das Kleid über den Kopf, die Schuhe von den Füßen, langsam, langsam.
Na, wird's bald, sagte die eine, und die andere brüllte wieder: Friedrich, Friedrich.
Ich zog mich aus bis aufs Hemd. Das will ich anbehalten, sagte ich, fest entschlossen, auch Friedrich gegenüber meinen Standpunkt zu verteidigen. Und dann kam Friedrich und war eine blasse junge Frau, die sie zur Kalfaktorin gemacht hatten, Häftling wie ich. Sie übernahm, was ich nicht behalten durfte: Gürtel, Handschuhe, Schal und das meiste von der Wäsche, die ich zu Hause hastig eingepackt hatte. Man ließ mir nur das Nötigste.
Hier, Ihre Unterschrift, sagte die eine.
Ich unterschrieb: Frau Margret Bechler.
Ohne mich anzusehen, löschte die Wachtmeisterin das Frau vor meinem Namen sorgfältig aus, reichte mir dann ohne einen Blick meine Butterbrote. Warum das eine — warum das andere?
Die zweite führte mich in meine Zelle. Von einem eisernen Etagenbett her sah eine Frau mir erwartungsvoll entgegen, stellte sich locker vor. Ich bin Muttchen Müller, erklärte sie mir in reinem Sächsisch, das untere Bett sei unbenutzbar, besser für mich, auf dem Fußboden zu schlafen, besser, ein nasses Tuch über den Kübel zu legen, besser, wenn eine sich abends wüsche und die andere morgens, für beide reiche das Wasser nicht, und immer vom Brot ein wenig aufheben, sonst werde die Pause bis Mittag zu lang, besonders wenn man arbeiten müsse. Sie organisierte gern und gut, das hatte sie auch hierhergebracht, Kinder hatte sie keine, da hatte sie sich mit ihrem ganzen Elan auf Frauenschaftsarbeit geworfen. Ich bot ihr von meinen Broten an, und während sie kaute und redete und redete und kaute, legte ich die mürbe Matratze auf den Fußboden, langsam und voll inneren Widerstrebens.

Muttchen Müller sagte, schon an ihrem Beinamen sei zu erkennen, was für ein Mensch sie sei, wenn sie nur erst zum Verhör geholt werde, stelle sich alles schon heraus. Mitten im Satz verstummte sie, gleich darauf Schnarchen — endlich, ich war froh, daß sie schlief. Mir ließen meine Gedanken keine Ruhe, so viele, große und kleine: die Kinder in der Abschiedsstunde, und daß ihre Schuhe zu klein geworden waren, wer würde sie gegen andere eintauschen, und daß der Junge Angst vor dem Friseur hatte, und daß nur ich Heidi beim Essen gut zureden konnte, und wo war Bernhard? Was würden meine Eltern sagen? Ich hatte diesmal keinen Haute Sauterne zur Hand, ich schlief erst ein, als es hell wurde.

Mich holte man gleich am nächsten Tag zum Verhör. Die Hauptwachtmeisterin gab mir mit unbewegtem Gesicht meine Handschuhe zurück; ich wurde durch die vielen Gittertore geschleust, vor mir wurde aufgeschlossen, hinter mir zu, jedes Tor einzeln, welch ein Aufwand, mir dämmerte, daß Wächter eine besondere Mentalität haben müssen, mit den Gefangenen schließen sie zugleich sich selber ein, freiwillige Gefangene gewissermaßen.

An der Pforte warteten die beiden, die mich verhaftet hatten.

Ich kletterte zu ihnen ins Auto, nach hinten, und der eine sagte, Anton Jakobs Witwe würde unterwegs zusteigen. Ich hatte Angst vor ihrem Kummer, ihrer Verzweiflung. Vor fast einem halben Jahr war ihr Mann hingerichtet worden, ich wollte um ihre Verzeihung bitten.

Sie stand am Straßenrand, schwarz gekleidet, eine einsame Figur.

Das Auto hielt an, dann taten sie etwas Unüberlegtes: Sie setzten die Frau neben mich, das heißt, sie versuchten es, denn die ging sofort auf mich los, schlug wild auf mich ein. Ich hielt still. Die Männer rissen sie zurück, gaben ihr den Vordersitz, keiner sagte mehr ein Wort, nicht im Auto und auch nicht im Gerichtsgebäude, wo wir in verschiedene Zimmer geführt wurden. Was würde sie über mich aussagen? Ich hatte ihr Leben zerstört.

Ein Obersekretär vernahm mich, auch hier hatte man offenbar das Personal belassen. Während ich meine Aussagen machte, spürte ich an seinen Fragen steigendes Mitgefühl. Gegen Ende der Vernehmung erwähnte er zwei Namen, Noski war der eine, an den anderen kann ich mich nicht mehr erinnern. Nein, ich kenne niemanden dieses Namens, ich weiß nicht, was das soll. Bei der zweiten Vernehmung erfuhr ich, daß Anton Jakob im Laufe seiner Haft diese beiden Männer in sein Unheil mit hineingerissen hatte, auch sie waren hingerichtet worden. Später hat man mich auch dafür verantwortlich machen wollen.

Der Obersekretär tat nichts dergleichen. Er schickte die Stenotypistin mit dem Protokoll hinaus und sagte freundlich, ich sei da offensichtlich in eine Sache hineingeraten, von deren Ausmaß ich keine Ahnung hätte. Ihm sei klar, daß ich mich nicht anders hätte verhalten können, selber gefährdet und mit den beiden kleinen Kindern. Er werde mir helfen, so schnell wie möglich.

Voller Hoffnung kam ich in die Zelle zurück.

Muttchen Müller musterte mich gereizt. Mit Damen, fauchte sie, mit Damen würden immer Ausnahmen gemacht, selbst ihre feinen Klamotten ließe man ihnen, ihresgleichen brumme nun schon drei Wochen in Häftlingskleidung und ohne Verhör, und das kümmere kein Schwein. Ich setzte mich zu ihr und half ihr bei der Arbeit, die sie an ihren scheuerfreien Tagen zu machen hatte. Zusammen entfilzten wir Seidengarn und wickelten es wieder auf, und währenddessen erzählte ich ihr von dem Verhör, das weckte ihre Neugier und besänftigte sie. Während wir so zwischen Furcht und Hoffnung schwankten, knüpfte ich aus Garnresten einen Stern, der Muttchen Müller so gut gefiel, daß sie ihn auf unseren Klapptisch legte.

Gönn se sing, fragte sie, ich gann zwete Stimme.

Sie hatte einen herrlichen Alt, Lied um Lied fiel uns ein, selbstvergessen wurden wir immer lauter. Bis die Tür aufging, die Hauptwachtmeisterin sagte streng: Hier wird nicht gesungen, merken Sie sich das.

Nach dem Schichtwechsel ging die Tür wieder auf, eine andere stand darin, die gutmütigste von allen, und sagte bittend: Können Sie nicht noch ein paar Lieder singen, ich lasse die Tür auf, dann hören es alle.

So waren sie, Wärme neben Kälte, unpersönliche Strenge neben herzlicher Güte, Feigheit neben einem Mut, der mehr als einmal die eigene Sicherheit riskierte. Sie sperrten mich später in eine Kellerzelle, in der eisige Jauche vom Boden heraufkroch, und schmuggelten dann Zucker und Käse hinein, was mir half, am Leben zu bleiben.

Das nächste Erlebnis war der Rundgang, diese Perversion eines Spaziergangs: Zwei Kreise, ein großer für alle, die schnell gingen, ein kleiner für die langsamen. Im großen Kreis war Frau Mutschmann die auffälligste Erscheinung, stattlich, mit blauschwarzem Haar und sehr gerade, auf dem glatten Gesicht ein leeres Lächeln, die Frau des Gauleiters von Sachsen. An der Grenze hatte man sie und ihren Mann erwischt, sie wären vielleicht durchgekommen, hätte ihr vieles Gepäck sie nicht behindert. (Später stellte man es in Dresden aus, zusammen mit den Vorräten, die der Gauleiter in seinem Keller gehortet hatte. Es müssen ziemliche Mengen gewesen sein, bei der Bevölkerung herrschte große Wut.) Ich habe Frau Mutschmann erst viel später näher kennengelernt, in Bautzen lagen wir zusammen in einer Zelle, da war das Blauschwarze aus ihrem Haar, weiß war es nun, und aus ihrem Gesicht viel von der öden Selbstgefälligkeit; man ließ sie furchtbar büßen. Schon in Zwickau mußte sie die schwersten Arbeiten tun, aber damals setzte ihr das noch nicht so zu; später ließ man sie in Besenkammern auf dem Boden schlafen und Latrinen reinigen. Sie wäre Zeit ihres Lebens eine selbstgefällige Person geblieben, die Lagerjahre machten einen Menschen aus ihr, vor dem man Achtung haben mußte.

Ich wollte nicht in den Hof hinunter, mir war, als würde ich an den Pranger gestellt, aber die Wachtmeisterin blieb hart, frische Luft sei wichtig für mich. Ich reihte mich also hinter Muttchen Müller in den Kreis der Schnellgehenden ein, korrekt mit Mantel und Handschuhen, das kreideten mir manche als Einbildung an, hier und in Bautzen.

Zwei Wachtmeisterinnen riefen uns von der Tür her Kommandos zu: Im Gleichschritt, marsch und links, zwei, drei, vier, links, zwei, drei, vier. Und: Abstand halten. Und: Beim Gehen die Arme durchschlagen!

Ich versuchte, es den anderen gleichzutun, aber ich konnte plötzlich nicht mehr normal gehen, dabei war ich leidenschaftliche Spaziergängerin, aber dieser Trott im Kreis, in einem engen Hof zwischen hohen Mauern, deren Rand mit Glasscherben gespickt war, Sprechen verboten, Berühren verboten, verboten alles Menschliche, das war eine einzige Qual. Im kleinen Kreis setzte eine junge blonde Frau blicklos Fuß vor Fuß, sie wußte nicht, was sie tat, das sah man. Muttchen Müller kannte auch ihr Schicksal. Da hatte die ganze Familie beschlossen, Schluß zu machen, Mann und Frau, Eltern und Wirtschafterin. Und fünf Kinder, ob man die gefragt hat, weiß ich nicht. Die junge blonde Frau, die da neben mir im Kreis lief, war die Mutter der fünf Kinder und die einzige Überlebende, man hatte sie im Krankenhaus wieder zu sich gebracht. Und nun wurde behauptet, sie habe die anderen umgebracht.

Der Hofgang war zu Ende, wir »liefen ein«, stellten uns neben den Zellentüren auf und warteten darauf, wieder eingeschlossen zu werden.

Se ham uns unsern Spitzenstern furtgenumm, sagte Muttchen Müller als erstes; tatsächlich, der Klapptisch war wieder kahl, unsere Augen sollten sich wohl nicht freuen dürfen.

Am Sonntag darauf erlebten wir den ersten Gottesdienst nach

Kriegsende. Der Kirchenraum war kahl und düster, der Altar ohne jeden Schmuck, zwei magere Kerzen leuchteten.
Wir Frauen saßen hinten, die Männer vorn, zwischen uns war eine Reihe leer gelassen.
Harre, meine Seele, sangen wir, harre des Herrn.
In seiner Predigt führte der Pfarrer uns vergangenes unverdientes Glück vor Augen, unsere verlorenen Paradiese, verloren durch eigene Gedankenlosigkeit oder Schuld, wir sollten uns besinnen.
Die blonde junge Frau brach in wildes Weinen aus, es schüttelte sie krampfig, dieses harte Schluchzen war eine Qual, ich konnte das nicht mitanhören, ich stand auf und legte ihr meinen Mantel um, dann ging ich auf meinen Platz zurück. Muttchen Müller schüttelte vorwurfsvoll den Kopf, hier dürfe man doch nicht aufstehen.
Ich hatte den Faden der Predigt verloren, ich fing an, über mich nachzudenken, anders als je zuvor. Gewiß, ich konnte mein Handeln erklären. Das provozierende Auftreten des Besuchers hatte mich dazu gezwungen. Oder hätte ich mit den Kindern den sicheren Weg ins KZ gehen sollen? Andere hatten es auch ertragen müssen. Aber die Kinder hätten es gewiß nicht überlebt, so klein, wie sie damals noch waren. Nein, das war schon richtig, daß ich als Mutter zuerst an das Leben meiner Kinder gedacht hatte. Aber da war noch das Leben des Mannes, der uns besucht hatte. Und dann wußte ich auf einmal, warum ich Strafe zu tragen hatte.
Gott hat einen anderen Maßstab, das fühlte ich genau. Als Frau, deren Aufgabe es ist, Leben zu geben, zu hüten und zu beschützen, mußte mir jedes Leben heilig sein. Ich hatte meine Kinder retten müssen, und sie waren verschont geblieben. Und doch blieb eine Schuld vor Gott, die Schuld am Leben. Es war eine harte Wahrheit, die ich in der Gefängniskirche von Zwickau fand, sie tat weh, aber sie brachte mir auch Trost. Sie gab mir das Gefühl, daß Gott mich nicht verstoßen hatte.
Nach dem Gottesdienst winkte die Hauptwachtmeisterin mich zu sich. Mit der leblosen Miene, die ihr eigen war, wies sie mich zurecht, ich wisse wohl überhaupt nicht, wie man sich in einem Gefängnis zu benehmen habe, ich könne doch nicht einfach herumlaufen, wie es mir gefiele. Und wie ich dazukäme, meinen Mantel herzugeben, leichtsinnig sei das, äußerst leichtsinnig, ich könne ihn doch mit Kleiderläusen zurückbekommen, die gebe es hier nämlich.
Mich interessierte die Mitteilung über Kleiderläuse nicht sonderlich, ich bat für die junge Frau, da müsse doch etwas geschehen, ein Gespräch mit dem Pfarrer wenigstens.

Wir wollen sehen, sagte sie, jetzt bringe ich Ihnen erstmal Ihren Mantel zurück, und untersuchen Sie ihn auf Läuse. Gründlich!
Ich war ratlos. Ich wußte nicht, wie Kleiderläuse aussehen.
Kleine graue Tierchen, sagte sie, so groß wie Stecknadelköpfe, sie sitzen vor allem in den Nähten und in den Aufschlägen.
Sie selbst brachte mir den Mantel in die Zelle und forderte mich noch einmal eindringlich zur Suche nach den Läusen auf, ich fing auch gehorsam damit an, aber bald gab ich es auf, es kam mir der Frau gegenüber zu schäbig vor.
Nach dem Rundgang am nächsten Tag wurde ich nicht in die Zelle eingeschlossen, die Hauptwachtmeisterin machte sich mit mir auf einen langen Weg durch die hallenden Flure, erst dachte ich an ein weiteres Verhör, dann sah ich, daß es zum Kirchenraum ging.
Vor dem Altar blieb sie stehen.
Zwischen den beiden Kerzenleuchtern lag mein Spitzenstern. Sie sagte, und es klang fast entschuldigend, ich habe ihn aus Ihrer Zelle genommen, ich dachte, hier ist er am Platz. Wir hatten früher eine sehr schöne Altardecke, aber sie ist uns gestohlen worden, hier hat man nämlich auch geplündert. Zu Hause, fügte sie hinzu, habe sie ein Stück Leinen, groß genug für eine Altardecke und sehr fein, ein schönes Stück, und als sie den Stern gesehen habe, da sei ihr der Gedanke gekommen, ich könne vielleicht etwas daraus machen.
Da saß ich nun in meiner Zelle, zog friedlich Fäden und stichelte so fein ich konnte: Kreuze aus Hohlsaum, lauter Kreuze. Ich fing mich an der Decke, ich dankte dem Himmel für dies Zeichen der Gnade.

Am 20. Juni wurde ich noch einmal zum Verhör geholt.
Meine Sache stünde gut, sagte der freundliche Oberinspektor, die Anklage fuße ja auf dem Gnadengesuch, Nachforschungen hätten aber ergeben, daß dieses Gnadengesuch auf jeden Fall ohne Einfluß geblieben wäre, da Anton Jakob schon hingerichtet war, als es mir zugestellt wurde. Auch sei es unsinnig, mich für den Tod der beiden Männer verantwortlich zu machen, die mit ihm hingerichtet wurden, da ich von ihrer Existenz ja nicht einmal eine Ahnung gehabt hätte.
Von unserer Seite her, sagte er, steht Ihrer Freilassung nichts mehr im Wege. Es fehlt nur die Unterschrift des amerikanischen Stadtkommandanten. Wollen wir hoffen, daß er bald Zeit dafür findet, damit Sie zu Hause sind, wenn die Russen am 1. Juli Thüringen besetzen.
Zum erstenmal hörte ich von dem zwischen Amerikanern und Russen ausgehandelten Gebietstausch. Ich hatte nur einen Gedanken, ich mußte zu meinen Kindern.

Ich tue, was ich kann, sagte er und drückte mir mitfühlend die Hand.
Am 26. Juni kam die Hauptwachtmeisterin, ich solle mitkommen, Besuch sei da für mich.
Besuch? Von Bernhard, von meinem Vater, von Grete? Und immer wieder hoffte ich: Bernhard.
Zwei Männer, Beamte offenbar, saßen im Wachtzimmer. Der eine sagte, es sei jemand da, der Fragen an mich habe, die den Haushalt und die Kinder beträfen. Er blickte auf ein Papier vor sich, las eine Frage ab: Im Garten sind die Beeren reif, was soll damit geschehen?
Also nicht Bernhard, dachte ich, aber auch nicht Grete, die wüßte, was man mit Johannisbeeren macht. Wer konnte es sein?
Was soll damit geschehen, fragte der eine etwas ungeduldig.
Essen, einmachen, verschenken, sagte ich.
Dürfen Vorräte aus dem Keller angegriffen werden?
Selbstverständlich. Ob da etwas stehe, was die Kinder betreffe?
Mal sehen, sagte er langsam, es ist eine ganze Liste, ach, lesen Sie selbst.
Er gab mir das Blatt, eine Männerhandschrift, plötzlich fiel mir ein: Hans Elden. Ich war grenzenlos erleichtert und fest entschlossen, ihn zu sprechen, irgendwie mußte mir das gelingen. Da habe ich mich auf Bernhard bezogen, dieses einzige Mal, ich sagte, der Besucher sei im Osten gewesen, bei meinem Mann, ließ einfließen, daß Bernhard dort etwas bedeute und ich diesen Mann gern selber sprechen wolle.
Die beiden sahen sich an. Also gut, sagte der eine, zwanzig Minuten.
Die Wachtmeisterin führte Hans Elden herein, ganz schön gerissen war er, ohne Skrupel gab er zu verstehen, wie wichtig die Stellung meines Mannes bei den Russen sei.
Ich habe Ihren Mann gefunden, sagte er, das heißt, nicht ihn selbst, aber eine Dienststelle der Militärverwaltung, für die er als Kurier unterwegs war. Ich habe mit seinem Vorgesetzten gesprochen, Ihren Brief hinterlassen und Ihre verzweifelte Lage geschildert. Im Vorzimmer hörte ich, daß Ihr Mann wahrscheinlich die politische Leitung des Berliner Rundfunks übernehmen wird.
Die beiden horchten auf und gestatteten mir eine halbe Stunde Sprecherlaubnis in Gegenwart der Wachtmeisterin.
Ich fragte ihn, wie es den Kindern gehe.
Gut, sagte er, Frau Vogt sorgt rührend für sie, und ich bin ja jetzt auch da, ich bleibe, bis Ihr Mann kommt. Oder Sie.
Ich fragte ihn, wie lange mein Mann in Deutschland sei.
Er sagte, er sei Anfang Mai mit den Russen in Berlin einmarschiert, so jedenfalls habe er es gehört.

Ich begriff Bernhard immer noch nicht, er auf der Seite der Sieger. Und warum kümmerte er sich nicht um seine Familie?
Mit halbem Ohr hörte ich, wie Hans Elden von seiner Familie erzählte, er hatte sie gefunden, halbverhungert, aber sie lebten noch. Seiner Frau allerdings war es beim Einmarsch der Russen furchtbar ergangen — er hatte sie völlig verstört vorgefunden, wie eine alte Frau. Er brachte sie zu guten Freunden in der Nähe von Berlin und kehrte aus Sicherheitsgründen in den Westen zurück, schwamm nachts über die Elbe, fand den Weg nach Altenburg, kümmerte sich nun um meine Kinder.
Beenden Sie bitte das Gespräch, sagte die Wachtmeisterin an der Tür. Gehen dreißig Minuten wirklich so schnell zu Ende? Er drückte meine Hand, flüsterte mir zu, daß meine Tagebücher in sicheren Händen seien. Ich nahm seinen Kopf und küßte ihn, sagte ihm, er solle diesen Gruß meinen Kindern bringen. Dann saß ich allein in dem Zimmer, eingeschlossen, allein mit meinen Gedanken. Warum Hans Elden, warum nicht Bernhard? Unser Trauspruch hieß: Einer trage des anderen Last. So lange schon ließ er mich die seine tragen, wann würde er kommen, sie mir abzunehmen?
Ich zählte weiter die Tage, noch fünf, noch vier... noch einer. In der Nacht vom 30. Juni zum 1. Juli erschütterte das Rumpeln schwerer Fahrzeugkolonnen die Gefängnismauern, verstummte nach Mitternacht, begann in den Morgenstunden von neuem: Die Amerikaner gingen, die Russen kamen.
Die Russen. Ich hatte Angst, wir hatten alle Angst. Betrunkenheit, Gewalttätigkeit, der Sturm aus dem Osten, darauf warteten wir. Aber es war ganz anders. Bis Mittags kümmerte sich keiner um uns, wir sahen sie nicht, wir hörten sie nur. Um zwölf wurde das Gitter geöffnet, das die Männer von den Frauen trennte, Ketten rasselten, Riegel schlugen zurück, dieser entnervende metallene Lärm, der immer anzeigt, daß in einem Gefängnis etwas Besonderes vor sich geht. Alle Gefangenen mußten im Hauptflur der Männerabteilung antreten. Die Männer warteten schon in langer Doppelreihe, wir standen im rechten Winkel, neunundsechzig Frauen, ich hatte Zeit, sie zu zählen.
Wie wir so standen und warteten, wurde es auf einmal dunkel, gewitterdunkel, dann zuckten Blitze vor dem hohen Flurfenster, Donner krachte. Nur ein Gewitter, sagte ich mir und konnte doch nicht verhindern, daß ich es als ein Omen nahm.
Unsere Namen wurden aufgerufen, die Frauen zuerst, jede Aufgerufene verschwand im Wachtzimmer. Wer es verließ, wurde von einem Wachtmeister abgeführt, die meisten nach rechts, einige wenige nach

links. Wir konnten uns nicht zusammenreimen, welche Seite die bessere war.
Dann war ich an der Reihe
Hinter dem Schreibtisch im Wachtzimmer saß ein russischer Offizier. Er nahm keine Notiz von mir, lebhaft redete er auf ein junges Mädchen in Soldatenuniform ein, das an einem Tischchen neben dem Schreibtisch saß.
Er war der erste Russe, den ich sah, wenig militärisch, wenig gefährlich, wie er da lässig im Stuhl lehnte, untersetzt und wohlgenährt und etwas undurchsichtig.
Das junge Mädchen schob ihm eine Akte zu. Ich glaubte, mein Protokoll zu erkennen. Am Fuß waren in russischer Schrift einige Zeilen angefügt.
Schwerfällig buchstabierte er meinen Namen.
Ich nickte.
Setzen Sie sich, sagte das junge Mädchen in gutverständlichem Deutsch und bot mir eine Zigarette an.
Ich dankte.
Der Offizier sagte etwas auf russisch und sah mich dabei an, zum erstenmal.
Das Mädchen dolmetschte: Ihr Mann ist Offizier?
Ich sagte ja.
Er soll mit unserer Armee gekämpft haben?
Ich sagte, das würde behauptet.
Er hat gut daran getan, sagte sie.
Ich schwieg.
Sie fragte, ob ich anderer Ansicht sei.
Ich sagte, ich kennte die Beweggründe meines Mannes nicht, seit Stalingrad sei ich ohne Nachricht von ihm.
Stalingrad, sagte der Offizier, er strahlte fast.
Sie sind Faschist, sagte das Mädchen.
Ich sagte, ich sei weder Faschist noch Nationalsozialist, ich sei Deutsche, und ich hätte gehandelt, wie ich als Mutter hätte handeln müssen.
Der Offizier sprach länger, dann übersetzte das Mädchen. Sie werden Zeit haben zu denken, sagte sie, viel Zeit. Sie werden sehen, was gut ist und was schlecht ist. Sie werden sehen, Sie werden verstehen.
Der Offizier senkte seine Augen auf das nächste Aktenstück, das Mädchen nickte dem Posten zu, ich wurde hinausgeführt und draußen einem Wachtmeister übergeben.
Wir gingen nach links, und sehr bald wußte ich, daß dies jedenfalls nicht der Weg in die Freiheit war.

Der Wachtmeister stieg vor mir die dröhnenden Treppen hinauf bis in den dritten Stock, da öffnete er eine Tür. Ich stand in einem großen Raum, der vielleicht für fünfzehn Personen vorgesehen war, jetzt waren nur jene vier Frauen darin, die vor mir nach links geführt worden waren. Sie saßen um einen rohen Holztisch, auf dem in einem Marmeladenglas eine Ringelblume stand, unter ihnen war Frau Mutschmann. Das machte mir klar: Wir waren diejenigen, an denen die Russen ein besonderes Interesse hatten.
Frau Mutschmann erzählte uns mehrmals, so viele Vorräte seien das gar nicht gewesen, wie man da im Rathaus von Dresden ausgestellt habe. Und was habe sie überhaupt damit zu tun, daß ihr Mann Gauleiter gewesen sei. Ein schlankes Mädchen redete eindringlich auf mich ein, sie sei doch bloß Dolmetscherin bei den Amerikanern gewesen, ob man sie deshalb für gefährlich halte. Die dritte, hager und bestimmt, meinte, das sei jetzt alles unwichtig, es käme nur noch darauf an, Gott zu vertrauen. Ich allein schwieg, ich wußte, warum ich ausgesondert worden war.
Bis abends um acht hatte sich noch niemand um uns gekümmert. Wir bekamen nicht einmal zu essen, was unsere Aufregung steigerte, wir wußten ja damals noch nicht, daß die Russen erst nachts zu arbeiten anfingen. Gegen neun beschlossen wir, uns hinzulegen, aber als sich jede gerade ein Lager gesucht hatte, hörten wir, wie unten aufgeschlossen wurde. Dann Schritte, das waren mindestens zehn Paar Männerstiefel.
Wir hatten nur einen Gedanken: Jetzt kommen sie und fallen über uns her. Wir verschanzten uns hinter Matratzenteilen, die Dolmetscherin sprang noch einmal auf, stürzte zum Tisch, riß die Blume aus dem Glas und warf sie unter ein Bett. Das könne sie reizen, sagte sie aufgeregt.
Dann ging die Tür auf, ein Schwarm von Männern kam herein. Und wir saßen geduckt hinter unseren Matratzen, riskierten gerade einen Blick.
Die Männer blieben an der Tür stehen, sehr dezent. Sie zeigten weder Staunen noch Ärger über unser Verhalten, einer fragte in den Raum hinein, ob wir schon gegessen hätten. Dann ging er an den Betten vorbei, blieb vor meinem stehen und rief seine Kameraden heran. Frau von Major, sagte er und grinste, als hätte er mich selber gefangengenommen. Nachdem ich bestaunt worden war, ließen sie uns wieder allein.
Kurz darauf hallten Schritte auf den Metallstiegen, die Tür wurde aufgeschlossen, zwei russische Soldaten setzten einen Kübel mit damp-

fendem Tee ab, ein dritter trug ein Brett mit einem runden weißen Käse und einen Korb voll Brot. Es war reichlich für uns alle.
Waren die Russen doch nicht so schlimm?
Am anderen Morgen erwachte ich mit Schüttelfrost und Halsschmerzen, später löste hohes Fieber das Kältegefühl ab, mein Hals war zu, ich konnte nicht einmal die dünne Suppe aus Möhrenkraut schlukken. In den Jahren darauf machte ich die Erfahrung, daß ich jedesmal schwer krank wurde, wenn ein Lagerwechsel bevorstand und wir wieder einmal in das Nichts völliger Beziehungslosigkeit zurückfielen.
Ein Arzt kam und ordnete Isolierung an. Wer weiß, was aus mir geworden wäre, hätten die Russen uns nicht unsere gutmütigste Wachtmeisterin gelassen, jene, die Muttchen Müller und mich vor einigen Wochen gebeten hatte, doch weiterzusingen. Nun versorgte sie mich mit Weißbrot, Butter und Marmelade von daheim, sie fütterte mich und erzählte mir, daß die Russen alle Wachtmannschaften entlassen hätten, viele seien nun sogar selbst verhaftet worden, die anderen Gefangenen habe man auf die Festung Osterstein gebracht, könnte sein, daß wir fünf hier das bessere Los gezogen hätten.
Ich wollte es ihr gern glauben, auch ging es uns in den nächsten drei Wochen nicht allzu schlecht. Den ganzen Tag lang lag ich allein auf meinem Bett, die anderen machten die Quartiere der Russen sauber; als ich aufstehen konnte, ging ich auf Anraten der Wachtmeisterin mit, nicht um zu arbeiten, wie sie sagte, sondern um mir die Zusatzverpflegung zu verschaffen.
In den ehemaligen Wachräumen sah es sonderbar aus. Unter allen Betten quoll Beutegut aus übervollen Pappkartons, Blumentöpfe und Vogelbauer standen herum. Und ein Aquarium. Den Inhalt hatten die Russen wohl unter sich aufgeteilt, jedenfalls standen auf Fensterbänken, Tischen und sogar auf den Kopfkissen Einmachgläser mit Zierfischen.
Ratlos stand ich in dem Durcheinander, aber eine sagte mir, ich brauchte bloß ein bißchen Staub zu wischen, die Russen nähmen es nicht so genau. Nach zwei Stunden leichter Arbeit hatten wir uns unser Mittagessen verdient, und es lohnte sich.
Wir aßen in der russischen Kantine.
Auf einem langen Holztisch waren Teller mit Brot verteilt, daneben standen Salznäpfe und grober schwarzer Pfeffer, dann kam eine große Terrine mit Borschtsch, zum erstenmal aß ich den, eine dampfende Brühe mit Kartoffeln, Gurken, Kohl und Möhren, obenauf schwammen fette Fleischstücke, wir aßen, als sei Weihnachten. Un-

sere Wachtmeisterin trug für uns noch zwei Kochgeschirre voll Suppe ins Zellenhaus, auch hatte jede von uns einen Kanten Brot unter der Schürze.

Was für eine Abwechslung nach der ewigen Möhrenkrautsuppe und dem zähen Sojabohnenbrei, von dem gesagt wurde, er sei außerordentlich nahrhaft, aber dafür schmeckte er widerlich nach Seife und war kaum zu schlucken.

Wir blieben nicht lange zu fünft.

Fast jeden Tag wurden vereinzelt Frauen eingeliefert, vor allem solche, die bei den Amerikanern als Dolmetscherinnen gearbeitet hatten, nun lastete man ihnen Spionagetätigkeit an, so schnell bröckelte das Bündnis zwischen den Siegern ab.

Dann kamen die Plauener Frauen.

Wir nannten sie so, weil sie zusammen in Plauen verhaftet worden waren und sich nun auch in der Haft zusammengehörig fühlten.

Sie hatten der Frauenschaft angehört, ihre Tätigkeit für die Partei soll sich allerdings vornehmlich auf Nähen und Flicken erstreckt haben, Strümpfestopfen für das Lazarett, Teeausteilen auf Bahnhöfen und was derlei kriegswichtige Tätigkeiten damals waren. Ihr Näh- und Flickeifer war ihnen zum Verhängnis geworden, das und eine Liste des russischen Stadtkommandanten. Es hätte eine Komödie sein können, wenn die Folgen für einige von ihnen nicht so schrecklich gewesen wären. Der Stadtkommandant ließ also dem Bürgermeister bestellen, er habe von diesem Frauenschaftsnähkränzchen gehört und die ehemalige Leiterin sollte gefragt werden, ob sie mit ihren Frauen bereit sei, russische Uniformen auszubessern. Der Frauenschaftsleiterin schien es diplomatisch, zuzustimmen und auch ihren Frauen zuzuraten; fünf von ihnen trafen sich also an einem sonnigen Vormittag vor dem Rathaus, da kam eine sechste, die sonst auch immer dazugehörte, in Leinenrock, dünner Bluse und Bastschuhen, und die war ganz beleidigt, weil sie nicht benachrichtigt worden war, und sie sagte, wir haben doch bisher immer zusammengehalten und da will ich auch mitmachen, und zog mit ins Rathaus; Wochen später, als ich sie in Bautzen kennenlernte, hatte sie immer noch die dünne Bluse an und die Sommerschuhe, sie war über sechzig, und es war sehr hart für sie. Im Rathaus waren sie in ein Zimmer geführt worden, wo man sie stundenlang warten ließ, und als sie unruhig wurden und sich erkundigen wollten, mußten sie feststellen, daß die Tür versperrt war.

Das waren die Plauener Frauen.

Sie lebten ganz unter sich in ihrem alten Stil, dem Frauenschaftsstil sozusagen, die Art ihres kameradschaftlichen Verhaltens konnte

Außenstehenden ziemlich auf die Nerven gehen, sie hatten sogar eine eigene Sprechweise, eine Art Kindergartenton, dessen sich vor allem die Leiterin befleißigte. Ihre Autorität galt immer noch, obwohl sie doch alle in diese Lage gebracht hatte.

Über das Kriegsende hatten sie ihre eigene festgefügte Meinung: diesmal habe die Heimat standgehalten, die Front aber versagt, der Zusammenbruch sei Verschulden verräterischen Verhaltens der Wehrmacht. Auf die Übermacht der Sieger wollten sie nicht aufmerksam gemacht werden, wie sie denn überhaupt Andersdenkenden gegenüber von starrsinniger Feindseligkeit sein konnten.

Mich haben sie nie akzeptiert, für diese politisierende Nähstube blieb ich immer eine Außenstehende, ich war eben keine Nationalsozialistin, obwohl hier noch niemand von Bernhards neuer Karriere wußte — die wurde erst in Mühlberg bekannt, und ich habe dort sehr darunter zu leiden gehabt.

Vorbemerkung zu Kapitel 4

Nachkrieg.
Während Deutschland sich nur mühsam von den katastrophalen Folgen des Krieges zu erholen begann, wurde Tausende von Kilometern entfernt der Schlußstrich unter ein Kapitel deutscher Geschichte gezogen:
Am 2. November 1945 traten in Lunjowo bei Moskau Nationalkomitee und Offiziersbund zu ihrer letzten Sitzung zusammen. Eine Bewegung Freies Deutschland, sagte der Präsident Erich Weinert in seiner Rede, sei nicht länger sinnvoll. Das Plenum, reduziert um die schon in Deutschland weilenden Mitglieder, stimmte zu. Nationalkomitee und Bund Deutscher Offiziere lösten sich auf. Für die Russen waren sie nach der bedingungslosen Kapitulation Deutschlands uninteressant geworden. Die bürgerlich-konservativen Kräfte hatten ihre Schuldigkeit getan; die versprochene sofortige Heimkehr nach Ende des Krieges wurde ihnen verwehrt. 1945 kehrten bis auf Oberst Steidle — der später Bürgermeister von Weimar wurde — nur Absolventen der Antifa-Schule zurück, die sich zum Kommunismus bekannt hatten. Für Heinrich Graf Einsiedel kam 1947 die Stunde der Heimkehr, er wurde in Berlin Redakteur der sowjetisch lizenzierten *Täglichen Rundschau*. Später entschied er sich für den Westen. General Vinzenz Müller sah die Heimat 1948 wieder, er sollte bald eng mit Bernhard Bechler zusammenarbeiten. Arno von Lenski folgte ein Jahr darauf. Etwa gleichzeitig wurden die Generale Dr. Korfes und Lattmann, die bei der Gründung des Offiziersbundes zu den ersten gehört hatten, aus der Gefangenschaft entlassen.
Walther von Seydlitz hingegen, der sich einer Mitarbeit in der sowjetisch besetzten Zone widersetzte, wurde wegen Kriegsverbrechen zum Tode, dann zu fünfundzwanzig Jahren Haft verurteilt, 1955 entließ man ihn in die Bundesrepublik.
Friedrich Paulus durfte kurzfristig nach Deutschland reisen, um bei den Nürnberger Prozessen auszusagen. Dann mußte er bis 1954 in sowjetischen Gewahrsam zurückkehren. Von da an lebte er bis zu seinem Tod in Dresden.
Im westlichen Teil Deutschlands war das politische Leben wieder in Gang gekommen. CDU, FDP und SPD hatten ihre Gründungsversammlungen abgehalten. In Bayern hatte die amerikanische Militärverwaltung bereits am 28. Mai 1945 eine deutsche Regierung eingesetzt — die erste Landesregierung nach dem Zusammenbruch des Dritten Reichs. Im Januar 1946 fanden in den Ländern die ersten Gemeindewahlen statt.
Die Sowjetische Militäradministration Deutschland hatte am 10. Juni 1945 in ihrer Besatzungszone die Gründung antifaschistischer Parteien erlaubt. Am 21. April 1946 kam es dort durch Zusammenschluß von KPD und SPD zur Gründung der Sozialistischen Deutschen Einheitspartei (SED). Die Berliner allerdings widerstanden den Verlockungen eines Zusammenschlusses der beiden Arbeiterparteien; sie entschieden sich für eine demokratische Ordnung, die SED mußte sich — bei den ersten und letzten freien Wahlen nach dem Krieg in ganz Berlin am 29. Oktober 1946 — mit 19,8 Prozent begnügen.
Die SED erklärte, sie sähe ihre »historische Mission« darin, die Arbeiterklasse zum Kampf für den Sozialismus zu führen. Bernhard Bechler, bisher parteilos, gehörte zu den ersten, die ihre Mitgliedschaft anmeldeten.
Im September 1946 fanden in der sowjetischen Zone Gemeindewahlen statt. In der Mark Brandenburg, deren Erster Vizepräsident Bechler war, erhielt die

SED 54,13 Prozent aller Stimmen, einen Monat später bei den Kreis- und Landtagswahlen noch 43,5 Prozent – und das, obwohl die CDU in fünfzehn Landkreisen bereits nicht mehr zugelassen war.
Bernhard Bechler reiste durch »sein« Land, die Mark Brandenburg, um den Neuaufbau zu organisieren und zu überwachen. Konsequent verfolgte er dabei den einmal eingeschlagenen Weg. Er blieb den Russen bedingungslos ergeben. Entschieden trat er im August 1946 auf einer Wahlveranstaltung »Gerüchten« entgegen, die die Besatzungsmacht einer planlosen Demontage bezichtigten.
Bernhard Bechler würde weiter Karriere machen.

Kapitel 4

Im Speziallager Nr. 4 Bautzen
Juli 1945 bis September 1946

Die Plauener Frauen waren einen Tag bei uns, da wurden wir mitten in der Nacht geweckt: Alles aufstehen, Sachen packen.
Wir schwankten zwischen Angst und Hoffnung, Entlassung, sagte eine Optimistin, ich hatte es auch gedacht, aber den Gedanken zurückgedrängt aus Furcht vor Enttäuschung. Hastig packte ich meine Basttasche, sie war nicht mehr so voll wie zu Anfang, aber etwas war hinzugekommen: zwei Paar Kinderschuhe, zusammengestückelt aus Wollresten und Deckenstücken. Wenn ich an meine beiden dachte, sah ich sie immer barfuß laufen, Symbol äußerster Verlassenheit; da hatte ich angefangen, diese Schuhe zu arbeiten.
Gegen vier standen wir wieder auf dem Männerflur, wie vor Wochen, als die Russen kamen. Einzeln wurden wir aufgerufen, um zu unterschreiben, daß wir die bei der Einlieferung einbehaltenen Wertgegenstände wieder zurückbekommen hätten. Keiner zögerte, obwohl niemand etwas bekommen hatte. Entlassung, glaubten wir nun wirklich, und ich drängte die Hoffnung nicht mehr zurück, sah schon meine beiden mit ausgestreckten Armen auf mich zulaufen.
Um sieben fielen unsere Träume in sich zusammen. Da wurden wir in den Hof geführt, wo Omnibusse auf uns warteten, scharf bewacht von bewaffneten Russen, das sah nicht nach Freiheit aus.
Wir fuhren durch sommerliches Land.
Ich kannte den Weg so gut, in Lengenfeld im Vogtland wohnten

Bernhards Eltern, meine in Dresden; Bernhard war vor unserer Hochzeit 1938 zuerst Leutnant in Bautzen gewesen, dann Regimentsadjutant in Chemnitz, jedes Wochenende hatte er mich in Dresden besucht. Wie oft waren wir gemeinsam diesen Weg gefahren, voller Glück und voller Pläne; gleich, wußte ich, kam ein Forsthaus. Laß mich aussteigen, bat ich damals, ich wollte einen Strauß Pechnelken pflücken, die leuchtend am Wegrand standen. Ob sie noch immer dort standen? Wir waren so schnell vorbei, daß ich es nicht erkennen konnte.

Dann Dresden.

Seit dem großen Angriff am 13. Februar hatte ich nichts mehr von meinen Eltern gehört, ich wußte nicht einmal, ob sie noch lebten. Nun war ich in ihrer Nähe, drüben hinterm Berg, nicht einmal eine halbe Stunde zu laufen, lag die Straße, in der unser Haus stand. Oder gestanden hatte.

Ich lieh mir bei meinem Vordermann einen Bleistiftstummel und kritzelte auf einen Zettel, daß ich in russischer Haft und Bernhard in Deutschland sei und daß sie ihn benachrichtigen sollten. Auf die Rückseite schrieb ich ihre Anschrift.

Der Bus hatte ein zerbrochenes Rückfenster, ich saß davor, mit dem Gesicht zur Straße und wartete. An einer Kreuzung fuhren wir langsamer, ein junger Mann stand am Straßenrand, wartete darauf, die Straße überqueren zu können, betrachtete aufmerksam unsere Busse, ich holte aus und warf ihm den Zettel vor die Füße. Er hatte ihn bemerkt, sah hinauf zu mir, da hob ich bittend beide Hände, er nickte mir zu, bückte sich und nahm den Zettel auf.

Viel später hörte ich, daß er ihn zu meinen Eltern gebracht hatte, sie lebten, ihr Haus war eins der wenigen unzerstörten in der ganzen Straße.

Wir verließen Dresden und fuhren weiter nach Osten. Rußland? Mich packte panische Angst, ich wußte, dann kam ich auf Jahre nicht nach Hause, das mußte ich verhindern, was sollte sonst aus den Kindern werden.

Das Rückfenster war fast bis zur Hälfte herausgebrochen, konnte ich nicht während der Fahrt durchsteigen und mich fallen lassen? Es würde vielleicht ein paar Schnittwunden geben, mehr nicht, zeitweise fuhren die Busse so langsam, daß beim Springen überhaupt nichts passieren konnte.

Aber ich brauchte Hilfe.

Jemand mußte mich decken, mir das Kommando »jetzt« zurufen, wenn der Posten vorn gerade beschäftigt war.

Vor mir saßen die Plauener Frauen.
Ich flüsterte Frau Altmann, der Leiterin, meinen Plan zu. Sie sah mich entrüstet an, ob ich denn wahnsinnig sei? Ob ich mir nicht klarmache, was das für die anderen bedeute? Sollten sie sich etwa meinetwegen erschießen lassen? So etwas Unkameradschaftliches, sagte sie empört. Die anderen nickten.
Frau Altmann gab immer noch den Ton an, sie bestimmte, was kameradschaftlich war und was nicht. Meinungsänderungen gab es bei den Plauenerinnen nicht, sie hingen ja auch weiter an ihrer Leiterin, obwohl doch gerade die für ihr gemeinsames Unglück verantwortlich war. Ich glaube, damals dämmerte mir, daß die Weltanschauung, der diese Frauen so ergeben waren, dumm machte.
Nein, wir fuhren nicht nach Rußland, wir fuhren aber auch nicht in die Freiheit, wir wechselten nur das Gefängnis. Am frühen Nachmittag hielt der Bus vor einem hohen Tor. Jugendstrafanstalt Bautzen, sagte einer vor uns, wir fuhren hindurch, sahen von innen eine Mauer, die mit Wachttürmen gespickt war. Auf einem großen Platz mußten wir uns aufstellen, wir waren nun mehr als zwölf Stunden unterwegs, aber niemand fragte danach, ob wir Hunger hatten oder Durst.
Ein Sergeant übernahm uns Frauen, wir wurden in eine Wachtstube geführt, mittlerweile wußte man, daß das Durchsuchung bedeutete, nebenbei war es auch eine Plünderung, anders konnte man das nicht mehr nennen. Ein junges russisches Mädchen inspizierte meine Tasche, ich hatte mich als erste gemeldet, weil ich es hinter mir haben wollte, nur meine Nagelschere interessierte sie. Noch war ich ärgerlich auf mich, weil ich nicht daran gedacht hatte, sie zu verstecken, sie war ein so kostbarer Besitz, da sah ich an den rundlichen Fingern der Russin so viele Ringe, daß ich sie in dem kurzen Augenblick nicht zählen konnte, an manchen Fingern drei oder mehr übereinander. Nun wollte ich wenigstens meinen Trauring retten: Ich nahm die rechte Hand auf den Rücken, und während sie mich beiseite winkte und schon auf die Taschen der Plauener Frauen blickte, hob ich die Ferse aus dem Schuh und ließ den Ring hineinfallen.
Als alle durchsucht waren, fielen der Russin die Ringe ein; die Plauenerinnen mußten ihre Hände vorzeigen, sie zerrte ihnen die Eheringe von den Fingern, dann schaute sie auf mich: Wo Ring?
Schon weg, sagte ich und streckte ihr die Hände entgegen.
Gleichmütig nickte sie und übergab uns dem Sergeanten.
Er ging mit uns einen langen Zellengang hinunter, zögerte an dieser oder jener Tür, ging wieder weiter, dann schloß er eine Zelle auf und

drängte uns hinein, die sechs Plauener Frauen und uns vier, denn Frau Mutschmann war einige Tage zuvor nach Dresden gebracht worden, um in Sachen ihres Mannes auszusagen.
Wir zehn also standen in einer mittelgroßen Zweibettzelle.
Zu den eingebauten Wandklappbetten hatte man noch drei Etagenbetten gestellt, aber fünf davon waren schon besetzt, die beiden linken mit zwei jungen deutschen Frauen, drei Oberbetten mit Russinnen, von denen zwei sehr schön waren, die dritte war häßlich, konnte sich dafür aber in vier Sprachen verständigen. Wir haben nie erfahren, warum sie eingesperrt waren, sie genossen eine Reihe von Sonderrechten und ertrugen die Haft mit großem Gleichmut. Angst hatten sie nur vor einer Verlegung in ihre Heimat, sie glaubten, daß ihnen Sibirien sicher sei.
Frau Altmann hatte blitzschnell die übrigen Betten verteilt, natürlich an Mitglieder ihrer Gruppe, uns fragte sie nicht einmal; ich verstand das ja, die mit der dünnen Bluse war schon zweiundsechzig und litt sehr unter der Haft, die anderen beiden waren auch nicht viel jünger. Eine der beiden Deutschen fragte mich, was mit mir sei, ich sähe ganz weiß aus, wir könnten ja versuchen, zu zweit in einem Bett zu schlafen, aber als ich mich nur daraufsetzte, brach schon eines von den dünnen Liegebrettern durch, es ging nicht.
Wir standen da, wir vier, standen einfach herum und wußten nicht, was wir tun sollten, da sprang die häßliche Russin von ihrem Bett herunter und warf den Winker, eine Wandklappe, mit der man sich in Notfällen geräuschvoll bemerkbar machen kann, trommelte zusätzlich mit der Faust gegen die Tür. Sie schlug so lange Krach, bis der Sergeant zurückkam, er redete heftig auf sie ein, sie gab kurze feste Antworten, da winkte er uns schließlich zu, und wir folgten ihm hoffnungsvoll, es konnte ja nur in eine andere Zelle gehen, aber er führte uns zu einer Rumpelkammer, in der alte Matratzenteile lagen. Jede durfte sich ein Teil heraussuchen, damit machten wir uns in der Zelle ein Bett zurecht, das Bündel unter dem Kopf, das Matratzenteil für den Körper, für die Beine reichte die Unterlage nicht mehr, aber es war besser als nichts. Keine zog sich aus, zum Zudecken nahmen wir unsere Mäntel, bedeckten die Augen mit einem Kopftuch, denn die nackte Glühbirne über uns brannte die ganze Nacht. Bisher waren wir im Gefängnis gewesen, nun erlebten wir den russischen Lagerbetrieb, der sich von Bautzen bis Karaganda nur durch Grade der Kälte und Härte unterschied, gekennzeichnet durch Überfüllung und Hunger und eine gewisse Regellosigkeit, die das Leben manchmal erleichterte, häufig aber auch noch mehr gefährdete.

Hier lernten wir, mit dem täglichen Tod zu leben.
Die ersten Tage waren die schwersten, in Bautzen genauso wie später in Mühlberg und Buchenwald, wir waren Neulinge, die nichts hatten und nichts wußten, aber wir lernten schnell, wer überleben will, muß das: Zwanzig Minuten zum Waschen, Kübelausleeren und Wasserholen, die Plauener Frauenschaftsleiterin richtete einen Stubendienst ein, damit es schneller ging — das konnte sie gut; dann wurden die Zellen aufgeschlossen, wir durften hinaus. Draußen war eine riesige Latrinengrube, mit einem langen Sitzbalken davor, ich hatte so etwas noch nie gesehen, die Frauen leerten die Kübel aus, dann hockten sie sich auf den Balken, wie Hühner auf die Stange, am ersten Tag dachte ich, da gehe ich nicht hin, denn drüben hinter den Fenstern der Arbeitssäle, wo die gefangenen Männer saßen, sah ich Gesicht an Gesicht, später habe ich die Latrine dann doch benutzen gelernt, auch die im anderen Haus, wo die russischen Wachtposten sich ein Vergnügen daraus machten, unsere nackten Kehrseiten mit unreifen grünen Äpfeln zu bombardieren, ich habe Frauen diese Äpfel aufheben und essen sehen.
Ich wurde wieder krank, lag auf meinem Matratzenteil und konnte nicht aufstehen, keiner half mir. Als am nächsten Tag jemand herumging und nach Kranken fragte, meldeten sie mich, sie wollten mich los sein. Ich konnte nicht gehen und wurde auf einer Bahre ins Lazarett gebracht, da kam der russische Arzt, warf einen Blick auf mich und sagte: Deutsches Schwein, zurück, er hatte nicht einmal gefragt, was mit mir los war.
Da mußten sie mich wieder zurücktragen.
Ich merkte, wie wenig die anderen in der Zelle damit einverstanden waren, ich war ihnen eine Last, sie schwangen sich gerade dazu auf, mir einen Eßnapf zu bringen. Der Volksdeutsche, der das Essen ausgab, merkte das wohl, er brachte mir eine große warme Decke und sorgte dafür, daß ich ein Bett bekam, weitere Versorgung gab es nicht — es war so, man blieb am Leben oder man starb.
Ich blieb am Leben.
Eines Tages konnte ich wieder aufstehen, essen, zur Latrine gehen, Stubendienst machen. Einmal, als ich gerade dabei war, ging die Tür auf. Mit unserem Sergeanten kam ein zweiter Russe herein, ein schmaler Junge mit schwarzen Locken, ich hatte ihn noch nie gesehen, aber unsere beiden schönen Russinnen sprangen von ihren Betten herunter und umringten ihn: Nikolai, Nikolai! Wollten sie etwas von ihm? Er nickte ihnen lachend zu, sie gingen zur Tür, da zeigte er auf mich: Du Frau auch. Ich bekam Herzklopfen, ich hatte immer noch

Angst vor den Russen, aber ich ging mit, was hätte ich sonst tun sollen?
Nikolai holte sich noch fünf Frauen aus anderen Zellen, alle jung und hübsch, keine zeigte Angst, im Gegenteil: Sie lachten und freuten sich, wie Auserwählte. Als wir über den Hof gingen, erklärte mir eine, es handele sich um einen Arbeitseinsatz, den besten, den man kriegen könne, Putzarbeit im Verpflegungsmagazin.
Das Magazin war eine unterkellerte Holzbaracke. In einem Vorraum hingen Schürzen für jede von uns, ich band mir eine vor mein blauwollenes Nachmittagskleid mit dem weißen Spitzenkragen, das ich nun schon all die Wochen trug, auch ein Kopftuch war Vorschrift. Während ich die Schürze band, sah ich mich um, in einer Ecke stand ein Klavier. Ohne mich zu besinnen, ging ich hin und schlug ein paar Akkorde an, von hinten schob mir sofort jemand einen Schemel unter. Du spielen, sagte Nikolai.
Ich spielte Chopin. Und was ich so auswendig konnte. Ein zweiter Russe war hinzugekommen, sie lehnten am Klavier und hörten zu, an jeder Seite einer, bis ich nichts mehr wußte und wieder mit dem Chopin anfing, das langweilte sie, und sie gingen, aber mich ließen sie noch eine Weile weiterspielen, dann tippte Nikolai mir auf die Schulter: Du Frau, komm.
Ich kriegte schon wieder Herzklopfen.
Er zeigte auf einen Eimer und ein Scheuertuch, dann mußte ich hinter ihm her in den Keller. Vor einer Eisentür blieb er stehen, holte aus einem Versteck einen Schlüssel, schloß auf und ließ mich vorangehen. Ich kam in eine Gefrierkammer, in der es aussah wie in einer Schlachterei, vor weißgekachelten Wänden hingen Schweine- und Rinderhälften, davor waren Fässer aufgereiht, auf dem Boden stand Schmelzwasser, eisig kroch es in meine dünnen Wildlederschuhe. Du aufwaschen, sagte Nikolai.
Ich machte mich sofort daran, aus Sorge um meine Schuhe. Nach kurzer Zeit waren meine Hände so klamm, daß sie wehtaten, wenn sie wieder mit dem eisigen Wasser in Berührung kamen; ich biß die Zähne zusammen, schneller, noch schneller, damit ich es hinter mir hatte, da kriegte ich plötzlich einen aufmunternden Klaps auf den Hintern, ich fuhr hoch, ich war ja ohnehin randvoll mit Wut wegen der Schuhe, zeigte auf die Tür und brüllte: Hinaus.
Er lachte verlegen, aber er gehorchte.
Ich fing erst wieder an zu arbeiten, als ich hörte, wie er oben die Kellertür zumachte. Allmählich nahm das Wasser ab, meine Füße waren naß, aber die Schuhe hatten gehalten, Gott sei Dank.

Als der Boden trocken war, sah ich mich in der Kammer um, ich hob den Deckel von einem der Fässer, es war voll mit goldener Butter. Ich brach ein Bröckchen los und biß hinein, wie lange hatte ich keine Butter mehr gesehen, ich wollte wieder zugreifen, da kamen Gewissensbisse, das Gefühl eines Verlustes von Selbstachtung, aber der Hunger war stärker. Also noch einen Brocken Butter, dann probierte ich die anderen Fässer, Pökelfleisch, Marmelade und Honig, goldflüssiger Honig, am Rand hing griffbereit die Schöpfkelle, ich fühlte mich wie Tom Sawyer in der Speisekammer seiner Tante. Zuerst tarnte ich mich, stellte den Eimer unter einen Wasserhahn; falls Nikolai herunterkam, sollte es so aussehen, als sei ich gerade dabei, ihn zu füllen, dann wanderte ich zwischen Butter- und Honigfaß hin und her, hier eine Kelle, dort ein Bröckchen, bis mir fast schlecht wurde. Ich dachte an die Frauen in meiner Zelle, aber ich sah keinen Weg, das schmelzende flüssige Zeug zu transportieren. Als ich satt war, machte ich so lange Lärm, bis Nikolai kam.
Oben saßen die Frauen um einen Suppenkübel, ich konnte eigentlich nicht mehr, aber etwas mußte ich noch essen, um nicht aufzufallen. Zum Schluß gab Nikolai jeder von uns eine saure Gurke und ein Stück Brot mit Speck, nun hatte ich doch noch etwas für die anderen in meiner Zelle.
Abends teilte ich es auf und legte jeder ihren Anteil auf die Matratze. Ah, ein Betthupferl, sagte Frau Altmann gnädig, auch die anderen waren freundlicher, aber die Fremdheit stellte sich bald wieder ein — ich war und blieb eine Außenseiterin, jahrelang blieben diese Fronten bestehen, verhärteten sich noch, als Bernhards Tätigkeit für den neuen Staat bekannt wurde, grotesk, aber auch das lasteten sie mir an. Ich war froh, als wir im August in ein anderes Zellenhaus verlegt wurden.
Das Haus war kein Gefängnis mehr, dieser konventionelle Rahmen war längst gesprengt, wir waren eingereiht in die Lagerkette, die den sowjetischen Herrschaftsbereich jener Zeit kennzeichnete; aus Massenverhaftungen strömten täglich Neuzugänge herein, BDM-Führerinnen und Frauenschaftsleiterinnen, die sich lange damit trösteten, zu einer Kollektivstrafe von drei Monaten verurteilt zu sein. Für viele wurden Jahre daraus, einige verließen das Haus nie mehr, wie unsere Wilma, die sich, ausgehöhlt von Hunger, in der eisigen Feuchtigkeit unserer Zelle die TB holte, an der sie zwei Jahre später, zwanzigjährig und immer noch in Bautzen, starb.
Im neuen Zellenhaus waren wir zu fünft in einer winzigen Einzelzelle, drei BDM-Führerinnen, Frau Hempel von der Frauenschaft und ich.

Monika, die resolute von den dreien, hatte das einzige Bett beschlagnahmt, die beiden anderen, Erika und Wilma, krochen jeden Abend zusammen unter ihre Decken, um es wärmer zu haben, zum Schlafen drehten sie sich den Rücken zu, ihre Vernunftehe nannten sie das, ein Wunder, daß Erika sich nicht ansteckte, als Wilma im Winter ihre TB bekam.
Wir hatten alle Läuse. In meinem langen Haar hielten sie sich besonders hartnäckig; wir säuberten uns gegenseitig, besonders seit wir wußten, was die Russen machten, wenn sie uns damit erwischten. Wilma erlebte es als erste. Sie war zum Kartoffelschälen im Lazarett eingeteilt, und wir freuten uns mit ihr, denn das bedeutete Bewegungsfreiheit, Neuigkeiten und Kostverbesserung. Als sie abends zurückkam, wollten wir wissen, wie es war, aber sie wollte nicht reden, sie beschäftigte sich damit, ihr Kopftuch in die Stirn und über die Ohren zu ziehen, sie machte uns ganz verrückt. Als sie unter ihre Decken krochen, sagte Erika, also nun hör endlich auf mit deinem blöden Kopftuch, was hast du bloß damit.
Wilma lächelte, sie lächelte auch, während sie das Kopftuch abnahm, wir starrten entsetzt auf ihren kahlen Schädel, da lächelte das arme Kind immer noch, und gleichzeitig liefen ihr die Tränen übers Gesicht. Sie waren von den Russen auf Läuse untersucht worden, wer welche hatte, wurde kahlgeschoren. Als wir hörten, daß es auch den Patienten so ging, mieden wir das Krankenhaus und versuchten, mit unseren Beschwerden selber fertig zu werden.
Im August breitete sich Erregung im Haus aus, Besuch und Pakete waren erlaubt. Die Russen ließen es zu, daß die Angehörigen mit ihren Päckchen bis vor das Tor kamen und sie selbst übergaben. Aber wer draußen kannte schon den Aufenthalt seines inhaftierten Angehörigen? Viele kamen auf gut Glück, warteten Stunden und zogen unverrichteter Dinge wieder ab.
Und drinnen warteten wir.
Jeden Freitag war Besuchstag. Um die Paketempfänger zu ermitteln, wurden nacheinander aus den Zellenhäusern die Gefangenen in den Hof gelassen, Männer und Frauen zugleich, Namenslisten wurden verlesen; ab und zu, ganz selten, meldete sich einer und trat strahlend beiseite. So brauchte man den ganzen Vormittag, um die Paketempfänger herauszufinden, und wir schlossen aus dieser umständlichen Methode, daß unsere Akten noch ganz unbearbeitet waren.
Jeder von uns hoffte auf Besuch, auch ich. Aber meine innere Stimme sagte mir, daß ich nicht zu den Glücklichen gehören würde. So ging ich denn jedesmal, von Hoffnung getrieben und auch um hinauszu-

kommen, in den Hof, setzte mich aber bald, während die Listen noch verlesen wurden, seitab an einen Bombentrichter und blickte auf die Christusfigur, die dort unbeschädigt auf einem Gerümpelhaufen lag. Einmal kam ein Mann heran, ich fühlte mich gestört, weil ich die üblichen Redensarten befürchtete, aber er fragte nur, ob er sich auch hier hinsetzen dürfe. Lange schwieg er, dann fing er auf einmal an: Er sei dankbar für dieses Erleben, dieses Zusammenfinden von Menschen aller Schichten, er sei Museumsdirektor gewesen, es habe für ihn nichts anderes gegeben als den Umgang mit toten Gegenständen, er sei sich der Tatsache, wie sehr er sich darin vergraben hatte, überhaupt nicht bewußt gewesen, habe nie darüber nachgedacht, wie andere lebten. In seinem Saal, erzählte er, würden kleine Vorträge gehalten über die ehemaligen Arbeitsbereiche, ein Flößer habe schon gesprochen, gestern ein Imker und heute ein Buchbinder, alles so neu und lehrreich, sagte er.
Ich hatte die Achtung vor den Männern verloren, seit ich in Bautzen war, sie standen das Hungern viel schwerer durch als wir, manche verloren allen seelischen Halt, ließen sich antreiben wie Marionetten und hoben ohne Scham die Kippen der Russen auf; einige Paketempfänger rissen gleich hinter dem Tor, vor aller Augen ihre Päckchen auf, wühlten gierig darin und aßen wahllos alles, was ihnen in die Finger kam. Und erbrachen das soeben Gegessene sofort wieder, der geschwächte Magen wurde mit der ungewohnten Fülle nicht fertig; es war schwer zu ertragen, ein so anderes Bild vom Mann war uns anerzogen worden, wir Frauen waren da viel gelassener.
Dieser Mann aber gefiel mir, seine stille Fröhlichkeit ging auf mich über, ich begann, ihm zu erzählen, was mir gerade hier die Natur bedeute, wie sie mich stärke, dieser Tümpel mit Entengrütze und das Lichtspiel in den Lindenkronen; er folgte meinem Blick und lächelte, seither waren wir Freunde.
Von uns bekam nur Frau Hempel ein Paket. Uns wurde klar, daß auch die draußen hungerten, es enthielt nämlich nur gekochte Kartoffeln, Pellkartoffeln. Jede von uns bekam eine zum Probieren, was für ein Geschenk. Wir hielten sie in der Hand, diese kalte Pellkartoffel, dann zogen wir sie ab und aßen sie, Bissen für Bissen.
Dann bekam ich noch etwas, auch aus einem Paket, das machte mir sehr zu schaffen. Eines Tages sprach mich eine Frau an, die ich überhaupt nicht kannte, und fragte mich, ob mein Mann mit Vornamen Bernhard heiße.
Ich bejahte.
Dann wird er es wohl sein, sagte sie und reichte mir ein Zeitungsblatt.

Ich sah mir das Blatt an, überflog die Artikel, einer hatte eine ziemlich große Überschrift, es war eine Art Proklamation: Einberufung des Provinziallandtages der Mark Brandenburg; ich las ihn, kam zu den Unterschriften, da sprang mir an zweiter Stelle Bernhards Name entgegen mit dem Zusatz: Erster Vizepräsident.
So unverständlich es mir gewesen war, daß Bernhard im Nationalkomitee mitgearbeitet hatte — in unseren Augen war das damals gleichbedeutend mit Zu-den-Russen-Überlaufen —, so fand ich doch jetzt nichts Verwerfliches darin, daß er sich an der neuen Regierung, an der Neuordnung des Landes beteiligte.
Nur, hatte er mich über alledem vergessen? Ich konnte das nicht glauben. Erinnerungen stiegen auf: die Verlobung am Sarg meines kleinen Bruders. Er war an Kinderlähmung gestorben, bedrückende, schwere Tage für die Familie. Und Bernhard war immer da, zuverlässig, teilnahmsvoll, hilfsbereit. Da sagte ich ja. Konnte ein Mensch sich so ändern? Nein, täglich konnte er kommen und mich befreien. Oft träumte ich davon, sah ihn mit einem russischen Offizier den breiten Gang herunterkommen, in Wehrmachtsuniform, aufrecht und zielbewußt, mein Mann.
Mein Mann kam nie.
Ende August werde ich nachts aus der Zelle geholt. Ich habe keine Angst, inzwischen kennen wir den ungewöhnlichen Arbeitsrhythmus der Russen ja; unser Sergeant führt mich zum Haupthaus, macht erst selbst Meldung in einem Dienstzimmer und bringt dann mich hinein. Hinter einem Schreibtisch sitzt ein junger Offizier, er hat eine Akte vor sich, dabei liegt ein Schriftstück, ein Brief, bilde ich mir ein, eine Anfrage.
Neben ihm steht die dürre heisere Katja, die selbst Gefangene ist und Dolmetscherdienste tut.
Der Offizier spricht, ohne mich anzusehen. Katja übersetzt: Wann ich verhaftet worden sei?
Am 9. Juni 1945, sage ich.
Mit welchem Transport hier angekommen?
Am 20. Juli, mit dem Transport aus Zwickau.
Ob ich aus Altenburg sei?
Ich sage eifrig, ja, füge bereitwillig Straße und Hausnummer hinzu, um nur ja alle Informationen zu liefern, die meiner Identifikation dienen können.
Wann geboren?
Am 2.2.1914.
Wie viele Kinder?

Zwei, ein Mädchen und ein Junge.
Pause, sehr lange.
Dann redet er, schüttelt den Kopf, redet wieder. Katja übersetzt: Es stimmt nicht, Sie sind das nicht.
Aber ja, sage ich laut und verzweifelt, ich bin es bestimmt, es ist meine Akte, prüfen Sie es doch noch einmal, es ist doch alles richtig.
Der Offizier schüttelt wieder den Kopf, die heisere Katja sagt, ich solle gehen, und ich gehe.
In der nächsten Nacht kamen sie wieder und holten mich.
Es war wie beim erstenmal, der Offizier fragte, ich antwortete, noch eifriger und eindringlicher, ich mußte ihn doch überzeugen, dann schüttelte er wieder den Kopf und sagte, ich sei es nicht.
Und dann noch einmal am Tag: Wieder die Frageprozedur, am Schluß wieder die Behauptung, ich sei es nicht, es war wie in einem Märchen, dreimal wird der Verzauberte gefragt, dann ist er erlöst. Aber leider war es kein Märchen und keiner erlöste mich.
Weiter lebte ich mit meiner stillen Hoffnung: wenn Bernhard kommt...
Weiter lebte ich mit meinen täglichen Sorgen und Freuden, mehr Sorgen als Freuden, Besuche gab's nicht mehr, Pakete auch nicht, die Russen waren dem Ansturm nicht gewachsen, da machten sie das, was sie dann immer machten, sie verboten alles. Das Haus war schon überfüllt, aber jeden Tag gab es Neuzugänge, beim Rundgang sah ich eine große, kräftige Frau in einem Waschkleid aus Schwesternstoff, solche hatte ich zu Hause auch getragen; ich fühlte mich ihr verwandt, ich ging auf sie zu, sie auch auf mich. Verwandt waren wir auch, in dem Sinn, daß wir, wie man so sagt, aus demselben Stall kamen und in Dresden beheimatet waren. Wir wurden Freundinnen, Ursula und ich, anfangs sahen wir uns nur auf dem Rundgang, später, als die Zellentüren tagsüber offen standen, war sie häufiger Gast bei uns. Alle liebten ihren trockenen Humor, wir kamen oft aus dem Lachen nicht mehr heraus.
Als wir im September zum erstenmal baden durften, herrschte großer Jubel, bis dahin hatten wir uns in dürftigen Gefäßen waschen müssen, immer in Eile, weil die nächste schon wartete, fast immer ohne Seife, die Wäsche im selben kalten Wasser hinterher, nun also diese Ankündigung: baden. Das bedeutet, du gehst in dein Badezimmer, machst die Tür hinter dir zu, läßt warmes Wasser in die Wanne ein, du seifst dich ein, trocknest dich ab, jede Störung würde dich ärgern.
Aber Baden in Bautzen war etwas grundsätzlich anderes. Hier war wie bei allem die Entwürdigung mit eingebaut.

Das Gefängnis mußte einmal fortschrittlich gewesen sein, es hatte sein eigenes Badehaus. Bisher hatten die Russen es für sich in Anspruch genommen, auch ihre Wäsche wurde dort gewaschen, jetzt sollten auch wir in den Genuß der Einrichtung kommen. An der Treppe begrüßte uns der Bademeister, ein kleiner freundlicher Mann, den wir seiner Rosigkeit wegen das Porzellanmännchen nannten; er übergab uns zwei Männern in Leinenanzügen, die führten uns in einen großen Raum mit Holzbänken an den Wänden. Als wir mit dem Ausziehen zögerten, machten sie uns erheitert klar, daß sie den Raum nicht zu verlassen gedachten, sie hätten unsere Kleider zu desinfizieren, während wir badeten. Da konnte man lachen oder weinen, aber da wir auf jeden Fall baden wollten, beschlossen wir, uns zu fügen. Splitternackt zogen wir hinter den beiden her in den Nebenraum, wo auf Holzbänken alle möglichen und unmöglichen Gefäße, Schüsseln, Sauerkrauteimer und kleine Gurkenfässer bereitstanden. Versehen mit einem solchen Gefäß zogen wir in langer Reihe zu den Dampfwaschkesseln, wo die Männer heißes Wasser ausgaben; wer sich das Haar waschen wollte, mußte notgedrungen zweimal hin. Während sich alles fieberhaft wusch, kreischten plötzlich ein paar Frauen auf, alles drehte sich zu ihnen hin, da standen sie, die Hände über der Brust verschränkt, und duckten sich zusammen. Oben, im Eisengerüst des halbzerstörten Glasdaches saßen russische Soldaten, fingen ihr altes Spiel an, das wir nun schon kannten: diesmal waren es blanke braune Kastanien, mit denen sie uns bewarfen.
Wir machten, daß wir fertig wurden, um endlich wieder in unsere Kleider zu kommen. Aber im Nebenraum erwartete uns eine weitere unangenehme Überraschung, unsere Sachen waren noch im Desinfektionsofen, fast eine Stunde saßen wir nackt auf den Holzbänken, die älteren Frauen quälte es am meisten.
Dann kamen die Kleider endlich aus dem Ofen.
Was für eine Pleite, sie waren bis zum Versengen erhitzt worden, in viele Stücke scharfe Bruchfalten eingebrannt, manche verfilzt und eingelaufen, alles roch versengt, mein blaues Wollkleid war nicht wiederzuerkennen – Bernhards letztes Geschenk. Gemeinsam hatten wir es bei seinem letzten Besuch im Dezember 1941 ausgesucht. Zum erstenmal trug ich es mit einer viersträngigen Goldkette, als Bernhards Eltern zu Besuch kamen. Nun war von seiner einstigen Schönheit nicht viel geblieben. Was sollten wir nur anziehen, wenn unsere Kleider nach dieser Behandlung auseinanderfielen? Wie sollten wir überhaupt mit unseren Sommersachen zurechtkommen, wenn es kälter würde, es könnte doch sein, daß man auch noch den Winter hier er-

lebte; der Sergeant sagte zwar, wenn man ihn fragte, er wisse nicht, bald damoi. Wir hätten ihm gern geglaubt, aber es war ja schon September, in den Nächten kroch Kälte vom Boden herauf und ließ Schlimmes ahnen.
Selbst Vergünstigungen erwiesen sich als tückisch, unsere Türen blieben ja nun seit einiger Zeit tagsüber offen, wir konnten Besuche machen und uns frei bewegen. Eine große Erleichterung, aber nun war es überhaupt nicht mehr erlaubt, die Türen zu schließen, manchmal, wenn wir den Zug nicht mehr aushalten konnten, banden wir sie zu, aber der Sergeant tobte, wenn er dahinter kam, und von Zeit zu Zeit machte er Kontrollgänge und riß zugebundene Türen fluchend wieder auf.
Was im Herbst nur störte, wurde im Winter zur Qual. Die Zellen waren ohnehin kalt, nur einmal am Tage wurde für eine Stunde Dampf in die Rohre gelassen, und gerade dann mußten wir Fenster und Türen aufreißen und in der eisigen Zugluft stehen — die völlig ausgekühlten Zellen wurden den ganzen Tag nicht mehr warm, alle Vorstellungen bei den Russen halfen nicht, das feuchte Haus müsse austrocknen, wurde behauptet. Natürlich trocknete es auf diese Weise nicht aus, den ganzen Winter über glitzerten die Wände eisig, meterhoch.
Was für einen Gesunden schon schwer zu ertragen gewesen wäre, bedeutete für uns Halbverhungerte Krankheit und Tod. Wir wurden die Erkältungen nicht mehr los, und unsere Wilma fing zu husten an, auf eine fremde, besorgniserregende Weise; der hohe Prozentsatz an TB-Kranken — später in Buchenwald waren es dreißig Prozent — war auf diese erste Zeit des Hungerns und der Auskühlung zurückzuführen.
Wir hatten nichts, nur unseren Lebenswillen.
Der machte erfinderisch. Viele meldeten sich zu Aufräumarbeiten im Bekleidungsmagazin, und bald tauchten oben im Zellenhaus Textilien jeder Art auf, meist Männersachen. Begehrt war Trikotunterwäsche, leicht zu ändern, aber auch Socken und Fußlappen. Fast jede Frau hatte eine Nadel, woher weiß ich nicht, sie hütete sie wie ihren Augapfel; wenn einmal eine in der allzu engen Zelle verlorenging, suchten alle danach, stundenlang, wenn es sein mußte. Auch ich hatte meine aus Zwickau herübergerettet, Nähfaden zog man sich aus dem Stoff; aus jedem Stück Zeug, das wir erwischen konnten, wurde etwas gemacht. Mit mir zusammen arbeiteten einige andere Mütter Kindersachen, wir hatten alle die Sorge, unsere Kinder hätten nichts anzuziehen. Eine kleine gestickte Schürze für Heidi, die Ursula hin-

ausschmuggelte, als sie 1948 entlassen wurde, hebe ich heute noch auf.
Wir arbeiteten langsam.
Man arbeitet langsam im Gefängnis, einmal, um die Zeit hinzubringen, aber auch, weil man etwas Schönes entstehen lassen möchte, als Gegengewicht vielleicht zu einer Umgebung, die alles andere als schön ist. Wir saßen in unseren zugigen Zellen, benommen vor Hunger und Kälte, und flickten und stickten, und ab und zu sangen wir, ein ganzer Chor bildete sich. Zwar war Singen verboten, aber dem russischen Herzen war das russische Ohr zu nahe, als daß dieses Verbot strikt durchgeführt worden wäre.
Eine Weile schneiderte ich im Gefangenenkreis, dann wurden die Russen auf mich aufmerksam, eines Tages holte man mich nach vorn ins Haupthaus. Ich dachte natürlich an ein Verhör, aber im Wachzimmer saß die Frau des russischen Kommandanten, ich sollte ihr ein Kleid nähen; erst kriegte ich einen Schrecken, wollte nein sagen, dann sah ich mir den Stoff an, dunkelblaue Kunstseide mit roten und weißen Noppen, und ihre Figur, plötzlich wußte ich, wie das Kleid aussehen mußte. Auf einem Briefbogen zeichnete ich es auf, sie strahlte zustimmend, den Entwurf nahm sie gleich mit, so gut gefiel er ihr.
Am nächsten Morgen wurde ich zusammen mit dem Magazinkommando ins Haupthaus geführt, wir gingen an einem Gefangenen vorbei, der die Treppe wischte, sein Schrubber war ein armseliges Werkzeug, ein Knüppel mit Lumpen umwickelt, er selber war auch zerlumpt, aber wie wir herankamen, trat er zurück und grüßte mit einer feinen stillen Höflichkeit, die mich aufblicken machte: Es war der Museumsdirektor, ich lachte ihn an, er lächelte zurück, so grüßten wir uns jetzt jeden Morgen.
Von nun an saß ich Tag für Tag im Haupthaus in der Schneiderei. Das war ein großer Raum mit einem Zuschneidetisch und Nähmaschinenplätzen, an denen etwa dreißig Männer arbeiteten, ununterbrochen damit beschäftigt, Uniformen für die Russen zu nähen. Die Leitung hatte Schneidermeister Poppe aus Finsterwalde, er machte mir am Zuschneidetisch Platz, und während ich meinen Noppenstoff ausbreitete und mit Kreide den Schnitt darauf zeichnete, kamen immer mehr Schneider an den Tisch. Sie sahen grinsend zu, und einer sagte: Na, da bin ich ja neugierig. Und ein anderer fragte, wer mir das beigebracht hätte; Herr Poppe aber stand schweigend am Tischende und tat so, als höre er nichts.
Ich dachte, es sei vielleicht besser, diesen Fachleuten hier gleich rei-

nen Wein einzuschenken. Ich sagte, ich sei keine Schneiderin, ich mache das nur so.
Da sagte Herr Poppe: Dann machen Sie mal ruhig so weiter, und wenn Sie fertig sind, sehen wir es uns an.
Ich gab mir große Mühe, die Arbeit brachte viele Vergünstigungen, zum erstenmal seit Wochen wurde ich wieder satt, ich wollte sie so lange wie möglich behalten. Die Russin war Gott sei Dank rührend geduldig beim Anprobieren, denn ich brauchte Stunden, bis ich ihr am Körper alles so abgesteckt hatte, daß es tadellos saß.
Dann nähte ich das Kleid, und eines Vormittags hing es fertig auf einem Bügel am Schrank.
Sie kamen alle, um es sich anzusehen, sie hatten mich ja schon die ganze Zeit beobachtet, während ich Knopflöcher machte, Knöpfe überzog und säumte, man konnte ihnen nichts vormachen. Es sei nichts dagegen zu sagen, meinten sie, und ich nahm das als ein großes Lob.
Die Russin war auch zufrieden. Aber der zweite Auftrag war weit schwieriger, eine andere Russin brachte mir Wäschestoff, ich sollte Unterwäsche daraus machen, Hemd, Hose und Büstenhalter, aber sie lehnte es ab, anzuprobieren, mit allen Zeichen des Entsetzens. Als einziges Zugeständnis erlaubte sie mir, ihre Taillen- und Oberweite zu nehmen.
Ich sagte, das ginge nicht, aber sie war nicht dazu zu bewegen, den Stoff zurückzunehmen, ich solle nur machen, es würde schon richtig. Für den Büstenhalter bekam ich eine Sonderanweisung: die Körbchen mußten aus lauter Keilen zusammengesetzt werden. Ich weiß nicht, ob die Wäsche gepaßt hat, zum Ausgleich hatte ich sie mit einer Stickerei verziert, meine Aufträge mehrten sich jedenfalls.
Herr Poppe war mein Freund geworden, er verriet mir sogar seine Schneidertricks. Warum soll ich's nicht weitergeben, sagte er, wer's begreift, hat's verdient, wer nicht, vergißt es sowieso wieder. Ich lernte bei ihm, wie man Knopfleisten macht, Taschen einsetzt, wie man Steifleinen pikiert und Kragen in Form bringt, ich ging, wenn man so will, in eine Art Schneiderlehre, auch das hat mir geholfen, durchzukommen.
Jeden Tag kamen russische Offiziere zum Anprobieren. Herr Poppe war ein erstklassiger Schneider, alles was er machte, saß, und die Russen drehten sich begeistert vor dem Spiegel, einige von ihnen waren so stolz auf ihre neuen Uniformen, daß sie täglich kamen, um sie aufbügeln zu lassen.
Diese Steppensöhne, sagte Herr Poppe, wenn er ihren Wunsch erfüllt

hatte, zerlumpt und verlaust sind sie hier angekommen, und nun stellen sie Ansprüche wie der Kaiser von China.
Der nächste kam, Herr Poppe hüllte sich in eine Wolke von Dampf und brachte nach fünf Minuten einen tadellos gebügelten Mantel zum Vorschein.
Als der Russe gegangen war, fragte ich ihn, wie er das zuwege brächte, in nur fünf Minuten einen Mantel aufzubügeln.
Herr Poppe sagte, ich bügele überhaupt nicht, da ist nichts dran zu bügeln, ich lasse eine Dampfwolke aufzischen, hantiere ein bißchen im Nebel und fertig. Denen genügt es, wenn es nur ordentlich dampft und zischt.
Meine Schneider dort unten neigten zum Spintisieren und Grübeln; eines Tages kam einer und fragte, ob ich nicht die im Haupthaus kenne, die so gut Karten legen könne. Ich wußte, er meinte Frau Stumpf. Kann sein, sagte er, die soll besonders gut sein, aber an die ist nicht ranzukommen, können Sie es nicht auch? Ich sagte ja, aus reinem Übermut.
Er legte sofort ein Kartenspiel auf den Tisch: Dann machen Sie mal.
Nun mußte ich eine Ausflucht finden, ich sagte, man könne das nur mit seinen eigenen Karten.
Das leuchtete ihm ein. Ob ich denn welche hätte, und wo sie seien.
Natürlich, sagte ich, drüben im Frauenhaus.
Dann müssen Sie sie aber morgen mitbringen!
Und ich sagte leichtfertig ja.
Nachdem ich ins Frauenhaus zurückgeführt worden war, ging ich sofort zu Frau Stumpf, ich erzählte ihr von den Schneidern und fragte sie, ob sie mir das mal schnell beibringen könne und ob sie mir ihre Karten ausleihen würde.
Sie lachte und blätterte ihre Karten vor mir hin. Da war die große Liebe. Und die Familienkarte, das Krankenhaus und das Gericht. Und das Ärgernis, das auf den Menschen zukommt. Und die Nachricht über den kurzen Weg. Und das, was es sonst noch an schicksalhaften Möglichkeiten gibt. Und nun, sagte sie, müsse ich kombinieren, das sei das Wichtigste. Und natürlich das Üben.
Ich sagte, das wolle ich jetzt gleich. In meiner Zelle.
Ich ging also zurück in meine Zelle und fing an, allen die Karten zu legen. Es waren reine Fantasien, eingekleidet in die Sprache der Kartenlegerin, nach kurzer Zeit sagten alle, ich könne es nun schon ganz gut.
Ich war am anderen Morgen kaum in der Schneiderei, als die Schneider im Chor fragten: Haben Sie die Karten mit?

Ja, aber natürlich, sagte ich.
Sie wollten gleich damit anfangen, aber da streikte ich, Karten seien verboten und jeden Augenblick könne ein Russe hereinkommen. Nein, dazu müsse ich Ruhe haben, in der Mittagspause vielleicht, und mit einem Posten vor der Tür.
So wurde es dann auch gemacht. Ein großes Brett wurde herangeschafft, ein weißhaariger Mann nahm es auf seine Knie und sah mich erwartungsvoll an.
Ich mischte die Karten, ließ ihn, wie ich es am Abend zuvor geübt hatte, dreimal abheben, mit der rechten Hand nach dem Herzen, weil er verheiratet war, dann legte ich die Karten aus und deutete sie so, wie es mir zu seinen weißen Haaren zu passen schien.
Er hörte sich alles ruhig an, ich dachte, jetzt kommt der Augenblick, wo er die Karten zusammenfegt und sagt, das sei ja alles Unsinn. Aber als ich das Spiel zusammennahm, sah er mich flehend an und sagte, er müsse noch etwas wissen. Ob sein Sohn noch lebe? Er habe so lange nichts von ihm gehört. Und ob seine Frau gesund sei, ob sie das Haus noch habe und ob die Ziege noch da sei.
Mir war ganz schlecht. Ich dachte, jetzt hast du etwas ganz Gemeines gemacht. Was sollte ich tun? Sollte ich ihm sagen, daß ich alles nur zusammenfantasiert hatte? Ich sah ihn an und merkte, daß er alles von mir erwartete, ich mußte ihn trösten. Das habe ich dann auch versucht, ich sagte zu ihm: Ich weiß nicht, ob Ihr Sohn noch lebt, aber Hoffnung ist da, er ist ja in Gefangenschaft, Ihre Frau ist zu Hause und gesund, die Ziege lebt.
Der Mann blühte auf, strahlte und war glücklich.
Nachdem ich bei ihm so verfahren war, kam ich aus der Falle nicht mehr heraus, ich konnte nun nicht mehr sagen, das war alles gelogen, das hätten sie mir nicht verziehen, aber es konnte auch nicht weitergehen, daß ich einfach vor mich hin fantasierte, ich habe mir die Männer also genau angeschaut. Nach wenigen Fragen wußte ich ungefähr, was sie gern hören wollten, worum sie sich sorgten und was ihnen am Herzen lag. Dann habe ich ganz vorsichtig versucht, mich dahin zu tasten, auf sie einzugehen und ihnen zu helfen. Ich weiß nicht, ob es mir gelang, aber es machte mich zu einer der gesuchtesten Kartenlegerinnen der Anstalt.
Später schenkten die Schneider mir ein eigenes Kartenspiel, ein Staatsanwalt, der mich öfter in der Schneiderei besuchte, brachte mir ein großes Spiel, mit dem man auch Rommé spielen konnte, wir benutzten diese Karten auch dazu, unseren Tagesablauf vorauszusagen. Das geschah folgendermaßen: Wir zogen aus dem Kartenspiel

fünf Karten, anhand dieser Karten bestimmten wir, wie der Tag verlaufen würde. Einmal sah ich mir — mit dem Rücken zur Tür — diese Karten an und sagte: Heute gibt es Ärger mit dem Sergeanten.
In diesem Augenblick griff mir jemand über die Schulter und nahm mir die fünf Karten weg. Der Sergeant! Ich hatte soviel Geistesgegenwart, den Rest des Spiels in meinen Rockbund zu stecken. Er fragte, wo die andern seien. Wir sagten, wir hätten nicht mehr. Er ließ sich meine Tasche geben und durchsuchte alles, dann zerriß er die fünf in kleine Stücke und warf sie auf den Hof. Beim Spaziergang haben wir sie aufgehoben und wieder zusammengeflickt.
Ich habe sehr bald — und zwar im nächsten Lager — das Kartenlegen abgelehnt. Als unsere Zukunft immer ungewisser und dunkler wurde, kam es mir vermessen und frevelhaft vor, und ich sagte, die einzige Hilfe für uns sei jetzt, auf Gott zu vertrauen. Ich wurde oft und verzweifelt gebeten, so daß die Ablehnung nicht leichtfiel, und ich habe, um mich daran zu halten, vor Gott geschworen, nie mehr zum Weissagen ein Kartenspiel in die Hand zu nehmen.

Ich hatte ein gutes Leben bei Herrn Poppe.
Unsere Mittagszeit dauerte eine Stunde, zwei Schneider holten den Suppenkübel, wir setzten uns um den großen Zuschneidetisch und aßen, bis wir satt waren, es blieb dann immer noch soviel, daß jeder ein Kochgeschirr mit in die Zelle nehmen konnte. Danach spielten die Schneider im Hinterzimmer Skat, ich aber streifte durch das Haus, hörte mir im Kirchenraum einen einsamen Orgelspieler an und stöberte die Musikkapelle auf, die für mich den Kaiserwalzer spielte. Ich wußte sogar, wie die Bunker aussahen, in die man die Häftlinge aus kleinlichsten Anlässen sperrte, bis zu vier Wochen ohne Mittagessen, zum Beispiel, weil sie nicht schnell genug die Treppe heruntergegangen waren. Die Ausgehungerten verloren dabei den Rest ihrer Kraft, für manchen hat der Bunker die Todesstrafe bedeutet.
Einmal kam ein ukrainischer Volksdeutscher, einer der Essensträger, auf mich zu und sagte: Sie, ich mag Sie so gern.
Das ist nichts Besonderes, wenn man die einzige Frau unter so vielen Männern ist, und das war ich ja dort im Haupthaus; später in Waldheim, als ich die einzige Frau im großen Zellenhaus war, habe ich ähnliches erlebt. Der Volksdeutsche sagte, er habe ein Stück Kuchen geschenkt bekommen, ob ich das nehmen wolle.
Ich sagte, ich hätte die Tasche voll Brot und nähme es nur, wenn er den Leuten im Bunker mein Brot gäbe. Er hat es gemacht; wenn er erwischt worden wäre, hätte man ihn selbst in den Bunker gesperrt.

Ich hatte immer noch genug für meine Zellengenossinnen, sie warteten jeden Abend auf mich, um irgendwelche Neuigkeiten oder Parolen zu erfahren, und während ich erzählte und ausschmückte, ging das Kochgeschirr herum. Ich kam mir vor wie ein Familienvater, der für die Seinen sorgt, es machte mich richtig glücklich. Wilma, die manchmal Mutti zu mir sagte, meinte, eigentlich müßten sie Vati sagen, wir hatten so etwas wie ein glückliches Familienleben. Auf diese Art überlebt der Mensch, auch in grausiger Umgebung suchen wir, wenn wir nur irgend können, uns einen Ruhepunkt zu schaffen. Um uns litten Menschen, viele starben, wir banden unsere Zellentür zu, nähten und stickten, sangen und lachten, ja wir haben oft gelacht. In allen KZs der Welt – wir haben damals nicht geahnt, wie viele es davon gab und in den hohen siebziger Jahren dieses Jahrhunderts noch geben würde – wird gestorben, gelitten und gelacht.
Mir kam unsere Lage wieder voll zum Bewußtsein, als eines Morgens der Museumsdirektor nicht mehr die Treppe wischte, ein anderer tat es an seiner Stelle. Als ich an ihm vorbeiging, flüsterte er: Mein Kamerad ist krank. Ich fragte, was er habe.
Fieber und Durchfall, die ganze Nacht.
Wir wußten beide, was das in Bautzen bedeutete.
Den ganzen Morgen nähte ich an meinen Russenkleidern und dachte an den stillen Mann, er durfte nicht sterben. Ich trocknete Brotscheiben auf den Heizungsrohren, und weil mir das nicht genug schien, schrieb ich ihm, ob er einen Wunsch habe und was ich tun könne.
Am anderen Morgen gab ich es dem Mann auf dem Flur; der Volksdeutsche, der uns zur Arbeit führte, drückte bei solchen Unterhaltungen ein Auge zu, wenn auch ungern.
Es geht ihm schlecht, sagte der fremde Häftling.
Es gab nichts, was ich für ihn tun konnte, essen durfte er nicht, Medikamente hatte ich nicht, keiner hatte welche. Gab es wirklich nichts? Ich konnte ihm zu Papier und Bleistift verhelfen, vielleicht tröstete es ihn, an seine Angehörigen zu schreiben, half ihm vielleicht, gesund zu werden. Und ich würde den Brief irgendwann hinausschmuggeln. Wenn Bernhard kommt, dachte ich, es war mein täglicher Gedanke, ich hatte mich längst entschlossen, dann soviel Nachrichten wie möglich hinauszubefördern.
Nun besaß ich weder Stift noch Papier. Aber ich hatte einen Freund, Schneidermeister Poppe. Er schüttelte zwar den Kopf, als er von meinem Plan hörte, aber er half mir; seit er mich hatte nähen sehen, traute er mir wohl alles zu. Er gab mir nicht nur Papier und Bleistift, sondern sogar einen unbenutzten Briefumschlag.

Er fragte, wie der Brief denn nach draußen kommen solle.
Ich sagte ihm, mein Mann könne jeden Tag kommen.
Zwei Tage später bekam ich den Brief zurück, unverschlossen. Sie möchten ihn bitte lesen, sagte der Mann, als er ihn mir übergab.
Abends in der Zelle machte ich ihn auf, er enthielt zwei Bogen, einen für mich mit seinem Dank und der Bitte, auch den Brief an seine Angehörigen zu lesen, als Zeichen seines Vertrauens und seiner Freundschaft.
Ich tat es.
Er erwähnte nichts von seiner Krankheit, es ginge ihm gut, schrieb er, er hoffe auf ein baldiges Wiedersehen. Seine Söhne bat er, der Mutter beizustehen, bis er wieder zu Hause sei, in Liebe fühle er sich täglich mit ihnen verbunden. In einem Nachsatz bat er um eine Wolldecke, Strümpfe und eine Jacke.
Nun erfuhr ich auch seinen Namen, er hieß von Arps-Aubert.
Ich schloß den Umschlag und nähte ihn in den Boden meiner Basttasche ein.
Zwei Tage später erfuhr ich, daß er ins Krankenhaus gekommen war. Wir wußten, daß dort nur Sterbende aufgenommen wurden, ich wollte das nicht glauben und hoffte noch immer auf Gesundung, mittags schlich ich mich in die Telefonzentrale im Haupthaus und bat die Männer, mich mit dem deutschen Arzt zu verbinden. Dem verschlug es die Sprache, als ich mich bei ihm meldete und nach einem Patienten erkundigte, ich hörte ihn tief Luft holen, hastig sagte ich, es handele sich um einen guten Bekannten und er möge mir doch Auskunft geben. Na schön, antwortete er, es geht ihm gut, kein Grund zur Besorgnis, er ist bald über den Berg, und schon hatte er aufgelegt.
Ich glaubte ihm.
Am nächsten Morgen wollte ich dem Mann im Treppenhaus die gute Nachricht weitergeben, aber er schüttelte den Kopf: Er ist gestorben, heute früh wurde sein Bündel abgeholt.
Aber der Arzt, sagte ich.
Der hat bestimmt Angst gehabt, Ihnen die Wahrheit zu sagen.
Ich wollte es nicht glauben, ich wollte nicht glauben, daß mein Freund tot war. Wochen später gelang es mir, einen Volksdeutschen dazu zu bringen, heimlich die Totenlisten durchzusehen. Er fand die entsprechende Eintragung und sagte mir auch das Datum. Es war der Tag, an dem das Bündel abgeholt worden war.
In dieser Vorweihnachtszeit des Jahres 1945 kam eine Kommission zur Besichtigung ins Lager. Ich saß in Meister Poppes Schneiderstube, da ging die Tür auf, ein uniformierter Russe mit wallendem weißem

Bart kam herein, hinter ihm ein Schwarm von Offizieren. Der Weihnachtsmann, sagte einer von den Schneidern, und diesen Namen behielt er. Er hat uns in allen Lagern besucht, in denen ich war, und immer machte er seinem Namen Ehre, die Folge seiner Besichtigungen waren entweder irgendwelche Verbesserungen innerhalb des Lagers oder Vorbereitungen zu Entlassungen. Es herrschte deshalb immer Hochstimmung, wenn er kam.
Dies erste Mal bescherte er uns dreistöckige Bettgestelle mit Strohsäkken, so daß wir nicht mehr auf dem Boden zu schlafen brauchten. Das hatte allerdings auch seinen Nachteil; als nämlich zwei von diesen Bettürmen in die Zelle kamen, war es so eng geworden, daß wir uns nur noch aneinander vorbeiquetschen konnten, zwei mußten sich nun immer auf den oberen Betten aufhalten. Das aber war tagsüber verboten, und trotz allen Aufpassens wurden wir hin und wieder doch überrascht. Ich sehe noch, wie Erika einmal, als der Sergeant unerwartet auftauchte, mit einem Satz vom obersten Bett heruntersprang, und er war von ihrer sportlichen Leistung so beeindruckt, daß er grinsend gut, gut sagte.
Der Weihnachtsmann verweilte einige Augenblicke neben meiner Nähmaschine, nickte gedankenvoll, ging dann weiter, ich dachte mir nichts Böses, aber am anderen Morgen wurde ich nicht zur Arbeit abgeholt. Ich saß in der Zelle und rätselte, wir waren alle betroffen, nun waren wir wieder auf die Normalverpflegung angewiesen. Später erfuhr ich den Grund: der Weihnachtsmann hatte es nicht für richtig gehalten, daß ich in der Schneiderstube als einzige Frau unter dreißig Männern saß.
Ich sitze also wieder in der Zelle, mache wieder alles mit, das Hungern, das Frieren, die Enge, aber ich weiß, daß es nicht lange dauern kann, in der Schneiderstube liegen angefangene Näharbeiten und ein ganzer Stapel Stoffe. Die Russinnen, denen sie gehören, werden schon dafür sorgen, daß ich weiternähen kann, Frau bleibt Frau, irgendeinen Weg finden die schon. Und so war es dann auch, eines Morgens bin ich wieder dabei, aber es geht nicht mehr in Meister Poppes Werkstatt, jetzt sitze ich in der Flickstube des Bekleidungsmagazins, extra für mich ist eine Nähmaschine hineingestellt worden.
Ich nutzte die günstige Lage aus, behauptete, ich könne nur in Verbindung mit der großen Werkstatt arbeiten, in Wirklichkeit wollte ich meine alte Bewegungsfreiheit wieder haben, denn die Flickfrauen wurden den ganzen Tag in der kleinen Stube eingeschlossen. Zum Beispiel sagte ich, die Hosen der Hausanzüge für Frau und Kinder des Politoffiziers, die könne ich nur in Verbindung mit Meister

Poppe herstellen. Und so lief ich denn auf Umwegen wieder durchs Haus und schaute bei allen alten Bekannten hinein, zur Rechtfertigung trug ich um den Hals ein Zentimeterband und über dem Arm ein paar zugeschnittene Stoffteile.
Mein Ansehen als Schneiderin wurde gefestigt, als die russischen Offiziere in der Schneiderwerkstatt ebenfalls Hausanzüge bestellten, die Jacken sollten Verschnürungen wie Husarenuniformen haben. So ein Fummelkram sei nichts für Männerhände, sagte Herr Poppe, aber die Russen wollten ihre Verzierungen. Da rief er eines Tages mich dazu und fragte, ob ich so etwas machen könne. Fertige Schnüre gab es natürlich nicht, nur einen Streifen roten Stoff.
Ich sagte, ich könne das schon, aber es sei eine höllische Arbeit.
Du machen, sagte der Russe.
Ich nähte ein Probestück, von dem die Russen entzückt waren. Auch bei Herrn Poppe fand es Beifall, und nun lief eine richtige Serienproduktion an, tagelang saß ich und bastelte Verschlingungen zu kunstvollen Mustern zusammen. Ich nahm mir reichlich Zeit, ich brauchte sie für das, was ich mir vorgenommen hatte, seit ich im Magazin arbeitete.
Als ich zum erstenmal da hinunter kam, blieb mir der Atem weg, die deckenhohen Regale waren vollgestopft mit Kleidung und Wolldekken, mit Geschirr und Besteck. Und täglich kam neues hinzu, wenn nämlich der Bademeister mit seinen Leinenmännern den desinfizierten Nachlaß unserer Verstorbenen brachte — jeden Tag starben damals zwischen drei und neun von uns. Trotzdem wurde nichts ausgeteilt, ich selbst habe erst 1948, als die ersten Entlassungen bevorstanden, eine Kleiderzuteilung bekommen. Ich ging also an den Regalen entlang und nahm an mich, was ich nur konnte, es war nicht einfach, denn Erna Wilde, die Magazinleiterin, saß meist an ihrem Tisch im Lagerraum und ließ ihre scharfen Augen wandern, während sie ihre Bücher peinlich korrekt auf den neuesten Stand brachte.
Ich wurde nicht klug aus Erna.
Sie war ungewöhnlich sauber und ordentlich, aber fast ohne Anmut, ein schwerer Mensch, der schwer wirkte und schwer nahm, von Anfang an sah ich sie alle die Arbeiten tun, vor denen wir uns gern drückten. Wenn es etwas zu scheuern oder zu entwanzen gab, wenn die Klosetts mal wieder überliefen, immer war es Erna, die sich freiwillig anbot, Ordnung zu schaffen. Auch den gefangenen Russenmädchen zeigte sie diese Dienstwilligkeit, das verstand ich überhaupt nicht.
Die Russinnen hatten allerlei Vorrechte, sie wurden oft zur Säuberung der Offiziersräume herangezogen, und von solchen Gängen brachten

sie mit, was nicht niet- und nagelfest war. Besonders hatten sie es auf Vorhänge, Bettzeug und Tischdecken abgesehen, daraus wurden dann Kleider gemacht; die Sehnsucht jeder Russin aber war ein Faltenrock. Breithüftig wie die meisten waren, sahen sie unmöglich darin aus, außerdem sprangen die Falten falsch auf und saßen nie, wie sie sollten. Selbst als es gelang, ein Bügeleisen aufzutreiben, stellte sich heraus, daß das Teufelszeug nicht einmal auf dem Tisch still liegen blieb, die Russinnen jammerten und kamen schließlich zu uns, wir sollten das in Ordnung bringen. Und wer tat es? Erna. Sie zog die Röcke über ein Brett und nähte mit ihren schweren Händen Falte um Falte ein, stundenlang.

Warum tun Sie das, fragte ich verständnislos.

Sie war so mit den Falten beschäftigt, daß sie nicht antworten konnte, später beim Rundgang hörte sie sich ruhig meine Vorstellungen an, dann sagte sie, sie müsse sich in Geduld üben, nichts sei wichtiger für sie, sie könne nicht gut nähen, und selten sei ihr etwas so sauer geworden wie diese Faltenröcke, aber es befriedige sie, damit fertig zu werden.

Ich verstand sie so wenig wie damals, als wir das Möhrenfeld jäten mußten, da erlebte ich sie zum erstenmal. Das Unkraut war hochgeschossen, wir verschwanden darin, wenn wir zum leichteren Arbeiten in die Knie gingen, und wir nutzten das kräftig aus. Statt zu jäten, fingen wir an, Möhren auszuziehen und uns daran sattzuessen, ich war nur noch damit beschäftigt, mit dem sicheren Griff der erfahrenen Schrebergärtnerin die dicksten herauszufinden. Schließlich hockten wir alle im Kraut wie Hasen und knusperten, da störte eine ungeduldige, befehlende Stimme uns auf: Wir sind zum Arbeiten hier, vergeßt das nicht, kommt mal hierher.

Ich fragte mich, wer sich hier bemüßigt fühlte, uns anzutreiben, ich sprang also auf, um mir die mal aus der Nähe anzusehen — es war Erna.

Sie kniete an einer steinigen Stelle des Feldes, nur Gras wucherte da, schweißüberströmt rupfte sie an den zähen Büscheln, riß aber nur Halme ab, während die Wurzeln in der Erdkruste stecken blieben, es war ein Bild des Jammers. Ich brachte keines der zornigen Worte hervor, die ich vorhin auf der Zunge gehabt hatte, ich sah nur noch diesen sich qualvoll mühenden Menschen und sein nutzloses Tun, ich kauerte mich neben sie und half ihr, das Gras abzureißen, mochte es morgen wieder wachsen, wenn nur die Frau von dieser Stelle, dieser Selbstquälerei fortkam. Bald darauf machten die Russen sich Ernas Zuverlässigkeit zunutze, sie übertrugen ihr die Leitung des Kellerma-

gazins und gaben ihr als Hilfskräfte unser politisierendes Näh- und Flickkränzchen bei, die Plauener Frauen.
Ich wurde bald ziemlich übermütig, dehnte meine Besuche im Haupthaus allzusehr aus, und als ich eines Tages von einem längeren Aufenthalt in der Schneiderwerkstatt zurückkam, standen zwei tobende Russen vor mir; ich war die ganze Zeit gesucht worden, warum weiß ich nicht mehr, ich machte ein harmloses Gesicht und zeigte auf die Stoffteile, aber sie ließen sich nicht besänftigen, diesmal nicht, ich mußte ins Magazin, die Tür wurde krachend zugeschlagen, der Schlüssel umgedreht. Ich sah mich um, der Raum war leer, vorn in der Flickstube sangen die Plauenerinnen Ernas Lieblingslied: Hoch auf dem gelben Wagen. Sie würde also noch eine Weile beschäftigt sein, war das nicht eine gute Gelegenheit, ein paar Sachen beiseitezubringen? Ich stöberte in den Regalen und richtete mir in einer Ecke ein Versteck ein, dann ging ich zurück in den Flickraum und fing an, emsig zu nähen.
Nach einer Weile kam Erna. Ob sie mich sprechen könne?
Wir gingen ins Magazin, sie blieb an ihrem Schreibtisch stehen, sah mich groß an und sagte: Glauben Sie wirklich, ich weiß nicht, was Sie hier tun? Ich habe Sie vorhin beobachtet, ich dachte, Sie hätten erstmal genug nach dem Krach mit den Russen, und da gehen Sie wieder an die Regale, ich muß schon sagen, soviel Kaltblütigkeit ist bewundernswert, aber haben Sie noch nie daran gedacht, was aus mir wird? Was ist, wenn meine Bücher geprüft werden?
Ich sagte, sie könne es doch unmöglich als ihre Aufgabe ansehen, den Russen die Bestände zu hüten und ihre Bücher einwandfrei zu führen, wenn die Menschen in den Zellenhäusern zugrunde gingen, weil es ihnen am Notwendigsten fehle, sie wisse doch so gut wie ich, daß oben aus Spucknäpfen und Nachttöpfen gegessen werden müsse. Hier stünden die Eßschüsseln in langen Reihen, und oben müßten die neuangekommenen Frauen zu zweit aus einem Napf essen; das sei es, sagte ich ihr, was ich nicht mitansehen könne, und solange ich hier unten sei, müsse sie damit rechnen, daß ich versuchte, Abhilfe zu schaffen.
Einen Augenblick war Schweigen zwischen uns, dann hielt sie mir die Hand hin, bat mich, ihr zu sagen, wenn irgendwo etwas nötig gebraucht werde, sie wolle es dann schon möglich machen, aber so, daß trotzdem ihre Bücher stimmten.
Damals hatte ich wieder so einen entfernten Freund wie den Museumsdirektor, einen älteren, sehr großen Mann, der an Krücken ging. Wenn die Männer zum Rundgang getrieben wurden, trat er zur

Seite, um dann als letzter die steilen Eisenstiegen hinunterzustelzen. Er sah so elend aus, daß wir ihm oft einen Kanten Brot zusteckten, und da ich dieses qualvolle Hinunterstelzen nicht mitansehen konnte, bot ich ihm meine Hilfe an, ohne mich um die Russen zu kümmern, so etwas war ja verboten. Ich fühlte, wie gut ihm das tat, und die Wachen ließen es merkwürdigerweise schweigend geschehen; ich habe das ja manchmal erlebt, wenn man in aller Selbstverständlichkeit eines ihrer unsinnigen und menschenunwürdigen Gebote übertrat, siegte plötzlich der gesunde Menschenverstand, sie ließen es geschehen, aber verlassen konnte man sich nicht auf ihr Verhalten, ein Risiko war immer dabei.

Einmal erzählte er mir, er litte sehr unter der Kälte, seine Decke sei viel zu kurz, er sei ja so groß, das eine Bein sei nun schon steif davon, und das andere fühle sich jetzt auch jeden Morgen an wie abgestorben. Zum erstenmal arbeiteten Erna und ich nun zusammen an einem Hilfsprogramm; ich erzählte ihr von dem großen Mann, und sie ging wortlos an den Stapel, suchte eine besonders dicke Decke heraus, dann lächelte sie mich verschmitzt an, nahm eine andere altersschwache, riß sie in der Mitte durch, faltete die Hälften säuberlich und steckte sie in den Stapel. Nun hatte ich meine Decke, und ihre Bücher stimmten trotzdem.

Um diese Zeit bekam ich den Auftrag, ein Kinderkleid zu nähen, da stellte Frau Altmann sich eines Tages neben meine Maschine — Erna war gerade nicht da —, zeigte auf das Kleid und sagte, sie hatte ja immer noch diese Art, sich in alles einzumischen, sie sagte also: Lassen Sie das Kleid nicht Erna sehen, das weckt schmerzliche Erinnerungen. Ich fragte wieso, aber da zog sie sich stillschweigend zurück und gab mir ein Gefühl von Ungehörigkeit, das konnte sie ja besonders gut. Ich aber saß und nähte weiter an dem kleinen Kleid, was sollte das? Ich arbeitete mit aller Liebe daran, seit Tagen schon und mit einem stillen Vergnügen, weil ich dabei immer an meine Heidi dachte, und ich nähte meine ganze Sehnsucht und meine Wünsche für mein eigenes Kind in das Kleid des fremden Kindes, das machte mich nicht unglücklicher, im Gegenteil, mir war, als sei meine Tochter mir näher als je zuvor. Warum also durfte Erna Wilde ein Kinderkleid nicht zu Gesicht bekommen? Es ließ mir keine Ruhe. In einer stillen Nachmittagsstunde, als sie allein in ihren Regalen räumte, ging ich zu ihr und erzählte ihr, was mir gesagt worden war. Ihr Gesicht wurde anders, schmerzzerfressen, die Augen starrten an mir vorbei, ich dachte, hättest du doch lieber nicht gefragt, da sagte sie, wir seien jetzt so gut bekannt, da wolle sie, daß ich alles erführe.

Ich wußte, daß sie verheiratet war, nun erzählte sie mir, sie habe ein Kind gehabt, ein kleines Mädchen; ich wisse ja, sagte sie, daß sie nicht sehr gesellig sei, das Kind sei ihr ein und alles gewesen, ein Geschenk, mit dem sie nicht mehr gerechnet hatte, ein Mensch, der ganz zu ihr gehörte, der ihr voll vertraute. Ihr Mann sei in Norwegen gewesen, sie habe lange nichts von ihm gehört, sie selbst habe beim Sicherheitsdienst gearbeitet. Und dann seien die Russen gekommen, sie brachen in das Haus ein, betrunken, vielleicht hatte jemand sie angezeigt, sie brachen Schränke auf, warfen Möbel um, und dann kam ihnen das Kind in den Weg, sie packten es... es schrie vor Angst, das reizte sie wohl. Erna wollte dazwischenspringen, aber sie hielten sie fest und zwangen sie zuzusehen, wie ihr Kind gequält wurde, ihr tat niemand etwas. Dann gingen sie, sie war allein mit dem verstörten Kind, selber verstört, besessen von der Angst, die könnten wiederkommen. Sie nahm das Kind auf, das klammerte sich an sie, sie ging in die Küche, sie nahm ein Messer aus der Schublade, lieber sterben, als das noch einmal erleben. Sie tötete das Kind, aber sie schaffte es nicht, sich selbst umzubringen, sie wurde bewußtlos, und als sie wieder zu sich kam, stellte sich heraus, daß sie nicht einmal schwer verletzt war. Vier Tage später, als das Kind begraben wurde, war sie wieder soweit, daß sie hinter dem Sarg hergehen konnte.
Sie sagte, ich solle das Kleid ruhig weiternähen, das mache ihr nichts aus. Ich verstand sie nun, konnte ihre selbstauferlegten Bußen begreifen, gemeinsam sind wir noch durch manches Lager gegangen, und bis zum Ende sah ich sie mit ihrer stillen schwerfälligen Geduld büßend alles auf sich nehmen, was schwierig und mühsam war.
Im Frühjahr 1946 mußte ich wieder ins Zellenhaus, die Russinnen hatten wohl ihre Stoffzuteilungen aufgebraucht, vorübergehend war ich ohne Arbeit. In dieser Zeit, es war etwa im März, mußten wir uns von Ursula und Erna Wilde und auch von den Plauener Frauen trennen. Eines Morgens wurde im Zellenhaus beim Appell eine Liste verlesen, die Aufgerufenen mußten sofort ihre Sachen packen, dann wurden sie in Sonderräumen zusammengelegt und hatten das weitere abzuwarten, niemand wußte weshalb, wir waren auf Vermutungen angewiesen, wie immer. Hin- und hergerissen zwischen Abschiedsschmerz und zwanghafter Hoffnung (denn insgeheim rechneten doch alle der Aufgerufenen mit Entlassung), standen wir beim letzten Zählappell nebeneinander, und beim Hinausgehen schmuggelte ich Ursula zum Abschied ein Blatt mit dem Frühlingsgedicht zu, das wir gerade auswendig lernten: O frischer Duft, o neuer Klang, nun armes Herze sei nicht bang, nun muß sich alles, alles wenden.

Am anderen Morgen waren sie fort. Lange wußten wir nicht, was aus ihnen geworden war, sie fehlten uns sehr.
Vielleicht betrachteten wir deshalb die Neuankömmlinge, die nun in Scharen hereinströmten, mit besonders kritischen Blicken, sie hatten es ja auch so viel besser als wir, wohlvorbereitet auf die Haft kamen sie an, beim Rundgang bestaunten wir Pelzmäntel und Schuhe, die uns ganz neidisch machten.
So sahen wir Alten die Neuen.
Die Neuen hingegen konnten sich mit dem abgerissenen, etwas verkommenen Volk, das wir wohl für sie darstellten, nie so recht anfreunden, eine Art Klassenunterschied, eine Kluft blieb immer bestehen.
Das Zellenhaus reichte nun nicht mehr, das war eine weitere Unannehmlichkeit, die der Neuzugang uns brachte. Wir mußten in die großen Gemeinschaftssäle der Männer ziehen; die wiederum brachte man im Keller unter, im Zellenhaus blieben nur noch alte und kranke Frauen.
Auf zweistöckigen fortlaufenden Bretterborden lagen wir wie die Sardinen, vierhundert in einem Saal, nicht mehr als sechzig Zentimeter Lagerbreite durfte jede für sich beanspruchen, bewegen konnte man sich nur auf dem dämmerigen Mittelgang. Hätten wir das jedoch alle getan, wäre ein qualvolles Geschiebe entstanden, so blieben die meisten tagaus, tagein am Fußende ihrer Betten sitzen. Die Bretter waren, was uns anfangs sehr wunderte, voller Blutspuren, aber schon die erste Nacht belehrte uns: in den Ritzen und Spalten hatten sich Scharen von Wanzen eingenistet, am anderen Morgen waren wir mit Quaddeln übersät, und in den kommenden Nächten konnte man gespenstische Gestalten herumkriechen sehen, andere standen unter den elektrischen Birnen, die immer brannten, halb ausgezogen, und suchten sich ab. Daß es auch Flöhe gab, erkannten wir an der Besonderheit ihrer Stiche, und wenn wir wirklich einmal zum Schlafen kamen, huschten Mäuse über uns hinweg und nagten an den aufgesparten Brotrinden.
Kübel gab es nicht, die Latrine im Hof war zugeschüttet, vierhundert Frauen waren auf vier Klobecken angewiesen, von denen aber nur zwei benutzt werden konnten, das dritte war zerbrochen und wurde nicht repariert, und das vierte hatten die gefangenen Russinnen für sich beschlagnahmt, so blieben für alle anderen zwei Kabinen, deren Türen ausgehängt waren. Schon vor Tag standen wir in langen Reihen an, hatte sich endlich eine erleichtert niedergelassen, wurde sie von den Wartenden ungeduldig beobachtet und bedrängt: braucht die aber lange, nun mach doch schon.

Viele verzichteten auf den Rundgang, um in Ruhe aufs Klo gehen zu können, immer aber war ein ununterbrochenes Gehen dorthin, Tag und Nacht, ein nie endendes Gedränge an dieser Stelle im Saal, alle, die in der Nähe lagen, wurden gestört durch das ewige Laufen und den ewigen Gestank.

Nach wenigen Tagen wurde eine von uns mit der Aufsicht betraut, ich fragte mich, wie die Russen sie wohl ausgesucht hatten, vielleicht aufgrund ihrer Akten, niemand von uns kannte sie, sie war mit einem der letzten Transporte gekommen, bald erfuhren wir, daß sie KZ-Aufseherin gewesen war. Nun war sie ja eine von uns, aber sie behandelte uns auch nicht anders als ihre Häftlinge von ehedem. Morgens weckte sie uns mit einer Trillerpfeife, ging gleich darauf durch die Reihen, um jedem, der nicht sofort aufgestanden war, die Decke fortzuziehen. Unnachgiebig achtete sie darauf, daß wir uns in der Mittagspause nicht hinlegten, und auch abends durften wir nicht vorzeitig unter die Decken kriechen, sie führte ein eisernes Regiment. Nur ein einziges Mal gehorchten wir ihr nicht.

Das war an dem Tag, als unsere Mittagssuppe aus rötlichem Wasser bestand, ohne jeden Inhalt. Wir reimten uns zusammen, daß rote Rüben darin gekocht worden waren. Eine der Neuangekommenen, eine frische Frau mit weißem Haar, noch ungebrochen und energisch, stellte sich vor uns hin und sprach uns an. Sie sagte, wir würden bald verhungert sein, wenn wir dieses Essen akzeptierten, da müsse etwas geschehen, und sie schlüge vor, daß, wer es über sich brächte, auf die Suppe verzichten solle. Um unsere Erschöpfung zu demonstrieren, sollten wir uns in der Mittagspause, entgegen dem Verbot, hinlegen, das würde die Aufmerksamkeit des Sergeanten auf uns lenken. Sie wolle ihm dann den Inhalt ihrer Suppenschüssel zeigen und darauf hinweisen, daß der allgemeine Erschöpfungszustand die Liegepause notwendig mache. Entweder würde das Essen dann besser oder es bliebe beim alten, schlimmer könne es ja auf keinen Fall werden, allenfalls würde man sie für ein paar Tage in den Bunker bringen, und das wolle sie auf sich nehmen.

Nicht alle Frauen konnten der Wassersuppe widerstehen, wir waren zu ausgehungert, aber fast alle legten sich hin.

Der Sergeant kümmerte sich zunächst nicht um uns, er kannte ja unsere unerbittliche Aufseherin. Nun freuten wir uns heimlich, als sie angesichts unseres Ungehorsams an die Tür ging und ihm ein Zeichen gab. Er erschien sofort, und es lief wie geplant, die Weißhaarige zeigte ihm ihre Suppe, während wir stumm auf unseren Brettern lagen. Er sah sich um und schüttelte mißbilligend den Kopf, dann ging

er; zwei Männer erschienen und trugen die Suppe hinaus, niemand störte unseren Liegestreik. Gegen Abend aber kam neues Essen, so gut wie lange nicht, natürlich verschlechterte es sich bald wieder, aber nie mehr wurde es so ungenießbar wie an diesem einen Tag.
Ich habe noch immer still gewartet, ob ich von Bernhard hören würde, ich saß auf meinem Bretteranteil und sah ihn den Gang entlang kommen, dann würde dieser ganze Spuk hier zu Ende sein, denn selbstverständlich würde er auch für die anderen etwas tun müssen. Während ich so dasaß und träumte, wurden meine Nähkünste wieder gebraucht, die Vertreterin des gefürchteten Stabsarztes wollte ein Kostüm genäht haben, und niemand traute sich. Ich ging mit gemischten Gefühlen in das berüchtigte Haus, das für uns ein Sterbehaus war. Vor einigen Wochen erst hatte der Arzt ein junges Mädchen, das mit Scharlach eingeliefert worden war, im Keller isoliert und sie ohne Behandlung so lange schreien lassen, bis sie tot war. Auch mir hatte er zweimal die Aufnahme verweigert, unter groben Beschimpfungen; ich hatte Angst vor ihm, aber ich traf ihn nicht, er war in Urlaub, nach Rußland gefahren, um seinen kleinen Sohn zu holen. Seine Vertreterin war eine junge Frau. Sie erwartete ein Kind, mag sein, daß sie das besonders weich und fürsorglich machte, aber sie war auch sonst von anderer Art. Die Kranken strömten nur so ins Haus, wahrscheinlich hatte sich mit der Schnelligkeit, in der Gerüchte umgehen, herumgesprochen, daß sie aufnahm, was nur irgend Platz im Hause hatte.
Sie wollte also ein Kleid haben.
Ich sagte ihr, daß Schneidern nicht mein Beruf sei, ich sei nur Hausfrau gewesen.
Da meinte sie, gute Hausfrauen seien sehr geschickt, die könnten alles. So saß ich denn in der Flickstube des Krankenhauses und nähte an einem rosa-grau gestreiften Hemdblusenkleid, mein Leben hatte sich wieder einmal völlig geändert. Wenn etwas die Nerven in den Lagern strapazierte, dann war es dieser schnelle Wechsel, einmal war man oben, einmal unten, von einem Tag zum andern, vorhersehen ließ sich da nichts, vorsorgen auch nicht — damals ahnte ich nicht, daß mir auch der Bunker nicht erspart bleiben würde. Mit den Frauen im Saal kam ich überhaupt nicht mehr zusammen, wer im Krankenhaus arbeitete, schlief auch da. Ich bewohnte zusammen mit den beiden Putzfrauen und zwei Flicknäherinnen eine Krankenzelle, damit waren fünf der acht Krankenhausbetten belegt, die es für die tausend Frauen im Lager Bautzen gab. Tagsüber saß ich in der Flickstube, sie lag im Keller, so tief unter der Erde, daß man das Fenster nur erreichen konnte, wenn man auf einen Tisch stieg. Das versuchte

ich schon am ersten Tag, die Luft war so stickig, aber die Luke war mit einem Schloß versperrt. Das Fenster darf nicht geöffnet werden, sagte die Leiterin der Flickstube.
Und warum nicht, fragte ich.
Das sei schon immer so gewesen, sagte sie. Sie war eine eigenartige Person, BDM-Führerin, Schlesierin und so eine Art Hausfaktotum, sie erzählte selbst, daß sie dem Stabsarzt den Rücken zu schrubben pflegte. Als ich meinen Abscheu zeigte, lachte sie, da sei doch nichts dabei, ihr mache es nichts aus, und die Russen seien das gewohnt.
Es war ein Leben wie im Mittelalter, wie eine Leibeigene kam ich mir vor – aus der Zelle in die Kellerstube, aus der Flickstube wieder in die Zelle, kein Rundgang, keine frische Luft, selbst das Essen wurde in den Keller gebracht.
So lebte ich eine ganze Zeit, ohne Sonne, ohne Himmel – das fiel mir ja immer am schwersten –, aber immerhin besser als im Gemeinschaftssaal auf dem Bretterbord, und die Arbeit für die junge Ärztin machte mir Freude. Ich hatte sie gern und sie mich, das Kleid war auch zu ihrer Zufriedenheit ausgefallen, nun brachte sie himmelblaue Bembergseide für ein Sommerkleid, da schlug ich ihr eine Stickerei vor. Sie wunderte sich freundlich, ob ich das denn auch könne, wir verstanden uns immer besser, sie brachte schwarzen Samt für ein Abendkleid, dazu stickte ich einen breiten Gürtel, sie war ganz glücklich darüber, wollte nun auch Freude machen. Beim Anprobieren fragte sie, ob ich einen Wunsch hätte, ich hatte mehrere: das Fenster soll zu öffnen sein, und dann möchte ich mittags Luft schnappen können, sie erfüllte mir beide. Die BDM-Führerin sah mich ein bißchen schief an, sie gönnte mir diese offen gezeigte Zuneigung nicht, das verschlimmerte sich noch – auch bei den anderen Frauen im Haus –, als die Ärztin mir einen Vertrauensposten nach dem anderen übertrug. Zuerst war es die Wäschekammer, dann, als eine Ärztekommission ins Haus stand, bat sie mich, durch die Krankensäle zu gehen und nach dem Rechten zu sehen.
Da hatte ich also das erstemal Gelegenheit, in die Säle zu kommen, die sonst von Wärtern betreut wurden, das heißt, sie wurden nicht betreut. Die beiden Pfleger, die jeder Station zugeteilt waren, machten nur sauber, leerten die Kübel, sorgten für Wasser und verteilten das Essen, zur eigentlichen Krankenpflege kamen sie nicht, wo hätten sie auch beginnen sollen bei all den Schwerkranken und Sterbenden. Die lagen stumm in ihren Betten, zufrieden, daß sie überhaupt liegen durften, sie halfen sich gegenseitig; wenn die Kraft nicht reichte, dann blieb es eben.

Ich kam also zum erstenmal in so einen Krankensaal und sah alle die stillen Gestalten, so dünn, so unterernährt, daß sie sich kaum abzeichneten unter ihren Decken, und fragte, womit ich helfen könne.
Sie froren alle furchtbar.
Es war nur eine Decke in der Wäschekammer, aber im Waschraum hatte ich eine Anzahl Wärmeflaschen gesehen, die versprach ich ihnen, ich ging also und füllte sie mit heißem Wasser, einer der Wärter kam herein und fragte mißbilligend, wo das hinführen solle, dann könne man ja den ganzen Tag Wärmeflaschen füllen, die Dinger hielten ja nicht. Ich bat ihn, es mich tun zu lassen, zwei Stunden würde so eine Flasche doch wohl halten.
Sie werden ja sehen, sagte er.
Ich füllte also die Wärmeflaschen, die ich fand, und wickelte jedem die Füße ein, nach einer Viertelstunde sah ich alle zufrieden unter ihren Decken liegen und ging ins nächste Zimmer, um auch da segensreich zu wirken, ich fand es unerhört, daß die Wärmeflaschen nicht benutzt wurden. Beim Hin- und Herlaufen kam ich jedesmal an dem Zimmer vorbei, in dem ich zuerst gewesen war, auf einmal hörte ich jemanden rufen, es war der alte Mann im ersten Bett, er sagte mit einer Stimme, als müsse er sich entschuldigen, zuerst sei es ja wunderschön gewesen, aber nun fühle es sich so feucht an, ob ich wohl nachsehen könne.
Ich schlug die Decke zurück. Feucht? Naß war alles, Decke, Laken, Matratze. Auch die anderen meldeten sich, überall dasselbe, nun wußte ich, was der Pfleger gemeint hatte, als er sagte, die Dinger hielten nicht.
Ich war entsetzt über das, was ich angerichtet hatte, mir war ganz elend zumute, aber keiner hatte ein Wort des Vorwurfs für mich, und ich hatte gelernt, wie wenig es hier zu helfen gab und wie bedachtsam man sein mußte, ehe man Hilfe anbot, man konnte sie nur in Ruhe sterben lassen.
Wir hatten dort eine Sterbekammer, einen völlig finsteren Raum unter einer Treppenschräge, vier Betten standen da, dorthin wurden die Kranken gebracht, die nicht vom Tode überrascht wurden, sondern wo das Sterben sich ankündigte und auf sich warten ließ. Meist war es aber so, daß es plötzlich kam, in der Nacht schliefen sie hinüber, oder es überraschte sie beim Aufstehen. Oder mit dem Suppenlöffel in der Hand. Oder auf dem Kübel. Das Herz hatte ausgesetzt. Die in der Sterbekammer zogen sich selber die Decke über den Kopf und dämmerten dahin, bis der Atem erlosch. Am Morgen wurden sie vor die Zellentür geworfen und lagen nackt auf den Gängen,

mit verkrümmten Gliedern, mit geöffneten Augen. Sie lagen dort bis zum Mittag. Dann wurden sie eingesammelt. Das erledigten Jugendliche, Kinder fast noch, die in ziemlich großer Zahl im Lazarett arbeiteten, man ließ sie dort, um ihnen zu besserem Essen zu verhelfen, aber sie mußten dabei verrohen.

Ich kam einmal dazu, wie zwei von ihnen einen der Toten packten und in fröhlichem Takt auf den Wagen warfen: eins, zwei, drei. Erschrocken rief ich: Das könnten eure Väter sein, wißt ihr nicht, was ihr da tut? Sie lachten bloß.

Draußen wurden die Leichen erst einmal beschriftet, wozu, das war mir unerfindlich; mit Tintenstift schrieb man ihnen eine Zahl auf die Brust, dann wurden sie in einem Leichenhaus gestapelt, sechzehn bis zwanzig übereinander, zweimal in der Woche kam der Leichenwagen und karrte sie zu den Massengräbern vor der Anstalt, die unteren begannen dann schon zu verwesen.

Nicht alle starben leicht. Da lagen welche und wurden von Gedanken gequält, tagelang; und ich, ich glaubte ja noch immer, daß Bernhard nun endlich kommen müsse, ich besorgte mir Papier und Bleistift und brachte es ihnen, versprach, ihre Briefe weiterzuleiten, ich war wirklich fest davon überzeugt, fast jeden Abend nähte ich einen dieser letzten Grüße in meine Basttasche ein.

Wieder einmal hatte ich viel Freiheit, ich konnte meine Arbeit im Keller jederzeit unterbrechen — wir waren im Augenblick mit der Babyausstattung beschäftigt, die Ärztin und ich — und mich auf den Weg in die Wäschekammer machen. An einem Morgen sah ich eine Reihe Tragen vor den Zellen stehen, Neuankömmlinge. Ich drehte mich um, ich wollte nicht dazwischen herumlaufen, da hörte ich plötzlich meinen Namen. Ich blieb stehen, wirklich, jemand rief: Frau Bechler.

Ich kehrte um, suchte zwischen den Tragen, hörte wieder leise meinen Namen, ich beugte mich hinunter, mühsames Lächeln auf einem gelben Knochengesicht, wer war das?

Ihre Decke hat mir den ganzen Winter geholfen, flüsterte er.

Es war der alte Mann mit dem lahmen Bein.

Ich fragte erschrocken, warum er hier sei.

Bloß Husten, sagte er betont leicht.

Ich versprach, ihn zu besuchen, dann ging ich schnell weiter, die Flure wurden streng überwacht.

Am nächsten Tag erkundigte ich mich bei einem der deutschen Ärzte. Ich fragte geradeheraus, wie das in Bautzen so üblich war, ob Hoffnung bestehe.

Der Arzt meinte, ja, und auch ich fand ihn nicht kränker, als ich ihn ein paar Tage darauf besuchte. Ich hatte draußen auf der Wiese Gänseblumen für ihn gepflückt, die legte ich ihm auf die Decke.
Aber ein paar Tage später kam ein Pfleger, der sagte mir, es sähe nicht gut aus, er habe ihn gerade in die Sterbekammer gebracht.
Ich fragte, ob der Kranke wisse, was das bedeute.
Aber woher denn, sagte der Pfleger, ich habe ihm erklärt, daß er Ruhe braucht, das hat er auch geglaubt.
Ich wollte in die Kammer. Er schaute sich um, kein Russe war in der Nähe, dann öffnete er die Zelle, ließ mir die Tür einen Spalt weit auf, nun war es nicht ganz so dunkel da drinnen, im Dämmer sah ich die große stille Gestalt, ganz eingehüllt in die Decke, war er schon tot? Ich zog die Decke zurück, da schlug er die Augen auf, sie erkannten mich, füllten sich mit Freude.
In mir war nur das Bedürfnis, ihm Nähe zu zeigen, ich schob die Hände unter seinen Kopf und küßte ihn auf die Stirn, dann habe ich ihm gesagt: Ich glaube, daß die Liebe unsterblich ist.
Ja, sagte er leise, ich bin in ihr. Wir sind uns sehr nah.
Am nächsten Morgen war er tot.
Auch er lag vor der Zelle, wie alle die anderen, und die Jungen warfen ihn auf ihren Wagen und karrten ihn ins Leichenhaus.

Eines Tages war der Stabsarzt wieder da.
Ich kam aus meiner Wäschekammer, da sah ich ihn im Hauptflur stehen. Erst wollte ich ausweichen, ich hatte ja große Angst vor diesem Menschen und ebensolchen Abscheu, dann entschloß ich mich, weiterzugehen, konnte ja sein, daß er mich schon gesehen hatte. Also an ihm vorbei, die Treppe hinunter, da rief er mich. Ich drehte mich um.
Er machte eine Kopfbewegung zu sich hin.
Ich stieg hinauf, blieb stehen und sah ihn einfach an, jetzt hatte ich mich, meine Angst, meinen Abscheu völlig unter Kontrolle, er konnte mir nichts anmerken. Ich sah, daß er mich wiedererkannte.
Er blickte mich an, dann sagte er etwas Seltsames. Er sagte: Wir werden sehen, wer bleibt.
Ich konnte mit seinen Worten nichts anfangen. Er winkte mir fast gnädig zu gehen, ich fragte mich, ob der Tyrann gute Laune hatte, später wurde mir klar, daß er Angst hatte, auch Tyrannen werden von Ahnungen heimgesucht.
Am Vormittag kam die Ärztin in die Flickstube, sie brachte einen kleinen Jungen mit, acht mochte er sein, er sah blaß, unterernährt und

wenig gepflegt aus, der Sohn des Stabsarztes. Die Ärztin erzählte mir, daß er in einem Heim war.
Der Junge stand teilnahmslos in unserer Mitte, ich stellte mir vor, daß er so war, weil er keine Mutter hatte, und dabei fielen mir meine beiden ein. Sahen sie auch so aus? So teilnahmslos, so verschüchtert, so schlecht versorgt? Ich machte, daß ich aus der Flickstube kam. Oben in der Zelle legte ich mich aufs Bett, hier konnte ich weinen; die Ärztin schickte mir zwei Frauen nach, sie redeten mir gut zu, in Rußland seien die Verhältnisse doch anders als bei uns, und meine Verwandten hätten sich bestimmt längst um die beiden gekümmert, das sei doch wohl klar. Das tröstete mich alles nicht, nichts konnte mich trösten. Schließlich überredeten sie mich, doch mit hinunterzukommen; es war ein herrlicher Tag, draußen ging es mir wirklich besser. Zu dritt standen wir auf dem sonnigen Kastanienplatz vor dem Lazarett, da kamen zwei russische Unterärzte die Treppe herunter, scheuchten uns zur Seite. Wer den Rasen verläßt, wer spricht oder Zeichen gibt, kommt in den Bunker, sagten sie.
Wir wußten nicht, was das bedeuten sollte.
Wir stehen also auf dem freien Platz in der Sonne, sehen auf die Treppe, auf die Tür, da erscheint dort oben die erste Elendsgestalt, tastet sich zum Geländer hin, während die nächste aus der Tür wankt, sich mit beiden Händen an der Mauer stützend, nun quellen sie aus der dunklen Türhöhle, vierzig, fünfzig und mehr, mühsam quälen sie sich die Treppe hinunter, und dann bricht der erste auf dem Weg zusammen, ein Pfleger will zuspringen, abwehrend hebt der Unterarzt den Arm.
Ein Leidensweg ohnegleichen, so wanken die Todkranken auf das Haupthaus zu, immer wieder sackt einer zusammen, bleibt als graues Bündel am Weg liegen, die folgenden machen mit Mühe einen Bogen um ihn.
Das ist einer der Augenblicke, die ich mir auch nicht verzeihe: Ich habe mich an das Verbot gehalten, ich habe mir wie alle anderen den Zug angesehen, ich habe nichts getan.
Sie krochen die Treppen herunter. Stufe für Stufe. Und sie krochen auf den Wegen zum Haupthaus. Wir haben sie kriechen lassen. Es waren etwa fünfzig Menschen. Viele sind schon auf dem Weg gestorben, die anderen im Haus, überlebt hat keiner.
Das war Mord. Und wir haben dem Mord zugesehen.
Am Abend erfuhren wir, was geschehen war. Der Stabsarzt hatte bei einem Rundgang durch die Krankenzimmer festgestellt, daß in seiner Abwesenheit mehr Patienten aufgenommen worden waren, als er zu-

gelassen hätte, das Haus war ihm einfach zu voll. Da hatte er in jedem Krankenzimmer mit einem Fingerzeig bestimmt, wie sein Blick gerade fiel, wer das Haus zu verlassen hatte, Schwerkranke, Operierte, Sterbende — die fünfzig, deren Sterben wir dann mit ansahen.

Ich wollte nicht unter diesem Menschen arbeiten, ich befürchtete auch, daß es nicht gutgehen würde, er konnte mich nun einmal nicht leiden, aber als ich am anderen Morgen durch die Flure ging, sah ich nichts von ihm, eine seltsame Unruhe war im Haus, ein zielloses Hin und Her, ein stummes Fragen und gespanntes Warten.

Am Morgen darauf wurden alle ins Dienstzimmer der Ärztin gerufen. Sie erklärte, der Stabsarzt käme nicht wieder, mit dem heutigen Tage übernähme sie die Leitung. Ich weiß, sagte sie, daß ich auf Ihre Mithilfe angewiesen bin, unterstützen Sie mich, damit es hier besser wird und ich meinen Eltern keine Schande mache wie der Mann vor mir.

Ich war glücklich.

Den Stabsarzt sah ich noch ein einziges Mal, wie er allein im Hof des Südhauses herumging, er sah so ungepflegt aus, daß er kaum wiederzuerkennen war, das Hemd stand offen über der Brust, sein Haar war wirr und ungekämmt. Es ging das Gerücht um, er sei verhaftet worden, weil er Medikamente beiseite gebracht und nach Rußland geschafft habe. Ja, er habe sogar den Toten die Goldplomben aus den Zähnen brechen lassen. Einige Wochen später soll er wegen Verschiebung von Medikamenten und Bereicherung an der Hinterlassenschaft Toter, verbunden mit Leichenraub, zu sieben Jahren Zuchthaus verurteilt worden sein.

Noch oft habe ich mich gefragt, was aus dem scheuen blassen Jungen geworden ist, der nun elternlos im fremden Land dastand, ich habe ihn nie wieder gesehen.

Nun änderte sich alles.

Die Kranken strömten wieder hoffnungsvoll auf das Haus zu, es wurden so viele aufgenommen, wie nur eben ging, auch die Kellerzellen richtete man als Station ein. Jedes Bett bekam ein zweites Laken, an einige Schwerkranke verteilte ich Kopfkissen, die Toten durften nicht mehr nackt vor den Zellen liegen, sie wurden in ihrer Wäsche sofort ins Leichenhaus gebracht und auch so begraben.

Jetzt bekam ich noch mehr zu tun.

In der Flickstube lag ein Stapel Stoffe, ich konnte sie nicht so schnell verarbeiten, wie die Ärztin sie brachte, aber sie drängte auch nicht, ihr Vertrauen zu mir war unbegrenzt; die Offenheit, mit der sie es zeigte, sollte mich bald gefährden, nun hatte sie mir zusätzlich noch die Küchenaufsicht übertragen.

Das war eine Aufgabe, die ich nur ungern übernahm, denn seit langem herrschte dort unumschränkt eine üppige dunkelhaarige Tschechin, eine alterslose, temperamentvolle Frau, um die immer ein Schwarm von Anbetern war, die sie je nach Laune freigebig versorgte, aus den Krankenvorräten selbstverständlich.
Ich entdeckte bald, daß sie einen großen Vorrat an Zucker, Fett und Kunsthonig abgezweigt hatte, was sollte ich nun tun? Ihre Stellung war sehr sicher, ich gefährdete mich, wenn ich sie anzeigte, auch tat ich das nicht gern, doch ich wollte, daß die Lebensmittel den Kranken zugute kamen. Ich schnitt also jeden Tag einen Stapel Brotscheiben, bestrich sie dick mit Margarine und Kunsthonig und wickelte sie in ein Wäschestück. So schaffte ich sie zu den Krankenzellen, es war kein ungefährlicher Weg, wenn ich erwischt wurde, verlor ich alle meine Vergünstigungen, aber die Pfleger halfen mir bereitwillig, ich wurde nicht erwischt. Doch stand ich nicht gerade auf gutem Fuß mit der Tschechin.
Das verschlimmerte sich noch, als wir ins Frauenhaus ziehen mußten, denn jetzt wurden auch unsere Zellen mit Kranken belegt. Für uns sieben war eine Zelle freigemacht worden, die uns groß erschien. Früher war es eine Einzelzelle gewesen, das eiserne Wandklappbett berichtete noch davon, nun waren zwei dreistöckige Holzbetten hinzugekommen. Für uns war es selbstverständlich, daß die Tschechin das Wandbett bekam, man lernte das ungeschriebene Gesetz der Gefängnisrangfolge schnell, aber da erschien unsere Ärztin, zeigte auf das Wandbett und sagte, das sei für mich, dann ging sie wieder.
Wir waren alle sprachlos, ich fühlte eine Welle von Neid und Mißgunst, spürte, wie sehr mir das schaden konnte. Von nun an hielten sie noch mehr Abstand zu mir, obwohl ich alles mit ihnen teilte, was die Ärztin mir zusteckte, und das war nicht wenig. Ganz schnell bot ich der Tschechin das Bett an, aber sie lehnte voller Stolz ab, vielleicht wurde in dem Augenblick meine Vertreibung aus unserem Paradies beschlossen. Denn kurz darauf, in einer Mittagspause, kam ein Sergeant aus dem Haupthaus in meine Flickstube — wir waren uns nicht grün, wir beide, er hatte mir mal einen Witz erzählen wollen, und ich, als ich merkte, wie der lief, hatte ihm den Mund verboten und ihn hinausgeschickt, das hat er mir nicht verziehen. Nun schlenderte er durch die Flickstube und machte sich wichtig. Bei den Stoffen blieb er stehen, was ich da eigentlich mache, fragte er, und woher die Stoffe überhaupt stammten, er sprach gut deutsch.
Ich sagte, darüber wisse ich nicht Bescheid.
Ich beschlagnahme alles, rief er hitzig und griff nach den Stoffen, da

nahm ich sie mit einem Griff an mich und rannte zum Dienstzimmer, er hinter mir her, ich klopfte und klinkte in einem, die Tür war abgeschlossen, was nun?

Nebenan war ein Verwaltungszimmer, ich riß die Tür auf und wuchtete die Stoffe dem Asiaten auf den Tisch, der dort saß und schrieb. Es war ein großer schlitzäugiger Mensch mit gelber Haut und kahlem Schädel, der nur selten sprach, aber immer dieses hintergründige Lächeln auf dem Gesicht hatte, wir hatten alle ein bißchen Angst vor ihm.

Ich fragte ihn aufgeregt, wo die Ärztin stecke, der Sergeant sei hinter ihren Stoffen her. Schnell, schnell, sagte ich.

Das amüsierte ihn wohl, er lächelte noch hintergründiger, aber ich brachte ihn dazu, das Haupthaus anzurufen, ich hörte, wie er mit der Ärztin sprach, dann sagte er mir, sie werde gleich kommen, die Stoffe sollten in ihrem Zimmer eingeschlossen werden.

Als wir hinausgingen, war der Sergeant weg.

Mein Gefühl, gesiegt zu haben, war nicht von langer Dauer; zwar hatte ich der Ärztin die Stoffe gerettet, aber noch ehe sie da war, kam aus dem Haupthaus eine Anweisung, ich solle meine Arbeit niederlegen und im Frauenhaus alles weitere abwarten. Der Sergeant war stärker, als ich dachte.

Ich war also wieder im großen Saal. Draußen gilbte das Laub, Ahnung kommender Fröste, wie lange würde ich noch hier sein? Ich saß auf meinem schmalen Bretteranteil und überließ mich meinen Träumen, da, an einem Septembermorgen passierte das, worauf ich seit meiner Verhaftung gewartet hatte, der Ruf von der Tür her: Bechler, Margret, mit allen Sachen sofort kommen.

Ja, rief ich freudig, ich komme. Er ist da, Bernhard ist da, ich werde frei.

Hilfreiche Hände rollten mir meine Decke zusammen und stopften die Handarbeiten, die ich im Laufe der Zeit für die Kinder gemacht hatte, in die Basttasche, zusammen mit all den kleinen Geschenken, die mir im letzten Jahr gemacht worden waren.

Frau komm, rief der Sergeant ungeduldig.

Stürmisch umarmte ich die Nächststehenden, versprach ihnen, sie nicht zu vergessen, wenn ich draußen sei, dann ging ich hinter dem Sergeanten über den Flur zur Wachtstube.

Auf einmal hatte ich ein ungutes Gefühl, denn da saß der andere, der, mit dem ich die Auseinandersetzung wegen der Stoffe hatte, außerdem eine gefangene Russin als Dolmetscherin. Sie sagte, ich solle meine Tasche ans Fenster stellen und in die Zimmerecke gehen.

Ich mußte zuschauen, wie die beiden Sergeanten sich über die Tasche machten, sie nahmen jedes Stück einzeln vor, und wo sie eine dicke Naht fühlten oder eine doppelte Lage Stoff, wurde alles auseinandergerissen, sie mußten etwas Bestimmtes suchen.
Jetzt war die Leinentasche an der Reihe, Ursulas Weihnachtsgeschenk, sie hatte wochenlang daran gestichelt, der Sergeant stülpte sie um, tastete über die Pappversteifung, da sprangen auch schon die Nähte, raus mit der Einlage, da war nichts, nur graue Pappe, die flog in die Ecke, der Leinenfetzen hinterher, mir tat das Herz weh.
Die Basttasche war fast leer, aus dem Waschbeutel fiel meine Stickschere, dann der Elfenbeinkamm, dem Sergeanten gefiel beides, es wanderte in seine Schreibtischlade. Nun waren sie auf dem Grund der Tasche, ich sah, wie sie die Nähte prüften, längst wußte ich, was sie suchten und daß nichts mehr zu ändern war, irgendwie gab mir das Mut. Es dauerte auch nicht mehr lange, der Sergeant zerrte am Taschenboden, die Naht gab nach, die oft genähte, weiß quoll es hervor, glitt auseinander, flatterte zu Boden — die Briefe der Toten.
Nun war es geschehen.
Wie Kinder, die ein Spiel gewonnen haben, so standen die beiden Russen da und lachten mich an.
Ich lachte zurück, es kam mir einfach so.
Sie sammelten die Briefe sorgfältig auf, scharrten mit den Füßen das zusammen, was vor wenigen Minuten noch meine kostbare Habe war, und sagten etwas zu der Russin, die unbewegt dagesessen hatte.
Ich solle meine Decke nehmen, dolmetschte sie, und dann, indem sie auf den Boden wies, das da, das könne ich nun auch wieder haben.
Ich hob meine Decke auf, die Sachen auf dem Boden rührte ich nicht an, ich sagte ihr, von mir aus könnten sie alles behalten.
Sie sah mich an, die beiden Sergeanten sagten etwas zu ihr, zusammen verließen sie den Raum, ich war allein.
Da stehe ich nun, habe ich wirklich vor einer knappen halben Stunde noch geglaubt, ich würde entlassen? Ich fühle nichts, eigentlich bin ich ganz ruhig, mein Kopf ist sehr klar, ich sehe mich im Zimmer um, die Schere fällt mir ein, mein Kamm, den brauche ich jetzt wieder. Ich gehe an den Schreibtisch und hole mir mein Eigentum, den Kamm schiebe ich in den Ärmel, stecke die Schere unter meinen Haarknoten, nun habe ich wenigstens das wieder, da geht die Tür auf, die beiden Sergeanten stürzen herein, der eine reißt die Lade auf.
Noch einmal verloren, ich bin sicher, daß sie mich durchs Schlüsselloch beobachtet haben, da hilft nichts, ich ziehe beides wieder hervor.
Du schlaues Fuchs, sagt der eine, auf dich immer gut aufpassen.

Nun ließen sie mich nicht mehr allein, sie nahmen mich mit ins Haupthaus, dort mußte ich in einem Dienstzimmer warten, und da sah ich etwas, dessen Bedeutung mir erst einige Zeit später klar wurde. Ich war in einem Raum, in dem Aktenbündel sich bis zur Decke stapelten, unsere Akten, daran gab es keinen Zweifel. Zwei Soldaten waren damit beschäftigt, einzelne Schriftstücke aus den Bündeln herauszusuchen, ich sah ihnen dabei zu, und ich kam aus dem Staunen nicht heraus. Was da vor sich ging, war reine Willkür, wenn eine Schnur sich leicht aufmachen ließ, wurde das Bündel geöffnet, ein Teil der Akten herausgenommen, den Rest banden sie wieder zusammen; ließ die Schnur sich schwer lösen, dann gaben sie es auf, fluchend beförderten sie das Aktenpaket mit einem Fußtritt ins Regal zurück. Ein fester oder ein loser Knoten, das entschied dort in Bautzen über ungezählte Geschicke, über Leben und Tod.
Den beiden war es nicht angenehm, beobachtet zu werden, plötzlich schrie der eine mich an und zeigte auf die Zimmerecke, ich verstand nicht, da kam er, zerrte mich dorthin und drehte mich um, nun stand ich mit dem Gesicht zur Wand, ein scheußliches Gefühl.
Ich hatte nicht mehr viel zu verlieren.
Als sie mich zum Politkommissar brachten, beschloß ich, kein Blatt vor den Mund zu nehmen. Er sagte, ich sei eine gefährliche Agentin, ich könne mich auf eine harte Bestrafung gefaßt machen. Ich antwortete, daß ich mir einer Agententätigkeit nicht bewußt sei, ich hätte aus eigenem Antrieb, nicht in fremdem Auftrag gehandelt. Die Briefe, die er da vor sich habe, seien die letzten Grüße Sterbender, es sei menschliche Pflicht, die Angehörigen wenigstens zu benachrichtigen.
Wenn sie das wollten, sagte er, würden sie es selber tun.
Ich sagte, ich hätte damit vielen das Sterben erleichtert. Und wenn er glaubte, hier könnten die Leute zu Tausenden umkommen, ohne daß es draußen bekannt würde, dann irre er sich. Ob die Briefe nun befördert würden oder nicht, eines Tages käme alles ans Licht, wenn nicht durch mich, dann durch andere. Und auch er würde eines Tages zur Rechenschaft gezogen, so wie heute die Nationalsozialisten.
Da sagte er, ich sei ein ganz gefährlicher Mensch, ich bekäme einen Aktenvermerk, wenn auch alle anderen entlassen würden, ich bliebe.
Der Sergeant brachte mich in den Arrestkeller.
Das war seltsam, wie sie sich dann benahmen. Die Zelle war leer. Es dauerte nicht lange, da kam er und sagte: Nicht schön hier.
Ich hob nur die Schultern.
Ah, sagte er, kalt hier.
Er ging wieder und brachte mir eine Pritsche und eine Matratze.

Ich dankte.
Hunger?
Ach egal, antwortete ich.
Oh, sagte er, essen besser.
Kurz darauf brachte er mir ein Kochgeschirr mit heißem Essen.
Ich war nicht allein im Keller, ab und zu hörte ich Gemurmel, ferne Stimmen, einmal ein klares Kommando: Fertigmachen zum Kaffeefassen, Schemel rücken, Blechgeschirr klapperte, da besann ich mich, hier unten wohnten ja die Männer, seit sie für uns den großen Saal räumen mußten. Fast ein Jahr war das her, so lange hausten sie schon hier unten im Halbdunkel, hungernd und ohne Beschäftigung, kein Wunder, daß so viel mehr Männer starben als Frauen.
Vom zweiten Tag an war ich dann auch nicht mehr allein in der Zelle, die Russen hatten eine Razzia auf verbotene Gegenstände gemacht, alle, die erwischt wurden, landeten hier unten bei mir, und das waren nicht wenige. Die Zellen reichten jedenfalls nicht, zu mir legten sie eine ältere Frau, die ganz verzweifelt war, sie stand da, beide Hände am Kopf, und jammerte: Hätte ich das doch nicht getan, hätte ich doch nicht...
Ich erkundigte mich vorsichtig, was sie getan hatte, es könnte ja etwas ganz Furchtbares sein, aber so schlimm war es nicht. Ihr Mann war hier, in unserem Gefängnis. Er war in der Partei gewesen, sie in der Frauenschaft, ihn verhaftete man sofort, sie eine Weile später, weg von den Kindern, die nun niemanden mehr hatten, das machte sie ganz verrückt: wo waren die Kinder, wo war der Mann? Eines Tages stand sie am Fenster des Saales, nichts im Kopf als diese Gedanken, da sah sie unten einen winken, sie blickte genauer hin, und da war es ihr Mann, mit zwei anderen hatte er Kehrdienst im Hof. Nun war alles leichter, jeden Tag stand sie am Fenster und wartete auf ihn und winkte, wenn er kam, aber das genügte nicht, eines Tages beschloß sie, ihm einen Brief zu schreiben, das tat sie dann auch, sie warf den Brief hinunter, sie hatten Glück, keiner sah es, und er tanzte unten herum mit dem Besen in der Hand wie ein Verrückter. Da fing sie an, sich Sorgen zu machen wegen dieses Leichtsinns, sie gab ihm Zeichen, er solle den Brief zerreißen, aber er schüttelte bloß den Kopf.
Ich sagte, ich hätte einen solchen Brief auch nicht zerrissen.
Ja, sagte sie, aber nun haben sie ihn dadurch erwischt, nun hat er bestimmt seine Arbeit verloren, und den Nachschlag, den er so nötig braucht, Sie wissen doch, wie schlecht die Männer dran sind, ach, hätte ich ihm doch nicht geschrieben.
Ich hatte Sorgen, das sinnlose Jammern könne wieder losgehen.

Wenn sie ihn erwischt hätten, sagte ich ihr, dann müßte er doch eigentlich auch hier unten sitzen, vielleicht könnten wir das herausfinden. Ich schlug mit der Faust gegen die Wand zur Nachbarzelle, machte eine Pause, versuchte es dann wieder, bis ich Antwort bekam, da legte ich die Hände in Trichterform um den Mund und rief gegen die Wand: An Herrn Geißler, an Herrn Geißler, Grüße von seiner Frau.

Drüben klopfte es, ich legte das Ohr an die Wand, hörte deutlich: Herr Geißler hat schon durchgegeben, alles in Ordnung, alles in Ordnung, heute abend Familienpfiff am Fenster.

Frau Geißlers Kummer schwand mit einem Schlage, noch eine Weile erzählte sie mir von glücklicheren Tagen, Hoffnung war wieder da, nun konnte sie sich sogar im Bunker auf etwas freuen, wir freuten uns beide, wenn abends nach dem Appell fern, aber klar der Pfiff erklang. Mit diesem Arrest endete unser beider Aufenthalt in Bautzen.

Vier Tage später werden wir alle herausgeholt, oben im Mittelgang sitzen zwei russische Soldaten mit langen Namenslisten, auch meiner ist darauf, wir haben sofort unsere Sachen zu packen, dann müssen wir im Flur auf den Abtransport warten. Während wir da stehen, es dauert Stunden, wie immer bei solchen Prozeduren, kommt die Russin auf mich zu, die als Dolmetscherin die Taschendurchsuchung miterlebt hat, sie bittet mich mitzukommen, sie wolle mir etwas geben. In ihrer Zelle überreicht sie mir meinen Kamm, sie sagt, sie habe ihn sich vom Sergeanten ausgebeten, es habe ihr so gut gefallen, daß ich auf die zerrissenen Sachen verzichtet habe.

Die Nacht vergeht bis zum Aufbruch. Es wird gerade hell, als wir durch das Tor gehen, kurz zuvor mag es geregnet haben, nun steht ein Regenbogen am blassen Morgenhimmel, viele nehmen das als ein gutes Zeichen, zu Fuß ziehen wir durch menschenleere Straßen, begleitet von bewaffneten Wachen und hechelnden Schäferhunden. Die Stadt schläft fest, an den Fenstern hängen still und bewegungslos die Gardinen, kein freundlicher Blick wärmt und begleitet uns.

Aber Plakate kleben an den Wänden: WÄHLT DEUTSCHE EINHEITSLISTE! WÄHLT SED! Was das wohl bedeutet? Dann ein anderes Plakat, zwei ineinandergeschlungene Männerhände, ich will wissen, was daruntersteht, mache ein paar Schritte darauf zu, da trifft mich ein Kolbenhieb im Rücken, ich stolpere, verliere meine Decke, sie rollt in den Rinnstein, ich bücke mich danach. Dawai, dawai, brüllt es über mir, ein Soldatenstiefel trifft mich am Oberarm.

So verlasse ich Bautzen, nach vierzehn Monaten, an einem frühen Septembermorgen 1946.

Vorbemerkung zu Kapitel 5

20. 12. 1946.
In der Ostberliner Zeitung *Neues Deutschland* war folgende Meldung zu lesen:

> »Potsdam. Ministerpräsident Dr. Steinhoff legte dem Landtag der Mark Brandenburg in seiner dritten Sitzung die Liste der Minister zur Bestätigung vor. In das Kabinett sind berufen ... Minister für Verwaltung und Polizei: Bernhard Bechler (SED).«

Die Verantwortung für Verwaltung und Polizei war gleichbedeutend mit der Stellung des Innenministers. Als Innenminister kam Bernhard Bechler eine Schlüsselposition beim Aufbau eines ideologisch zuverlässigen Staatsapparates zu.
In sein Ressort fiel nicht nur die Feststellung und Ausschaltung nationalsozialistisch belasteter Personen, sondern auch die strenge Auswahl und Schulung einer neuen »politisch zuverlässigen« Beamtenschaft, vor allem für die Polizei, sowie die Ausbildung von Volksrichtern, die in aller Schnelle die bürgerlichen, oft NS-belasteten Juristen ersetzen sollten.
Schon ein halbes Jahr später konnte Bechler einen ersten Erfolg melden. Die *Tägliche Rundschau* zitierte in ihrer Ausgabe vom 1. Juli 1947 sinngemäß folgende Passage aus einer Rede Bechlers:

> »... Mit der Überprüfung von 18 000 Personen, deren Zahl relativ gering sei und die zeige, daß man vom ersten Tag der Arbeit an auf die politische Säuberung besonderen Wert gelegt habe, könne die Entnazifizierung aller öffentlichen, halböffentlichen und privaten Organisationen der Mark Brandenburg abgeschlossen werden ...«

Bernhard Bechler wandte sich seinem neuen Aufgabenbereich zielstrebig und konsequent zu. Die gleiche Ergebenheit, den gleichen bedingungslosen Gehorsam, mit dem sich der junge Offizier einst in den Dienst Adolf Hitlers und des Nationalsozialismus gestellt hatte, brachte er nun auch seinen neuen Herren entgegen.
Aber solche Eigenschaften hatten Tradition in Deutschland, besonders in Preußen. Sie waren, trotz ihrer Pervertierung durch einen gewissenlosen Führer und Obersten Befehlshaber, so schnell nicht abzuschütteln.
Bechlers neuer Amtssitz war Potsdam.
Potsdam ... Vom Glockenturm der Garnisonkirche klang einst das Lied »Üb immer Treu und Redlichkeit«. Hat Bechler wohl manchmal daran gedacht, wenn er an den Trümmern der im Krieg zerstörten Kirche vorbeiging? Wir wissen es nicht. Nicht nur für ihn blieb Potsdam die Soldatenstadt.
Zwar hatte Preußen 1945 auf der politischen Landkarte zu existieren aufgehört, zwar wurde es durch das Gesetz Nr. 46 des Alliierten Kontrollrats vom 25. Februar 1947 endgültig aufgelöst, aber seine Prinzipien lebten in Potsdam, dem Herzstück des untergegangenen Preußen, weiter. Und nicht nur in dieser symbolträchtigen Stadt.
Gern nennt man die DDR heute das rote Preußen — weil Untertanengeist das öffentliche Leben beherrscht, soldatischer Gehorsam auch im zivilen Bereich wirksam ist, die Bürger auf ihren Staat eingeschworen werden, das Verlassen der DDR Fahnenflucht gleichkommt.

Bechlers Privatadresse in jener Zeit war unhistorischer: Klein-Machnow bei Berlin. Dort hatte er 1945 ein beschlagnahmtes Haus bezogen, dorthin im August 1945 die beiden Kinder geholt, die nach der Verhaftung ihrer Mutter im Juni bei deren Freundin Grete Schulz auf Gut Nobitz gelebt hatten.
Er sei sehr herzlich zu ihnen gewesen, wurde Margret Bechler Jahre danach berichtet, und sie hätten ihn sofort akzeptiert, als sie hörten, daß er ihr Vater sei.
Kurz darauf hatte Margret Bechlers Mutter ihren Schwiegersohn aufgesucht. Sie berichtete darüber später ihrer Tochter:

> »Dann sah ich die Kinder wieder. Bernhard wurde von ihnen sehr freudig begrüßt. Die Kinder wurden von einem Mädchen betreut, einem Flüchtling aus Ostpreußen. Ich hatte den Eindruck, daß sie in sehr guten Händen sind. Bernhard war sehr besorgt um mich, machte aber nicht den Eindruck, als wenn er deinetwegen ein schlechtes Gewissen hätte.
> Ich fragte ihn: ›Wie konntest du das eigentlich tun, so über diesen Sender sprechen? Du mußtest doch wissen, daß deine Familie, daß Grete das auszubaden hat. Du mußtest doch damit rechnen, daß sie ins KZ kommt mit den Kindern.‹
> ›Ja, damit habe ich auch gerechnet. Aber 1945 hätten wir sie ja wieder rausgeholt und dann wäre alles gut gewesen.‹
> Wir sprachen darüber, ob irgend etwas für deine Freilassung geschehen könnte. Bernhard sagte:
> ›Ich werde sofort zu Schukow (Oberbefehlshaber der sowjetischen Streitkräfte in Deutschland) gehen und mit ihm sprechen. Ich werde ihn bitten, daß er mir hilft. Kannst du so lange bleiben, bis ich etwas in Erfahrung gebracht habe?‹
> ›Wenn ich hier bleiben soll, mußt du für eine Rückfahrmöglichkeit sorgen.‹ Er versprach es.
> Am nächsten Tag ging Bernhard zu Schukow und sagte zu ihm: Bitte helfen Sie meine Frau zu finden und entlassen Sie sie aus der Haft.
> Schukow soll geantwortet haben: ›Ich will es Ihretwegen tun. Sie haben sich verdient gemacht. Wenn ich es kann und ich Ihre Frau finde, dann will ich mich bemühen. Ich lasse Sie rufen, wenn ich etwas ermittelt habe.‹
> Es wurde auch etwas ermittelt, und Bernhard wurde wieder bestellt. Schukow sagte ihm: ›Wir haben in allen russischen Internierungslagern innerhalb des Besatzungsgebietes nachgeforscht. Ihre Frau ist in keinem dieser Lager. Wenn sie nach Sibirien gekommen ist, und das ist anzunehmen, dann kommt sie von dort nicht zurück, denn eine Frau übersteht das nicht. Aber schließlich gibt es ja auch noch andere Frauen.‹
> Mit diesem Bescheid kam Bernhard zurück.«

Soweit der Bericht von Frau Dreykorn, der Mutter Margret Bechlers. Darüber hinaus gibt es keinerlei Hinweise, daß Bernhard Bechler versucht hätte, den Aufenthalt seiner Frau ausfindig zu machen.
Ein knappes Jahr später, am 30.6.1946, ging beim Amtsgericht Potsdam ein Schreiben ein. Darin beantragte Bechler, damals noch Erster Vizepräsident der Mark Brandenburg, seine Ehefrau, Margret Bechler, für tot erklären zu lassen.
Anfang der fünfziger Jahre ermittelte der Untersuchungsausschuß Freiheitli-

cher Juristen, der es sich zum Ziel gesetzt hatte, politisches Unrecht und Rechtsbrüche in der DDR aufzudecken, auch gegen Bernhard Bechler — unter anderem wegen Bigamie. Aber das Verfahren wurde eingestellt, es gab keine stichhaltigen Beweise, daß Bechler wider besseres Wissen gehandelt hatte, als er seine Frau für tot erklären ließ.
Zu Graf Einsiedel, dem Gefährten aus den Tagen des Nationalkomitees, sagte er bei ihrem Wiedersehen 1947 leichthin: »Nun, was sollte ich machen, ich habe sie für tot erklären lassen und mich wieder verheiratet.«
Später, als er zur Kenntnis nehmen mußte, daß Margret Bechler noch am Leben war, hat er wohl die Scheidung beantragt. Ohne Trennung der ersten Ehe wäre die zweite nun nicht mehr rechtsgültig gewesen.
Margret Bechler wurde die Scheidung Jahre danach formlos mündlich mitgeteilt. Ein rechtsgültiges Dokument hat ihr bis zum heutigen Tag nicht vorgelegen.

Kapitel 5

Im Internierungslager Jamlitz
September 1946 bis März 1947

Als wir von Bautzen nach Jamlitz transportiert wurden, wußte keiner, daß diese Fahrt für viele von uns die letzte war, für Herrn Geißler zum Beispiel, der hatte nicht einmal mehr ein halbes Jahr zu leben. Jamlitz, ein ehemaliges KZ aus der Nazi-Zeit, war ein Todeslager. Ich aber war, ebenfalls ohne es zu wissen, bereits seit einiger Zeit eine tote Frau, amtlich tot seit dem Juni dieses Jahres.
Nicht mehr vorhanden, abgeschrieben, so schnell und mühelos, daß es heute noch schwer zu tragen ist.
In Jamlitz stand der Tod sozusagen neben uns, vierzig starben täglich, zum Schluß war das sogar den Russen zuviel, vielleicht fürchteten sie auch eine Seuche, davor hatten sie ja immer große Angst, jedenfalls wurde im Frühjahr 1947 das Lager aufgelöst, es hatte wohl auch seinen Zweck erfüllt.
Wir brauchten mehr als einen Tag und eine Nacht, um dorthin zu kommen.
Normalerweise dauert die Fahrt schon Stunden, aber eine Eisenbahnfahrt, wie wir sie verstehen, ist mit einem Gefangenentransport so wenig zu vergleichen wie Spazierengehen mit dem Rundgang im Gefängnishof, in jedem Fall ist das eine die bösartige Deformierung

des anderen, gekennzeichnet durch Entwürdigung. Nicht einmal mit einem Viehtransport kann es verglichen werden, denn Vieh soll ja immer lebend ankommen und muß entsprechend behandelt werden, daran dachte bei uns keiner.
Schon in Bautzen hatten wir stundenlang zu warten, natürlich waren Viehwagen für uns vorgesehen, keine Planke erleichterte den Aufstieg. Es ist bewundernswert, welche Leistungen der Mensch in seiner Not vollbringt. Auch die Älteren und Alten kletterten mit unglaublicher Schnelligkeit auf die Plattform, drinnen allerdings verkrochen sie sich in der Finsternis der unteren Etage, die Kraft reichte nicht mehr, sich ein oberes Bett zu erkämpfen. Sie waren immer am schlechtesten dran, schneller erschöpft und noch mehr der Hoffnungslosigkeit ausgesetzt, keine Vergünstigung gab es für sie, keine Verpflegungsaufbesserung durch Sonderarbeit, denn dazu nahmen die Russen nur solche, die jünger waren als vierzig.
Ich tat mich mit einer stillen friedlichen Ostpreußin zusammen, Hildegard Sievert hieß sie, war Landratsfrau und Mutter von fünf Kindern, sie kam mit einem der letzten Trecks aus Ostpreußen heraus, nach Sachsen, nicht gern gesehen, eine Frau mit fünf Kindern, wer sah die gern, wer nahm die auf? Man mußte natürlich, Flüchtlinge wurden ja eingewiesen, da denunzierte man sie nach Kriegsende bei den Russen, Frauenschaft, so wurde man sie am leichtesten los. Ich glaubte ihr. Wir hatten Glück und fanden einen Platz auf dem oberen Bord, noch dazu an einer Luke, nur eine winzige Klappe, aber wir konnten Luft schnappen und sogar einen Blick hinauswerfen, welch ein Geschenk.
Auf den Pritschen, mit denen der Wagen ausgestattet war, hatten dreißig Platz, die anderen lagen und saßen in der Wagenmitte, möglichst weitab von der runden Öffnung, die dort als Latrine vorgesehen war.
Als die Tür zugeschoben und verriegelt wurde, war ich so naiv zu glauben, es ginge nun los, aber wir standen Stunde um Stunde, längst waren draußen auf der Rampe alle Geräusche verstummt, ich glaube, uns alle beschlich die gleiche Angst: vergessen worden zu sein. Abstellgleis, das Bild kannten wir alle, ich versuchte, das ungute Gefühl mit vernünftigen Argumenten zu übertönen, aber ganz gelang das nicht, genausowenig wie bei den anderen, ich merkte es an dem erleichterten Aufatmen, als sich gegen Mittag etwas tat. Von der Spitze des Zuges kam Bewegung, wir hörten, wie Wagen um Wagen aufgeschlossen wurde, dann waren sie bei uns.
Die Tür wurde zurückgeschoben.

Licht. Die Silhouette eines Russen. Neben ihm ein anderer, der Dolmetscher. Wie viele wir seien?
Zweiundfünfzig, rief eine. Es gab immer welche, die sich um solche Organisationsfragen kümmerten, oft waren es BDM-Führerinnen, es mag zu ihrer Ausbildung gehört haben, abzählen und formieren, das hatte ja zwischen dreiunddreißig und fünfundvierzig seine eigene Bedeutung.
Scheinwerferlicht warf eine weiße Bahn ins Wagendunkel, entriß uns der dumpfen Geborgenheit, störte jede einzeln auf. Zweiundfünfzig Personen, bestätigte der Dolmetscher, mit Kreide brachte er draußen einen Vermerk an. Die Tür wurde zusammengeschoben, der Riegel klappte über, weiter ging der Lärm zum nächsten Wagen, zum übernächsten, zum letzten. Dann Ruhe und Dunkel wie vorher, neues Warten, Stunden müssen es gewesen sein, vor unserer Luke sahen wir den Tag vergehen, dann wieder Lärm, was nun?
Diesmal ging die Tür nur einen Spalt auf, etwas wurde hineingeschoben, Licht fiel auf Brote, Büchsenwurst, Margarinewürfel, noch etwas, es war Zucker, wir hatten das kaum gesehen, da waren wir schon wieder im Dunkel eingeschlossen, aber nun war es nicht mehr so schlimm. Unten wurde sofort aufgeteilt, sechs Zuckerstücke bekam jeder, wir leckten vorsichtig daran, um den Genuß zu verlängern. Und dann die fette Üppigkeit von Margarine und Leberwurst, der handfeste Trost der Brotkanten, kaum einer fragte danach, wie lange das reichen sollte, wir genossen.
Irgendwann in der Zeit fuhr der Zug an, ich hatte einen zufälligen Blick aus der Luke geworfen, da sah ich, wie die Schienenstränge durcheinanderliefen, wußte, wir fuhren. Es hatte zu regnen angefangen, zwischen den Schienen, im grauen Niesel, stand plötzlich eine Frau, sie hob ein Brot hoch, rief verzweifelt: Walter, Walter, wurde kleiner und kleiner.
Wir fuhren und fuhren.
Spät in der Nacht ratterten die Räder über Weichen, das mußte ein Bahnhof sein, vor der Luke wechselte Licht mit Dunkelheit, dann nur noch Licht, wir wurden langsamer, schließlich standen wir. Eine konnte das Schild mit dem Namen der Stadt erkennen: Cottbus. Sie erzählte, daß wir auf einem Bahnsteig stünden, daß Leute warteten, ich drückte mein Gesicht gegen die Luftklappe, ich wollte die Menschen dort draußen auch sehen. Mich wunderte ihre Gleichgültigkeit, keiner sah auf uns. Da kam ein Mann, er hatte einen kleinen Jungen an der Hand, niemand hinderte ihn, er führte das Kind an unseren Wagen, ich wollte etwas hinunterrufen, da sah ich, wie er seine Hose

aufmachte, sich vor den Wagen stellte, dagegen urinierte. Alles Verbrecher, sagte er, die sind Schuld daran, daß es uns so geht, nun werden sie von den Russen dafür bestraft. Der Junge stellte sich neben ihn und machte ihm alles nach, knöpfte auch die Hose auf, plapperte mit freundlicher Kinderstimme: Geschieht ihnen ganz recht, nicht wahr, Vati?
So sahen sie uns also da draußen.
Ich ging weg von der Luke, verkroch mich, zog mir die Decke über den Kopf, als schliefe ich, aber ich schlief nicht, ich grübelte und grübelte, es war mir schrecklich, so gesehen zu werden, da suchte ich mir einen Ausweg, suchte einen Sinn: Wir hier drinnen müssen neben der eigenen Schuld auf uns nehmen, was das ganze Volk zu tragen hätte, damit die dort draußen unbelasteter einen neuen Anfang finden können. So wollte ich es sehen, so tröstete es mich.
Der Zug rollte wieder, aber nicht lange, da hielten wir aufs neue, diesmal auf freiem Feld, denn draußen blieb es dunkel, kein Licht, kein Ton, wir lauschten und warteten. Frau Sievert sagte, es sei wohl besser, wenn wir zu schlafen versuchten, keiner könne wissen, was uns noch bevorstünde.
Das war ein vernünftiger Rat.
Aber kaum versuchten wir, ihn zu befolgen, da brach draußen ein Höllenlärm los. Es donnerte wie mit Keulen gegen die Wagenplanken, es polterte und schurrte, über uns, unter uns, und immer wieder die hallenden Schläge. Wir hielten uns die Ohren zu, aber das schützte nicht vor dem dröhnenden Getöse. Auf einmal erlösende Stille, doch nur einen Augenblick, dann fing es beim nächsten Wagen an, ging zum übernächsten, schwoll ab, schwoll an, kam auf uns zu, war bei uns, ging weg, die ganze Nacht, an Schlaf war nicht zu denken.
Wir haben das später immer wieder erlebt, auf allen Transporten wurde so die Festigkeit der Wagen geprüft, außerdem sollten wir von der Wachsamkeit der Posten überzeugt werden. Trotzdem wurden zahlreiche Botschaften durch die Latrinenöffnungen nach draußen geschmuggelt, in den Männerwagen wurde auch versucht, auf diesem Wege zu fliehen, einigen wenigen soll es gelungen sein.
Es war schon hell, da hielten wir zum letzten Mal. Durch die Luke sah ich einen Streifen Sandboden, Kiefern, einen blassen Morgenhimmel, ganz still war es.
Wieder ließen sie uns warten.
Dann wurden die Türen weit auseinandergeschoben, wir waren am Ziel.

Steif kletterten wir aus den Wagen, sahen uns um. Ein seltsamer Halt, kein Bahnhof, keine Rampe, kein Haus, nicht einmal ein Weg. Neben den Schienen sproß struppiges Gras auf dürftigem Sandboden, zwischen mageren Kiefern schimmerten weiße Birkenstämme. Drüben, sagte eine, sei etwas wie ein Schießstand, vielleicht sei das unser letzter Tag. Nun sahen wir es auch: eine gebogene hohe Mauer, vom Hauptgleis zweigte ein Schienenstrang dorthin ab, unheimlich.
Ein Kommando kam: In Fünferreihen aufstellen. Wir nahmen unser Gepäck auf, schwer hatte es keine, und fügten uns in die Kolonne, so zogen wir in den Wald, den Schießstand im Rücken, also vielleicht doch nicht unser letzter Tag?
Wir hatten nicht lange zu laufen.
Der Wald lichtete sich, eine Wand aus Bretterplanken tauchte auf, bewehrt mit Stacheldraht, das sah nach Lager aus, wir atmeten auf, tatsächlich, das war immer noch besser als der Schießstand, die Optimistischen meinten sogar, es sei auch erfreulicher als die gelben Mauern von Bautzen.
Aber die Optimisten irrten. Es war Jamlitz, es bedeutete Hunger und Kälte, für viele das Ende von allem.
Wir warteten wieder. Bis zum Nachmittag. Und es war Abend, als wir endlich in unserer Baracke standen, durchsucht und um einiges erleichtert, so war es ja jedesmal. In der Baracke wurden auch die Optimisten still.
Die Pritschen waren hier vierstöckig, das hatte noch keine von uns erlebt, die Abstände zwischen den Etagen so gering, daß man hineinkriechen mußte, sitzen konnte man nur geduckt. Die Durchgänge waren wie Schluchten, die Fenster klein und überdies mit Farbe undurchsichtig gemacht, hell wurde es nie, auch nicht warm. Wir hatten zwei Kanonenöfen, aber nie genug Brennvorrat; als es richtig kalt wurde, und in dem Winter fiel das Thermometer bis auf zwanzig Grad minus, da haben wir das Innere der Baracke verfeuert, stehen blieb nur, was zum Tragen nötig war.
Nun wußten wir, wie gut es uns in Bautzen gegangen war.
Unser viel zu kleines Matratzenteil, wenn wir wenigstens das gehabt hätten. Wir mußten uns zu zweit zusammentun, nahmen die eine Decke als Unterlage und deckten uns mit der anderen zu, trotzdem froren wir immer.
Eine Wasserleitung gab es nicht, im Hof stand eine Pumpe, im Herbst war der Boden davor völlig aufgeweicht, im Winter erstarrte dieser Matsch zu einer Eisschicht, und als es ganz kalt wurde, fror auch die Pumpe ein – wir hatten kein Wasser, wochenlang. Solange es Wasser

gab, wuschen wir uns in unseren Eßgeschirren, nachher aßen wir die Graupensuppe daraus, Zahnbürsten hatten wir nicht, wie wir die Haare gemacht haben, weiß ich nicht mehr.
Die Latrine war fünfzig Meter von der Baracke entfernt, eine Bretterbude ohne Tür, je kälter es wurde, desto öfter mußten wir hinaus, auch nachts bei eisigem Wind. Die Folge waren Blasenerkältungen und Nierenerkrankungen, und da konnte es passieren, daß eine nicht schnell genug von ihrem Bretterlager herunterkam, und dann sikkerte es durch, von Etage zu Etage.
Man durfte nicht krank werden in Jamlitz. Vorteile brachte es nicht, im Revier zu liegen, auch dort gab es die Hungerkost, auch dort die matratzenlosen Holzpritschen, nur vom Appell war man befreit, das allerdings war ein Segen, denn die Appelle waren lebensgefährlich. Stundenlang standen wir in endloser Doppelreihe, bis das ganze Lager durchgezählt war. Als es kälter wurde, wickelten wir uns in unsere Schlafdecken ein, aber aus dem nassen Sand drang Kälte in unsere Schuhe, kroch in die Glieder, wir brauchten Stunden, um wieder warm zu werden.
Spucke und Urin waren unsere Heilmittel, damit behandelten wir Wunden und eitrige Entzündungen, ich habe heute noch Narben am Handgelenk von Geschwüren, die lange nicht heilen wollten. Kleinere Operationen wurden von den deutschen Lagerärzten in den Baracken ausgeführt, auf dem Tisch; eine größere bedeutete unweigerlich den Tod. Zwar überführte man die Kranken auf Leiterwagen ins Krankenhaus der nächsten Stadt, aber von dort wurden sie sofort nach der Operation auf demselben Leiterwagen zurückbefördert, und das überlebte keiner.
Zufrieden, fast ausgesöhnt mit ihrem jetzigen Geschick war bloß Frau Geißler, drüben im Männerlager war ihr Mann, das hatte sie bald erfahren; sie hatten sich sogar schon von weitem zuwinken können, das war hier leichter zu machen als in Bautzen, Männer und Frauen waren nur durch einen Stacheldrahtzaun getrennt. Leider lag Herrn Geißlers Baracke weitab vom Zaun, aber sie wurden mehrmals am Tag geschlossen zur Latrine geführt, überquerten dabei die Lagerstraße und waren für wenige Augenblicke in der Ferne zu sehen. Er machte sich bemerkbar, winkte, und sie hatte bald heraus, wann das war. Wenn man Frau Geißler suchte, konnte man sie sicher am Zaun finden, da verbrachte sie die meiste Zeit, wartend oder winkend, sie war zu beneiden.
Wir hatten alle die Hungerkrankheit.
Das war eine seltsame Erscheinung. Wir löffelten unsere Wasser-

suppe und zählten die Graupen darin, wir kauten auf unserer Brotrinde herum, solange es ging, und während wir das taten, träumten wir von herrlichen Mahlzeiten, besonders die älteren Frauen waren groß darin. Es wurde laut geträumt; vor gespannten Zuhörerinnen entstanden Märchenreiche, gartenumgrünte Besitztümer, mit Auto und Chauffeur selbstverständlich, und der Mann war immer etwas, was mit General anfing, am häufigsten aber verweilte die Fantasie bei verschwenderischen Mahlzeiten, eine Flut raffinierter Genüsse wurde von der Hungernden vor Halbverhungerten ausgebreitet, und alle genossen es, Puten wurden gefüllt, Früchte kandiert, Torten glaciert. Einmal hörte ich von meiner oberen Etage, wie eine das Meisterwerk einer Torte entstehen ließ, Schicht um Schicht, ich war wie erlöst, als das Gebilde endlich, nach der zehnten, mit Marzipan eingehüllt und mit Rosen verziert wurde. Diese Torte habe den Namen Rosenkönigin, sagte die Meisterköchin unter mir, und dann erfuhr ich auch den Grund ihres Vortrags. Mit den besten Wünschen schenkte sie ihrer Nachbarin das Rezept zum Geburtstag, in der Hoffnung, ihr eine kleine Freude bereitet zu haben.
So verrückt waren wir.
Das Hungerspiel hatte uns alle befallen, ich glaube, es half uns. Bei einigen nahm das Jagen nach Rezepten absonderliche Formen an, auch bei den Männern. Jahre später, als ich einmal im Arrest war, in Buchenwald oder in Waldheim, da hörte ich, wie sich in der Nachbarzelle ein Mann mit einem anderen laut durch die Wand unterhielt. Er sagte: Ich habe ein prima Christstollenrezept. Paß mal auf, es ist ganz leicht zu merken: auf sieben Pfund Mehl sieben Pfund Mandeln, fünf Pfund Butter und fünf Pfund Zucker. Schwere Sache, aber toll, was? Kannst du mir was anderes dafür geben?
Die einen sättigten sich in der Fantasie, die anderen stahlen; es wurde viel gestohlen in Jamlitz, trotz der harten Strafe des Ausschlusses aus der Gemeinschaft. Als es schon sehr kalt war, verschwand von dem Kupferdraht, auf dem wir unsere Wäsche trockneten, mein einziges Hemd und das letzte Paar lange Strümpfe, ich war so verzweifelt, daß ich fast nach denen gegriffen hätte, die noch dort hingen, aber dann konnte ich es irgendwie nicht. Ich glaube, bloß weil ich Angst hatte, erwischt zu werden. Von da an mußte ich in Söckchen herumlaufen, den halben Winter.
Aber das war nicht das Schlimmste.
Ich war vielleicht sechs Wochen in Jamlitz, da kam eine der Sanitäterinnen zu mir und fragte mich, ob mein Mann Bernhard heiße und ob er einen hohen politischen Posten bekleide. So drückte sie sich aus.

Ich fragte, ob sie etwas von ihm wisse.
Sie erzählte mir, in der sogenannten Berliner Baracke sei eine Frau Sommer-Reuter, die habe sie gebeten, mir auszurichten, daß sie vor kurzer Zeit noch mit meinem Mann gesprochen habe.
Ich machte mich sofort auf den Weg zu dieser Frau Sommer-Reuter.
Frau Sommer-Reuter lebte in höchstem Lagerkomfort.
Vor ihrer Bettkoje stand ein Tisch mit zwei Stühlen, dort saß sie im eleganten braunen Wollkleid, mit gepflegter Hochfrisur und gepflegtem Benehmen, neben ihr eine zierliche dunkelhaarige Person. Frau Sommer-Reuter stellte sie vor: Heide Gobin. Mir schien, als sähe sie mich dabei bedeutungsvoll an, tatsächlich hatte ich das Gefühl, den Namen schon einmal gehört zu haben, im Radio vielleicht und im Zusammenhang mit etwas Sensationellem, aber es fiel mir nicht ein, später erzählte Heide Gobin mir dann selbst ihre Geschichte. Das war an einem freundlichen Tag, wir drehten im sandigen Kieferngrund des Frauenlagers unsere Runde, wir hatten ja viel mehr Freiheit als in Bautzen, innerhalb des Lagers machten die Russen uns kaum Vorschriften. Da fragte sie mich, ob ich den Namen Heide Brandt schon einmal gehört habe, so hatte sie vor ihrer Ehe geheißen. Oder ob mir der Name Nebe ein Begriff sei. Ich mußte verneinen. Sie nannte den Vornamen dazu: *Arthur* Nebe, aber mir kam nichts, da erzählte sie mir, daß er Direktor des Reichskriminalamtes gewesen sei, ihr Vorgesetzter und ihr enger Freund, sie habe sein ganzes Vertrauen gehabt, und sie sei stolz darauf gewesen. SS-Gruppenführer war er auch und außerdem Generalmajor der Polizei, und in dieser Eigenschaft seien Aufgaben an ihn herangetragen worden, die er nicht mit seinem Gewissen vereinbaren konnte; ich hatte keine Ahnung, was sie meinte, später erst, viel später, als ich schon eine Zeitlang frei war, habe ich durch eine Fernsehdokumentation erfahren, was sie mir damals erzählt hatte: Arthur Nebe habe eine Annäherung an die Widerstandsbewegung gesucht und gefunden, sein Amt habe er dazu benutzt, politisch Verdächtige zu warnen und vor der Verhaftung zu bewahren, nach dem 20. Juli sei er dann selbst in Verdacht geraten, aber der erfahrene Kriminalist wußte sich zu helfen, eines Tages fand man sein Auto verlassen an einem märkischen See. Das sah nach Selbstmord aus, aber er lebte, ein paar Tage später stand er vor ihrer Tür, flehte sie an, ihn aufzunehmen. Sie brachte es nicht über sich, ihn sofort wegzuschicken, aber sie bat ihn dringend, sich eine andere Unterkunft zu suchen, zu viele wußten von ihrer engen Beziehung. Freunde in Zossen nahmen ihn auf, sie brachte ihn hin, das Versteck war gut, eine abgelegene Nutriafarm, aber er verlor trotzdem immer mehr die Ner-

ven, bei jedem ihrer Besuche fand sie ihn verstörter, auch sie war mit den Nerven am Ende, die Bombenangriffe auf Berlin, die Sorge für ihre halbblinde Mutter, das setzte ihr zu, da wurde sie selbst verhört, die Gestapo hatte also doch nicht an Nebes Tod geglaubt, auf seinen Kopf waren jetzt schon fünfzigtausend Mark ausgesetzt. Man fragte nach Nebe, sie hatte schreckliche Angst, sich zu verraten, aber sie hielt durch, da schoben sie ihr ein Schriftstück hin. Todesurteil stand darüber, es war ihr eigenes. Wegen Hochverrat, Verbindung zur Widerstandsbewegung und Mitwisserschaft im Fall Nebe. Sie solle ihre aufrechte Gesinnung beweisen, verlangte man von ihr, dann würde das Todesurteil vor ihren Augen zerrissen.

Als sie fragte, wie sie ihre Gesinnung beweisen könnte, wurde ihr gesagt, sie sollte sich von Nebe distanzieren, es beweisen, sein Versteck zeigen, das vor allem. Sie willigte ein. Selbst führte sie die Gestapoleute zu Nebe, klingelte mit dem verabredeten Zeichen, sah seine Freude, als er ihr mit offenen Armen entgegenkam, sah dann das Entsetzen, den Unglauben in seinen Augen, als sie beiseite trat, sah ihn in die Arme seiner Häscher laufen. Dieses Bild, sagte sie, werde sie bis an ihr Lebensende verfolgen. Ich konnte nichts sagen: Auch mir wäre es in seiner ganzen Entsetzlichkeit in Erinnerung geblieben.

Ihre Stimme klang unbeteiligt, während sie den Rest berichtete, den schrecklichen Rest.

Am nächsten Tag ging sie noch einmal ins Amt, heute lag an derselben Stelle, wo gestern das Todesurteil gelegen hatte, ein großer Umschlag mit fünfzigtausend Mark. Sie sagte, sie habe denen das Geld vor die Füße geworfen, aber das änderte nun auch nichts mehr, sechs Wochen später wurde Arthur Nebe hingerichtet.

Da saßen also diese beiden an einem Tisch wie zwei Damen beim Tee, und ich stand ganz verschüchtert vor ihnen, mit schlecht gekämmtem Haar und rissigen Schuhen, aber ich wurde sehr freundlich aufgenommen. Frau Sommer-Reuter erzählte gern. Ich erfuhr, daß sie die Witwe des Berliner Komikers Otto Reuter war und Besitzerin einer Marmeladenfabrik. Ich wagte zu fragen, was denn das mit meinem Mann zu tun habe. Darauf käme sie schon noch, sagte sie, sie habe nämlich, um den Fortbestand ihrer Firma zu sichern, den Innenminister von Brandenburg um eine Unterredung ersucht. Und der eben sei Bernhard.

Mein Mann, frage ich.

Ja, sagt sie.

Mein Mann sitzt in Berlin im Innenministerium. Ich sitze im Barackenlager Jamlitz auf einer der oberen Pritschen. Von Jamlitz aus ist

Berlin unerreichbar, aber wie weit ist es von Berlin nach Jamlitz? Ich verstehe das nicht mehr. Oder habe ich Angst, es zu verstehen?
Sie sei erstaunt gewesen, sagte Frau Sommer-Reuter, einen so jungen Mann als Minister vorzufinden, aber er habe einen sehr kompetenten Eindruck gemacht, so höflich und so sicher, viel Zeit habe er natürlich nicht gehabt, nur ein paar Minuten, das sei also alles, was sie mir sagen könne.
Ich war enttäuscht. Weshalb eigentlich? Mehr konnte ich doch nicht erwarten. Sie spürte das, bat mich, noch zu bleiben. Und beim Abschied hatte ich die Erlaubnis, wiederzukommen, wann ich wollte.
Von nun an flüchtete ich mich oft in die Gemütlichkeit des Berliner Kreises, genoß den Lagerkomfort, saß auch dabei, wenn eines der wenigen Bücher vorgelesen wurde, die in Jamlitz herumgingen. *Die Barrings* beispielsweise oder *Das Erbe von Björndal.*
Mit der Zeit erfuhr ich, woher der Luxus kam, es war eine verwickelte Geschichte von Leistung und Gegenleistung. Ein Werkmeister aus der Marmeladenfabrik war auch in Jamlitz. Wegen seiner polnischen Sprachkenntnisse hatten die Russen ihn zum technischen Leiter des Lagers gemacht, einen besseren Posten konnte man sich kaum denken, er schmuggelte sogar Briefe durch. Auf diese Weise hielt Frau Sommer-Reuter Verbindung mit ihrer Familie, die wiederum kümmerte sich um die Familie des Werkmeisters, und der sorgte dafür, daß Frau Sommer-Reuter nicht verhungerte, so wusch eine Hand die andere.
Ich lernte ihn bald kennen, er war ein gütiger Mensch, älter, mit gichtgekrümmten Fingern. Wenn er kam, hatte er immer Zwiebeln, Kartoffeln oder Röstbrot in der Tasche, mich nahm er auch unter seine Fittiche, eines Tages berichtete er mir, im Männerlager sei ein Ingenieur, der Bernhard gesehen habe.
Ich wollte den Ingenieur unbedingt sprechen.
Das geht nur im Trockenraum, sagte der Werkmeister mit verlegenem Gesicht.
Das hatte seinen Grund. In Jamlitz waren die Männer von den Frauen ja nur durch einen Stacheldrahtzaun getrennt, und wie in keinem anderen Lager blühten hier die Freundschaften. Und natürlich die Liebe. Man ging herum, bis sich ein günstiger Zeitpunkt fand, winkte sich von fern zu, gab sich Zeichen, versuchte, einen Treffpunkt auszumachen. Denn diese Möglichkeit gab es auch, alle Männer, die einen Posten hatten, konnten zwanglos ins Frauenlager. Das war der Lagerführer mit seinen Helfern, die Ärzte und die Lagerhandwerker und schließlich die Wäscheträger, denn mitten im Lager lag

das Waschhaus mit Trockenraum und Bügelstube. Die Frauen, die dort für die Russen wuschen, waren die einzigen mit einer regelmäßigen Beschäftigung, sie wurden behandelt wie Fürstinnen, denn sie entschieden, wer am Ende der langen Waschrinne, wo sie Seite an Seite mit ihren Rubbelbrettern standen, ein eigenes Wäschestück auswaschen durfte.
Auch die russischen Wachsoldaten gingen im Frauenlager ein und aus, manche aus Langeweile, die meisten aber, um ihre Freundinnen zu besuchen. Unter den Ausländerinnen waren drei zierliche Französinnen, die hatten nur russische Freunde. Sie waren natürlich gut versorgt und machten sich den ganzen Tag zurecht, aber sie vergaßen nie die Gemeinschaft und erwirkten uns manche Erleichterung. Mit der Zeit wurden die nächtlichen Besuche der Russen in unserer Baracke immer zwangloser, aber sie fanden sich erstaunlich gut zurecht in der Dunkelheit, ich weiß nur von einem, der sich im Bett irrte, und das ist die einzige heitere Begebenheit aus Jamlitz, an die ich mich erinnere. Mir ist heute noch nicht klar, warum die Betroffene überhaupt darüber gesprochen hat, vielleicht fürchtete sie, ihre Nachbarinnen hätten es ohnehin gemerkt. Sie war eine ältere Frau, damenhaft und sehr auf ihren Ruf bedacht, die erzählte nun eines Morgens, in der Nacht habe sich ein Russe neben sie gelegt. Wir waren empört, wir rieten ihr, ihn sofort anzuzeigen, er wäre streng bestraft worden. Da sah sie uns groß an, das könne sie nicht tun, sagte sie. Wir fragten, warum nicht. Sie sagte, als der Russe zu ihr auf die Pritsche gekrochen sei, habe sie zunächst gedacht, es sei ihre Schlafgenossin, wir schliefen ja der Kälte wegen alle zu zweit. Und dann habe sie auf einmal jemand geküßt, und das sei so zärtlich gewesen, so jung und schön, dafür könne sie ihn nicht anzeigen.
Die vielen Besuche hatten natürlich Folgen, die keiner wollte, das stellte sich heraus, als die Gullis einmal verstopft waren, bei der Reinigung fand man, so wurde im Lager erzählt, nicht nur *ein* ungeborenes Kind.
Die deutschen Gefangenen trauten sich nicht in die Baracken, sie trafen sich mit ihren Freundinnen im Trockenraum. Und deshalb lachte der Werkmeister, als er mir diesen Treffpunkt vorschlug. Natürlich biß ich in den sauren Apfel, ich wäre noch ganz woanders hingegangen, um etwas von Bernhard zu erfahren. Ich drückte mich also an einem blassen Wintertag an nassen Wäschestücken vorbei, stöberte auch prompt ein Liebespaar auf, wich hastig aus und war ganz froh, als ich am anderen Ende hinter der letzten Wäscheleine wieder auftauchen durfte.

An einem bullernden Kanonenofen steht ein großer hagerer Mann. Er atmet erleichtert auf, als ich komme, offensichtlich ist er auch zum erstenmal hier. Er hat eine sachliche Art, ohne Umschweife erzählt er von dem, was mir wichtig ist. Abteilungsleiter sei er gewesen, am Wiederaufbau zerstörter Brücken beteiligt, und da habe er an einer Arbeitsbesprechung teilnehmen müssen, die vom brandenburgischen Innenminister abgehalten worden sei.
Vom Innenminister, von meinem Mann, was für eine ungewohnte Vorstellung. Versteht Bernhard denn etwas von Brücken? Oder von Marmeladenfabriken? Aber vielleicht braucht man von den Einzelheiten nichts zu verstehen, den Überblick muß man haben, und Bernhard war schon immer ein guter Organisator, auch der Ingenieur spricht achtungsvoll von seiner Kompetenz; wenn ich mir's recht überlege, fühle ich etwas wie Stolz.
Der Ingenieur hat mich schon eine Weile so komisch angesehen, plötzlich fragt er, ob ich krank gewesen sei.
Ich weiß nicht, was ich darauf sagen soll.
Früher, sagt er, sei ich doch stärker gewesen und die Haarfarbe sei auch anders, hellblond habe er mich in Erinnerung.
Ich denke, der ist verrückt.
Er merkt das wohl, hastig sagt er, ich solle entschuldigen, im Lager verändere man sich eben schnell, es sei kein Wunder, daß er mich nicht wiedererkannt habe.
Ich sage ihm, daß wir uns doch gar nicht kennen können, ich sei ja gleich nach dem Zusammenbruch verhaftet worden.
Das begreift er nun wieder nicht. Er erzählt, er habe den Innenminister und dessen Frau auf einer Veranstaltung gesehen, vor einigen Wochen erst, kurz vor seiner eigenen Verhaftung. Frau Bechler, so sei sie genannt worden, diese blonde Frau, größer als ich und auch stärker, er habe es selbst gehört.
Ich brauche nicht nachzudenken, die Lösung fällt mir sofort ein, sie liegt ja auch auf der Hand. Es gebe noch einige Frauen, die Bechler heißen, sage ich ihm, meine Schwiegermutter beispielsweise und meine Schwägerin, die unverheiratete Schwester meines Mannes, ja die sei es wahrscheinlich gewesen, jemand müsse ihm doch den Haushalt führen.
Er sieht mich hilflos bekümmert an, offenbar kann er sich von seiner Vorstellung nicht lösen, ich bin ganz froh, als er geht, bleibe allein mit meinen Gedanken, halte die Hände über den bullernden Ofen und freue mich, daß meine beiden nicht ohne Betreuung sind, meine Schwägerin liebt die Kinder, nun ist alles viel leichter.

Kurze Zeit darauf brachte Frau Sommer-Reuter mich mit dem Lagerarzt zusammen, er war draußen ihr Hausarzt gewesen und betreute sie nun auch hier. Er hätte einen Zeitungsartikel gelesen, in dem der Name meines Mannes erwähnt werde, ob ich ihn auch lesen wolle.
Natürlich wollte ich.
Ich solle es einrichten, auf dem Hof zu sein, wenn er am anderen Tag zur Visite ins Frauenlager komme, er würde das Blatt dabeihaben.
Es war ein klirrend kalter Februarmorgen mit blaßblauem, fernem Himmel, der nackte Sandboden grau und versteint vom Frost, steil und starr die glanzlosen Kiefernstämme, leise ächzend unter der Last ihrer dunklen Kronen, erbärmlich die Baracken in der schneelosen Kälte.
Da stand ich, in meine Decke gewickelt, bemüht, sowohl den Kopf als auch die nackten Beine vor der beißenden Kälte zu schützen, ich spürte es wie Nadelstiche auf meinem Gesicht, der Atem fror vor dem Mund.
Jemand huschte an mir vorbei, kicherte, na Frau Bechler, auch schon so früh verabredet heute? Das war unsere Barackenälteste, die zum Drahtzaun wollte, um ihrem Freund zu winken.
Ich schwieg voll Abwehr, was fiel ihr ein? Aber mußte sie nicht so denken? Wer sich im Trockenraum unter der Wäsche verabredete, wer bei irrer Kälte draußen wartend herumstand, den Blick aufs Männerlager gerichtet, was sollte man von dem anders glauben? Ich war wie erlöst, als ich endlich den Lagerarzt die Lazarettbaracke verlassen und zu uns herüberkommen sah.
Er nickte mir zu, als er vor mir stand, kein Gruß. Ich solle mit ins Revier kommen, hier könne er mir die Zeitung nicht geben, zu viele Augen, dann ging er auch schon auf die Baracke zu, ohne auf meine Antwort zu warten. An der Tür drehte er sich um und sagte auf dieselbe Art, die Einwände nicht zuließ, er werde mich dann auch gleich untersuchen, schon neulich seien ihm meine blauen Lippen aufgefallen und heute sei es noch schlimmer.
Ich sagte, das sei nur die Kälte, aber er hörte gar nicht hin, steuerte auf den Ambulanzraum zu, scheuchte die Ärztin hinaus und die Sanitäterin, die dort saßen, dann reichte er mir das Zeitungsblatt, nun könne ich in Ruhe lesen, er werde indessen nach den Kranken sehen. Übrigens, sagte er, drüben in der Tbc-Baracke sei einer, der behaupte, im Haus meines Mannes in Potsdam gewesen zu sein und dabei Frau Bechler kennengelernt zu haben, und die solle ganz anders aussehen, hellblond und vollschlank.
Ich hörte die Worte des Ingenieurs: hellblond und ziemlich stark.

Der Arzt meinte, ich könne den Mann sprechen, wenn ich wolle, aber ich wehrte ab, sofort und ohne nachzudenken.
Er sagte, das sei vielleicht auch besser, der Mann sei möglicherweise ein Spinner, das habe man ja manchmal bei Tbc-Kranken.
Dann ließ er mich allein.
Ich faltete das Blatt auseinander, aber ich konnte mich nicht konzentrieren; die Unruhe, die von der anderen Nachricht ausging, war zu stark, dreimal mußte ich die Überschrift lesen, ehe ich die Worte einigermaßen begriff, sie waren aber auch zu fremd: Entnazifizierung und Bodenreform, was bedeutete das? Hellblond und vollschlank, ging es mir durch den Kopf, meine Schwägerin konnte man wohl als vollschlank, aber nicht als hellblond bezeichnen. Wer war diese hellblonde, vollschlanke Frau? Aber es war ja gar nicht möglich, er war ja schon verheiratet mit mir, wer hätte das auslöschen können?
Ich wandte mich wieder dem Artikel zu, er war nicht leicht zu verstehen, von Enteignung war da die Rede, alle Nationalsozialisten, alle hohen Offiziere und die kapitalistischen Junker sollten enteignet werden, ihr durch Gewaltherrschaft und Ausbeutung erworbener Besitz, vor allem Grund und Boden, werde nun vom sozialistischen Arbeiter- und Bauernstaat übernommen, aufgeteilt und den jahrhundertelang Unterdrückten als ihr rechtmäßiges Eigentum zurückgegeben.
Unterzeichnet war dieser Erlaß von meinem Mann. Bernhard Bechler stand da, Innenminister.
Aber er war doch selber Nationalsozialist gewesen. Ich hörte seine Stimme: Wenn wir gesiegt haben, wird es viel Land geben, besonders im Osten. Dann wollen wir siedeln — auf eigenem Grund und Boden.
Konnte er das hier wirklich geschrieben haben? Ich fing wieder von vorn zu lesen an, Satz für Satz, vielleicht hatte ich nicht richtig begriffen, was da geschrieben stand.
Der Arzt kam zurück und sagte, nun wolle er mich aber doch untersuchen, ich sähe ja ganz weiß aus.
Ich ließ mich untersuchen, zog mich aus, zog mich an, wurde verabschiedet, ging hinaus, setzte Fuß vor Fuß; so bin ich gegangen, wie lange weiß ich nicht, bis ich von Kälte so durchdrungen war, daß ich nichts spürte als diesen Schmerz.
Das brachte mich in die Welt zurück.
Vor unserer Baracke sah ich einen Trupp Frauen, ich nahm an, daß sie zum Duschen gingen, da wollte ich mit, um wieder warm zu werden. Meist war der Andrang sehr groß, denn Duschen konnte man nicht oft, aber an dem Tag waren nur wenige zusammengekommen, bei der grimmigen Kälte fürchteten die meisten den Rückweg.

Duschen in Jamlitz, das bedarf näherer Beschreibung. Von Duschen konnte natürlich nicht die Rede sein, denn dazu war nicht genug Wasser da, im Baderaum standen allerlei seltsame Gefäße, rostig und undicht. Wir brachten immer kleine Brotkugeln mit, um die Lecks notdürftig zu schließen. Man vergaß auch besser, was darin schon alles gewaschen und gebadet worden war; eitrige Wunden und offene Stellen, die nicht zuheilen wollten; Sitzbäder wurden darin genommen, schmuddelige Wäsche darin ausgedrückt, nein, nicht daran denken. In diesen Gefäßen wusch man sich also, dann kam das eigentliche Duschen: Drei Minuten standen wir zu viert unter einem dünnen Wasserstrahl, sofern das Wasser überhaupt floß.

Wir hatten eine Weile zu warten, der andere Badetrupp war noch nicht fertig. Als wir eingelassen wurden, waren meine Hände so klamm, daß ich mich nicht schnell genug ausziehen konnte; ich war die letzte, für mich blieb keine Schüssel mehr, ich stand also und wartete, gottseidank war es wenigstens warm hier. Da kam der Bademeister, um die Duschen anzustellen, freundlich zeigte er auf eine Zinkwanne, aus der es einladend dampfte, die dürfe ich benutzen, sagte er.

Was für ein Angebot! Eine Wanne mit heißem Wasser für mich allein! Ich stieg rasch hinein, tauchte unter, entspannte mich, wollte wohlige Wärme genießen, da fing mein Herz wie verrückt zu klopfen an, heiß stieg es mir in den Kopf, ich konnte nicht mehr atmen, hielt mich am Wannenrand, zog mich hoch, kletterte aus der Wanne, dann weiß ich nichts mehr.

Das erste, was ich danach fühlte, war angenehme Kälte auf der Stirn, ich machte die Augen auf und sah in ein besorgtes, freundliches Gesicht. Ich kannte dies Gesicht, ich hatte es aber nie anders als abweisend gesehen, voll eisiger Ablehnung. Ich begriff diese Feindseligkeit nicht, machte schüchterne Versuche der Annäherung, aber sie wurden alle abgewiesen. Nun war es voll mitleidiger Freundlichkeit. Ich hörte, wie die Anweisung gegeben wurde, meine Hände und Füße zu reiben, alles kümmerte sich um mich, ein paar suchten meine Sachen. Wo ist das Hemd, fragte eine. Da mußte ich gestehen, daß ich nicht einmal mehr ein Hemd hatte.

Sie zogen mich an, dann saß ich auf einer Bank, fest gegen die Wand gelehnt, ich war immer noch nicht ganz bei mir. Plötzlich merkte ich, wie es aus meinen langen Haaren zu Boden tropfte, da wurde ich ein bißchen munterer, wo waren meine Haarnadeln, die mußte ich beim Baden verloren haben, was machte ich ohne sie?

Der Bademeister kam, draußen wartete ein neuer Badetrupp, ich muß ein rechtes Häufchen Elend gewesen sein, denn er legte mir eine Decke um, nahm mich ohne Umschweife auf die Arme und trug mich in den Kesselraum. Er schien hier zu leben, eine Pritsche stand da, zwei Stühle und ein Tisch, an der Wand hing sogar ein Bord. In allen Lagern habe ich erlebt, daß die Menschen auch unter widrigsten Umständen Behaglichkeit hervorzuzaubern suchen, Frauen noch mehr als Männer; immer haben sie ihre absonderlichen Behausungen mit Zierdecken und Döschen zu verbessern gesucht, nur in Jamlitz nicht, da ging es um die nackte Existenz.

Ich wurde auf die Pritsche gelegt, zugedeckt, alleingelassen. Draußen sagte er — ich hörte es durch die offene Tür —, die ist ja halb verhungert, kein Wunder, daß sie umgekippt ist.

Ich lag still, Wärme umgab mich, Friede, Ruhe. Das durfte ich eine Weile genießen, dann erschien die, die sonst immer so abweisend war, und fütterte mich: drei Löffel Suppe, ein Bissen Brot, wieder Suppe, wie bei einem Kind. Danach durfte ich mich wieder ausruhen, bis zwei Träger mit einer Bahre erschienen, ich wollte nicht getragen werden, ich fühlte mich schon wieder wohl, aber sie bestanden darauf. So kam ich in meine Baracke, es erregte ziemliches Aufsehen, ich schämte mich vor den Trägern, die schienen mir viel ausgehungerter und bedürftiger. Schnell bedankte ich mich bei ihnen und zog mich auf meine obere Etage zurück. Ich wollte mich ja auch aussprechen, das konnte ich nur mit Frau Sievert, sie war die einzige, der ich den Zeitungsartikel zeigte. Sie las, eine stumme Ewigkeit, dann sagte sie spontan, das sei doch wohl nicht möglich nach allem, was ich ihr von Bernhard erzählt hätte, gänzlich unglaubwürdig. Ich glaubte doch hoffentlich kein Wort.

Jetzt wagte ich, ihr auch das andere anzuvertrauen, was mich noch viel tiefer beschäftigte, das von der Frau, die Frau Bechler sein sollte, blonder als ich und stärker.

Da sähe man es, sagte Hildegard Sievert, daß alles Unsinn sei. Die einzige Frau Bechler sei ich, das wüßten wir ja nun sicher, schließlich hätten die Gesetze immer noch ihre Gültigkeit, kein Mensch könne das ändern. Oder ob ich meinen Mann der Bigamie für fähig hielte?

Nein, das tat ich nicht.

Ich war getröstet, ja, ich schämte mich sogar, daß ich nicht selber diese naheliegenden Gedanken gehabt hatte.

Gegen Abend kam Besuch.

Es war die Frau, die immer ablehnend gewesen war und die mich dann im Badehaus so liebevoll versorgt hatte. Wie es mir gehe, wollte sie wissen. Als ich ihr dankte, lenkte sie schnell ab: ob sie mir noch

helfen könne? Ich nahm meinen Mut zusammen und fragte, ob wir jetzt Freunde seien.
Da setzte sie wieder ihr abweisendes Gesicht auf. Das ginge nicht. Ich fragte nach dem Warum. Weil Ihr Mann ein Verräter ist, sagte sie, und ich sei nun einmal seine Frau. Dann ging sie, hielt sich von da an wieder ablehnend zurück.
Es tat weh, aber dann machte ich mich frei davon. Verräter? War nicht Hitler der Verräter gewesen? Langsam wurde es mir zu dumm, immer zwischen dem kommunistischen und dem nationalsozialistischen Stuhl zu sitzen. War ich nicht selbst jemand? Und wenn ich auch die äußeren Umstände nicht zu ändern vermochte, so konnte ich doch Ich sein: einfach menschlich und mitmenschlich. Und das habe ich dann versucht, alle die Jahre.
Mitmenschlich zeigten sich nun auch die in meiner Baracke. Ich erlebte eine Welle herzlicher Zuneigung; die älteren Frauen sammelten Haarnadeln, meine waren ja im Badehaus verlorengegangen, und eine völlig Fremde kam und brachte mir ein Hemd und lange wollene Strümpfe. In der Mittagsruhe fühlte ich auf einmal zu meinen Füßen eine Bewegung, ich richtete mich auf und sah eine Fußwärmeflasche, der alte Werkmeister hatte sie mir hingelegt, das war das kostbarste Geschenk.
Auch der Arzt kümmerte sich um mich. Er veranlaßte, daß die Flasche jeden Abend gefüllt wurde, bis dahin hatte mich das Kältegefühl in Füßen und Beinen manchmal nicht schlafen lassen. Das war nun vorbei, auch Hildegard Sievert hatte etwas davon.
Der Arzt fragte mich, ob er sonst noch etwas tun könne, die übliche Arztfrage. Ich hätte wohl verneinen müssen, aber ich wünschte mir so sehr, Bernhard eine Nachricht zukommen zu lassen. Er sollte wissen, wo ich war. Ich wußte, daß der Arzt die Möglichkeit dazu hatte, bei jedem Krankenhaustransport wurden Nachrichten mit hinausgeschmuggelt.
Sein Gesicht wurde sehr abweisend. Das habe er noch nie für jemanden getan, sagte er, es sei ein großes Risiko, ob ich nicht einen anderen Wunsch hätte.
Ich fragte ihn, ob er mir nicht etwas zu lesen beschaffen könne.
Er meinte, ich sei schon recht anspruchsvoll. Mir sei doch wohl bekannt, daß es nur ein paar Bücher im Lager gebe, er selbst habe den Faust, das sei seine allabendliche Lektüre, seine einzige Ablenkung, den könne er unmöglich verleihen.
Nun kam ich mir ziemlich unbescheiden vor.
Er sah mich an, dann sagte er, na gut, auf eine Woche wolle er ihn

mir leihen, ausnahmsweise, aber nicht länger, das müsse ich ihm versprechen.

Ich sagte, meine Empfindlichkeit niederzwingend, ich wolle ihm auf keinen Fall seinen Trost nehmen.

Er meinte, für eine Woche würde es schon gehen, morgen sollte ich ihn haben.

Am nächsten Vormittag ließ er mich, lange vor der Visite im Frauenrevier, aus der Baracke holen. Draußen wartete er, mit der für ihn typischen Ungeduld, aber den Faust in der Hand. Dazu ein barscher Hinweis: Heute früh werde einer operiert, vorn im Buch läge ein Zettel, ich solle schnell ein paar Zeilen an meinen Mann schreiben, in zehn Minuten sei er aus dem Revier zurück, bis dahin müsse ich fertig sein.

Ich nehme das Buch und laufe zurück in die Baracke; oben auf unserem Schlafplatz bin ich zum Glück allein. Ich schlage das Buch auf und finde einen Zettel, so groß wie das Blatt eines Abreißkalenders. Was schreibt man in zehn Minuten auf einem Blatt von dieser Größe und an einen Menschen, den man sechs Jahre nicht mehr gesehen hat? Ich schiebe solche Gedanken beiseite, schreibe ihm, er möge sich vor allem um die Kinder kümmern, ich würde schon durchkommen und wieder heimfinden.

Unterschrieben habe ich so: In inniger Liebe — Deine Frau.

Ich weiß, daß der Brief hinausgegangen ist, ob er seinen Adressaten erreicht hat, habe ich nie erfahren. Damals aber machte er mir das Leben leichter, ich war wieder voll Hoffnung, meine Gedanken eilten dem Brief voraus, berechneten, wie lange er unterwegs sein und wann er ungefähr ankommen konnte. Ich malte mir Bernhards Aufregung aus, er würde alle Hebel in Bewegung setzen, in drei, spätestens in fünf Wochen würde ich Nachricht von ihm haben, würde er hier sein.

Die Fußwärmeflasche, der Faust, die Hoffnung, bald wieder bei meinem Mann, meinen Kindern zu sein — wieviel reicher war ich geworden in diesen letzten Tagen.

Da lag ich auf meiner Pritsche, vergaß meinen Hunger, während ich Goethe las, seine Sprache war für mich Musik, ich las laut vor mich hin. Das Gottbekenntnis lernte ich auswendig, bei der Stelle: »Nenn es denn wie du willst, nenn's Glück, Herz, Liebe, Gott, ich habe keinen Namen dafür. Gefühl ist alles...« da war mir, als hätte ich einen Zipfel der Erkenntnis zu fassen bekommen.

Nach acht Tagen mußte ich das Buch leider zurückgeben und bekam ungefragt den zweiten Teil.

Der kam mir wirr vor, lebensfern, ich konnte nichts damit anfangen. Als ich ihn zurückgab, fragte mich Dr. Potschka nach meiner Mei-

nung, das versetzte mich in Verlegenheit, aber ich hielt mich an die Wahrheit, sagte, daß ich diesen zweiten Teil für ein Sammelsurium halte, in dem alles untergebracht wurde, was in anderen Werken keinen Platz gefunden hatte.
Ich dachte, nun würde er überhaupt nicht mehr mit mir sprechen, aber ich irrte mich, er war derselben Meinung, lobte mich: Ein ausgezeichnetes Urteil in einem einzigen Satz.
Da dachte ich zum erstenmal, daß er sich in mich verliebt haben mußte, wenn er das für ein ausgezeichnetes Urteil hielt, so erklärte ich mir auch die Aufforderung, hier im Hof, in aller Öffentlichkeit, mit ihm ein paar Runden zu drehen. Ich habe nie erfahren, ob meine Vermutung stimmte.
Ich fragte ihn, ob es im Lager eine Bibel gebe.
Er sagte, er kenne einen Pfarrer, der eine habe, mit dem werde er reden.
Am anderen Morgen kam er wieder, voll Wut, erzählte, der Pfarrer verleihe die Bibel, aber nur für hundert Gramm Brot pro Tag.
Als ich wieder in die Baracke ging, traf ich Frau Geißler. Die Wahrscheinlichkeit, sie zu treffen, war hoch, sie ging ja jeden Tag stundenlang am Zaun auf und ab, um ihren Mann für ein paar Augenblicke zu sehen und ihm zuzuwinken. Bestimmt lagen hundert Meter zwischen ihnen, vielleicht mehr, aber sie erkannte ihren winkenden Mann in der Masse des Latrinenzuges, das Auge der Liebe sieht scharf.
Sie war ganz verstört, den ganzen Tag hatte sie ihren Mann noch nicht gesehen. Ich gab ihr den Rat, unsere Sanitäterin zu bitten, drüben in der Ambulanz Erkundigungen einzuziehen. Es zeigte sich, daß sie Grund hatte, sich zu sorgen: nach einem Schwächeanfall war er ins Lazarett gebracht worden.
Wir wußten alle: das bedeutete den Tod.
Aber nun klammerte sie sich verzweifelt an irreale Hoffnungen. Er sei doch immer so gesund gewesen, nie eine Krankheit, und jetzt ja auch nicht, bloß diese Schwäche, daran könne man doch nicht sterben, sagte sie, obwohl sie wußte, daß vierzig von uns jeden Tag an dieser Krankheit starben.
Am anderen Morgen wollte Frau Geißler ins Revier, die Sanitäter hatten versprochen, sie heimlich zu ihrem Mann zu lassen. Ich kroch in ihre Koje und drängte ihr meine Wärmeflasche auf, meinen wertvollsten Besitz.
Sie wußte das genau. Ich bekäme sie doch nie wieder, sagte sie, wenn sie sie jetzt mit hinübernähme.

Aber ich bestand darauf, ich hatte selbst eine solche irreale Hoffnung, es könnte doch sein, daß ein bißchen Wärme die Lebensgeister wieder weckte und Herrn Geißler über den kritischen Zeitpunkt wegbrächte. Während sie im Revier war, ging ich unruhig am Zaun auf und ab, es war mir wichtig, daß er am Leben blieb. Wie diese beiden aneinander hingen, wie der bloße Anblick des einen dem anderen half, das hat mich oft getröstet und mir Mut gegeben.
Da kam sie zurück, sie war ganz aufgelöst; ich hakte sie unter und ging mit ihr um den Platz, da brach es aus ihr heraus. Sie erzählte, wie sie vor den Pritschen stand und ihn nicht finden konnte, daß sie ihn nicht einmal erkannte, als der Sanitäter sie hinführte, sie erkannte nur den Pullover, den sie ihm vor langem gestrickt hatte. Aber das andere – dieser Totenschädel, diese Hände, die wie riesige Spinnen aussahen, das zusammengekrümmte, verwahrloste, stinkende Wesen auf der Pritsche, das sollte ihr Mann sein?
Ich fragte sie, ob er noch lebte.
Er habe die Augen nicht aufgemacht, sagte sie, aber er müsse wohl ihre Nähe gefühlt haben, denn er habe ihren Namen genannt, und als sie antwortete, habe er geflüstert: Grüße die Kinder... Marianne. Und dann habe er gesagt, sie solle ihm einen Kuß geben.
Sie blieb stehen und schlug die Hände vors Gesicht. Es sei schlecht von ihr gewesen, sagte sie, sie hätten sich doch immer so liebgehabt, aber ihr habe so gegraut, sie habe es nicht gekonnt. Sie hatte zwei Finger auf seine Lippen gelegt, dann war sie weggelaufen.
Sie fragte mich, was ich glaubte, ob er es wohl gemerkt habe?
Ich wußte es auch nicht.
Etwas in ihr brach zusammen, sie alterte in diesen Tagen um Jahre. Wir waren alle in Sorge um sie, manchmal kroch ich in die finstere Enge ihrer Pritschenetage, hockte mich neben sie und brachte sie dazu, mir von früheren, glücklichen Zeiten zu erzählen. Ein paar Tage später bekam sie ein Kleiderbündel, der Pullover war auch dabei. Wir betrachteten ihn zusammen, berieten, was man daraus machen könne, nichts für sich, nein, das wollte sie nicht, eher einen Pullover für Marianne, das jüngste Kind, an dem er so gehangen hatte, was ich dazu meinte?
Ich redete ihr zu, und es half, sie strickte und strickte – sie strickte sich ihre ganze Verzweiflung von der Seele.

Wir wußten, daß wir schon allzu viele waren, deshalb überfiel uns Schrecken, als wir an einem Februarmorgen beim Appell eine lange Frauenkolonne vor der Lazarettbaracke sahen, es mußten fast vierhundert sein. Wir sahen uns entgeistert an, wo sollten die unterkommen? Es war ja immer so, daß die Alten jeden Neuankömmling voll Unwillen und Ablehnung betrachteten. Man verlor zuviel, der Zugang zu den sanitären Anlagen wurde noch schwieriger, die Verpflegung noch schmaler, die Überlebenschancen noch geringer. Nein, wir wollten keine Neuen. Dafür hatten wir natürlich zu büßen, denn bei jedem Lagerwechsel waren ja wir die ungeliebten Neuen, aber keiner von uns lernte daraus, der Augenblick war stärker.

Die Neuen kamen aus Ketschendorf, das war eine ehemalige Fabriksiedlung, die 1945 in die Kette der russischen Konzentrationslager eingereiht wurde. Jetzt, im Zuge des Wiederaufbaus, wurde sie von den dort Internierten geräumt, ich fragte mich, ob Bernhard irgendwie damit befaßt war, ein seltsamer Gedanke.

Unsere Baracke hatte von den Ketschendorferinnen nichts zu befürchten, beim besten Willen war dort niemand mehr unterzubringen; die Tbc-Baracke wurde für sie geräumt. Für den Rest stockte man in der Berliner Baracke die Pritschenetagen auf, nun waren sie auch vierstöckig wie bei uns, im ganzen Lager gab es jetzt keinen gemütlichen Platz mehr. Auch mit Frau Sommer-Reuters Lagerluxus war es vorbei und nicht nur damit, für sie war das der Anfang vom Ende, es ist manchmal gut, daß wir nicht wissen, was uns bevorsteht.

Unter den Ketschendorferinnen waren drei junge Mütter mit ihren Säuglingen. Offiziell existierten diese Kinder nicht, die russische Lagerleitung nahm sie einfach nicht zur Kenntnis; das enthob sie der Notwendigkeit, für eine Sonderverpflegung zu sorgen, es gab keine Milch für sie, keine Windeln, nichts. Die Mütter zerschnitten ihre eigene Wäsche, aber viel war das ja nicht, sie wärmten sie am eigenen Leib. Wenn die Sonne schien, konnte man sie im Hof sehen, einen Wollschal so um den Hals geknüpft, daß das Kind wie in einer Hängematte lag, darüber wurde dann noch der Mantel gebreitet. Sie kamen nie sehr weit, ohne daß eine von uns herantrat, um das kleine Wesen zu bestaunen. Die Mütter hatten natürlich keine Milch, so zarte und durchsichtige Babys habe ich nie wieder gesehen, ein Wunder, daß sie überhaupt am Leben blieben. Sie wurden von Graupenwasser ernährt oder von vorgekautem Brotbrei, der ihnen von Mund zu Mund eingegeben wurde, alle Anstrengungen konzentrierten sich darauf, sie am Leben zu halten. Als eines von ihnen an Krämpfen starb, war der Jammer der Mutter unbeschreiblich, nie hatte ich so etwas draußen in Freiheit gesehen. Die beiden anderen überlebten durch einen besonderen Umstand: Unsere Lagerleiterin, eine derbwüchsige BDM-Führerin, hatte auch gerade ein Kind bekommen.

Wir wußten alle, daß der Vater ein Russe war, nur die russische Lagerleitung wußte es nicht, die Frau hatte ihm versprochen, ihn nicht zu verraten, denn solche Vorkommnisse wurden jetzt hart bestraft. Nun versorgte der Russe sie, und zwar so reichlich, daß ihr kleiner Junge neun Pfund wog, als er zur Welt kam, und Milch hatte sie so viel, daß es auch noch für die beiden kleinen Ketschendorfer reichte.
Das muß Ende Februar 1947 gewesen sein. Wir waren nun doppelt so viele, und es hieß, die Lazarettbaracke müsse vergrößert werden. Ich erinnerte mich oft an meine Arbeit im Bautzener Krankenhaus, wie gern hätte ich auch hier im Revier gearbeitet! An einem Morgen paßte ich den Arzt ab und bat ihn, mich als Sanitäterin vorzuschlagen. Er versprach es; ich war voll Hoffnung und deshalb um so enttäuschter, als ich einige Tage später zwei junge Mädchen mit der Rotkreuzbinde am Arm sah, man hatte mich wortlos übergangen. Die Kränkung nagte an mir, ich wollte den Grund wissen, ich ging also zur Lazarettbaracke und wartete, bis der Arzt kam. Es war ihm sichtlich peinlich, aber das war mir nun auch egal, ich stellte ihn zur Rede.
Er sagte, es habe nicht an ihm gelegen, es sei ihm einfach nicht gelungen, meine Wahl durchzusetzen, die Ärztin sei strikt dagegen gewesen und die Sanitäterin auch. Es sei auch nichts Persönliches, sagte er, ganz und gar nicht, ich solle mich nicht ärgern, dazu sei die Sache zu albern, es lohne einfach nicht.
Für mich schon, antwortete ich voller Zorn, die ganze Zeit hätte ich mir so einen Einsatz gewünscht, was denn gegen mich spreche?
Nichts, sagte er, nur die Dummheit. Und dagegen kämpften bekanntlich Götter selbst vergebens.
Mit den Göttern meinte er wahrscheinlich sich, er hatte ja keine geringe Meinung von seiner Person, ich aber bestand hartnäckig darauf, zu erfahren, was zu meiner Ablehnung geführt hatte.
Na gut, sagte er. Es sei vielleicht besser für mich zu wissen, wie im Lager die Ansichten seien. Die Ärztin vertrete nämlich den Standpunkt, man könne es einer Nationalsozialistin nicht zumuten, von mir gepflegt zu werden.
Da war es wieder: die Frau des Verräters. Seit dreiundvierzig war ich das in dem einen wie in dem anderen Regime.
Der Arzt legte seine Hand auf meine Schulter. Ich solle mir nichts daraus machen, es sei ganz ungewiß, wie lange der Laden hier noch laufen würde.
Ich erkundigte mich, ob er etwas Bestimmtes wisse.
Nein, sagte er, nur so ein Gefühl. Es werde eine Kommission erwartet, und das bedeute immer eine Veränderung.

Er hatte recht. Er war ein Grobian und ungeheuer von sich eingenommen, aber er war sehr lebensklug und hatte großen Mut. Seit Monaten schrieb er auf die Totenscheine immer dasselbe: verhungert. Die Russen verlangten andere Todesursachen, aber er ließ sich nicht beirren, er blieb dabei: verhungert. Das bewunderten wir alle an ihm.
Es muß an einem Tag im März gewesen sein, über Nacht war es Frühling geworden, vor unseren Augen schmolz der Schnee zu kleinen Schmutzhaufen zusammen, von den Dächern brachen die Eiszapfen ab und zersprangen klirrend am Boden, Tauwasser sickerte in ungezählten Rinnsalen, die Pumpe stand in einem See.
Wir hatten uns einen windgeschützten Platz hinter der Waschbaracke gesucht, lehnten gegen die sonnenwarmen Bretterplanken und genossen die Wärme auf unseren Gesichtern, da riß uns eine Stimme heraus: Habt ihr gehört, drüben bei den Männern wird aufgerufen.
Vorbei mit der Ruhe, summende Aufregung, Vermutungen, Gerüchte. Wir warten. Kommen sie auch zu uns? Nichts geschieht, nur bei den Männern gehen die Aufrufe weiter, und da sollen es auch nur bestimmte Berufe sein: Ingenieure, Chemiker, Wissenschaftler, Techniker. Die ersten Kolonnen ziehen ab, keiner weiß wohin. Später erleben wir es immer wieder; vor jeder Verlegung werden die Fachkräfte herausgesucht, da kennen wir dann auch das Ziel: die Sowjetunion.
Die Aufrufe fangen wieder an, nun sind endlich auch wir dabei, fast alle. Es heißt, Jamlitz werde ganz geräumt. Am Abend des Zwanzigsten kommt der Befehl zu packen. Kurz nach Mitternacht müssen wir auf dem Appellplatz antreten, in einer Doppelreihe stehen die Frauen, zu beiden Seiten in Hufeisenform die Männerreihen, vor uns die Russen, denn noch einmal werden wir namentlich aufgerufen, es dauert Stunden.
Die Nacht ist mondhell, wir stehen in einem silbrig schimmernden Zauberreich, ich weiß nicht wie lange, da tritt auf einmal eine vor, hebt die Arme zum Himmel, ruft gellend: Die Ahnen, die Ahnen! Angetreten zum letzten Appell!
Das ist Ursel von Bredow, der Vollmond macht ihr immer zu schaffen, wir wissen das, aber trotzdem überläuft es uns eisig. Es ist wie eine Erlösung, als wir unser Bündel aufnehmen und zum Tor marschieren dürfen.
Wieder werden wir in Viehwagen zusammengedrängt, fahren wie immer ins Ungewisse, diesmal sind sogar die Luftklappen abgedichtet, wir wissen nicht einmal mehr, ob es draußen hell oder dunkel ist, wir fahren, halten, werden abgestellt, wieder angehängt, zweimal muß es Nacht gewesen sein, denn draußen beginnt das Trommel-

feuer von Keulenschlägen, das wir von unserer ersten Fahrt kennen. Wir stopfen uns Brotkugeln in die Ohren, aber nichts hilft gegen die innere Erschütterung, es ist, als würde man von Schlägen getroffen. Am dritten Tag ist die Fahrt zu Ende, die Türen werden entriegelt, wo sind wir?

Wir stehen auf einer endlosen öden Ebene.

Kein Baum, kein Strauch, keine menschliche Behausung. Ein scharfer Wind zaust an den wintergelben Grasbüscheln, er durchdringt sofort unsere Kleider, was haben wir schon an, ich zum Beispiel trage immer noch mein blaues fadenscheinig gewordenes Wollkleid, darüber den Sommermantel, durch den geht jeder Wind.

Wir flüchten zurück in den Schutz der Güterwagen. Wo sind wir? Gibt es irgendwo in Deutschland eine solche Öde?

Wir müssen antreten, Fünferreihen bilden, ziehen, das Bündel auf dem Rücken, in die weglose Weite, doch nach kurzer Zeit lockern sich die Reihen, wir haben so wenig Kraft, sehr schnell müssen wir das Gepäck absetzen, Atem holen, die Alten und Kranken können bald überhaupt nicht mehr. Keiner hat viel zu tragen, aber auch das Wenige ist für uns Halbverhungerte zuviel. Denen, die nicht mehr können, nehmen wir das Gepäck ab, tragen es gemeinsam, ganz Schwache werden gestützt. Stumm lassen die Posten alles geschehen, warten, wenn gewartet werden muß, treiben nicht an.

So schleppt sich der Elendszug Kilometer um Kilometer, sehnsüchtig suchen wir den Horizont ab, endlich zeichnet sich schattenhaft eine niedrige Siedlung ab, ein Barackenlager, Wachttürme, hohe Drahtzäune, zweifach hintereinander, dazwischen ein sorgfältig geharkter Sperrstreifen.

Mühlberg, sagt jemand.

Andere wissen, wo das ist: zwischen Dresden und Leipzig, nicht weit von der Elbe, ein ehemaliges Kriegsgefangenenlager, man hätte nicht leicht eine unwirtlichere Stelle finden können, unfruchtbare Öde, soweit das Auge reicht, ein Spielball für Wind und Wetter.

Aber immer ist einer, der Tröstliches findet, ich höre eine Stimme, die sagt: Soviel Himmel wie hier, soviel haben wir noch nie gesehen.

Vorbemerkung zu Kapitel 6

Die Allianz der Siegermächte begann schon kurze Zeit nach Kriegsende auseinanderzubrechen.
Die Aufteilung des ehemaligen Deutschen Reichs in vier Besatzungszonen, nur als Übergangsregelung bis zum Abschluß eines Friedensvertrags gedacht, wurde bald zur endgültigen Teilung.
Aus dem Zustand des erklärten Krieges wechselte Deutschland, und mit ihm Europa und Amerika, hinüber in die Ära des Kalten Krieges.
Während die Westmächte, allen voran die Amerikaner, an einer wirtschaftlichen Stabilisierung Deutschlands interessiert waren, bestanden die Russen, durch den Krieg selbst völlig ausgeblutet, auf den vollen Reparationsleistungen in Höhe von zehn Milliarden Dollar, wie sie auf der Konferenz von Yalta vereinbart worden waren.
Das wirtschaftliche Gefälle verstärkte sich weiter zugunsten der Westzonen, als Ende 1947 der Marshallplan in Kraft trat, der für Westeuropa, Westdeutschland eingeschlossen, umfangreiche wirtschaftliche Hilfen bereitstellte.
Die Sowjetzone hatte nun stellvertretend für ganz Deutschland allein die Last der Reparationen an die UdSSR zu tragen.
Bernhard Bechler machte sich zum Anwalt einer Politik, die sein Land ausblutete. Er vertrat die Reparationsleistungen an die Sowjetunion.

Jahreswende 1946/1947.

Zu dieser Zeit heiratete Bechler zum zweiten Mal. Im Standesamt von Klein-Machnow, am Zehlendorfer Damm, vollzog der Standesbeamte Uter die Trauung. Vom Portal des Standesamtes bis zum Straßenrand, wo das Brautpaar vorfuhr, war ein roter Läufer ausgerollt.
Aus seiner bisherigen Sekretärin wurde Erna Bechler. Seit ihrer Jugend war sie überzeugte Kommunistin. Zu Graf Einsiedel sagte Bechler: »Meine jetzige Frau ist in Ordnung, frühere Jungkommunistin, politisch aufgeklärt, meine beste Mitarbeiterin — das kannst du mir glauben.«
Und fast zwei Jahrzehnte später, am 26. April 1975, waren in einem großen Zeitungsartikel über Bernhard Bechler folgende Sätze zu lesen:

> »... So hohen Anforderungen, wie sie dann in vielen Jahren an ihn gestellt worden sind, gerecht zu werden, daß er das vermochte, daran hat ... Erna Bechler ihren nicht geringen Anteil. Seit 1931 Genossin der KPD, die wie viele Genossen auch die schweren Prüfungen während der faschistischen Finsternis mit einer glatten Eins bestanden hat, war sie den Kindern eine herzensgute Mutter, ihm eine wunderbare Kampfgefährtin und Frau, so daß man in diesem Fall schon sagen kann, Bernhard Bechler hat sich buchstäblich mit der Arbeiterklasse verheiratet.«
> Und auf die Frage des Journalisten: »Gut verheiratet, Bernhard?« meldete der Genosse General: »Jawohl, gut verheiratet!«

»... den Kindern eine herzensgute Mutter« — Erna Bechler zog nicht nur als zweite Frau in das Haus in Klein-Machnow ein, sie hatte auch Mutterstelle bei Heidi und Hans-Bernhard zu vertreten.
Was wußten die Kinder eigentlich noch von ihrer richtigen Mutter?
Margret Bechlers Mutter schrieb über ihr letztes Treffen mit ihren Enkelkindern im Sommer 1945:

»Ich bin in diesen Tagen einmal mit den Kindern ausgegangen. Heidi hatte ein besticktes Kleid an, und ich habe gesagt, das ist aber ein schönes Kleid, das du da anhast. Und sie sagte, ja, das hat die Mami mir gestickt. Die Mami ist schon wieder krank. Denk mal, die Mami ist jetzt immer krank.«
Wann aber wurde die Erinnerung an die leibliche Mutter verdrängt?
Erna Bechler hat sich, wie Nachbarn und Besucher der Familie beobachteten, zweifellos um die Kinder bemüht und ein herzliches Verhältnis zu ihnen gewonnen. An Zuwendung scheint es dem Mädchen und dem Jungen also nicht gefehlt zu haben. Jedenfalls waren ihre äußeren Lebensumstände von Sorglosigkeit gekennzeichnet.
1946 starb Bernhard Bechlers Vater. Danach besuchte Bechler noch einmal Lengenfeld, den Ort seiner Kindheit, bevor er den Kontakt zu seiner Familie abbrach. Schon damals begleitete ihn Erna, seine zweite Frau. Die Geschwister baten ihren Bruder bei diesem Besuch um Unterstützung für die Mutter, die — nach Enteignung der Firma — ohne Lebensunterhalt war. Später, 1956, berichteten sie ihrer Schwägerin Margret darüber:

> »Wir haben zu Bernhard gesagt, es geht Mutter nicht gut, und du weißt ja, daß wir im Augenblick auch nicht helfen können. Könntest du nicht dafür sorgen, daß sie monatlich einen gewissen Betrag bekommt? Du bist doch jetzt in der Lage dazu. Bernhard sagte darauf, was denkt ihr denn, was ich so schicken soll? Das mußt du selbst wissen. Na ja, fünfzig Mark? Wenn du denkst. Fünfzig Mark ist besser als nichts. Fünfzig Mark war ja nun wirklich kein hoher Betrag in seiner Lage und für seine Mutter. Er versprach, das Geld zu schicken. Im nächsten Monat ist es am zwanzigsten gekommen, und im übernächsten kam keins. Auf Anfrage schickte er es noch einmal, dann war es aus. Das war die ganze Unterstützung, die Bernhard für Mutter hatte. Auch als sie starb, ließ er nichts von sich hören.«

Jahre später hat Bechler sich bei einer Kusine nach seiner Familie erkundigt und gesagt: Manchmal sähe es nur so aus, als sei einer hartherzig, in Wirklichkeit sei das ganz anders.

Kapitel 6

Im Speziallager Nr. 1 Mühlberg
März 1947 bis September 1948

Mühlberg war ein Nazilager.
Es wurde nicht nur von Nationalsozialisten bevölkert, es wurde auch von ihnen im alten Geiste regiert, so, als hätte es einen Zusammenbruch nie gegeben. Hier herrschte, welche Absonderlichkeit im Jahr

siebenundvierzig, Hitlers irregeleitete Jugend. Denn die gesamte Lagerleitung bestand aus höheren HJ-Führern und BDM-Führerinnen, ihnen überließen die Russen den ganzen internen Lagerbetrieb. Die Organisation war vorzüglich, allerdings löschten straffe Zucht und Ordnung das Elend der Masse nicht aus, sie verdeckten es nur. Hier wie überall galt das Wort von den zehn Satten unter tausend Hungrigen, das in allen Lagern umging. Satt wurden nur die, die einen der begehrten Posten außerhalb des Lagers hatten. Und den bekamen in Mühlberg nur Parteimitglieder.

Für mich hatte das einen besonderen Nachteil.

Ich, Nichtmitglied und zudem Frau eines Verräters — ich konnte nicht nur mit keinem Posten rechnen, ich wurde darüber hinaus oft angegriffen und mit Verachtung behandelt, unter Ausgestoßenen war ich die Ausgestoßene. Ich war — heute nach so vielen Jahren vermag ich es fast mit einem Anflug von Heiterkeit zu sagen — in jenem Lager die letzte Verfolgte des Naziregimes.

Damals war es ein schweres Los.

Außerdem waren wir die Neuen, ein bekannt unangenehmer Zustand.

Mühlberg hatte bis dahin dreihundert weibliche Insassen gehabt, nun kamen auf einmal achthundert Frauen hinzu — daß uns niemand gern sah, ist verständlich. Dennoch erlebten wir anfangs eine höchst angenehme Überraschung. Nachdem wir stundenlang im Vorfeld gewartet hatten, führte man uns gegen Abend in gut eingerichtete Baracken am Lageranfang.

Da gefiel es uns.

Die Räume waren gedielt und getäfelt, durch hohe Fenster strömte reichlich Licht, denn auf dieser Seite waren die Pritschen nur einstökkig, aber auch die aufgestockten auf der anderen Seite kamen uns höchst luxuriös vor — sie hatten alle Strohsäcke. Wir freuten uns wie die Kinder, wagten zögernd zu hoffen, daß wir einen guten Tausch gemacht hatten, seit mehr als einem halben Jahr schliefen wir ja auf rohem Holz. Während wir uns einrichteten, betraten ein paar junge Männer den Raum, gut genährt und tadellos gekleidet, irgendwie brachten sie es fertig, uniformiert zu wirken. Sie grüßten mit straffer Freundlichkeit, sie seien die deutsche Lagerleitung und ob wir irgendwelche Beanstandungen hätten.

Wir waren freudig überrascht ob solcher Fürsorge und bedankten uns für die fürstliche Unterkunft.

Da wurden wir belehrt, daß wir den Vorzug hatten, in den Künstlerbaracken des Lagers untergebracht zu sein. In Mühlberg nämlich

gebe es ein Kulturhaus, in dem regelmäßig Konzerte und Theateraufführungen stattfänden, auch uns werde der Segen dieser Einrichtungen zuteil. Unser Aufenthalt hier könne allerdings nur vorübergehend sein, die Künstlerbaracke müsse wieder ihrer Bestimmung zugeführt werden, für uns werde sich im Frauenlager Platz finden.
Staunend sahen wir zu, wie wohl organisiert alles weiterlief. Nach dem Abendappell erschien ein braunhaariges Mädchen in unserer Baracke, ein paar stürmten auf sie zu, nun erkannte ich sie auch — Regina Hofmann, sie war mit uns in Bautzen, allerdings nicht in meinem Saal. Zusammen mit den Plauenerinnen, mit Ursula wurde sie wegtransportiert. Sollte Ursula etwa auch hier sein? Und Erna Wilde? Und alle die anderen?
Wir bestürmten sie mit Fragen.
Sie hörte mit leicht geneigtem Kopf zu, still lächelnd, sie war das, was man einen liebenswerten Menschen nennt. Ja, Ursula arbeite in der Lagerwäscherei, ja, sie werde ihr mitteilen, daß ich hier sei. Ich war so froh, fühlte mich nicht mehr fremd, spätestens morgen würde Ursula hier auftauchen, vielleicht noch heute abend.
Dann teilte Regina uns mit, daß sie Leiterin des Frauenlagers sei und nun auch die unsere. Wir hatten nichts dagegen, jeder war mit Regina einverstanden, sie war allseits beliebt; wir nahmen ihr nicht einmal übel, daß sie dazu neigte, mehr zu versprechen, als sie halten konnte. Selbst die Russen, so ging die Rede, wollten sie für sich gewinnen. Eines Tages soll sie gefragt worden sein, ob sie nach ihrer Entlassung der Gesellschaft für deutsch-sowjetische Freundschaft beitreten würde. Regina, die Sanfte, zeigte sich jedoch halsstarrig, sie wollte nicht, und sie sagte auch warum. Sie könne nicht vergessen, soll sie gesagt haben, wie die russischen Soldaten sich nach dem Einmarsch den deutschen Frauen gegenüber benommen hätten. Und die Russen zeigten Verständnis und gaben ohne Ärger auf — das brachte wohl nur jemand wie Regina zuwege.
Ich wartete auf Ursula, sie hatte so schwer Abschied genommen in Bautzen, die Freude würde groß sein, auf beiden Seiten. Ich wartete den ganzen Abend, den nächsten Tag, sie kam am übernächsten gegen Mittag; ich sah sie schon, als sie in die Tür trat. Ursula war nicht zu übersehen, nun hatte sie auch noch zugenommen, unter uns Hungerleidern wirkte sie einfach gewaltig. Solide Wohlhabenheit ging von ihr aus, wie sie da so vor mir stand, in einem Schneidermantel aus Uniformstoff, ein Mensch, der sich nicht nur zurechtgefunden hat, sondern in den gegebenen Verhältnissen auch zufrieden ist.
Ich bewunderte ihren Aufzug, und sie antwortete, ein bißchen groß-

artig, ja alles Maßarbeit, aus der Männerschneiderei, ich sollte mal ihr Jägerkostüm sehen, schick, grün mit braunen Patten, aber das zöge sie nur zu besonderen Gelegenheiten an, zur Kultura oder Sonntagnachmittags.
Als ich sagte, für uns werde wohl im Frauenlager Platz gemacht werden müssen, vielleicht in ihrer Nähe, wehrte sie entsetzt ab, nein, das ginge auf keinen Fall, noch achthundert Frauen in dem kleinen Lager, wie ich mir das dächte, da würden sicher die nächstgelegenen Männerbaracken geräumt werden, sie für ihren Teil sei ganz froh, daß sie nicht dorthin müsse, große alte Ställe seien das, verlaust und dreckig. Sie sah mich von oben bis unten an, dann die anderen und fügte in ihrer unverblümten Art hinzu, besonders wohl sähen wir nicht aus, dann ging sie.
Ich war tief enttäuscht, aber am anderen Mittag kam sie wieder, einen Trainingsanzug über dem Arm und in der anderen Hand ein Eßgeschirr mit einem Teil der Zusatzverpflegung, die sie in der russischen Wäscherei bekam. So war sie nun mal, rauhe Schale, weicher Kern. Der Trainingsanzug war lange Zeit mein einziges warmes Bekleidungsstück.
Am nächsten Tag mußten wir dann wirklich in die großen alten Ställe, von denen Ursula gesprochen hatte. Sie lagen am Rande des Frauenlagers, das eine besondere Umzäunung hatte, also ein Lager innerhalb des Lagers war. Nun hatte man zwei der Männerbaracken einbezogen, riesige Doppelbaracken, die aber uns achthundert auch nur knapp aufnehmen konnten, in jeder Hälfte mußten zweihundert untergebracht werden, dazwischen lag ein Waschraum, der von beiden Seiten benutzt wurde. Außerdem war dort eine Kammer mit Regalen: ein wichtiger Raum, hier nämlich hob die Foureuse die Kaltverpflegung auf, auch das Brot wurde hier zerteilt.
Mit einem Blick sahen wir, daß wir wieder auf rohem Holz liegen mußten, wieder im Dämmerlicht hausten, denn die winzigen Fenster waren mit Farbe überpinselt, aus unerfindlichen Gründen gönnte man uns den Blick aufs Männerlager nicht.
Hildegard Sievert und ich allerdings lebten die ganze Zeit in Mühlberg in tiefster Finsternis. Wir hatten uns abseits gehalten, als um die Pritschenplätze gekämpft wurde, am Ende hatten wir es zu bereuen, denn es gab keinen Platz mehr für uns, wir mußten uns am Eingang auf die Erde legen. Dort aber war in einem Bretterverschlag ein Tonnenklosett eingebaut, eine Notlatrine für die Nacht, wenn die Barakken zugesperrt waren.
Und da lagen wir nun, um uns herum ein ständiges Hin und Her, dazu

der widerliche Geruch aus dem Verschlag, ich konnte nicht schlafen, ich lag und weinte, so heimlich es ging, neben mir hörte ich es auch leise schluchzen.

Später, in den Zuchthäusern der DDR, ist es mir viel schlechter gegangen, aber nie mehr war das Gefühl der Bitterkeit so groß wie in jener Nacht in Mühlberg, so grenzenlos verlassen, so ausgesetzt bin ich mir nie mehr vorgekommen. Als ich wußte, wie verlassen ich wirklich war, habe ich mich viel besser zurechtgefunden, weil ich keine Hilfe mehr von dem erwartete, auf den ich zu jener Zeit noch hoffte: Bernhard.

Unsere Barackenleiterin kam aus dem Stab der Mühlberger Lagerleitung, sie war natürlich auch eine ehemalige BDM-Führerin, ein gutmütiges Mädchen, das versuchte, sich um die einzelnen zu kümmern. Sie nahm sich auch unserer an, die wir da vor der Latrine hockten, und brachte uns in einem fensterlosen Verschlag neben dem Zimmer unter, das für sie von der Baracke abgetrennt war. Dort hausten wir in völliger Finsternis, fünfzehn Monate lang. Hildegard sagte immer, es erinnere sie an die Hundehütte auf ihrem elterlichen Hof, aber wir trösteten uns damit, daß der Ofen in der Nähe war, warm aber finster, mehr als ein Jahr, wie haben wir das nur ausgehalten!

Was war von den großen Hoffnungen des Anfangs übriggeblieben? Für uns Neue gar nichts.

Wieder hausten wir wie in Jamlitz, froren nachts, hungerten tagsüber, die Verpflegung war genauso schlecht, gut ging es nur denen, die einen Außenposten hatten, und diese Möglichkeit hatte sich bis jetzt nur einer von uns geboten. Unter uns war eine zurückhaltende junge Frau, die keinem besonders aufgefallen war. Hier in Mühlberg wurde sie von einigen wiedererkannt, als ihre Gebietsführerin. Das ist ein ziemlich hoher Rang gewesen, und nun bot man ihr einen entsprechenden Posten in der Lagerleitung an, sie aber lehnte ab, sie wollte bei uns bleiben, wir haben ihr das hoch angerechnet.

Die Mühlberger Suppe wurde aus Pülpe gemacht — einem Abfallprodukt beim Brennen von Kartoffelschnaps —, ein wenig angereichert mit Trockengemüse und Liebstöckel, über Monate gleichbleibend, wie die blaue Graupensuppe von Bautzen und die glasige Kartoffelbrühe von Jamlitz.

Was uns blieb, waren die Besuche im alten Frauenlager.

Dort drängten die Baracken sich zusammen wie in einem kleinen Dorf, gemütlich außen und innen, mit gedielten Fußböden und, o Wunder, gerüschten Vorhängen aus kariertem Bettstoff. Und da schlief keine auf Holz, jede hatte ihren Strohsack.

Den Unterkünften hatten sie Namen gegeben, Ursula wohnte in der Bayrischen Bierstube. Gerade richtig für sie, sagte sie, derb, aber jede könne sich auf jede verlassen. Und wir Hungerleider standen herum und staunten. Ein wenig zu häufig, wir suchten wohl zu oft Trost dort, eines Tages sahen wir mit Verblüffung, wie mitten durch das Frauenlager ein Zaun gezogen wurde, hier die Alten, dort die Neuen, so sehr wollten sie sich von uns distanzieren. Wir waren voller Grimm, das mit dem Zaun ließen wir uns nicht gefallen, der kam wieder weg, aber die innere Schranke blieb, die hielt sich bis zum Sommer 1948, als die Entlassungen begannen.

Nun sollen die Alten nicht völlig verdammt werden.

Als sie 1946 nach Mühlberg kamen, standen sie vor dem Nichts, fanden nur die nackten Baracken vor, das war alles. Mit dem Eifer, der uns Deutschen manchmal eigen ist, machten sie sich ans Werk. Es gelang ihnen sogar, sich die Unterstützung der Russen zu sichern; Ärzte boten an, ihre Ordinationseinrichtung ins Lager zu schaffen mit der Überlegung, daß sie während ihrer Internierung ohnehin beschlagnahmt würde, Apotheker ihre Medikamente, ein Theaterfachmann Kulissen und Kostüme, Musiker ihre Instrumente. Die Zucht und die Straffheit, aber auch die glänzende Organisation brachten das Lager auf einen Stand, der es aus allen heraushob, die ich vorher oder nachher erlebt habe.

Dies alles aber wurde durch uns gefährdet; wir bedrohten die Stabilität, verschlechterten die ohnehin kargen Lebensbedingungen aufs neue. Wie in allen Internierungslagern der Welt, den KZs von Hitler und Stalin ebenso wie in jenen, die heute aufs neue errichtet werden, so war es auch hier: Es gab Satte, und es gab Hungrige, oft lebten die einen auf Kosten der anderen. Ein Trost nur, daß es auch andere gab, Satte, die einen Hungrigen miternährten und so am Leben hielten. Und doch – überleben heißt allzu oft, sich abschirmen gegen den Untergang eines anderen.

In Bautzen war es mir durch meine Schneiderei viel besser gegangen als den anderen. Hier nun gehörte ich zu denen, die im Elend lebten. Und da blieb ich auch, bis die Russen die nationalsozialistische Lagerleitung ablösten. Mehrmals versuchte ich, eine Arbeit zu finden, zum Beispiel in den Lazarettdienst zu kommen, das Revier mußte für uns Neulinge ja erweitert werden. Auf dem Hof lagen schon die Teile für die Lazarettbaracke. Ich beschloß, mich heraufzudienen – ich wußte ja, daß ich es bei dieser Lagerleitung noch schwerer haben würde als in Jamlitz, meldete mich also zum Schrubben der verwitterten Holzteile, die in wirrem Durcheinander auf einem Haufen lagen,

gemeinsam zerrten wir die schweren Wände auseinander, schabten, kratzten und scheuerten tagelang, bis alles zum Trocknen aufgestellt war.
Ursula kannte den Arzt, der das Revier übernehmen sollte. Sie war sofort bereit, Fürsprache für mich einzulegen, und es gelang ihr auch, einen Treffpunkt für mich zu vereinbaren. Er sei grob, sagte sie, aber sonst in Ordnung, sie komme sehr gut mit ihm zurecht, poltern könne sie ja auch, und er habe das gern. Nur solle ich nichts von meinem Mann erwähnen, er sei nämlich überzeugter Nazi.
Spätestens da hätte ich mir sagen können, daß mein Anliegen zurückgewiesen würde, aber ich wollte doch so gerne pflegen, da versucht man eben alles. Er war etwa vierzig und kaum so groß wie ich, der ekkige Kopf mit dem blonden Borstenhaar saß fast halslos auf dem kräftigen Körper, er war so einer, der sofort zur Sache kommt. Fräulein Schramm habe von mir erzählt, sagte er, aber ich könne mir ja denken, wie viele Frauen den Wunsch hätten, im Revier zu arbeiten. Was ich denn früher gewesen sei?
Hausfrau, sagte ich, wollte etwas von den Kindern hinzufügen, da wurde ich eilig unterbrochen, wahrscheinlich fürchtete er Jammern und Klagen. Ob ich in der Frauenschaft gewesen sei?
Schon einmal war ich so befragt worden, auf der Ortsgruppe von Altenburg. Gab es das denn wirklich immer noch? Mir war, als stünde ich auf einer morschen Brücke. Ich sagte nur, mein Mann sei Nationalsozialist gewesen.
Wo der jetzt sei, wollte er wissen.
Ich antwortete, er sei seit Stalingrad vermißt, hoffte, das werde Respekt fordern. Ich ahnte ja nicht, wie bekannt mein Fall im Lager war.
Er fragte, ob ich denn nie wieder von ihm gehört hätte.
Ich blieb bei der Wahrheit und sagte, Bernhard sei meines Wissens kurz nach meiner Verhaftung aus Rußland heimgekehrt.
Er zeigte sich vollkommen unterrichtet. Und jetzt, sagte er kühl, sei mein Mann hoher Funktionär der Zonenregierung. Dann legte er mir ohne Umschweife seine Ansicht dazu dar. Eine ganz schöne Kehrtwendung sei das, und so lange vor der Zeit, kein Wunder, daß der Krieg verlorengegangen sei bei solchen Verrätern.
Auch wenn mir Bernhards neue politische Gesinnung innerlich fremd war, so konnte ich es doch nicht ertragen, daß er von unbelehrbaren Nationalsozialisten beschuldigt wurde. Gerade sie hatten ja genug Unheil angerichtet. Ich sagte, er müsse gute Gründe gehabt haben, etwas anderes könne ich nicht mit meiner Kenntnis seines Charakters vereinbaren.

Der Arzt wurde immer eisiger. Es sei wohl besser für mich, ganz klarzusehen. Ich sei hier in einem nationalsozialistisch geführten Lager, schon als Nichtmitglied hätte ich keinerlei Chance; der Frau eines kommunistischen Parteifunktionärs gegenüber aber könne man nicht vorsichtig genug sein.
Das war das Ende des Gesprächs.
Ich lief weg, weil ich nicht wollte, daß er meine Tränen sah.

Die deutsche Lagerleitung hatte in Mühlberg eine Arbeitspflicht eingeführt, autoritäre Systeme kommen anscheinend immer auf dieselben Gedanken. Dieser Anordnung lag die Überlegung zugrunde, mit Arbeit, mit einem ausgefüllten Tag sei das Lagerdasein besser zu überstehen. Das mochte richtig sein, doch wog es den Kräfteverlust nicht auf, den eine sechsstündige Tagesarbeit ohne nennenswerte Kostverbesserung mit sich brachte. Es waren ja nicht die hochbegehrten Außenarbeiten, sondern lagerinterne Tätigkeiten, wie Hofreinigung und Hofaufsicht, und die verhaßten Scheuerkommandos, zu denen ich so oft eingeteilt wurde, daß ich es nur für Absicht halten konnte.
Bald jedoch rettete meine Schneiderei mich vor diesen Schikanen.
Die meisten von uns besaßen ja nur das, was sie bei ihrer Verhaftung auf dem Leibe getragen hatten, viel wert war es nicht mehr, sogar die Russen sahen das ein. Auf Vorstellung der deutschen Lagerleitung gaben sie kurz nach unserer Ankunft einen Posten alter Kleidungsstücke aus dem Nachlaß Verstorbener frei.
Nachdem wir den Kleiderhaufen in Augenschein genommen hatten, der uns in die Baracke gebracht worden war, saßen wir ziemlich bedrückt davor: abgetragene Jacken, zerschlissene Mäntel, fadenscheinige Hosen, was sollten wir damit? Ein beißender Geruch nach Schweiß und Krankheit und versengtem Gewebe hing darüber, die Russen ließen ja alles mehrmals durch ihre unsachgemäße Desinfektion gehen; wir mochten die Lumpen kaum anfassen, alles tüftelte. War daraus überhaupt noch etwas zu machen? Und wenn, dann wie?
Plötzlich hatte ich Zulauf.
Viele wußten aus Bautzen, daß ich mir meine Schnitte selber machte, das war jetzt so gefragt wie nie, ich wurde dem Schneiderkommando zugeteilt, das unter der Anleitung von Schneidermeisterinnen arbeitete. Dort traute man mir anfangs nicht viel zu, ich sollte als Hilfskraft arbeiten; später ließen sie mich dann selbständig nähen, genau wie Meister Poppe. Eines Tages kam sogar die Lagerleiterin und wollte aus einem Bettuch ein Kostüm gemacht haben; ich lehnte strikt ab, sagte ihr offen, ich sei der Ansicht, daß sie genug zum Anziehen habe.

Damals zeigte sie nicht, was sie dachte, aber viele Jahre später, als meine Entlassung bekannt wurde, bekam ich einen herrlichen Rosenstrauß von ihr zugeschickt.

Die Schneiderei war kein so zwangloses Geschäft wie in Bautzen. Man verlangte ein Arbeitssoll von mir, und da ich manchmal Stunden brauchte, um einen günstigen Schnitt auszutüfteln, konnte ich es nie erfüllen. Auch waren die aufgetrennten Teile schwer zu verarbeiten, und am schlimmsten waren die Anproben. Wenn ich morgens von meiner Pritsche hochkam, standen immer ein paar halbbekleidete Gestalten da, um schon vor dem Waschen und Ankleiden dranzukommen. Es war meine Schuld, weil ich es nicht oft genug fertigbrachte, nein zu sagen, aber es bedrängte mich so, daß mir manchmal davor graute, die Augen zu öffnen.

Die jungen Mädchen waren anders, nicht so aufdringlich. Zu ihnen setzte ich mich gern, half ihnen und erzählte ihnen dabei etwas: den Inhalt von Büchern, die ich kannte, oder von zu Hause und immer wieder von meinen Kindern — von Heidi, die so eine mütterliche Art hatte und eher ruhig war, von dem Jungen mit seinen lustigen Streichen und wie er bei der Weihnachtsfeier im Kindergarten mutig für seine schüchterne Schwester gleich ein Lied mitsang und großen Erfolg erntete. Dann sah ich meine beiden wieder ganz lebendig vor mir, war glücklich, daß ich sie überhaupt hatte, so fern sie mir im Augenblick auch waren.

Einmal kam eines der jungen Mädchen, Lilo, zu mir, über dem Arm einen blauen Mantel.

Sie sagte, sie habe einen alten Männermantel zugeteilt bekommen, aber den wolle sie nicht tragen, sie wolle ihren eigenen behalten, den hier, der sei doch von ihrer Mutter und das einzige, was ihr von zu Hause geblieben sei. Ich müsse ihr helfen. Aber als ich den Mantel prüfend besah, konnte ich ihr beim besten Willen keine Hoffnung machen. Die Ärmel waren an den Ellbogen durchgestoßen, die ganze Vorderseite war abgescheuert, besonders die Stellen über den Taschen, der Kragen war zerschlissen, die Schultern abgewetzt, ich untersuchte noch, wieviel Stoff in den Nähten war und im Saum, auch da war nichts, ein aussichtsloser Fall.

Sie sah mich flehend an. Ich sei ihre letzte Hoffnung, sagte sie, sie sei schon bei mehreren Schneiderinnen im Lager gewesen, alle hätten nein gesagt. Versuchen Sie es doch, bat sie, ich nehme Ihnen dafür alles ab, ich will auch aufpassen, daß niemand Sie stört.

Eigentlich wollte ich ablehnen, aber ich brachte es einfach nicht fertig. Ich sagte, ich müsse es mir noch überlegen.

Hoffnung kam in ihren Blick. Sie bot mir an, mein Bett zu machen, das Essen für mich zu holen, ja, auch meine Strümpfe zu stopfen. Das brauche sie nicht, antwortete ich, aber sie müsse den Mantel selber auftrennen und die Teile waschen. Und später müsse sie mir dann beim Nähen helfen. Wir mußten ja alles mit der Hand nähen.
Mach ich, sagte sie strahlend, ich mach alles, ich habe noch nie genäht, aber ich mache das sehr gut.
Irgendwie gelang es mir, ein altes Jackett aufzutreiben, das dieselbe Farbe hatte wie Lilos Mantel, es unterschied sich nur in der Stoffart, daraus fertigte ich alle weniger sichtbaren Teile, Untertritte, Unterkragen und -ärmel, dann drehte und schnitt ich so lange herum, bis der Mantel wieder vollständig war.
Acht Tage saßen wir zu zweit, dann war er endlich fertig, es war die langwierigste, aber auch die erfreulichste Näharbeit, die ich je gemacht habe, dabei erfuhr ich alles über Lilo und die beiden, mit denen sie zusammen eine der Kinderfamilien von Mühlberg bildete.
Es gab ein paar solcher Familien. Sie bestanden aus sehr jungen Mädchen, die sich enttäuscht von den Erwachsenen zurückgezogen hatten; anfangs mochten sie Mütter gesucht haben, aber die Älteren sahen nur ihre eigene Not. Die sind doch alle Mütter, sagte Lilo, warum benehmen sie sich nicht so, sie denken nur an sich, uns beachten sie nur, wenn wir etwas für sie tun sollen.
In ihrer Kinderfamilie war jeder für jeden da, sie teilten alles und sorgten sich umeinander, als seien sie wirklich verwandt. Besondere Sorgen machte Lilo sich um Felix, das war ihre Freundin Felicitas, mit sechzehn die jüngste Lagerinsassin, scheu und empfindsam, vielleicht litt sie immer noch unter dem Grund ihrer Verhaftung. Sie war von einem russischen Soldaten auf dem Schulweg ins Gebüsch gezerrt und vergewaltigt worden. Und dann hatte er sie angezeigt und verhaften lassen, um der eigenen Strafe zu entgehen.
Felix sei so selbstlos, so übertrieben selbstlos, klagte Lilo, sie müßten immer aufpassen, daß sie nicht ihr ganzes Brot verschenkte. Besonders jetzt, wo sie unter den Männern ihren früheren Rektor entdeckt habe, sie sei außer sich gewesen über sein elendes Aussehen. Und dann war es Felicitas, die immer schmaler wurde, und die beiden anderen kamen dahinter, daß sie dem Rektor ihr Brot zukommen ließ. Daran hindern konnten sie sie nicht, also legten sie zusammen, damit Felix nicht ganz auf ihre Ration verzichten mußte.
Lilo legte ihre Näharbeit beiseite. Soll ich Ihnen mal was zeigen, sagte sie, holte vom Kopfende des Lagers unter der Decke einen Zettel hervor. Ich entfaltete ihn. Nach dem Vorbild Dürers waren in der Mitte

ein Paar bittende Hände gezeichnet, über denen drei Engel schwebten, die in geschürzten Gewändern Brot brachten, darunter stand in Druckbuchstaben: DANK

Lilo sah mich erwartungsvoll an. Sein Weihnachtsgruß an uns, ziemlich kindisch, was?

Ich konnte ihr nur zustimmen. Ich liebte die drei immer mehr, sie waren voll Opferbereitschaft und unpathetischem Heroismus, ihre Fröhlichkeit half mir über dunkle Stunden hinweg.

Als der Mantel fertig war, sah er auf den ersten Blick wie neu aus, auf den zweiten natürlich nicht, sicher aber war, daß er noch einige Jahre halten würde. Lilo sagte, das müsse gefeiert werden, ich wurde eingeladen, sie am Sonntagnachmittag zu besuchen. Ich wollte ihnen ein Buch erzählen, Effi Briest vielleicht, aber als ich mich auf der faltenlos glattgestrichenen Lagerstätte der drei hingehockt hatte, waren die beiden anderen plötzlich verschwunden. Ich fragte nach ihnen.

Lilo machte ein verlegenes Gesicht, es sei alles ein bißchen verrückt, erklärte sie, sie habe mich zum Kaffee einladen wollen und für vier Personen, ich wisse ja, wie das sei. Sie unterbrach sich, stellte ein kleines Brett zwischen uns beide, ein Brot lag darauf, belegt mit einem Kartoffelstück, einem Möhrenwürfel und ein paar Fleischfasern, sie hatten offenbar am Mittag das Dicke aus ihrer Suppe geschöpft und für mich aufgehoben. Das wollte ich auf keinen Fall annehmen, aber da hatte Lilo Tränen in den Augen, also langte ich zu und kam mir vor dabei wie ein Dieb.

Auf der Suche nach passendem Ersatzstoff für Lilos Mantel war ich auch in die Nachbarbaracke gekommen. Dort sah ich auf einer der unteren Pritschen im Halbdunkel ein blasses Mädchen, das war Ursel von Bredow, die in Jamlitz so grauenhaft geschrien hatte. Sie lebe scheu und zurückgezogen, hatte man mir gesagt, sie trage an einer Last, mit der sie innerlich nicht fertig werde. Ich fragte auch bei ihr nach passendem Stoff, eher um einen Grund zu haben, mit ihr zu reden. Voll rührender Bereitwilligkeit breitete sie ihre dürftige Habe vor mir aus: ein paar Fetzen Futter, ein halbes Wehrmachtskrätzchen, ein schmaler Leinenstreifen, nein, da war wirklich nichts Brauchbares. Als ich versuchte, ein Gespräch mit ihr zu beginnen, als ich ihr einen Spaziergang vorschlug, wehrte sie ängstlich ab, es seien zu viele Menschen draußen, lauter Neugierige, am besten, man bliebe für sich allein.

Ich sagte, dann würde ich am Abend wiederkommen, sie willigte nur zögernd ein, und als ich kam, sah ich, daß sie ihre Zusage bereits bereute, aber sie kam doch mit auf den Spaziergang.

Nun besuchte ich sie häufiger, allmählich gewann sie Vertrauen zu mir, wurde freier, gab sich natürlich und offen, bis der Mond, der zu Anfang unserer Gänge nur als feine Sichel zu sehen war, sich zu runden begann. Ich sah mit Schrecken und Verwunderung, wie sie mit zunehmendem Mond immer unruhiger wurde, immer flattriger. Da erzählte sie mir auch ihre Geschichte: Es war eine jener Tragödien, wie sie sich Anfang fünfundvierzig im Osten zu Dutzenden abgespielt haben. Der Vater war General, die Brüder bei der Waffen-SS, sie wurden gesucht, aber es gelang ihnen, sich zu verstecken. Ursel blieb mit der Mutter zurück, da kamen die Russen. Die Mutter schlugen sie tot, als sie nichts sagen wollte; Ursel quälten sie, das hielt sie nicht aus, sie verriet das Versteck. Und seither ließ ihr Gewissen sie nicht mehr in Ruhe, sie erfuhr nie, ob ihr Vater und ihre Brüder gefunden wurden, ob sie fliehen und sich retten konnten. Sie sah sie ermordet, hielt sich für die Mörderin.
Ich nahm sie in den Arm, ich wußte keine Worte, die helfen konnten, hoffte, daß menschliche Nähe ihren Kummer aufweichte, aber sie war weit fort, jenseits aller Tröstung. In der Nacht sei es besonders schlimm. Die Sterne seien für sie die unerbittlichen Augen der Toten, der Mond ein zorniger Ankläger. In solch furchtbaren Bildern lebte ihr armer Geist, zerbrach daran.
Ich wußte nicht, wie ich ihr helfen konnte, ich habe sie nur unter dem Nachthimmel weggeführt, der ihr zur ewigen Anklage geworden war.
Am nächsten Tag war sie schon nicht mehr in der Baracke, ihre Nachbarin erzählte, sie sei in einen krampfartigen Zustand verfallen, man habe sie ins Lazarett bringen müssen, aber auch dort konnte man sie nicht lange halten, sie schrie in ihren Anfällen, störte die anderen, im alten Frauenlager wurde ein kleines Zimmer für sie geräumt, mich trieb es dorthin. Ich stand an einem offenen Fenster, schaute hinein, im zerwühlten Bettzeug wälzte sich ein kleiner totenblasser Kopf unablässig von einer Seite auf die andere, Schaum stand vor dem Mund, die Lippen öffneten sich zu einem Röcheln, wurden sofort wieder fest zusammengepreßt, die Finger krampften sich um das Bettzeug.
An einem Tisch im Hintergrund sah ich eine derbe Person, die rührte völlig unbeteiligt in einer Tontasse Marmelade, Butter und Zucker zu einer Kraftspeise zusammen. Wie überflüssig und sinnlos! Ursel konnte in ihrem letzten Ringen, ihrem aussichtslosen Kampf gegen unsichtbare Mächte nur noch durch warme Nähe Erleichterung finden. Ich meldete mich bei der Lagerleiterin, Ursels Pflege zu übernehmen. Am nächsten Morgen sollte ich beginnen, aber in der Nacht starb Ursel. Ihr Geschick ging mir lange nach.

In Mühlberg herrschte das Hungerfieber ebenso wie in Jamlitz. Was uns die Wirklichkeit entzog, beschäftigte um so mehr die Fantasie: das Essen. Jedoch wurden hier nicht Rezepte ausgedacht und weitergegeben, die Kaltrationen brachten uns auf andere Einfälle, konkreter und gesundheitsschädlicher. Von Montag, spätestens aber Dienstag an, sparten wir einen Teil ein, täglich eine Scheibe Brot, jede zweite Butterration; Zucker und Marmelade gab es ohnehin nur alle fünf Tage. Aus alledem wurden von Freitag ab die berühmten Brottorten gebacken, die dann den Höhepunkt unseres sonntäglichen Kaffees bildeten.

Wir wußten, daß es gefährlich war.

Dem geschwächten Organismus wurden allwöchentlich ein paar krasse Hungertage abverlangt, um ihm dann in einer Stunde Aufnahme und Bewältigung einer ganz ungewohnten Nahrungsmenge aufzuerlegen. Manch schwacher Magen wehrte sich deutlich, und auch die gesunden zeigten sich verstimmt, aber wir gaben unsere Kaffeestunden nicht auf.

Man konnte mit den spärlichen Zutaten mehr anfangen, wenn sich ein paar zusammentaten, im Laufe der Zeit wurden Standardrezepte entwickelt, die ich heute noch im Kopf habe. Am beliebtesten war die Klunschtorte; sie bestand aus dickgekochtem Brotbrei, der mit Marmelade und Zucker gesüßt wurde, einer Schicht Butterkrem und ebensolcher Verzierung, so liebevoll ausgeführt wie in keiner Konditorei. Sie war am ergiebigsten, und deshalb war sie auch Ursulas Lieblingstorte.

Wir hatten uns zum Backen zusammengetan, ich war fast immer Sonntagsgast auf dem Pritschenlager in der Bayrischen Bierstube, meistens besorgte sie die Backerei. Ich hätte die Zutaten auch in natura gegessen, was wir später, als die Vernunft siegte, auch taten, da rösteten wir lediglich die Brotscheiben, um länger daran knabbern zu können. Mir war schon das Gedränge am Herd lästig, Ursula machte es Spaß, ich hatte das Gefühl, als spürte sie von Freitag an ihren ewigen Hunger weniger, weil sie sich so intensiv mit Essensvorbereitungen beschäftigen konnte.

Ich war jedesmal wieder überwältigt, wenn ich am Sonntagnachmittag Punkt drei Uhr die kleine Holzleiter zu Ursulas Lager hinaufstieg. Meist war sie noch mit den letzten Vorbereitungen beschäftigt, ich mußte mich ans Fußende hocken, durfte meinen Blick über die vielen liebevoll gedeckten Tische schweifen lassen, den süßsauren Duft der Brottorten schnuppern und den kernigen der braunen Butter, der vom Herd herüberzog.

Wenn kurz nach drei die Kaffeekübel (was für ein Kaffee!!) in die Baracke getragen wurden, erreichte der Lärm seinen Höhepunkt, das Klappern und Schurren der Holzpantinen vermischte sich mit dem Scheppern der Kochgeschirre und der ganzen gestauten Erwartung zu einer Stimmung, die mich immer an einen Zoo kurz vor der Fütterung erinnerte. Wenn ich als letzte für uns den Kaffee holte, bemühte ich mich, leise zu gehen, andächtige Stille hatte sich schon über den Raum gesenkt, alles aß.

Ursulas Kaffeetafeln hatten immer etwas von einer kleinen Kunstausstellung. Sie liebte es, ihre Besitztümer darauf auszubreiten, zwischen den Kuchentellern weidete ein geschnitztes Pferd, daneben lud eine Holzkassette zum Aufklappen ein, an bemalten Tontöpfen lehnten die Zeichnungen eines begabten Zahnarztes; in seiner Freizeit illustrierte er Gedichte, die Ergebnisse tauschte er gegen Brotrationen, angeblich um einen TBC-kranken Freund bei Kräften zu halten. Ursula hatte ein Liebespaar erstanden, sie behauptete, das Mädchen darauf sähe mir ähnlich, unbedingt müsse ich Dr. Fichte kennenlernen. Ich sagte, meine Zähne seien in Ordnung, gottseidank, aber sie bestand darauf, und ich war leicht zu überreden — ich war neugierig auf den zeichnenden Zahnarzt.

Oft habe ich dann im wachstuchbezogenen Behandlungsstuhl gesessen und mir seine Ansichten über Rilke und Goethe angehört und das meine dazugegeben, es war anregend, ab und zu mit einem Mann sprechen zu können, ich lebte ja nun schon mehr als zwei Jahre in aufgezwungener Frauengemeinschaft. Bei ihm war es vielleicht etwas anderes, Ursula behauptete, er verehre mich, ich weiß es nicht, ich bin mit Männern aufgewachsen und habe sie als Kameraden betrachtet, und immer habe ich es zu spät gemerkt, wenn sie mehr für mich empfanden.

Auf meinen Wunsch zeichnete er mir eine Illustration zu Goethes Gedicht: Über allen Gipfeln ist Ruh. Da saß der abgeklärte, reife Dichter in sinnender Betrachtung auf einer Birkenbank, die auf der Höhe eines Waldweges zum Niederlassen einlud. Die Tannenspitzen waren nur angedeutet, am Birkenholz der Bank jedoch war jedes Astloch zu sehen, jeder Sprung in der Rinde, am feinsten aber war die über der Lehne herabhängende Hand ausgezeichnet. Ursula und ich waren uns über den wahren künstlerischen Wert dieser Interpretationen manchmal sehr im Zweifel. Eines jedoch ahnte ich nicht: daß ich in kurzer Zeit dort leben müßte, wo ein Schild an einem Baumstumpf Tag und Stunde der Entstehung dieses Gedichtes festhielt — auf dem Ettersberg bei Weimar, im Konzentrationslager Buchenwald.

Zu Ostern schenkte Dr. Fichte mir wiederum eine Zeichnung. Das zugehörige Gedicht hieß Hoffnung, war mir gewidmet und betraf mein Schicksal. Wie sah er es?
Ein Wiesenhang in Frühlingsgrün, dahinter eine Ruine, ohne Zweifel sollte sie an den Krieg erinnern, aber alles lag weit zurück, denn schnell emporgeschossenes Gesträuch verdeckte die Mauerreste schon, verheilende Wunden, so deutete ich es mir. Im Vordergrund hielt eine Frau in wallendem Gewand ihre Hände segnend über einen blühenden Strauch — das konnte nur ich sein. Am Hang dann noch, zu allem Überfluß, zwei Kinder beim Ostereiersuchen, ein Junge und ein Mädchen.
Einen Augenblick lang war ich gerührt von der Überfülle freundlicher Gedanken, aber diese Jungfrau in segnender Pose, das war zu gefühlsduselig: je länger ich es anschaute, desto süßlicher schien es mir. Ich lief hinüber in die Bayrische Bierstube und hielt es Ursula vor die Nase, sie blickte es ernsthaft an, betrachtete es eine Weile, dann blitzte es in ihren Augen auf, Verstehen, Erheiterung. Sie brach in schallendes Gelächter aus, lachte Tränen, das war so spontan und ansteckend, daß auch ich zu lachen anfing, wir saßen uns gegenüber und lachten und lachten.
Das war es, was ich immer wieder an ihr schätzte, ihren unüberwindlichen Wirklichkeitssinn, nur bei ihr selbst versagte er; eines Sonntags kam es heraus, auch sie hatte eine Erklärung für ihre Haft, trug einen Schuldgedanken mit sich herum. Sehr ernst sagte sie mir, ihr sei inzwischen klargeworden, warum das so gekommen sei mit ihr.
Ich erinnerte mich, daß sie mir einmal erzählt hatte, bei einem Verhör durch die Russen sei sie zu geradeheraus gewesen.
Ach das, sagte sie abwehrend, das war doch nur der äußere Anlaß. Sie habe, fuhr sie fort, ihre Strafe für etwas ganz anderes bekommen. Sie habe einen Hund gehabt, einen goldigen Terrier. Tapsi. Als sie fünfundvierzig nach dem großen Angriff auf Dresden aus dem brennenden Haus flüchten mußten, da habe sie ihn unter den Arm genommen, außerdem soviel Gepäck geschnappt, wie sie nur tragen konnte, hinter ihr kam ihre Mutter, auch mit einem Koffer in jeder Hand, da standen sie nun, am Straßenrand, heiß stürmte der Wind, der bei großen Bränden entsteht, rundum loderte es, sie hatten Angst, eingeschlossen zu sein, da hielt ein Wehrmachtsauto neben ihnen, der Fahrer sagte, sie sollten einsteigen, aber ohne Gepäck und Hund.
Sie sah mich groß an. Es sei alles so schnell gegangen, das sagte sie sich immer zu ihrer Entschuldigung, aber sie könne das Bild nicht vergessen, wie das Tier, jaulend vor Angst, hinter dem Wagen herlief,

wie es langsamer wurde, zurückblieb in der wabernden Lohe, nicht mehr zu sehen war.
Ich dachte an Erna Wilde, an mich. Ich glaube, wir haben alle ein Bild, das wir nicht vergessen können.

Je länger ich in Mühlberg war, desto mehr wurde mir klar, warum ich zur Nationalsozialistin keine Eignung hatte. Wenn ich auch Ordnung und Organisation anerkennen mußte, die Art, wie sich alles abspielte, widerstrebte mir innerlich. So konnte ich mich nie daran gewöhnen, daß einfach angeordnet wurde — eines Tages beispielsweise das Duzen. Die Lagerleitung stand längst, wahrscheinlich noch aus der Zeit vor fünfundvierzig, auf so vertrautem Fuß, nun aber wurde auch uns das Du empfohlen. Ich stellte mich offen dagegen, bis zum Schluß habe ich mich nur mit wirklichen Freunden geduzt. Damit schuf ich natürlich wieder einen Abstand, so ähnlich wie in Zwickau mit meinen Handschuhen, aber ich war es schon gewöhnt, und sie waren es auch gewöhnt.
Eine andere Forderung fand ich noch unmöglicher. Wenn ein Mitglied der deutschen Lagerleitung in eine Baracke kam, hatte die Barackenälteste Achtung zu rufen, und wir sollten dann aufspringen. Die Lagerleiterin war dreißig, verlangt aber wurde diese Ehrerbietung von Frauen, die zum Teil zwischen sechzig und siebzig waren. Auch das habe ich nie mitgemacht.
Unvergeßlich ist mir der Mühlberger Muttertag.
Als junges Mädchen hatte ich bedenkenlos freudig meinen Blumengruß dargebracht und gern die Gelegenheit liebevoller Aufmerksamkeit wahrgenommen. Als ich dann selbst Mutter wurde, wandelten sich meine Gefühle. Warum sollten sich die Kinder bei mir bedanken? Weil ich für sie sorgte? Weil ich sie liebhatte? Das war doch natürlich und selbstverständlich — war nicht im Gegenteil ich beschenkt durch ihr Dasein? Ich hatte jedenfalls oft das Gefühl, dafür dankbar sein zu müssen.
So folgte ich mit zunehmender innerer Ablehnung den Muttertagsvorbereitungen, die in unserer Baracke getroffen wurden. Wir sollten alle Bettücher abgeben, die aus der Wäscherei gekommen waren, sie wurden an diesem Tag als Tischtücher verwendet. In der Barackenmitte standen schon seit dem Tag vorher alle verfügbaren Tische zu einer langen Tafel aneinandergereiht. Jedes junge Mädchen hatte eine Mutter zugeteilt bekommen, bei der es am Muttertag eine Art Ehrendienst zu tun hatte: Morgens sollte es mit Glückwunsch und Blumengruß beginnen, danach war die Schlafdecke der Mutter auszu-

schütteln, Kaffee in Empfang zu nehmen und ihr zu kredenzen. Höhepunkt der Ehrung sollte die Ansprache der Barackenleiterin werden, die selbst noch ein junges Mädchen war. Sie war dann in jenem Ton gehalten, den ich bei mir den Kindergartenton nannte und der sich wohl aus ihrem vieljährigen Umgang mit Pimpfen und Jungmädeln erklärte.

Mit gemischten Gefühlen nahmen die Frauen das Festprogramm zur Kenntnis.

Die Töchter waren empört, daß sie sich um zugeteilte Mütter kümmern sollten, die sich im Mühlberger Alltag ihnen gegenüber oft völlig unmütterlich und egoistisch verhielten. Für die kinderlosen Frauen war es eine grausame Erinnerung an das, was das Leben ihnen vorenthalten hatte, und Mütter wie ich wurden allzu schmerzlich an ihre wirklichen Kinder erinnert.

Das alles sagte ich der Barackenältesten. Aber Uneinsichtigkeit ist nach meinen Erfahrungen — die ersten dieser Art hatte ich in Bautzen mit den Plauener Frauen gemacht — ein Hauptmerkmal der Nationalsozialisten, es blieb bei dem Festprogramm, worauf ich auf meinen Platz an der Festtafel verzichtete.

Nicht verhindern konnte ich, daß mir eine Tochter zugeteilt wurde.

Da kam also am Sonntagmorgen so ein süßes junges Mädchen und sagte in sehr höflicher Form zu mir: Darf ich Ihnen behilflich sein, und würden Sie mir jetzt Ihre Decke geben?

Es klingt bestimmt pathetisch, aber ich habe sie einfach in den Arm genommen und zu ihr gesagt: Laß gut sein, Kind. Das Beste für uns ist doch, daß ihr jungen Menschen da seid, daß ihr überhaupt lebt. Ich gab ihr schnell einen Kuß auf die Backe: Damit ist es gut für heute. Ich danke dir vielmals.

Da verschwand sie, wie ich glaube erleichtert, und ich machte ebenfalls, daß ich aus dem Getue heraus ins Freie kam.

Diese Gestaltung des Muttertages fiel mit unter das, worauf die Mühlberger Lagerleitung besonders stolz war, unter Kultura. Ein scheußliches Wort, es war, als schwände jede Kultur daraus durch das angehängte a, aber die Russen nannten es so, und schließlich sagte man es selber auch.

Alle vierzehn Tage durften wir uns in der Kultura-Baracke versammeln — Ursula, als Alteingesessene, in ihrem grünen Jägerkostüm mit den braunen Patten, ich immer noch in meinem blauen Wollkleid von zu Hause —, um ernster oder heiterer Musik, einer Theateraufführung oder einer Kabarettvorstellung zu lauschen. Wir saßen auf lehnenlosen Bänken; weit vorn, deutlich von uns abgesetzt, waren ein paar Stuhlreihen für die Russen aufgestellt, die ja über ihrer Begeisterung für Musik alles andere vergaßen. Sie kamen immer zahlreich und spendeten begeistert Beifall. Während die Symphoniker in schwarzen Anzügen konzertierten, spielte das Jazzorchester in Grau, seine Notenpulte waren in der üblichen Art mit einer farbigen Kapellenstandarte verkleidet. Seinen Dirigenten fanden wir hinreißend, er liebte es, während des Dirigierens seinen Platz zu verlassen und vor der Front der Musiker ein paar Tanzschritte auszuführen, wer von uns hätte ihn sich nicht heimlich zum Tanzpartner gewünscht?

Im Lager muß es einen Schillerband gegeben haben, einen, der die frühen Dramen enthielt, denn nacheinander hatten wir die *Räuber,* den *Fiesko* und *Kabale und Liebe* auf dem Kultura-Programm. Ich konnte mich einer Befremdung nicht erwehren, wenn ich zusah, wie der Dichter seine Gestalten mit ihren Konflikten fertigwerden ließ, wie sie sich aus ausweglosen Situationen freizumachen vermochten; mit Pathos tranken sie den Giftbecher, rechtfertigten sterbend noch ihre Überzeugung, und immer gingen sie innerlich unbesiegt hinüber. Wie anders wurden unter uns die bitteren Schicksale erlitten. Monatelang hatten wir das unaufhaltsame Sterben der achtundzwanzig oder dreißig Männer vor Augen, die einmal dem Reichsgericht angehört hatten. Sie waren zum Latrinendienst abkommandiert worden, morgens um vier begann ihre Arbeit. Wenn sie Stunden später die Latrinen leergeschöpft hatten, spannten sie sich selbst vor die schweren, stinkenden Tonnenwagen, und das bei dreihundert Gramm Brot und einem Eßgeschirr Pülpe, Sonderkost wurde dem Jauchekommando nicht zugebilligt — zwei von den dreißig sollen das überlebt haben. Wem konnte da Schiller noch etwas sagen?

In dem ganzen Kulturabetrieb mit all seinen zweifelhaften Seiten entwickelte sich etwas sehr Schönes: wir erlebten etwas, das an die Anfänge der Menschheit erinnerte, nämlich das Entstehen einer Töpferkultur. Ein paar junge Russen hatten ganz in der Nähe eine Tongrube entdeckt und zeigten mit der ihnen eigenen Zutraulichkeit herum, was sie daraus geformt hatten; darauf wurden sie sofort gebeten, mehr Ton ins Lager zu bringen. Töpfer, die anscheinend unter uns waren, formten einfache Eßschüsseln, die bei der Lagerleitung so große Anerkennung fanden, daß eine Werkstatt mit Drehscheiben eingerichtet wurde.

Die ersten Gefäße waren noch schlicht und ohne Glasur — und doch, wie beneideten wir die glücklichen Besitzer, aßen wir doch selbst aus Bechern und Konservendosen, manchmal benutzten mehrere einen Napf.

Bald aber sahen wir die Beneideten mit nachdenklichem Gesicht vor ihren Tonschüsseln sitzen, bei jeder Mahlzeit mußten sie zuschauen, wie der rohe Ton sich mit kostbarer Flüssigkeit vollsog, es war, als äße ein Unsichtbarer mit von der knapp bemessenen Portion. In Wirklichkeit konnte es sich nicht um mehr als einen Löffel Suppe handeln, aber bei unserem Hunger war jede Minderung untragbar.
Es dauerte jedoch nicht lange, da hatten die Schüsseln eine Glasur, und bald waren wir alle damit versorgt; darüber hinaus konnten wir gegen eine Brotration kleine Gefäße für Zucker und Marmelade eintauschen, die waren bereits bunt bemalt oder — und das gefiel mir am besten — mit einem zarten Gräsermuster in Weiß verziert.
Einem Menschen unter uns brachte der Ton besonderen Trost: Erna Wilde. Wir sahen uns nicht oft, da sie im alten Lager wohnte, aber ich wußte, daß sie auch hier die widrigsten Arbeiten auf sich nahm. Als ich einmal krank war, besuchte sie mich; sie saß eine Weile da, sie konnte ja schwer aus sich heraus, dann hüllte sie etwas aus einem Tuch, es war eine kleine Tonbüste. Sieh mal, sagte sie, so hat sie ausgesehen. Ich brauchte eine Weile, dann begriff ich: Erna hatte sich Ton besorgt und, völlig ungeübt, versucht, den Kopf ihrer Tochter nachzuformen, mir wären fast die Tränen gekommen. Sie hat nie aufgehört zu leiden und zu büßen. In Buchenwald betreute sie einmal monatelang eine Tbc-Kranke, die außerdem noch Syphilis hatte, die Ansteckungsgefahr war so groß, daß für jeden anderen der Zutritt gesperrt und Erna praktisch doppelt gefangen war. Nach dem Tode dieses Mädchens wurde sie einem Transport zugeteilt, der nach Rußland ging, doch ist sie wohl nie dorthin gekommen. Es wurde erzählt, sie habe bei einem Zugunglück einen Arm verloren und sei daraufhin entlassen worden.
Man gab uns auch reichlich Gelegenheit zur Weiterbildung. In allem, wofür sich Dozenten fanden, wurden Kurse eingerichtet; es gab einige Sprachlehrgänge, vor allem in Russisch; dann hielten Lehrerinnen Vorträge in ihren Fächern, eine Landfrau verbreitete sich über die Aufzucht von Kleinvieh, und Hildegard Sievert, zur Obergärtnerin avanciert und außerordentlich erfolgreich im Mühlberger Gartenbetrieb — ihr verdankten wir das einzige Frischgemüse, das wir in dieser Zeit bekamen —, redete über Düngemittel und Fruchtfolge im Gemüsegarten.
Die größte Mitgliederzahl aber hatte ein Kurs über gesellschaftliche Umgangsformen.
Er wurde von einer Frau von Goetz abgehalten, die äußerlich und innerlich in hohem Maße über das verfügte, was sie lehrte. Von ihr

konnten die Frauen von Mühlberg nun erfahren, wie man sich zu einer Vormittagsvisite kleidet, wie viele Visitenkarten abzugeben sind, ob man die Handschuhe anbehält oder nicht, falls man empfangen wird, ob der Hut abzulegen sei und wie lange man bestenfalls bleiben dürfe.
Etliche Situationen wurden vorgeführt, wie Gäste begrüßt werden, wie man Platz anbietet, sich auf einen Stuhl setzt oder zur Tür hinausgeht.
Das Publikum aber, das diesen Darbietungen mit einem solchen Ernst folgte, als seien sie der Weisheit letzter Schluß, das saß wie die Affen mit gekreuzten Beinen auf den Pritschen. Ich verfolgte mit Vergnügen, wie diese in unserer Lage geradezu aberwitzigen gesellschaftlichen Spielregeln mit tiefernster Wichtigkeit vorgetragen und aufgenommen wurden.
Eines Tages fragte Frau von Goetz, wie eine Verbeugung gemacht werde und ob jemand sie vorführen könne.
Atemlose Stille.
Ich dachte an meine Tanzstunde in der Infanterieschule — dort hatte ich auch Bernhard kennengelernt —, meldete mich spontan und begab mich zu ihr in den Kreis, trat die vorgeschriebenen drei Schritte nach vorn, beschrieb mit dem rechten Fuß die Schleife nach hinten und ging in die Knie, ohne den Oberkörper zu neigen. Ich verharrte in dieser Stellung, als schaute ich dem Gegenüber, das ich so begrüßen sollte, in die Augen, und erhob mich nach rückwärts.
Und keiner war da, der in Gelächter ausgebrochen wäre.
So geschehen in Mühlberg im Hungerjahr 1947.
Einen festen Kurs hatte ich nicht belegt, doch bescherte mir die Bekanntschaft mit unserer Musikpädagogin einen Sonderlehrgang, für den ich heute noch dankbar bin. Wenn ich meine Gitarre von der Wand nehme, denke ich oft an Fräulein Ludwig. Sie war ein sympathischer, im ganzen aber ein dunkler Mensch, nicht nur von Haut und Haarfarbe her, sondern auch durch eine Neigung zur Schwermut. Sie gab sich gern trübsinnigen Vorstellungen hin und konnte sich so hineinsteigern, daß sie ihr finstere Wirklichkeit wurden. Nach jahrelanger Internierung noch schlug sie sich periodisch mit dem Gedanken herum, ihre Mutter könne vergessen haben, den Gashahn zuzudrehen, was dann in ihren Vorstellungen den Tod der Mutter zur Folge hatte, und daran gab sie sich die Schuld, sie war ja nicht dagewesen, um ihn zu verhindern. Dann wollte sie auch sterben oder eigentlich bereits tot sein; sie bahrte sich selbst auf, indem sie sich steif ausgestreckt auf ihre Pritsche legte, die Hände über der Brust faltete und

die Augen zumachte. Das einzige Lebenszeichen waren flache Atemzüge, so leicht, daß sie nicht einmal die Decke hoben, und Ströme von lautlosen Tränen, die aus Kummer über das Schicksal ihrer Mutter und über ihr eigenes flossen.
Interniert hatte man sie angeblich, weil sie Musikkritiken für den *Völkischen Beobachter* geschrieben hatte.
Irgendwann, als ich sie wieder einmal besuchte, sah ich, an ihre Pritsche gelehnt, ein merkwürdiges Instrument. Fräulein Ludwig erklärte mir, es sei eine im Lager gebaute Gitarre, sie griff einen Akkord und war sichtlich erfreut über mein Entzücken. Spontan erbot sie sich, mir Unterricht zu geben, schlug schon mit ihren langen breitkuppigen Fingern die Saiten an: e — a — d — g — h — e —
So begann meine erste Gitarrenstunde.

Anfang achtundvierzig kam an der Spitze einer Kommission jener russische Arzt ins Lager, dem wir in Bautzen den Spitznamen »Weihnachtsmann« gegeben hatten, weil er diesen weißen wallenden Bart trug und durch sein Erscheinen immer Verbesserungen ankündigte.
Zunächst wurde in einer Massenuntersuchung der Grad unserer Abmagerung geprüft. Wir hatten nackt in einer langen Reihe zu warten — zweihundert Frauen —, dann mußten wir einzeln vor die russischen Ärzte treten, die im wärmsten Teil der Baracke um einen Tisch saßen, wurden mit einem Blick bedacht und konnten abtreten. Das soll kein Vorwurf sein, meist genügte ein Blick, um unseren Allgemeinzustand festzustellen. Es gab junge Mädchen, die bis auf die Knochen abgemagert waren, auch unser Felix gehörte dazu, bei vielen älteren Frauen, besonders bei denen, die früher rundlich gewesen waren, hing die Haut in Säcken herunter, erbärmlich zusammengeschrumpfte Hinterbacken hatten wir alle.
Die schlimmsten Mangelerscheinungen wurden als Dystrophie bezeichnet; je nach der Schwere — es gab die Grade eins, zwei und drei — erhielten die Betroffenen bessere Verpflegung oder sogar Krankenkost, dazu gab es Liegeerlaubnis, Appellbefreiung und Aufhebung der Arbeitspflicht. Soviele kamen zusammen, daß im alten Lager zwei Baracken für die Schonungsbedürftigen freigemacht wurden, auch Felix mußte dorthin wandern.
Der Allgemeinheit bescherte der menschenfreundliche Russe mit dem großen Einfluß Strohsäcke und Bettlaken. Und eine Zigarettenzuteilung, die sofort einen schwunghaften Handel in Gang brachte. Er hatte seinem Spitznamen wieder alle Ehre gemacht.
In mein Schicksal griff er, ähnlich wie in Bautzen, auf eine hinter-

gründige und durchaus nicht positive Weise ein. Im Zuge der Verbesserungen wurden wir nun auch regelmäßig mit Nachrichten versorgt, jede Baracke bekam ein Exemplar der wichtigsten Zeitungen, also der *Täglichen Rundschau,* des *Neuen Deutschland* und der *Nationalzeitung.*

Das war nicht viel für zweihundert Insassen, also wurden Lesestunden eingeführt. Heide Gobin, von der ich in Jamlitz Gulbranssen und Simpson gehört hatte, übernahm bei uns das Vorlesen. Sie war von der Lagerleitung als oberste Ordnungshüterin eingesetzt worden, allerdings hatte man sie wissen lassen, daß sie ihren Hosenanzug aufgeben müsse — ich hatte sie in Jamlitz nie anders gesehen —, eine deutsche Frau trage keine Hosen. Gleichzeitig ließ man ihr eine Decke zukommen, damit sie sich die gewünschte weiblichere Kleidung machen lassen konnte. Frau Sommer-Reuter war schon seit Wochen im Lazarett, die bloßen Holzpritschen hatten der Sechzigjährigen eine chronische Nierenbeckenentzündung eingebracht.

Auch im neuen Gewand war Heide Gobin die alte: wach, lebhaft und energisch. Jeden Vormittag hockte sie sich in die Mitte der oberen Pritschenreihe und las uns Auszüge der wichtigen Artikel vor, manche las sie auch ganz.

Was für eine merkwürdige Sprache, politische Fachausdrücke und Schlagwörter, die wir noch nie gehört hatten, dazu diese Unzahl von Abkürzungen, hinter deren Bedeutung wir nicht immer kamen.

Eines Morgens rief mich die Barackenälteste in ihre Kammer.

Sie war, wenn man von ihrem Jungmädelton absah, ein gutmütiger Mensch, der keinem wehtun wollte. Sie hielt mir eine aufgeschlagene Zeitung hin, da stünde etwas von meinem Mann, es sei vielleicht besser, ich läse es, ehe die Zeitung in die Baracke käme, dann wüßte ich wenigstens Bescheid, wenn ich darauf angesprochen würde.

Ich setzte mich hin und las.

Der Artikel war von Bernhard. Mein Mann, der Innenminister von Brandenburg, behandelte in einem längeren Artikel den unaufhaltsamen Fortgang der Sozialisierung im fortschrittlichen Arbeiter- und Bauernstaat. Nach der konsequenten Durchführung der Bodenreform sollten nun auch alle lebenswichtigen Betriebe enteignet werden und in das Eigentum der Werktätigen übergehen. Von jetzt an sei niemand mehr gezwungen, in die Taschen der kapitalistischen Ausbeuter zu arbeiten. In den volkseigenen Betrieben arbeite jeder für das eigene Wohl und für das des Volkes, dieses hohe Ziel fordere aber auch einen besonderen Einsatz. Die Regierung sei der freudigen Zustimmung aller Werktätigen gewiß.

Ich kannte den Stil nun schon, so lasen sich alle politischen Artikel in den ostdeutschen Zeitungen.
Mehrmals stand jetzt etwas von oder über Bernhard in den Zeitungen, Dinge, die mir unverständlich und innerlich fremd waren, ich begann langsam, mich von *diesem* Bernhard Bechler zu lösen.
Aber noch immer war Bernhard Bechler mein Mann und der Vater meiner Kinder. Wenn ich mit Ursula zusammen war, erzählte ich ihr von den glücklichen Stunden mit ihm und den Kindern. Dann sah ich Bernhard wieder so, wie ich ihn kannte und liebte.
Einmal versuchte Ursula, das Gespräch auf Bernhard und seine mögliche Beziehung zu einer anderen Frau zu bringen. Sie erging sich eine Weile in allgemeinen Redensarten, ein Mann könne nicht so lange allein leben, die Natur mache ihre Rechte geltend...
Ich merkte, wohin sie steuerte, und wollte ablenken, aber sie blieb bei ihrem Thema. Auch ich müsse der Wirklichkeit ins Gesicht sehen, mein Mann könne doch nicht leben wie ein Mönch.
Ich war außer mir. Ich verbot ihr, so von Bernhard zu sprechen. Ich glaube nicht, daß es mir um Treue oder Untreue ging; seine Verläßlichkeit und meine Rückkehr in die Freiheit — damals glaubte ich ja noch, daß es eine Rückkehr zu ihm und den Kindern sein würde —, das war eben unlöslich miteinander verknüpft. Solange ich auf baldige Befreiung hoffte, mußte ich einfach an ihn glauben.
Sie lenkte ein. Ich solle mich nicht so aufregen, sie sage ja schon nichts mehr.
Ich ließ mir von ihr versprechen, daß sie nicht wieder davon anfangen würde.
Das tat sie. Und sie hielt ihr Wort.
Auch die anderen schwiegen.
Sie sorgten auch dafür, daß ein Gerücht mir zunächst nicht zu Ohren kam, jenes nämlich, daß Parteifunktionäre sich von politisch mißliebigen Ehepartnern trennen konnten. Und einer, der das bereits praktiziert habe, sei der Innenminister von Brandenburg, Bernhard Bechler.
Alle sprachen darüber.
Nur ich, die es anging, ich wußte es nicht.
Erst ein Jahr später, in Buchenwald, erfuhr ich davon, und selbst da habe ich es noch nicht glauben wollen.
Einmal in Mühlberg war ich der bitteren Wahrheit sehr nahe.
Das war im Februar 1948, an meinem vierunddreißigsten Geburtstag.
Es war üblich, daß den Geburtstagskindern in der Früh ein kleines Ständchen gebracht wurde, das Lied durfte man sich beim Baracken-

chor wünschen. Ich erbat mir ein mittelalterliches Liebeslied, das ich sie manchesmal hatte singen hören, es gefiel mir wegen seiner feierlich getragenen Melodie besonders gut. Der Text handelte von Liebe und Treue.
Sie sangen es mir. Schon bei der ersten Strophe hatte ich das Gefühl, ich hätte mir besser ein anderes Lied gewünscht. Es war so schwer, der Text klang so unglücklich beschwörend, besonders jetzt, wo ich ihn auf Bernhard und mich beziehen mußte.

Herzlieb, denk an die Treue
die d' mir verheißen hast
und laß dich's nicht gereue
jetzt und ohn Unterlaß

Ich spürte auf einmal Spannung in meiner Umgebung, in einer Ecke weiter weg kicherte jemand.
Der Chor begann die nächste Strophe:

Dein Treu hast mir versprochen
in alle Ewigkeit
's bleibt selten ungerochen
Herzlieb, nit von mir scheid.

Gelächter brach in den Gesang, dazwischen mischten sich beschwichtigende Stimmen, ich fühlte, etwas ging da vor sich, das meine innersten Bereiche betraf. Panik überfiel mich, ich sprang auf und lief in den Waschraum, hinter mir lachten sie nun ungehemmt, dazwischen hörte ich Melodiefetzen, offensichtlich sang der Chor unbeirrt weiter.
Ich wollte nichts mehr hören, ich drehte einen Hahn auf und hielt meine Handgelenke unter das kalte Wasser, Tränen rannen mir übers Gesicht. Aber ich war nur einen Augenblick allein, da kamen mir andere nach und sagten, es sei furchtbar, was man mir da angetan habe, sie seien empört und wollten sich entschuldigen, ich solle doch zurückkommen.
Ich konnte nicht.
Ich habe den ganzen Tag geweint.
Durch die Nebenbaracke flüchtete ich mich zu Ursula. Sie war mitten in den Geburtstagsvorbereitungen und rief, ohne mich anzusehen, in ihrer unverblümten Art, sie könne mich nicht brauchen, es sei noch längst nicht alles fertig. Als ich trotzdem zu ihr hinaufstieg, blickte sie auf und sah die Bescherung, nun mußte ich berichten.
Blöde Affen, sagte sie und rührte weiter in der Marmelade, die es zum Frühstück auf Röstbrot geben sollte, leg dich hin und versuch, das Ganze zu verschlafen, wenn ich fertig bin, weck ich dich.

Wir knabberten an unserem verspäteten Frühstück, da erschienen ein paar Frauen aus der Baracke und baten mich, zurückzukommen, mir schossen schon bei ihren Worten die Tränen in die Augen, sie sahen selbst, daß ich nicht konnte.
Mittags kam Felix und brachte mir meine gutgefüllte Tonschüssel, am Nachmittag die Barackenälteste. Sie bat mich, die anderen doch gutmachen zu lassen. Fräulein Ludwig ließe mir sagen, daß um halb vier ihre Meisterschülerin einige neueinstudierte Schumannlieder für mich singen würde. Nun mußte ich gehen, wenn ich nicht alle Gutwilligen vor den Kopf stoßen wollte, aber obwohl Ursula mitkam, klopfte mir das Herz bis zum Hals, als wir die Baracke betraten, ich hatte Angst vor neuem Gelächter. Der Kaffee war gerade ausgeteilt worden, die Frauen saßen vor ihren dampfenden Schüsseln.
Dann stand Fräulein Ludwig auf. Sie sagte, nachdem sie mir gratuliert hatte, dies Konzert sei einmalig, für niemanden sonst würde sie das tun, denn es habe etwas Besonderes zu geschehen, um das andere auszulöschen. Stille herrschte in der Baracke bei dem Schumannschen Liebeslied: Ich liebe dich so wie du mich. Und seltsam, ich konnte es hören, ohne dabei an Bernhard und mich zu denken. Dies Lied war für sich allein so wunderbar, daß ich alles andere vergaß.
Aber noch immer wirkte der Vorfall vom Morgen nach, es blieb eine verlegene Scheu, da kam nach dem Abendappell eine junge Frau, die ich schon von Bautzen her kannte, sie hielt mir ein kleines Brett mit einem sorgfältig gestrichenen Butterbrot hin, daneben stand eine Tasse mit dem berühmten Meißner Zwiebelmuster. Eine Russin in Bautzen hatte sie ihr geschenkt, sie hütete sie wie ein Heiligtum und gab sie nie aus der Hand. Hier, sagte sie, hier ist meine Tasse, Sie wissen, wie ich an ihr hänge, aber vorhin habe ich mir gedacht, jetzt mußt du etwas tun und irgend etwas geben, was dir ganz lieb ist, damit die Frau weiß, daß Liebe da ist. Und deswegen nehmen Sie bitte die Tasse an.
Noch ein anderer Mensch schenkte mir an diesem Tag das Beste, was er besaß. Fräulein Ludwig bat mich, noch für einen Augenblick zu ihr in die Nachbarbaracke zu kommen. Auf ihrem Lager stand, aus rohen Brettern zusammengeschlagen, eine Art Fußbank, die sie als Tisch benutzte, und mitten darauf eine Teekanne aus dem Mühlberger Ton, bemalt mit den zarten weißen Wiesengräsern, die wir alle so liebten. Sie habe sie erst gestern von ihrer Meisterschülerin geschenkt bekommen, und sie sei selig gewesen, auch wieder einmal etwas Schönes zu besitzen, aber genau so gern gebe sie jetzt die Kanne her, und sicher sei auch ihre Schülerin damit einverstanden.

Ich blieb bei ihr, bis Schlafenszeit war, erst dann ging ich in meine Baracke zurück.
Der riesige Raum lag schon im Halbdunkel, nur die beiden Birnen im Mittelgang brannten, auf dem Backsteinboden malten sich zwei rötlich-gelbe Lichtkegel. Ich setzte mich auf die Ofenbank, um einen Moment nachzudenken.
Da lagen sie, die Schläferinnen, in ihre graubraunen Decken eingerollt, dicht an dicht nebeneinandergeschichtet. Trostlosigkeit und unsagbare Verelendung ging von dem riesigen Lumpenlager aus.
Da raschelte es auf einmal, schattenhaft huschte es von den Holzleitern herunter, sammelte sich um mich: Felix und Lilo und die anderen aus den Kinderfamilien, eine gab den Ton an, achtstimmig kam es, sie die sonst so sicher waren, mühten sich, die Stimme zu halten, ich merkte, daß ihre Herzen zitterten. Dona nobis pacem, sangen sie, da kam mir mein Heimatgefühl für die Baracke wieder.

Seit der Weihnachtsmann dagewesen war, herrschte im Lager summende Aufregung, eine Parole löste die andere ab, immer aber war von Entlassungen die Rede. Alle Begebenheiten, große und kleine, wurden nur noch unter diesem Aspekt gesehen und gewertet, deshalb gingen die Wellen hoch, als eines Tages schwere Bündel zugeschnittener Stoffteile ins Lager geschleppt wurden. Wir bekamen den Auftrag, Hosen daraus zu nähen, Männerhosen, an die tausend, und alles mit der Hand.
Überall fanden sich Freiwillige, denn das konnte nur Entlassung bedeuten, keiner wollte es schnell genug gehen, von morgens bis abends stichelten wir wie besessen, als hinge unser Schicksal wirklich von diesen Hosen ab.
Wir hätten uns ruhig Zeit lassen können, die Russen taten das auch. Eines Tages kam wieder eine Kommission. Entlassungen? Keineswegs. Etwas Neues kam auf uns zu, eine Welle von Verhören, kurze und lange, tagsüber und nachts. Wir suchten nach einem System darin, aber vergeblich – zusammen mit einem BDM-Mädel wurde eine SD-Führerin abgeholt, mit einer Frauenschaftsangehörigen eine Spionageverdächtige.
Ich sehe schwarz, sagte Ursula, das war in diesen Tagen ihr Lieblingsspruch. Frau Sommer-Reuter wurde aus dem Revier zum Verhör abgeführt, sie kam nur noch zurück, um ihr Bündel zu schnüren, und verließ uns, ohne etwas zu berichten, nach zwei Tagen war sie noch nicht wieder da. Vielleicht doch Entlassungen?
Am Tag darauf holten die Russen Heide Gobin nach vorn.

Zwei Stunden später kam sie zurück und berichtete: Frau Sommer-Reuter habe einen Selbstmordversuch gemacht. Sie habe versucht, sich am Fensterkreuz aufzuhängen, sei aber noch rechtzeitig von einem Posten entdeckt und heruntergeholt worden. Um ihre Lebensgeister zu wecken, hatte man ihr dann Bratkartoffeln und ein Kotelett serviert und außerdem ihren Wunsch nach einem Gespräch mit Heide Gobin erfüllt.

Aber warum, fragte Ursula, warum hat sie denn so etwas getan?

Frau Sommer-Reuter war, das erfuhren wir nun, im Anschluß an ihr Verhör in einem Schnellverfahren zu fünfzehn Jahren Zuchthaus verurteilt worden. Während des Krieges hatte sie eine Ukrainerin als Dienstmädchen bei sich beschäftigt, die habe bei Fliegeralarm nie ihr Fenster verdunkelt, und als die Polizei nach wiederholten Warnungen endlich Anzeige erstattete, habe Frau Sommer-Reuter sich gezwungen gesehen, das Mädchen zu überwachen; solche Verstöße wurden ja schwer bestraft. Dann sei beim nächsten Alarm das Fenster wieder hell erleuchtet gewesen, da habe sie die Nerven verloren und der Russin eine Ohrfeige gegeben, das habe sie ins Lager gebracht.

Das Urteil regte uns entsetzlich auf. Fünfzehn Jahre für eine Ohrfeige, wie sollte es dann mit uns anderen ausgehen? Es war das erste Urteil, das wir erlebten, wir wußten nicht, daß die Strafhöhe vor allem eine Schockwirkung haben sollte und in den seltensten Fällen Wirklichkeit wurde.

Auch Frau Sommer-Reuter wußte es nicht. Sie rechnete sich eine grauenhafte Zukunft vor; mit sechsundsiebzig würde sie aus der Haft entlassen werden, da lohnte für sie das Leben nicht mehr, der Selbstmordversuch war die Folge, bald danach unternahm sie einen zweiten, auch der mißlang. Dann wurde sie abtransportiert, wir haben sie nie wieder gesehen. Nur einmal hörte ich noch von ihr, das war sechs Jahre später, im Frauenzuchthaus Hoheneck in Sachsen, da lag ich im Krankenrevier in derselben Zelle, in der zwei Jahre zuvor Frau Sommer-Reuter gestorben war. Die Pflegerin, die mir davon erzählte, sagte, ihr letzter Wunsch sei gewesen, noch einmal von einem richtigen Teller essen zu dürfen — das sei ihr auch erfüllt worden.

Nach diesem Erlebnis schraubten wir unsere Hoffnungen zurück, bis wieder etwas geschah: Von heute auf morgen wurde die ganze Lagerleitung abgelöst. Und natürlich auch alle, die in ihrer Gunst gestanden hatten; hier in Mühlberg erlebte ich 1948 ein allerletztes Ende des nationalsozialistischen Regimes. Ich fühlte, wie man sich denken kann, kein Bedauern.

Plötzlich wurden begehrte Arbeitsplätze frei, auch mir bot sich end-

lich etwas. Von einer Stunde zur anderen vertauschte ich Nadel und Faden mit einem dünnen Holzbrett, an dem ein Bleistiftstummel hing. Ich war Torwache. Jeder der das Frauenlager betrat oder verließ, mußte auf der Tafel vermerkt werden; wenn die Eintragung gelöscht werden sollte, schabte ich sie mit einer Glasscherbe ab.
Wir waren sechs, der Dienst ging von morgens sechs bis abends acht, jede Stunde wurde gewechselt, immer zwei und zwei. Meine Partnerin war die Dresdnerin, die mir zum Geburtstag die Tasse geschenkt hatte. Sie war so peinlich genau in ihrer Dienstauffassung, daß ich lieber ihr das Aufschreiben überließ, dafür übernahm ich das Zählen, zum Beispiel, wenn ein Arbeitskommando aus dem Lager ging. Nun hätte sie nur meine Zahlen zu übernehmen brauchen, aber es genügte ihr nicht, zur Vorsicht zählte sie mit. Zweiundvierzig Frauen ins Lazarett, fragte sie besorgt, haben Sie das auch?
Ganz genau, sagte ich, ohne mit der Wimper zu zucken: in Wirklichkeit hatte ich vor allem Grüße getauscht und Hände gedrückt.
An einem Mittag im April wurden wir auf den Appellplatz gerufen. Wir hatten, o Wunder, nicht lange zu warten, da kamen zwei Russen und mit ihnen wie üblich der Dolmetscher. Eine lange Namensliste wurde verlesen, die Aufgerufenen mußten sofort ihr Bündel packen und in eine Baracke des neuen Frauenlagers ziehen, die für diesen Zweck geräumt wurde.
Wir rätselten, Entlassungen? Transporte nach Rußland? Die Ungewißheit war zermürbend, ich hielt mir alle Hoffnungen fern. Zu groß war die Angst vor einer Enttäuschung. Aber ich konnte nicht verhindern, daß mein Herz hoffte, es klopfte schneller, wenn wir uns zu einem neuen Aufruf zusammenfinden mußten. Tag für Tag ging es weiter, ein großes Umziehen begann, Ursula war als eine der ersten dabei, auch meine übergenaue Dresdnerin und die Plauener Frauen, bis auf die Älteste von ihnen, die nämlich, die sich auf dem Marktplatz freiwillig dazugesellt hatte. Sie begegnete mir noch einmal im Revier in Waldheim, alt und gebrechlich, was dann aus ihr geworden ist, weiß ich nicht.
Und Frau Geißler. Seit Monaten hatte ich kaum ein Wort mit ihr gewechselt, auch sie war mir aus dem Weg gegangen. Hier in Mühlberg hatte sie den Raum sauberzuhalten gehabt, in dem die Kaltverpflegung aufgehoben wurde, ein Vertrauensposten sozusagen. Der Raum war zellengroß und hatte ringsum Borde, auf denen die Verpflegung lag, auch Butterformen und eine Waage, mit der unsere winzigen Zwanzig-Gramm-Portionen abgewogen wurden. Niemand durfte hinein außer Frau Geißler und der Foureuse. Wer seine Rationen auf-

sparen wollte, für eine Geburtstagstorte beispielsweise, übergab sie ihr zum Aufheben. Eines Tages nun fehlte aus einem solchen Vorrat eine Ration, zwanzig Gramm also. Große Aufregung herrschte. Unsere Foureuse war eine saubere, gradlinige Person von einem harten slawischen Typ, einstimmig hatten wir ihr das Amt übertragen, alle vertrauten ihr, nein, sie kam nicht in Frage. Also blieb nur noch Frau Geißler, eigentlich traute es ihr auch niemand zu, aber wer sollte es sonst gewesen sein?

Heide Gobin übernahm den Fall, sie ließ mich rufen. Sie wisse, sagte sie, daß ich mit Frau Geißler befreundet sei, deshalb bäte sie mich, bei der Aufklärung des Falles mitzuhelfen.

Was für eine Zumutung! Ich lehnte ab. Das könne ich nicht, nicht für zwanzig Gramm Butter, lieber wolle ich meine Portion hergeben. Ob sie sich nicht vorstellen könne, was mit der Frau passiere, wenn sie zugäbe, die Butter genommen zu haben. Ich sei dann doch verpflichtet, mein Wissen weiterzugeben, nein, auf keinen Fall!

Sie verstünde das, sagte sie, es interessiere sie mehr psychologisch, sie sei gerade eben Frau Geißler begegnet, geradezu auffällig habe sich die Frau benommen, das Gesicht zur Seite gewandt, sie nicht angesehen, das habe schon sehr nach Schuld ausgesehen. Vielleicht bedeute es für Frau Geißler geradezu eine Erleichterung, sich aussprechen zu können, so müsse ich das sehen. Sie, Heide Gobin, verspräche mir bei ihrer Ehre, daß die Frau nicht bestraft werde. Was ich auch erführe, es würde unser Geheimnis bleiben.

Etwas matt sagte ich, daß ich so etwas ohnehin nicht glaubte von Frau Geißler.

Um so besser, sagte sie. Noch widerstrebend folgte ich ihr in den Waschraum, wo Frau Geißler gerade saubermachte. Als sie uns kommen sah, blickte sie zur Seite, wartete mit abgewandtem Gesicht, bis wir wieder gingen. Tatsächlich ein seltsames Benehmen.

Es war ja so viel Vertrauen zwischen uns gewesen nach dem Tod ihres Mannes, da dachte ich mir, daß ich vielleicht wirklich helfen könnte. Ich bin dann auf sie zugegangen und habe offen mit ihr gesprochen: daß ich es selber nicht glaubte, aber daß doch der Verdacht da sei. Und wenn ich etwas in Ordnung bringen könne, dann solle sie mir das sagen. Ich würde mein Bestes tun. Ich habe mich bemüht, das ganz herzlich zu sagen, mir lag vor allem daran, ihr zu helfen.

Sie muß das wohl auch empfunden haben. Bei der Liebe zu ihren Kindern, sagte sie, und ich wisse sehr gut, was ihr die bedeuteten, bei dieser Liebe also versichere sie mir, daß sie die Butter nicht genommen habe.

Ich glaubte ihr, ich war ganz erleichtert. Nun, sagte ich ihr, müsse sie sich aber auch benehmen wie eine Unschuldige. Aufrecht durch die Baracke solle sie gehen und allen in die Augen sehen.
Während ich noch sprach, nahm sie meine Hände und drückte sie. Das werde sie mir nie vergessen, sagte sie, und wenn sie erst draußen sei, dann wolle sie das gutmachen, mir Pakete schicken, Butter, Eier, Schinken und Käse.
In diesem Augenblick kam mir der Gedanke, jetzt will sie dich bezahlen. Und deinen Glauben. Da ist mir eiskalt ums Herz geworden, da glaubte ich ihr auf einmal nicht mehr. Natürlich schwieg ich, aber sie hat es wohl bemerkt. Von da an blieb die Fremdheit zwischen uns, ich habe sie gemieden, und sie ging mir auch aus dem Weg.
Nun war sie bei den Aufgerufenen, wie gut gerade für sie, so viele waren es jetzt schon, das neue Lager war voll, uns hatte man ins alte Frauenlager umgesiedelt, kein schlechter Tausch, aber wer von uns wäre jetzt nicht lieber im neuen geblieben?
Eines Tages errichtete ein Arbeitskommando einen übermannshohen Zaun zwischen beiden, gerade dort, wo die nationalsozialistische Lagerleitung einen ähnlichen Versuch gemacht hatte, aber diese Trennung zwangen uns die Russen auf, und Wachtposten sorgten dafür, daß sie strikt eingehalten wurde.
Quarantäne, sagten einige. Hoffnungsfroh, denn das konnte nur Entlassung bedeuten.
Einen Monat später verkündete der Dolmetscher nach dem mittäglichen Aufruf, morgen werde die letzte Liste verlesen, danach sei die Aktion abgeschlossen.
Das hatte fieberhafte Erregung zur Folge, seit Wochen kreisten die Gespräche nur noch darum, ob man dabei war oder nicht; Lilo war nun auch dabei, fast jede im alten Lager hatte eine enge Freundin drüben sitzen, das verstärkte das Gefühl des Zurückbleibens. Aus dem Männerlager hörte ich, daß auch der malende Zahnarzt unter den Aufgerufenen war, welch Glück für ihn, lag er doch nun schon seit Monaten neben seinem Tbc-kranken Freund, für den er so lange gesorgt hatte.
Dann war er da, der Moment der letzten Aufrufe.
Unbewegt verlas der Dolmetscher Namen um Namen. Eine um die andere löste sich aus der Reihe, lief beschwingt, um ihre Sachen zu packen, die anderen lauschten mit angehaltenem Atem, ich sagte mir vor, daß ich nicht dabei sein würde, wieder und wieder.
Und doch, welch innere Leere, als ich dann wirklich nicht dabei war! Da wußte ich, daß ich doch gehofft hatte, wider alle Vernunft. Der

letzte Name war aufgerufen. Das sei alles, sagte der Dolmetscher, die anderen bei der nächsten Entlassung.
Da fiel es endlich, das Wort, auf das wir so lange gewartet hatten. Nun war es keine Vermutung mehr, war gerade in dem Augenblick Gewißheit geworden, als wir nicht mehr hoffen durften. War das nun gewollt oder ungewollt, Sadismus oder Gedankenlosigkeit? Wie oft habe ich mir das in den kommenden Jahren überlegt, wenn wir in quälender Ungewißheit über unser eigenes Geschick gehalten wurden. Daß man nicht über sich bestimmen darf, ist schon schwer zu ertragen; fast unerträglich ist es, in Ungewißheit gehalten zu werden über nahe Bevorstehendes. Nur eines war immer sicher: daß es bedrohlich sein würde.
Stille lag über dem Platz. Sommermittagsstille. Aber auch das Schweigen der Verzweiflung. Keiner blickte einen anderen an, in der Menge war jeder mit sich allein, niemand sprach.
Nun konnte es wieder Jahre dauern, das war uns allen klar. Für sich kämpfte jede ihre Enttäuschung nieder, die meisten suchten Trost in der Mitfreude mit denen, die gehen durften.
Lilo hatte laut hurra gerufen, als ihr Name verlesen wurde, zu ihrem Kummer gehörte Felicitas zu den Zurückbleibenden. Ehe sie ging, kam sie zu mir, sie habe ein schlechtes Gefühl, Felix könne nicht mehr viel durchstehen, ich wisse doch, wie schüchtern sie sei, ganz gewiß werde sie sich an niemanden mehr anschließen, nur zu mir habe sie Vertrauen, ob ich mich nicht um sie kümmern könne?
Natürlich versprach ich es.
Da kam ihr heiterer Eifer wieder hoch, wie damals, als sie mir das Blaue vom Himmel versprach, wenn ich nur ihren Mantel nähen würde. Ich gehe auch zu Ihrem Mann, sagte sie, bestimmt tue ich das. Und dann erzähle ich ihm alles, was ich von Ihnen weiß.
Ich muß gestehen, daß ich nicht daran glaubte, aber Lilo hat ihr Versprechen gehalten. Zusammen mit ihrer Mutter suchte sie die Dienststelle von Bernhard Bechler auf. Im Vorzimmer empfing sie der Sekretär und fragte nach ihrem Anliegen.
Sie wolle Grüße überbringen, von Frau Bechler, sie sei mit ihr im Lager Mühlberg gewesen.
Herr Minister Bechler lebe mit seiner Frau zusammen, sagte der Sekretär, eine andere Frau Bechler gebe es nicht. Er sagte es streng und entschieden. Er war ja der Bruder von Bernhards zweiter Frau.
Dann hatte Lilo schriftlich erklären müssen, daß sie nie mit mir in einem Lager gewesen sei, sonst, hatte der Sekretär gesagt, würde sie den Raum nicht wieder verlassen.

Ursula hatte ebenfalls Sorgen, wenn auch ganz anderer Art. Sie fand ihr Gepäck reichlich, nie und nimmer würde sie das durch die Kontrollen bringen, die zu befürchten waren, ausdrücklich war darauf hingewiesen worden, daß nur das Nötigste mitzunehmen sei. Besonders, so hatte man betont, könne eine Entlassung durch das Herausschmuggeln von Schriftlichem gefährdet werden, nicht einmal Kochrezepte waren erlaubt. Ursula beschloß also, mir das beste Stück ihrer Habe anzuvertrauen, einen großen Holzteller. Den sollte ich — die ich ja immer noch ein Habenichts aus Jamlitz war — später bei meiner eigenen Entlassung mitbringen, wir ahnten ja beide nicht, wie lange das dauern sollte.

Sie übernahm dafür von mir eine buntgestickte Leinenschürze, die ich schon in Bautzen für Heidi gemacht hatte, in den Bund war ein Zettel eingenäht: Behaltet mich lieb, wie ich euch liebhabe. Den trennte ich nun wieder heraus, obwohl Ursula nichts davon wissen wollte, aber ihre Entlassung sollte nicht gefährdet werden.

Die Quarantäne war im April eingerichtet worden. Für vier Wochen, hatten alle geglaubt, oder höchstens für sechs. Aber nach einem Vierteljahr saßen die Aufgerufenen immer noch dort, von Tag zu Tag wurde ihre Stimmung schlechter, die Lage unangenehmer, denn das Ungeziefer nahm überhand. Wir hatten ja immer darunter zu leiden, ganz war es nie auszurotten. Planmäßige Säuberungsaktionen hielten die Wanzen, die sich zu Tausenden in den Ritzen der Bretterborde eingenistet hatten, gerade eben in Schach, gegen Flöhe war man machtlos, an einem Morgen habe ich zweihundert Stiche gezählt, rund um meine Taille.

In der Quarantäne hatte die Plage deshalb überhandgenommen, weil die Frauen in der Hoffnung auf baldige Entlassung die regelmäßigen Säuberungsaktionen unterlassen hatten. Es wurde erzählt, daß allzu Geplagte sich auf den Fußboden legten und einen Ring von Chlorkalk um sich streuten, aber nun ließen die schlauen Wanzen sich von der Decke auf sie herunterfallen.

Nachdem meine Partnerin in die Quarantäne gegangen war, versah ich die Torwache allein. Da die Zahlen immer stimmten, bat mich die neue Lagerleitung, alle Appellwachen zu übernehmen. Die Frauen wurden morgens um sechs geweckt, aber erst um halbsieben mußte zur Zählung angetreten werden. Ich stand dann in meinem Schilderhaus allein, in einem völlig stillen Raum. Es war die schönste Zeit meines Tages: kühle reine Sommermorgen mit Tau an jedem Halm und warme duftende Abende in köstlicher Stille nur für mich, diese Wachen haben mich einfach glücklich gemacht.

Wenn der zweite Gongschlag den Appell beendete, strömte es aus den Baracken, die Mühlberger Wirklichkeit hatte mich wieder.
Ich ging dann zu Ursula an den Zaun oder auch in die Quarantäne selbst. Als Wache hatte ich immer die Ausrede, die Zählung überprüfen zu müssen, auf diese Weise habe ich noch mit vielen gesprochen.
Ursula hatte einen absoluten seelischen Tiefstand erreicht. Lieber, sagte sie, wolle sie bei uns zurückbleiben, diese Quarantäne sei das Schrecklichste, was sie jemals erlebt habe, und wer könne überhaupt sagen, daß sie auch wirklich entlassen würden? Ich versuchte, sie zu beruhigen. Der neue Arzt, den ich täglich sah, verschrieb mir manchmal bei besonderer Blässe Hefe und Kalk, daraus mischte ich uns Pillen, »Antitiefstandspillen« nannten wir sie.
Während ich Ursula noch tröstete, sah ich Frau Geißler in unserer Nähe. Ich grüßte und wendete mich gleichzeitig ab, wie ich das seit unserem letzten Gespräch immer machte, sie aber kam geradewegs auf mich zu: Ob sie mich sprechen könne, sie habe mir noch etwas zu sagen, bevor sie entlassen werde.
Wir spazierten auf und ab. Sie habe sehr an mir gehangen, sagte sie ganz unpathetisch, es habe ihr sehr wehgetan, daß ich mich so von ihr abgewendet hätte. Das sei das Schlimmste gewesen, was ihr nach dem Tode ihres Mannes zugestoßen sei. Jetzt sei sie endlich damit fertiggeworden. Sie blieb stehen und sah mich an. Was die anderen hier von mir denken, sagte sie, das ist mir egal. Und jetzt, in diesem Augenblick, wo alles von mir abgefallen ist und es mir egal ist, möchte ich Ihnen noch einmal sagen: ich habe es nicht getan.
Ich habe nichts geantwortet, ich konnte nichts sagen, aber ich habe mich selten so geschämt wie in diesem Augenblick.

Ganz plötzlich und überraschend begannen die Entlassungen. Am 19. Juli 1948 verließen die ersten sechzig Frauen nach dem Morgenappell das Lager. Ich stand hinter dem hohen Trennungszaun am Schilderhäuschen, winkte den Davonziehenden zu, da löste sich auf einmal eine Gestalt aus dem Trupp, kam einige Schritte auf mich zu: Ursula. Sie werde alles ausrichten, ich könne mich auf sie verlassen, rief sie mit verzerrtem Gesicht zu mir herüber. Tränen strömten über ihre Wangen, noch im Weitergehen wandte sie sich immer wieder zurück, winkte, winkte, bis sie hinter einer Baracke verschwand.
Jeden zweiten Tag sahen wir nun Freunde davonziehen, die Baracken wurden immer leerer, auch im Männerlager hatten die Entlassungen angefangen, der malende Zahnarzt war schon fort. In all dem Trubel gab es einen Todesfall: der Kapellmeister des Tanzorchesters, unser

vielbewunderter eleganter Dirigent, starb an einer Blinddarmvereiterung. Auch er hatte zu den Aufgerufenen gehört und gewartet, da verspürte er plötzlich starke Schmerzen, unterdrückte sie aber, um seine Entlassung nicht zu gefährden, denn es hatte sich herumgesprochen, daß die Russen nur ganz Gesunde entließen. Schon eine Hautflechte genügte — der Betroffene wurde noch vom geöffneten Tor zurückgeschickt und von der Liste gestrichen, wer wollte das schon riskieren? Ihn hatte es das Leben gekostet.

Dann war der Trubel vorbei.

Wir Zurückgebliebenen rückten zusammen, suchten uns die besten Baracken, wir hatten ja soviel Platz, zweihundert waren wir noch. Als letzte verließen die Kommandos, die für die Russen gearbeitet hatten, das Lager. Aber vorher mußten sie ihre Nachfolger einweisen.

Ich saß hinter den Baracken in der Sonne, den Rücken gegen die Bretterwand gelehnt, die Gitarre im Schoß. Ich übte Griffe. Da bog eine Melderin um die Ecke und rief: Hier sitzen Sie also, ich habe Sie schon überall gesucht, Sie sollen zur Lagerleitung kommen.

Ich rappelte mich hoch, klopfte den Sand vom Kleid und folgte ihr ins Steinhaus, das war die einzige gemauerte Baracke in Mühlberg. Dort hatte die Lagerleiterin ein hübsch eingerichtetes Bauernzimmer mit bemalten Möbeln und rotweiß karierten Vorhängen an Bett und Fenster. Ich freute mich schon auf die ungewohnte Gemütlichkeit und war enttäuscht: das kleine Zimmer war voll von jungen Frauen und Mädchen, was sollte das?

Zum Fragen blieb keine Zeit.

Ein Schatten glitt draußen vorbei, krachend flog ein Fahrrad gegen die Hauswand, ein russischer Sergeant polterte herein, einer von diesen schwarzhaarigen Riesen mit freundlichem Kindergesicht. Er hatte eine Weidengerte in der Hand, damit schlug er gegen seine Gamaschen, sah uns, den Kopf gesenkt, mit müden Augen an und fragte jede einzelne mit zweiflerischer Stimme: Du kochen?

Nun wußten wir Bescheid, er suchte eine neue Köchin für die russische Kantine. Das war ein begehrter Posten, wer den bekam, hatte für den kommenden Winter ausgesorgt, brauchte weder zu hungern noch zu frieren. Jetzt konnten natürlich alle kochen.

Der arme Kerl, dachte ich bei mir, wie soll er das entscheiden?

In dem Augenblick machte er einen Schritt auf mich zu: Du Bratkartoffeln machen?

Ich lächelte und nickte.

Makkaroni?

Ich nickte noch einmal.

Du Frau komm mit, befahl er, wendete sich zur Tür, zeigte im Hinausgehen mit seiner Rute auf ein junges Mädchen: Du komm auch mit.

Mehr verdutzt als glücklich schlossen wir uns ihm an. Draußen griff er sein Rad, stieg aber nicht auf, sondern schob es weitausschreitend neben sich her, ohne sich darum zu kümmern, ob wir auch folgen konnten. Als wir auf der Lagerstraße waren, wurde der Abstand zwischen ihm und uns immer größer.

Lassen wir ihn doch laufen, sagte ich zu meiner Partnerin, er wird am Haupttor schon auf uns warten.

Sie hörte nicht recht hin, sie hatte andere Sorgen. So richtig kochen könne sie eigentlich gar nicht, gestand sie, sie sei nämlich Kunstgewerblerin, und in ihrer Freizeit habe sie immer nur Sport getrieben.

Bratkartoffeln und Makkaroni, damit kann jeder fertigwerden, sagte ich etwas zu optimistisch, denn die Schwierigkeiten lagen nicht im Kochen, sondern in der Organisation einer Großküche, in ein paar Tagen würde mir das klar sein. Und da war Hertha dann wirklich keine große Hilfe.

Dawai, dawai, rief unser Sergeant ungeduldig.

Er stand am Kontrolldurchgang, der das Barackenlager vom russischen Verwaltungsbereich trennte. Der Posten ließ uns gleichgültig passieren.

Draußen bogen wir links ab, wo ein Weg zu den Offizierswohnungen führte, dann kamen wir zu einer langen Steinbaracke. Vorn war die Offiziersküche, sie wurde von einem Gefangenen betreut, der Hotelkoch gewesen war, im mittleren Teil schliefen die sechzig Soldaten, für die wir kochen sollten. Ich schaute durch ein offenes Fenster, hier war Sparta zu Hause: vier schnurgerade ausgerichtete Bettenreihen, weiß überzogen, an jedem Bettende ein Hocker, darauf ein kleiner Holzkoffer, sonst nichts, weder Stuhl noch Tisch noch Schrank.

Nun waren wir am Barackenende, durch eine Seitentür kamen wir in einen schmalen lichtlosen Gang; es roch aufdringlich nach Kohl und Bratkartoffeln. Stolz machte der Russe eine Tür auf, wir konnten einen Blick in den Tagesraum werfen. Er war scheußlich eingerichtet, rotes Fahnentuch kreischte uns entgegen, als Tischdecke, als Fensterdekoration, als Wandbespannung. Zwischen zwei Fenstern prunkte unpassend eine hohe Spiegelkonsole mit vergoldetem Stuckrahmen. An den Seitenwänden hingen übergroße Brustbilder von Lenin und Stalin. Weiter hinten lagen die Schlafkammern der Sergeanten, er zeigte uns seine Tür: wir müßten im Notfall ja wissen, wo wir ihn finden könnten.

Dann standen wir vor einer Tür, hinter der wir stampfende Tritte hörten, Keuchen und Stöhnen. Der Sergeant trat die Tür auf, vor uns balgten sich zwei Russen mit einem kräftigen, energischen Mädchen. Unser Kommen störte keinen, das Mädchen bekam seinen Schrubberstiel zu fassen und fuhr einem der beiden damit zwischen die Füße, er stolperte und fiel und riß dabei ihren Scheuereimer um, brüllend flüchtete er vor der Nässe.
Unser Sergeant stand breitbeinig in der Tür, die Mütze im Nacken, die Hände in den Seiten, er lachte und lachte, wurde dann plötzlich ernst, stieß einen sirrenden Pfiff aus, die beiden Russen verschwanden, dann rief er dem Mädchen etwas auf russisch zu, zu uns sagte er: Hier Kochen, und ließ uns allein.
Mit mir werden die nicht fertig, meinte das Mädchen selbstbewußt. Sie wischte den nassen Steinboden auf, kräftig und geschickt, erzählte uns dabei, wer sie sei, eine volksdeutsche Ukrainerin und bisherige Köchin, wir sollten sie ersetzen.
Wir sahen uns um.
Neben dem Eingang stand ein Waschkessel mit Kohlenfeuerung, der war für diese russische Gemüsesuppe, die sie Borschtsch nennen. Daneben ein riesiger Kohlenherd, der jedoch nur eine Feuerstelle hatte, ein großer Nachteil, wie wir bald erkannten. Die Töpfe und Pfannen, die dort standen, hatten Ausmaße, die mir einen Schrecken einjagten, mein Optimismus verflog.
Unter dem Fenster stand ein Arbeitstisch, dessen Holzplatte von zahllosen Einschnitten zerfurcht war. Die zweite Längswand hatte Schiebefenster, die auf den Eßraum der Russen hinausgingen, darunter war in Einbauschränken das Geschirr untergebracht. Und schließlich gab es noch eine Sitzecke für uns.
Die Küche kam mir wohlgeordnet und gut geführt vor. Vielleicht würde es doch nicht so schwierig werden? Ich bot meine Hilfe an, aber die Ukrainerin hatte das Abendessen schon vorbereitet. Heute, sagte sie, sollten wir am besten noch zusehen, morgen helfen und übermorgen — sie lachte und dehnte sich, breitete weit ihre Arme aus. Was übermorgen war, interessierte sie nicht mehr, dann war sie frei.
Sie führte mich in die Vorratskammer, langte von hohen Borden zehn große Brote herunter, davon müsse die Rinde abgeschnitten werden. Sie machte es uns vor, geschickt und kräftig. Aber als wir die Brote vor dem Leib hatten, Hertha und ich, ließ sich die Rinde gar nicht so leicht heruntersäbeln, mir fehlte die Kraft und Hertha auch noch das Geschick. Die Ukrainerin lachte. Morgen müssen Sie das alles allein machen, sagte sie zu Hertha.

Dann ging sie zum Herd und schob einen mächtigen Haufen würflig geschnittener Fleischstücke auf die Feuerstelle, ihre Bewegungen waren kraftvoll und gewandt. Nach kurzer Zeit war das Essen fertig, und alles hatte den Anschein von Leichtigkeit und Einfachheit gehabt.
War es doch nicht so schwer?
Ich hatte meine Zweifel, als ich zwei Tage später die Küche übernahm. Wir waren um fünf geholt worden, aber im Herd brannte schon ein kräftiges Feuer, ein Riesentopf Wasser stand kurz vor dem Kochen, der war für die Makkaroni, ich fing an, sie in Stücke zu brechen. Hertha machte sich ans Brotschneiden, wir glaubten, so zügig zu arbeiten wie die Ukrainerin, aber kurz vor sieben war noch nicht die Hälfte der Brote geschnitten, und Hertha hatte schon erste Blasen an der Hand, die das Messer hielt. Ich dagegen wurde mit dem Riesentopf Makkaroni nicht fertig, wie sollte ich die abgießen?
Erbarmungslos rückte der Uhrzeiger vorwärts.
Da kam der Heizungsmann mit der täglichen Kohlezuteilung. Zusammen hoben wir den Topf vom Feuer und gossen die Nudeln ab. Hinter mir schrie Hertha auf, ich drehte mich um, in ihrem linken Daumen klaffte eine tiefe Schnittwunde, rot tropfte es auf den Fußboden, auch ihr Taschentuch war im Nu durchblutet, ich gab ihr meines dazu und machte mich ans Brotschneiden.
Noch zehn Minuten.
Der Tee fiel mir ein.
Als ich gerade dabei war, ihn durchs Sieb zu gießen, stürmte es vom Schlafsaal den Gang entlang, gleich darauf blickte ich in eine Reihe zorniger Gesichter, zum Glück verstand ich nicht, was sie schrien, hörte nur immer wieder dawai, dawai.
Plötzlich stand der Sergeant neben mir, brüllte sie an, aber sie schrien weiter, sie wollten ihr Recht, es war ihre Frühstückszeit.
Tee immer schon vorher verteilen, sagte der Sergeant freundlich. In diesem Infinitivstil haben wir uns die ganze Zeit verständigt, er nahm eine Kelle zur Hand und füllte die Becher, wie liebenswert fand ich ihn in dem Augenblick. Ich teilte die Makkaroni aus, auf jeden Teller ein Schlag, Hertha durfte wegen ihrer verletzten Hand nicht helfen.
Er schärfte mir ein, daß ich keine Makkaroni nachgeben dürfe, um zehn käme die Wachablösung, für die müsse auch noch etwas da sein. Kaum war er weg, da standen schon ein paar vor der Durchreiche und bettelten, es war nicht leicht, hart zu bleiben.
Sie hatten sofort heraus, daß ich ihre Gesichter nur schwer unterscheiden konnte, ein paar kamen um sieben zum erstenmal zum

Frühstück und faßten nach einer guten Stunde zum zweitenmal Essen; aber nach ein paar Tagen war ich dahintergekommen, da verfielen sie auf einen anderen Trick.
Mit treuherzig besorgter Miene brachte einer ein Tablett: Kamerad Bunker. Du gutes Essen geben.
Ich strich ein paar kräftige Brote, goß Tee auf, und er zog ab. Zwanzig Minuten später kam ein anderer: Kamerad Bunker. Nichts zu essen.
Ich sagte ihm arglos, der habe schon etwas bekommen.
Noch ein Kamerad Bunker, antwortete er ohne Zögern.
Als auch dieser Trick nicht mehr zog, gingen sie zum einfachsten Mittel über: sie stibitzten mir das Essen hinterrücks aus der Pfanne. Nie kam ich mit meinen abgezählten, reichlich bemessenen Portionen aus, bei den letzten, die kamen, mußte ich das Fleisch teilen und manchmal blieb mir nichts übrig, als mit Speck und Zwiebeln nachzuhelfen. Nur die Gutmütigen gaben sich damit zufrieden, die anderen bestanden auf ihrem Recht. Wenn ich ihnen die leere Pfanne zeigte, machten sie Spektakel, schrien nach dem Offizier vom Dienst und dem Küchensergeanten. Ich ließ sie ruhig toben, und auch das Geschrei vor dem herbeigeholten Offizier brachte mich nicht aus der Ruhe, ich wußte zu gut, wo die fehlenden Portionen geblieben waren. Seltsamerweise brauchte ich mich nie zu rechtfertigen.
Anfangs hatte ich das Gefühl, daß der Küchensergeant mich energisch verteidigte; später kannten sie mich, da wußten sie, daß ich ihnen gern mehr gegeben hätte. Sie wurden so knapp gehalten, daß sie mir oft leidtaten, und bei aller Rauheit konnten sie ganz mitfühlend und empfindsam sein.
Einmal zum Beispiel fehlte Senf.
Da genügte es nicht, daß ich ihnen erklärte, es sei keiner da, sie bestanden mit Geschrei und Gebärden auf dem Gewünschten. Um dem Auftritt ein Ende zu machen, wollte ich hinüber in die Offiziersküche und mir dort etwas ausbitten. Aber als ich an der Tür war, hielten sie mich energisch zurück: Du nicht gehen, du Mutter, Mädchen gehen.
Ich habe nie ein persönliches Wort mit ihnen gewechselt — kein Scherz, kaum ein Lachen, ich hatte ja auch immer alle Hände voll zu tun. Da stand einmal so ein Junge an der Durchreiche, es waren ja alles sehr junge Männer, der Dienst hier war ein Strafkommando für sie, da stand also dieser Junge und sagte: Warum deutsche Frau immer so traurig? Nie lachen.
Ich antwortete ihm auf die gleiche Weise, ich hatte mich schon daran gewöhnt, dieses komische Deutsch zu sprechen: Ich Mutter, kleine Kinder allein. Nicht wissen wo.

Da kamen ihm die Tränen, ich hatte das Gefühl, ihn trösten zu müssen. Vielleicht bald nach Hause, sagte ich.
Er sah mich unter Tränen an und sagte zornig: Hitler Scheiße. Stalin Scheiße. Alles Scheiße. Wir alle damoi.
Nicht immer waren sie mit meinen Kochkünsten zufrieden. Anfangs wollten mir die »russischen Koteletts« nicht so gelingen, wie sie offenbar sein sollten. Sie wurden aus Hackfleisch gemacht und entsprachen einer Frikadelle. Bei der Zubereitung hatte ich mich an das mütterliche Rezept gehalten, allerdings ohne Ei. Die junge russische Ärztin, die mit einem Sanitäter die Mahlzeiten kurz vor der Essensausgabe abnahm, fand ebenfalls nichts auszusetzen, die Soldaten aber nörgelten unwillig: Nix russisches Kotelett, deutsches Kotelett. Mißvergnügt stocherten sie darin herum.
Was nicht gut, fragte ich immer wieder in der Hoffnung auf einen Hinweis.
Du Köchin, du wissen, sagten sie aufgebracht.
Als ich nicht mehr aus noch ein wußte, fragte ich den Heizungsmann, ob er nicht wisse, was meine Vorgängerin gemacht habe.
Er sagte, soviel er gesehen habe, seien nur Gewürze hineingekommen. Und dann Wasser, lauwarmes Wasser.
Ich konnte es nicht glauben. Aber warum sollte ich nicht noch diesen letzten Versuch machen? Ich vermischte also das Hackfleisch so lange mit warmem Wasser, bis es einen geschmeidigen Teig ergab. Die Klöße ließen sich gut formen, aber würden sie in der Pfanne nicht auseinanderfallen?
Es ging wider Erwarten gut.
Als ich mittags das Essen ausgab, war mir gar nicht wohl zumute. Aber schon nach den ersten Bissen verklärten sich die Mienen, einige riefen mir durch das Schiebefenster ihr Lob zu und strahlten mich dabei an, als seien wir uns endlich nähergekommen. Ich kostete selbst von einem der Wasserklöße und fand, daß er sehr saftig schmeckte.
Der Speiseraum, auf den wir viel Sorgfalt verwandten, war nach den Mahlzeiten nicht wiederzuerkennen: Die Blumenvasen standen unter dem Tisch, die mit einer Form gepreßten Salzhäufchen waren achtlos auf die Platte gekippt worden, kein Teller war sauber abgegessen. Jeder schlürfte nur das in sich hinein, was ihm schmeckte. Aus dem Brot waren nur die weichen Krumen herausgebrochen, Reste von grünen Gurken und unreifen Tomaten lagen über den Tisch verstreut, auf dem Boden herrschte ein wüstes Durcheinander von Schalen, zerknülltem Papier und ausgespuckten Kernen. Wir hatten nach jeder Mahlzeit zwei Stunden zu tun, den Raum wieder in Ordnung zu

bringen, dabei wurden alle Essensreste in ein großes Faß gesammelt. In den Nachmittagsstunden holte ein Gefangener es ab und brachte es zu den Offiziershäusern, wo die Reste an die Schweine verfüttert wurden, die dort privat gehalten werden durften.
Einmal kam gleich nach Mittag eine Frau vorbei, die in den Offiziershäusern saubermachte. Sie erbot sich, das Faß mitzunehmen. Einige Zeit darauf kam der Gefangene mit seiner Schubkarre. Als ich ihm sagte, das Futter sei schon abgeholt worden, sah ich, daß ihm Tränen in die Augen traten.
Ich fragte, was mit ihm sei.
Voller Scham sagte er: Das essen doch wir, das fahre ich jeden Tag ins Männerlager, das geben wir aus als Zusatznahrung, damit nicht so viele verhungern.
Ich habe ihm sofort die ganzen Brotkanten vom Brot für den nächsten Tag abgeschnitten und ihm versprochen, soviel wie möglich in die Abfalltonne zu tun.
Ich tat es, solange ich dort gearbeitet habe.

Auf eine Art waren die Russen noch ärger dran als die Gefangenen; die gesamten Nahrungsmittel wurden im Essen verkocht, selbst der Tee wurde gesüßt serviert. Sie ergriffen jede Gelegenheit, sich zusätzlich zu versorgen.
Eines Sonntags brachten sie mir einen Hasen, den sie vom Wachtturm aus geschossen hatten. Nach der Ablösung hatten sie ihn abgeholt und dabei an der Landstraße gleich noch einen Apfelbaum geplündert.
Im Nu war der Hase gehäutet.
Du kochen, forderten sie.
Kein Speck, kein Fett, sagte ich.
Gutt, gutt, sagten sie, stopften sich die Taschen voller grüner Äpfel und verschwanden.
Nach einer Weile kamen sie zurück. Hase fertig?
Nein, kein Fett zum Braten, sagte ich langsam und deutlich. Sie knurrten allerlei, was ich nicht verstand, füllten ihre Taschen wieder mit Äpfeln und zogen ab.
Ich dachte mir, es könne nicht schaden, das zähe Vieh mit Lorbeer und anderen Gewürzen vorzukochen, ich machte also einen Sud und ließ den Hasen darin brodeln.
Nach einer Weile kamen sie erneut. Hase fertig?
Ich hob den Deckel vom Topf. Die Antwort war ein Freudengeheul, sie hatten den Hasen aus dem Topf und verteilt, ehe ich mich umdre-

hen konnte. Was dann geschah, ging so schnell, daß ich es überhaupt nicht verfolgen konnte. Nach fünf Minuten war meine Küche wieder leer, nur ein Häuflein abgenagter Knochen lag auf dem Tisch verstreut. Auch der Apfelkorb war leer.
Unsere Küchenbegeisterung war längst geschwunden.
Hertha stöhnte, sie mache nicht mehr lange mit, wenn sie sich mit den schmierigen Töpfen abplagte, die größer waren als das Abwaschbekken. Mir war das Stehen auf dem Steinboden am beschwerlichsten. Und der Arbeitstag war allzulang. Von halbsechs morgens bis abends halbzehn waren wir auf den Beinen, das wurde auch durch das beste Essen nicht wettgemacht, wir nahmen immer mehr ab.
In dieser Zeit kam eine der häufigen Kommissionen in die Küche. Einer der Offiziere fragte mich, wie die Verpflegung sei und ob sie ausreiche. Ich beschloß, wahrheitsgemäß zu antworten, ich hatte ja nichts zu verlieren, also sagte ich, daß ich erstaunt sei, wie ein Land, das doch den Krieg gewonnen habe und im eigenen wie im besetzten Gebiet über alle Quellen verfüge, seine Soldaten so schlecht halten könne.
Wir wurden daraufhin sofort abgelöst, womit wir ganz zufrieden waren. Weniger zufrieden waren offenbar unsere Russen, die uns häufig Grüße bestellen ließen, wir seien so gut zu ihnen gewesen.
Unser neuer Lagerarzt war der Ansicht, wir beide hätten Ruhe und Erholung verdient, und nahm uns in seine Baracke für Schonungsbedürftige auf. Er deutete an, jede möge sich für die kommenden Wochen stärken, eine Veränderung bahne sich an, eine Verlegung wahrscheinlich, dies sei die Ruhe vor dem Sturm.
Mir fiel der Jamlitzer Doktor ein, der hatte auch immer mehr gewußt als die meisten, Ärzte hatten ja ihre besonderen Informationsquellen, ich glaubte ihm. Aber ich wollte nicht ohne Felicitas ins Revier. Während meines Küchendienstes hatte sie mir abends die geschwollenen Fußgelenke mit feuchten Tüchern umwickelt, gerade bei einem Transport wollte ich sie nicht aus den Augen verlieren, also kam sie auch mit in die Baracke für die Schonungsbedürftigen, sie hatte es weiß Gott nicht weniger nötig als ich.
Eine Woche konnten wir uns noch erholen, dann kam die befürchtete Veränderung.
Vor dem Abendappell informierte der stellvertretende Lagerführer uns:
Mühlberg wird aufgelöst.
Wir kommen nach Buchenwald.
Der Transport geht morgen früh.

Es war wie immer, Veränderungen wurden erst in letzter Minute mitgeteilt. Die Männer sollten noch während der Nacht verladen werden, wir Frauen zwischen fünf und sechs, für uns aus dem Revier sollten LKWs bereitgestellt werden.
Wir bestürmten ihn mit Fragen. Heute glaube ich, daß er kaum mehr wußte als wir, aber er gab sich ruhig und überlegen: Buchenwald sei in der Nähe von Weimar. Als Winteraufenthalt sei es vorteilhafter, da es Steinbaracken habe. Der Transport werde nicht länger als einen Tag dauern, Verpflegung werde nicht ausgegeben. Dann fügte er hinzu, wir Mühlberger würden uns von Anfang an gesondert halten und in Buchenwald ein Klein-Mühlberg mit eigener Verwaltung einrichten.
Wieder machten wir uns ans Packen.
Wie waren wir enttäuscht, als die Anordnung kam, das Tongeschirr zurückzulassen, schweren Herzens trennte ich mich von meiner bemalten Teekanne. Ursulas Holzteller schleppte ich gewissenhaft mit, aber in Buchenwald bei der großen Filzaktion blieb er bereits auf der Strecke.
Der letzte Morgen kommt.
Dämmrige Septemberkühle, ich friere bis ins Herz hinein. Lastwagen rattern und laden uns auf, wir fahren vorbei an den endlosen Kolonnen, die ausgehöhlt von Müdigkeit und Hunger neuen Entbehrungen und Leiden entgegenziehen.
Wieder warten wir an dem Gleis, das völlig einsam in den Wiesen liegt.
Wir schreiben den 21. September 1948.
Ich bin vierunddreißig Jahre alt.
Mehr als drei Jahre meines Lebens habe ich nun schon in Gefängnissen und Lagern verbracht.
Wie alt werde ich sein, wenn das Tor sich für mich öffnet?
Das Verladen geht schnell, die Mühlberger Organisation ist vorzüglich. Ich liege auf dem Boden des mittleren Wagenteils, neben mir Felicitas und Anneliese, ich kenne sie seit Bautzen, dort hatte sie lange Typhus, nun hat sie sich zu uns gefunden.
Der Zug setzt sich in Bewegung. Rollt, rollt. Gegen Abend meinen wir, er komme nur mühsam vorwärts, geht es bergauf?
Obwohl wir dicht zusammengedrängt liegen, sind unsere Glieder starr von der Kälte, die durch die breiten Bodenritzen dringt, ich versuche, mich daran zu erinnern, wann mir das letzte Mal so richtig warm war.
Ich weiß es nicht mehr.

Vorbemerkung zu Kapitel 7

Am 1. Mai 1949 nannte der katholische Bischof von Berlin, Kardinal Graf Preysing, in seiner Predigt einen eklatanten Mißstand sowjetischer Besatzungspolitik beim Namen: die Existenz von Konzentrationslagern auf deutschem Boden.

> »... die Todesziffern sind erschreckend, hauptsächlich durch Nahrungsmangel verursacht. Es bleiben verschwunden immer noch ein Großteil von Tausenden junger Leute, die 1945, Anfang 1946 verhaftet wurden. Seit Jahren haben Eltern und Geschwister keine Nachricht von den Unglücklichen. Kein öffentliches Gerichtsverfahren ist über die meisten von ihnen gehalten worden...«

Die Geschichte der deutschen Konzentrationslager in der Hitlerzeit ist bekannt. Am Ende hatten die braunen Machthaber den unter deutscher Besetzung leidenden Teil Europas mit einem Netz von Zwangsarbeits-, Terror- und Todeslagern überzogen.

Etwa 7 210 350 Menschen wurden während der Zeit des Dritten Reiches in Konzentrationslagern inhaftiert. Nur 530 000 überlebten das Kriegsende.

Nach dem Reichstagsbrand im Frühjahr 1933 wurden von SA und SS die ersten Konzentrationslager eingerichtet. Kommunistische und sozialdemokratische Politiker und andere Gegner des Nationalsozialismus wurden willkürlich verhaftet und in »Schutzhaft« genommen. Bald aber war das Ziel der Einweisung in die Lager nicht nur die Ausschaltung aller Regimegegner, sondern auch von Personengruppen, die zu »Volksschädlingen« deklariert wurden: parteilose Persönlichkeiten des gesellschaftlichen und kulturellen Lebens, protestantische und katholische Geistliche, Bibelforscher und andere. Mit Kriegsbeginn wurde der Zwangsarbeitseinsatz für die Rüstungsindustrie ein wesentlicher Zweck der Konzentrationslager.

Schwerstarbeit unter menschenunwürdigen Bedingungen, Hunger, Seuchen, Quälereien, drakonische Strafen und sadistische Folter führten dazu, daß viele Häftlinge qualvoll starben.

In zahlreichen Lagern fanden erbarmungslose Experimente an Menschen statt, durchgeführt von deutschen Wissenschaftlern, Ärzten der SS und Ärzten der deutschen Luftwaffe. In Sachsenhausen unternahm man an den wehrlosen Opfern Versuche mit Kampfgiften und flüssigem Kampfgas; in Buchenwald wurden Häftlinge mit Fleckfieber- und Gelbfiebererregern infiziert; in Dachau quälte man Menschen mit Höhendruck- und Unterkühlungspraktiken; in Ravensbrück wurden Frauen medikamentös zu Tode »behandelt«, in Auschwitz Sterilisationen vorgenommen. Es gab Impfungen mit gefährlichen Bazillen, das Ausprobieren der Wirkung vergifteter Geschosse, Operationen an noch Lebenden ohne Narkose, Vivisektionen. Von 1943 an kam es zu Massentötungen von geistig Erkrankten.

Für die sogenannte Endlösung der Judenfrage verwandelte die SS Konzentrationslager in eine Maschinerie des Massenmordes mit Genickschußanlagen, Vergasungsanstalten und Verbrennungsöfen. Juden aus Deutschland und aus den besetzten Ländern wurden in Gettos zusammengefaßt und planmäßig in die Vernichtungslager transportiert. Die Verbrennungsöfen begannen zu arbeiten. Millionen Juden wurden in Auschwitz, in Treblinka, in Maidanek, Belzec, Sobibor, Chelmno und anderen Vernichtungslagern getötet.

1945, als die Siegermächte die überlebenden Opfer aus den KZs befreiten, als das ganze Ausmaß der dort geschehenen Verbrechen offenkundig wurde — da schien es eine moralische Verpflichtung, daß an diesen Orten niemals wieder Menschen leiden sollten.
Ein Jahr nach der Befreiung Buchenwalds, am 18. April 1946, fand in Weimar eine Gedenkfeier statt. Ein neuer Geist wurde beschworen, der »uns jetzt ins Leben (führt), in das Leben für ein Deutschland der Zukunft«.
Aber schon seit neun Monaten war Buchenwald wieder Konzentrationslager, Speziallager Nr. 2 des MWD.
Nach Buchenwald kamen die überlebenden Internierten aus Jamlitz, Ketschendorf, Mühlberg und Neubrandenburg.
Eine von ihnen war Margret Bechler.

Kapitel 7

Im Speziallager Nr. 2 Buchenwald
September 1948 bis Februar 1950

Buchenwald.
Es war noch Nacht, da standen wir auf einem nackten, hellerleuchteten Platz. Vor einem schmiedeeisernen Riesentor formierten wir uns zur Kolonne, lasen voll Staunen die Inschrift über unseren Köpfen: JEDEM DAS SEINE.
Ich schaute mir diesen Spruch an, seit drei Jahren wurde ich durch die Lager geschleppt, ohne Verfahren und Urteil — sollte das dort oben mein Strafmaß sein? Und was war es, dieses MEINE?
Hätte ich nicht ebenso 1944 vor diesem Tor stehen können, an jeder Hand ein Kind; so war es mir doch, mehr oder weniger verschleiert, angedroht worden. Damals war das MEINE die selbstverständliche Treue zu dem Mann, der im Osten seinen neuen, mir unbegreiflichen Weg ging. Wenn er doch jetzt dies hier hätte sehen können: das grausige Tor und den grauen müden Haufen, der hindurchzog. Und mich.
Dann standen wir in einem Barackensaal, der im Lazarettbereich für uns geräumt worden war. Viel zuwenig Betten, man sah es mit einem Blick, da vergingen mir die müßigen Gedanken. Wer überleben wollte, mußte sich ganz auf das entscheidende Jetzt konzentrieren. Also, was machen wir? Vier in einem Bett, das war die Lösung. So lagen wir

denn, geschichtet wie Ölsardinen, Felix und ich nebeneinander, Anneliese und eine vierte gegenüber, zwischen unseren Körpern wärmten wir einander die eiskalten Füße. Das war immer der Nutzen drangvoller Enge: ein wenig mehr an rettender Wärme.
Am Morgen erschien ein wohlgenährter, arroganter Mann im weißen Kittel, neben ihm eine Schwester. Hinter mir flüsterte eine höhnisch: Russenliebchen aus Ketschendorf als weißer Engel.
Auch der Arzt war Internierter wie wir, aber er ließ uns an sich vorbeidefilieren, wie das sonst nur die russischen Ärztekommissionen taten. Wir mußten ihm den Befund sagen, dann entschied er.
Ohne Untersuchung.
Zu den meisten sagte er: Sie verlassen heute den Lazarettbereich, Sie sind nicht krank genug. Ich war nicht krank genug, Felicitas nicht, wir waren alle nicht krank genug, auch die nicht mit hochgradiger Dystrophie oder Bauchspeicheldrüsen-Tbc. Nur fünf Fälle offener Tbc blieben zurück.
Ein gespenstischer Zug machte sich auf den Weg ins Lager. Er erinnerte mich an das schreckliche Erlebnis in Bautzen, doch durften wir diesmal wenigstens helfen. Viele von den alten Frauen konnten sich nicht auf den Beinen halten, wir trugen die Zusammengebrochenen in ihren Decken zur neuen Unterkunft. Rings an den Zäunen standen Männer, Elendsgestalten wie wir, und sahen unserem Zug wie einem Schauspiel zu.
Bisher hatte ein einziges Barackenhaus für die Frauen im Lager ausgereicht, ein Haus am Anfang der unteren Lagerstraße, verschönt durch einen blühenden Vorgarten. Es war seltsam ausgestattet, mit vielen kleinen weißgekachelten Räumen und zahllosen Wasseranschlüssen, aus denen es — welch unerwarteter Luxus — heiß oder kalt herausströmte, wenn man sie aufdrehte. Hier sei, so hörten wir, vor fünfundvierzig das Labor gewesen. Damals wußte ich noch nichts von den grausigen Menschenversuchen der SS, so genoß ich unbefangen Wärme und Bequemlichkeit der Einrichtungen.
Ein paar Tage lang hausten wir im Keller dieser Baracke, die Wärme söhnte uns aus mit der Fensterlosigkeit. Auch sonst konnten wir zufrieden sein, durch den Umweg über das Lazarett war unser Bündel der allgemeinen Durchsuchung entgangen, wir waren noch immer im Besitz unserer kleinen wichtigen Kostbarkeiten.
Ich glaube, hier war es, wo wir die Zeugin Jehovas kennenlernten, die Buchenwald nun zum zweitenmal erlebte. Sie trug die neue Haft mit der gleichen gottergebenen Gelassenheit, die ihr geholfen haben mochte, die vielen Jahre KZ vor 1945 zu überstehen.

Wir wären keine Mühlberger gewesen, hätten wir uns nicht nach Kultura erkundigt. Aber in Buchenwald gab es dergleichen nicht. Nicht mehr, sagte die Zeugin Jehovas, früher sei in einem großen Schuppen am Lagerende sogar manchmal getanzt worden. Aber dann habe es diesen traurigen Zwischenfall gegeben, mit einer Frau, die ihren Mann im Männerlager hatte. Und die erfuhr, daß er gestorben war. Sie wußte, daß sie ihn nie mehr sehen würde, aber sie kannte ja den Weg, den der Totenkarren nahm. Von einem der oberen Fenster konnte sie ihm wenigstens mit den Augen folgen, wenn sie ihn schon nicht begleiten durfte. Sie stellte sich also dorthin und wartete. Der Karren kam, vom Turm rief ein Posten sie an, sie reagierte nicht, da knallte es, sie fiel zu Boden, erschossen, tot.

Im Lager war die Aufregung groß und die Russen setzten, um den schlechten Eindruck zu verwischen, für denselben Abend ein Konzert mit Tanz an, aber da waren nur wenige, die Lust zu tanzen hatten. Und daraufhin wurden alle kulturellen Veranstaltungen verboten.

Inzwischen war eine Männerbaracke für uns freigemacht worden. Sie gefiel uns ganz gut, wir hatten schon viel schlechter gehaust. Auch hatten wir Glück, Anneliese, Felix und ich, an einem großen Fenster waren noch drei Betten frei, Strohsäcke hatten sie auch. Zufrieden richteten wir uns ein, glaubten, vorschnell wie oft, es schon lange nicht mehr so gut gehabt zu haben.

Dann kam die Nacht.

Es kamen die Wanzen.

Zu Hunderten krochen sie aus den Ritzen und Spalten, peinigten uns auf unvorstellbare Weise.

Am Morgen wurde eine allgemeine Barackendesinfektion angesetzt. Wir schraubten die Eisenbetten auseinander, schleppten Liegebretter und Strohsäcke zur Desinfektion nach draußen, dann machten wir uns an die Reinigung des Raumes. Mit ätzender Chlorkalklauge mußte gearbeitet werden: Wir scheuerten Wände und Boden, kratzten Ritzen und Spalten damit aus.

Erna Wilde hatte sich wieder die schlimmste Arbeit ausgesucht: Sie stand auf einem Hocker und verschmierte die breiten Ritzen in der Decke. Überkopfarbeit, das war schon unangenehm genug, und dann noch den scharfen Geruch des Chlorkalkbreis in Augen und Nase. Ich wollte Erna dabei nicht allein lassen; auch hatte ich längst die Erfahrung gemacht, daß man solche Prozeduren am besten übersteht, wenn man intensiv mitarbeitet. Aber sie wehrte ab. Hände weg, sagte sie in ihrer groben Art, es reicht, wenn eine sich die Hände kaputt macht.

Ich blieb fest, den ganzen Tag arbeiteten wir zusammen. Von Zeit zu Zeit sah ich mir meine Hände an, sie wurden nicht wund, wie Erna prophezeit hatte, nur rot waren sie. Um fünf, als die Betten aus der Desinfektion zurückkamen, waren wir noch nicht fertig; mir aber wurde auf einmal schlecht. Ich dachte, das käme von dem Geruch nach verbranntem Staub und versengten Lumpen, offenbar bestand auch hier die Desinfektion in unsachgemäßer Erhitzung. Und dann der Chlorkalkbrei. Ich muß hier raus, sagte ich zu Erna, mein Kopf zerspringt sonst. Ich ging in eine Nachbarbaracke und setzte mich still hin; da blieb ich bis zum verspäteten Abendappell, immer in der Hoffnung, daß es nun bald besser würde.
Es wurde nicht besser.
In der Nacht verschlimmerte sich die Übelkeit. Ich meldete mich am Morgen bei der Barackenärztin. Sie fühlte meinen Puls und schickte mich zurück: Kein Fieber. Sie gab mir nicht einmal ein Aspirin.
In der nächsten Nacht kam das Fieber.
Ich hatte keine Ahnung, wie hoch es stieg, ich sah mehr am Gesicht der Barackenältesten, was los war. Nun war auch die Ärztin dafür, daß ich ins Lazarett kam. Jetzt wurde ich sehr vorsichtig behandelt, auf einer Trage schafften sie mich hin.
Da lag ich auf einem Flur, lange, lange, wie das so war in Lazaretten; ich fühlte mich abgestellt und vergessen und wäre viel lieber in meinem Barackenbett gewesen. Ein helles Gesicht beugte sich über mich, liebe Augen, Wärmendes ging davon aus: Schwester Tea.
Auguste Viktoria von Kameke, Patenkind der Kaiserin, ohne Ausbildung in Krankenpflege, nicht einmal besonders geschickt, aber begabt mit einer seltenen, gleichmäßigen und ganz und gar unaufdringlichen Liebe zum Menschen. In Waldheim, wo man mich zum Tode verurteilte, stufte man sie als Hauptverbrecherin ein, weil sie erstens das Naziregime als Funktionärin unterstützt habe und zweitens in Breslau geblieben sei, nachdem man es zur Festung erklärt hatte. Damit habe sie geholfen, den Krieg zu verlängern. Doch begnadigte man sie und erließ ihr von sechzehn Zuchthausjahren zwölf, selbst hartgesottene Wachtmeisterinnen vermochten sich nicht vorzustellen, daß Tea eine Hauptverbrecherin war.
Sie fragte mich, ob ich ein paar Schritte gehen könne, wenn sie mich stützte.
Ich konnte.
Sie führte mich in ein Fünfbettzimmer, in dem noch ein Bett frei war. Als ich einen Blick auf die anderen warf, bekam ich einen Schrecken: gelbnasig, spitz und eingefallen dämmerten die dahin. Sie sahen aus,

als stürben sie heute noch. Ich wagte nicht zu sprechen, schnell stieg ich in das zurechtgelegte Flanellnachthemd, schneller noch in das wunderbar weißbezogene Bett, welche Wonne.
Aber wo in den Lagern hätte es je eine ungetrübte Freude gegeben?
Die Bettwäsche, so strahlend weiß und sauber, war leider feucht. Ich zog die Knie an und machte mich so klein wie möglich, um nicht mit dem steifen, klammen Zeug in Berührung zu kommen, aber die feuchte Kälte zog mir bald in die Knochen, Schauer überliefen mich, ich biß die Zähne fest zusammen, damit sie nicht aufeinanderschlugen.
Die weinerlichen Stimmen meiner Zimmergenossinnen zerrten an den Nerven. Ich hätte nicht gedacht, daß die überhaupt noch die Kraft zu sprechen hatten, aber erstaunlicherweise unterhielten sie sich ganz rege. Gleich werde die Visite kommen, sagte eine. Die Oberschwester, dieser Drachen, draußen zitterten sogar die Dielen, wenn sie käme, vor der hätten selbst die Ärzte Angst, vor diesem Dragoner.
Wieder hatte ich den dringenden Wunsch, in meiner Baracke zu sein, da hörte ich sie auch schon, die kräftigen gefürchteten Schritte. Als sie sich unserer Tür näherten, hatte ich das unwiderstehliche Bedürfnis, mir die Decke über den Kopf zu ziehen wie ein Kind. Das habe ich dann auch getan.
Was nun vor sich ging, hörte ich nur noch.
Sie haben seit drei Tagen kein Fieber mehr, sagte eine energische Männerstimme, ab heute stehen Sie jeden Tag eine Stunde auf, am Ende der Woche werden Sie entlassen.
Grämliche Antwort: Das sei ganz unmöglich, seit drei Jahren liege sie, sie könne kein Essen bei sich behalten, wie solle sie da aufstehen?
Der Arzt, denn das war er ja wohl, blieb energisch: Ende der Woche, unwiderruflich.
Da fing sie an von ihren Hämorrhoiden, die müßten doch noch behandelt werden.
Er befahl ihr, aus dem Bett zu steigen, sie solle das Hemd hochnehmen und sich vorbeugen.
Ich lugte unter der Decke hervor, sah, wie sie weinerlich aus dem Bett kroch. Der Arzt höhnte, das gehe doch gut. Er ging in die Hocke: Los zeigen Sie her. Ohne Zögern entblößte sie ihr unglaublich mageres Hinterteil und streckte es hin. Ich tauchte wieder unter meine Decke, ich hatte genug gesehen.
Der Arzt gab eine Anweisung, eine andere Stimme wiederholte sie, rauh und energisch, das mußte der Dragoner sein. Gleich darauf gingen sie, um mich hatte sich keiner gekümmert. Aber ehe ich die Decke

zurückschlagen konnte, wurde die Tür wieder aufgerissen, dieselbe rauhe Stimme, diesmal voll Wut: Wer da von einem Bettuch ein Stück abgerissen habe? Es dauerte eine Weile, dann kam zögernde Antwort, eine gab zu, das Bettuch mit ihrer Freundin getauscht zu haben, sie werde es in Ordnung bringen, ihr eigenes aus der Baracke herüberschaffen lassen...

Das will ich meinen, sagte der Dragoner, und vergessen Sie es nur nicht.

Die schweren Schritte kamen auf mein Bett zu, mir wurde die Decke vom Gesicht gezogen: Wen haben wir denn da?

Ich sah ein breites, kräftiges Gesicht über mir, schwarze Brauen, die über der Nase zusammengewachsen waren, die Augen darunter schauten mich freundlich an: Sie brauchen sich nicht vor mir zu fürchten, ich bin nicht immer so. Nur — Ordnung muß sein.

Das war sie, der Dragoner. Die Stationsschwester. Irma.

Zwei Wochen später hatte ich ihr mein Leben zu danken.

Es gelang den Mühlbergern nie, einen nennenswerten Einfluß auf die Buchenwalder Lagerleitung zu bekommen, aber irgendwie müssen sie es zuwege gebracht haben, jene Ärztin im Lazarett unterzubringen, der schon in Jamlitz das Revier anvertraut war. Es war die, von der ich abgelehnt worden war: Zur Pflege von Nationalsozialistinnen sei die Frau Bernhard Bechlers nicht geeignet. Hier in Buchenwald umgab sie sich auch sofort mit einem Schwarm von Gesinnungsgenossinnen, das alte Pflegepersonal wurde zum Teil in die Baracken zurückgeschickt, nur Irma blieb, die war unersetzlich. Sie fegte mit fliegender Haube durch die Krankenzimmer und versuchte, die gefährdete Ordnung aufrechtzuerhalten.

Ich merke wenig davon, liege mit hohem Fieber, um vierzig und darüber. Wenn ich mich selber wasche und mein Bett mache, fühle ich mein Herz rasen. Eines Tages kommt Irma herein, hebt mich einfach aus dem Bett und sagt: Die Frau ist ja schwerkrank, die kriegt jetzt das Zimmer nebenan, die muß allein sein.

Ich liege in meinem Bett, das ganz warm und weich ist. Ich bin allein. Stille umgibt mich. Das Fieber bleibt. Ich bekomme Umschläge. Ich schwitze, das Fieber geht herunter, am nächsten Tag ist es wieder da, alles verschwimmt, ich versinke in Träumen. Ein Gesicht hebt sich in meine Erinnerung, asiatisch breit: Wie geht es?

Danke gut, sage ich und wundere mich, wie weit entfernt die eigene Stimme sein kann. Aber auch das Wundern ist weit entfernt, alles löst sich von mir.

Ganz ruhig liegen, du wirst wieder gesund werden, sagt die andere

Stimme, und ich schwimme weg auf einer Woge von Freundlichkeit und Wärme.
Das muß vierzehn Tage so gegangen sein, da kam die Jamlitzer Ärztin an mein Bett, in der Hand eine 10-Kubik-Spritze. Jetzt probieren wir ein neues, ganz gutes Mittel, sagte sie betont munter. Ich solle aufpassen, heute abend sei das Fieber herunter, endgültig.
Irma hatte unterdessen den Ärmel des Nachthemdes hochgestreift und die Vene gestaut, ich fühlte den Einstich, alles fing an, sich zu drehen. Aufhören, wollte ich sagen, aber ich hatte keine Macht mehr über meine Stimme, dann hörte ich mein eigenes Röcheln, und dann war nichts mehr.
Lange nichts.
Als ich wieder zu mir kam, sah ich Irmas Gesicht, die dunklen, aufmerksamen Augen. Ich bildete mir ein, daß ich sie aufatmen hörte. Gottseidank, da sind Sie wieder. Sie lächelte, und während sie lächelte, liefen ihr Tränen übers Gesicht. Meinetwegen? Weshalb denn nur?
Ich fühlte, wie mir merkwürdig kalt wurde.
Nein, das dürfen Sie nicht, schrie sie, Sie dürfen jetzt keinen Schüttelfrost bekommen. Sie raste hinaus, kam gleich darauf mit einem Arm voll Wärmeflaschen zurück, die packte sie um mich herum, wartete. Als das Frieren nachließ, sagte sie: Ich muß zum Chefarzt gehen, der muß das wissen, ich lasse eine zuverlässige Schwester bei Ihnen, in einer halben Stunde bin ich wieder da.
Der Chefarzt kam, fühlte meinen Puls, gab mir eine Injektion, ich begriff den Aufwand nicht, später erzählten sie es mir. Die Ärztin hatte mir ein Sulfonamid intravenös gespritzt, das nur subkutan gegeben werden durfte. Und außerdem in viel zu hoher Dosis. Und dann, als ich so wegschwamm, da brach sie zusammen. Irma mußte mir das herzstärkende Mittel spritzen, Irma war es, die dafür sorgte, daß ich wieder zu mir kam, während die Ärztin hilflos neben meinem Bett hockte.
Ich versuchte nicht, den ganzen Aufwand zu verstehen, ich ließ alles geschehen, zu mehr hatte ich nicht die Kraft. Näher als alles war mir ein Gefühl, das ich schon einmal gehabt hatte: bei der Geburt meines Jungen. Etwas ganz Leichtes, Schwebendes, ein Sich-Entfernen aus dem Leben und von der Erde. Der Körper versinkt, der Wille ist gelähmt, der Geist aber — schwebend zwischen Diesseits und Jenseits — erkennt nah und klar, was sonst fern und unbewußt bleibt. Damals, bei der Geburt meines Jungen, hatte ich plötzlich gewußt, daß der nächste Mensch mir fern und fremd war und daß ich völlig

einsam meinen Weg ging. Diesmal fühlte ich mich von meinem ganzen vergangenen Leben, von allem, was mir lieb war, abgeschnitten. Ich spürte, daß ich an der Grenze war, aber es war kein banges, ängstliches Gefühl, nur die stille Feststellung: So ist das also. Und eine sanfte Freude. Und Friede. Frieden.
Was mich wieder hochriß, jetzt wie damals?
Daß sich fremde Menschen über mich beugten und weinten, weil sie mich ins Leben zurückkehren sahen. Damals die mütterliche Hebamme, nun Irma, der gefürchtete Dragoner.
Der Oberarzt kam, ein großer kräftiger Mensch, der sich wichtig tat. Er fühlte meinen Puls, verordnete eine weitere herzstärkende Spritze. Sie sind also die Frau Bechler, sagte er, und ihr Mann ist Innenminister von Brandenburg. Dann verabschiedete er sich mit großer Geste: Selbstverständlich wird hier alles für Sie getan, gnädige Frau. Und zu Irma: Sie haften mir persönlich für den weiteren Verlauf.
An Irmas Gesicht sah ich, daß sie nicht wußte, was sie von diesem Benehmen halten sollte. Ich wußte es auch nicht, war auch viel zu schwach, um darüber nachzudenken. Sein Plan war, später eine Klinik für Schönheitsoperationen aufzumachen, dabei konnten Beziehungen zu einem maßgeblichen Politiker nur von Vorteil sein. Mit den praktischen Vorübungen begann er bereits in Buchenwald. Wir haben erlebt, daß er den Frauen, deren Füße durch unser Schuhwerk deformiert waren, zur Operation riet. Meist handelte es sich um gekrümmte Zehen oder herausragende Ballen. Da viele unter starken Beschwerden litten, war es leicht, sie zur Operation zu überreden.
Irma kam einmal schaudernd vom Zusehen zurück. Die reinste Knochenhauerei, sagte sie, einfach viehisch.
Schlimmer aber waren die Schmerzen, die die armen Opfer nachher zu ertragen hatten, wochenlang lagen sie mit blassen, verkrampften Gesichtern, wenn man sie anfaßte, schrien sie. Die Operationswunden heilten nur langsam. Und wenn sie dann verheilt waren, sahen die Füße zwar wohlgeformt aus, waren aber einer Belastung nicht mehr gewachsen. Ein halbes Jahr später noch humpelten die Operationsopfer unseres Oberarztes an Krücken durch das Lager. Beklagt aber hat sich keine, sie hatten ja alle in die Operation eingewilligt, um schöne Füße zu bekommen, und daß sie die hatten, konnte niemand bestreiten.
Auch später, als Pflegerin, bin ich diesem Mann nach Möglichkeit aus dem Weg gegangen. Oft kam er noch nachmittags oder sogar abends, um *seine* Patientin aufzusuchen. Monate zuvor hatte sie mit harmlosen Beschwerden das Lazarett aufgesucht und war dabei an den Ober-

arzt geraten, eine reizvolle junge Frau mit großen Augen und kastanienbraunen Locken. Kein Wunder, daß sie ihm auffiel, nicht verwunderlich auch, daß sie auf sein Angebot einging: Daueraufenthalt auf der Frauenstation. So viele Vergünstigungen waren daran geknüpft. Mit immer neuen Beschwerden und Anfällen wurde sie seine Dauerpatientin, die er mittlerweile mit Morphium behandelte. Von ihm wurde die Bemerkung weitergegeben, es gehe nichts über eine Frau im Morphiumrausch. Irma hatte als einzige Pflegerin Zutritt zu diesem letzten Zimmer unserer Station. Einmal kam sie und berichtete: Sie ist nicht mehr zurechnungsfähig, und er ist verrückt; sie hat ja jetzt das mit dem Bein, und ich habe den Verband abgenommen und die Watte wieder aufgezupft, und er half mir, da sagt sie zu ihm: Küß die Watte, küß den Verband, dann ist das bestimmt weicher. Und der hat das auch getan.

Ich dämmere also zurück ins Leben.
Abends kommt Irma — sie muß nachts in die Baracke — und legt mir einen Strauß blauer Herbstastern auf die Bettdecke. Wenn ich etwas brauchte, solle ich nach der Nachtschwester rufen.
Ich rufe nicht. Ich brauche nichts. Ich fühle, daß nichts mehr zu befürchten ist. Ungestört will ich in dem wunderbaren Frieden bleiben, den ich in mir fühle. So liege ich ganz still, wach durch die belebenden Mittel, die ich bekommen habe.
Von draußen fällt Scheinwerferlicht ins Zimmer. Auf der Bettdecke liegen die Blumen. Ich bin zu schwach, mich zu rühren; sie liegen so die ganze Nacht. Die feinen Asternblätter werfen ein zartes Schattenbild. Erinnerungen: Die Astern in meinem Garten, spät im Jahr, herber Duft, Winterahnung. Ich taste mich durch die Zeit: Wochentag und Datum, wir haben die Nacht vom dritten zum vierten Oktober. An einem dritten wurde mein erstes Kind geboren, meine Heidi. An einem vierten starb mein Bruder Hans-Otto, der Gefährte meiner Jugend. Ist der Mensch zeitlich gebunden im Auf und Nieder seines Lebens? In dieser Nacht ist es mir gewiß. Ich bin dankbar für das neugeschenkte Leben, so sicher, daß alles gutgehen wird.
Vor der Tür meines Krankenzimmers spielten sich in den nächsten Tagen große Veränderungen ab. Die Ärztin wurde abgelöst, nicht nur wegen der falschen Anwendung des Medikaments, sondern vor allem wegen ihres Verhaltens, als bei mir das Herz aussetzte. Irma war davongerast, um ein Belebungsmittel zu holen, Irma hatte mir auch die Spritze geben müssen, denn die Ärztin hockte noch immer ganz verstört neben meinem Bett.

Ungefähr ein Vierteljahr war ich krank. Das Fieber ging nur langsam zurück, nach acht Wochen hatte ich immer noch Abendtemperatur. Für Irma war ich *ihre* Patientin, die sie vom Tode gerettet hatte. Morgens, noch im Mantel schaute sie bei mir herein, später aß sie auch mit mir zusammen, dabei erfuhr ich die Stationsneuigkeiten. Im Einzelzimmer gegenüber lag ein junges Mädchen mit Milliard-Tbc, hochansteckend. So ansteckend, daß sie eine eigene Pflegerin brauchte, die mit ihr im gleichen Zimmer untergebracht war und es nicht verlassen durfte. Doppelt eingesperrt, sagte Irma, das sei eine Frau! Die und Tea seien die einzigen wirklichen Pflegerinnen hier, die wüßten noch, was Aufopferung sei.

Aufopferung? Ich fragte mich, wer das sein konnte. Es war Erna.

Abends, nachdem Irma die Station verlassen hatte, wagte ich die paar Schritte und warf einen Blick in das Isolierzimmer. Da saß Erna. Mit ihrer dunklen ruhigen Stimme sprach sie zu einem unsäglich abgemagerten Menschenkind, das mit Fieberaugen zu ihr aufschaute.

Erna blickte auf, als ich die Tür aufmachte, wehrte ab und freute sich zugleich, als sie mich erkannte, ihr schweres Gesicht lebte auf. Das ist Frau Bechler, sagte sie, von der habe ich dir ja auch schon erzählt, Elfriede.

Ich ging auf das Bett zu. Ein süßlich-fauliger Geruch stieg zu mir, ekelhaft, ich überwand mich und strich dem Mädchen über das Haar. Sie sagte hektisch, morgen werde sie zwanzig, da wolle Erna ihr eine Butterkremtorte backen, ich sei auch eingeladen, ob ich kommen wolle?

Laß mich nur erstmal die Torte backen, lenkte Erna ab.

Ich sagte, ich wolle von meiner Butter auch etwas dazu geben, ich würde sie gleich holen.

Erna folgte mir zur Tür, da blieb sie stehen, hinaus durfte sie ja nicht.

Ich holte die Butter aus meinem Zimmer und fragte sie, ob sie alles habe, was sie zu einer solchen Pflege brauche.

Nichts habe sie, sagte sie, keine Desinfektionsmittel, kein warmes Wasser, Schwester Alma gehe mit der Kanne immer an ihrer Tür vorbei, hinein traue sich ohnehin keiner.

Am anderen Tag erzählte ich Irma davon; sie konnte ja nicht alles wissen — siebzig Frauen zu betreuen, und sie die einzige Berufsschwester. Sie machte Verbände und Spülungen, gab Spritzen und assistierte bei Operationen, alle verließen sich auf diesen großen starken Menschen. Nur wenige wußten, wie weich und sanft sie sein konnte. Wir hatten einmal eine Kieferoperierte auf der Station, der war das Narkosemittel nicht bekommen, bei dieser Frau ist Irma stundenlang geblieben und hat ihr den Kopf gehalten, wenn sie erbrechen mußte. Und wie sie abends sagte: Das war ein harter Tag, gut, daß er vorbei ist, da antwortete die Patientin, sie habe sich in ihrer ganzen Gefangenschaft nicht so gut gefühlt wie in den Stunden, wo Irma ihr den Kopf gehalten habe.

Ich glaube, sie litt — genau wie Ursula — sehr darunter, daß die Menschen, und besonders die Männer, nur ihre Kameradschaft und Zuverlässigkeit schätzten und ganz vergaßen, daß sie auch ein Herz hatte mit Ansprüchen und Wünschen. Ich habe erlebt, wie ihr die Ärzte am Neujahrstag auf die Schulter klopften und sagten: Na, alte Haut, was wird uns das nächste Jahr bringen? Uns anderen aber drückten sie die Hand. Ich sah, wie weh es ihr tat, es tut wahrscheinlich jeder Frau weh.

Als ich ihr von Erna erzählte, tat sie sofort alles, was in ihren Kräften stand.

Eines Tages äußerte sie tief befriedigt, nun ließen sogar die Russen bei uns entbinden.

Ich zeigte Unglauben, weil ich wußte, daß ihr das Freude machte.

Eifrig erzählte sie, eine russische Offiziersfrau werde demnächst auf der Station ihr Kind bekommen.

Das war ja nun wirklich grotesk. Diese Russin würde sich zu uns ins Lager begeben, um ihr Kind zu bekommen. Gab es draußen denn nicht viel bessere Krankenhäuser?

Ja, sagte Irma, aber Wolf, den gibt es da nicht.

Wolf. Professor von Wolf, Frauenarzt, einst in Berlin an der Charité tätig. Ehrenmitglied der SS und aus diesem Grund in Buchenwald interniert. Irma hatte mir schon oft von ihm und seinen sagenhaften Fähigkeiten erzählt, gesehen hatte ich ihn noch nicht.

Nun also brachten er und Irma im Operationssaal des Lazaretts von Buchenwald das Russenkind zur Welt, die Geburt verlief normal, das Kind war gesund, doch dann stellten sich bei der Mutter Blutungen ein. Wolf gelang es, sie zu stillen, aber die Russin sollte noch eine Nacht auf der Station bleiben, Wolf blieb ebenfalls, auch Irma. Sämtliche Lagerregeln wurden durchbrochen.

Irma würde bei mir schlafen, für Wolf wollte sie im Schwesternzimmer ein Bett herrichten. Während sie ihr Kissen überzog, hörten wir draußen Schritte. Das wird er sein, sagte sie, willst du ihn mal kennenlernen?

Sie ging hinaus, durch die Bretterwand hörte ich ihre Stimmen, dann ging die Tür auf. Sie kennen unsere Musterpatientin noch nicht, sagte Irma, sie war sehr krank, wollen Sie sich mal die Fieberkurve ansehen?

Neben ihr trat ein Mann ins Zimmer, sympathisch auf den ersten Blick: groß und schlank, schöner Kopf und schöne Hände, Gelehrter, denkt man, oder Wissenschaftler oder Künstler. Mitte fünfzig, graue Schläfen, frohe Augen hinter einer Hornbrille, die sich gut in das Bild fügt, ganz und gar vertrauenerweckend.
Übergroß stand er neben meinem Bett, beugte sich zu mir herunter. Sie sind sehr blaß, sagte er. Und nach einer Pause: Das ist nicht nur das Fieber, das kommt von innen. Haben Sie Kummer? Ich solle ihm vertrauen, vielleicht könne er helfen.
Ich wollte ja schon lange darüber sprechen, verzweifelt kam ich mit dem heraus, was mich am meisten quälte: Ob man einen Menschen lieben könne, der seine Ehre verloren habe.
Er sagte, das sei sehr schlimm, ein Mensch ohne Ehre sei wie eine Frucht, die von innen verfaule.
Ich sagte, das sei mir kein Trost.
Jetzt noch nicht, antwortete er, aber vielleicht werde es bald eine Hilfe sein. Solche Früchte fielen vom Baum, ohne ihn zu schädigen. Ich wisse nicht, wie gesund und stark ich in Wirklichkeit sei.
Er legte den Arm um meine Schultern und drückte sein Gesicht in mein Haar. Nur eine Sekunde. Dann stand er wieder neben meinem Bett. Erlauben Sie mir, sagte er, daß ich Sie jeden Tag, wenn ich Visite mache, besuche. Jeden Tag gleich zuerst. Machen Sie mir die Freude.
Irma kam. Sie sah von mir zu ihm, von ihm zu mir. Soll ich Ihnen jetzt Ihr Zimmer zeigen, fragte sie in ihrer barschen Art. Lächelnd ging er mit ihr. Sie kam sehr schnell zurück, stellte sich vor mein Bett: Was ist hier vorgefallen?
Was für eine merkwürdige Ausdrucksweise! Ich hatte nicht das Gefühl, daß überhaupt etwas vorgefallen sei, aber wie ein gehorsames Kind erzählte ich ihr, was gesagt worden war.
Ihr Gesicht wurde steinern, mit kalter Stimme sagte sie, das werde nicht geschehen, das wolle sie nicht.
Ich dachte natürlich sofort, daß ich sie verstünde. Mit welcher Begeisterung hatte sie mir von seinen Fähigkeiten erzählt. Sie liebte ihn heimlich, sie war eifersüchtig.
Sie tat mir leid, ich versuchte, sie zu beruhigen: Ich wolle ihn ihr nicht wegnehmen, bestimmt nicht.
Du nicht, sagte sie aufgeregt, aber er, ich kenne ihn doch, ich habe dir doch erzählt, wie er ist.
Ich fragte vorsichtig, ob er von ihrer Liebe zu ihm etwas ahne.
Red keinen Unsinn, sagte sie erregt, das ist es nicht. Ich habe dich gerettet, und ich will dich nicht verlieren, er soll dich nicht haben!

Wir schliefen nicht besonders gut in der Nacht, wir hatten beide zu denken. Außerdem mußte Irma jede Stunde nach der Russin sehen, ich hörte, wie sie freundliche Worte mit ihr radebrechte, auch ein leises Lachen. Zwischen zwei und drei kam sie mit einem Glas eingemachter Pflaumen zurück: Weißt du, was die gesagt hat? So arbeiten deutsche Schwestern, hat sie gesagt, russische schon längst schlafen, du jetzt auch schlafen. Irma zog, während sie sprach, am Gummiring, bis zischend Luft einströmte, dann holte sie zwei Suppenlöffel und setzte sich zu mir auf den Bettrand. Immer wieder forderte sie mich auf, zuzulangen, und ich tat ihr den Gefallen, glücklich, daß die gereizte Stimmung überwunden war.
Am nächsten Morgen verließ die Russin unsere Station, alles, so schien es mir, lief wieder seinen gewohnten Gang. Da riß Irma kurz vor der Visite die Tür auf; sie kam im Laufschritt an mein Bett, in der einen Hand einen kurzen Gummischlauch, in der anderen eine Injektionsspritze. So gehe es nicht weiter. Sie könne einfach nicht arbeiten, ich müsse mich entscheiden, entweder Wolf oder sie.
Ich sagte, sie solle nicht kindisch sein.
Es sei ganz ernst gemeint, antwortete sie heftig, sie habe vor Wolf als Arzt die größte Hochachtung, aber seine Frauengeschichten seien haarsträubend. Ich könne ihn vielleicht sogar halten, aber sie brauche mich auch, und sie sei zuerst da gewesen. Ich müsse mich entscheiden, und zwar sofort, denn er könne jeden Augenblick zur Visite kommen.
Während sie das alles in hoher Erregung herausbrachte, wurde mir klar, daß ich wirklich eine Entscheidung zu treffen hatte.
Ich entschied mich für sie.
Vor wenigen Wochen hatte sie mir das Leben gerettet. Seither umsorgte sie mich, wie ich es seit Jahren nicht erlebt hatte. Vor ein paar Tagen erst hatte sie mir ein paar Lederschuhe ans Bett gestellt, nun brauchte ich die Holzpantinen nicht mehr, in denen ich mir seit Jamlitz die Füße wundscheuerte. Ich brachte es nicht über mich, ihr den Schmerz einer Enttäuschung, eines Verlustes zuzufügen.
Ich sagte ihr, sie möge ihm ausrichten, er solle nicht mehr kommen.
Das müsse ich selbst sagen, verlangte sie.
Sie ging hinaus, und ich legte mir zurecht, was ich Wolf sagen würde. Aber alles, was mir einfiel, klang töricht und überspannt, und ich fand, daß Irma zuviel von mir verlangte. Ärger stieg auf. Da hörte ich sie draußen herumhasten, ihre gereizte Stimme, Türen knallten. Nein, ich mußte ihr die innere Ruhe wiedergeben, das war ich ihr schuldig.
Wolf kam herein, strahlenden Gesichts.

Er blickte mich aufmerksam an. Was haben wir denn, fragte er.
Ohne Umschweife sagte ich: Bitte kommen Sie nicht wieder. Es beunruhigt Schwester Irma, und ich habe es ihr versprechen müssen. Ich weiß nicht, wie ich Ihnen das erklären soll, ich verstehe es selbst nicht.
Aber ich, sagte er zu meiner Überraschung, ich verstehe es, Sie brauchen mir nichts zu erklären.
Er nahm meine beiden Hände, legte sein Gesicht hinein und küßte sie, dann ging er.

Anfang Januar 1949 war es soweit: ich war gesund.
Ich mußte zurück in die Baracke.
Weihnachten durfte ich noch im Lazarett feiern, mein schönstes Lagerweihnachten. Wir haben ja immer versucht, selbst in Jamlitz, ein Fest daraus zu machen. Aber hier in Buchenwald ging es fast verschwenderisch zu. Am Weihnachtsabend überreichte Irma jeder Patientin einen Tannenzweig, von Tea liebevoll mit Lametta geschmückt, in vielen Stunden zurechtgeschnitten aus dem Stanniol der Medikamentenpackungen.
Für mich hatte Irma wollene Strümpfe stricken lassen, und Unterwäsche, Lagerkostbarkeiten. Mit verlegener Barschheit wies sie meinen Dank zurück. Von Felicitas kam ein rührender Brief, der mir die Rückkehr in die Baracke leichter machte. Sie hätten Sehnsucht nach mir, schrieb sie, und — als Weihnachtswunsch — ob sie jetzt du zu mir sagen dürfe und »Mutti«.
Als ich aus dem Lazarett kam, hatten sie mir einen Tisch mit Lagerleckereien gedeckt, sie mußten lange dafür gespart haben. Auch die anderen in der Baracke hatten auf mich gewartet, aus egoistischeren Gründen allerdings: Die Änderungsschneiderin war vermißt worden. Nun wurde ich so mit Aufarbeitungswünschen bedrängt, daß ich mich nach der Stille meines Krankenzimmers sehnte und manchmal in die Nachbarbaracke flüchtete, um Ruhe zu haben. Es war nicht leicht, sich an den ununterbrochenen Lärm schwatzender Frauen zu gewöhnen.
Wieder war es Irma, die mir half.
Durch sie bekam ich einen kleinen Lagerposten: Verteilung der Sonderkost an die schweren Dystrophikerinnen und Reinigung des Schwesternzimmers, in das ich dafür miteinziehen durfte. Das war ein großes Zimmer mit breitem Fenster, weißgedeckten Betten und karierten Vorhängen, warm und wohnlich, ein Genuß nach den Schreckensunterkünften der letzten Jahre.

Wenn die vier Schwestern nach dem Frühappell ins Lazarett gegangen waren, machte ich im Keller die Kaltverpflegung für meine Dystrophikerinnen zurecht. Sie waren körperlich in sehr schlechtem Zustand, schwach und abgemagert, aber ihre Krankheit äußerte sich viel besorgniserregender in abnormen seelischen Haltungen. Auch bei ausreichender Verpflegung sammelten sie zwanghaft Brot und trockneten es, bis sie prallgefüllte Säcke davon hatten, aßen ihre Suppe mit winzigen Löffelchen, um die Mahlzeit länger zu genießen, und achteten in krankhaftem Mißtrauen darauf, ob sie benachteiligt wurden.

Ich glaubte, zu ihrer Gesundung gehöre auch die Befreiung von diesen Zwängen. Gemeinsam tüftelten wir einen Suppenverteilungsplan aus, der eine wechselnde Reihenfolge vorsah. Jeden Tag war eine andere die erste bei der Suppenausgabe, dann rührte ich für jede mit großer Sorgfalt das Dicke vom Grund auf und schöpfte soviel wie möglich heraus. Das tat ich so lange, bis sie mir vertrauten. Nach einigen Wochen war es schon so weit gekommen, daß sie mich trösteten, wenn mir einmal ein Kartoffelstück oder ein Mehlklumpen von der Kelle zurück in den Topf rutschte. Das Mißtrauen ging zurück, auch der Neid auf die anderen.

Während ich unten die Kaltverpflegung zurechtmachte, brachten Felix und Anneliese das Schwesternzimmer in Ordnung, danach frühstückten wir in aller Ruhe, nähten oder stickten, es ging uns gut. Dann und wann trieb Irma ein Buch für uns auf, einmal war es *Dichtung und Wahrheit*. Ich wünschte manchmal, Goethe könnte seinen Ettersberg sehen, wie er jetzt aussah, den Lagerbereich mit den ungezählten Zäunen, die ausgemergelten Menschen dahinter und die gleichgültigen anderen, von denen sie bewacht wurden.

Seit Monaten war ich oben im gefährlichen Auf und Ab des Lagerlebens. Besser konnte es mir nicht gehen: ich hungerte nicht, ich fror nicht; warmes Wasser, soviel wir brauchten — Körperpflege wurde langsam wieder zur Selbstverständlichkeit.

Manchmal überfiel mich Angst: Jetzt mußte bald ein neuer Schlag kommen, es ging mir schon viel zu lange gut. Und dieser Schlag kam.

An einem Mittag nach der Essensausgabe sprach mich eine dunkelhaarige junge Frau an, die schon in Jamlitz bei uns war. Sie konnte Russisch und hatte auch immer undurchsichtige Verbindungen zu Russen, in Jamlitz wurde sogar behauptet, sie bespitzele Leute in der Lagerleitung, die ihr nicht paßten. Als einmal jemand abgelöst wurde, schob man ihr die Schuld in die Schuhe, da haben sie ihr nachts die Haare abgeschnitten, die sie sich auf Papierwickler gedreht hatte,

nicht alle, weil sie sich ja zur Wehr setzte, aber doch einen ziemlichen Teil, eine Zeitlang lief sie mit diesen abgeratschten Haaren herum.
Die also sprach mich an, sie hatte Sorgen. Sie sagte, sie habe hier im Lager einen Russen kennengelernt und glaube, sie bekomme ein Kind von ihm. Was sie machen solle. Sie wolle es nicht. Er hätte ihr versprochen, wenn sie niemandem über den Vater des Kindes erzählen würde, dafür zu sorgen, daß sie mit der nächsten Entlassungswelle hinauskomme. Aber sie wolle das russische Kind nicht, auch draußen nicht. Sie komme auch so aus dem Lager heraus, dazu brauche sie den Russen nicht.
Ich meinte, es müsse wohl erst festgestellt werden, ob sie überhaupt schwanger sei. Ich würde mit Wolf sprechen, der wisse dann schon, was zu tun sei.
Ich weiß nicht, was sie nun noch wollte, vielleicht nur freundlich sein, sie erkundigte sich, was ich denn zu tun gedächte, wenn ich entlassen würde.
Ich spürte Unruhe, diesem Menschen wollte ich meine Sorgen nicht offenbaren. Ich sagte also gelassen, daß ich nach Hause zurückginge, selbstverständlich, zu meinem Mann und meinen Kindern.
Sie sah mich an, als sei ich verrückt, dann platzte sie damit heraus, daß mein Mann doch schon lange mit einer anderen Frau zusammenlebe, ob ich das denn nicht wüßte.
Ich sagte, das sei wahrscheinlich seine Schwester, meine Schwägerin.
Sie schüttelte den Kopf, ein wenig ungläubig, ein wenig mitleidig. Ob ich denn nichts gehört hätte, voriges Jahr in Mühlberg... das über meine Scheidung. Scheidung aus politischen Gründen, wegen untragbarer Einstellung des Partners.
Ich sagte nein, davon wüßte ich nichts.
Das ganze Lager wisse es, sagte sie, alle hätten darüber gesprochen.
Ich fragte nicht weiter nach, diesem labilen Geschöpf traute ich nicht. In Jamlitz wurde sie die Lügengräfin genannt, wer weiß, was sie sich da zusammengedichtet hatte. Dennoch brauchte ich Gewißheit.
Ich ging zu Heide Gobin und fragte sie, ob sie etwas davon wisse.
Ja, sagte sie, wir haben es alle gewußt. Aber wir kannten Sie doch. Da haben wir uns gesagt, das erträgt sie nicht, sie glaubt an ihren Mann und an seine Liebe. Wenn wir ihr das jetzt sagen, kippt sie um.
Mein Geburtstag in Mühlberg! Wie Schuppen fiel es mir von den Augen: die merkwürdige Spannung, das boshafte Gekicher und die mitleidige Freundlichkeit, da haben die das schon gewußt.
Sie versuchten, mir Trost zu geben. Eine sagte, was dann immer gesagt wird, es würde ja viel gelogen. Sie waren freundlich und teil-

nahmsvoll, aber für sie lag es natürlich weit zurück, und keine begriff, wie mir jetzt in diesem Augenblick zumute war.
Ich habe mich furchtbar zusammengenommen.
Bin vor die Baracke gegangen. Auf- und abgelaufen. Dann habe ich mich an den Rand ins Gras gesetzt, im Vorgarten, wo wir eigentlich nicht sein durften, weil eine Hauptlagerstraße vorbeiführte; ein Russe, der es streng nahm, hätte mich erschießen können, aber mir war alles egal, ich mußte nachdenken.
Ich fragte mich schon lange: Liebe ich ihn denn noch? Mich hatte er um alles gebracht, vor allem um die Kinder. Sie wuchsen bei ihm auf, und sie wuchsen bei der Frau auf. Du verlierst deine Kinder, sagte ich mir, du hast sie schon verloren.
Das ist mir in diesem Augenblick ganz klar geworden.

Ich saß noch da, als Irma vor dem Abendappell aus dem Lazarett zurückkam. Sie schob mir ein Männertaschentuch in die Hand, ging mit ihren großen Schritten ins Haus, kam mit einem Glas und einer Tablette zurück. Es half nicht viel, aber ich konnte wenigstens reden, die Anklage loswerden, den Zorn, die Bitterkeit, bis alles in einem Tränenstrom zusammenfloß.
Als ich im Bett liege, kommt es wieder mit aller Macht: diese furchtbare Ausweglosigkeit. Ich kann nichts tun, nicht handeln, mich nicht einmal bemerkbar machen, keinen Brief schreiben. Ich taste mich immer wieder an den Gedanken heran: Ich habe die Kinder verloren. Seit vier Jahren leben sie bei Bernhard und dieser Frau, sie sorgt für sie, sie leben in guten Verhältnissen, jeder Wunsch wird ihnen erfüllt, sorgenlos liegt die Zukunft vor ihnen, und ich, ich habe nichts, ich kann ihnen nichts weiter bieten, als daß ich ihre Mutter bin.
Ich komme in dieser Nacht so weit, daß ich mir sage: Er kann besser für sie sorgen. Wenn du eine gute Mutter bist, mußt du das einsehen, du hast überhaupt nichts, du kannst sie nicht einmal ernähren, wenn du hier herauskommst. Ich fühle nicht nur, daß meine Kinder mir weggenommen worden sind, mein Herz sagt mir auch, daß ich nicht um sie kämpfen darf, wenn ich es gut mit ihnen meine.
Auf den Gedanken an Selbstmord bin ich nicht gekommen, in dieser Nacht nicht, daran dachte ich erst, als ich zum Tode verurteilt wurde und überlegte, ob ich denen die Vollstreckung überlassen oder ihnen zuvorkommen sollte.
Aber Wellen von Trostlosigkeit gingen über mich hinweg, aus der Tiefe kam ein Weinen, über das ich keine Macht mehr hatte. Ich wollte nicht, daß die anderen es merkten, ich umklammerte das

Kopfkissen, stopfte mir den Bettuchzipfel in den Mund, kein Laut kam heraus. Aber ich konnte nicht verhindern, daß das Bett bebte.
Dann fühlte ich, wie die Bettdecke zurückgeschlagen wurde, zwei starke Arme umfaßten mich, Irma.
Ich kam mir vor wie ein Kind, so weinte ich auch, weinte und weinte, bis nichts mehr da war, nur Müdigkeit und Leere.
In den folgenden Nächten war Irma wieder in mein Bett gekommen, ich brauchte ihren Trost nicht mehr, wußte aber nicht, wie ich das sagen sollte, sie konnte ja so empfindlich sein. Die anderen in unserem Zimmer müssen das wohl weitergetragen haben, Heide Gobin ließ mich zu sich rufen und sagte, sie meine es gut mit mir, das wisse ich ja, und sie müsse mich darauf aufmerksam machen, daß Irma im Ruf stehe, lesbisch zu sein.
Ich wußte nicht, was das war.
Sie liebt nur Frauen, sagte Heide Gobin, die anderen hier im Lager wissen das, und ich möchte nicht, daß Sie da hineingezogen werden.
Ich bedankte mich und ging.
Ich trug das eine Weile mit mir herum. Ich wußte, wie Irma ausgenützt wurde und wie sie sich nach Liebe sehnte und daß kein Mann Augen für sie hatte, nur immer diese fürchterliche Kameradschaftlichkeit. Nun war mir das gesagt worden, und das war mir etwas Fremdes, und ich hätte nun zu ihr sagen müssen: Irma, mir ist dies und das gesagt worden und nachdem ich das erfahren habe, möchte ich das nicht mehr. Aber ich brachte es nicht fertig, das sofort zu sagen, und sie kam noch eine Nacht und wieder eine, und es passierte nichts, außer daß sie mich in ihre starken Arme nahm und mich küßte. Aber ich schlief nicht mehr gut, ich dachte auch, was die anderen wohl hinter meinem Rücken tuschelten, und das wollte ich nicht. Da habe ich gesagt: Bitte, das geht nicht, ich will das nicht, und ich kann das auch nicht.
Und Irma hat sich daran gehalten.

Felicitas und Anneliese waren rührend zu mir, und auch meine Dystrophikerinnen zeigten mir ihre Zuneigung, dafür hatte die Leiterin des Frauenlagers etwas an mir auszusetzen.
Ich wurde zu ihr gerufen. Ob ich auch nachprüfte, was in den Kochgeschirren mit der Sonderverpflegung sei, wenn sie aus der Küche kämen.
Ich verneinte, erkundigte mich, ob eines verwechselt worden sei, ob es eine Beschwerde gegeben habe.
Das war nicht der Fall. Sie sagte, ich sei verpflichtet, nachzusehen, ob alle Kochgeschirre den vorgeschriebenen Inhalt hätten.

Ich sagte, ich dächte nicht daran, ich sei kein Topfgucker, das sei auch Aufgabe der Küche.
Sie weigern sich also, fragte sie scharf.
Ich bejahte.
Dann wird jemand anders die Krankenkost verteilen.
Ich sagte, unter diesen Umständen bäte ich sogar darum.
Also gut, bestimmte sie, ab sofort reinigen Sie den unteren Hausflur.
Den Diätposten war ich los, schlimm für mich, schlimmer aber für sie, wie sich bald herausstellte. Im Gegensatz zu mir kontrollierte meine Nachfolgerin mit Hingabe die Kochgeschirre, dabei fiel ihr auch das der Barackenleiterin in die Hand. Sie fand es bis zum Rand mit Gulasch gefüllt, machte empört Meldung, was die Ablösung der Barackenleiterin zur Folge hatte.
Ich mußte nicht lange den unteren Flur schrubben, eines Abends kam Irma und sagte, eine Pflegerin sei Tb-verdächtig, sie brauchten Ersatz. Krankenpflegerin — das war immer noch mein Traum. Sie sagte, sie habe gar keinen Einfluß, das werde bei den Russen entschieden, ich solle mir bloß keine Hoffnungen machen. Aber schon den Tag darauf wurde ich ins Lazarett gerufen, ich bekam den Posten doch.
Das hatte ich einer der drei Französinnen zu danken, die mit uns in Jamlitz waren. Sie waren wohl das, was man leichtfertig nennt. Sie interessierten sich nur für Männer und für ihre eigene Schönheit, auf die Pflege letzterer und den Umgang mit jenen verwandten sie ihre ganze Zeit. Ich war weniger angezogen von ihrem Lebenswandel als von ihren Persönlichkeiten. Sie waren so heiter, so leicht und zierlich, offen und kameradschaftlich, ich glaube nicht, daß sie irgendeinen Feind hatten. Eine fragte mich einmal, wie ich das mache, meine Haut sei besser als ihre, und ich kümmere mich doch überhaupt nicht darum. Seither wechselten wir ab und zu ein freundliches Wort, Madame Bechlér nannte sie mich; nun hatte ich es ihr zu danken, daß ich pflegen durfte. Hier in Buchenwald war sie die Freundin des russischen Oberstabsarztes und hatte ein Wort für mich eingelegt.
Meine neue Arbeitsstätte war die Frauenstation, ich freute mich darauf, Erna war da und Tea. Was ich noch nicht konnte, würde mir Irma schon beibringen.
Aber Irma teilte mich für Wäschekammer und Essensausgabe ein.
Ich sagte, ich wolle pflegen, Menschen betreuen. Und nun wieder Essen und Wäsche.
Irma machte mir klar, daß ich dort eine wirkliche Hilfe sei. Der Streit um die größte Portion sollte aufhören, und in der Wäschekammer sollte es endlich auch stimmen.

Ich gab natürlich nach. Aber sie merkte, wie enttäuscht ich war, und versprach mir, mich ab und zu auf der Station einzusetzen, und das hat sie dann auch getan.
Ich glaube, ich muß etwas über meine seelische Verfassung sagen. Ich habe damals nicht viel darüber nachgedacht, ich lebte mein Leben, tat meine Arbeit und merkte nicht, daß ich mich nicht mehr freuen konnte, auch nicht an der Natur, die mir immer Trost gegeben hatte. Es war, als sei die Farbe aus der Welt gegangen, das Licht. Oder so, als antworte keine Helligkeit in mir auf das Licht in der Welt. Eine graue Leere war in mir und um mich herum.
Hätte man mich darauf aufmerksam gemacht, ich wäre erstaunt und ungläubig gewesen, denn bewußt war mir dieser Zustand nicht. Ab und zu sprach jemand mich darauf an, obwohl ich mich doch so sehr zusammennahm. Ein junger Russe kam manchmal in meine Wirtschaftskammer; als Intendant hatte er Kontrollgänge durchzuführen, und er tauchte unter diesem Vorwand häufig bei mir auf. Er sah mir zu, wenn ich Brot schnitt oder Portionen einteilte oder Wäsche zählte, schweigend, denn ich hatte ihm klar gemacht, daß er mich nicht stören dürfe. Du wie kleine Schwester, sagte er eines Tages, ich dein Bruder, du meine Schwester, dein Kummer mein Kummer.
Ich schüttelte den Kopf. Da sah ich, daß er Tränen in den Augen hatte. Mir wurde die Kehle eng, ich lief weg. Ich konnte über meinen Kummer nicht sprechen, aber er nahm es nicht übel, er hielt weiter eine freundlich schützende Hand über mich. Als die Botengänge der Pflegerinnen — sie wurden als Besorgungen getarnt — im Lazarettbereich überhand nahmen, verbot er kurzerhand jedes Verlassen der Frauenstation. Nur du, Frau da, sagte er und zeigte auf mich.
Wenn ich zurückblicke, scheint mir auch für diese Zeit zu gelten, was ich jahrelang immer wieder beglückend erlebte: das Vertrauen und den Beistand anderer Menschen.
Auch unser neuer Stationsarzt zeigte mir, daß er diese stumme, qualvolle Trostlosigkeit in mir bemerkt hatte. Irma war glücklich, daß sie ihn hatte. Er war Internist, Universitätsprofessor, ein unscheinbarer Mann, klein, kühl und klarsichtig, man konnte ihm nichts vormachen. Meist übersah er die vielen Listen, mit denen unsere Patientinnen ihren Lazarettaufenthalt verlängerten, aber er wußte ohne Worte klarzumachen, daß er sie durchschaut hatte. In der Ambulanz fühlte ich einmal diesen durchdringenden Blick auf mir ruhen. Um Sie muß sich auch mal einer kümmern, sagte er, Ihnen fehlt doch etwas.
Ich hab ja immer diesen Stolz gehabt: Keiner sollte etwas merken, ich sagte also, mir fehle nichts.

Natürlich fehlt Ihnen etwas, sagte er, Sie werden ja immer dünner. Wissen Sie, wie Sie aussehen?
Ich wußte es nicht.
Blaß, sagte er, und zum Äußersten entschlossen.
Ich glaube, er hatte etwas in mir erkannt, was mir selber nicht bewußt war. Mein einziges Gefühl in dieser Zeit war eine unüberwindliche, ausweglose Trauer. Der Gedanke: du hast die Kinder verloren, dieser Gedanke war immer bei mir. Etwas sagte mir, das ist nicht wieder rückgängig zu machen, das hast du als Schicksal anzunehmen. Und dann war noch etwas in mir, mein Wille vielleicht, der Lebenswille. Der sagte: Nichts ist endgültig, warte und hoffe mit der ganzen Kraft deines Herzens.
Professor Keller hatte kühle Augen, eine sachliche Sprache und ein warmes Herz. Wolf wurde von vielen geliebt, auf eine Weise, die mir zuwider war, weil sie soviel Unwahrheiten in sich schloß. Keller wurde verehrt, auch von mir.
Ich lernte ihn ganz kennen, als Irma sich ins Bett legte. Sie war einfach überarbeitet, aber nicht erschöpft genug, um mir nicht noch jede Menge Anweisungen zu geben: Du machst die Visite mit, du mußt sehen, wie du fertig wirst, Erna und Tea wissen ja auch Bescheid. Laß dir heute abend keine Schlaftabletten abschwatzen, das versuchen viele. Vertröste sie, mach einen Scherz — aber bleib hart. Wir haben nur fünf Schlaftabletten jeden Tag, die bekommen die Frischoperierten und die Krebskranken.
Ich mußte sehen, wie ich fertig wurde.
Erna und Tea halfen mir beim Essenausteilen. In einem der Zimmer lag eine Berufskrankenschwester mit Bauchspeicheldrüsen-Tb, seit Monaten schon. Heute war sie ganz fröhlich, sie hielt mir einen Männerpullover hin: Sehen Sie, der ist von Professor Keller, die Ärmel sind kaputt, ich darf ihn umstricken.
Dann kam Keller zur Visite. Wenn ich doch nur halb soviel wüßte wie Irma!
Im ersten Saal sagte er zu mir: Hier, messen Sie mal bitte den Blutdruck. Da war es schon passiert! So einen Kasten hatte ich noch nie in der Hand gehabt. Ich klappte ihn auseinander, keine Ahnung, was ich nun machen sollte, da mußte ich Farbe bekennen.
Ich hörte ihn seufzen, das war das einzige Zeichen von Ungeduld, dann erklärte er mir ruhig, was ich zu tun hatte.
Das nächste war eine größere Blutentnahme, ich konnte ihm gut zur Hand gehen, weil ich das auch immer für Irma tun mußte. Anerkennend sagte er, das sei recht ordentlich gegangen. Wir gingen von Zim-

mer zu Zimmer, kamen auch zu der Patientin, die seinen Pullover umstricken sollte. Sie hob ihn lächelnd hoch, er lächelte zurück.
Draußen nahm er mich beim Arm. Jetzt müssen Sie mir aber einen Gefallen tun, sagte er, ich bin ganz unglücklich, ich habe der Schwester meinen Pullover zum Umstricken gegeben, damit sie etwas zu tun hat. Aber das geht nicht. Den hat mir nämlich meine Frau gestrickt. Ich habe da im Augenblick nicht daran gedacht, ich wollte bloß dem armen Mädchen helfen, aber der darf nicht aufgetrennt werden, den muß ich so behalten. Sonst ist er ja nicht mehr von meiner Frau. Könnten Sie versuchen, mir den Pullover zurückzuholen? Ich bringe es nicht fertig.
Ich versprach es ihm, aber bevor ich mein Versprechen einlösen konnte, kam er in die Quarantäne und wurde entlassen.
Zuletzt zeigte er mir den Medikamentenschrank. Es kam die gleiche Warnung wie von Irma. Die Frauen, sagte er, werden heute abend viel von Ihnen fordern. Da müssen Sie ganz geschickt vorgehen. Erstens haben wir nicht so viele Medikamente, wie wir brauchen, und zweitens befinden die Patientinnen sich in einem seelischen Zustand, dem mit Medikamenten nicht beizukommen ist. Sie werden vor allem nach Schlaftabletten gefragt werden. Gehen Sie nicht darauf ein.
Nun kannte ich mich und wußte, daß ich schlecht nein sagen kann.
Ich stand vor dem offenen Medikamentenschrank, wie löste ich das? Da sah ich eine große viereckige Schachtel voll winziger weißer Pillen, darauf stand: Mildes Abführmittel. Davon nahm ich mir zwanzig, packte sie auf mein Tablett und ging von Zimmer zu Zimmer. Es kam wie prophezeit. Fast jede behauptete, sie bekäme ein Schlafmittel. Ich sagte kein einziges Mal nein, freundlich verteilte ich meine milden Abführpillen. Und alle lächelten mich dankbar an.
Am anderen Morgen kam Keller. Nun, Frau Oberschwester, fragte er, wie ist es gegangen?
Ich hielt ihm die Schachtel mit den Abführpillen hin und erzählte, wie ich mein Problem gelöst hatte.
Er lachte schallend: Dann wollen wir einmal sehen, wie Ihre Patienten geschlafen haben.
Sie hatten alle wunderbar geschlafen.

Irma bereitete auch die Operationen vor, und nach ihrer Krankheit überließ sie mir einen weiteren Teil ihrer Aufgaben. Sie wußte, daß es mir Freude machte, auch hatte sie nicht mehr so viel Kraft wie früher.
Wir hatten ein junges Mädchen auf der Station, das seit langem über

Leibschmerzen klagte und immer wieder verlangte, daß nachgesehen würde. Keiner hatte etwas finden können, ich glaube, alle hielten sie für eine Simulantin. Sie war eine kapriziöse Person, aber sehr kameradschaftlich. Irgendwo in der Lagerspitze mußte sie einen einflußreichen Freund haben, sie spielte immer eine Extrarolle. Nun war die Operation von den Russen genehmigt. Wolf würde operieren, und Irma mußte sie vorbereiten. Abgehetzt kam sie zu mir, drückte mir einen Ständer mit Reagenzgläsern und anderes Zubehör in die Hand. Das mußt du machen, sagte sie. Bis zehn müssen die Gallensaftproben im Labor sein.
Ich sträubte mich, so etwas hatte ich noch nie gemacht.
Stell dich nicht an, sagte sie. Hier auf dem Schlauch sind Zentimeterzahlen angegeben, bis sechzig muß die Frau ihn schlucken, dann ziehst du einfach mit der Spritze die Flüssigkeit ab und füllst sie in das erste Glas. Dann bekommt die Frau etwas zu trinken, du wartest einen Augenblick und ziehst ab für das zweite Glas, und so weiter.
Es ging besser, als ich gedacht hatte, der Frau schien die Prozedur nichts auszumachen. Sie hatte den Schlauch im Handumdrehen verschluckt und führte ihn selbst bis zu sechzig Zentimetern ein. Ich setzte die Spritze an, zog langsam den Kolben heraus: kein Tröpfchen Gallensaft kam. Ich versuchte es immer wieder, umsonst. Um zehn Uhr sollten die Reagenzgläser im Labor sein, mir trat der Schweiß auf die Stirne.
Da ging die Tür auf, es war Keller. Er wollte Visite machen.
Ich sagte ihm, daß Irma im Operationssaal sei und daß ich mit den Gallensaftproben zu tun hätte.
Er stellte sich neben mich und sah mir zu. Es kam und kam kein Gallensaft, nach einer Weile schob er mich zur Seite: Lassen Sie mich das machen.
Aber er hatte auch nicht mehr Glück als ich.
Holen Sie mir eine größere Spritze, zehn Kubik, sagte er.
Erleichtert lief ich hinüber und holte die Spritze.
Na also, sagte er befriedigt, als die erste Flüssigkeit aus dem Schlauch tropfte. Da wurde die Tür aufgerissen, es war Irma. Sie beachtete Keller nicht. Komm sofort mit, rief sie, du darfst bei der Operation zusehen, sie kann jeden Augenblick beginnen.
Das hatte ich mir schon immer gewünscht, seit langem lag ich Irma damit in den Ohren. Aber jetzt konnte ich doch Keller nicht einfach sitzenlassen. Ich sagte, ich könne nicht weg, unmöglich.
Sie war völlig außer sich: Ich habe Professor von Wolf fast auf den Knien gebeten, dich zusehen zu lassen, und nun willst du nicht.

Ich kämpfte mit den Tränen.
Nun gehen Sie schon, sagte Keller begütigend, ich mache das hier allein fertig.
Ich ging mit Tränen in den Augen. Drüben zogen sie mir hastig einen Kittel über, banden ein Tuch über mein Haar. Die Patientin lag bereits auf dem Tisch, abgedeckt und in Narkose.
Wolf sagte: Wir haben Ihnen ein Treppchen bereitgestellt, damit Sie besser sehen können.
Er stand neben der Patientin, an seiner Seite Operationsschwester Hanna mit dem Instrumententisch, gegenüber der Assistenzarzt. Um sie herum eine Anzahl Ärzte, darunter auch Russen. Sie kamen oft, um Wolf zuzusehen.
Als ich auf der Leiter stand, konnte ich noch einen Augenblick die mit Tüchern abgedeckte Bauchdecke sehen, auf der mit Jod eine Linie gezogen war. Wolf zerteilte sicher und glatt die weiße Haut, eine obere Schicht, eine mittlere, dann die dritte und letzte.
Nicht ein Tropfen Blut floß.
Fast so schnell wie Wolf schnitt, klemmte Dr. Reich, der Assistenzarzt, mit scherenähnlichen, blitzenden Zangen die Blutgefäße ab und ließ sie zu beiden Seiten des Einschnittes hängen, ihr Gewicht zog die Wundränder auseinander. Durch eine handbreite Öffnung war das Bauchinnere zu sehen.
Wolf beugte sich darüber, betastete die Organe, verschob sie scheinbar willkürlich, behielt einen birnengroßen dunklen Klumpen zwischen den Fingern, blickte auf und sagte etwas zu den umstehenden Ärzten, auf lateinisch.
Ich stand auf der obersten Stufe, weit vorgebeugt, um besser sehen zu können. Später merkte ich, daß ich mich die ganze Zeit auf die Schulter von Professor Keller gestützt hatte, der inzwischen dazugekommen war.
Wir können wieder zunähen, sagte Wolf.
Aber Sie haben doch gar nichts gemacht, sagte ich laut.
Die Ärzte um ihn herum grinsten, aber er nahm meinen überraschten Einwurf ernst. Ruhig erklärte er, er könne auch nichts machen.
Sehen Sie, sagte er, hier ist der Magen, dies die Bauchspeicheldrüse. Er berührte ein Organ ums andere, schließlich hob er den rotbraunen Klumpen aus der Bauchhöhle. Diese Drüse, sagte er, ist normalerweise pflaumengroß und fühlt sich straff an, hier aber ist sie birnengroß und teigig. Wenn ich sie jetzt herausnähme — das könnte ich tun —, dann wären die anderen stärker belastet, und das hielten sie nicht aus. Sie sind auch nicht mehr voll leistungsfähig; sie würden

dann sofort werden wie diese hier, und der Zustand wäre schlimmer als jetzt.
Es fiel mir schwer zu akzeptieren, daß überhaupt nichts gemacht werden sollte, wo der Bauch doch nun schon einmal auf war. Da sagte er beruhigend, ein bißchen frische Luft tue den Organen wahrscheinlich auch schon gut.
Dr. Reich entfernte bereits Zange um Zange, mit unglaublicher Schnelligkeit schloß Wolf eine Schicht nach der anderen. Über die oberste wurde reichlich Penizillinpuder gestreut, dabei sagte Reich zu der Patientin, die noch in tiefer Narkose lag: So mein liebes Evchen, damit du wieder ein glattes Bäuchlein bekommst.
Ich mußte lachen, denn ich wußte, wie sehr er damit dem Wunsch des jungen Mädchens entgegenkam.
Evchen war eine schwierige Patientin, lange jammerte sie über Nachschmerzen, bis selbst Wolf ungeduldig wurde und sie anfuhr, sie solle sich zusammennehmen; das half. Die Schmerzen wurden besser, nicht der Appetit. Sie aß so gut wie nichts und wurde immer weniger.
Ich fragte, worauf sie Appetit habe, die Antwort war immer Sauerkraut.
Jede Sonderverpflegung mußte von Professor Keller genehmigt werden, ich ging also zu ihm. Ausgeschlossen, sagte er, eine Frischoperierte und Sauerkraut, wo denken Sie hin.
Also nicht.
Ich versuchte es mit Fleischbrühe, Evchen wollte nicht. Traubenzuckerinjektionen konnten wir auch nicht geben, sie hatte zu schlechte Venen. Als Wolf zur Visite kam, bat ich ihn, Evchen zum Essen zu bewegen, aber sie blieb bei Sauerkraut, nichts anderes.
Als ich dann mit ihm hinausging aus dem Krankenzimmer, sagte ich, wir sollten ihr doch den Wunsch erfüllen, jeder Kranke wisse am besten, was ihm bekomme, und schließlich sei sie ja nicht wirklich operiert worden, was das also schaden könne.
Wolf war ganz meiner Meinung, ich solle ihr das Sauerkraut geben.
Ich bat ihn, mir das schriftlich zu geben, dann ging ich zu Keller. Er blickte auf Wolfs Anweisung, dann auf mich und sagte spöttisch: Dann haben Sie also gewonnen.
Ich holte mir einen Topf voll Sauerkraut aus der Küche, ging damit zu Evchen. Zuerst bekam sie eine Tasse Saft, dann nach und nach in winzigen Portionen das Sauerkraut.
Und Evchen aß sich daran gesund.
Heute verstehe ich viel besser, daß man sehr viel tun kann, um einem Menschen zu helfen, auch Absonderliches oder gar Unmoralisches.

Damals war ich empört, als ich hörte, daß Wolf unter den gefangenen Frauen mehrere »Verlobte« hatte. Er hatte ihnen allen ein Eheversprechen gegeben, und nun betrachteten sie sich als verlobt.
Wir hatten eine Frau, die vielleicht Ende vierzig war und Krebs hatte, nach Wolfs Meinung würde sie bald sterben. Als ich einmal mit der Verpflegung herumging, saß Wolf am Bett dieser Frau, und sie strahlte ihn an wie ein junges Mädchen. Und er hielt ihre Hand und strahlte auch. Nachher, als ich mit ihr allein war, sagte sie mir, sie liebe ihn und er sie, und sie wollten, wenn sie entlassen seien, zusammenleben. Sie hatte die rosigsten Träume.
Da habe ich Wolf gestellt und ihm vorgehalten, das sei doch ein Verbrechen, was er da mache. Warum er der Frau etwas verspräche, was er nicht halten könne und auch nicht halten wolle?
Er sagte, das müsse ich anders sehen. Die Frau habe vielleicht noch ein halbes Jahr zu leben, im günstigsten Fall. Wenn er jetzt ein Gefühl der Liebe in ihr wecke, dann lebe sie dadurch auf, und so gelänge es ihr vielleicht, die Haftzeit zu überstehen und draußen ihre Kinder wiederzusehen, das wünsche sie sich so sehr. Und nur darum ginge es ihm.
Ich wurde unsicher, aber später fiel mir ein, daß er noch andere Verlobte hatte, die nicht so schwerkrank waren.
Einer hatte er ganz ernsthaft die Ehe versprochen.
Sie war im Lager Fünfeichen Schwester gewesen und hatte ihn gepflegt und hochgepäppelt, als er dort an Typhus erkrankt war. Sie hatte sich wohl in ihn verliebt, viele verliebten sich ja in ihn, und da versprach er ihr aus Dankbarkeit, er wolle sie heiraten.
Auf uns ehemalige Häftlinge wird manchmal mit einer Art überheblichem Mitleid herabgesehen, gegen das man sich schwer wehren kann, es ist ja so gut gemeint. Wir müßten, so meint man, in ein sogenanntes normales Leben zurückgeführt werden, da wir ja so lange unter abnormen Bedingungen gelebt haben.
Das ist natürlich wahr, aber es ist nicht die ganze Wahrheit.
Wir sind durch dieses ungewöhnliche Leben auch beschenkt worden. Mit Erkenntnissen, die uns ohne die Belastungen der Haft nie zuteil geworden wären. Heute empfinde ich nicht selten, daß unsere Lebensnähe in den Lagern viel wahrhaftiger war. Natürlich hat ein Gefangenendasein viel Begrenzendes und Einschränkendes, aber oft hatte ich das Gefühl, als hätte ich damals intensiver gelebt.

Gegen Ende des Jahres wurde plötzlich die Verpflegung verbessert. Wir alten Hasen mutmaßten, daß wieder Entlassungen bevorstanden.

Es gab viel Nährhefe, und die Abendmahlzeit bestand jetzt aus dikkem Hafer- oder Graupenbrei. Auch wurden auf Vorschlag der Barakkenleiterin viele auf Schonkost gesetzt. Nicht immer gerecht, Felix und Anneliese, die es bestimmt nötig gehabt hätten, waren nie dabei. Gut, daß ich sie versorgen konnte.

In den ersten Tagen des neuen Jahres kam dann die Anweisung, alle Patientinnen aus dem Lazarett zu entlassen, denen der Aufenthalt im Lager zugemutet werden konnte.

Wie viele wurden da in wenigen Tagen gesund.

Unter der Parole bevorstehender Entlassung erhoben sich zwei Drittel unserer Patientinnen von mehrmonatigen Krankenlagern und zogen fröhlich schwatzend ab.

Da kann man mal sehen, wer wirklich krank ist, sagte Irma bitter. Für die haben wir uns nun jahrelang abgeschuftet, ich habe es dir ja immer gesagt. Wichtig tun und Ansprüche stellen, das war alles, was sie konnten. Sie haben sich selber Wunden beigebracht, sich die Bäuche aufschneiden lassen — nur um hier versorgt zu sein. Einen Hampelmann haben sie aus mir gemacht.

Auf der Station wurde es still, so geruhsam war unser Leben noch nie gewesen, es war wie eine Stille vor dem Sturm.

Wir warteten.

Was kam nun?

Nicht der erwartete Aufruf!

Etwas ganz anderes, wir wußten nicht, was wir davon halten sollten: Für den kommenden Sonntag wurde ein Gottesdienst angekündigt. Der erste Gottesdienst in Buchenwald. Und der letzte.

Er sollte in der großen Kulturbaracke stattfinden, die seit dem Tod jener Frau nicht mehr benutzt worden war. Die Riesenscheune faßte an die zweitausend Menschen, wir waren aber zwölftausend, und alle wollten gern gehen, selbst für die Ungläubigen war es so etwas wie eine Abwechslung. Deshalb sollte eine Auswahl getroffen werden.

Was für eine Auswahl, fragten wir uns. Wird man uns auf unseren Gottesglauben prüfen?

Nein, darum ging es nicht. Wir mußten in unseren besten Kleidern antreten, Russen gingen die Reihen entlang und benannten die Gottesdienstteilnehmer. Es waren ausnahmslos solche, die relativ wohlgenährt und gutgekleidet aussahen.

Der Sonntag kam.

Aufregung herrschte, wir hatten gehört, daß Besucher von draußen erwartet wurden. Bischof Dibelius sollte dabei sein. Ich weiß nicht, was die Russen sich dabei gedacht hatten, aber kurz vor der Ankunft

der Gäste wurde die Lagerstraße für uns gesperrt, außerdem Barakkensperre verhängt. Wir sahen die Gäste nicht.
Sahen die Gäste uns?
Wir haben es nie erfahren.
Nur diejenigen, die für den Gottesdienst ausgesucht worden waren, durften hinaus. Sie hatten am Lagertor anzutreten und wurden dann von einem Melder in die Kulturbaracke geführt, ich war auch dabei.
Die Scheune war schon sehr besetzt, wir gingen ganz nach hinten, wir waren offenbar die letzten. Kurz nach uns kam eine Anzahl dunkelgekleideter Männer, es mochten acht oder zehn sein, wir nahmen an, daß es Mitglieder des Roten Kreuzes waren, vielleicht auch Abgeordnete und kirchliche Würdenträger. Mit ihnen erschienen die russischen Offiziere der Lagerleitung in Begleitung ihrer Frauen.
Einer der Dunkelgekleideten hielt die Predigt. Ich hatte das Gefühl, daß er aus unseren Reihen kam, denn er predigte eine Stunde über die Vaterunserbitte: Unser täglich Brot gib uns heute. Und während dieser Stunde hatte ich keinen anderen Gedanken als den: Wie furchtbar muß dieser Mann gehungert haben! Er kam dann auch in die Lazarettbaracke, die Krankenzellentüren wurden geöffnet, und er hielt von der Flurmitte aus eine kleine Ansprache.
Noch heute frage ich mich, welche Schlußfolgerungen unsere Besucher gezogen haben mögen. Wußten sie, daß wir ihretwegen die Lagerstraße nicht betreten durften und in unsere Baracken verwiesen worden waren? Daß unter uns eine strenge Auswahl getroffen worden war? Und daß der Gottesdienst, an dem sie teilnahmen, der erste und letzte in Buchenwald war?
Ich glaube, sie wußten nichts von alledem.
Daraus habe ich die Überzeugung gewonnen, daß derartige offizielle Besichtigungen den Gefangenen wenig nützen. Mir scheint, sie dienen dem einen als Rechtfertigung, dem anderen als Gewissensberuhigung: Es ist etwas getan worden, und so schlecht geht es den Gefangenen eigentlich gar nicht.

Am 10. Januar 1950 begannen die Aufrufe.
Es war anders als sonst. Die Häftlinge wurden aufgerufen und auf zwei Baracken verteilt, es waren fast nur Männer. Offensichtlich bildete man zwei Gruppen, und wir fragten uns nach dem Grund. Gab es überhaupt einen? Wir hatten so oft erlebt, daß die Russen ihre Transporte impulsiv und ohne System zusammenstellten, wie damals in Bautzen, als Entlassung oder weitere Haft davon abhingen, ob ein Aktenbündel sich leicht oder schwer öffnen ließ. Und hier in Buchen-

wald würden wir dann auch erleben, daß die Kranken mit offener Tbc einfach den Kriegsverbrechern zugeordnet wurden; die Russen entließen ja grundsätzlich keine Kranken. Für manchen von ihnen bedeutete es Jahre weiterer Haft, für einige den Tod.
Machte ich mir Hoffnung?
Ich weiß es nicht. Ich war ja immer noch in diesem Zustand schwermütiger Hoffnungslosigkeit.
Wir erkannten bald, daß diesmal Planung vorlag.
Eine Baracke nahm die auf, die wirklich entlassen wurden, in die andere kamen Wissenschaftler, Facharbeiter und allgemein kräftige Personen — also wieder einmal ein als Entlassung getarnter Transport nach Rußland. Wer der Russenbaracke zugeteilt wurde, sagte mit bitterem Humor: Ich bin auf dem falschen Dampfer.
Auf dem Dampfer war auch Erna.
Ich gab gerade das Essen aus, als sie kam, um sich zu verabschieden. Sie müsse sofort mit ihrem Gepäck in die Sonderbaracke, sagte sie, draußen warte schon der Posten. Sie wisse, daß sie nicht abgebüßt habe, ihre Zeit sei noch nicht um.
Ich ging mit ihr hinaus, der Russe trat ungeduldig gegen das Holzgatter. Wir umarmten uns. Vergiß mich nicht, sagte sie.
Dawai, dawai, knurrte der Posten. Ich sah ihnen nach, bereit zu winken, aber sie drehte sich nicht mehr um.
Fünf Tage später ging es richtig los. Nun wurden täglich etwa zweihundert Personen aufgerufen. Sie kamen sofort in Quarantäne, die Männer in eine Sonderbaracke, die Frauen in den Keller unseres Hauses. Aber sie blieben dort nicht wochenlang, wie in Mühlberg, sondern zogen schon am nächsten Tag davon, um neu Aufgerufenen Platz zu machen.
Die Baracken wurden immer leerer, der furchtbare Wartezustand begann wieder, dieses angespannte, unterdrückte Hoffen von einem Tag auf den anderen und der tägliche Kampf mit dem Neid gegen die Enttäuschung. Eines Abends war auch Felicitas nicht mehr da. Anneliese erzählte, sie sei aufgerufen worden und erwarte mich am Kellerfenster. Ich war froh, daß dieses junge Mädchen nun endlich nach Hause kam. Eigentlich durften wir ja nicht mehr mit den Aufgerufenen sprechen, aber nach dem Abendappell schlich ich mich in der Dunkelheit zu dem Kellerfenster. Ich war nicht die einzige, einige von denen, die jetzt auseinandergerissen wurden, teilten seit Jahren alles miteinander, was sie hatten, da trennte man sich nicht so leicht. Das Fenster ging auf, sie hatte auf mich gewartet, ich kniete nieder und beugte mich vor; ich wollte ihr sagen, wie sehr ich mich für sie

freute, da sah ich Tränen in ihren Augen. Bestürzt fragte ich, was los sei. Hatte sie Angst, nach Hause zu gehen? Fürchtete sie sich davor, alles anders zu finden?
Sie sagte, nein, das sei es nicht, es fiele ihr einfach schwer zu gehen. Sie habe doch hier auch eine Heimat gehabt. Und mich. Ich sei doch hier ihre Mutter gewesen.
Ich streckte meine Hand aus, sie hielt sie fest und küßte sie. Der Gott, der mir meine Kinder nahm, hatte mir dieses Kind hier gegeben und würde mir noch viele zuführen. War das seine ausgleichende Gerechtigkeit?
Im Lazarett ist es still geworden. Auf der Station liegen nur noch Schwerkranke, ruhig und bescheiden, dankbar für jede Handreichung. Als Ende Januar mit einem Schlag die Aufrufe aufhören, gibt es im Lager diese Kranken, ein paar Baracken mit Tuberkulösen und uns, das Stammpersonal.
Wieder regt sich Hoffnung.
Wir trösten unsere Patienten mit der Vorstellung, daß sie draußen in Heilstätten gesund gepflegt werden sollen. Und uns trösten wir damit, daß wir entlassen werden, wenn man uns nicht mehr für die Pflege braucht.
Unsere Vermutung scheint sich zu bewahrheiten.
Am 10. Februar werden alle aufgerufen, die noch im Lager sind. Wir müssen sofort unsere Sachen packen und draußen antreten. Nur Irma darf ins Lazarett, um die Kranken transportfertig zu machen. Ich sehe sie nicht wieder. Dann stehen wir in Marschkolonne vor dem Frauenlager.
Stehen stundenlang.
Ein blasser Februartag, naßkalt und windig. Wir trösten uns mit Zukunftsträumen. Eine Volksdeutsche, die Russisch kann, spricht einen der Posten an. Wir hören alle die Antwort. Bald damoi.
Bald zu Hause.
Also doch. Und dennoch — kaum faßbar: nach Hause, morgen schon, vielleicht noch heute?
Was würden wir zuerst tun? Erzählen, essen. Und dann baden, schlafen. In einem weißen Bett.
Der Tag ist kalt und grau, aber unsere Träume hellen ihn auf und wärmen uns, so halten wir das endlose Warten leichter aus. Es wird schon dunkel, als unsere Kolonne sich in Bewegung setzen darf. Irma ist immer noch nicht da. Wir gehen auf der langen Lagerstraße dem Tor mit der zynischen Inschrift zu — wir, die letzten Insassen von Buchenwald.

Plötzlich macht die Kolonne vor einer Baracke halt, dann geht es ruckweise weiter, jeweils fünf Frauen werden gleichzeitig eingelassen. Was bedeutet das? Eine letzte Kontrolle? Entlassungspapiere?
Hinter mir höre ich leises eindringliches Pfeifen. Ich wende mich um, aus dem Dunkel des Barackenschattens löst sich eine Gestalt, winkt. Ich schaue mich um, nein, kein Posten in der Nähe. Die sind alle drinnen, es ist ihnen wohl zu kalt hier draußen. Ich mache ein paar Schritte in die Dunkelheit. Im Schutz der Barackenwand stehen fünf Männer, einer überragt die anderen, es ist der, der gepfiffen hat: Dr. Reich, unser Hals-, Nasen- und Ohrenarzt. Scharfe Kontrolle bis auf die Haut, ruft er leise, als ich näher komme. Er dreht sich um und zeigt seinen schlaffen Rucksack, pfeift: O du lieber Augustin, alles ist hin...
Wie ich ihn so stehen sehe, in der schlottrigen alten Soldatenuniform, die zerknautschte Skimütze in der einen Hand, mit der anderen den Hosenbund zusammenhaltend, lässig und ein wenig pfiffig, als sei der einzige Spaß an der Sache, auch ohne Hosenträger seinen Mann zu stehen, da steigt ein warmes Gefühl in mir auf, ich habe ihn auf einmal gern. Die Barackentür geht wieder einmal auf, ich deute einen Händedruck an und trete zurück in meine Reihe. Noch ist keine von uns wieder herausgekommen. Die Männer aber stehen am Hinterausgang versammelt; es kann also sein, daß man uns wieder zur Vordertür herausläßt. Ich suche alle meine Kostbarkeiten zusammen, die Nadeln, den Bleistift, die Schere, das Nähgarn und stopfe es in die Spalten der Holzverschalung neben der Tür, später kann ich es hoffentlich wieder an mich nehmen. Ich mache auch meine Nachbarinnen auf diese Möglichkeit aufmerksam, aber ihnen erscheint das zu riskant. Lieber wollen sie drinnen versuchen, ihre Wertsachen einer zuzustecken, die schon kontrolliert worden ist.
Als wir die Baracke betreten, sehen wir auf den ersten Blick, daß alle Überlegungen umsonst gewesen sind, meine wie ihre. Die durchsuchten Frauen stehen mit schmalem Gepäck am rückwärtigen Ausgang, also sind meine Kostbarkeiten verloren. Möglich, daß sie heute noch zwischen den Spalten der Holzverschalung stecken.
Zwischen den Kontrollierten und uns steht ein russischer Posten, unmöglich, eine Verbindung aufzunehmen.
Ein anderer Russe fordert uns auf, unsere selbstgenähten Sacktaschen und Deckenbündel, diese armseligen Lagerlumpen, auf einer Tischreihe abzustellen, die sich durch die ganze Barackenlänge zieht. Hinter den Tischen stehen, wie in einer Theatergarderobe, junge russische Soldaten. Sie sind offenbar angewiesen, unsere Habe auf das

Mindeste zu reduzieren. Berge von Wäsche, Kleidung, Schuhen und Toilettengegenständen häufen sich um die Soldatenstiefel; vor unseren Augen wird achtlos zertrampelt, was wir uns in Jahren erhungert und erarbeitet haben. Vorher aber sortieren sie aus, was ihnen wertvoll erscheint, und zeigen einander in kindlicher Freude ihre Funde.
Wir stehen fünf Schritte davon entfernt und sehen unseren ganzen Besitz dahingehen.
Es ist qualvoll.
Ich will es schnell hinter mir haben, trete also an den ersten Russen heran, der seine Hände frei hat, und schiebe ihm meine Deckenrolle hin. Ich warte einen Augenblick, er rührt sie nicht an. Ich sehe auf, blicke in ein trauriges Kindergesicht, dieser Junge ist nicht einmal achtzehn.
Du krank, fragt er.
Ich schüttle den Kopf, aber er besteht darauf, daß ich mich auf einen Schemel setze, der an einem der Stützpfeiler steht. Ich sitze da wie auf einer Insel. Rund um mich brandet es, da wird gefeilscht und gehandelt, die Frauen vor den Tischen haben andere Vorstellungen davon, was ihr Nötigstes ist, als die Russen dahinter.
Mein junger Soldat hat indessen behutsam das Deckenbündel aufgemacht, vorsichtig nimmt er ein Stück nach dem anderen heraus und sieht mich bei jedem fragend an. Er hält ein weißes Nesselhemd hoch, das ich gerade bei der letzten Zuteilung bekommen habe. Brauche ich es? Fünf Jahre bin ich mit einem einzigen Hemd ausgekommen, zeitweise habe ich überhaupt keins gehabt, da werde ich dies zweite jetzt wohl entbehren können. Ich schüttle leicht den Kopf, er lächelt, wirft das Hemd hinter sich. Dann entfaltet er eine weiße Bluse, verziert mit buntem Hohlsaum, sie soll für Heidi sein, monatelang habe ich daran gearbeitet! Ich sehe ihn bittend an, und er steckt sie zurück in die Tasche.
Heidi hat die Bluse nie bekommen. Ich kann sie nur noch dieses eine Mal retten. In Waldheim geht sie endgültig verloren.
Er hebt schon das nächste hoch.
Ich trenne mich auch von meinem dunkelblauen Kleid und dem Mantel von Zuhause, die Sachen aus Deckenstoff sind wärmer.
Der mitleidige junge Mensch läßt mich jedesmal selbst entscheiden, was ich behalten will und was nicht. Niemand merkt etwas, ich sitze ja abseits und außerdem sind alle mit sich beschäftigt.
Ich bekomme meine Sachen nicht gleich zurück. Mit vier anderen werde ich in eine Kammer geführt, eine kräftige Russin erwartet uns dort, vielleicht so alt wie ich, unbeteiligt, sachlich. Mit einer Stimme,

die mir Angst macht, befiehlt sie: Ausziehen. Sie deutet auf ein großes Leinentuch, das vor uns ausgebreitet ist.
Wir gehorchen.
Nackt stehen wir da, alle Kleidung liegt auf dem Tisch. Sie schlägt es zusammen und schleift es hinaus. Wir warten, nackt, bis die Russin zurückkommt. Sie tritt zu jeder, greift ihr ins Haar, dann müssen wir drei Kniebeugen machen, bei der dritten bekommen wir den Befehl, in Hockstellung zu bleiben und den Mund aufzumachen. Wir müssen die Zunge bewegen, während sie das Gesicht befühlt, nein, keine von uns hat etwas in sich versteckt.
Nun schleift sie wieder das Tuch herein, alles liegt wüst durcheinander, der einen fehlen die Socken, der anderen die Schuhe, einer dritten das Hemd. Die mit den Schuhen wagt zu fragen; dieser Verlust ist ja auch der unangenehmste. Das Gesicht der Russin wird böse. Dawai, dawai, schreit sie. Benommen gehen wir in den großen Raum zurück, nehmen unser Bündel in Empfang und stellen uns zu den wartenden Frauen an den Hinterausgang.
Nach Mitternacht werden wir in eine leere kalte Baracke geführt, hundert Meter vor dem Tor, durch das wir in die Freiheit zu gehen hoffen. Ich höre von den anderen, daß sie bei der Durchsuchung nicht so gut weggekommen sind wie ich, man hat sie völlig ausgeplündert.
Wir sagen uns, das sei keine sehr freundliche Behandlung, werden wir wirklich entlassen? Dennoch, was soll sonst mit uns geschehen? Wir sind die letzten, vielleicht ist es den anderen auch so ergangen, wir haben von keiner je wieder gehört, nachdem sie entlassen wurde. Vielleicht ist es der übliche Vorgang.
Die Unruhe bleibt. Keine hat geschlafen, als gegen vier die Barackentür aufgemacht wird. Zwei Posten kommen herein, das Gewehr auf dem Rücken. Wir werden angewiesen, in zehn Minuten abmarschbereit zu sein. Ich gehe noch einmal zurück, mein Bündel und die Handschuhe lasse ich draußen liegen. Als ich wiederkomme, sind die Handschuhe weg. Die Handschuhe, über die sich die Frauen jahrelang hinter meinem Rücken aufgeregt haben, weil sie immer glaubten, es sei ein Klassenabzeichen! Aber für mich waren sie einfach etwas Wärmendes und etwas, das zu meinem Anzug gehörte, und eines der letzten Geschenke von Bernhard. Gerettet über alle Durchsuchungen hinweg, auch diesmal gerettet. Nun sind sie nicht mehr da.
Wut steigt hoch in mir.
Wer hat meine Handschuhe gestohlen, rufe ich.
Eine unsinnige Frage, wer würde darauf antworten? Mir ist, als schauten mich lauter feindselige Gesichter an. Ehe ich meinem Zorn

weiter Luft machen kann, werde ich in die Kolonne gezogen, helles Haar schimmert vor mir, das ist Hanna, die Operationsschwester. Ich schimpfe weiter: Jahrelang sei ich mit den Handschuhen gehänselt worden, nun habe eine ihre Brauchbarkeit entdeckt.
Ja, ja, sagt Hanna, du hast ja recht, aber nimm's doch nicht so tragisch, morgen ist das alles unwichtig geworden.
Mich friert aber, sage ich.
Sie sieht auf ihre Hände, die stecken in warmen wollenen Handschuhen. Warte mal, sagt sie, vielleicht habe ich noch die Fausthandschuhe. Während sie in ihrer Tasche kramt, marschieren wir auf das Tor zu. Zehn Meter davor müssen wir wieder halten, freudestrahlend wendet sie sich mir zu: Hier sind sie, du kannst sie behalten.
Ich fahre schnell hinein, ich bin wirklich froh, daß ich sie habe, die Kälte beißt auf Gesicht und Händen. Wir werden in Zehnergruppen eingeteilt, die Spannung steigt aufs höchste, nun fällt die Entscheidung. Ich versuche zu beten. Nach Hause, bete ich, lieber Himmel, bitte, nach Hause.
Aus der Wache neben dem Tor kommen ein paar russische Offiziere. Bei ihnen ist ein Dolmetscher, er tritt auf uns zu und sagt laut und deutlich: Die Regierung der Sowjetunion entläßt Sie aus diesem Lager. Bewahren Sie Disziplin, wenn sich das Tor jetzt für Sie öffnet und Sie hinaustreten.
Bewegung geht durch die Reihen, ein einziger Atemzug.
Während meiner nunmehr fünfjährigen Gefangenschaft haben wir manches Lager verlassen, nie sind wir so angesprochen worden. Das ist der Weg in die Freiheit, endlich, endlich —
Unsere Blicke hängen an den geschwungenen Torflügeln, lautlos schieben sie sich auseinander. Licht fällt herein.
Freiheit?
Eine gellende Lautsprecherstimme.
Wir halten an und horchen.
Die Stimme sagt: Wer die Reihenordnung verläßt und einen Fluchtversuch macht, wird erschossen.
Das Tor ist nun weit offen. Der Platz davor liegt im Scheinwerferlicht. Im Halbrund stehen Uniformierte, einer neben dem anderen, die Maschinenpistole an der Hüfte auf uns gerichtet. Neben ihnen Hunde, hechelnd, mit heraushängender Zunge, sprungbereit.
Wieder die Lautsprecherstimme: Achtung, Achtung...
Ich sehe in die Richtung, aus der sie kommt. Ein langgestrecktes, barackenartiges Haus ist da, die Front hell erleuchtet, von dort kommen die Anweisungen, aus einem Lautsprecher, zu sehen ist niemand.

Wieder die Stimme: Unsere Freunde, die siegreichen Sowjets, haben der Regierung der DDR vertrauensvoll die Kriegsverbrecher zur gerechten Aburteilung übergeben. Gleichzeitig wurde das gesamte Aktenmaterial in unsere Hände gelegt. Sie werden jetzt namentlich aufgerufen. In der Baracke wird ein kurzer Vergleich der Personalien vorgenommen. Es sind keinerlei Fragen zu stellen. Sie haben lediglich kurz und klar zu antworten.

Wir haben das noch nicht begriffen, da kommen schon die ersten Namen. Diesmal noch werde ich mit Bernhards Namen aufgerufen, in Waldheim ändert sich das, da nimmt man mir auch den.

Ich weiß nicht, wie ich in die Baracke komme; hinter einem Schalter sitzt einer dieser Uniformierten, so eine Uniform habe ich noch nie gesehen, blau mit rotem Schlips.

Schnell muß es gehen, die Fragen kommen wie aus der Pistole geschossen: Name? Wann und wo geboren? Beruf? Letzter Wohnort? Grund der Verhaftung? Es geht sehr schnell, wir machen keine Schwierigkeiten, der hinter dem Schalter bietet mir einen Platz an, sie sind also nicht so schlimm.

Und sie sind Deutsche. Wir sprechen eine Sprache. Man würde ihnen doch wohl klarmachen können, wie alles zusammenhängt.

Wir marschieren wieder, wir, die letzten 2154 Häftlinge von Buchenwald, wir drehen uns nicht um.

Hinter uns die Stille und Öde des verlassenen Lagers, hinter uns das Leid und die Qual, die Massengräber. In einiger Zeit wird man dieses Buchenwald zum Mahnmal machen, aber kein Wort, keine Inschrift wird an uns erinnern, die wir nach fünfundvierzig dieses Lager bevölkert haben. Kein Kreuz auf den Massengräbern für die zahllosen Toten dieser fünf Jahre, für die Schuldigen und die Unschuldigen, die Einsichtigen und die Uneinsichtigen.

Vorbemerkung zu Kapitel 8

1949: Geburtsjahr zweier deutscher Staaten.
Am 23. Mai nahm in Bonn der Parlamentarische Rat, der sich im September 1948 konstituiert hatte, unter Vorsitz von Konrad Adenauer das Grundgesetz für die Bundesrepublik Deutschland an. In seiner Präambel heißt es:

> »Im Bewußtsein seiner Verantwortung vor Gott und den Menschen, von dem Willen beseelt, seine nationale und staatliche Einheit zu wahren und als gleichberechtigtes Glied in einem vereinten Europa dem Frieden der Welt zu dienen, hat das deutsche Volk..., um dem staatlichen Leben für eine Übergangszeit eine neue Ordnung zu geben, kraft seiner verfassunggebenden Gewalt dieses Grundgesetz der Bundesrepublik Deutschland beschlossen.«

In der Präambel der DDR-Verfassung, die am 7. Oktober 1949 proklamiert wurde, heißt es:

> »Von dem Willen erfüllt, die Freiheit und die Rechte der Menschen zu verbürgen, das Gemeinschafts- und Wirtschaftsleben sozialer Gerechtigkeit zu gestalten, dem gesellschaftlichen Fortschritt zu dienen, die Freundschaft mit allen Völkern zu fördern und den Frieden zu sichern, hat sich das deutsche Volk diese Verfassung gegeben.«

Zwar wurde in beiden Verfassungen an der deutschen Einheit festgehalten, aber beide deutsche Staaten reklamierten für sich, *das* deutsche Volk zu vertreten. Auch in Zukunft würde keiner von dem einmal gewählten Weg weichen — statt in einem geeinten Deutschland würde die Bundesrepublik fest im westlichen, die DDR im östlichen Bündnissystem aufgehen.
Einige der ehemaligen Mitglieder des Nationalkomitees nahmen nun führende politische Positionen in der jungen sozialistischen Republik ein — Wilhelm Pieck wurde Präsident, Walter Ulbricht stellvertretender Ministerpräsident — ein Jahr später würde er auch zum Generalsekretär der SED und damit zum mächtigsten Mann aufsteigen —, Luitpold Steidle vom Offiziersbund wurde Minister für Arbeit und Gesundheitswesen. Anton Ackermann, Leiter des Senders *Freies Deutschland*, gehörte seit der Gründung der SED zum Zentralsekretariat, Rudolf Herrnstadt von der Zeitung des Nationalkomitees war Chefredakteur des SED-Organs *Neues Deutschland*.
Und wie hatte sich Bernhard Bechlers Laufbahn entwickelt? Noch vor Gründung der DDR war er von seinem Posten als brandenburgischer Innenminister abberufen worden, scheinbar überraschend und ohne daß es offizielle Stellungnahmen gegeben hätte. Die westliche Presse, die sich immer wieder für den »politischen Konvertiten« Bechler interessiert hatte, argwöhnte bereits, er sei in Ungnade gefallen; vielleicht, weil er der Wahlmanipulation bezichtigt worden war. Über die Volkskammerwahlen im Mai 1949 — ohnehin keine freien Wahlen mehr, denn gewarnt durch das schlechte Abschneiden von 1946, hatte die SED eine Einheitsliste aufgestellt, die nur angenommen oder abgelehnt werden konnte — erklärte später einer der Zeugen, der damalige Bürgermeister von Rheinsberg, Dr. F. Haagen, Bechler habe zwei Stunden vor Beendigung des Wahlganges die Anordnung erlassen » ... daß ein Durchstreichen der gestellten Fragen oder ein auf der Grenze von Ja und Nein liegendes Kreuz als Ja-Stimme zu zählen sei... Eine gewissenhafte Zählung

der abgegebenen Stimmen wurde dadurch unmöglich gemacht, daß dreißig Minuten nach Schluß des Wahlganges das Ergebnis ... gemeldet werden mußte, bei Androhung der Einleitung eines Verfahrens wegen Wahlsabotage, so daß Rheinsberg wie auch andere Gemeinden bei der Mitteilung des Abstimmungsergebnisses über den Daumen peilte.«
Schon 1947 hatte Bechler in einem Gespräch mit Graf Einsiedel geäußert: »Wir sind doch nicht verrückt, wir werden die Macht doch nicht freiwillig aus den Händen geben.«
Als er von seinem Posten als Innenminister der Mark Brandenburg abberufen wurde, bedeutete das den Beginn einer ihm viel gemäßeren — der militärischen — Karriere.
Bernhard Bechler besuchte einen einjährigen Lehrgang auf der sowjetischen Militärakademie Priwolsk bei Saratow. Der Leiter der Akademie, Generalmajor Wassiljew, erklärte, zu Bechler gewandt, vor den deutschen Kursteilnehmern: »Sie sind berufen, die Kader der neuen deutschen Armee heranzubilden.«
Aber zunächst war Deutschland, ganz Deutschland, entmilitarisiert. So wurde Bernhard Bechler nach seiner Rückkehr im Oktober 1950 zunächst Chef des Stabes der Hauptverwaltung Ausbildung (HVA) und Chefinspekteur der Kasernierten Volkspolizei. Er bezog seinen Amtssitz im Hauptquartier der DDR-Polizei in Berlin-Wilhelmsruh.
Während Bechler in der Sowjetunion weilte, war etwas geschehen, das für ihn und seine toterklärte Frau bedeutsam werden sollte: Am 14. 1. 1950 hatte die sowjetische Militäradministration die Auflösung ihrer Konzentrationslager auf deutschem Boden bekanntgegeben. Alle Internierten, die nicht entlassen wurden, übergab man zur Aburteilung oder weiteren Strafverbüßung den Behörden der DDR, die den gesamten Strafvollzug aus der Justiz ausgliederte und der Volkspolizei unterstellte. Damit war Bernhard Bechler Chef jener Leute, die Margret Bechler bewachten.

Kapitel 8

Im Zuchthaus Waldheim: Anklageschrift und Todesurteil
Februar 1950 bis Oktober 1950

Gegen sechs wurden wir in Güterwagen verladen. Es war noch finster. Unsere neuen Bewacher sperrten uns ein. Sie behandelten uns unfreundlich, aber das entmutigte uns nicht. Wir sagten uns, trotzdem sei es ein Schritt vorwärts, nun in Händen von Deutschen zu sein. Mochten sie uns auch jetzt noch als Kriegsverbrecher ansehen und auch so behandeln, eine Vernehmung würde alles aufklären, wir sprachen ja schließlich dieselbe Sprache.

Wir waren nicht müde, trotz der durchwachten Nacht. Im Wagen war es stockdunkel. Während des Gerangels um die Plätze fühlte ich etwas Weiches unter meinem Schuh. Ich bückte mich und hob es auf, es war einer meiner Handschuhe. Ich suchte sofort nach dem zweiten, mir war klar, daß die Diebin sich ihrer entledigt hatte, als sie entdeckte, daß es nun doch nicht nach Hause ging. Jetzt mußte sie Angst haben, als Kameradendiebin entlarvt zu werden. Ich fand den zweiten und war froh; ich habe sie heute noch.
Dann saßen wir auf unseren Plätzen und warteten. Es wurde hell, es wurde Mittag, wir warteten. Endlich gingen die Türen wieder auf, nun wurde Verpflegung hineingeschoben, so fürstlich waren wir noch nie versorgt worden; jede bekam ein halbes Brot, ein Stück Wurst, reichlich Fett und Zucker. Und zwölf Zigaretten. Russische Soldaten überwachten die Verteilung, das kam also noch nicht von der neuen Ordnungsmacht. Dennoch: Es geht aufwärts, dachten wir; Fröhlichkeit breitete sich aus.
Der Russe, der bei der Verteilung half, fragte verwundert: Warum lachen?
Wir jetzt bei Deutschen, rief eine, bei Deutschen alles gut.
Er dachte einen Augenblick darüber nach, dann schüttelte er den Kopf. Mitleidig, fast brüderlich sagte er: Hier gut — da nix lachen.
Er schob von außen die Tür zusammen, der Riegel schlug über. Betroffenes Schweigen. Was hatte er gemeint? Die Fahrt? Oder das, was dann kommen würde?
Die Späherin an der Luke meldete indessen, was draußen vor sich ging. Die Russen seien fort, jetzt hielten Blauuniformierte Wache am Zug, ganz junge Männer und nur ein paar.
Menschenskind, sagte sie aufgeregt, jetzt passiert was, da wird noch eine gebracht, du lieber Himmel, die sieht vielleicht aus! Haare runter, Mantel offen, was haben die bloß mit der gemacht. Meine Güte, das ist ja Tea, sie kommen hierher, sie kommt zu uns.
Ein paar standen schon an der Tür, als sie aufgeschoben wurde, sie zogen Tea herein, die Tür knallte sofort zu. Und dann ruckte der Zug an, kam in Fahrt; es hatte den Anschein, als hätten wir nur auf sie gewartet.
Ich hangelte mich zu ihr hinunter. Sie war dabei, sich ein bißchen in Ordnung zu bringen, wir sammelten Haarnadeln für sie, damit sie sich die Haare wieder aufstecken konnte. Sie wisse nicht, was in die Russen gefahren sei, sagte sie, sie habe ja schon allerlei erlebt, aber so sei sie noch nie behandelt worden. Ihr ganzes Gepäck sei weg, nicht mal das Hemd hätten sie ihr gelassen. Eine Ewigkeit habe man sie

nackt in einem Verschlag stehen lassen. Schließlich sei ihr das Kleid zurückgegeben worden und ihr altes Lodencape, aber alle Knöpfe waren abgerissen, die Säume aufgetrennt, an den Schuhen fehlten die Schnürsenkel.
Später wurde erzählt, daß Tea eigentlich auf der Entlassungsliste gestanden habe, dann aber sei Irma an ihrer Stelle darauf gesetzt worden. Die Russen hätten sich gesagt, Irma habe sich in den fünf Jahren so viele Verdienste erworben und so viel geleistet, daß sie eine Entlassung verdient hätte. Weil nun aber eine bestimmte Anzahl Personen für die Übergabe vorgesehen war, mußte ein Ersatz her, die nächstbeste — in diesem Fall war es Tea.
Dieser wirklich gütige Mensch sagte dann später in Waldheim, als es uns so dreckig ging: Wie gut, daß es mich getroffen hat, ich kann es aushalten, Irma wäre dabei draufgegangen.
Es dämmerte, da blieb der Zug wieder stehen. Posten gingen den Bahnsteig entlang, wir hörten ihre Schritte. Unsere Beobachterin an der Luke beschloß, einen von ihnen anzusprechen; ich werde diesen seltsamen Dialog nie vergessen, wir hörten ja nur die eine Seite. Was draußen gesagt wurde, mußten wir uns zusammenreimen.
Sie fing sehr höflich an. Guten Abend, sagte sie. Offenbar war die Antwort ermutigend, denn sie sprach sofort weiter. Ob er wisse, was mit uns geschehen solle und wohin wir führen. Laut wiederholte sie seine Antwort: Nach Waldheim.
Eine bei uns im Wagen sagte: Zuchthaus für Schwerverbrecher, in der Nähe von Leipzig.
Aber wir sind doch keine Verbrecher, rief die an der Luke.
Der draußen gab wohl eine beruhigende Antwort.
Ja, meinen Sie, fragte sie hoffnungsvoll.
Die Lokomotive pfiff, der Zug setzte sich in Bewegung, das Gespräch war zu Ende. Sie kam herunter und erzählte uns, was er gesagt hatte. Es tue ihm leid, was er hier zu machen habe, aber er müsse auch leben, irgendwie müsse man ja seine Brötchen verdienen. In Waldheim würden wir alle überprüft, es könne sich nur noch um Wochen handeln, höchstens um Monate.
Gegen ein Uhr in der Nacht waren wir an unserem Bestimmungsort. Einzeln wurden die Wagen geöffnet, in Trupps zu fünfzig führte man uns durch den stillen Bahnhof, die Nacht war eisig, der Himmel hoch und sternenklar. Draußen wartete eine Reihe von Bussen mit dunkel verhängten Fenstern — wir durften nicht sehen oder nicht gesehen werden, wer weiß?
Die Fahrt dauerte nicht lange, wir fanden uns vor einem großen Git-

tertor, erkannten dahinter die Umrisse eines burgähnlichen Mauerwerks, mit herausragenden Rundtürmen und geschwungenen Haubendächern, eher behäbig als furchterregend: Jagdschloß Waldheim, Kern eines riesigen Zuchthauskomplexes.
Auch hier nahm uns Volkspolizei in Empfang, und wir hatten Anlaß, an unseren Russen im Zug zu denken. Keine Freundlichkeit, nicht einmal Sachlichkeit, rohe Beschimpfungen, obwohl wir uns bemühten, keinen Anlaß zu geben. Ja, sie sprachen deutsch, aber was für ein Deutsch! So widerwärtig hat mir das Sächsische noch nie geklungen wie in dieser Nacht.
Alle trugen Gummiknüppel, die auch benutzt wurden, wir erfuhren das. Tea, die neben mir ging, zeigte auf den Himmel über uns. Sieh dir die Sternenpracht an, ist das nicht wunderbar.
Da fuhr ihr so ein Gummiknüppel in die Seite, und jemand sagte im allergemeinsten Sächsisch: Die hamse für lange Zeit zum letztenmal gesehn.
Weibliches Wachpersonal übernahm uns drinnen. Sie waren nicht freundlicher als ihre Kollegen, eher noch entmutigender, Frauen können ja in solchen Fällen besonders rigoros sein. Sie waren wie die Männer uniformiert, nur trugen sie enge, allzu enge Röcke statt der Hosen und darüber ein breites Lederkoppel, an dem der Gummiknüppel hing.
Wir wurden in einen großen Raum gebracht, der Spuren kürzlicher Benutzung aufwies. Später erfuhren wir, daß die bisherigen Insassen, wegen krimineller Delikte Verurteilte, in aller Hast abtransportiert worden waren.
Wir achtzig aus Buchenwald, übernächtigt und ungewaschen, standen voll innerer Anspannung in diesem Raum. Uns gegenüber die Wachtmeisterinnen. Eine von ihnen trat vor und forderte uns unter Androhung von Arreststrafen auf, alle spitzen Gegenstände auf einem Holztisch abzulegen, die Haarnadeln also, Klemmen, Scheren, auch jegliches Papier, Bleistifte oder Minen. Und die Zigaretten. Danach Leibesvisitation.
Die Kontrolle begann bei mir. Ich hatte ja nun schon öfter Leibesvisitationen erlebt, aber so etwas noch nicht. Harte, grobe Hände packten meine Brüste, fuhren über meinen Körper. Ich fühlte tiefe Erniedrigung, in dem Augenblick verfluchte ich Bernhard. Hier habe ich zum erstenmal gedacht: Wie kann er mir das antun, daß ich mich so behandeln lassen muß.
Sie fragte: Und Ihre Zigaretten?
Da kam mein ganzer Zorn heraus; er war so groß, daß mir alles an-

dere gleichgültig war. Ich nahm meine zwölf Zigaretten, und während ich ihr ins Gesicht sah, preßte ich sie in der Hand zusammen und ließ die Krümel auf den Boden fallen.
Die anderen wunderten sich über meinen Mut; ich konnte ihnen nicht erklären, daß das kein Mut war, sondern Zorn und Verachtung. In so einem Augenblick war mir einfach egal, was danach geschah.
Wie immer in solchen Fällen geschah nichts. Die Rothaarige sah mich kurz an, dann wendete sie sich ab. Auch ich durfte gehen.
Die Nacht verbrachten wir in einem eiskalten Riesensaal. Wir hatten reichlich Platz, aber wir entschlossen uns, zu zweit auf einem Strohsack zu schlafen, um es etwas wärmer zu haben, trotzdem hielt uns die Kälte wach. Ich war mit Tea unter eine Decke gekrochen, wir flüsterten noch lange miteinander. Sie erzählte von zu Hause, von Eltern und Geschwistern. Ich sähe ihrem einzigen Bruder ähnlich, der im Krieg gefallen war. Wir wollten zusammenhalten, wie Geschwister.
Irgendwann schliefen wir dann doch ein. Um fünf wurden wir durch eine Trillerpfeife geweckt. An der Tür stand eine Wachtmeisterin. In fünf Minuten, rief sie, hätten wir angezogen zu sein.
Nach fünf Minuten standen wir da wie befohlen, ungewaschen und ungekämmt. Wir wurden nach unten geführt, zum Appell.
Die Wachtmeisterin schimpfte unausgesetzt, weil es ihr zu langsam ging, weil unsere Holzschuhe auf dem Steinboden klapperten, weil die alten Frauen auf der Wendeltreppe nicht schnell genug vorwärtskamen.
In einem großen Saal traten wir an. Die Wärterinnen wurden abgelöst. Die neuen von der Tagesschicht hielten den Gummiknüppel in der Hand, während sie uns abzählten. Was mochte man ihnen von uns berichtet haben?
Wir wurden in Zwölfergruppen unterteilt. Jede Gruppe holte sich einen der langen Tische heran, die in den Ecken gestapelt waren; nun wurden sie hintereinander, quer zur Saallänge aufgestellt. Zwölf Schemel kamen hinzu, dann durften wir uns setzen.
Jetzt waren wir dankbar für die Russenverpflegung; in den nächsten drei Tagen gab es nur eine Kelle dunklen Wassers, das sich Kaffee nannte, es war nicht einmal heiß.
Ich dachte an den mitleidigen Russen, Nein, hier würden wir nichts zu lachen haben.
Um fünf Uhr morgens waren wir geweckt worden, abends um zehn durften wir uns hinlegen, die Stunden dazwischen verbrachten wir in diesem Saal, auf den Holzschemeln.
Vierzehn Stunden saßen wir.

Aufstehen verboten.
Sprechen verboten.
Wer aufs Klo mußte, hatte sich durch Handheben bemerkbar zu machen.
Am nächsten Tag kam ein Transport aus Sachsenhausen, nun waren wir hundertzwanzig, der Saal füllte sich. Wirklich qualvoll wurde die Enge, als am dritten Tag noch achtzig aus Bautzen eintrafen, unter ihnen viele alte Bekannte, auch Frau Mutschmann. Hier in Waldheim bekam ich Achtung vor ihr, ihre törichte Überlegenheit war ganz verschwunden. In stiller Würde saß sie da, das Haar hing lang und weiß den Rücken herunter. Sie redete wenig, stumm ertrug sie den Haß der Wachtmeisterinnen, der sich auf sie als Frau des Gauleiters von Sachsen konzentrierte. Kaum war sie da, wurde ihr schon aufgetragen, alle paar Stunden das Tonnenklosett zu leeren und den Abort zu reinigen. Sie tat es ohne Klage.
Der Riesenraum war nun mit Tischen vollgestellt. Am ersten Tag durften wir das Tonnenklo im Nebenraum noch nach Bedarf aufsuchen, jetzt mußte eine neue Regelung getroffen werden: die Tische hatten hintereinander Klogang. Der erste fing früh um sechs an, gegen Mittag erst war der siebzehnte an der Reihe, viele Frauen weinten vor Verzweiflung.
Keine von uns kam in den nächsten Tagen aus den Kleidern heraus; ich habe mich weder gewaschen noch gekämmt, vier Tage nicht. Wahrscheinlich habe ich mir die Haare mit den Fingern zurückgestrichen, wie in Jamlitz, ich weiß es nicht mehr. Wir versanken in einen Zustand hoffnungsloser Gleichgültigkeit.
Hier soll nun nicht der Eindruck erweckt werden, als sei dieses Chaos gänzlich auf unnötige Grausamkeit zurückzuführen. Wir litten in erster Linie unter der völligen Unzulänglichkeit der Einrichtungen. Die Behörden hatten sich offenbar in keiner Weise auf die mehr als dreitausend Gefangenen einrichten können, die ihnen von den Sowjets übergeben worden waren. Hinzu kam, daß die bisherigen Insassen alles mitgenommen hatten, was nicht niet- und nagelfest war. Und irgendwelche Bestände gab es nicht.
Ich weiß nicht, wie es nach diesen ersten Tagen weitergegangen ist. Am vierten Tag wachte ich morgens mit starken Halsschmerzen auf, abends kam Fieber hinzu. Am anderen Morgen hatte ich merkwürdigerweise Untertemperatur, außerdem eine stark geschwollene Zunge und große Schluckbeschwerden. Trotzdem saß ich noch den ganzen Tag auf meinem Schemel, auch den nächsten. Essen konnte ich kaum noch, mittags schluckte ich zwei Stunden lang an einer Kartoffel,

weil ich mir sagte, ich dürfte nicht ganz auf das Essen verzichten, es war ja ohnehin schon so wenig.
Am zweiten Tag sagte eine Ärztin, die unter uns war: Hier muß etwas geschehen. Sie machte Meldung, und eine Weile später kam Dr. Reich. Er stellte Mundfäule fest und schickte mich wegen Ansteckungsgefahr ins Lazarett.
Ein Wachtmeister holte mich ab.
Ich ging ungern. Die Trennung von den Freunden, von Tea und den anderen am Tisch, fiel mir schwer. Wir hatten ja fast nichts mehr außer unserem Zusammengehörigkeitsgefühl.
Der Lazarettbau lag am Rande des Zuchthauskomplexes.
Wir hatten einen weiten Weg, und ich bekam einen ersten Eindruck von unserer neuen Behausung. Das Jagdschloß mit seinen Rundtürmen war mir schon in der ersten Nacht aufgefallen, nun gingen wir an den langgestreckten Zellenhäusern vorbei, die es umgaben. Sie kamen mir vor wie träge Ungeheuer, die mit starren Reihen engschlitziger Augen hinterhältig lauerten. Jeder Bau war von einer hohen Mauer umgeben, ein Bezirk für sich mit eigener Verwaltung und Gefangenenhaltung — der alte Zellenbau ebenso wie der neue vierstökkige, der größte von allen. Unter den Fenstern des Erdgeschosses waren große schwarze Zahlen aufgemalt, weithin sichtbar, mit ihrer Hilfe konnte jede Zelle, in der sich am Fenster etwas Verdächtiges tat, genau identifiziert werden. Zwei Wachttürme mit bewaffneten Posten flankierten den Hof des neuen Baus, hier hatte man die Schwerverbrecher untergebracht, hier war auch die Strafabteilung gewesen, sie würde auch wieder hier sein. Ahnungslos ging ich vorbei, Jahre sollte ich in diesem Haus zubringen, die dunkelsten meines Lebens — wie gut, daß wir unsere Zukunft nicht kennen.
Das Lazarett war in einem dreistöckigen Bau untergebracht, angeblich das ehemalige Gästehaus des Jagdschlosses. Jetzt sah es heruntergekommen aus wie alles andere. Wir Frauen hatten hier nur eine Dachkammer mit fünf Betten, auf uns war niemand eingestellt. An der Tür empfing uns die Operationsschwester aus Buchenwald, Hanna, wenigstens ein bekanntes Gesicht. Sie gab mir das leere Bett in der Mitte, das bisher die beiden Krebskranken von den zweien trennte, die Tbc hatten.
Da lag ich zwischen diesen Todeskandidaten, genoß das weißbezogene Bett und Hannas Freundlichkeit.
Am anderen Morgen konnte ich den Mund nicht mehr aufmachen, die Zähne saßen so fest aufeinander, daß sich nicht die kleinste Krume dazwischen schieben ließ.

Hanna rührte mir je einen Löffel Zucker, Marmelade und Fett in heißen Kaffee, auch das brachte ich kaum hinunter.
Dr. Reich kam.
Er erklärte mir, das sei eine Kieferklemme, eine höchst seltene und auch unter normalen Umständen langwierige Sache. Hier aber, wo es weder Medikamente noch Instrumente gebe, könne er nur durch Traubenzuckerspritzen dafür sorgen, daß ich einigermaßen bei Kräften bliebe. Trotzdem war ich nach einer Woche so schwach, daß mein Herz wie rasend klopfte, wenn ich nur mein Bett gemacht hatte. Mein Hals war dick zugeschwollen, beim Liegen auf der harten Matratze tat mir der Kopf so weh, daß ich nicht mehr wußte, wie ich mich betten sollte. Endlos waren die Nächte. Nur die Schläge der Turmuhr, die vom Schloßbau herüberklangen, sagten mir Stunde um Stunde, daß die Nacht verging.
Von einem Tag zum anderen mußten wir unser Quartier wechseln. Wir zogen in den großen Mansardenraum, der nebenan lag. Da standen fünfundzwanzig Betten, wir kamen als erste und suchten uns die besten Plätze. Am Abend war der Saal belegt: Krebskranke, ein paar Mädchen mit Syphilis und die alten Frauen über siebzig, die dem Tagesablauf in den Belegschaften nicht mehr gewachsen waren. Hier oben krochen sie erleichtert in die weißen Betten, von Tag zu Tag wurden sie schwächer, starben zufrieden und klaglos dahin, eine nach der anderen.
Unter den Kranken war auch die älteste der Plauener Frauen, jene, die durch Zufall dazu gestoßen war. Die anderen hatte man schon achtundvierzig entlassen, weiß Gott, warum sie nicht dabei war. In Bautzen trug sie ja nur die dünne kurzärmelige Bluse und den Sommerrock, bis tief in den Herbst hatte ich sie so gesehen. Und das in den naßkalten, zugigen Zellen. Nun waren ihre Gelenke steif, Finger und Hände fast unbeweglich, gehen konnte sie auch nicht mehr. Ich saß oft bei ihr, nie hörte ich sie klagen. Verurteilt wurde sie auf der Bahre. Man gab ihr nach fünfjähriger Internierung die niedrigste Strafe: sieben Jahre. Doch soll sie nach drei Jahren entlassen worden sein, über siebzig war sie da.
Hanna hatte jetzt alle Hände voll zu tun, nicht nur mit der pflegerischen Tätigkeit. Sie reinigte den großen Raum, wusch das Geschirr ab und schleppte heißes Wasser für uns herauf. Sie schaffte es nur, weil wir alle halfen, soweit wir konnten, trotzdem blieb ihr Anteil übergroß.
Wir waren kaum eingerichtet, da stand eines Morgens Wolf in der Tür.

Man hatte ihm die Leitung des Lazaretts übertragen, was sich sofort in einer besseren Organisation bemerkbar machte. Mit einem Polizeirat namens Müller, dem die Häftlinge viel zu danken hatten, bemühte er sich um die ärztliche Versorgung von Waldheim.
Jetzt stand er da, das alte Strahlen im Gesicht.
Und ringsum strahlte auch alles, ein paar seiner Bräute lagen hier, aber es gab keinen Ärger deswegen.
Er nahm sich Zeit für jede Patientin, ging mit Hanna die Krankengeschichte durch und untersuchte gründlich. Seine Verordnungen beschränkten sich auf das, was ihm zur Verfügung stand: Traubenzukker und heißes Wasser.
Zu mir sagte er, ich gehörte eigentlich in die Behandlung von Dr. Reich, doch der könnte auch nicht mehr tun als er, nämlich so gut wie nichts.
Aber dann fiel ihm doch etwas ein für mich. Von nun an bekam ich eine Sonderkost — Haferschleim oder dünnen Kartoffelbrei, den ich aus einem Becher schlürfte. Selbst das ging ganz langsam und tat so weh, daß mir während des Trinkens die Tränen übers Gesicht liefen.
Nach zwei Wochen sagte Wolf, er könne die Verantwortung nicht mehr tragen, er wolle den Kiefer aufbrechen, um nachzuschauen, was mit meinem Hals los sei.
Ich lehnte ab.
Ich wollte nicht operiert werden, sie hatten keine Ausrüstung, etwas könnte schiefgehen, und ich müßte vielleicht mit einem hängenden Unterkiefer herumlaufen.

Anfang März kam hoher Besuch.
Eine Gruppe Volkspolizei-Offiziere betrat das Krankenzimmer. Einer von ihnen hielt eine Ansprache. Unser Freund, das siegreiche Volk der mächtigen Sowjetunion, sagte er, hat Sie uns übergeben, damit wir selber überprüfen, wieweit Sie sich schuldig gemacht haben. Das ist für uns ein großer Vertrauensbeweis, dessen wir uns würdig erweisen werden. Selbstverständlich sollen auch Sie zu Ihrem Recht kommen. Deshalb haben Sie die Möglichkeit, auf einem Fragebogen, den Sie gleich erhalten werden, Ihren Lebenslauf kurz darzustellen. Die Fragen nach dem zuletzt ausgeübten Beruf, der Parteizugehörigkeit und dem Grund der Verhaftung sind in Ihrem eigenen Interesse wahrheitsgemäß wiederzugeben. Halten Sie sich immer vor Augen, daß uns alles Aktenmaterial übergeben worden ist und daß wir über jeden einzelnen aufs genaueste informiert sind. In den nächsten Wochen werden dann Parteifunktionäre hier im Haus Ihren Fall mit

Ihnen selbst durchgehen und das nachfolgende Gerichtsverfahren vorbereiten.
Damit Sie sehen, daß wir es aufrichtig mit Ihnen meinen und auch Verständnis für Ihre Lage haben, erhalten Sie mit dem Fragebogen eine Postkarte, um Ihren nächsten Angehörigen Nachricht zu geben. Es sind im ganzen fünf Zeilen Druckschrift erlaubt.
Aufregung herrschte. Seine letzten Sätze brachten uns aus der Fassung. Zum ersten Mal seit fünf Jahren durften wir schreiben. Eine fragte, ob wir auch Post empfangen könnten.
Aber selbstverständlich, sagte er. Und damit Sie Ihre Angehörigen richtig informieren, haben wir einen Text für Sie entworfen. Er kramte aus seiner Aktentasche eine Postkarte, räusperte sich und las vor: Ihr Lieben! Bin gesund und munter...
Unmut wurde laut.
Er unterbrach sich, wartete, bis es wieder ruhig war und sagte energisch: Wenn Sie wünschen, daß Ihre Karte befördert wird, rate ich Ihnen, sich an diesen Text zu halten. Ich wiederhole: Ihr Lieben! Bin gesund und munter. Ihr braucht Euch meinetwegen keine Sorgen zu machen. In Zukunft kann ich Euch regelmäßig schreiben. Eure Antwort richtet bitte an die Strafvollzugsanstalt.
Er wandte sich seinen Begleitern zu. Verteilen Sie jetzt die Fragebogen und Postkarten, sagte er. Der Sanitätswachtmeister bekam den Auftrag, in zwei Stunden die Schriftstücke und auch die verteilten Bleistifte wieder einzusammeln.
Sie gingen.
Schweigend lauschten wir den sich entfernenden Schritten, dann brach die Empörung los. Wir schimpften alle durcheinander, aber dann kam die Besonnenheit zu ihrem Recht. Wir wollten es uns doch nicht unnötig schwermachen, sagte eine, Hauptsache sei schließlich, daß wir überhaupt schreiben dürften. Und daß auch wir ein Lebenszeichen bekämen.
Wir wußten, daß sie recht hatte.
Bald herrscht lautlose Stille.
Alle schreiben.
Es schreibt die Syphilitikerin ebenso wie die Krebskranke: Bin gesund und munter. Eine mit offener Tbc schreibt es und eine alte Frau, die wir eine Woche später tot in ihrem Bett finden.
Und ich, ich schreibe es auch.
Ich frage mich, an wen ich die Karte richten solle, an meine Eltern oder an meinen Mann. Ich entschließe mich für Bernhard.
Das entscheide ich nicht mit dem Verstand. In diesem Augenblick ist

er einfach wieder mein Mann. Und die Kinder sind ja auch bei ihm. Heidi ist nun zehn, der Junge neun, beide können längst lesen. Ich stelle mir vor, daß sie meine Karte in der Post finden, eine kleine Erinnerung an mich muß doch noch in ihnen leben, sie können mich doch in den fünf Jahren nicht ganz vergessen haben. Dann adressiere ich die Karte.

An den
Innenminister von Brandenburg
Bernhard Bechler
Potsdam.

So muß sie ankommen. Glaube ich.
Ich konnte nicht wissen, daß Bernhard sich zu dieser Zeit in der Sowjetunion aufhielt — ein Bevorzugter, ausersehen für eine hohe Stellung. Ende des Jahres würde er der oberste Chef der Volkspolizei sein. Und damit auch der Chef derjenigen, die mich hier in Waldheim bewachten, die mich schikanierten und die mir halfen.
Denn auch die gab es, hier wie in jedem Lager.
Unser Sanitätswachtmeister zum Beispiel, das war einer von ihnen. Wir hatten schon lange sein Mitgefühl gespürt und sein Unbehagen. Eines Tages sagte er es ganz offen. So kann man Frauen nicht behandeln, sagte er. Was brauchen Sie?
Was brauchten wir nicht?
Aber Kämme und Zahnbürsten, das war das, was alle sich am meisten wünschten.
Er sagte, sein Gehalt sei nicht groß, aber er werde tun, was er könne. Und wir dürften zu keinem davon sprechen.
Er kam dann auch, mit zehn Holzzahnbürsten und einer Anzahl Kämme. Die zeigte er voll Stolz, aus Westdeutschland seien die, gute Qualität, davon würden wir lange haben. Ostdeutsche seien schon nach einer Woche kaputt. Nur mit den Zahnbürsten müßten wir uns zufriedengeben, westdeutsche habe er nicht bekommen können.
Als wir in das große Zimmer kamen, wurde die kleine Kammer als Tb-Station für schwere Fälle eingerichtet. Dort lag eine Achtzehnjährige aus dem Sachsenhausener Transport. Sie hatte eine schwere Tbc und starb nach fünf Wochen. Sie war der einzige Mensch, der auf dem Waldheimer Friedhof in einem Sarg beerdigt wurde. Am Abend vor ihrem Tod kam der Wachtmeister weinend aus ihrem Zimmer, er besuchte sie jeden Tag. Nun sei es bald vorbei, sagte er, lange werde es nicht mehr dauern. Und so jung, und die Eltern wüßten nichts, und das einzige Kind. Und man stünde dabei und könne nichts tun.

Ich habe das junge Mädchen nicht gesehen, aber man sprach jeden Tag von ihr, und alle wußten, daß es ihr schlecht ging. Am nächsten Morgen wurde bei uns nicht zur üblichen Zeit aufgeschlossen. Es kam auch keine Wachtmeisterin, und der Kaffee wurde nicht gebracht. Wir hörten gedämpfte Geräusche auf dem Flur, da muß man die Leiche weggetragen haben, denn später war das Zimmer leer.
Leider behielten wir unseren gütigen Wachtmeister nicht lange, er wurde bald darauf durch weibliches Personal abgelöst.
Die Oberwachtmeisterin war eine harte und schroffe Person, aber sie war nicht schlecht, sie schikanierte uns nie. Sie gab uns das, was sie für nötig hielt. Sie hatte selbst auch ein hartes Schicksal: ihr Mann war beinamputiert, und sie erwartete ein Kind, dazu der schwere Dienst.
Ihre Hilfskraft war ein reizendes junges Mädchen, dem offenbar nicht klargemacht werden konnte, daß wir Verbrecher waren; sie behandelte uns wie Freunde oder entfernte Verwandte. Als sie einmal die Kaltverpflegung brachte, sagte sie: Wir bereiten gerade ein Sportfest vor, und da machen wir Turnübungen in einer Riege. Soll ich es Ihnen mal zeigen?
Dann machte sie es vor und freute sich über unseren Beifall.
Oder sie erzählte uns Witze. Kleinen Schnickschnack, aber wir fühlten uns von ihr wie Menschen behandelt. Ihr freundliches Herz konnte keine Unterschiede machen zwischen Gefangenen und Wärtern — für sie waren alle gleich.

Um Ostern herum stieg mein Fieber.
Wolf war besorgt und murmelte, nun müsse aber wirklich etwas getan werden, aber noch während er sich Gedanken machte, fühlte ich eines Nachts, wie sich in meinem Hals etwas löste. Am nächsten Tag konnte ich besser schlucken, und meine Zähne öffneten sich einen winzigen Spalt.
Nun kümmerten sich zwei Zahnärzte um mich. Durch Gaumenschnitte auf beiden Seiten gelang es ihnen, Unter- und Oberkiefer einen Zentimeter weit auseinanderzuklemmen, dabei stellten sie einen offenen Abszeß im Hals fest und Eiterherde im Gaumen. Sie konstruierten eine Spülanlage und behandelten mich mehrere Male täglich. In der übrigen Zeit mußte ich einen Holzkeil zwischen die Zähne klemmen, der in der Tischlerei für mich angefertigt worden war.
Hanna sollte nun auch eine Hilfe haben. Sie schlug mich vor, obwohl ich noch im Bett lag. Die Oberwachtmeisterin kam zu mir und fragte,

ob ich es versuchen wolle. Ich hatte viel Gewicht verloren und konnte immer noch nicht richtig essen, aber ich wollte mir diese Möglichkeit nicht entgehen lassen.
Nun durfte ich also endlich pflegen.
Wir hatten kaum Medikamente, das einzige, was wir immer hatten, war unsere Freundlichkeit. Und die Kranken waren gerade dafür sehr dankbar. Besonders die alten Frauen, die ja nicht eigentlich krank waren, dafür aber um so hilfsbedürftiger in ihrer zunehmenden Schwäche. Sie strahlten glücklich, wenn ich ihnen abends die Füße noch einmal in die Decke wickelte und ihnen gute Nacht wünschte.
Bei einer, die an die achtzig war, fiel mir die Betreuung nicht leicht, alles an ihr und um sie war unordentlich und schmuddelig. Sie hatte den Ruf einer Hellseherin, und viele Frauen schworen auf ihre Voraussagen. Ihr sonderbares Gebaren, von Zeit zu Zeit unter der Bettdecke zu verschwinden, wo sie dann in einer wunderlichen Hockstellung verharrte, so daß die äußeren Umrisse einem liegenden Kamel glichen, bekam Gewicht durch das weihevolle Schweigen ihrer Bettnachbarinnen, die geduldig warteten, bis sie wieder auftauchte und flüsternd von sich gab, was sie »gesehen« hatte.
An einem Abend ging ich von Bett zu Bett, um gute Nacht zu sagen. Da hielt unsere Hellseherin meine Hand fest und fragte: Wie kommt es, daß Sie immer so freundlich und ausgeglichen sind?
Ich sagte, weil ich glücklich verheiratet sei.
Wie kam ich dazu, das zu antworten?
Es war wohl Selbstschutz, eine Abschirmung dagegen, daß meine persönlichste Beziehung eine öffentliche Angelegenheit geworden war und so oft Gegenstand des Lagertratsches.
Am anderen Tag saß die Alte wieder unter ihrer Decke.
Als sie diesmal auftauchte, winkte sie mich zu sich.
Sie sind im Irrtum, wenn Sie annehmen, daß Ihre Ehe noch besteht, sagte sie.
Wie sie darauf käme, wollte ich wissen.
Meine Antwort gestern habe ihr keine Ruhe gelassen. Da habe sie sich heute auf mich und meine Familie konzentriert, und es sei ihr auch gelungen, meinen Mann zu sehen. Er lebe schon seit Jahren mit einer anderen Frau zusammen. Es sei besser, wenn ich mich mit den Tatsachen auseinandersetzte, ich sei stark genug dazu.
Mein Mann trage einen Ring am Finger der linken Hand, mit einem großen schwarzen Stein... Unglück, Verhängnis. Er sei nicht glücklich. Er reise im Lande umher — große Aufgaben, bedeutende Stellung. Er sei innerlich unruhig und habe kein glückliches Gesicht.

Und meine Kinder, fragte ich. Was haben Sie von denen gesehen?
Meine Tochter habe ein ausgeprägtes Gerechtigkeitsgefühl, sie würde zu mir finden, später...
Ich wollte aufstehen, sie hielt mich fest. Lassen Sie mich Ihre Hand sehen, sagte sie. Sie hob meine Hand dicht vor ihre Augen, sie sah nicht mehr gut. Mit dem gekrümmten Zeigefinger fuhr sie die Linien entlang. Eine zweite Ehe, murmelte sie, gleich nach Ihrer Entlassung. Mit einem, der auch in Gefangenschaft war. Sie werden mit ihm arbeiten, es wird etwas Kulturelles sein.
Ich schüttelte den Kopf.
Sie werden später an mich denken, sagte sie, jetzt haben Sie kein Glück. Aber hier, sie zeigte auf ein Bündel von Linien, die sich kreuzten, hier ist Glück und hier sogar ein Erfolgsstern. Sie haben keinen Grund, den Glauben an das Leben zu verlieren.
Ich bedankte mich und ging an meine Arbeit.
Natürlich versuchte ich, die Worte der Alten abzuschütteln und zu vergessen. Aber es ist mir nie ganz gelungen, wahrscheinlich weil sie so viel Hoffnung enthielten. Erfüllt hat sich nichts; ich habe nicht geheiratet, und von meinen Kindern weiß ich auch heute, nach mehr als dreißig Jahren, nichts. Aber warten und hoffen, das tue ich immer noch.

Nach Ostern begannen die Vernehmungen.
Wir wurden einzeln ins Erdgeschoß gerufen. Die meisten kamen nach etwa einer Stunde zurück, mit sehr unterschiedlichen Gefühlen, je nachdem, an wen sie geraten waren. Die einen glaubten ihre Sache in den besten Händen und sahen alles rosenrot, die anderen wiederholten sich gequält die Frage, die an sie gestellt worden war, und überlegten, ob sie wohl die günstigste Antwort gegeben hatten.
Für das eine gab es sowenig Grund wie für das andere. Nur wenige kamen mit weniger als fünfzehn Jahren Zuchthaus davon, die meisten erhielten zwanzig oder fünfundzwanzig Jahre, viele lebenslänglich. Einige wurden zum Tode verurteilt, darunter auch ich.
Zur Vernehmung werde ich als eine der letzten geholt.
Ein Wachtmeister bringt mich ins Erdgeschoß. Ich werde in ein Zimmer geführt, ein Zivilist sitzt dort an einem einfachen Tisch. In der Ecke neben der Tür steht ein Stuhl, auf dem ich Platz nehmen darf.
Er fragt mich nach meinen Personalien.
Er sitzt am Fenster, gegen das Licht, ich sehe nicht viel von seinem Gesicht, er wird etwa fünfzig sein.
Jetzt blickt er auf. Wie kommen Sie denn hierher, fragt er.

Ich erzähle ihm alles, was seit 1943 geschehen ist, von den Besuchen und den Hausdurchsuchungen, von dem Ausschluß aus der Volksgemeinschaft und meiner Angst vor dem KZ, von der Gestapo und dem Mann aus Zwickau, dessen Tod man mir zur Last legt.
Er hat sich eine Pfeife gestopft und geraucht, während ich erzählt habe, nun legt er sie beiseite. Ich muß mal einen Augenblick Pause machen, sagt er, reinigt die Pfeife, stopft sie neu und zündet sie an. Er raucht ein paar Züge, dann bittet er mich weiterzuerzählen.
Ich berichte von der Verhaftung und dem Brief des Anwalts und welche Sorgen ich mir machte wegen dem KZ, weil die Kinder doch erst drei und vier waren. Ich wisse heute noch nicht, ob ich anders hätte handeln können, als Mutter bestimmt nicht.
Seine Pfeife ist wieder ausgegangen, und er legt sie schließlich hin. Er sitzt vorgebeugt und atmet schwer.
Ich frage ihn, ob etwas sei mit ihm, ob ich ihm helfen könne.
Er sieht auf und schaut mich an. Sie wollen mir helfen, sagt er verzweifelt, ich, ich muß Ihnen helfen. Wenn ich das geahnt hätte, dann hätte ich diese Akte nie übernommen.
Ich sage, es sei aber die Wahrheit.
Ich weiß es, sagt er, das ist es ja eben. Sie konnten gar nicht anders. Sehen Sie, ich bin seit zwanzig Jahren Kommunist und habe es nie bereut, aber jetzt wünschte ich, ich wäre keiner. Ich bin gezwungen, gegen Sie vorzugehen. Ich weiß, was Ihnen das bringen wird. Und ich weiß auch, wie es Ihrem Mann geht. Ich kenne ihn gut. Er ist im Glück und ganz oben. Und Sie sind im Unglück und ganz unten. Und warum, wodurch? Nein! So geht das nicht! Das darf nicht sein.
Er beginnt das Protokoll laut vorzulesen, Satz für Satz. Immer wieder hält er ein und schlägt vor: Wollen wir das nicht weglassen?
Aber ich habe während meiner Haft stets dasselbe ausgesagt: die Wahrheit. Ich kann mich in keinem Punkt davon entfernen. So bleibt alles, wie ich es aufgesetzt habe.
Schweiß steht ihm auf der Stirn, er wischt ihn mit einem Taschentuch ab. Dann erhebt er sich von seinem Platz am Fenster und kommt zu mir. Er gibt mir die Hand und sagt: Ich verspreche Ihnen, daß ich alles für Sie tun werde, was ich überhaupt tun kann.
Am frühen Nachmittag bin ich zur Vernehmung geführt worden, nun steht die Sonne tief; vier Stunden lang hat er sich bemüht, das für mich Günstigste zu finden. Ich danke ihm dafür.
Ich gehe aus dem Zimmer mit dem Gefühl, einem Menschen begegnet zu sein.
Ich habe ihn nie wieder gesehen.

Noch bevor man uns zur Verhandlung holte, wurden Hanna und ich strafversetzt.
Wir hatten eine Frau auf der Station, die mit stiller Geduld ein schmerzhaftes tödliches Leiden ertrug. In krampfartigen Hustenanfällen erbrach sie Blut. Wolf sagte, es enthielte auch Gewebeteile, und vermutete Krebs, konnte aber ohne Laboruntersuchung oder Operation seine Diagnose nicht bestätigen. Er hatte nicht einmal Morphium, und mit den schwächeren Mitteln, die uns zur Verfügung standen, waren die furchtbaren Schmerzen kaum zu mildern.
Wir waren alle verzweifelt, weil wir so wenig tun konnten.
Immer öfter bemerkte ich, daß die Kranke versuchte, die Decke von ihrem schmerzenden Leib wegzuhalten, und ich überlegte, was man da tun könne. Auf dem Dachboden nebenan entdeckte ich einen alten Lichtbügel — übrigens auch ein paar englische Geschichtsbücher, von denen ich eines gleich mitgehen ließ. Bei der nächsten Visite schlug ich vor, den Lichtbügel zum Abstützen der Bettdecke zu nehmen. Da Wolf das für eine gute Idee hielt, war auch die Wachtmeisterin einverstanden; sie schloß den Dachboden auf, und ich durfte den Bügel holen.
Wolf ging gleich daran, am Bett der Kranken Höhe und Breite auszuprobieren, er bog und formte an dem Eisengestell; es sollte niedriger werden. Um mehr Bewegungsfreiheit zu haben, zog er die Jacke aus und warf sie auf einen Schemel. Wir blickten uns erschrocken an, er sah so elend und mager aus, völlig fleischlos der nackte Schädel.
Eines Morgens war er mit glatt rasiertem Schädel zur Visite gekommen.
Wir starrten ihn entsetzt an.
Drüben sähen jetzt alle so aus, sagte er. Ihm hätte es erspart bleiben können, Polizeirat Müller habe darauf bestanden, daß im Lazarett nicht geschoren werde, aber er habe sich entschlossen, das Schicksal der anderen zu teilen. Vor allem der Frauen wegen.
Die Frauen auch? fragte eine entsetzt.
Alle, sagte er, alle.
Wir konnten uns das nicht vorstellen: Frauen mit kahlen glänzenden Schädeln. Ich rief mir die vor Augen, die ich kannte: Frau Mutschmann, Tea, undenkbar.
Aber wir waren sehr stolz auf unseren Wolf, der das freiwillig auf sich genommen hatte.
Er sah nach einigen Versuchen, daß das Gestell nicht mit der Hand zu biegen war, und entschied, es unten in der Werkstatt machen zu lassen und gleich wieder heraufzubringen. Als er hinaus war — im

Schlepptau die Wachtmeisterin —, entdeckte eine Patientin, daß er seine Jacke vergessen hatte.
Eine andere sagte, das sei *die* Gelegenheit. Wir könnten ihm Brote machen und die Taschen füllen, nötig hatte er es weiß Gott. Große Übereinstimmung herrschte, alle waren froh, endlich einmal etwas für ihn tun zu können. Alle gaben dazu, Hanna und ich strichen die Brote und packten sie in seine Jackentaschen, dann warteten wir auf seine Rückkehr wie Kinder, die etwas ausgeheckt hatten.
Die Kranke lächelte dankbar und erleichtert, als er den fertigen Bügel unter ihre Bettdecke schob. Er nahm seine Jacke, winkte uns zu und verschwand mit der Wachtmeisterin, und wir malten uns aus, wie er sich über die Zusatzverpflegung freuen würde.
Am anderen Morgen holte die Sanitätswachtmeisterin Linda Millich. Sie lag mit einer späterkannten Syphilis bei uns, eine träge fette Person, von unguter Vertraulichkeit, keiner mochte sie. Wir atmeten jedesmal auf, wenn sie zu Putzarbeiten geholt wurde. Bald erfuhren wir, daß sie uns auch zu bespitzeln hatte.
Kaum war die Tür zu, ermunterten wir die kleine schwarzhaarige Person, die seit einigen Tagen mit einem Schlaganfall bei uns lag. Ich kannte sie schon von Bautzen her. Sie gehörte zu jenen Frauen, die Hitler mit leidenschaftlicher Besessenheit anhingen, fanatischer als jeder Mann. Früher pflegte sie sich lange und schwungvoll über die Ideen und Taten ihres heißgeliebten Führers zu verbreiten. Seit dem Schlag fiel ihr nicht nur das Gehen schwer, sondern auch das Sprechen, aber immer noch mußte sie sich Luft machen. Wenn Linda den Krankensaal verlassen hatte, ermunterten wir sie. Leg los. Bärchen, nun kannst du Dampf ablassen, sagte Hanna.
Und sie ließ Dampf ab und murmelte mit undeutlicher Stimme: Er war doch der Beste, ihr werdet noch an mich denken, Heil Hitler!
Dieses jahrelange Geschwätz würde ihr die Höchststrafe eintragen. Als sie auf dem Todesflur die Zelle neben mir hatte, war es ihr vergangen, da dachte sie nur noch daran, wie sie ihr Leben retten konnte.
Ich weiß nicht, ob Linda Frau Behr verraten hat, aber Hanna und mich hatte sie zweifellos auf dem Gewissen.
Kurz vor der Ausgabe des Mittagessens wurde sie zurückgebracht, wie immer knüllte sie ihre Schürze zusammen, stopfte sie unter den Strohsack und warf sich krachend auf das Bett.
Die Wachtmeisterin stand noch in der offenen Tür, wollte sie etwas? Schmidt, rief sie, mitkommen.
Hanna gehorchte verwundert, aber noch dachten wir uns nichts Böses. Ich kam nicht einmal darauf, Linda zu fragen, ob etwas Besonde-

res vorgefallen sei, es hätte auch wenig Sinn gehabt, sie hatte sich die Decke über den Kopf gezogen und tat, als schliefe sie.
Nach einer Viertelstunde kam Hanna mit der Wachtmeisterin zurück, schneeweiß im Gesicht. Sie versuchte, mir Zeichen zu geben, ich konnte sie nicht enträtseln.
Jetzt mußte ich mit.
Die Wachtmeisterin lieferte mich im Erdgeschoß ab.
Da stand ich in einem langgestreckten muffigen Raum, Licht fiel von einem hohen Fenster an der Schmalseite, dort war auch der Schreibtisch, an dem ein Mann saß, von dem ich viel gehört hatte, gesehen hatte ich ihn noch nicht: Polizeirat Müller. Unter Hitler war er lange Jahre im KZ gewesen, aber jeder Gedanke an Vergeltung lag ihm fern. Daß es uns oben in der Krankenstation erträglich ging, hatten wir ihm zu danken. Ja sogar, daß wir noch unsere Haare hatten.
Er wendete sich mir zu, müde und bekümmert, tiefe Furchen im Gesicht, eine blasse Haut, rot geränderte Augen.
Kommen Sie näher, sagte er.
Als ich neben seinem Schreibtisch stand, sagte er: Sie haben sich schuldig gemacht.
Ich versuchte mich meiner Missetaten zu erinnern. Ging es vielleicht um das Geschichtsbuch, das ich neulich eingesteckt hatte? Aber was hatte Hanna damit zu tun?
Er fragte, ob er meinem Gedächtnis nachhelfen müsse.
Ich sagte, ich wisse wirklich nicht, was er meine.
Plötzlich reagierte er gereizt. Er fuhr mich an: Sie und Schwester Hanna haben Ihre Stellung mißbraucht. Schwester Hanna hat alles zugegeben, tun Sie es anständigerweise auch.
Ich wußte nicht, was er meinte, und dieser Hinweis, anständig zu sein, rief meinen Zorn hervor. Wie er so reden könne, fragte ich ihn, ob er nicht wisse, daß wir da oben Tag und Nacht arbeiteten, weil wir umschichtig auch noch Nachtwache machten, bei zehn Schwerkranken und Sterbenden. Und daß wir seit Wochen nicht mehr als vier Stunden Schlaf bekommen hätten.
Er sagte kurz, er wisse es.
Ich sah seinem Gesicht an, wie unangenehm ihm die Aufzählung war.
Wir hätten einem Arzt Brot zugesteckt, sagte er, Hanna habe es zugegeben und Wolf ebenfalls.
Hitzig entgegnete ich, ich dächte gar nicht daran, es abzustreiten. Aber das sei doch nichts Schlimmes.
Er sagte, es bestehe der berechtigte Verdacht, daß noch anderes ausgetauscht worden sei.

Ich schwieg. Natürlich war das wahr. Zettel mit Nachrichten wurden laufend ausgetauscht, das war doch selbstverständlich, und er als ehemaliger KZler wußte es auch.
Na also, sagte er, Sie geben es also ebenfalls zu. Hanna und ich seien entlassen, fügte er hinzu, auf der Stelle, ich solle meine Sachen pakken, in zehn Minuten würden wir abgeholt.
Ein Wachtposten brachte mich hinauf in die Station. Hanna hatte schon gepackt, nun half sie mir.
Stille.
Etwas Eisiges lag in der Luft.
Keiner sprach. Unsere Patientinnen distanzierten sich bereits von uns, keine wollte hineingezogen werden in unser Unglück, Kranke sind wie Kinder und sehr alte Leute. Ihr Interesse kreiste jetzt nur um die Frage: Wer pflegt uns jetzt.
Die Wachtmeisterin kam.
Wir nahmen unsere Bündel auf und wollten hinaus, sie aber trat an Lindas Bett.
Die war plötzlich wach.
Millich, sagte die Wachtmeisterin, im Einvernehmen mit Professor Wolf übernehmen Sie ab sofort die Krankenpflege auf dieser Station.
Ungläubigkeit und Entsetzen. Auch wenn Linda gewollt hätte, wäre sie dieser Aufgabe nicht gewachsen gewesen. Hanna und mir ging ein Licht auf, wer uns verraten hatte. Aber das enttäuschte uns nicht, so hatten wir sie ja eingeschätzt.
Tief enttäuscht waren wir von Wolf. Er hatte unsere Brote gegessen, aber jetzt ließ er uns im Stich, ja, er bestätigte die Verräterin sogar in ihrem neuen Amt. Und er mußte doch wissen, was das für die Kranken bedeutete.
Mürrisch befahl uns die Wachtmeisterin mitzukommen.
Unsere Patientinnen schwiegen immer noch, aber jetzt war es Verzweiflung. Und als wir an der Tür waren, rief eine mit einem Schluchzen: Daß doch immer das Schlechte siegen muß.
Da packte es mich. Nein, das war nicht meine Überzeugung, auch jetzt noch nicht, nach fünf Lagerjahren. Ich drehte mich um und rief: Glaubt das ja nicht! Es sieht nur manchmal so aus, aber zuletzt siegt immer das Gute!
So sicher bin ich nicht immer geblieben. In den nächsten Jahren kamen Tage, die so dunkel waren, daß ich am Sieg des Guten fast verzweifelte.
Wir wanderten hinter der Wachtmeisterin her, Hanna und ich. Wieder ein langer Weg. Als ich ihm zum erstenmal entlanggeführt wurde,

war noch Winter. Nun wehte ein warmer Wind, wir gingen dem Sommer entgegen.
Ein einstöckiges langgestrecktes Gebäude nahm uns auf. Ausgetretene Stufen, ein breiter Flur, Behäbigkeit. Ehemals war dies das Wirtschaftsgebäude des Schlosses. Dann standen wir in einem saalartigen Raum. Wieder die Reihen doppelstöckiger Betten, die schmalen dunklen Gänge, der Geruch und die Enge. Wie in Jamlitz, wie in Mühlberg.
Etwas nur war hier anders: kein Menschengewimmel, nicht das Summen vieler Stimmen.
Stille und Leere, beängstigend.
Dann lösten sich ein paar Gestalten aus dem Dämmer der Gänge, vier, fünf und mehr kamen und begrüßten uns.
Die Wachtmeisterin unterbrach barsch. Als Strafdienst hätten wir, Hanna und ich, den Raum zu säubern. Dann verließ sie uns.
Wir standen in einem Kreis von Frauen, wurden mit Fragen bestürmt. Ich konnte nicht sprechen, sah sie an, die alten Freunde und Bekannten, als hätte ich sie noch nie gesehen.
So hatte ich sie ja auch noch nicht gesehen.
Wie waren wir erschüttert, als Wolf mit geschorenem Kopf vor uns stand. Nun standen zwanzig Frauen um mich herum, zwanzig kahlrasierte Schädel. Ich sah auf Hannas weizenblonde Flechten, befühlte meinen Knoten, kam mir vor wie ein Wesen aus einer anderen Welt.
Ach das, sagte eine, daran gewöhnt man sich. Sieh mal, da sprießt schon das neue.
Ich sah leichten Flaum.
Sie erzählten, es sei ein seltsames Erlebnis gewesen. Erst Grauen natürlich, dann aber eine neue Offenheit, eine andere Blickweise.
Wir sind Augenmenschen geworden, sagte die eine, Haare verdecken. Wir können es viel besser aushalten als unsere Bewacherinnen. Ihretwegen müssen wir Tag und Nacht Kopftücher tragen, so unerträglich ist ihnen der Anblick. Und sieben haben es überhaupt nicht ausgehalten, die sind weggegangen.
Die Tür sprang auf. Sie erschienen zu sechst, drei Männer und drei Frauen, die Gummiknüppel schlagbereit.
Hanna wird aufgerufen.
Dann ich.
Wir treten vor.
Die sechs bilden einen Halbkreis um uns herum, plötzlich steht ein Schemel in der Mitte. Uns wird befohlen, das Haar aufzumachen.
Hanna ist die erste.

1917: Ich war damals drei Jahre alt. Geboren wurde ich am 2. Februar 1914 in Hamburg. Nach Aussagen meiner Mutter war ich ein lebhaftes Kind. »Sie flutscht einem immer unter den Händen weg. Sie ist behend wie ein Wiesel, und man fängt sie nie«, schrieb sie einmal an meinen Vater. Es war typisch für die damalige Zeit, daß ich im Matrosenkleid fotografiert wurde. Wie viele Kinder deutschnationaler, kaisertreuer Eltern trugen auch meine Brüder und ich meist diese Kleidung. Aber für uns hatte das noch eine besondere Bedeutung: mein Vater war Marineoffizier, und wir lebten in Kiel.

Bild links: Meine Mutter Alice Dreykorn, geb. Döll. Sie hieß eigentlich Adelheid, dieser Name hatte Tradition in ihrer Familie, und ich selbst habe meine eigene Tochter danach Heidi genannt. Meine Mutter, die 1887 geboren wurde, war Bremerin, Tochter eines Kaufmanns. Sie spielte ausgezeichnet Klavier und war als junge Frau sehr schön, auf dem Foto ist sie neunzehn Jahre alt. 1909 lernte sie meinen Vater kennen. Zwei Jahre später heiratete sie ihn.

Bild rechts: Mein Vater Georg Dreykorn, 1874 geboren, stammte aus Bürgel in Thüringen. Mein Großvater war Apotheker gewesen. Nach der Schule wurde mein Vater Militäringenieur, fuhr zuerst auf Kreuzern, dann auf U-Booten. Als er 1911 meine Mutter heiratete, war er Marineoberingenieur und schon siebenunddreißig Jahre alt. Nach dem Ersten Weltkrieg schied er als Korvettenkapitän aus der Marine aus. Er blieb sein Leben lang überzeugter Monarchist, über seinem Schreibtisch hingen auch nach Hitlers Machtübernahme Kaiser Wilhelm und Prinz Heinrich.

Sommer 1925: Mit Mutter, Großmutter mütterlicherseits, die aus Bremen zu Besuch war, und meinen beiden Brüdern vor unserem Haus in Klein-Zschachwitz, einem Ort in der Nähe von Dresden. 1920 waren wir von Kiel dorthin gezogen, weil mein Vater in Dresden eine Anstellung als leitender Ingenieur gefunden hatte. 1929, bei der großen Weltwirtschaftskrise, wurde er wie so viele andere arbeitslos. Mit meinem Bruder Hans-Otto, der nur zwei Jahre älter war als ich, habe ich vieles gemeinsam unternommen. Mein Bruder Kurt war sechs Jahre jünger, er war kurz vor unserem Umzug nach Klein-Zschachwitz zur Welt gekommen. Um ihn haben sich meine Eltern immer die meisten Sorgen gemacht, denn er war seit seiner Geburt schwächlich.

Unser Musikzimmer in der Bayreuther Straße 4 in Dresden. 1935 war uns das Haus in Klein-Zschachwitz gekündigt worden und wir mußten innerhalb von vier Wochen eine neue Wohnung finden. Bernhard Bechler – wir hatten uns 1933 auf einem Tanzstundenball kennengelernt – half uns bei der Wohnungssuche, indem er uns mit seinem Auto durch die Stadt fuhr. Meine Mutter hatte viel Wert darauf gelegt, daß es eine repräsentative Wohnung sein sollte, denn sie sagte: »In dieser Wohnung wirst du dich schließlich verloben und heiraten.« Die Wohnung war dann auch wirklich sehr hübsch, der schönste Raum das hier abgebildete Musikzimmer mit dem Flügel.

Mit meinen Eltern 1935. Seit einem Jahr hatte ich das Abitur, aber ich konnte nicht studieren, weil uns dafür das Geld fehlte. Mein Vater hatte nämlich, seit er arbeitslos geworden war, keine neue Stellung gefunden. Inzwischen war er einundsechzig Jahre alt. Ich besuchte also zuerst einen Nähkurs und fing dann als Lehrling in der ärztlichen Verrechnungsstelle in Dresden an, für sechzig Mark im Monat. Von meinem ersten selbstverdienten Geld unternahm ich eine Reise nach Bremen, Hamburg und Kiel.

Mit meinem Bruder Hans-Otto beim Paddeln auf der Elbe. Bis zu seinem Tod – er fiel 1941 in Rußland – war er für mich der beste Freund. Er hatte großen Einfluß auf mich. Zunächst mochte ich Bernhard Bechler eigentlich vor allem deshalb, weil mein großer Bruder viel von ihm hielt.

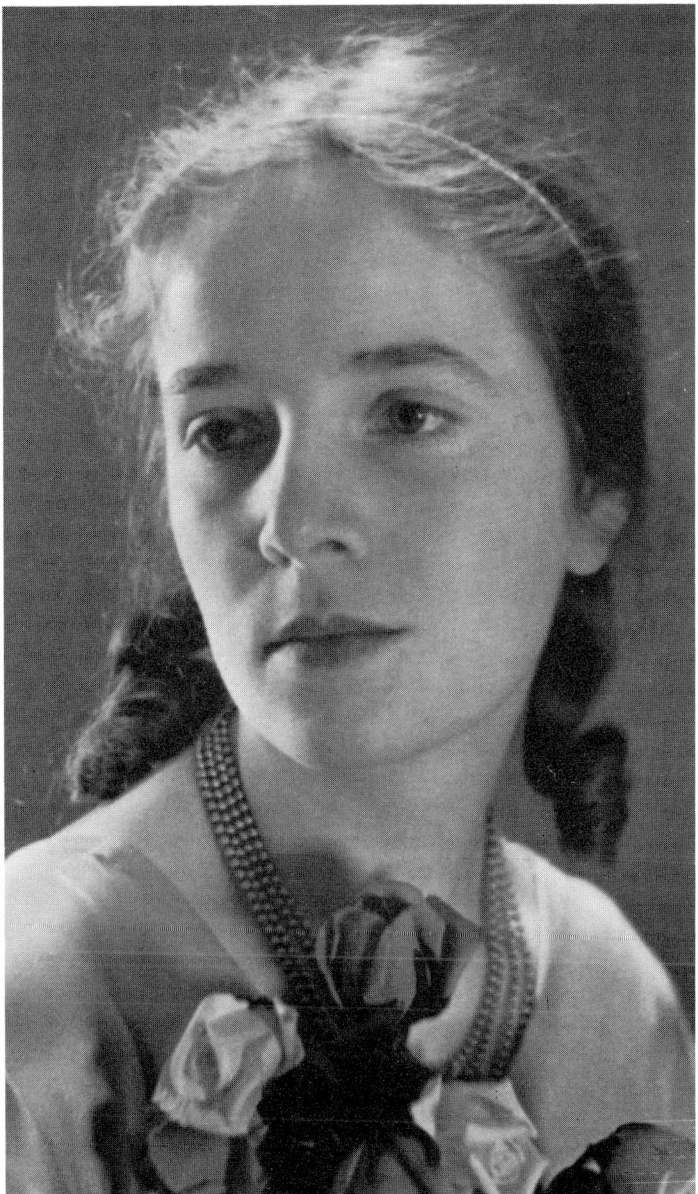

In der Tanzstunde bekam ich einen Spitznamen: Königin Luise, weil ich mit meinen Korkenzieherlocken und den Blumen am Kleid – auf diesem Foto von 1935 sind es Rosen – oft etwas altmodisch aussah.

Der Leutnant Bernhard Bechler 1935. Drei Jahre zuvor, nach dem Abitur, hatte er die Berufsoffizierslaufbahn eingeschlagen, noch im Hunderttausendmann-Heer der Weimarer Republik. Als ich ihn kennenlernte, war er Oberfähnrich. 1934 wurde er zum Leutnant, 1936 zum Oberleutnant befördert. Bernhard Bechler war ein pflichtbewußter, ehrgeiziger Soldat, und er war fest davon überzeugt, eines Tages Karriere zu machen. Um mich hat er sich sehr bemüht, denn für die Laufbahn, die er anstrebte, und für die Kreise, in denen er sich bewegte, konnte er eine Frau wie mich gut gebrauchen. Zehn Jahre später brauchte er dann eine andere Frau, mit anderer Herkunft.

Verlobung. Am 2. September 1936 hatte ich Bernhard Bechler mein Jawort gegeben. Es war ein besonderer Tag: mein Bruder Kurt war gestorben. Jahre später sollte dieses Datum noch einmal bedeutsam werden. An einem 2. September – 1943, nach Stalingrad – kam zu mir der erste jener Unglücksboten, die mein ganzes Leben verändern sollten.

Familie Bechler. Meine Schwiegereltern lebten in Lengenfeld im Vogtland, sie besaßen dort in der dritten Generation eine große Wollwäscherei. Bernhard war das jüngste ihrer vier Kinder. Ich hatte immer den Eindruck, daß er sich seiner eigenen Familie weniger zugehörig fühlte als unserer. Mit seinem Vater hatte er heftige politische Auseinandersetzungen. Während er ein überzeugter Anhänger des Nationalsozialismus war, hielt mein Schwiegervater Hitler für Deutschlands größtes Unglück. Oben links meine Schwiegereltern 1907 mit ihren beiden ältesten Kindern Helmut und Käthe.

Bild oben rechts: Bernhard Bechler 1924 – er war damals dreizehn Jahre alt – mit seiner Schwester Herta, die später Pianistin wurde. Zu ihr habe ich auch noch während und nach meiner Haft Kontakt gehabt. Bernhard Bechler dagegen brach 1946 jede Verbindung zu Eltern und Geschwistern ab.

Bild unten rechts: Bernhard Bechlers Bruder Helmut kehrte als General und Ritterkreuzträger aus dem Krieg zurück. Und während Bernhard Bechler in Ostdeutschland seine Karriere zum General noch vor sich hatte, ging Helmut Bechler in Westdeutschland einen anderen Weg: Er wurde Laienprediger.

Dieses Foto wurde 1938 aufgenommen, kurz vor unserer Hochzeit. Die Hochzeitsvorbereitungen begannen damit, daß wir Anfang des Jahres in Chemnitz in einem Offiziershaus eine Wohnung fanden. Da die Hochzeit erst für den Mai festgesetzt war, hatte ich viel Zeit, mich um die Einrichtung zu kümmern, vor allem nachdem ich im Februar aufhörte zu arbeiten. Die Miete für die Wohnung zahlte mein Schwiegervater, der uns auch jeden Monat zusätzlich 100 Mark gab. Sonst hätten wir nicht heiraten können, denn es bestand eine Bestimmung, daß ein junger Offizier nur dann heiraten durfte, wenn er monatlich mindestens 400 Mark zur Verfügung hatte. Soviel aber verdiente Bernhard als Oberleutnant nicht.

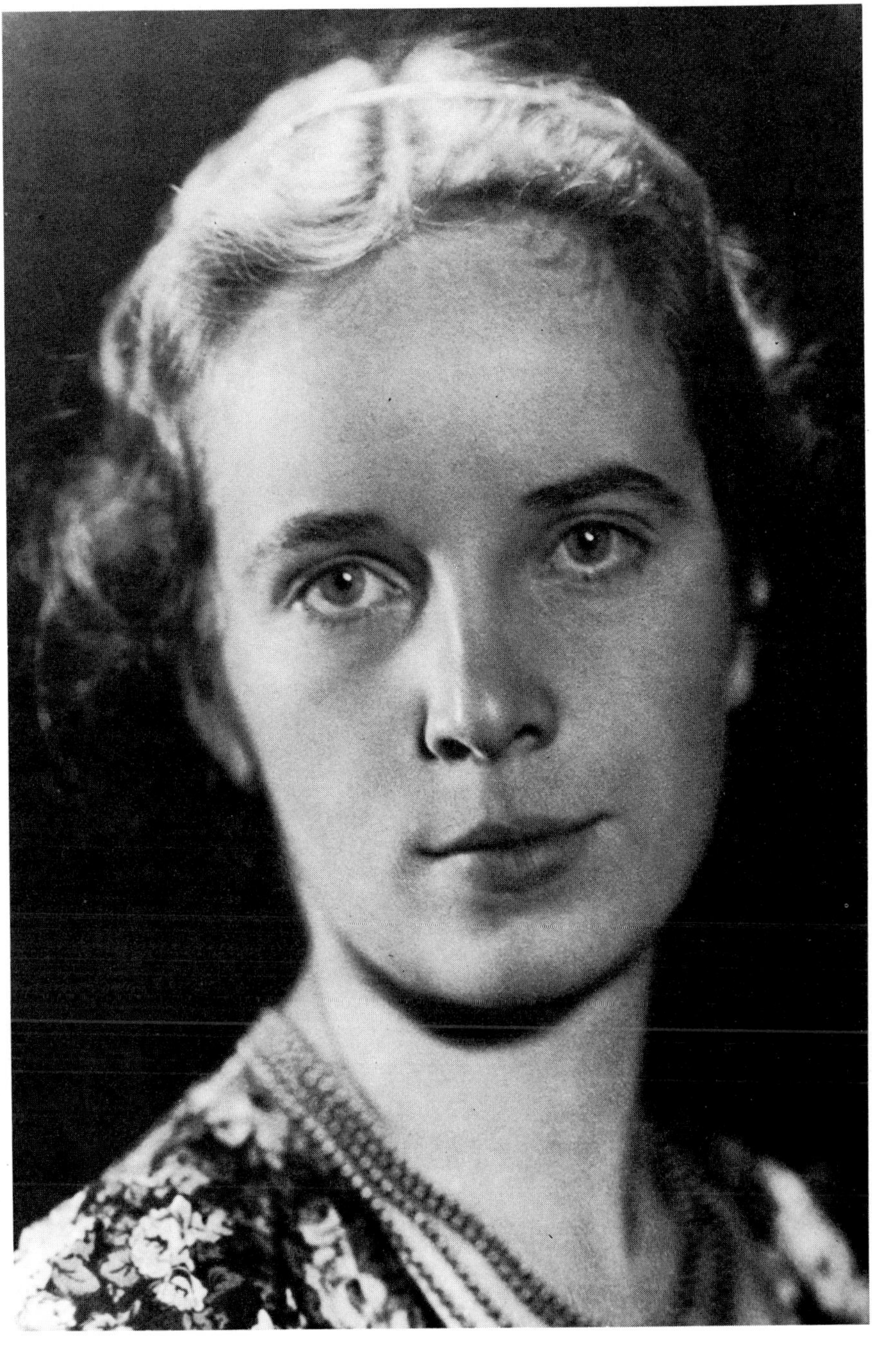

Dieses Bild von mir schenkte ich zwei Tage vor unserer Hochzeit meinen Eltern.

Einer
trage
des
anderen
Last

Galater 6,
Vers 2

Unser Trauspruch. Zuerst war ich etwas enttäuscht darüber. Vor der Hochzeit hatte ich überlegt, um einen bestimmten Spruch zu bitten: das Wort von Glaube, Liebe, Hoffnung aus Korinther 13 vielleicht. Ich hatte es dann nicht getan, aber trotzdem auf etwas Ähnliches gehofft. Damals konnte ich noch nicht ahnen, welche Bedeutung die schlichten Worte aus dem Galaterbrief eines Tages für mich haben sollten.

7. Mai 1938. Nach der Trauung beim Verlassen der Kirche. Das Brautkleid war nach meinen eigenen Vorstellungen angefertigt worden. Bernhard hatte sich Lackstiefel machen lassen, er wollte nicht in seiner normalen Uniform, sondern in Breeches und Stahlhelm heiräten.

Meine Hochzeit war für mich der Abschied von der engen Gemeinschaft mit meinem Bruder Hans-Otto. An diesem Tag erwies er mir den letzten Ritterdienst, wie meine Mutter das nannte: er trug die Schleppe meines Brautkleids. Er war 1934 in die Wehrmacht eingetreten.

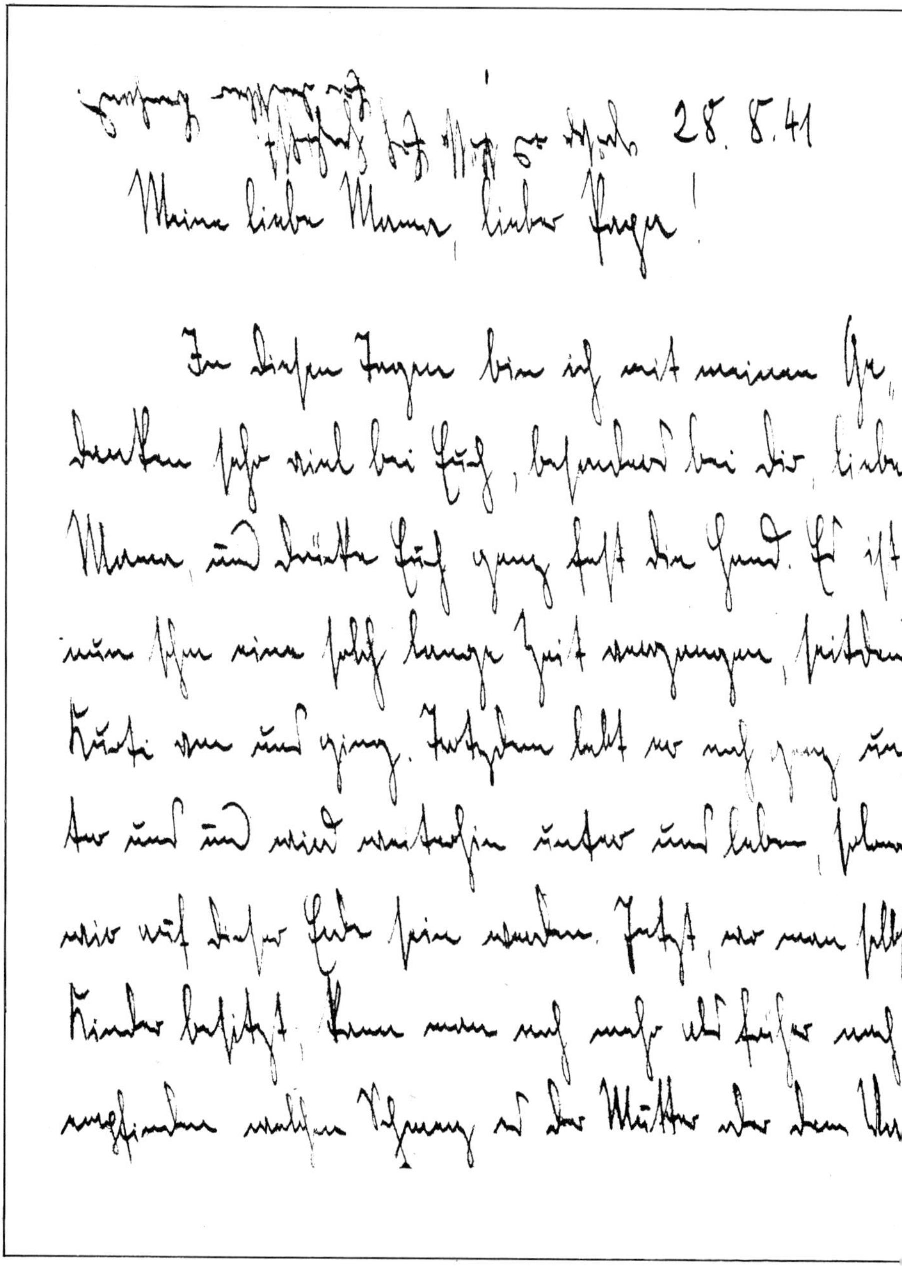

[illegible] 28. 8. 41

Meine liebe Mama, lieber [illegible]!

In diesen Tagen bin ich mit meinen Gedanken sehr viel bei Euch, besonders bei Dir, liebe Mama und drücke Euch ganz fest die Hand. Es ist nun schon eine schrecklich lange Zeit vergangen, seitdem Rudi von uns ging. Trotzdem lebt er noch ganz unter uns und wird weiterhin unter uns leben, solange wir auf dieser Erde sein werden. Jetzt, wo man selbst Kinder besitzt, kann man noch mehr als früher nachempfinden welchen Schmerz es der Mutter oder dem Va

1941: Bernhard Bechler schrieb diesen Brief an meine Eltern. Seit einem Jahr war er, inzwischen zum Hauptmann befördert, in Lötzen beim Oberkommando des Heeres, Abteilung Rechtswesen.

28. 8. 41

Meine liebe Mama, lieber Papa!

In diesen Tagen bin ich mit meinen Gedanken sehr viel bei Euch, besonders bei Dir, liebe Mama, und drücke Euch ganz fest die Hand. Es ist nun schon eine solch lange Zeit vergangen, seitdem Kurti von uns ging. Trotzdem lebt er noch ganz unter uns und wird weiterhin unter uns leben, solang wir auf dieser Erde sein werden. Jetzt, wo man selbst Kinder besitzt, kann man auch mehr als früher nachempfinden, welchen Schmerz es der Mutter oder dem Vater bringen muß, das Kind zu verlieren. Ich bin immer ganz erschüttert, wenn ich in all den Zeitungen die Todesanzeigen lese. So schrecklich oft ist dann der einzige Sohn, das einzige oder auch das letzte Kind im Osten gefallen. Ich komme dann immer mehr zu der Überzeugung, daß man eigentlich gar nicht genug Kinder haben kann. Man kann sie so furchtbar schnell wieder verlieren und man ist so machtlos dagegen. – Ich lege Euch 10 M bei und bitte Euch, Kurti dafür einen recht schönen, großen Rosenstrauß zu besorgen, als besonderen Gruß von mir. – Inzwischen ist Gretelein nun mit den Kindern bei Euch gewesen und Ihr werdet gewiß große Freude an ihnen gehabt haben. Es ist manches Mal wirklich zum Verzweifeln, daß man all das Glück nicht mit genießen kann. Es heißt nur immer wieder: warten, hoffen und wieder warten. Das kann zermürben. Ich selbst habe hier gerade in letzter Zeit viel gesehen und erlebt. Seit zwei Tagen ist Mussolini hier. Er fährt heute an die Front, um seine italienischen Truppen zu besuchen. Während der Führer sehr blaß, fast elend aussah, strotzte Mussolini vor Kraft und Gesundheit. Er macht einen ungeheuer energischen, brutalen Eindruck. Dann war ich mit dem General 5 Tage lang auf einer Frontfahrt im mittleren Abschnitt. Minsk, Smolensk, Witebsk und Dünaburg waren die Hauptstädte, die wir aufsuchten. Durch die Fahrt mit dem PKW konnte man große Teile Rußlands richtig kennen lernen.
Ich muß schon sagen: ich war angenehm enttäuscht, ich hatte es mir schlimmer vorgestellt. Teilweise wunderschöne Landschaftsbilder, die ganz Thüringen ähnelten, mit viel, viel Wald konnte man sehen. Auch die Menschen, meist Bauern, sind freundlich, bestellen schon wieder ihr Land und strömen in ihre neu geweihten Kirchen, wobei man geradezu rührende Szenen erleben konnte. In Minsk war ich einen Abend mit Helmut zusammen. Er ist jetzt, ebenso wie Hans, wieder zum Einsatz gekommen.

Ich hoffe, daß Ihr alle wohlauf seid und grüße und küsse Euch herzlichst.

Euer Bernhard

Hier der volle Wortlaut des Briefes, dessen erste Seite links im Faksimile wiedergegeben ist. Der von Bechler erwähnte General ist der General z. B. V. Eugen Müller; Bechler war sein Adjudant.

Meine Kinder im August 1942.

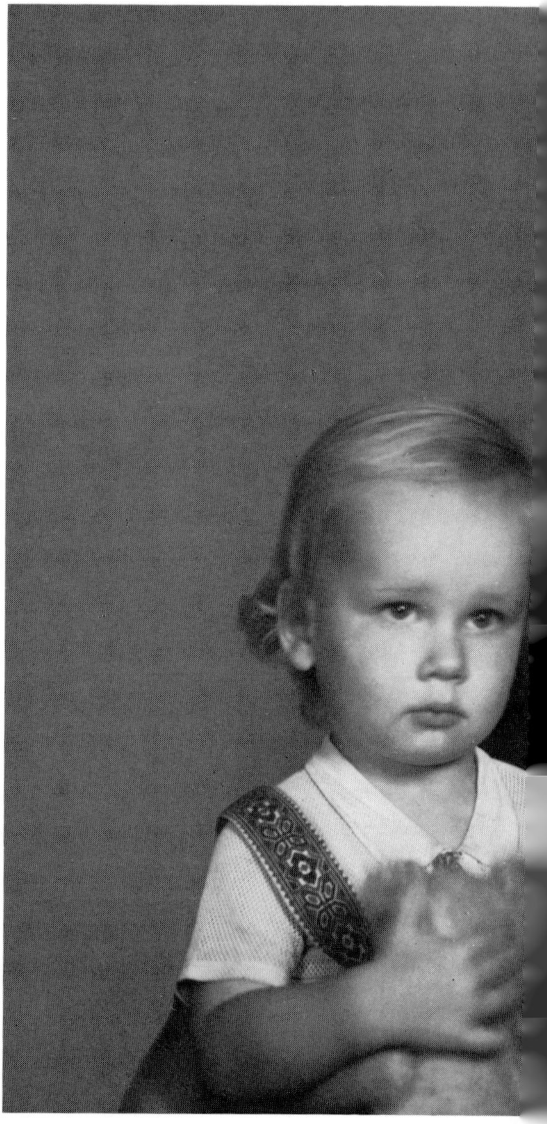

Das Bild, das Bernhard Bechler nicht mehr erreichte. Es wurde im Dezember 1942 aufgenommen. Heidi war drei Jahre, Hans-Bernhard gerade zwei. Ihren Vater kannten sie fast nur noch von Bildern, denn seit einem

Jahr war er an der Ostfront, als Major und Bataillonskommandeur in der 6. Armee. In einem seiner letzten Briefe aus Stalingrad hatte er um ein Foto von uns dreien gebeten. Ich schickte es noch ab, aber er erhielt es nicht mehr. Irgendwann kam es mit meinem letzten Brief zurück. Als Bernhard Bechler bei Stalingrad in Gefangenschaft geriet, waren wir fast fünf Jahre verheiratet. Zuletzt gesehen habe ich ihn Weihnachten 1941.

Heidi und Hans-Bernhard 1944. Dieses Foto meiner Kinder ist mir später auf Umwegen ins Zuchthaus Waldheim geschickt worden. Ich mochte dieses Bild besonders, weil sie darauf so aussehen, wie sie in meiner Erinnerung lebten. Sie waren kaum älter, als ich von ihnen getrennt wurde. Ich habe sie seit meiner Verhaftung nicht mehr gesehen.

Juni 1945 bis April 1956: elf Jahre Lager und Zuchthäuser. Lange Zeit habe ich fest damit gerechnet, daß Bernhard mich herausholen würde. Ich dachte oft über unseren Trauspruch nach . . ., aber mein Mann kam nie, um seinen Teil zu tragen. Er ließ mich für tot erklären und beantragte angeblich später auch noch die Scheidung. Ein schriftliches Dokument habe ich nie erhalten.

Nach elfjähriger Haft

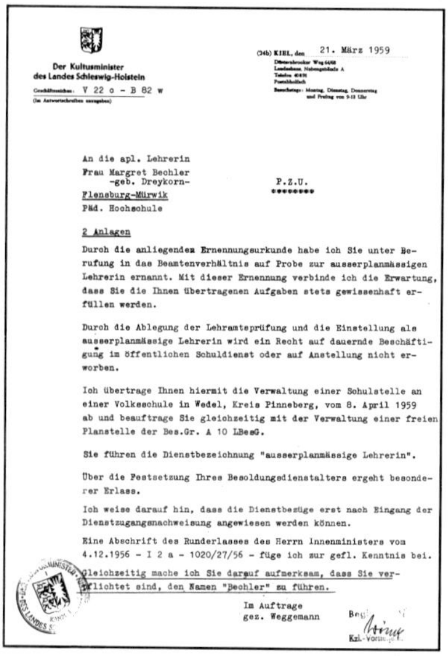

Der Kultusminister
des Landes Schleswig-Holstein

Geschäftszeichen: V 22 o - B 82 w
(im Antwortschreiben angeben)

(24b) KIEL, den 21. März 1959
Düsternbrooker Weg 64/68
Landeshaus, Nebengebäude A
Besuchstage: Montag, Dienstag, Donnerstag und Freitag von 9-13 Uhr

An die apl. Lehrerin
Frau Margret Bechler
-geb. Dreykorn-
Flensburg-Mürwik
Päd. Hochschule

P.Z.U.

2 Anlagen

Durch die anliegenden Ernennungsurkunde habe ich Sie unter Berufung in das Beamtenverhältnis auf Probe zur ausserplanmässigen Lehrerin ernannt. Mit dieser Ernennung verbinde ich die Erwartung, dass Sie die Ihnen übertragenen Aufgaben stets gewissenhaft erfüllen werden.

Durch die Ablegung der Lehramtsprüfung und die Einstellung als ausserplanmässige Lehrerin wird ein Recht auf dauernde Beschäftigung im öffentlichen Schuldienst oder auf Anstellung nicht erworben.

Ich übertrage Ihnen hiermit die Verwaltung einer Schulstelle an einer Volksschule in Wedel, Kreis Pinneberg, vom 8. April 1959 ab und beauftrage Sie gleichzeitig mit der Verwaltung einer freien Planstelle der Bes.Gr. A 10 LBesG.

Sie führen die Dienstbezeichnung "ausserplanmässige Lehrerin".

Über die Festsetzung Ihres Besoldungsdienstalters ergeht besonderer Erlass.

Ich weise darauf hin, dass die Dienstbezüge erst nach Eingang der Dienstzugangsnachweisung angewiesen werden können.

Eine Abschrift des Runderlasses des Herrn Innenministers vom 4.12.1956 - I 2 a - 1020/27/56 - füge ich zur gefl. Kenntnis bei.

Gleichzeitig mache ich Sie darauf aufmerksam, dass Sie verpflichtet sind, den Namen "Bechler" zu führen.

Im Auftrage
gez. Weggemann

Kzl.-Vorst.

Vor der Pädagogischen Hochschule Flensburg (Bild oben). Ein Jahr nach meiner Haftentlassung begann ich im April 1957 mit dem Pädagogikstudium. Meine Examensarbeit schrieb ich über: Die Bedeutung des Gedichts in der Gefangenschaft. In den letzten Jahren meiner Haft hatte ich nämlich angefangen, selbst Gedichte zu verfassen. Das Kultusministerium teilte mir in seinem Anstellungsschreiben (oben) mit, ich sei verpflichtet, den Namen Bechler zu tragen. 1950 war mir dieser Name von den DDR-Behörden aberkannt worden. Unter meinem Mädchennamen wurde ich verurteilt und später entlassen, und als Margret Dreykorn war ich auch in die Bundesrepublik gekommen. Zehn Jahre später, 1966, wurde das Foto unten aufgenommen.

Mit meiner ersten Klasse 1959 auf einem Schulausflug ins Alte Land bei Hamburg. Seit März dieses Jahres war ich nun Lehrerin. Ich hatte mir gerade diesen Beruf ausgesucht, weil ich mit Menschen, vor allem mit Kindern zu tun haben wollte.

1978. Ich bin jetzt seit fast zwanzig Jahren Lehrerin in Wedel bei Hamburg, habe dort ungefähr zehn Klassen mit ungefähr 350 Schülern betreut. Der gute Kontakt mit ihnen, oft über die Schulzeit hinaus, hat mir über vieles hinweggeholfen.

Meine Kinder, wie ich sie nie gesehen habe. Das Bild ist etwa 1947 aufgenommen, sie lebten schon bei Bernhard Bechler und seiner zweiten Frau. Es ist das letzte Foto, das ich von Heidi und Hans-Bernhard besitze. Man hat es mir heimlich, ohne Wissen Bernhard Bechlers, 1957 geschickt. Wo meine Kinder, die längst keine Kinder mehr sind, heute leben, was sie tun – das weiß ich nicht.

Als sie sich hingesetzt hat, steht plötzlich ein deutscher Häftling neben ihr, eine Haarschneidemaschine blitzt, es ist soweit. Unwiderruflich. Ich will sie damit nicht allein lassen und stelle mich dicht neben sie. Die Schneidemaschine setzt im Nacken an, Strähne um Strähne fällt das helle Haar zu Boden, Bahn um Bahn schimmert weiße Kopfhaut. Ich will Hanna in die Augen sehen, aber sie hält den Kopf gesenkt, wie blind sitzt sie da.
Dann muß ich auf den Schemel. Nun fühle ich, was ich gerade gesehen habe. Kaltes Eisen kriecht langsam über meine Kopfhaut. Plötzlich geht es nicht weiter, ein scharfer ziehender Schmerz, die Maschine setzt aus. Sie hat sich in meinen Haaren verfangen, die sind ja hüftlang, mehrmals passiert das. Dem Häftling hinter mir ist es unangenehm, ich fühle, wie er die Maschine noch weicher, noch vorsichtiger anzusetzen versucht. Scharf ruft eine Wachtmeisterin: Bis auf die Haut, es wird kahlgeschoren, kein Millimeter bleibt stehen.
Es ist kein Millimeter stehengeblieben.
Hanna und ich waren kahl wie die anderen, unsere Schädel glatt und nackt.
Nun mußten auch wir Kopftücher umbinden.
Wir nahmen sie ab, als die Wärter hinaus waren.
Ich blickte Hanna an und sie mich. Ihre Augen spiegelten Entsetzen, ich fühlte dasselbe, als ich ihren weißen runden Kopf sah. Aber bald empfand ich wie die anderen. Nun sah ich Hanna auf eine neue Weise: die schönen Augen, den weichen guten Mund. Klarer sah ich sie und wesentlicher. Wir hatten unser Haar verloren, das blieb schmerzlich, aber wir hatten etwas Wichtiges gewonnen: eine tiefere Erkenntnis unserer selbst und eine stärkere Gemeinsamkeit.

Nun warteten wir auf unser Verfahren.
Wir wußten wenig davon. Die Verurteilten wurden streng abgesondert gehalten, einen Stock über uns lebten sie in drangvoller Enge, fast zweihundert waren es inzwischen. Ab und zu nahmen wir Verbindung mit ihnen auf, über das Abflußrohr. Alle unsere Kenntnisse stammten daher.
Es solle sehr schnell gehen, zehn Minuten für ein Verfahren, vierzig davon jeden Tag. Kein Verteidiger, keine Zeugen, eigentlich sei es nur eine Urteilsverkündung: fünfzehn Jahre oder zwanzig oder lebenslänglich, bei den Männern solle es auch Todesurteile gegeben haben. Berufung lege man besser nicht ein. Anfangs hätten das die meisten getan, aber man habe ihnen dann noch fünf Jahre mehr aufgebrummt, nun verzichteten die anderen.

Nachts liege ich wach und überlege.
Zehn Jahre, denke ich, das geht ja noch, wenn ich herauskomme, bin ich sechsundvierzig. Aber fünfzehn? Oder fünfundzwanzig? Soviel hat Frau Mutschmann bekommen. Bei ihrem Alter bedeutet das lebenslänglich. Ich aber, wie alt werde ich in fünfundzwanzig Jahren sein? Einundsechzig. Mir wird kalt bis in die Adern hinein. Lohnt sich das überhaupt noch?
Ich glaube, das haben wir damals alle gedacht.
Jeden Dienstag und Freitag kam der Wachtmeister, der zur Verurteilung abholte, wir nannten ihn die »schwarze Post«. Stunden vorher schon versickerte das Gespräch. Ab und zu sagte eine beschwörend, heute sei bestimmt sie an der Reihe. Wer dann aufgerufen wurde, ging still und gefaßt, eine Umarmung, ein Winken von der Tür her, wieder eine weniger.
Zuletzt waren wir noch fünf. Wir genossen die Tage zwischen der »schwarzen Post« wie einen letzten Aufschub, warme Maitage, ungestört saßen wir am geöffneten Fenster in der Sonne und träumten von der Vergangenheit und von der Zukunft.
Da wurden wir plötzlich völlig außer der Regel an einem Donnerstag aufgestört. Der Wachtmeister stand in der Tür, holte aus der Brusttasche ein Stück Papier, entfaltete es und las: Bechler, Margret.
Ich trat vor.
Packen Sie Ihre Sachen, sagte er.
Ich griff nach meinem Bündel, es war schon gepackt, wir lebten ja auf Abruf.
Die anderen umarmten mich. Hals- und Beinbruch, rief Hanna, ich komme auch bald.
Der Wachtmeister brachte mich über den Hof in einen großen Block, den ich bisher nur von weitem gesehen hatte: das neue Zellenhaus. So neu allerdings war es auch nicht mehr, dreißig oder vierzig Jahre, aber es war als letztes gebaut worden, als größtes von allen, zweitausend Häftlinge konnten hier untergebracht werden.
Ein Riesenbau, lähmend wie jedes Gefängnis. Ein trostloser Lichthof, steile Eisenstiegen, Sicherheitsnetze, schmale Umläufe vor den Zellen, eine Tür neben der anderen.
Man schleuste mich von einer Etage zur anderen.
Ich sah nur Männer, Gefangene in blauweißen Drillichanzügen. Sie betrachteten mich so lange, bis sie weitergescheucht wurden. Wärter gingen von Zellentür zu Zellentür, drehten kleine Fallklappen in Augenhöhe zur Seite und sahen in die Zellen hinein. Das merkte ich mir.

Bis ins Dachgeschoß wurde ich geführt. Zwei Wachtmeister übernahmen mich, es ging einen langen Gang entlang, Tür an Tür. Vor einer blieben wir stehen. Zelle Nr. 47. Auch hier diese Klappe.
Der eine schloß auf und entriegelte, mein Bündel mußte draußen bleiben, ich trat ein, hinter mir klirrten die Schlüssel, rasselte eine Kette. Ich blieb still stehen.
Leise Schiebegeräusche. Ich wußte, jetzt schauten sie durch diesen Spion. Ich befahl mir Ruhe, keine Bewegung.
Draußen klapperte es, offenbar wechselten sie sich ab am Spion, was interessierte sie nur so?
Plötzlich spürte ich ein Zwicken, Krabbeln und Jucken am ganzen Körper. Es war unvorstellbar schwer, aber ich rührte mich nicht, ich hätte um mich schlagen mögen, mich kratzen, weglaufen, was konnte das nur sein? Doch ich blieb ganz still stehen.
Hinter der Tür leises Sprechen: Nichts zu machen, die läßt sich nichts anmerken.
Die Klappe fiel. Schritte entfernten sich.
Erleichterung, ungeheure Erleichterung. Ich blickte nach unten, meine Beine waren voll schwarzer Punkte, es hüpfte und sprang: Flöhe.
Zum erstenmal erlebte ich sie in Bautzen — in Jamlitz und Mühlberg waren wir dann viel schlimmer von ihnen geplagt worden, aber in solcher Masse wie hier hatten sie mich noch nie überfallen. Ich versuchte, sie von meinen Beinen zu vertreiben, da sprangen sie mir auf die Arme, ich spürte sie am Hals, im Nacken, am ganzen Körper, ich fing und zerknackte, was ich erwischen konnte.
Nach einer Weile kam wieder jemand an meine Zellentür, die Klappe ging, ich stand ruhig, die Tür wurde aufgeschlossen.
Diesmal war es eine Wachtmeisterin, eine dralle Person mit tizianrotem Haar, schief aufgesetztem Käppi, eine süßliche Parfümwolke um sich herum. Ziehen Sie sich aus!
Ich gehorchte.
Sie sah sich alles an, dann flogen Hemd, Büstenhalter und Söckchen auf die Tür zu, Rock, Pullover und Schuhe zum Fenster hin, vorher hatte sie noch die Schnürsenkel aus den Schuhen gezerrt.
Ich stand nackt in der Zelle, die Tür war offen, im Fenster fehlten die Scheiben, es zog. Ich fragte, ob ich mich wieder anziehen dürfe.
Nein, sagte sie. Und dann: Heben Sie die Arme, öffnen Sie den Mund, bewegen Sie die Zunge, grätschen Sie die Beine und machen Sie fünf Kniebeugen.
Ich tat alles, was sie sagte. Und so schnell wie möglich, denn ich wollte

nicht, daß sich einer von den Wachtmeistern im Vorbeigehen einen Blick leistete.
Nun konnte ich die Sachen wieder anziehen, die unter dem Fenster lagen. Das Hemd war bei dem anderen Haufen, ob ich mir das holen dürfe? Sie sagte, das brauche ich nicht, es sei warm genug. Ich fragte, was das alles zu bedeuten habe.
Das werden Sie früh genug erfahren, blaffte sie und ging.
Solche Antworten mußt du dir ersparen, sagte ich mir. Ich beschloß, nichts mehr zu fragen, was ich nicht wissen sollte, und anderen keine Möglichkeit zu geben, irgendwelche Machtgelüste auszuleben.
Mir war klar, daß ich viel frieren würde. Ich mußte mir eben möglichst viel Bewegung machen. Und dazu war die Zelle wie geschaffen. Sie war völlig kahl bis auf ein eisernes Bettgestell mit Strohsack, das aber keine Füße hatte. Es wurde an der Wand hochgeklappt und festgeschlossen, so daß man es tagsüber nicht benutzen konnte. In halber Höhe hing eine elektrische Birne, die brannte, obwohl es Tag war. In der Ecke stand ein Kübel, der einen zu kleinen Deckel hatte. Weder Tisch noch Schemel noch ein Bord, um etwas daraufzulegen. Nur eine kahle Zelle, in der eine elektrische Birne brannte und ein schlecht schließender Kübel roch.
Die getünchten Wände über dem dunkelgrünen Ölsockel waren mit Inschriften übersät. Ich las: Der Gott, der Eisen wachsen ließ, der wollte keine Knechte. Und: Wer nie sein Brot mit Tränen aß — und: Die Hitler kommen, die Hitler gehen, das deutsche Volk bleibt bestehen. Ganz oben stand: Heil Moskau. Daneben Hammer und Sichel. Ich mußte mich auf die Zehen stellen, um es lesen zu können. Daraus schloß ich, daß früher wohl doch ein Schemel in der Zelle gestanden hatte, vielleicht sogar ein Tisch.
Gegen Abend wurde das Haus auf einmal lebendig.
Es klapperte, schepperte, klirrte. Reihenweise wurden Türen aufgeschlossen, Füße schlurften die Gänge entlang.
Ich horchte an der Tür und entdeckte ein kleines Loch im Spion, durch das die Wachtmeister die Gefangenen beobachten konnten, ohne den lauten Klappendeckel zu bewegen. Ich versuchte hindurchzusehen und entdeckte, daß ich die drei gegenüberliegenden Zellen im Blickfeld hatte.
Sie standen gerade offen. In jeder hausten fünf Männer. Wie eng mußte das sein.
Jetzt stellten sie Kübel und Wasserkrüge hinaus, die Tür wurde ihnen sofort vor der Nase zugeschlagen. Nun wartete ich, daß bei mir aufgemacht wurde. Nichts geschah. Nach einer Weile wurde drüben wie-

der aufgeschlossen, nun kamen die leeren Kübel hinein und die vollen Krüge.
Wieder nichts für mich.
Stille.
Dann aufs neue die Schließerei. Diesmal standen die Männer mit großen Blechschüsseln an ihrer Zellentür, eine braune Flüssigkeit wurde hineingefüllt, dann teilte ein Kalfaktor Kaltverpflegung aus, nichts für mich.
Ich machte eine wichtige Beobachtung: Während des Kübelns und Essenausteilens waren die Wachtmeister so mit Schließen beschäftigt, daß sie keine Lust hatten, an den Spionen herumzuschleichen. Alle Heimlichkeiten mußten also während dieser Zeit erledigt werden. Ich beschloß, bei nächster Gelegenheit am Fenster hochzuklettern und draußen Umschau zu halten.
Lange Zeit war es still.
Endlich kam man zu mir. Es war ein älterer Wachtmeister. Er schloß das Klappbett von der Wand und sagte, auf dem Gang liege eine Decke, die dürfe ich jetzt hereinholen. In fünf Minuten käme er zurück, bis dahin müsse ich ausgezogen sein. Die Oberkleidung sei sorgfältig zusammenzulegen, während der Nacht komme sie vor die Zellentür.
Ich sagte, das gehe nicht, ich hätte nichts darunter.
Ich hätte doch wohl ein Hemd an, sagte er.
Das sei mir vorhin abgenommen worden, antwortete ich.
So ein Quatsch, sagte er, na warten Sie mal.
Er ging hinaus, kam nach kurzer Zeit wieder. Er trug ein Männerunterhemd über dem Arm, neu und mit langen Ärmeln. Das sei etwas Vernünftiges, sagte er, das könne ich auch gleich für den Tag behalten.
Dann ließ er mich allein.
Ich zog mich aus, streifte das neue Hemd über, es war herrlich warm. So ein gutes Hemd hatte ich seit Jahren nicht mehr gehabt, aber auch wenn es mir bis zu den Knien reichte — so wollte ich doch nicht vor ihm stehen, ich wickelte mir noch meine Decke um die Hüften, da kam er auch schon zurück. Na sehen Sie, sagte er zufrieden, nun legen Sie das andere Zeug vor die Tür.
Ich gehorchte. Nicht gern, wer legt schon gern seine Kleider, die er am nächsten Tag wieder anziehen muß, auf einen schmutzigen Fußboden?
Im Hinausgehen sagte er freundlich, ich dürfe das Gesicht nicht unter die Decke stecken, es müsse immer sichtbar bleiben, die ganze Nacht.

Das alles war sehr quälend für mich. Ich konnte nicht schlafen. Da war die brennende Lampe über mir und dann das häufige Klappen des Spions, ich schloß die Augen, aber ich blieb wach. Zur Beruhigung sagte ich mir, daß auch dieser beklemmende Tag menschliche Augenblicke gezeigt habe, darauf wollte ich in Zukunft hoffen.
Ich lag nicht lange so, da hörte ich Stimmen vor meiner Zellentür.
Da liegt sie nun und schläft so ruhig. Wenn sie wüßte, daß sie sterben muß...
Was sie wohl getan hat?
Pech gehabt. Wie die anderen auch.
Wie alt die wohl ist?
So Mitte Dreißig.
So alt war meine Frau auch, als sie sie im KZ umgebracht haben.
Siehste, nun machen sie hier dasselbe. Alles Vergeltung.
Wenn sie das tun, wenn sie das wirklich tun, dann will ich hier nicht mehr mitmachen.
Das Licht ging aus.
Was machst du da?
Damit sie besser schlafen kann.
Der andere protestierte. Wir müssen doch aufpassen, daß sie sich nichts antut.
Das Licht ging wieder an.
Stille.
Das war es also: Ich lag in einer Todeszelle. Aber ich hatte ja noch gar keine Anklageschrift erhalten, kein Gerichtsverfahren. Und war schon verurteilt? Und andere wußten schon Bescheid?

Der Tag war sehr lang in diesem Haus und forderte alle meine Kräfte.
Er begann um fünf Uhr früh.
Zuerst legte man die Decken nach draußen, nahm das Waschwasser herein, einen Hocker mit Schüssel, Handtuch und Tonseife. In zehn Minuten hatte man fertig zu sein.
Nun kam der Kübel hinaus, zusammen mit dem Waschzeug, das Bett wurde hochgeschlossen. Wieder zehn Minuten.
Ich mußte den Kübel hereinholen.
Um sechs Uhr war Zählappell.
Danach bekam man seinen Topf Kaffee und einen Kanten Brot, fünfhundert Gramm für den ganzen Tag.
Gegen zehn durfte ich meine Zelle ausfegen.
Um zwölf wurde mir die Suppenschüssel vor der Zelle auf den Fußboden gestellt. Ich holte sie herein und löffelte sie aus. Wenn ich lang-

sam aß, dauerte es ungefähr eine halbe Stunde, länger ließ es sich nicht hinziehen.
Dann war lange nichts. Nur die schleichende Zeit. Und die Flöhe. Und das ständige Belauschtwerden. Und das eigene angespannte Lauschen nach draußen.
Um fünf Uhr abends wurde mir die Kaffeeschüssel auf den Boden gestellt.
Um sechs Uhr war Zählappell.
Um acht kamen die Kleider hinaus, die Decken herein, das Bett wurde heruntergeschlossen, der Tag war zu Ende.
Am Abend dieses ersten Tages wußte ich, daß ich mir diese fünfzehn endlosen Stunden verkürzen, daß ich Sinn hineinbringen mußte.
Zunächst habe ich mir gesagt, du mußt dir diesen Tag einteilen. Waschen mußte ich mich ja schnell, aber dann habe ich nicht gleich gefrühstückt, sondern erst Morgengymnastik gemacht. Jeden Morgen, ich schätze eine halbe Stunde. Bei offenem Fenster habe ich geturnt, Bodengymnastik und Sprünge, alles, was ich bei Mary Wigman in Dresden einmal gelernt hatte. Wir hatten da auch geübt, durch einen Tempel zu schreiten und dabei eine Kerze in der Hand zu halten, um einer inneren Bewegung eine äußere Gestalt zu geben. Das machte ich also alles. Die Wachtmeister öffneten manchmal die Tür und sahen herein, einer sagte: Machen Sie das öfter, es sieht sehr hübsch aus.
Dann habe ich mich in Ruhe hingesetzt und habe an meinem Brotkanten herumgenagt. Ich mußte mich auf den Kübel setzen oder auf den Boden, denn das Bett war ja hochgeschlossen. Auch das Essen wurde mir auf den Boden gestellt, hier aß ich es, hier lagen nachts meine Kleider, in mir sträubte sich alles gegen dieses Zu-Boden-Gedrückt-Werden.
Zur Säuberung der Zelle bekam ich einen Besen und ein Blech, ich habe die Ritzen ausgekehrt, daß kein Stäubchen mehr zu sehen war, bestimmt habe ich eine Stunde jeden Tag darauf verwandt.
Eine willkommene Sonderbeschäftigung brachte mir ein paarmal die Flohplage. Ich bekam Desinfektionslauge, Schrubber und Scheuereimer: Großreinemachen. Ich ließ keine Ecke aus, keine Ritze, keine Fuge, danach war mir jeder Zentimeter meiner Zelle vertraut.
Nun behauptete ich, auch Fensterrahmen und Gesims müßten gereinigt werden, und dazu müsse ich an der eisernen Halterung meines Bettes hochsteigen. So stand ich zuerst mit Erlaubnis und später heimlich und schaute, so oft ich konnte, über meine Zuchthausmauern hinaus auf Gärten und hügeligen Wald und sonnige Wege, schaute

hinaus in die Freiheit. Manchmal beobachtete ich Spaziergänger. Mir schien, sie hielten an und schauten herüber, einige winkten sogar, oder bildete ich mir das nur ein? Ich stellte mir manchmal vor, meine Eltern stünden dort, meine Brüder, die schon lange nicht mehr lebten, und schickten einen Gruß herüber.
Oft habe ich mich mit meinen Eltern unterhalten, ich erzählte ihnen, was hier geschehen war und daß sie nicht denken sollten, ich sei eine Verbrecherin, und daß sie sich meinetwegen nicht schämen müßten.
Oder ich begann meine langen Wanderungen. Barfuß ging ich auf dem glatten, weißgescheuerten Fußboden auf und ab. Dabei fing ich an, mir zu überlegen, was ich überhaupt wußte, auswendig wußte. Gedichte aus der frühen Kindheit, die man noch in der Volksschule gelernt hat, zum Beispiel: Bei Goldhähnchen war ich jüngst zu Gast.
Oder den deutschen Rat: Vor allem eins, mein Kind, sei treu und wahr.
Dann besann man sich weiter: Schulgedichte. Schiller. Balladen.
Alles war sehr schnell erschöpft.
Jeder Gefangene spürt rasch, daß sein geistiger Besitz bald aufgebraucht ist. Jeder sagt sich, du hast zuwenig gelernt, du hättest viel mehr lernen müssen, dann hättest du es jetzt zur Verfügung.
Ich fing an, mich auf meine Geographiekenntnisse zu besinnen, vielleicht mal alle Städte mit dem Anfangsbuchstaben A zusammenzusuchen. Ich habe mich nicht so oft damit befaßt, weil ich in Geographie genausowenig wußte wie in Mathematik, trotzdem habe ich auch gerechnet, zum Beispiel die Quadratzahlen wiederholt.
Man sucht auch seine Sprachkenntnisse wieder zusammen. Ich hatte, da ich auf dem Gymnasium in der Klasse das einzige Mädchen war, morgens das Vaterunser beten müssen. Wenn der Unterricht mit Deutsch anfing, dann betete ich es in deutsch; war die erste Stunde Latein, dann lateinisch, und so in allen Sprachen, die wir hatten. Ich stellte fest, daß ich sie alle noch konnte. Ich hoffe, Gott hat mir verziehen, daß ich das Vaterunser als Sprachübung benutzte.
Was weißt du eigentlich noch aus dem Konfirmandenunterricht?
Die Zehn Gebote.
Da haperte es schon, ich bekam sie nur langsam zusammen, aber die Reihenfolge, stimmte die? Ich wußte nicht, ob zuerst kommt: Du sollst nicht töten, oder: Du sollst nicht stehlen.
Dann die Seligpreisungen, zehn müssen es sein. Wie mögen sie noch heißen?
Selig sind die Verfolgung leiden um der Gerechtigkeit willen, denn ihrer ist das Himmelreich.

Das ist nicht die erste, das ist die letzte.
Aber wie heißt dann die erste?
Die erste und die letzte haben immer besondere Bedeutung.
Selig sind, die geistig arm sind.
Man geht diesen Bibelsprüchen nach.
Man geht der Wahrheit nach und merkt, daß sie verschleiert ist.
Manchmal glaubt man, daß man sie gefunden hat, dann zweifelt man wieder.
Am zehnten Tag wurde meine Zelle unerwartet aufgeschlossen.
Zwei Männer in grauen Zivilanzügen traten ein, hinter ihnen eine hochblonde Frau mit einer Aktentasche.
Na, dann wolln wir mal, sagte der eine munter und sah sich um. Er wandte sich zu dem Wachtmeister, der in der Tür stand: Das hier gehe nicht, er brauche einen Tisch und auch Sitzgelegenheiten.
Der Wachtmeister sah das ein, schlug einen anderen Raum vor, dahin wurde ich geführt, die Zivilisten folgten.
Es war ein Zimmer am Ende des Flurs, mit hohen Glastüren, durch die man die Umläufe vor den Zellen kontrollieren konnte.
Mir wurde ein Sitzplatz angewiesen.
Na, dann wolln wir mal, sagte der Wortführer wieder, er ließ sich ein paar Papiere geben und blätterte darin.
Sie heißen?
Frau Bechler.
Ob ich seit meiner Verhaftung mal wieder etwas von meinem früheren Mann gehört hätte.
Also, das war's. Bernhard mußte meine Postkarte aus dem Lazarett bekommen haben. Die Zivilisten waren in seinem Auftrag hier.
Ich antwortete eifrig, ja, die Russen hätten uns ab Februar 1948 ostzonale Zeitungen gegeben.
Ihre Mienen verdüsterten sich. Streng wurde ich belehrt, das heiße nicht *Russen*, sondern *Sowjets*. Und ob ich schon mal von der DDR, der *Deutschen Demokratischen Republik*, gehört hätte.
Ich lenkte ein, ich wollte diese Leute doch nicht verärgern.
Er fuhr in der eingangs eingeschlagenen munteren Tonart fort, dann wisse ich ja auch, daß Bernhard Bechler sich durch seine Haltung und seinen persönlichen Einsatz das Vertrauen der Sowjets erworben habe. Er habe sich beim Aufbau des Staates verdient gemacht und bekleide seit langem eine hohe Stellung.
Ich nickte.
Vielleicht, sagte er, sei mir nicht bekannt — und sie seien hier, mir das mitzuteilen —, daß mein früherer Mann sich von mir habe schei-

den lassen, und zwar schon vor einigen Jahren. Ich könnte mir sicherlich denken, warum.
Nein, sagte ich, das könne ich nicht.
Dann wolle er es mir sagen, antwortete er. Aus politischen Gründen. Als Frau eines fortschrittlichen Politikers sei ich untragbar und staatsgefährdend obendrein. Ich hätte nun auch kein Recht mehr, den Namen Bechler zu tragen. Von nun an sei ich wieder Margret Dreykorn.
Ich fragte, ob mein Mann das beantragt habe und ob ich seine Unterschrift dazu sehen könne.
Er sagte, das sei in meinem Fall nicht nötig. Es handele sich um längst bestehende Tatsachen. Dann fügte er höhnisch hinzu, ich schämte mich offenbar, meinen Mädchennamen zu tragen.
Erst später wurde mir klar, daß er mich provozieren wollte. Es gelang ihm auch. Ich erklärte wütend, ich sei stolz auf meinen Namen. Fünfundzwanzig Jahre hätte ich sauber und gut damit gelebt. Ich nähme ihn sofort wieder an.
Dann sei ja alles in Ordnung, sagte er zufrieden. Er schob mir die Papiere hin, ein Original, zwei Durchschriften. Mit einem geradezu unverschämten Gebaren spießiger Rechtlichkeit wies er mich an, den Wortlaut des Originals mit den Durchschriften zu vergleichen, damit ich sähe, daß alles seine Richtigkeit habe.
Ich las nichts, ich prüfte nichts.
Ich nahm den Kugelschreiber, den sie mir hinhielten und unterschrieb: Margret Dreykorn.
Einmal, zweimal, dreimal.
Seit zwölf Jahren zum erstenmal wieder mit meinem Mädchennamen.
Er war anscheinend froh, daß alles so glatt ging. Er fragte, ob er mir nicht gleich mein Urteil sagen solle.
Ich bat darum, um auch das gleich hinter mich zu bringen.
Er ließ sich die Tasche geben und nahm ein dickes Aktenstück heraus. Eine Weile blätterte er darin, las hier und da eine Stelle und sagte dann, ich hätte mir ja was Schönes eingebrockt.
Gespannt sah ich ihn an. Die Gedanken jagten mir durch den Kopf. War ich ihnen mit meiner schnellen Unterschrift in eine Falle gegangen, daß sie mir nun mein Urteil... aber wieso? Ich hatte doch noch keine Anklageschrift erhalten, von einem Gerichtsverfahren ganz zu schweigen. Und die halten schon mein Urteil in der Tasche.
Er bemerkte wohl meine Verwirrung. Lassen wir das jetzt, sagte er, Sie werden es noch früh genug erfahren. Und schob das Aktenstück zurück in die Tasche.

Dem anderen, der bisher geschwiegen hatte, gefiel das anscheinend nicht. Er sprach auch jetzt nicht, sah mich nur bedeutungsvoll an und fuhr sich mit der Kante der flachen Hand quer über den Hals.
Ich verstand, wer verstünde das nicht? Tod. Doch ich begriff nicht.
Ich stand auf.
Wachtmeister, rief der zweite, einschließen!
Ich hatte das Gefühl, daß sie mir nachblickten, und ich gab mir Mühe, gerade und gelassen zu gehen, diesen ganzen langen Flur entlang.
Auf dem Fußboden vor meiner Zellentür stand die Mittagssuppe, eine bräunliche Brühe mit Zuckerrübenschnitzeln.
Der Wachtmeister deutete darauf.
Ich ließ sie stehen.
Als ich in der Zelle war, klapperte es hinter mir auf dem Boden. Essen müsse ich schon, sagte er.
Die Tür schlug zu, ich war allein, das Weinen kam. Tränen liefen mir über das Gesicht, strömten, ohne daß ich etwas Bestimmtes dachte oder fühlte. Wie aus einem tiefen Brunnen. Ich hatte kein Taschentuch. Also aufhören. Ich lehnte mich an die Wand neben dem offenen Fenster. Ich versuchte, ruhig zu atmen und zu denken.
Er hat mich aufgegeben. Er hat mich im Stich gelassen. Ich bin seiner Laufbahn hinderlich. Ein ungeheuerlicher Gedanke kam mir: Er weiß von diesem Todesurteil, er muß es wissen. Die Männer waren ja in seinem Namen aufgetreten. Mir war, als begriffe ich die Zusammenhänge. Eine Frau Bechler, die aus sowjetischen Lagern auftauchte, war belastend, eine Gefahr für die eigene Laufbahn. Deshalb hatte er mir den Namen wegnehmen lassen. Ich sollte ganz verschwinden, nicht einmal hingerichtet werden unter dem Namen Bechler. Mein Tod war die letzte Befreiung für ihn.
Ich erinnerte mich, wie mir 1943 sein Todesurteil vorgelesen und mir nahegelegt wurde, mich von ihm scheiden zu lassen. Für mich bekam damals unser Trauspruch eine ganz besondere Bedeutung: *Einer trage des anderen Last*. Ich nahm sie auf mich. Warum war er nie bereit gewesen, seinen Teil zu tragen?
Aber wenn er nun von alledem nichts wußte?
Es konnte doch sein, daß höchste Regierungsstellen ohne sein Wissen so mit mir verfuhren, um einen Skandal zu verhindern.
Was war wahr?
Ich konnte es nicht entscheiden. Es war besser, das nutzlose Grübeln aufzugeben. Fest stand, daß er sich gegen mich entschieden hatte. Daß er sich hatte scheiden lassen. Daß er eine andere Frau geheiratet hatte. Ich hatte ihn verloren. Ich hatte auch die Kinder verloren.

Wußten die überhaupt noch etwas von mir?
Auch von meinen Eltern wußte ich nichts mehr seit dem großen Angriff auf Dresden, vielleicht waren sie tot.
Keiner war da, der mir hätte beistehen können gegen die, in deren Gewalt ich war, die meinen Tod beschlossen hatten.
Meine Hinrichtung.
Köpfen? Hängen?
Die Tränen kamen wieder.
Ich unterdrückte sie. Alles keine Hilfe, keine Hilfe. Ich lief in der Zelle hin und her, in mich versunken, verlassen, hilflos, ausgeliefert, aber auch suchend, horchend, lauschend.
Mein Blick blieb an einem Fleck auf der Wand hängen, eine trichterförmige Vertiefung, ein heller Punkt im Dunkelgrün des Sockels.
Ich sah nichts mehr als diesen Punkt, nur diesen Punkt, bis mir in einer Art tiefer Konzentration Worte kamen: Du hast mir alles genommen, was Du mir einmal gegeben hast, Vater, Mutter, Brüder, Mann und Kinder. Heimat und Zuhause. Du allein weißt, warum. Ohne Klage lege ich alles in Deine Hand zurück. Nimm auch mich an, Vater im Himmel, und verlaß mich nicht. Dein Wille geschehe, ja, Dein Wille geschehe, wie im Himmel also auch auf Erden.
Tiefes Atmen, ich kam zu mir, Angst und Schrecken, Entsetzen und Todesfurcht waren von mir abgefallen, ein Gefühl der Geborgenheit erfüllte mich, Gott hatte mich angenommen, nun konnte mir nichts mehr geschehen. Oder doch: Alles was geschehen würde, kam von ihm, und ich war bereit, es anzunehmen. Alles? Ja. Auch den Tod.
In der Nacht schlief ich gut. Ich hatte keine Angst mehr, das Gefühl der Wende hielt an. Am Morgen lag neben meiner Waschschüssel ein Stück richtige Toilettenseife, sie schäumte und duftete, als ich mich damit wusch. Das war wie ein Wunder. Wo kam die her?
Am Tage darauf wieder ein Wunder: Ich hatte auf einmal einen Kübeldeckel, der paßte. Nun konnte ich darauf sitzen, ohne von dem Chlorkalkgeruch vertrieben zu werden.
Die Wunder rissen nicht ab. Ich bekam jetzt Klopapier. Es war Zeitungspapier und so zerrissen, daß ich es zusammensetzen konnte. Nun hatte ich etwas zu lesen, das bedeutete sehr viel an einem Tag, der morgens um fünf anfing und abends um acht endete.
Dann lag eines Tages neben meiner Suppenschüssel ein geschnitzter Holzlöffel. Wir Todeskandidaten durften nur mit Holzlöffeln essen, aber dieser war so zierlich, wie ich noch keinen gesehen hatte; die anderen waren so groß, daß man kaum damit essen konnte.
Der Besen, den ich bisher zum Saubermachen meiner Zelle bekam,

hatte schräg abgewetzte Borsten gehabt, nun fand ich einen neuen. Dann wurden meine Fenster frisch verglast, und als ich bat, sie putzen zu dürfen, bekam ich für eine Stunde Wasser, Lappen und einen Schemel zum Hinaufklettern.

Das waren Liebestaten. Es war wie Manna in der Wüste. Ich habe auch davon gelebt.

Natürlich fing ich an, mich zu fragen: Wer gibt dir das alles, wer sorgt hier so für dich? Es mußte wohl der Kalfaktor sein, wer hätte es sonst tun können? Aber er konnte es nur mit der stillen Zustimmung der Wachtmeister, sonst wäre das nicht möglich gewesen.

Schließlich lag eines Abends eine zweite Wolldecke vor der Zellentür. In ihr fand ich einen Zettel, bleistiftbeschrieben, mit sehr vielen Fehlern.

Darauf stand ungefähr: Ich finde überhaupt keine Ruhe mehr, wenn ich denke, was Sie erwartet. Es sind vierundsechzig Todeskandidaten auf dieser Station, die ich zu betreuen habe. Das ist ein furchtbarer Dienst. Aber das Schlimmste ist, daß Sie darunter sind. Es läßt mir und uns allen keine Ruhe. Halten Sie nur den Kopf hoch und verlieren Sie nicht den Mut. Vielleicht wird doch noch alles gut.

Als ich mich hingelegt hatte auf meinen Strohsack, nahm ich diesen Zettel noch einmal und las ihn unter der Decke. Da wurde plötzlich die Zellentür aufgeschlossen. Ich versuchte, den Zettel zu zerknüllen, aber dazu war keine Zeit mehr. Ein Wachtmeister stürzte auf mich zu, riß die Decke von meinen Händen, Papier raschelte, dann sprang er zurück, Tür zu, Schlüssel herum.

Langsam erholte ich mich von dem Schrecken. Was wollte der? Den Brief hatte ich noch, mir war nichts weggenommen worden, im Gegenteil: auf meiner Brust lag etwas, das aussah wie ein Klumpen Zeitungspapier. Ich wickelte es auf und fand ein Brötchen, knusprig, mit Butter.

Da lag ich, in der einen Hand den Brief, in der anderen das Brötchen. Ich biß hinein, fühlte mich wunderbar getröstet, so allein war ich gar nicht.

Später erfuhr ich, daß es der Wachtmeister war, der am ersten Abend vor meiner Tür einem anderen erzählt hatte, daß seine Frau im KZ umgekommen sei. Nicht ungefährlich für ihn, dieser Sprung in meine Zelle, denn Wachtmeistern war der Aufenthalt in Zellen verboten, die meisten blieben auch an der Tür stehen. Jede Freundlichkeit von der anderen Seite gab Trost und Hoffnung. Das Verhalten unserer Wärter konnte die harten Vorschriften mildern oder unerträglich machen. Deshalb fürchteten wir die Gehässigkeit mancher Wachtmeister so.

Am schlimmsten konnten die Frauen unter ihnen sein, ganz ungerührt und mitleidslos. Die mir die Anstaltskleidung verpaßte, das war so eine. Sie holte mich ab und ging mit mir zum Magazin, die Treppen mußte ich vor ihr hinuntergehen, draußen übernahm sie die Führung. Das Magazin war fast leer, ich war eine der letzten, die eingekleidet wurde. Sie schätzte mit einem Blick meine Figur und sagte, da werde schwer etwas Passendes zu finden sein. Ich bekam eine blauweiße Anstaltshose, die ungefähr paßte, ein graublaues Männerhemd, verwaschene dünne lange Unterhosen und graue Männersocken.
Nun würde es schwierig, sagte sie und ging zu den Schuhen. Sie wühlte mit den Füßen in einem Haufen einzelner Holzpantinen. Ich solle selbst sehen, ob ich etwas fände.
Ich nahm mir die Schuhe vor. Bei einem war das Oberblatt ausgerissen, bei anderen der Segeltuchstoff ausgefranst, ich dachte an den Winter und fragte, ob ich nicht meine eigenen Schuhe behalten dürfe.
Nein, ich müsse ganz eingekleidet werden. So nannte man das, dabei waren meine Schuhe doch auch schon Lagerschuhe. Wir suchten also weiter. Sie scharrte mit den Füßen in dem Haufen, schob mir zwei zu: Die hätten sogar ein Lederblatt.
Ich nahm sie heraus und stellte sie nebeneinander. Sicher waren sie zwei Nummern zu groß. Und außerdem zwei rechte. Aber sie war die Sache leid, sie wollte zu Ende kommen. Die solle ich nehmen, ich sei ja in der Zelle und brauche nicht zu laufen. Ich solle mich gleich hier umziehen.
Ich gehorchte. Schon bei den ersten Schritten merkte ich das Verhängnis, der rechte Schuh rutschte von meinem linken Fuß herunter, ich krampfte die Zehen zusammen, um ihn zu halten, aber spätestens beim dritten Schritt war es aus, da war er weg. Die Wachtmeisterin sagte, sie habe es nun bald satt, als ich immer wieder stehen bleiben mußte, um nach dem Schuh zu angeln.
Ich sagte, ich auch.
Ich solle nicht frech werden, sagte sie.
Ich antwortete, mit zwei rechten Schuhen könne niemand gehen.
Sie sagte, ich würde mich daran gewöhnen müssen.
Ich gewöhnte mich nie daran.
Aber ich habe viel aushalten müssen, denn ich trug diese Schuhe mehrere Wochen.
Zum erstenmal war ich froh, wieder in meiner Zelle zu sein. Ich stellte die Schuhe in die Ecke und lief auf Strümpfen, es war ein schönes, befreiendes Gefühl. Aber die Harten unter meinen Wächtern fanden daran etwas auszusetzen. Ich hätte das Volkseigentum zu schonen,

sagten sie, sonst bekäme ich eine Sonderstrafe. Da zog ich auch noch das Volkseigentum aus, die grauen Wollsocken nämlich, und lief barfuß. Im Juni ging das ja, aber was sollte ich im Winter tun?
Zum Trost fand ich am Abend einen Zettel in meiner Decke.
Mein Betreuer schrieb, Tag und Nacht stünde ihm mein Bild vor Augen. Während alle anderen am Boden lägen, trüge ich mein Haupt so stolz und aufrecht. Ich solle ihn wissen lassen, ob er etwas für mich tun könne. Am nächsten Morgen würde ich Papier und ein Stück Mine im Handtuch finden, dort solle ich auch meine Antwort verstecken, es sei der sicherste Platz. Wenn er sie gefunden hätte, würde er an meine Tür klopfen, damit ich wisse, daß alles in Ordnung sei.
Ein sonderbares Schriftstück, diese Mischung aus altväterischem Stil und praktischer Klugheit, die seltsame Rechtschreibung und die vielen Fehler. Ungebildet oder ein Ausländer? Ich schob den Gedanken beiseite. Für mich war der Schreiber vor allem der Mensch, der mir mit einfühlsamer Güte geholfen hatte, die schwersten Tage meines Lebens zu überstehen. Ich schrieb zurück und dankte ihm dafür.
Den Tag darauf oder den übernächsten bekam ich die Anklageschrift. Sie bestand aus einem Bogen Papier in DIN-A-4-Format mit einem vorgedruckten Text, der offenbar für alle Angeklagten gleich war. Man hatte lediglich meine Personalien und die Einstufung eingefügt. Ich war Schwerkriegsverbrecher. Die Anklage lautete auf Verbrechen gegen die Menschlichkeit. Meine Verhandlung war angesetzt für den 13. Juni 1950, acht Uhr morgens.
Ich bekam das Blatt am zwölften, vielleicht zwischen siebzehn und achtzehn Uhr. Zwei Stunden später wurde es mir wieder abgenommen. Ich hatte also keine Zeit zur Vorbereitung auf die Verhandlung. Das war ungesetzlich und unmenschlich, aber mich störte es nicht, ich brauchte keine Zeit zur Vorbereitung. Ich würde wieder das sagen, was ich bei allen Vernehmungen angegeben hatte, die Wahrheit. Für das Unerwartete aber hielt ich mich an ein Apostelwort aus der Zeit der Verfolgungen: Was du ihnen sagen wirst, das wirst du in dem Augenblick wissen, wo du vor ihnen stehst, der Engel des Herrn wird es dir eingeben.
Am Morgen des dreizehnten wachte ich von einem häßlichen Gekrächz auf, ich fuhr hoch und sah zwei Krähen, die auf meinem Fenstersims stritten und mit den Schnäbeln aufeinander einhackten. Meine hastige Bewegung verjagte sie. Ich lag mit klopfendem Herzen und betete ein Vaterunser, um den Gedanken an ein böses Omen zu verjagen.
Um halb acht wurde ich abgeholt.

Ich kannte den Wachtmeister nicht. Er war rothaarig und behäbig.
Vor der Tür lag ein Bündel, er zeigte darauf, ich solle meine Effekten mitnehmen.
Es war meine ganze Lagerhabe.
Bedeutete das, daß ich nicht wieder zurückkommen würde?
Ich nahm das Bündel hoch und schleppte es zur Treppe. Auf dem seitlichen Umlauf stand ein Gefangener, nackte Füße, nackter Schädel. Er kümmerte sich nicht um seine Putzarbeit, er sah mich nur an, nahm dann mit einer Gebärde der Verzweiflung seinen Kopf in beide Hände. Erst wunderte ich mich, dann begriff ich, das mußte mein Betreuer sein. Als Kalfaktor hatte er mir meine Effekten vor die Zellentür zu legen, deshalb wußte er, daß ich zur Verurteilung ging. Nun hatte er es so eingerichtet, daß ich ihn zu sehen bekam und sein Mitgefühl als ersten Trost mitnahm in diesen harten Tag.
Mein Wachtmeister war einer von den freundlichen. Als er merkte, daß ich zurückblieb, weil ich alle paar Schritte den Schuh verlor, paßte er sich mir an. Wir brauchten uns nicht zu beeilen, sagte er kameradschaftlich, wir kämen auf jeden Fall rechtzeitig.
Der Weg kam mir bekannt vor, er führte zum Lazarett, das riesige Tor in der Außenmauer ging gerade auf, als wir ankamen. Ein dunkelgrünes Auto mit kastenartigem Aufbau bog in die Einfahrt. Ich erkannte eine Straße, Fußgänger starrten zu uns herein, dann schloß sich das Tor wieder. Der Wagen fuhr zu einem scheunenartigen Gebäude, hielt dort, ein Volkspolizist sprang heraus, er öffnete die Hintertür des Wagens, ich sah kleine vergitterte Fenster. Er griff ins Innere, jetzt hatte er Handschellen in der Hand, was wollte er damit?
Neben der Scheune stand ein Tisch, an dem saß ein Volkspolizist mit einem Hund. Er hatte die Papiere derjenigen vor sich, die an diesem Tag verurteilt werden sollten. Der mit den Handschellen bekam vier weiße Zettel von ihm, nun ging er zur Scheune, rief die Namen hinein, vier Männer traten heraus, blaugestreift und kahlgeschoren wie ich. Ohne Aufforderung hielten sie ihm die Hände hin, sahen zu, wie die Fesseln darum geschlossen wurden.
Ich fragte mich, ob ich wohl auch gefesselt würde.
Mein freundlicher Wachtmeister hatte mich zu einer Mauer aus Feldsteinen geführt, dann ging er zu den beiden anderen. Während die drei sich unterhielten, legte drüben einer der Gefesselten seine Hände zum Zeichen des Grußes ineinander, ich grüßte ebenso zurück. Dann mußten sie in den Wagen klettern, der Volkspolizist stieg zu ihnen, das seltsame Vehikel fuhr ab. Würde ich beim nächsten Mal dabei sein?

Mein Wachtmeister legte dem am Tisch einen Zettel vor, sie lasen und redeten miteinander, ab und zu sahen sie zu mir hin, dann brachte mir der Rothaarige einen Schemel. Ich krempelte die Ärmel hoch und öffnete den Kragen, in meiner Nordzelle hatte ich die Sonne vermißt, nun lehnte ich mich zurück und genoß die Wärme auf meinem Gesicht.

Nach einer knappen Stunde kam der grüne Wagen zurück. Es stimmte also mit den Schnellverfahren, auf jeden der vier kamen etwa fünfzehn Minuten. Sie hielten die Hände hoch, um das Strafmaß anzuzeigen, bei keinem genügten die zehn Finger. Fünfzehn Jahre, las ich, fünfundzwanzig. Beim nächsten und übernächsten Transport war es ebenso. Ein paar standen mit gesenktem Kopf, die interessierte überhaupt nichts mehr. Lebenslänglich? Oder Tod?

Es wurde Mittag.

Wieder ging ein Transport, wieder war ich nicht dabei. Was anfangs Wohltat war, wurde nun zur Qual. Erbarmungslos strahlte die Junisonne auf mich herunter, meine Haut brannte, der Hals war ausgetrocknet. Ich suchte nach einer schattigen Stelle für meinen Kopf, umsonst, die Sonne stand zu hoch. Da geschah etwas, es war eine Kleinigkeit, aber es sind ja manchmal die kleinen Dinge, die symbolische Gestalt bekommen: Ich sah mir die Mauer an, eine rohgefügte Mauer aus Feldsteinen. Und ich sah einen kleinen Käfer. Über dem Käfer stand eine Spinne. Die Spinne zog langsam ihre Beine immer näher an den Käfer heran, bis sie ihn hatte. Das habe ich verfolgt und mir gesagt: Der Käfer, das bist du.

Gegen ein Uhr wurde ein Suppenkübel vor das Scheunentor getragen. Von den fünfzig Männern waren jetzt vielleicht noch zwanzig da, es war also reichlich für alle, aber sie verloren wieder mal ihre ganze Würde, wie ich das in meiner Lagerzeit so oft erlebt hatte; wie gierige Tiere umringten sie den Suppenkübel. Schon wollte einer von ihnen mit dem Auskellen beginnen, da rief mein Wachtmeister, sie seien ja schöne Kavaliere, ob sie der Frau nichts zu essen geben wollten.

Wie gescholtene Kinder sahen sie aus.

Ich hatte keine Schüssel, einer von ihnen lief in die Scheune, brachte ein Kochgeschirr und einen Blechlöffel, der Wachtmeister trug mir das Essen herüber — Nudeln, eine Köstlichkeit nach all den Monaten Rübenschnitzelbrühe.

Am Frühnachmittag ging der Lazarettwachtmeister über den Hof, unser alter Freund und Helfer, er sah mich und kam geradewegs auf mich zu. Wie einer alten Bekannten schüttelte er mir die Hand. Sie hätten damals Quatsch gemacht, sagte er, als sie mich und Hanna ab-

gelöst hätten, das habe sich sofort bemerkbar gemacht. Schwester Hanna sei schon angefordert, und ich käme nach meiner Verurteilung auch wieder ins Lazarett, er wolle das gleich besprechen.
Er trat an den Tisch. Ich sah, wie seine Miene sich änderte, als die ersten Worte gewechselt waren: Entsetzen. Dann kehrte er zu mir zurück und sagte, ohne mir in die Augen zu sehen: Ich wünsche Ihnen alles Gute.
Abends gegen halb sechs wurden die letzten drei Männer aufgerufen. Während der Volkspolizist ihnen die Fesseln anlegte, sagte mein Wachtmeister zu mir, nun sei es soweit. Ich solle meine Effekten ruhig liegenlassen, ich könne sie später wieder mitnehmen.
Der Volkspolizist mit den Handschellen wartete schon auf mich. Ich hielt meine Hände hin. Ich blieb ganz ruhig, im Laufe dieses Tages hatte ich es ja schon mehr als vierzigmal gesehen, und die drei gefesselten Männer, die mit mir im Wagen saßen, sahen mich so freundlich und aufmunternd an, daß es mich überhaupt nicht aufregte.
Wir fuhren nur kurze Zeit. In einer geöffneten Toreinfahrt mußten wir aussteigen. Einzeln wurden wir von Volkspolizisten in Empfang genommen. Meiner klickte den Karabinerhaken einer meterlangen Eisenkette in meine Handschellen und zog mich hinter sich her. Ich krampfte meine Zehen in dem falschen Schuh und versuchte so schnell zu gehen, daß die Kette sich nicht straffte. In meiner Kindheit wurden die Tanzbären so geführt.
Wir stiegen eine Steintreppe hoch und kamen auf einen breiten Korridor, von dem viele Türen abgingen. Ich wurde in eine Art Waschküche geführt. Das einzige Fenster war mit Holz vernagelt, ich stand im Halbdunkel und blickte auf den hellen Flur, da mußten mehrere Verhandlungszimmer sein, denn ab und zu wurde ein Mensch herausgeführt, in Anstaltskleidung und sehr niedergedrückt.
Dann waren offenbar die Verhandlungen abgeschlossen. Aus den Türen kam keiner mehr. Und auf dem Korridor erschienen jetzt buntgekleidete Leute, die standen in Gruppen zusammen, rauchten und schwatzten und lachten, so daß ich dachte, es müsse ein Volksfest in Waldheim sein.
Ich hatte großen Durst, weil ich die ganze Zeit in der brennenden Sonne gesessen hatte. Neben mir befand sich ein Ausguß mit einem Wasserhahn. Ich überlegte, ob ich schnell davon trinken sollte. Dann dachte ich: Nein, wahrscheinlich wirst du vom Gang aus beobachtet und von den vielen schwatzenden Menschen. Du wirst dich nicht rühren, du wirst kein Wasser trinken mit den gefesselten Händen, das Schauspiel wirst du ihnen nicht bieten.

Auf einmal verschwanden alle diese seltsam bunten Gestalten in einem einzigen Raum. Mir schien, als hätten sie dort eine Veranstaltung, kurz darauf kam ein Wachtmeister, ergriff meine Kette und führte mich in den Raum, in dem die Menschenmenge verschwunden war. Sie saßen an den Wänden entlang, es mögen siebzig bis achtzig Leute gewesen sein. Die Veranstaltung, zu der sie sich gedrängt hatten, das war meine Verhandlung.

Vorn stand ein Tisch, daran saß, mit dem Rücken zum Fenster, ein Mann im schwarzen Talar, ich hielt ihn für den Staatsanwalt. Dazu, übereck an einem langen, rotverkleideten Tisch, ein anderer Talarträger, der Richter wahrscheinlich, und zwei Zivilisten als Schöffen.

Ich werde aufgefordert, mich in angemessener Entfernung von den rotverhangenen Tischen aufzustellen.

Der Wachtmeister nimmt mir Kette und Handschellen ab und postiert sich in meinem Rücken.

Zuerst werden meine Personalien aufgenommen. Der Name Bechler fällt nicht mehr.

Dann beginnt der Richter: Die verbrecherische Gesinnung der Angeklagten sei ein klares Produkt kapitalistischer, reaktionärer Erziehung. Ihr Vater sei Marineoffizier gewesen und ein treuergebener Diener der Hitler-Wehrmacht.

Ich sage, mein Vater sei Marineoffizier gewesen, der im Jahre 1919 seinen Abschied bekommen habe, dann habe er in Dresden die technische Leitung einer chemischen Fabrik übernommen.

Aber meine Mutter, sagt er, die entstamme einer reaktionären preußischen Beamtenfamilie.

Ich sage, meine Mutter stamme aus einer Bremer Kaufmannsfamilie, ihr Großvater sei Gärtner und Blumenzüchter gewesen.

Ich hätte, sagt er, eine Erziehung genossen, die Kindern der Arbeiterklasse nicht möglich gewesen sei, ich hätte das Gymnasium besucht und von Jugend auf einen Hochmut mitbekommen, der sich auch jetzt noch in meinem Auftreten bemerkbar mache.

Ich sage, mein Vater sei 1929 arbeitslos geworden. Da hätte ich aufgrund meiner schulischen Leistungen einen Schulgeldnachlaß bekommen, den Rest des Schulgeldes hätte ich mir selber verdient durch Nachhilfeunterricht und Ferienarbeit.

An dem roten Tisch herrscht Unruhe, die Schöffen und der Richter besprechen sich leise, dann sagt er, meine Antworten zeigten den angeborenen und anerzogenen Dünkel der herrschenden Klasse, auch nach meiner Eheschließung hätte ich mich in formalistischen Offizierskreisen bewegt.

Ich frage ihn, ob er damit Bernhard Bechler anklagen wolle.
Im Gegenteil, sagt er, Bernhard Bechler habe die verbrecherischen Pläne der Hitlerfaschisten erkannt und sich ihnen mutig entgegengestellt. Er schlägt ein Aktenstück auf und sagt im Ton der Anerkennung, Bernhard Bechler sei sogar Verfolgter des Naziregimes gewesen, als Hochverräter aus der Wehrmacht ausgestoßen und in Abwesenheit zum Tode verurteilt worden.
Ich sage, den Schaden davon hätte ich gehabt und nicht Bernhard Bechler. Ich hätte mich zu ihm bekannt und alle Folgen seiner Verurteilung auf mich genommen.
Der Richter beugt sich vor und fragt mich hämisch, ob ich es lieber hätte, wenn Bernhard Bechler gefallen wäre.
Ich sage, eine solche Frage beantwortete ich nicht.
Damit gäbe ich es also zu?
Im Gegenteil, rufe ich empört. Ich verbiete Ihnen, so etwas auch nur zu denken.
Aber ich sei mit dem Verhalten Bernhard Bechlers nicht einverstanden gewesen, sagt der Richter, deshalb hätte ich den Boten, den er zu mir geschickt habe, kalt und berechnend in die Falle gelockt.
Ich erkläre, daß mehrere Besucher bei mir gewesen seien. Ich hätte sie keineswegs in eine Falle gelockt, mich im Gegenteil bemüht, sie unauffällig wieder wegzuschicken. Und das sei mir auch gelungen. Außer bei dem einen. Und das sei nicht meine Schuld gewesen.
Mehrere Besucher, fragt er.
Ja, sage ich, es seien sogar Frauen mit Kindern darunter gewesen, ich hätte ihnen zu verstehen gegeben, daß sie so schnell wie möglich verschwinden müßten.
Nun flüstern Richter und Staatsanwalt miteinander.
Der Richter bricht die Verhandlung mit der Bemerkung ab, es müsse neues Beweismaterial herbeigeschafft werden.
Der Wachtmeister legte mir wieder die Handschellen um und schloß mich an die Kette. Ich wußte nicht, was für Menschen das waren, die da in dem Saal saßen. Sie murrten, vielleicht hatten sie mit einem Todesurteil gerechnet und fühlten sich nun um ein Schauspiel betrogen. Vielleicht waren es Fanatiker. Wenn Hitler so einen Schauprozeß machte, setzte er ja auch nur seine Anhänger in den Zuschauerraum.
Der Wachtmeister schien in ähnlicher Stimmung zu sein, er zog mich an der Kette hinter sich her wie einen Hund, nun hatten sie wenigstens dieses Schauspiel. Als ich in dem Gefangenenauto saß, zitterte ich am ganzen Körper, ich mußte die Zähne zusammenbeißen, damit sie nicht aufeinanderschlugen.

Im Hof des Zuchthauses wartete mein rothaariger Wachtmeister. Ich war die letzte. Der am Tisch packte schnell zusammen. Es war vielleicht sieben Uhr, und ich dachte: Heute darf nichts mehr passieren, heute hast du keine Kraft mehr.
Ich nahm mein Bündel und stolperte in meinen falschen Schuhen hinter dem Rothaarigen her, da sagte er: Nun geben Sie das mal her, ich trage es Ihnen.
Er brachte mich bis zu meiner Zelle, dort wartete der diensttuende Wachtmeister, es war der dicke vom ersten Abend, der mir das schöne lange Unterhemd gegeben hatte. Er zeigte auf die Decken vor der Zellentür und sagte: Sie können sich jetzt schon hinlegen, ich schließe Ihnen das Bett von der Wand, der Tag war lang genug.
Ich hatte gerade die Decken ausgebreitet und wollte mich ausziehen, da wurde abermals aufgeschlossen. Diesmal stand neben dem Wachtmeister der Kalfaktor. Er hielt mir ein Kochgeschirr hin und sagte, er habe mir das Mittagessen aufgehoben.
Ich wußte, daß sie gar nicht mit meinem Zurückkommen gerechnet hatten. Es mußte also sein eigener Nachschlag sein.
Nun nehmen Sie schon, sagte der Wachtmeister.
Die Suppe war kalter fester Pamps, aber wie ich sie Löffel für Löffel hinunterschluckte, schmeckte sie mir wie das köstlichste Essen, mit jedem Bissen bekam ich neuen Lebensmut.
Das alles sind Kleinigkeiten, aber sie sind so wichtig in einem solchen Augenblick, man lebt von ihnen.
Am anderen Morgen sagte der Wachtmeister, ich solle das Klopapier mit in die Zelle nehmen. Zwischen den Blättern lag ein Zettel. Ich las: Die größte Freude, die ich je in meinem Leben hatte, war, als ich heute erfuhr, daß Sie noch nicht zum Tode verurteilt sind. Verzagen Sie nicht, noch ist Hoffnung vorhanden. Tragen Sie weiter Ihr Haupt so stolz. Hier, wo man erkennt, wie Menschen wirklich sind, durfte ich Sie finden. Nie mehr werden Sie allein sein...
Ein Fremder schrieb mir: Die größte Freude, die ich je in meinem Leben hatte...
Ich wiederholte mir den Satz immer wieder, er rührte mich tief, ich lernte ihn auswendig, diesen Brief. Ich antwortete, und meine Antworten bewirkten neue liebevolle Freundlichkeiten. Im nächsten Brief bat er mich, seinen Löffel als Geschenk anzunehmen, und er hätte auch gern etwas von mir. In meinen Effekten war ein besticktes Lagertaschentuch. Ich schrieb ihm, das könne er sich nehmen, wenn er die Möglichkeit dazu hätte.
Jetzt hatte ich meinen Betreuer schon einige Male von Angesicht zu

Angesicht gesehen. Er war klein, mager und häßlich wie ein Affe, der Kopf viel zu groß für den kleinen Körper, die Nase plattgedrückt, der Mund aufgeworfen, nein, schön war er nicht. Aber wie oft hatte ich feststellen können, daß er mutig und einfallsreich war. Und was für ein mitfühlendes, warmes Herz! Eine Frau, die sich daran gewöhnen mußte, mit nacktrasiertem Schädel herumzulaufen, mit blauweiß gestreiften Drillichhosen und zwei rechten Schuhen, ein paar Nummern zu groß, was bedeuteten für die noch Äußerlichkeiten?
Zum Zuchthausalltag gehörte der tägliche Rundgang. Irgend jemand mußte eingefallen sein, daß das auch für mich galt.
Es war eine Qual.
Ich mußte allein das Karree des großen Hofes vor dem Zellenhaus ablaufen. Dieser Hof war vielleicht hundert Meter lang, an den Schmalstellen mit Wachttürmen ausgestattet, auf denen ein bewaffneter Posten stand. In der Mitte waren kleine Grünanlagen, reserviert für die Schwerkranken. Sie durften sich dort langsamer bewegen, außen mußte schnell gegangen werden.
Da ich zu den Gesunden gehörte, hatte ich den äußeren Weg zu gehen, flott und zügig nach der Vorschrift. Und das in meinen zwei rechten Schuhen. Bei jedem zweiten Schritt verlor ich den am linken Fuß, ich kam einfach nicht vorwärts.
Die Wachtmeisterin wußte das nicht mit den Schuhen, sie dachte, ich wollte sie ärgern.
Sie schrie, sie werde mir gleich Beine machen.
Ich sagte, das seien zwei rechte Schuhe, ich könne damit nicht schneller gehen.
Maul halten!
Ich schwieg, versuchte weiterzugehen, ohne den Schuh zu verlieren.
Schneller, schrie sie, schneller, Sie wollen uns hier wohl was vormachen?
Sie ging auf gleicher Höhe neben mir her. Gerade unter einem der Wachttürme verlor ich wieder meinen Schuh.
Der Posten oben wollte ihr wohl zu Hilfe kommen, er schlug mit seinem Gewehr auf die Brüstung und schrie: Gehen Sie schneller oder ich schieße.
Mit zusammengekrampften Zehen humpelte ich davon, während hinter mir Kolbenschläge auf die Brüstung krachten.
Nach diesem Rundgang war ich schweißgebadet. Oben in der Zelle wischte ich mir den Schweiß ab und dachte, das kannst du nicht noch einmal machen, da geht dir zuviel Kraft verloren, da gehst du lieber nicht mehr an die frische Luft.

Am nächsten Tag kam wieder eine Wachtmeisterin, und ich erklärte ihr, ich verzichtete auf den Rundgang.
Ich müsse aber an die frische Luft, das sei eine Verfügung. Zwanzig Minuten.
Ich sagte, ich hätte zwei rechte Schuhe. Ob ich nicht wenigstens barfuß gehen dürfte.
Sie stimmte zu.
Von dem Tag an bin ich barfuß gegangen.
Natürlich hatte ich nach diesen Rundgängen schmutzige Füße, und der Kalfaktor wartete nur darauf, daß ich heraufkam. Dann stürzte er mit Wasser und Seife herbei. Das war den Wachtmeistern wiederum zuviel Aufhebens, vielleicht aber hatte einer von ihnen auch eine mitleidige Regung, jedenfalls sah man sich nach passenden Schuhen um. Es fanden sich ein Paar ausrangierte, in denen innen das Holz abgesprungen war. Das versuchte ich mit Papierstückchen auszugleichen. Ich habe mir trotzdem die Füße wundgelaufen, aber ich konnte wenigstens darin gehen, ohne sie zu verlieren.
Bei einem der nächsten Rundgänge blieb der Wachtmeister, der mich jetzt immer hinunterbrachte, vor einer Zelle stehen. Die Frau darin, sagte er, könne nicht ohne Hilfe gehen, ich hätte sie zu führen. Er schloß auf und zu meiner Überraschung trat Frau Behr heraus, unser Bärchen aus dem Lazarett. Mühsam tapste sie zu mir hin, ich hakte sie unter und führte sie zu der steilen Eisentreppe. Der Wachtmeister war schneller, und als er weit genug entfernt war, fragte sie flüsternd, ob ich auch zum Tode verurteilt sei. Ich antwortete, noch nicht ganz.
Ich bin's gestern, sagte sie.

Der zweite Verhandlungstag war genau eine Woche nach dem ersten, am 19. Juni 1950, um neun Uhr früh.
Ich nahm es als Glückszeichen, daß ich wieder von dem rothaarigen Wachtmeister abgeholt wurde. Diesmal brauchte ich mein Bündel nicht zu schleppen, ich schloß daraus, daß meine Rückkehr auf die Todesstation schon sicher war.
Wir gingen einen anderen Weg, geradewegs auf das Schloßgebäude zu, in dem zu ebener Erde einige Verwaltungsräume und eine Postzentrale eingerichtet waren.
Vor dem Eingang mußte ich warten.
Die Turmuhr zeigte fünf vor neun, da bog eine Gruppe von Zivilisten um die Ecke. Sie sahen so aus, als seien sie im Begriff, eine Wanderung anzutreten, ein Mann hatte Sepplhosen an und Wadenstutzen. Die einzige Frau in der Gruppe trug ein buntgeblümtes Kleid und grün-

rote, selbstgestrickte Ringelsocken, deren Farbe und Muster ich nie vergessen werde.
Nun mußte ich hinein, ein anderer Wachtmeister brachte mich in einen prunkhaften Raum mit schweren gerafften Gardinen, der aber ganz kahl und leer war. Helle Flecken auf der Seidenbespannung der Wände ließen erkennen, daß hier früher einmal Möbel gestanden und Bilder gehangen hatten. Zwischen zwei Fenstern, überlebensgroß, ein Foto Lenins.
Hier blieb ich nur einen Augenblick, dann wurde ich ins nächste Zimmer geführt, genauso prunkvoll und kahl, aber noch größer. Längs stand ein großer, rotverkleideter Tisch, an dem saßen vier Leute in Talaren, ein einzelner hatte sich übereck zu ihnen gesetzt, er war auch im Talar, das war dann wohl wieder der Staatsanwalt.
Ich mußte mich vor sie auf einen Stuhl setzen, vielleicht drei Meter vom Richtertisch entfernt.
Inzwischen sei neues Material beschafft worden, es liege jetzt ein Brief des Mannes vor, den ich auf dem Gewissen hätte. Seine Frau habe ihn zur Verfügung gestellt.
Der Staatsanwalt hält einen Briefbogen hoch, DIN A 4, doppelseitig beschrieben. Dies hier, sagt er, sei das Vermächtnis des Toten, eines Menschen, den ich umgebracht hätte. Er versenkt sich in das Schriftstück, beginnt dann, daraus vorzulesen. Frau Bechler, liest er, ist schuld an meiner Verhaftung und Verurteilung. Sie wohnt in Altenburg/Thüringen, Barbarastrasse 26.
Sollte das wahr sein? Hatte die Zensur nationalsozialistischer Gefängnisse Mitteilungen solcher Art durchgehen lassen?
Der Staatsanwalt fragt mich, ob es mir leid täte, diesen Menschen ermordet zu haben.
Ich antworte ihm, selbstverständlich täte mir der Tod dieses Mannes leid, aber sei es nicht auch seine Schuld gewesen? Ich hätte seinen Besuch nicht gewollt, diesen nicht und nicht die anderen, ich hätte mich vor ihnen gefürchtet, weil ich doch wußte, daß ich von den Hausbewohnern bespitzelt wurde. Und weil ich, selbst verdächtig, angewiesen war, jeden Besucher sofort verhaften zu lassen.
Darauf sagt der Staatsanwalt, ich sei also ein gefügiges Werkzeug der Gestapo gewesen.
Das weise ich zurück. Wieder muß ich ihm die Vorgeschichte jener Verhaftung erzählen, dann wollen sie von mir wissen, was ich getan habe, um den fliehenden Anton Jakob einzuholen.
Ich sage, ich sei ans Telefon gegangen und hätte die Kriminalpolizei angerufen.

Dann müsse der Flüchtende doch einen so großen Vorsprung gehabt haben, daß er nicht mehr hätte eingeholt werden können.
Etwa fünfhundert Meter, sage ich.
Einer der Richter schreibt etwas auf und beginnt zu rechnen, dann fragt er, wie ich auf den Gedanken gekommen sei, daß Anton Jakob zum Bahnhof gewollt habe.
Ich sage, er habe mir vor meiner Tür die Fahrkarte gezeigt.
Wieder fragt er: Warum Anton Jakob keinen größeren Vorsprung gehabt habe?
Das Telefongespräch habe keine zwei Minuten gedauert, sage ich.
Er rechnet mir vor, das sei unmöglich: Nummer suchen, Verbindung herstellen — alles in zwei Minuten. Und aufgeregt sei ich doch sicher auch gewesen.
Ich hätte die Nummer im Kopf gehabt, sage ich.
Also doch kaltblütige Berechnung, sagt er triumphierend.
Ich wende ein, es sei um die Sicherheit meiner Kinder gegangen.
Ich werde nun gefragt, wie weit der Weg zum Bahnhof gewesen sei.
Anderthalb Kilometer, sage ich.
Wieder rechnet der Richter.
Wo Anton Jakob verhaftet worden sei.
Auf der Hälfte des Weges.
Da stimme etwas nicht, sagt er, Jakob habe doch schon 500 Meter Vorsprung gehabt, wie hätte ich ihn da auf der Hälfte des Weges verhaften können, nach 750 Metern?
Sie sitzen mir mit Bleistift und Papier gegenüber und berechnen die Laufgeschwindigkeit des Flüchtlings und die Länge des Weges.
Wenn ihnen soviel an Genauigkeit liege, sage ich, dann müsse ich mir zur Beantwortung soviel Zeit nehmen wie sie zu jeder Frage. Die Tatsache, daß ich die Verhaftung des Anton Jakob in jedem Verhör wahrheitsgemäß geschildert hätte, sollte ihnen doch genügen.
Der Richter schweigt einen Augenblick, dann sagt er: Na gut, lassen wir das, es ist ja ohnehin alles klar.
Der Staatsanwalt nimmt wieder den Brief zur Hand. Da stünde es, den Anlaß zu allem habe der Besuch bei Frau Bechler gegeben. Damit sei klar, daß ich den Stein ins Rollen gebracht hätte. Ich trüge die Hauptschuld. Ich sei des Mordes schuldig. Ich beantrage, sagt er, die Angeklagte zum Tode zu verurteilen.
Die Frau mit den Ringelsocken schlägt beide Hände vors Gesicht.
Das letzte Wort hat die Angeklagte, höre ich den Richter sagen.
Ich sage, das letzte Wort hätte nicht ich. Das hätten auch nicht sie. Das letzte Wort habe Gott.

Dann stand ich wieder im Prunkzimmer. Der Wachtmeister an meiner Seite ließ mich nicht aus den Augen.
Ich solle entschuldigen, sagte er, ich wäre in diesem Augenblick vielleicht gern allein, er müsse aber bei mir bleiben, weil ich zum Tode verurteilt würde und dann bestünde doch die Möglichkeit eines Selbstmordes, ich möge das bitte verstehen.
Ich antwortete nicht, ging ein paar Schritte vor und schaute zum Fenster hinaus. Draußen war alles voll Sonne, es war Mitte Juni und die schönste Zeit im Jahr. Würde ich wirklich nie wieder durch solch einen Junitag gehen, unbeschwert und frei, nie wieder tun dürfen, was ich möchte?
Nach einer Viertelstunde riefen sie uns herein.
Der Richter sagte, er wiederhole nun noch einmal den ganzen Vorgang und käme dann zur Urteilsverkündung. Dann verlas er das Protokoll. Ich saß vor ihnen und hörte mit halbem Ohr, was ich ja bis zum Überdruß kannte, dabei sah ich sie mir an, wie sie da saßen, über dem Tisch die schwarzen Talare und die feierlichen Mienen, darunter aber Sepplhosen und Wadenstutzen, die karierten Sportstrümpfe des dritten und die selbstgestrickten rotgrünen Ringelsocken der Frau.
Nun verkündete der Richter das Urteil. Im Namen des Volkes, sagte er. Mit Rücksicht auf die unmündigen Kinder der Angeklagten, deren Wohl sie zur Tatzeit im Auge hatte, wird von der Todesstrafe abgesehen und auf lebenslänglich Zuchthaus erkannt.
Lebenslänglich.
Lieber sterben, denke ich, schnell und tapfer. Aber nicht das ganze Leben hinter Mauern und Gittern. Und die Kinder, was haben sie von einer Mutter, die für immer im Zuchthaus sitzt?.
Ich könne, sagt der Richter, innerhalb von sieben Tagen Berufung einlegen.
Ich springe auf und sage, ich täte es hiermit sofort.
Er sagt, das ginge nicht. Den Berufungsantrag hätte ich beim Hauptwachtmeister des Zellenhauses anzufordern. Alles weitere werde man sehen.
Die Verhandlung war zu Ende.

Am nächsten Morgen schon bekam ich ein Briefformular und einen Bleistift, ich dachte, das sei der Berufungsantrag, aber der Wachtmeister sagte, jetzt solle ich erst einmal meinen Angehörigen meine Verurteilung mitteilen.
Der Briefbogen hatte fünfzehn vorlinierte Zeilen, darauf mußte man

seinen Verwandten Urteil und Höhe der Strafe mitteilen. Das war ausdrücklich vorgeschrieben. Wir hatten zu schreiben: Ich bin zu soundsoviel verurteilt. Ich darf Euch jetzt aber jeden Monat einen Brief schreiben, und Ihr dürft mir auch schreiben. Es darf aber nur Persönliches von Euch darin stehen. Es darf nicht meinen Haftgrund berühren, darüber dürfen keine Fragen gestellt werden.
Ich fragte den Wachtmeister wie ich ohne Tisch und Sitzgelegenheit schreiben solle. Er war einer von den Unfreundlichen, und er antwortete, das könne ich machen, wie ich wolle.
Ich suchte mir eine glatte Stelle auf dem Dielenboden, hockte mich hin und fing an. In winzigen Druckbuchstaben schrieb ich meinen Eltern, daß ich wieder ihren Namen trüge. Aber auch wenn ich zu Lebenslänglich verurteilt sei, sollten sie nicht glauben, daß ich ihnen Schande gemacht hätte in den vergangenen fünf Jahren. Und daß es am wichtigsten sei, diesen Weg, der mir aufgebürdet würde, anständig zu Ende zu gehen.
Das Schreiben auf dem Fußboden war zu beschwerlich. Ich legte den Briefbogen gegen das glatte Metall der Zellentür und schrieb im Stehen weiter. Ich bat sie, nach den Kindern zu forschen und sich um sie zu kümmern. Zum Schluß schrieb ich, sie sollten die Hoffnung auf ein Wiedersehen nicht aufgeben. Ich brauchte den ganzen Vormittag, um die fünfzehn Zeilen vollzuschreiben. Jedes Wort mußte auf seine Wichtigkeit geprüft werden.
Ich schrieb an die Dresdner Adresse, dabei wußte ich nicht einmal, ob sie den letzten Angriff 1945 überstanden hatten, ich hoffte von Tag zu Tag und wartete auf Antwort.
Als ich das schrieb, lebten meine Eltern noch in derselben Wohnung, aber sie haben meine Zeilen nicht bekommen. Man ließ mich diesen Brief schreiben und von nun an alle vier Wochen einen weiteren, aber keiner davon verließ die Anstalt. Ich habe nie erfahren, wer dieses teuflische Spiel veranlaßt hat.
Mein Vater starb vierzehn Tage, nachdem ich diesen ersten Brief geschrieben hatte, an einem Herzleiden. Ich weiß, daß er nicht leicht gestorben ist, meinetwegen. Er hielt Bernhard für den Schuldigen. Meine Mutter hat mir erzählt, daß er einmal gesagt hat: Wenn der einmal unter dem Galgen steht, dann will ich mit eigener Hand die Schlinge zuziehen.

An einem dieser Abende hörte ich Flüstern vor meiner Zellentür und hastiges Hantieren, ich dachte mir noch nichts, aber als ich meine Decken hereinholte, fand ich sie unordentlich und zerwühlt.

War ein Zettel meines Betreuers darin gewesen?
Zur Vorsicht zerriß ich alles Schriftliche, was ich hatte, und warf die winzigen Fetzen in den Kübel. Und das war gut, denn gleich nach dem Zählappell kam eine Wachtmeisterin und durchsuchte alle Winkel meiner Zelle, dann mich.
Nichts.
Der diensttuende Wachtmeister fragte von der Tür her, ob ich schon einmal einen Kassiber bekommen hätte.
Ich fragte, was das sei. Damals kannte ich den Ausdruck zwar nicht, konnte mir aber denken, was gemeint war.
Er antwortete nicht.
Mehrmals in der Nacht wachte ich auf. Ich machte mir Sorgen. Ich wußte zu gut, was das Amt des Kalfaktors bedeutete. Am anderen Morgen stand ein anderer in der Tür, ein richtiges Milchgesicht, aber das brauchte noch nichts zu heißen. Die weiteren Veränderungen jedoch verstärkten meine Sorge: keine Toilettenseife, kein liebevoll gefaltetes Handtuch, wie ehedem der grobe Holzlöffel. Da wußte ich eigentlich schon: Sie hatten ihn erwischt.
Als auf dem Flur die Putzarbeit anfing, legte ich mein Ohr an die Zellentür und horchte nach draußen, so hatte ich schon vieles erfahren. Oft arbeiteten die Kalfaktoren zu zweit, dann hörte ich ihre Unterhaltungen, manchmal ließen sie mir auf diese Weise Neuigkeiten zukommen. Und wenn ich glaubte, daß kein Wärter in der Nähe war, flüsterte ich eine Frage durch die Tür, oft bekam ich Antwort.
Diesmal dauerte es zwei Tage, bis ich den neuen vor meiner Zellentür putzen hörte. Ich fragte nach draußen, wo der andere sei.
Karzer, sagte er, drei Wochen.
Wo? fragte ich.
Erdgeschoß Nordseite, sagte er.
Als ich abends meine Schlafdecken auseinandernahm, fiel krachend etwas heraus, eine Art Schiefertafel, vielleicht auch ein Dachziegel, beschrieben jedenfalls. Ich versteckte ihn hastig, horchte an der Tür, draußen blieb alles still. Ich kroch unter die Decke und las, was auf der Schiefertafel stand. Ein Heiratsantrag.
Neben seinem Herzen bot der neue Kalfaktor mir ein Rittergut an, das solle ich mit ihm teilen, wenn wir wieder in Freiheit seien. Unterschrift: Siegfried von Seydlitz. Ich hatte ihn ja schon gesehen, er war noch sehr jung, zwanzig vielleicht, und ein bißchen verrückt durch die Haft, wer von uns war das nicht?
Am nächsten Abend war ich vorsichtiger beim Deckenausschütteln. Und richtig, diesmal lagen zwei Schieferplatten darin, eine kleine und

eine große. Auf der großen stand wieder so ein Liebesbrief, leidenschaftlicher noch diesmal. Auf der kleinen sollte ich antworten. Ich sagte mir: Das geht zu weit. Dieser Junge weiß, daß der andere meinetwegen im Karzer sitzt, wofür hält er mich, außerdem bringt er uns unnötig in Gefahr. Ich nahm also den winzigen Griffel und schrieb mit wenigen Sätzen, er wisse doch wohl, daß sein Vorgänger mich betreut habe, und dem gehöre meine Dankbarkeit und Freundschaft, und er möge nicht weiter schreiben, da er uns gefährde.

Es war so, als hätte ich in den Wind gespuckt.

In der nächsten Decke lag eine neue Beschwörung. So leidenschaftlicher Natur, daß ich dem Unsinn endgültig ein Ende bereiten wollte. Ich löschte die Schrift und warf die Platte in der Nacht zum Fenster hinaus. Das war nicht ungefährlich, aber ich wußte nicht, wie ich sie sonst loswerden sollte.

Ich warf sie also hinaus und machte, daß ich ganz schnell unter meine Decken kam. Unten krachte es, Posten liefen, einer schrie: Wer da!

Es ging gut, und ich bekam nun keine Schiefertafeln mehr.

Unterdessen saß der andere im Karzer, ich konnte nicht vergessen, was er für mich getan hatte, ich merkte es ja auch jeden Tag, wenn ich mit dem groben Holzlöffel essen mußte und keine der Freundlichkeiten mehr fand, die mir die dunklen Tage heller gemacht hatten.

Eine Zeitlang wurde ich im hinteren Hof zum Rundgang geführt, man sollte mich nicht so oft sehen, denn die Männer hockten dann immer an ihren Fenstern. Ich wußte, daß hier nach Norden die Karzerzellen lagen, und nun hoffte ich, mich meinem Betreuer bemerkbar machen zu können.

Der Wachtmeister blieb in der Mitte stehen und ließ mich rechts herum laufen. Und wie man das so tat, man klapperte mit den Holzschuhen oder machte irgendwelche Geräusche, an denen die drinnen merkten, daß draußen einer auf sich aufmerksam machen wollte. Ich sah, wie sämtliche Karzerbewohner an ihren Fenstern hingen, ich hatte nur noch herauszufinden, an welchem mein Kalfaktor war. Da sah ich ihn, ziemlich hoch oben, er legte grüßend die Hand an den Kopf, als trüge er eine Soldatenmütze, so etwa: Ich halte durch! Das nötigte mir Achtung ab. Später sollte auch ich erfahren, was es bedeutet, im Karzer noch Unbekümmertheit zu zeigen.

An einem dieser Tage gab es plötzlich ungewohnte Bewegung auf unserem Todesflur. Ich legte ab und zu mein Auge an das Loch neben dem Spion, und da sah ich einen Mann in Zivil, der von Zelle zu Zelle ging. Ich fragte einen der Kalfaktoren, was der Zivilist hier oben zu suchen habe. Er antwortete mir, es sei der Pflichtverteidiger der zum

Tode Verurteilten, die Berufung eingelegt hätten. Ich fragte, ob sie allein mit ihm sprechen könnten. Die Antwort war ja, aber er habe jeweils nur zehn Minuten, und er dürfe auch nur einmal kommen. Offensichtlich versuche er, den Häftlingen wirklich beizustehen und etwas für sie herauszuholen. Ob mit Erfolg, das wisse allerdings niemand.
Ein paar Tage später holte man mich. Ich könne jetzt meine Berufungsbegründung schriftlich niederlegen. Ich wurde ins Erdgeschoß geführt. Auf dem Flur standen Tische und Stühle, dort durfte ich mich hinsetzen und bekam einen DIN-A-4-Bogen, mit dem mußte ich auskommen. Ich besann mich auf das, was ich für mich zu sagen hatte.
Schon Tage vorher hatte ich mir immer wieder überlegt, welche Gesichtspunkte ich besonders hervorheben sollte. Ich dachte daran, daß Leopold von Ranke einmal gesagt hat: Ein verlorener Krieg ist das größte Unglück, das es für ein Volk gibt! Hauptsächlich auf diesem Zitat baute ich meine Verteidigung auf. Dann habe ich über meine Aufgaben als Mutter geschrieben und über den Glauben, den ich an meinen Mann hatte. Es mißfiel mir, daß meine Verteidigung sich in einem einzigen Punkt gegen Bernhard richtete; ich hätte es gern vermieden, aber dann hätte ich auf jede Verteidigung verzichten müssen. Ich sprach nur noch von »meinem Mann« und Bernhard, nicht mehr mit dem Zusatz Bechler.
Zwei Wochen später hatte ich den Bescheid.
Das Gericht sei nach Kenntnisnahme meiner Berufungsschrift zu der Überzeugung gelangt, daß ich nicht nur verbrecherisch gehandelt hätte, sondern auch staatsgefährdend sei. Das Urteil werde in diesem Sinne revidiert.
Was hieß das? War ich nun doch zum Tode verurteilt? Ich habe es nie offiziell erfahren.
Einen Verteidiger hatte ich nicht bekommen. Auf einem maschinegeschriebenen Zettel, der mir zur Kenntnisnahme in die Zelle gereicht worden war, hatte ich mit Erstaunen gelesen, daß mir der allen Todeskandidaten zustehende Pflichtverteidiger abgesprochen würde. Ich sei intelligent genug, mich selbst zu verteidigen.
Ich blieb weiter auf dem Todesflur.
Die Wartezeit, die nun anfing, dieses Warten auf den Tod, die Hinrichtung, die Angst vor der Entwürdigung, das war schlimmer als alles vorher. Jetzt mußte ich durchstehen. Wahrscheinlich bis zum Ende.
Ich habe mich damals gefragt, und wir haben das alle getan: Soll ich das auf mich zukommen lassen? Soll ich mich hinrichten lassen? Es

gab wohl keinen, der sich nicht mit dem Gedanken getragen hätte, seinem Leben selbst ein Ende zu bereiten.
Ich glaube, wenn ich gewollt hätte, wäre mir sicher ein Weg eingefallen. Aber ich sagte mir damals: Auch Jesus ist hingerichtet worden, der hatte überhaupt nichts Böses getan. Im Gegenteil, er hatte den Menschen geholfen. Und er ist zusammen mit Mördern hingerichtet worden. Und hat es ausgehalten. Und hat nur gute Worte gefunden. Mit seinem letzten Wort hat er noch gebetet für die, die ihn hingerichtet haben. Hat er so leiden müssen, um uns Vorbild zu sein? Nicht wie ich will, Vater, sondern wie Du willst! Mir war, als hätte ich etwas sehr Bedeutsames gefunden.
Von diesem Augenblick an war ich vorbereitet und habe mir gesagt, wenn sie dich zum Tode verurteilen und dich hinrichten, dann wirst du das mit dir geschehen lassen, du wirst dem nicht zuvorkommen.
Als ich wieder einmal Frau Behr beim Treppensteigen behilflich war, flüsterte sie mir zu, sie halte das nicht mehr aus, den ganzen Tag laufe sie verzweifelt in der Zelle herum, in der Nacht könne sie nicht schlafen. Dieses Warten auf die Hinrichtung mache sie verrückt. Sie habe sich etwas ausgedacht. Irr vor Angst, mit dem scharfen Glanz, den sie immer schon hatten, aber auch mit einer Art von gesunder List, so schauten mich ihre schwarzen Augen an.
Ich spiele verrückt, sagte sie, das ist die einzige Rettung. Ob ich mitmachen wolle.
Ich lehnte ab, das sei nicht mein Weg.
Sie fragte, ob ich sie trotzdem decken würde.
Selbstverständlich, sagte ich, wenn sie glaube, daß sie sich damit retten könne, wolle ich ihr gern helfen; ich könne ja auch bezeugen, daß sie schon früher so merkwürdige Anwandlungen gehabt hätte.
Und das konnte ich wirklich.
Sie hat verrückt gespielt, wie sie das nannte, und sie ist in das Irrenhaus gekommen, das Waldheim angeschlossen war. Dort soll sie zehn Jahre gewesen sein, dann hat man sie wohl nach Hause entlassen, wo sie angeblich nach sechs Wochen gestorben ist.

Um mir die Tage zu verkürzen, ging ich daran, nun auch einen Spruch in die Wand zu ritzen. Erst dachte ich an Goethes »Der du von dem Himmel bist«, dann entschied ich mich für ein Gedicht von Keller, es drückte noch mehr aus, was in mir war, und es war auch länger, ich würde eine Zeitlang zu arbeiten haben. Wenn ich es mir einteilte und jeden Tag zwei Zeilen in den Putz ritzte, dann würde ich sechs Tage lang eine gute Beschäftigung haben. Zum Einritzen hatte ich einen abgebrochenen Nagel aus der Wand gezogen. Ich suchte mir eine freie Stelle gegenüber dem Klappbett und fing an, feine Linien zu ziehen.

Das nahm ziemlich viel Zeit in Anspruch, weil ich alle Augenblicke nach draußen lauschen mußte, ob Schritte am Spion zu hören waren. Dann lief ich zurück, ritzte den Buchstaben vor, lauschte wieder, lief wieder zurück und vertiefte den vorgezeichneten Buchstaben. Ich bemühte mich, nicht nur gleichmäßig zu schreiben, sondern auch harmonisch gerundete Buchstaben aneinanderzureihen, und ich war sehr befriedigt, als nach einer Woche das Ganze dastand.

Ach, wie schön ist deine Welt,
Vater, wenn sie gülden strahlet,
Wenn dein Glanz herniederfällt
Und den Staub in Schimmer malet.
Wenn der Strahl, der aus der Wolke blinkt,
In mein trübes Herze sinkt:
Soll ich zagen, soll ich klagen,
Irre sein an dir und mir?
Nein, im Herzen will ich tragen
Deinen Frieden schon allhier.
Und dies Herz, eh es zusammenbricht,
Trinkt noch Glanz und schlürft noch Licht.

Ich war gerade fertig, da bekam ich hohen Besuch: Herr Walke, Oberanstaltsleiter. Ihm unterstand alles, auch die Politleitung des Polizeirat Protze. Von dem hatten wir schon gehört, als wir noch nicht verurteilt waren, alle scharfen Maßnahmen wurden ihm zugeschrieben. Es hieß, er sei es gewesen, der veranlaßt habe, daß den Frauen die Schädel kahlgeschoren wurden.

Über Walke war mir bis dahin nichts bekannt. Ein Kalfaktor kündigte ihn an, indem er mit einem Eimer den Flur entlang lief: Wir müssen alles putzen, der Oberanstaltsleiter kommt, höchstwahrscheinlich wird er hier auf der Todesstation erscheinen.

Nicht lange danach ging bei mir die Zellentür auf. Ich bekam hohen Besuch, ich sah es an den Litzen der Uniform und an dem unterwürfigen Verhalten des Wachtmeisters, der aufschloß. Walke ließ die Tür offen stehen und fragte: Wie heißen Sie?

Margret Dreykorn.

Ach ja, richtig, Frau Dreykorn. Nun, Frau Dreykorn, wie geht es Ihnen?

Ich stand mitten in der Zelle und er mir gegenüber. Ich blieb stumm,

ich dachte, was für eine überflüssige Frage. Er wußte ja, daß ich hier auf meinen Tod wartete, und da fragte er mich, wie es mir gehe.
Er nahm seine Hände auf den Rücken und begann, in meiner Zelle auf- und abzulaufen. Blieb dann wieder vor mir stehen: Ich habe Sie gefragt, wie es Ihnen geht.
Sie wissen die Antwort.
Es geht Ihnen also schlecht?
Ich sah an ihm vorbei zum Fenster.
Vielleicht könne es mir wieder besser gehen, sagte Walke.
Wie ich das verstehen solle, fragte ich ihn.
Walke schwieg jetzt. Er trat an die Wand und las angelegentlich die eingeritzten Sprüche.
Ob der von mir sei, fragte er und deutete auf das Keller-Gedicht.
Ich nickte.
Ob ich wüßte, daß das strafbar sei. Ich hätte Volkseigentum beschädigt.
An dieser Wand, sagte ich, sei nicht mehr viel zu beschädigen gewesen.
Ich hätte die Wand wieder instandzusetzen, sagte er. Er werde mir Pinsel und Farbe bringen, dann könne ich meinem Drang, Wände zu bemalen, folgen.
Das solle er ruhig tun, sagte ich, das sei sehr nützlich.
Zunächst müssen Sie sich gründlich besinnen und Ihre Meinung ändern. Dann erst werden wir wieder miteinander reden, Frau Dreykorn.
Ich machte mir Gedanken über dieses Gespräch, nachdem er gegangen war. Würde ich vielleicht doch nicht hingerichtet? Die Hoffnung stieg, als ich plötzlich meine Sachen zusammenpacken mußte. Ich bekam alles, auch das, was zu den sogenannten Effekten gehörte, es sah so aus, als verließe ich die Todesstation für immer. Ich zeichnete gegen und ging hinter der Wachtmeisterin her: Zu meinem größten Staunen brachte sie mich in die Frauenabteilung.
Es war nach siebzehn Uhr, die Arbeitszeit beendet, der Kaffee wurde ausgegeben. Sie saßen alle in einem großen Aufenthaltsraum, zweihundert Frauen. Als sie mich sahen, kamen sie auf mich zu und umringten mich, inzwischen hatten sie erfahren, daß ich zum Tode verurteilt war. Natürlich nannten sie mich bei meinem alten Namen Bechler. Da trat die Wachtmeisterin heran, wies mich einer Tischgemeinschaft zu und verkündete: Die Strafgefangene Dreykorn geht morgen früh mit zur Arbeit.
Stille.

Ich saß in vollkommener Isolierung.
Ich wünschte, noch drüben in meiner Einzelzelle zu sein; die vielen Menschen um mich machten mir Angst. Und dann das mit dem Namen. Ich wußte, daß ich noch zehnmal würde erklären müssen, warum ich nun Dreykorn hieß und nicht mehr Bechler, und daß die Frauen sich ständig versprechen würden und daß das eine einzige Qual sein würde.
Währenddessen ging es im Saal fast gemütlich zu. Es war kurz vor dem Abendbrot, ein säuberlicher Tisch wurde gedeckt. Frauengefängniskultur. Neben Kaffeetopf und Brotbrett lag der Blechlöffel, dessen Stiel als Messer benutzt wurde. Die meisten hatten Pakete vor sich liegen, aus denen haushälterisch entnommen wurde, was jede sich für den Tag als Zukost gönnte. Da lagen Schokolade und Kandis, Nüsse und Kuchen. Bis auf wenige hatten sie alle schon Post bekommen, viele Pakete, zum Teil aus dem Westen, darin fanden sich besondere Leckerbissen — drei Kilo waren erlaubt.
Warum nichts für mich?
Ich rechnete mir aus, wann ich die erste Nachricht abgeschickt hatte. Am 20. Juli. Nun war schon Mitte August, weshalb hatte ich noch keine Antwort?
Nach dem Abendbrot kam Hanna zu mir und erklärte mir die Lage. Die Frauen waren schon seit sechs Wochen im Arbeitseinsatz. Von sieben bis zwölf und von vierzehn bis siebzehn Uhr arbeiteten sie in einem Bodenraum des Schloßbaus in zwei Abteilungen, die eine schliß Federn, die andere schnitt von Fellabfällen die Haare ab. Richtige Zuchthausarbeit, sagte Hanna.
Ich erzählte ihr, daß mir der Sanitätswachtmeister gesagt habe, er werde sie wieder für das Lazarett anfordern. Geb's Gott, rief sie, hier ist es schrecklich. Du glaubst nicht, wie die Wachtmeisterinnen mit uns umspringen, der Zirkus kann jeden Augenblick losgehen.
Was denn, um Gotteswillen, fragte ich.
Also, sagte sie: Wenn es heißt, fertigmachen zur Nachtruhe, dann müssen wir uns rasch ausziehen, und jede muß die Oberbekleidung säuberlich auf ihren Schemel legen. Wenn es der Wachtmeisterin nicht schnell genug geht, müssen wir uns wieder anziehen, und dann wird so lange Ausziehen geprobt, wie es ihr Spaß macht. Und das, wenn du hundemüde bist und auf den Augenblick wartest, wo du dir endlich die Decke über den Kopf ziehen kannst. Und morgens ist alles auf den Boden gefegt, was abends nicht genau Kante auf Kante gelegen hat.
Wir hatten Glück an diesem Abend.

Niemand schikanierte uns. Ein seltsamer Zug bewegte sich zum Schlafsaal hinauf: zweihundert Frauen in Männerunterhosen. Die Schlafsaalälteste wies mir einen Platz an, keinen guten, wer zuletzt kommt, hat eben das Nachsehen; gleich am Eingang neben der Ecke, in der die Klokübel für nächtliche Benutzung standen, nur durch zwei Decken vom übrigen Raum abgetrennt.

Ich wußte aus alter Erfahrung: Da kann man nicht schlafen. Wie eine Wolke hing der Gestank des Kübels darüber, überdies war dort ein ständiges Kommen und Gehen. Hanna rettete mich. Hier kannst du nicht bleiben, sagte sie, das kommt überhaupt nicht in Frage. Ich hatte wenig Hoffnung, aber es fand sich tatsächlich noch ein freies Bett in der Mitte einer langen Reihe.

Als ich mich ausgezogen hatte und die Decke zurückschlug, lag da ein kleiner Berg von Eßbarem: Schokolade, Kandiszucker, Zuckerwürfel, Kekse und Kuchen. Ich bettete mich inmitten der Süßigkeiten und des Trostes und zog mir die Decke über den Kopf, ich mußte weg von der Menschenmenge. Später habe ich gehört, daß es allen so geht, die lange in Einzelhaft gewesen sind. Die vielen Menschen, das Sprechen und die Nähe der anderen — das ist dann nur schwer zu ertragen.

Ich fühlte die Süßigkeiten in den Händen, dachte: Aufheben kannst du sie nicht, unter der Decke bleiben können sie nicht, also ißt du. Ich suchte mir erstmal einen großen Kluten Kandis, er füllte meinen ganzen Mund aus. So habe ich mit der Decke über dem Kopf darauf herumgelutscht, dabei habe ich dankbare und glückliche Gedanken gehabt, dankbare gegen die Frauen und glückliche, weil ich mir dachte, irgend etwas kommt doch immer, wenn man glaubt, daß es kaum noch zu ertragen ist.

In diesem Augenblick zog mir jemand vorsichtig die Decke vom Kopf. An meinem Bett stand eine ältere Frau, sie hatte Tränen in den Augen. Sie sagte, die anderen hätten sie geschickt, um mir zu sagen, wie furchtbar das alles sei. Sie wüßten nun durch Hanna, daß ich meinen Mädchennamen wieder hätte annehmen müssen. Sie solle mir ausrichten, daß ich nicht allein sei und daß sie es alle mit mir trügen, und sie hätten überlegt, wie sie mich jetzt nennen sollten, sie wollten mich Margret nennen, denn von meinen beiden Namen täte mir der eine genauso weh wie der andere.

Dabei rannen ihr die Tränen über das Gesicht. Und ich hatte den Mund voll Kandiszucker und konnte überhaupt nicht antworten und sah die Frau vor mir mit diesem tragischen Gesicht. Und so ist mir das in Erinnerung geblieben, tragisch und komisch zugleich.

Zwischen den Zähnen durch sagte ich zu ihr, ja, sie sollten mich nur Margret nennen, und versuchte, auch so ein trauriges Gesicht zu machen, aber fühlen konnte ich es nicht mit meinem Kandis im Mund und den anderen Süßigkeiten in den Händen. So hatte ich nur die Hoffnung, daß sie gehen würde. Und das tat sie denn auch, und ich konnte meinen Zucker in Ruhe zu Ende lutschen und friedlich einschlafen.

Wir wurden sehr zeitig geweckt, um fünf Uhr früh. Dann ging die erste Gruppe der Frauen in den Waschraum, in der Zwischenzeit bauten die anderen vorschriftsmäßig ihre Betten. Spätestens um sechs mußten wir angezogen an unseren Tischen sitzen. Zur Wachablösung und zum Zählappell hatten wir an unseren Plätzen zu stehen, in strammer Haltung, und die Schlafsaalälteste machte militärisch Meldung.

Nach dem Zählappell gab es einen Becher Kaffeebrühe, dazu aß man das Brot vom Tage vorher, denn die Kaltverpflegung kam erst im Laufe des Vormittags. Um dreiviertel sieben stellten wir uns in Viererreihen auf und wurden von einer Wachtmeisterin zur Arbeit geführt. Frauen über siebzig brauchten nicht mehr zu arbeiten, doch taten die meisten es freiwillig, um sich den langen Tag zu verkürzen und in der Gemeinschaft der anderen zu bleiben.

Der Arbeitsraum war ein niedriger Dachboden, durch Stützgebälk dreifach unterteilt, ein freier Mittelgang und zwei Abteilungen für Federschleißerinnen und Fellschneiderinnen. Ich meldete mich auf Hannas Rat zum Fellschneiden. Man mußte mit einer Schere von kleinen Fellstücken die Haare abschneiden, keines der Stücke war größer als ein Handteller, die meisten hatten Daumengröße. Ich sah sofort, daß viele Frauen sich ein beispielloses Geschick darin erworben hatten. Es war ein Vergnügen, ihnen zuzusehen, wenn sie mit großer Schnelligkeit die Fellstücke so über den Finger zogen, daß die Haare steil zu Berge standen, dann mit dem Daumen das Stückchen nachrollten, während sie gleichzeitig die Haare so abschnitten, daß sie wie eine Wolke in ein Tuch fielen. Das wurde dann am Ende des Tages gewogen, als Tagessoll waren siebzig Gramm vorgeschrieben. Ich glaube, daß ich hier zum erstenmal den Begriff Soll gehört habe.

Die Leistungen wurden von Tag zu Tag gesteigert.

Die Spitze brachte es auf zweihundertachtzig Gramm, das waren also vierhundert Prozent der Norm.

Vielleicht wurde den Geschickten die monotone Arbeit durch Schnelligkeitsrekorde interessanter, vielleicht wollten sie auch ihre

Geschicklichkeit beweisen, sie sprachen nicht, lachten nicht, schnitten nur noch wie besessen Haare von den Fellen.
Die Vorteile waren umstritten, der Nachteil wurde sofort deutlich. Die Norm war jetzt schon auf hundertzwanzig Gramm heraufgesetzt worden, und die älteren hatten Mühe, dieses neue Soll zu erreichen.
Ich konnte es nicht. Nicht nur, weil ich ungeübt war, ich hatte auch die letzte und die schlechteste Schere bekommen, sie faßte nicht. Hanna sagte traurig, da sei alle Mühe vergebens, die Schere sei schon als unbrauchbar aussortiert. Eine Weile schnitt ich mit ihrer Schere, während sie versuchte, meine zu schleifen, es half nichts.
Eine Wachtmeisterin stellte sich hinter mich, sah mir eine Weile zu, dann fragte sie höhnisch, ob ich schon einmal eine Schere in der Hand gehabt hätte.
Ich hielt den Mund, die anderen an meinem Tisch lachten.
Die Wachtmeisterin fragte, was es da zu feixen gäbe.
Eine begann: Frau Bechler...
Die Wachtmeisterin fuhr sie an: Sie meinen wohl die Dreykorn?
Erschrocken blickten mich alle an.
Ich brachte ein Lächeln zustande.
Hanna sagte: Sie war in der Lagerzeit unsere beste Schneiderin.
Kaum zu glauben, sagte die Wachtmeisterin, wenn man sie so mit der Schere sieht.
Ich hatte die Hände voller Blasen, eine davon war schon aufgerieben, Blutwasser lief heraus. Hanna half. Sie riß von ihrem Tuch einen Streifen und verband mir den Daumen: So sei es in den ersten Wochen allen ergangen.
Nach der Arbeit war die Schinderei für mich noch nicht vorüber, der Arbeitsraum mußte gescheuert werden, und auch mich teilte man dazu ein. Nun hatte ich nicht nur Blasen an den Händen, auch meine Füße waren wundgescheuert, ich hatte ja diese gespaltenen Holzsohlen. In meiner Zelle war ich deshalb immer barfuß gelaufen, nun waren meine Füße verwöhnt. Ich nahm allen Mut zusammen und fragte Hanna, ob sie mir zum Scheuern ihre Schuhe leihen würde, bei keiner anderen hätte ich das gewagt. Sie tat es.
Ich bekam einen vollen Wassereimer in die Hand gedrückt, den sollte ich die drei Treppen zum Boden schleppen. Da merkte ich, wie wenig Kraft mir geblieben war, ich schaffte es nicht. Die anderen sahen es, und eine nahm mir den Eimer ab. Oben sagten sie, ich brauchte nur die Fensterbänke zu wischen, den Fußboden übernähmen sie, aber ich sollte mich ja nicht dabei anstrengen, es sei Verschwendung, hier mit deutscher Gründlichkeit zu arbeiten.

Von Gründlichkeit konnte dann auch wirklich nicht die Rede sein. Sie scheuerten nicht, sie verteilten bloß das Wasser auf dem Fußboden. Ich habe daraus gelernt und es auch so gemacht, als ich in Hoheneck zu Dunkelhaft verurteilt wurde und nur noch scheuern mußte.
Am nächsten Morgen begann die Plackerei von neuem.
Wieder saß ich neben Hanna im Arbeitssaal mit derselben unbrauchbaren Schere und den Blasen an den Händen. Da kam eine junge Frau und sagte, ich sollte doch mal das Federschleißen versuchen, das sei eine Arbeit für Philosophen und Weise.
Ich setzte mich neben sie und fühlte bald: Hier war ich gut aufgehoben. Sie hatte Humor und dachte nicht daran, mehr zu tun, als gerade eben ihr Soll zu erfüllen. Hilfsbereit zeigte sie mir, wie es ging. Man nahm eine Feder und zog mit einem Messer den Flaum vom Kiel herunter, er löste sich leicht ab, wirklich eine Beschäftigung für Philosophen und Weise.
Der tägliche Rundgang der Frauen im Hof dauerte genau zwanzig Minuten. Auch hier wanderten die Alten und Kranken den langsameren Innenkreis, während draußen schnell gegangen werden mußte.
Ich habe diese Runde nur einmal mitgemacht, aber ich vergesse sie nie. Es sind die Gesichter, die mir in Erinnerung blieben. Ich ging in dem äußeren, schnellen Kreis, und der innere zog an mir vorüber. Ich blickte sie an, zum ersten Mal nach der Verurteilung sah ich sie bewußt. Ich kannte die Höhe der Strafen. Die geringste war zehn Jahre, soviel beispielsweise hatte Hanna, dann fünfzehn, fünfundzwanzig, lebenslänglich. Wir nahmen diese Strafmaße damals noch ernst.
Nein, diesen Rundgang würde ich nie vergessen.
Der Anblick dieser Frauengesichter.
Die meisten blickten aufwärts, auf eine sonderbare, nach innen gewandte Art, es hatte fast etwas Überirdisches. Und wenn sie einander ansahen, dann lächelten sie: Nur Mut. Wir schaffen das schon, wer weiß, was noch kommt.
An diesem zweiten Arbeitstag kam zur Kaffeezeit ein Wachtmeister und flüsterte mit unserer Hauptwachtmeisterin. Ich kannte ihn aus dem Zellenhaus, was wollte er? Da rief sie schon durch den Saal: Dreykorn, mit allen Sachen fertigmachen!
Stille, völlige Stille.
Kein Wort fiel, als ich wieder zurückgeführt wurde ins neue Zellenhaus.

Vorbemerkung zu Kapitel 9

Im geteilten Deutschland.
In beiden deutschen Staaten wurde ehemaligen Offizieren angetragen, militärische Verbände — wenn auch noch nicht im Rahmen einer regulären Armee — auszubilden: in der Bundesrepublik zunächst bei den Truppen des Grenzschutzes (seit November 1951), in der Deutschen Demokratischen Republik zunächst bei den kasernierten Formationen der Volkspolizei (seit 1948). Viele von ihnen hatten nicht nur in der deutschen Wehrmacht für Hitlers weitgreifende Eroberungspläne gekämpft, sondern waren schon Soldaten der Weimarer Republik gewesen — wie Bernhard Bechler.
Mit einundzwanzig Jahren war er, wie wir wissen, in die Reichswehr eingetreten, 1932 als Fahnenjunker beim Infanterieregiment 10 in Dresden. Bernhard Bechler wollte aktiver Offizier werden. Seinen ersten Eid leistete er auf die Weimarer Verfassung der Republik des Deutschen Reiches:

> »Ich schwöre Treue der Reichsverfassung und gelobe, daß ich als tapferer Soldat das Deutsche Reich und seine gesetzmäßigen Einrichtungen jederzeit schützten, dem Reichspräsidenten und meinen Vorgesetzten Gehorsam leisten will.«

1934, als Hindenburg starb, wurde Adolf Hitler Oberster Befehlshaber der Reichswehr, die ein Jahr später in Wehrmacht umbenannt wurde. Wie alle Soldaten und Offiziere mußte auch Bernhard Bechler einen neuen Eid leisten:

> »Ich schwöre bei Gott diesen heiligen Eid: daß ich dem Führer des Deutschen Reiches und Volkes, dem obersten Befehlshaber der Wehrmacht Adolf Hitler, unbedingten Gehorsam leiste und bereit sein will, jederzeit für diesen Eid mein Leben einzusetzen.«

Viele Soldaten, Offiziere und Generale der Hitler-Wehrmacht würden später noch einmal schwören: die einen bei der Bundeswehr, die anderen bei der Nationalen Volksarmee. Doch bevor es diese beiden Armeen gab, wurden in der DDR bereits wieder junge Deutsche auf ihren Staat verpflichtet. Es waren die Männer der Kasernierten Volkspolizei, jener Verbände der DDR-Polizei, die militärisch geschult wurden und den Grundstock für die spätere reguläre Armee bildeten.
Bernhard Bechler nahm seinen Untergebenen folgenden Eid ab:

> »Ich verpflichte mich in der Erkenntnis, daß die Volkspolizei in der DDR dazu berufen ist, die Interessen der deutschen Werktätigen vor faschistischen, reaktionären und anderen verbrecherischen und feindlichen Elementen zu schützen, daß sie darüber hinaus ein zuverlässiges Bollwerk der demokratischen Entwicklung sowohl in der Deutschen Demokratischen Republik als auch im Kampf um ein einheitliches demokratisches Deutschland darstellt, an Eides Statt, der werktätigen Bevölkerung ergeben zu sein, die ehrenvollen Pflichten eines Angehörigen der deutschen Volkspolizei ehrlich zu erfüllen, entsprechend der demokratischen Gesetzlichkeit die öffentliche Ordnung, die Rechte der Bürger, ihr persönliches und das Volkseigentum zu schützen. Ich gelobe, mich diszipliniert zu betragen, die dienstlichen Befehle und Verfügungen genau zu erfüllen, mich in dem von mir übernommenen Dienst zu vervollkomm-

nen und über alle mir bekannt werdenden Angelegenheiten, deren Geheimhaltung durch Gesetz oder dienstliche Anordnung vorgeschrieben oder ihrer Natur nach erforderlich ist, strenge Verschwiegenheit gegen jedermann zu wahren. Ich gelobe, mich in der Tat des großen Vertrauens würdig zu erweisen, in der Volkspolizei dienen und eine Waffe tragen zu dürfen. Ich bin mir bewußt, daß eine Verletzung dieser eingegangenen Verpflichtung eine strenge Bestrafung zur Folge hat. Ich verpflichte mich, vom Tage der Unterzeichnung dieser Verpflichtung ab nicht weniger als drei Jahre in der Volkspolizei zu dienen.«

Bernhard Bechler war kein Einzelfall. Wie er verhielten sich ungezählte ehemalige deutsche Offiziere.

Kapitel 9

Im Zuchthaus Waldheim: In der Todeszelle
Oktober 1950 bis März 1953

Der Wachtmeister führte mich zurück in das Haus, das ich sechsunddreißig Stunden zuvor verlassen hatte.

Ich wollte auf die Eisenstiegen zusteuern, die hinauf zum Todesflur führten, da rief mich der Diensthabende zurück. Ich mußte warten, es schien Unklarheit zu herrschen über meine Unterbringung. Sie liefen im Dienstzimmer herum, telefonierten, gingen dann eine Reihe von Zellen im Erdgeschoß ab.

An diesen Zellen waren die Klappen über den Spionen hochgeklemmt. Während ich wartete, sah ich einen Wachtmeister beständig den Gang hinauf- und hinunterwandern, an jeder Tür kurz stehenbleiben und einen Blick hineinwerfen.

Wer wurde so scharf bewacht?

Ich erfuhr es bald: Hier saßen wieder die Todeskandidaten.

Es waren nur noch zweiunddreißig, die andere Hälfte hatte man zu lebenslänglich begnadigt. Zu diesen zweiunddreißig gehörte nun auch ich wieder.

Der Diensttuende kam und brachte mich in eine Doppelzelle, die als Rumpelkammer benutzt wurde. Ich würde hier nicht bleiben, sagte er, ich käme in eine andere Zelle, aber die müsse noch zurechtgemacht werden, es könne noch eine Stunde dauern.

Es dauerte länger.

Der Zählappell war längst vorüber, da holte er mich und führte mich zur ersten Zelle neben dem Eingang. Ich sah sofort auf die Nummer über der Tür, wir waren damals ziemlich abergläubisch: Nummer 39, 3 mal 13. Das mußte Glück bringen.
Ich ging hinein und war angenehm überrascht. Eine Einzelzelle, aber anders als die frühere: frisch gestrichen und teilweise möbliert, ein Kasten für Waschschüssel und Wasserkrug stand darin, an der Wand hing ein Regal, darauf Eßschüssel und Metallöffel. Tisch und Schemel fehlten allerdings, und das eiserne Klappbett vor der Wand war hochgeschlossen. Dafür aber lag die Zelle nach Süden. Vom Fenster aus sah ich die Turmuhr, nun würde ich immer wissen, wie spät es war. Außerdem konnte ich jeden Zu- und Abgang beobachten. Es war die schönste Zelle meiner ganzen Haft, wenn sie auch zu den scharf bewachten gehörte. Ich wußte nach meiner Beobachtung draußen auf dem Flur: Alle zwei Minuten würde der Blick des prüfenden Auges nun auch auf mich fallen.
In den folgenden drei Jahren habe ich einen wesentlichen Teil meines Lebens heimlich leben müssen. Alles, was mir zu tun nicht erlaubt war, mußte ich in einer Zeitspanne von zwei Minuten tun, während der ich nicht beobachtet wurde. So habe ich an meine Mutter geschrieben, heimlich die Antwortbriefe empfangen und gelesen, den Faust und viele Bibelstellen auswendig gelernt, alles heimlich.
Es ist schwer wiederzugeben, was für eine Anspannung dazu gehört. Man mußte unausgesetzt nach allen Seiten horchen. Ich glaube, damals habe ich viel von meiner Nervenkraft verbraucht. Noch heute habe ich Angstträume aus jener Zeit.
Da saß ich wieder allein. Ich legte mir meine Übungen zurecht, die körperlichen und die geistigen, aber ich fürchtete mich sehr vor dem öden Rest jedes dieser langen Tage. Da kam, vielleicht zwei oder drei Tage später, Herr Walke, der Anstaltsleiter. Sie hätten sich überlegt, sagte er, wie ich hier im Hause einen Beitrag leisten könne. Die Strümpfe der Häftlinge seien kaputt, und da müsse Abhilfe geschaffen werden, ich als Frau und Hausfrau sei bestimmt in der Lage dazu. Er habe Anweisung gegeben, mich mit Nadel und Schere zu versorgen, allerdings müßte das nachts vor die Zelle gegeben werden. Die Tagesstunden aber könne ich darauf verwenden, die Strümpfe in Ordnung zu bringen, die Kalfaktor oder Wachtmeister mir brächten.
Zum Schluß gab er mir ein Buch. Das solle ich einmal lesen, dann würde mir bestimmt einiges klar werden, gründlich solle ich es lesen und mir Gedanken darüber machen.
Nun hatte ich auf einmal etwas für meine leeren Tage.

Zuerst vertiefte ich mich in das Buch, ich vergaß alles um mich herum. Das lag natürlich vor allem daran, daß ich so lange nichts mehr hatte lesen dürfen, doch es war auch spannend geschrieben, von einem Schriftsteller namens Ehrenburg, ich hatte den Namen noch nie gehört. Der Titel hieß: *Sturm*. Es ging um den Vaterländischen Krieg, wie der Zweite Weltkrieg bei den Sowjets genannt wird, und um die Verteidigung der sowjetischen Errungenschaften. Das alles war wohl interessant, doch ich fand, daß darin deutsche Kultur abgewertet wurde.

Ich wandte mich wieder meinen Strümpfen zu, die teilweise völlig zerrissen waren. Bei manchen fehlten Ferse oder Zehen ganz; der Kalfaktor mußte mir Deckenstücke bringen, um Flicken einsetzen zu können. Ich arbeitete mir einen Schnitt, machte Sohlen aus Stoff, nähte Fersenkappen und Fußspitzen daran und setzte das Ganze an den Wollschaft.

Aber ein paar waren wirklich nicht mehr zu retten.

Als nun Walke wiederkam, zeigte ich ihm die. Es war noch einer bei ihm, ich glaube, das war mein späterer Peiniger Schönfeld, Leiter des neuen Zellenbaus.

Da habe ich gesagt, er müsse mal dafür sorgen, daß neue Strümpfe beschafft würden, diese hier seien nicht mehr zu reparieren.

Darauf er in sehr kühler Art: Es sei nicht meine Aufgabe, ihn auf den Zustand der Häftlingskleidung aufmerksam zu machen. Meine Aufgabe sei, die Strümpfe in Ordnung zu bringen. Wenn ich meinte, sie seien zu schlecht, dann müßten sie eben weggeworfen werden.

Damit nahm er die Strümpfe und befahl dem Kalfaktor, sie in den Müll zu tun.

In dem Augenblick habe ich mir vorgenommen, auch die schlechtesten Strümpfe zu reparieren, denn jetzt hatten ein paar Männer sicher überhaupt keine mehr.

Er fragte mich, wie weit ich sei mit dem Buch.

Ich sagte, ich hätte es gelesen und würde mich gern mit ihm darüber unterhalten.

Er antwortete kalt, das Buch sei nicht zur Unterhaltung bestimmt gewesen, sondern für mich zum Nachdenken.

Meine Tage waren jetzt ausgefüllt.

Ich hatte das Gefühl, etwas sehr Nützliches zu tun, ich glaube, die Männer haben sich auch sehr gefreut, ein paar ließen mir durch den Kalfaktor sagen, sie hätten nicht geglaubt, daß solche Strümpfe repariert werden könnten.

Ich hatte nun tagsüber eine Schere.

Draußen in der Freiheit macht sich kein Mensch Gedanken darüber, wie wichtig so ein alltägliches Gerät ist. Eines Tages kam ein Wachtmeister zu mir und fragte mich, ob ich sie nicht mal entbehren könne, die Männer seien beim Baden und hatten nichts zum Nägelschneiden. Ich sagte ihm, in der Zeit, in der ich keine Schere hätte, könne ich aber nicht arbeiten.
Er fragte, ob ich nicht vorarbeiten könne.
Ich arbeitete also vor, nach einer halben Stunde kam er und holte die Schere. Als er sie nahm, drückte er zugleich meine Hand. Im Augenblick achtete ich nicht darauf, aber als er sie zurückbrachte, bekam ich wieder einen kräftigen Händedruck, das fiel mir natürlich auf.
Am Tag darauf hatte er wieder Dienst. Im Laufe des Nachmittags schloß er meine Zellentür auf und sagte, er wisse, daß ich nicht draußen gewesen sei, jetzt werde er mich zum Rundgang führen.
Verwaltungsmäßig gehörte ich zu den Männern und wurde bis auf die Leibesvisitation von Wachtmeistern betreut. Nun durfte ich aber nicht mit den Häftlingen meinen Rundgang machen, sondern mußte allein gehen. Das war den meisten zu umständlich, deshalb blieb ich oft tagelang ohne frische Luft.
Er führte mich auf den Vorderhof, es war abends, zwischen fünf und sechs. Nun gehen Sie nach Herzenslust, sagte er, so schnell oder so langsam Sie wollen. Lassen Sie sich von nichts stören. Und dann fügte er etwas sehr Schönes hinzu: Schauen Sie nach oben, sagte er.
So bin ich dort in dem Hof gegangen, als ob ich allein wäre. Er ist an das Gittertor getreten und hat mir den Rücken zugedreht und eine Pfeife geraucht. Er hat mich eine Dreiviertelstunde laufen lassen. Währenddessen fingen die Abendglocken zu läuten an. Es war ein wunderbarer Abendhimmel. Ich hörte die Glocken und schaute nach oben und war versöhnt und friedlich. Ich war einem mitfühlenden Menschen begegnet.

Noch immer hatte ich keine Post bekommen.
Seit ich im Frauenhaus gehört hatte, wie viele schon in Verbindung mit ihren Verwandten standen, wartete ich mit einer inneren Dringlichkeit, die von Tag zu Tag quälender wurde.
Nachdem ich auf den ersten Brief an meine Eltern keine Antwort bekommen hatte, mußte ich glauben, daß sie nicht mehr lebten. Den Augustbrief schrieb ich an meine Schwiegereltern im Vogtland. Von ihnen wußte ich, daß sie den Zusammenbruch lebend überstanden hatten und über meine Verhaftung sehr bestürzt waren.
Wieder begann das Warten. Zuerst voller Hoffnung, dann, als die

Tage sich zu Wochen aneinanderreihten, mit neuen selbstquälerischen Fragen, mit neuer Verzweiflung.
Den Septemberbrief schrieb ich an eine Schwester meines Vaters, meine Patentante. In unserer Verlobungszeit hatten wir sie oft besucht, Bernhard und ich. Wie herzlich waren wir immer aufgenommen worden! Wieder hoffte ich, wartete, wartete.
Keine Antwort. An wen sollte ich mich denn jetzt noch wenden? Warum antwortete mir keiner?
Sie konnten doch nicht alle tot sein.
Als mir der Wachtmeister das Oktoberformular brachte, fragte ich ihn, ob meine Post wirklich befördert würde. Er antwortete nicht, aber ein paar Minuten später stand Hauptwachtmeister Schönfeld in meiner Zelle.
Er war wohl das, was man besonders stramm nennt. Später machte er einen Lehrgang und wurde Polizeirat. Er hatte eine gute Figur, was er durch anliegende Reithosen und Schaftstiefel betonte, aber einen gestelzten Gang. Sein Kopf war klein und gut geformt: schmale Nase, schmale Lippen und eiskalte blaue Augen.
Da stand er mitten in der Zelle und schnarrte mich an: Ich hätte einem Wachtmeister gegenüber Zweifel an der Zuverlässigkeit der Postzentrale geäußert. Dieser Vorwurf sei eine unverschämte Verleumdung. Meine Post würde abgefertigt wie die aller Gefangenen. Und wenn ich bisher keine Antwort erhalten hätte, dann sei das ein Beweis dafür, daß meine Verwandten mit einer Verbrecherin wie mir nichts mehr zu tun haben wollten.
Er stiefelte hinaus, knallte die Tür hinter sich zu.
Ich war wie vor den Kopf geschlagen.
War das der Grund des Schweigens?
Aber ich hatte doch damals in meiner bedrängten Lage Eltern und Schwiegereltern informiert und um Rat gebeten. Und ihn auch bekommen. Mein Vater hatte selbst jenen Rechtsanwalt konsultiert, der mir riet, das Gnadengesuch nicht zu schreiben. Das alles mußte ich mir vorsagen, dann wurde ich wieder ruhig.
Ich war einsam wie noch nie.
Wie oft sah ich Menschen? Vielleicht viermal am Tag. Wenn ich großes Glück hatte, waren sie freundlich. Aber meist hatte ich kein Glück, dann schikanierten sie mich.
Zwischen meinem Strümpfestopfen sprang ich am Fenster hoch, um wenigstens die Gefangenen beim Rundgang zu sehen, ich hatte ja auch die Hoffnung, daß mein Kalfaktor dabei war, er mußte doch längst aus dem Karzer entlassen sein.

Und dann sah ich ihn. Ich wollte ihm irgendwie zu erkennen geben, daß ich ihn nicht vergessen hatte, da verfiel ich auf eine List.
Ich behauptete, ich müßte meine Zelle wenigstens einmal in der Woche gründlich saubermachen. Solcher Eifer wurde immer gern gesehen, und ich brauchte auf einen Eimer mit Wasser, Putzlappen und Schrubber nicht lange zu warten. Da habe ich es so eingerichtet, daß ich gerade das Fenster putzte, als die Gefangenen zum Rundgang geführt wurden.
Ich rückte also den Kübelkasten unter das Fenster, stieg hinauf und beschäftigte mich erst einmal mit der Innenseite, gleichzeitig verfolgte ich den Rundgang. Nun war mein Betreuer vor dem Fenster, und ich wedelte so mit meinem Putzlappen an der Außenseite des Fensters herum, daß es nicht zu übersehen war. Wie alle anderen, so sah auch er zu mir herüber, er strahlte, drückte beide Hände gegeneinander.
Ich strahlte zurück.
Die Zellentür wurde aufgerissen, einer der Wachtposten hatte mich wedeln sehen.
Was machen Sie da oben, rief er hinauf.
Ich stand auf dem Kasten, das Tuch in der Hand und machte mein unschuldigstes Gesicht. Hausputz, sagte ich.
Das könne ich ja, sagte er besänftigt, nur dürfe ich während des Rundgangs auf keinen Fall Fenster putzen.
Nun paßte ich meinen Betreuer jeden Tag ab und nickte ihm zu. Ich empfand Zärtlichkeit für diesen Menschen, der mir die dunkelsten Tage meines Lebens erträglich gemacht hatte.
Es war nicht so ungefährlich, wenn man bedenkt, daß ich nicht ans Fenster durfte und daß alle zwei Minuten das prüfende Auge auf mir ruhte. Ich sah also nach, wann das Auge im Spion erschien, raste zum Fenster, um zu sehen, wie weit der ehemalige Kalfaktor war, dann raste ich zum Spion zurück. Wenn ich Glück hatte, war das Auge gerade weg und er kam gerade vorbei, dann konnte ich ihm zuwinken.
Eines Tages kam ich auf die Idee, diesem Mann einen Brief zu schreiben.
Die Wachtmeister waren nun schon ein bißchen unaufmerksam während des Rundgangs, oft unterhielten sie sich auch miteinander, es müßte eine Kleinigkeit sein, ihm einen gefalteten Zettel vor die Füße zu werfen. Es ging auch, aber leider sind wir von einem Mitgefangenen verraten worden.
Eine Bleistiftmine hatte ich noch, sogar zwei. Die größere steckte in der Naht meiner Hose, eine kleinere in einem Loch in der Wand. Als Schreibpapier nahm ich die Ränder der zerrissenen Zeitungen, die

wir als Klopapier bekamen. Es gab nur eine Stelle in der Zelle, wo ich schreiben konnte, ohne gesehen zu werden, das war genau unter dem Spion. Man mußte natürlich darauf gefaßt sein, daß der Wachtmeister sofort aufmachte, wenn er einen nicht sah, aber ich hatte ja Hosentaschen, ein großer Vorteil. Ich schrieb so, daß ich den Zettel sofort in die Tasche knüllen konnte, die Mine brauchte ich nur auf den Boden fallen zu lassen.

Zwei Tage schrieb ich an dem Brief.

Dann rollte ich ihn ganz klein zusammen und warf ihn in einem günstigen Augenblick aus dem Fenster. Ich sah auch, wie mein ehemaliger Kalfaktor ihn aufhob, den Anblick erwischte ich noch, dann kippte der Kasten unter mir weg, es gab einen Mordskrach, ich konnte nur noch springen und alles Auffällige beseitigen, ehe das prüfende Auge auf mich fiel.

Nicht lange danach hörte ich den energischen Griff an meiner Tür, den ich nun schon kannte: Hauptwachtmeister Schönfeld.

Er stand vor mir: Geben Sie den Bleistift heraus.

Ich sagte, ich hätte keinen.

Sie lügen, antwortete er, Sie haben dem Strafgefangenen Pahlen geschrieben.

Ich fragte, wie er darauf käme.

Er verschwieg, daß wir verraten worden waren, sie brauchten ihre Spitzel ja. Es sei beobachtet worden, sagte er, wie ich etwas aus dem Fenster geworfen hätte. Bei der Zellenkontrolle habe der Strafgefangene Pahlen gerade noch etwas in den Kübel werfen können, aber es sei wieder herausgeholt worden, das meiste habe man nicht mehr lesen können, aber immerhin meine Unterschrift.

Selbstverständlich, sagte er, gingen wir beide in den Karzer. Für wie lange, das würde mir noch mitgeteilt. Ich solle sofort meine Sachen packen. Aber vorher wolle er den Bleistift haben.

Ich fügte mich, die kleine Mine gab ich ihm, so entging ich einer Untersuchung und konnte die größere retten.

Er fragte, woher ich sie hätte.

Aus der Lazarettzeit, sagte ich.

Er wandte ein, daß ich inzwischen doch schon mehrere Male untersucht worden sei.

Ich log ihn an. Die Mine sei in meinem Strohsack in der Zelle oben gewesen, und den habe man mir hier herunter gebracht, weil keiner da war.

Menschenskind, sagte er verblüfft, das stimmt. Man kann nicht vorsichtig genug sein.

Dann fragte er mich, warum ich überhaupt geschrieben hätte.
Alle Häftlinge, sagte ich, hätten nun schon Post von Zuhause bekommen. Nur ich nicht. Ob er sich nicht vorstellen könne, daß ein Mensch das Bedürfnis habe, zu einem anderen Menschen zu sprechen.
Er schwieg.
Ich deutete das als so etwas wie Einsicht. Schnell sagte ich, daß ich meine Strafe verstünde, aber warum Pahlen auch bestraft würde, das könnte ich nicht begreifen.
Schönfeld sagte, der habe sich strafbar gemacht, weil er den Zettel aufgehoben habe.
Ein anständiger Mensch, sagte ich, habe doch nicht anders handeln können.
Er sagte, als Strafgefangener habe er das Papier liegen zu lassen.
Ich fragte, ob ein Strafgefangener nicht anständig sein dürfe.
Ein Strafgefangener, sagte er, dürfe nichts Verbotenes tun.

Die Karzerzelle war ein seltsames Gebilde. Eine Lattenwand teilte sie in zwei Teile. Im vorderen größeren Teil stand hochkant die Pritsche, dann ein Holzschemel mit Waschschüssel und der Kübel. Der hintere Teil war nur vier Quadratmeter groß und leer. Wenn die Gattertür verriegelt wurde, war man darin eingesperrt wie ein Tier in einem Käfig.
In diesem Teil stand ich also.
Ich hatte mich gerade damit vertraut gemacht und meine Bewegungsmöglichkeiten ausprobiert, da wurde vorn aufgeschlossen. Der diensttuende Wachtmeister trat an meinen Käfig und teilte mir mit, ich sei mit zehn Tagen leichtem Arrest bestraft. Er erklärte mir, was das bedeutete: Ich bekam jeden Tag zu essen und jeden Abend die Pritsche.
Ich war erstaunt über die leichte Bestrafung und hoffte, daß auch der Kalfaktor so gut weggekommen war.
Es machte der Wachtmeister Nachtdienst, der mir vor einiger Zeit das Brötchen zugesteckt hatte. Lieber hätte ich mich an den anderen gewandt, der mich so lange im Hof hatte laufen lassen, aber der war nicht mehr da; ich hörte später, daß er einen anderen beim Tordienst vertreten mußte. Der Diensteinsatz dauerte in der Regel drei Wochen. Die Wachtmeister wußten nie, wo sie in den nächsten Wochen eingesetzt wurden.
Als der Wachtmeister die Lattentür aufschloß, damit ich Pritsche und Decke hereinholen konnte — einen Strohsack gab es nicht — fragte ich ihn, wo mein Mitgefangener sei.

Drei Zellen weiter, sagte er, verschärfter Arrest.
Ich wußte, was das bedeutete: Essen und Pritsche nur alle drei Tage. An den beiden Tagen dazwischen gab es nichts als den leeren Käfig.
Ich fragte warum.
Es sei eben das zweite Mal, sagte er.
Das war mir ein schrecklicher Gedanke. Ich war sehr unglücklich, daß Pahlen durch meine Schuld schon wieder im Arrest saß, er hatte doch vorher schon so schlecht ausgesehen. Ich mußte versuchen, ihn darüber wegzubringen.
Nun habe ich etwas getan, das ich später sehr bereut habe.
Ich wußte, daß der Wachtmeister mich mochte, und bat ihn, Pahlen mein Brot hinüberzubringen, weil ich dachte, daß ich es leichter entbehren könne.
Er wollte erst nicht, dann sagte er: Ich tue es nur, wenn ich Sie einmal küssen darf.
Ich sagte ihm, er solle es tun und dann das Brot hinüberbringen.
Für jeden Kanten Brot, den er mit hinübernahm, hat er mich geküßt. Der Mann Pahlen hat nie erfahren, wie ich für den Transport dieser Brotkanten bezahlt habe.
Ich hatte auch in der Arrestzelle immer noch meine Bleistiftmine, die ja in der Hosennaht steckte. Klopapier besaß ich auch, und so habe ich in die Brotkanten etwas Schriftliches hineingetan. Es kam auch Antwort, daher stammen zwei Zettel, die ich jetzt noch habe.
Als ich den ersten las, war ich sehr bewegt: kein Vorwurf, keine Klage, nur Dank für das Brot und der besorgte Hinweis, daß ich es selber brauchte.
Was für ein Mensch war das, dieser Pahlen?
Ein Mann mit einem weichen Herzen, mit einer zähen Konstitution und geistiger Wendigkeit. Und mit der Fähigkeit, verzichten zu können. Das habe ich selber erlebt.
Aber auch, wie ich später erfahren würde, ein seltsamer Phantast, der die abenteuerlichsten Geschichten über sich zusammendichtete.
Noch im Karzer erlebte ich das erste Stück solcher Phantasterei, nämlich die Lebensgeschichte Pahlens, der sich mir gegenüber Teddy von Pahlen und Hohenberg nannte, mit zweitem Vornamen Hartmut, so habe ich ihn dann auch genannt. Sie stand auf einer weißen Papierserviette, eng beschrieben mit feiner zierlicher Schrift und dieser befremdend hohen Zahl von orthographischen Fehlern. Ich las sie in diesen öden zehn Tagen, während ich in meinem Käfig stand oder herumhüpfte, denn gehen konnte man auf diesem Raum nicht, bis ich sie auswendig kannte.

Es war eine verrückte Geschichte: Der Vater Leutnant im Ersten Weltkrieg, die Mutter Krankenschwester, Liebe auf den ersten Blick und bald ein Kind – er. Tod der Mutter bei der Geburt. Kindheit beim Vater der Mutter, der Böhmischer Jäger war und schon den Dreijährigen mit hinaus in die Wälder nahm. Die Großeltern starben, und der Sechsjährige lebte jahrelang unter den »Tieren des Waldes«, womit die seltsame Rechtschreibung erklärt wurde. Nun aber suchte ihn sein Vater. Er fand das Kind, er und seine Frau machten aus dem »scheuen Tier des Waldes« einen Menschen. Aber er war zu groß, um noch als ABC-Schütze die Schulbank zu drücken, lieber half er dem Vater bei der Verwaltung des Gutes, eine weitere Erklärung für die Schreibfehler. Im Zweiten Weltkrieg kämpfte er »auf allen Kriegsschauplätzen«, dafür bekam er Ritterkreuz und Eichenlaub und alles weitere. Er wurde sogar vom Papst in Audienz empfangen. Gegen Kriegsende war er Leiter der Unteroffiziersschule Jauer bei Breslau und kämpfte auch hier so heldenhaft mit seinen jungen Soldaten, die selbstverständlich für ihn durchs Feuer gingen, daß die Russen ihn wegen unmenschlicher Kriegsführung anklagten. Deshalb war er hier in Waldheim. Einmal aber, so schrieb er, würden wir frei sein und dann habe dieser schreckliche Ort doch wenigstens das Verdienst, uns zusammengeführt zu haben, dann wolle er mich als geliebte Frau an seiner Seite haben und auf seinem Gut.
Ich war überwältigt von diesem Lebenslauf.
Auf den Gedanken, ihn anzuzweifeln, kam ich nicht.
Was für Schicksalen war ich in diesen letzten fünf Jahren begegnet – Erna, Frau Mutschmann, Heide Brand, Tea von Kameke, mein eigenes eingeschlossen. Hätte ich mir träumen lassen, daß die Nationalsozialisten meinen Mann zum Tode verurteilen und mich aus der Volksgemeinschaft ausstoßen würden? Daß ich von meinen Kindern weggerissen würde? Daß mein Mann unter einer neuen kommunistischen Herrschaft zum Innenminister aufsteigen, ich aber als Schwerverbrecherin von Lager zu Lager geschleppt würde? Also habe ich das, was Pahlen mir schrieb, einfach geglaubt.
Ende November verließ ich die Arrestzelle. Ich kam in eine Zelle, die meiner alten genau gegenüberlag. Nordseite also, und überdies hatte die Zelle, wie alle Arrestzellen, eine dreifache Vergitterung, die den Raum noch düsterer machte. Nun kam ich mir wirklich wie ein Schwerverbrecher vor! Die Rückkehr in meine alte Zelle, sagte man mir, hätte ich mir durch den Abwurf des Briefes aus dem Fenster selbst verscherzt. Pahlen war nach Verbüßung seiner Arreststrafe sogar aus dem Zellenhaus verlegt worden; der Wachtmeister, der

Brot und Briefe für uns befördert hatte, erzählte es mir, als er wieder einmal Dienst hatte.
Furchtbare Novembertage, nebelschwer und feucht, kalt und düster. Kein Mensch kümmerte sich um mich. Wochenlang wurde ich nicht nach draußen geführt. Nur das Essen, das mir gebracht wurde, erinnerte mich daran, daß sie mich nicht ganz vergessen hatten.
Als ich eines Nachts aufwachte, schaute ich, wie immer, zum Himmel. Ich wollte wissen, ob der Schutz der Nacht noch andauerte, denn jeder Tag brachte neue Plage, forderte übermäßige Anstrengungen. Durch das Fenster entdeckte ich den Großen Wagen. Das Bild war so klar, so großartig in seiner stillen Sprache, es schien mir wie ein Verbündeter, der sich im Augenblick tiefster Hoffnungslosigkeit gezeigt hatte.
Am zweiten Abend in dieser Zelle kam nach dem Zählappell der Wachtmeister, der mit mir den Rundgang gemacht hatte, der freundliche. Er ließ sich ein wenig mehr Zeit als sonst, anscheinend bestand keine Gefahr, beobachtet zu werden. Er erklärte mir, warum ich ihn so lange nicht gesehen hatte. Er hatte drei Wochen Tordienst gehabt, es täte ihm schrecklich leid, er habe oft an mich denken müssen. Jetzt mache er Dienst im Hause, aber man könne nie wissen, wie lange, deshalb solle ich ihm schnell sagen, was er für mich tun könne. Ob ich endlich Post bekommen hätte.
Ich sagte, nein.
Er fragte, wie oft ich geschrieben hätte.
Fünfmal, sagte ich.
Da stimme etwas nicht, sagte er.
Ich sagte, das meinte ich auch.
Er fragte, wann ich zuletzt von meinen Eltern gehört hätte.
Ich sagte ihm, seit sechs Jahren hätte ich keine Nachricht, und ich wüßte nicht einmal, ob sie noch lebten.
Er dachte nach. Jetzt dürfe er nicht länger an meiner Zellentür stehenbleiben, aber er käme später wieder, er habe ein paar Äpfel für mich. Er reichte mir drei kleine Äpfel, und dann gab er mir eine dieser klugen und ganz genauen Anweisungen, denen wir es zu danken haben, daß wir in der kommenden Zeit bei keinem unserer gefährlichen Vorhaben erwischt wurden.
Er sagte: Nehmen Sie die Äpfel unter die Decke, essen Sie sie bitte sofort. Nichts in den Kübel werfen, auch nicht den Stiel oder das Gehäuse, entweder essen oder zum Fenster hinaus.
Nach einiger Zeit kam er dann wirklich noch einmal.
Er brachte mir Papier und Bleistift.

Ich solle ihm die Adresse meiner Eltern aufschreiben, sagte er, morgen früh vor dem Appell komme er und hole sie ab.
Als ich ihm am anderen Morgen den Zettel gab, sagte er, nun müsse ich Geduld haben. Er wisse nicht, wann er nach Dresden komme. Zwar habe er dort Bekannte, aber diese Sache wolle er nicht schriftlich erledigen. Außerdem sei es immer möglich, daß er anders eingeteilt würde. Also Geduld.
Glauben Sie an mich, sagte er, auch wenn ich lange nicht wiederkomme, ich vergesse Sie nicht.
Vierzehn Tage später durfte ich wieder in meine alte Zelle auf der Südseite.
Ich konnte mir die kurzfristige Verlegung immer noch nicht erklären und glaubte weiter an eine Art Zusatzstrafe, den wahren Grund habe ich erst nach meiner Entlassung erfahren.
Von den zweiunddreißig Todeskandidaten, die im Oktober nicht begnadigt worden waren, wurden sechsundzwanzig in der Nacht vom 3. zum 4. November 1950 hingerichtet. Es geschah heimlich, wir haben alle nichts gemerkt. Es soll herausgekommen sein durch einen Mann, den sie verwechselt hatten, der hat alles erzählt. Er hieß Müller, und als man merkte, daß er nicht der richtige Müller war, stand er schon auf dem Stuhl unter dem Haken, und das Seil baumelte über ihm, da hat man ihn wieder heruntersteigen lassen und den anderen Müller gesucht. Der am Leben gebliebene Müller erzählte dann, was er erlebt hatte. Man hatte eine der Kellerzellen, die ich später kennenlernte, schalldicht gemacht, damit nichts nach außen dringen konnte. In die Decke war ein Fleischerhaken eingemauert worden. Dann brauchte man nichts weiter als einen Schemel und einen Strick. Man hat die sechsundzwanzig der Reihe nach hinuntergeführt, sie auf den Schemel steigen lassen und ihnen den Strick um den Hals gelegt, dann stieß man den Schemel weg. Darauf wurden sie abgebunden und in eine Ecke geworfen. Der nächste, der hinuntergeführt wurde, sah seinen toten Vorgänger auf dem Haufen liegen und wußte, daß auch er in wenigen Minuten dabei sein würde. So sind alle sechsundzwanzig in einer Nacht hingerichtet worden.
Sechs der zum Tode Verurteilten überlebten, darunter auch ich.
Angeblich sind wir von Wilhelm Pieck, dem Präsidenten der DDR, begnadigt worden.
Offiziell haben wir das nie erfahren. Wir kehrten in unsere Zelle zurück, wunderten uns, daß wir andere Nachbarn hatten, so etwas merkt man ja schnell, und lebten weiter unter den neuen Todeskandidaten, isoliert und scharf bewacht wie sie.

Es ging mit meiner Stopferei so wie mit meinen Schneiderkünsten in Bautzen, irgendwie sprach es sich herum, daß ich geschickt mit Nadel und Faden war, ich bekam neue Kunden.
In der Woche vor Weihnachten erschien hoher Besuch bei mir: Polizeirat Protze, der Politleiter der Anstalt.
Ich hatte ihn noch nie gesehen, aber viel Böses von ihm gehört. Er war fünfundvierzig, kaum mittelgroß und schielte, was manchmal unangenehm war, da man nie wußte, wohin er nun wirklich blickte.
Ich erwartete Zynismus und Unfreundlichkeit, Schönfeld war auch bei ihm, aber er war eher höflich. Er trug einen großen, grauen Karton unter dem Arm, voll von grauen und beigen Herrensocken, keine Häftlingsstrümpfe, das sah man auf den ersten Blick. Er fragte, ob ich die in zwei Tagen stopfen könne.
Ich sah sie mir an. Feinste Schafwolle, ungetragen, aber voller Mottenlöcher. Was ich brauchte, lag dabei: Wolle in passender Farbe, Nadeln, eine brauchbare Schere. Das sah nach einer Frauenhand aus.
Mir wurde bald klar, daß ich mit zwei Tagen nicht auskommen würde, es waren vierundneunzig Paar, auf jeden Fall brauchte ich noch die Abendstunden, ich sagte abends dem Wachtmeister, ich müsse Nadel und Schere noch in der Zelle behalten, um weiter arbeiten zu können. Er fragte bei Schönfeld nach, und ich bekam die Erlaubnis, eine erste Konzession.
Beim Einfädeln schon merkte ich, daß das Licht nicht reichte, da habe ich diese vierundneunzig Paar Socken stehend unter der elektrischen Birne oder am Fenster gestopft. Am Morgen des dritten Tages kam Schönfeld, um zu fragen, ob ich fertig sei. Ich sagte ihm, ich hätte noch bis zum Abend zu tun, aber von da an sah er jede Stunde nach.
Ich war beim letzten Paar, als der Politleiter persönlich erschien.
Er sah mich unter der Birne stehen und fragte, ob ich alles so gestopft hätte, so im Stehen.
Ich antwortete, mir sei nichts anderes übriggeblieben.
Da sagte er zu Schönfeld, ich bekäme einen Schemel und einen Tisch.
Wieder eine Vergünstigung.
Der Politleiter nahm seinen Sockenkarton unter den Arm und verschwand.
Zwei Tage darauf kam er mit neuer Arbeit.
Er nickte, als er meine neuen Einrichtungsgegenstände sah, und bat mich, das neue so gut zu machen wie die anderen Strümpfe, und ob ich bis zum Heiligen Abend fertig sein könne. Diesmal waren es sechsundfünfzig Paar und nicht nur neue, auch ein halbes Dutzend Damenstrümpfe, die sehr schadhaft waren. Die habe ich besonders

sorgfältig gestopft, weil ich mir sagte, daß jeder Mann von seiner Frau beeinflußt wird und ich diese Chance nicht vorübergehen lassen wollte.
Mein guter Wachtmeister hatte wieder Nachtdienst.
Er kam oft und steckte mir etwas zu; durch das Strümpfestopfen für Protze waren alle nachsichtiger geworden. Manchmal brachte er mir etwas von zu Hause mit. Die Wachtmeister fuhren alle drei Wochen nach Hause, und seine Frau gab ihm jedesmal etwas für mich mit. Sie hatten Hühner, und ich bekam ab und zu ein Ei, das schon gekocht war. Ich mußte nur die Eierschalen in ein Stück Papier wickeln und in den Kübel werfen. Oder von ihrem Sonntagskuchen. Oder seinen Nachtisch, den er bei der Volkspolizei bekommen hatte.
Kurz vor Weihnachten schloß er nach dem Zählappell die Zelle auf und sagte leise und schnell von der Tür her — er durfte die Zelle ja nicht betreten: Ihre Mutter lebt noch. In Dresden in demselben Haus wie früher, sie trägt sich mit dem Gedanken, in ihre Heimat nach Bremen überzusiedeln. Sie hat keinen Ihrer Briefe bekommen, sie weiß nichts von Ihnen. Ihr Vater ist vor einem halben Jahr gestorben.
Die Tür ging zu, ich hörte ihn auf dem Flur.
Mein Vater war tot. Ich versuchte, mir das vorzustellen, es gelang mir nicht. Wie hatten sie gelebt in diesen letzten Jahren, er und meine Mutter?
Wir waren drei Kinder, mein jüngerer Bruder starb mit sechzehn, noch im Frieden, an Kinderlähmung, der ältere fiel in Rußland, nun hatten sie nur noch mich. Und von mir wußten sie seit fast sechs Jahren nicht, ob ich lebte oder tot war. Und nun war mein Vater gestorben, ehe mein erstes Lebenszeichen ihn erreichte. Ob meine Eltern wenigstens meine Kinder als Trost hatten?
Meine Tür ging auf. Es war wieder der Wachtmeister. Ich trat einen Schritt auf ihn zu, damit er nicht so laut sprechen mußte. Er sagte hastig, es tue ihm leid, daß er mir die traurige Nachricht auf diese Weise habe mitteilen müssen, aber er habe befürchtet, beobachtet zu werden, ich möge verzeihen.
Ich fragte ihn, ob es möglich sei, meiner Mutter eine Nachricht zu schicken.
Er sagte ja. Er werde mir einen Briefbogen und einen Bleistift unter die Kleider legen. Wenn er beim nächsten Nachtdienst an die Tür klopfen und »jetzt« sagen würde, solle ich den Brief unter der Tür durchschieben. Es müsse sehr schnell gehen.
Ich kroch wieder unter meine Decken.
Meine Vermutung traf also zu, sie hielten meine Post zurück. Mich

hatten sie treffen wollen, ich sollte mich von meinen nächsten Angehörigen verlassen fühlen. Was aber hatten sie meinen Eltern damit angetan! Einen alten Mann hatten sie in Ungewißheit über das Schicksal seines letzten Kindes sterben lassen, einer alten Frau machten sie auf dieselbe Weise das Leben schwer, warum?
Am anderen Morgen fand ich unter meinen Kleidern einen Bleistift und einen halben Briefbogen, den durfte ich dicht beschreiben, wie ich wollte und was ich wollte, ohne jede Zensur.
Ich schrieb diesen Brief im Mondschein an der Wand. Schon lange machten die freundlichen unter den Wachtmeistern mir das Licht aus, das ja eigentlich immer brennen mußte, aber es war gerade Vollmond, und das Mondlicht fiel in einem Rechteck auf die Wand, dort habe ich dann geschrieben.
Ich bat meine Mutter, sich keine Sorgen zu machen, ich hielte schon durch, und es sei immer noch Hoffnung. Dann fragte ich nach den Kindern, wann sie sie zuletzt gesehen habe, was aus ihnen geworden sei, ob sie nach mir fragten und was man ihnen sagte. Über Bernhard schrieb ich, daß ich die glücklichen Stunden in Erinnerung behalten würde.
Das war nur ein Teil der Wahrheit, gerade in diesen letzten Dezembertagen kam die große Bitterkeit über mich. Mein Junge war an einem 23. Dezember geboren, eine schwere Geburt, die mich fast das Leben gekostet hätte. Damals hatte Bernhard mir nicht so beigestanden, wie er das wohl hätte tun sollen. Ich kam mir völlig verlassen vor, ganz allein kämpfte ich mit dem Tode, Fremde waren es, die mir beistanden und sich freuten, als die Gefahr vorüber war. Bernhard hatte das auch empfunden, obwohl nie darüber gesprochen worden war. Aus Rußland schrieb er mir einmal, er wisse, daß er mir damals nicht geholfen hätte und daß ich allein gewesen sei mit meiner Todesangst und meinen Schmerzen, er sei noch nicht so weit gewesen. Jetzt erst, wo er selbst dem Tod ins Auge gesehen habe, könne er meine damalige Not verstehen. Er hoffe sehr, daß wir noch ein Kind haben würden, dann sollte alles anders sein.
Diese Tage um den Geburtstag meines Jungen, das waren immer Zeiten und sind es heute noch, wo einmal im Jahr die ganze Bitterkeit in mir aufsteigt und der ganze Schmerz über die verlorenen Kinder. Dann weine ich nach meinen Kindern. Dann frage ich mich, wie er das hat tun können?
Der 23. Dezember 1950 war so ein furchtbarer Tag.
Ich hatte mich in eine Ecke gesetzt, die Strümpfe lagen auf dem Tisch, ich konnte nicht mehr. Ich haderte und habe gedacht, du hast sein

Bild in den Kindern wachgehalten, all die Jahre war er nicht da, und sie haben ihren Vater kaum gesehen und ihn trotzdem auf jedem Bild erkannt; wir haben für ihn gebetet und täglich von ihm gesprochen. Und nun habe ich die Kinder durch ihn verloren.
Ich hatte dann immer sehr mit mir zu kämpfen.
Zum Glück kam Weihnachten gleich hinterher.
Dann habe ich mir gesagt: Es muß doch einen Sinn haben. Vielleicht findest du ihn später einmal. Jetzt mußt du eben vertrauen.
Und das tue ich auch heute noch, nach mehr als dreißig Jahren, hoffe und warte, daß der Himmel eine Antwort gibt.
In der Nacht lag ich wach und wartete auf das Klopfzeichen. Ich hatte es schon ausprobiert, der Brief ließ sich leicht durchschieben. Als es klopfte, sprang ich zur Tür, steckte die Briefecke in die Ritze und wartete auf das Zeichen zum Weiterschieben.
Da kam es: Jetzt.
Ich schob und fühlte, wie von der anderen Seite gezogen wurde.
Ich fragte durch die Tür, ob er mir einen Brief von meiner Mutter bringen würde.
Er sagte, das sei zu gefährlich.
Nur einmal, bat ich.
Er sagte, er werde darüber nachdenken. Sie müßten täglich mit Leibesvisitationen rechnen.
Da drängte ich nicht weiter.
Am nächsten Morgen sah ich vom Fenster aus, wie mein Helfer das Zellenhaus zusammen mit Schönfeld verließ; sie überquerten einträchtig den Hof und unterhielten sich lebhaft. Ich konnte ein Frohlocken nicht unterdrücken, da ging mein Peiniger und wußte nicht, daß mein Brief zugleich mit ihm die Anstalt verließ.

Heiligabend 1950.
Ich saß und stopfte, die Bitterkeit des Vortages löste sich langsam. Der freundliche Wachtmeister brachte mir, versteckt in einem Sokkenpaar, ein Stück Stollen, Würfelzucker und zwei Pralinen. Das Stanniol ihrer Packungen leuchtete so weihnachtlich, daß ich es nicht fertigbrachte, alles gleich zu essen, was ich aus Vorsicht eigentlich hätte tun müssen. Ich wollte den Anblick noch ein wenig genießen und schob die Pralinen unter die ungestopften Strümpfe, das schien mir ein sicheres Versteck.
Protze kam früher als erwartet, hastig warf ich einen Strumpf über das Pralinenbunt. Ich sagte ihm, ich sei noch nicht fertig, aber er wollte das Gestopfte schon mitnehmen und griff nach dem Karton

mit meinen Weihnachtsgaben. Ich sagte schnell, das sei aber der falsche, da entschuldigte er sich und tauschte ihn aus. Gerettet.
Seine Frau ließe vielmals danken, sagte er höflich, die Strümpfe seien sehr gut gestopft, und wenn ich einen Wunsch hätte, dann solle ich das doch bitte sagen.
Einen Wunsch hatte ich immer, aber den erfüllt mir keiner, auch er nicht. Ich sagte also nicht, daß ich wissen möchte, wie es meinen Kindern gehe. Und das blockierte mich so, daß mir auch kein kleinerer, erfüllbarer Wunsch einfiel. Erst als er weg war, besann ich mich. Es gab etwas, worum ich bitten konnte. Ich warf die Metallklappe. Sofort öffnete sich die Tür, ich teilte dem Wachtmeister, einem dicken Gemütlichen, mit, der Polizeirat habe mir einen Wunsch freigestellt. Ich wollte gern etwas zu lesen haben, ob das wohl ginge.
Der Dicke versprach eilfertig, Protze zu fragen, er müsse ohnehin nach vorn. Er kam nicht wieder, an seiner Stelle erschien Schönfeld. Ich hätte die Erlaubnis, ein Buch zu lesen, was es sein solle.
Ich sagte, ich wisse nicht, was in der Bücherei zu haben sei.
Er dachte nach; Gorki, das sei vielleicht etwas für mich.
Ich kannte Gorki nicht, hoffentlich schrieb er nicht so wie Ehrenburg, aber ich dachte, jetzt darfst du nicht nein sagen.
Da brachte er mir die Novellen von Gorki.
Ich lief durch meine Zelle und las laut, um den Klang der Sprache zu hören. Ich hatte den Verdacht, daß ich schon wieder umerzogen werden sollte, das vergällte mir das Buch, es blieb mir fremd.
Der dicke Wachtmeister, der deswegen hinter Protze hergelaufen war, fragte mich, ob ich zufrieden sei.
Ich sagte ihm, ich hätte lieber die Bibel gehabt oder den Faust. Oder etwas Geschichtliches.
Er könne es mir ja umtauschen, sagte er, an den Weihnachtstagen habe er Zeit.
Ich wollte es nicht glauben, als er am zweiten Weihnachtstag mit einem ganzen Bücherstapel zurückkam: der Bibel, fünf Bänden Preußische Geschichte von Ranke und Putzgers historischem Schulatlas. Der Faust sei leider ausgeliehen.
Ich fragte ihn, ob ich das wirklich alles haben solle.
Er meinte, ich hätte Leseerlaubnis, und niemand hatte gesagt, daß ich nur ein Buch haben dürfe. Die Bibel sei auf meinen Namen ausgeliehen, das andere habe er auf seine Karte schreiben lassen. Er riet mir aber, die Bücher nicht offen liegen zu lassen, das reize nur zum Wegnehmen. Wenn ich neue brauchte, solle ich Bescheid sagen.
Jetzt war wirklich Weihnachten für mich.

Ich verstaute alles unter dem Klokasten, nur die Bibel nicht, die bekam einen Ehrenplatz auf dem Tisch.
Ich saß und las, ich genoß es, etwas tun zu dürfen, ohne auf das prüfende Auge achten zu müssen. In aller Ruhe suchte ich meinen Konfirmationsspruch, Offenbarung 2, Vers 10. Ich entdeckte, daß er der letzte Satz einer Gedankenkette war. Als ich die ganze Stelle las, war mir, als spräche Gott zu mir:
Ich weiß deine Werke, und deine Trübsal, und deine Armut (du bist aber reich) und die Lästerung von denen, die da sagen, sie sind Juden, und sind es nicht, sondern sind des Satans Schule.
Fürchte dich vor keinem, das du leiden wirst. Siehe, der Teufel wird etliche von euch ins Gefängnis werfen, auf daß ihr versuchet werdet; und werdet Trübsal haben zehn Tage. Sei getreu bis in den Tod, so will ich dir die Krone des Lebens geben.
Das war nicht nur Trost, mir schien es auch Rechtsprechung und Verheißung. Ich würde noch leiden müssen, zehn Tage, zehn Jahre — bis in den Tod? Aber fürchten mußte ich mich nicht.
Ich saß in der Zellenecke, die nicht eingesehen werden konnte. In dieser völligen Abgeschiedenheit hatte ich Augenblicke tiefer Versenkung, in denen ich mehr Trost empfing, als jedes menschliche Wort mir hätte geben können.

Mein schlimmster Feind war die Kälte. Hunger kann man vergessen, Kälte nicht.
Im Winter trank ich von der heißen Kaffeebrühe nur einen Schluck, den Rest nahm ich für ein Fußbad. Dann lief ich eine halbe Stunde in der Zelle hin und her, zwei Schritte, ein Sprung und Wendung, und wieder zwei Schritte. Für eine kurze Zeit wurde mir warm, ich kauerte mich zusammen und hielt ganz still, um den Mantel von Wärme um mich herum nicht zu zerstören. Dann kroch es wieder eisig von den Füßen herauf in die Knie, die Gelenke fingen an weh zu tun, die Glieder wurden steif und taub.
Von November an war der Sonnenbogen so flach, daß meine Südzelle im Parterre im Schatten des Schloßbaus blieb. Nachdem ich das einen Winter erlebt hatte, wurde ich die stille Furcht vor dem kommenden nicht mehr los. Ich versuchte, mir gut zuzureden: War es nicht früh genug, sich zu fürchten, wenn der Winter kam? Aber ich brauchte Jahre, um das zu lernen.
Gegen Silvester tauchte Protze wieder mit einem Strumpfkarton auf. Wo hatte er sie nur her? Diesmal waren auch Kinderkleider dabei, an denen zu nähen und zu flicken war.

Ich sollte alles wieder genau so schnell und so gut machen.
Das sei schwierig, sagte ich, meine Finger seien oft steif vor Kälte, ob er mir nicht die eiserne Verschalung vor den Heizungsrohren aufmachen lassen könne.
Er konnte.
Wieder eine Verbesserung.
Ich hatte jetzt eine schöne Sitzecke. Wenn ich den Waschkasten an die Heizung rückte, konnte ich die Rohre als wärmende Rücklehne benutzen. Außerdem war hinter der Verschalung ein gutes Versteck. Wenn ich sie zuklappte, ahnte niemand, daß sie aufgeschlossen war. Zunächst kam mein Büchervorrat dorthin.
Ich hatte nicht mehr soviel Zeit zu lesen, denn nun wollten auch die Wachtmeister von meinen Nähkünsten profitieren, ich wendete Hemdkragen und verkürzte Uniformjacken, damit sparten sie manche Mark.
Eine Hand wusch die andere.
Stillschweigend gestatteten sie mir Änderungen der Hausordnung. Morgens verstopfte ich den Spion mit einem Stück Papier, um mich ungestört waschen zu können. Wenn ich den Kübel benutzte, verbaute ich die Sicht mit Tisch und Schemel, und keiner verbot es mir. Und nach einer Weile behielt ich abends die Anstaltshose in der Zelle, bisher hatte ich morgens in Hemd und umgewickelter Decke vor den Männern herumlaufen müssen. In kurzer Zeit brachte ich sie dazu, meine Vorstellungen zu respektieren, manchmal hatte ich sogar das Gefühl, daß sie mir um so mehr Achtung entgegenbrachten, je mehr ich auf dem Schutz meiner Intimsphäre bestand.
Das änderte sich, als aus dem Frauenhaus, wo es keine Arrestzellen gab, weibliche Insassen zu uns herüberkamen, die eine Strafe abzusitzen hatten. Darunter war manche, die gern vor einem Mann im Hemd herumlief, ob das nun Wachtmeister oder Kalfaktoren waren. Und Hauptwachtmeister Schönfeld benutzte die Gelegenheit, nun auch mich wieder dazu zu zwingen, die lange Hose abends vor die Tür zu legen.
Manchmal begegnete ich den Frauen beim Rundgang, eine kam in Abständen immer wieder, eine blonde, zierliche und sehr temperamentvolle Person, damals wußte ich ihren Namen noch nicht, den erfuhr ich erst später, als sie im Frauenhaus Wand an Wand mit mir in der Isolierzelle saß. Melanie hieß sie, sie konnte so in Wut geraten, daß sie tobte und mit Gegenständen um sich warf, das brachte ihr immer wieder Strafen ein. Bei einem Rundgang winkte sie unbekümmert einem der Männer an den Fenstern zu. Dem Wachtmeister, der

uns bewachte, riß die Geduld; er befahl ihr, sich mit dem Gesicht zur Mauer zu stellen. Was für eine Erniedrigung. Zweimal ging ich an ihr vorbei, sie stand still mit gesenktem Kopf. Da habe ich mich neben sie gestellt, auch mit dem Gesicht zur Mauer.
Der Wachtmeister schrie: Weiter.
Ich blieb stehen.
Er befahl mir noch einmal, weiterzugehen.
Ich sagte nein, ich wollte so stehen bleiben wie meine Kameradin.
Da brach er den Rundgang ab.
Natürlich kam kurz darauf Schönfeld. Er drohte mit Arrest, falls ich noch einmal den Gehorsam verweigerte, aber es geschah nichts weiter, als daß ich in Zukunft wieder allein auf den Hof geführt wurde.
Das machte mir nichts. Wenn ich allein war, zeigten die Wachtmeister sich oft sehr großzügig, sie traten rauchend zur Seite und ließen mich laufen und springen, wie ich wollte. Und oft sagte die Turmuhr mir, daß sie die Zeit überzogen hatten.

Und dann kam die erste Post.
Mein Wachtmeister hatte wieder Nachtdienst. Am ersten Abend schob er mir etwas durch den Türspalt, es war ein offener Umschlag. Ein Brief. Ich zog einen großen Bogen heraus: Die Schrift meiner Mutter. Mir kamen die Tränen, während meine Augen über die Zeilen flogen. Das meiste wußte ich schon, meines Vaters Tod und ihren Umzug in den Westen, ich suchte etwas anderes. Aber davon stand nichts in dem Brief, keine Nachricht von den Kindern. Nur ein paar ausweichende Sätze, denen ich nichts entnehmen konnte, außer daß sie sie lange nicht gesehen hatte.
Wieder nichts.
Bei aller Freude war ich doch auch niedergeschlagen.
Ein leises Klopfen. Mein Wachtmeister. Er wollte mir noch etwas mitteilen. Er habe mit seiner Frau gesprochen, und sie seien sich einig. Sie wollten das Unrecht, das an mir begangen würde, gutzumachen suchen. Er werde jeden Monat einen Brief von mir an meine Mutter befördern. Und ebenso ihre Antworten an mich. Nur eines müsse ich ihm versprechen: wenn je ein Verdacht aufkäme, dürfe ich nie etwas zugeben, nie. Auch dann nicht, wenn mir gesagt würde, daß er gestanden habe. Er werde nie gestehen, immer alles ableugnen, ganz gleich, was geschehe. Außerdem müsse ich die Briefe meiner Mutter sofort vernichten. Dann könne uns nichts passieren.
Ich versprach alles.
Und ich habe es gehalten. Nie ist etwas herausgekommen, eine Weile

stand er in Verdacht, das war, als er mir eine Reclamausgabe des Faust besorgt hatte. Er mußte sich zurückhalten, bis die Luft wieder rein war. Erst als er abgelöst wurde, ging die Verbindung zu Ende. Das Leben wurde schwerer ohne ihn, nie habe ich in der Gefangenschaft einen besseren Freund gehabt.

Karfreitag brachte Protze wieder ein Strumpfpaket.

Ich schrieb gerade an meine Mutter, Satz für Satz, je einen zwischen den Blicken der prüfenden Augen am Spion. Plötzlich ging die Tür auf, ich hatte gerade noch Zeit, Blatt und Bleistift hinter mich zu werfen. Er kam in Schönfelds Begleitung.

Sekunden voller Spannung, würden sie den Brief entdecken? Man wußte bei Protze nie genau, wohin er blickte mit seinem schielenden Auge. Schönfeld sah nur eines: das Buch auf meinem Tisch. Wie ein Habicht stürzte er sich darauf, es waren Hallers Epochen deutscher Geschichte.

Er sagte, das sei ja allerhand. Entrüstet zeigte er Protze einen Satz des Nachwortes. Ich konnte mir denken, was ihn so aufbrachte. Dem Buch, in den zwanziger Jahren geschrieben, war nach 1933 ein Nachwort angefügt worden; darin hieß es, Deutschland würde unter Hitler einer neuen Blüte entgegengehen.

Während sie mit dem Buch beschäftigt waren, stellte ich den vollen Strumpfkarton auf meinen Brief. Gerettet.

Schönfeld sagte, so hätten sie sich meine Leseerlaubnis nicht vorgestellt, wie ich zu diesem Buch käme?

Aus der Bücherei, sagte ich, ich läse gern Geschichtliches.

Er fragte mich, ob ich noch mehr von dieser Art gelesen hätte, dann klemmte er sich den Haller unter den Arm. Ich würde, sagte er, dafür etwas anderes bekommen.

Ich bekam nichts anderes. Mit dem Lesen war es aus.

Schönfeld nutzte wieder eine Gelegenheit, mir ein Vergnügen zu nehmen. Nachdem ich eine Zeitlang vergeblich auf das versprochene Buch gewartet hatte, sprach ich ihn darauf an.

Sagen Sie mir, was Sie haben wollen, antwortete er, aber nichts mit Geschichte.

Dann einen Atlas, sagte ich.

Nach vierzehn Tagen fragte ich nach.

Er behauptete, es gäbe keinen.

Ich sagte ihm, er wolle mir doch nicht vormachen, daß die Bücherei nicht über einen Atlas verfüge. Ob ich denn etwas Erdkundliches oder Biologisches haben könne.

Wieder passierte nichts.

Da habe ich ihm gesagt, ich hätte den Eindruck, daß er nicht wolle.
Er sah mich mit seinen kalten Augen an. Warum ich denn dann noch fragte? Wenn ich diesen Eindruck hätte, dann sei doch alles klar.
Er war ein Sadist und ein eiskalter Karrieremacher.
Und ich war schließlich die geschiedene Frau seines obersten Vorgesetzten.
Was ihn auch immer zu seinen Feindseligkeiten veranlaßt haben mag — ich fürchtete ihn wie den Teufel und hätte wohl den Mut verloren, wäre mir nicht von vielen Seiten gegen diesen Mann beigestanden worden. Alle seine Feinde waren meine Freunde, und er hatte viele, nicht nur unter den Häftlingen.
Der große Kampf zwischen ihm und mir brach aus, als beim Zählappell eine andere Form der Meldung eingeführt wurde, auf neue Entwürdigung abzielend. Bis dahin hatte es geheißen: Zelle 39 belegt mit einer Frau. Nun sollte ich melden: Zelle 39 belegt mit einer Strafgefangenen.
Ich lehnte ab.
Er kam angestürmt. Ich weigerte mich also, diese Meldung zu machen?
Ich sagte: In der alten Form, ja. Schlimm genug, daß sie mich gefangen hielten. Aber daß ich mich selbst als Strafgefangene bezeichnen sollte, das ginge zu weit.
Er drohte: Wir werden sehen.
Er meldete mein Verhalten dem Politleiter und dann dem Anstaltsleiter, die kamen auch beide, aber sehr viel müder als Schönfeld, ich stopfte schließlich Protzes Sachen, und er war immer noch sehr zufrieden damit. Als ich fest blieb, gaben sie stillschweigend nach.
Schönfeld reizte das nur noch mehr.
Alles an mir forderte seine Kritik heraus:
daß ich mit einem weißen Band meine Haare zusammenhielt, die zu meiner Überraschung lockig nachwuchsen,
daß ich beim Rundgang jedesmal einen kleinen Sprung über die Regenrinnen machte, die in das Hofpflaster eingelassen waren,
daß ich mir mit einem Spitzentaschentuch die Nase putzte.
Als er es einmal beobachtete während des Rundgangs, hielt er mich an: Was haben Sie da?
Ich sagte, ein Taschentuch.
Und er: Was haben Sie damit gemacht?
Die Nase geputzt.
Es war ein weißes zartes Leinentuch mit einer kunstvollen Klöppelspitze; ich hatte es mir im letzten Brief von meiner Mutter erbeten,

weil ich etwas Persönliches von ihr haben wollte, und sie hatte es mir über den Wachtmeister geschickt, ehe sie in den Westen ging.
Er wollte wissen, woher ich es hätte.
Aus den Effekten, sagte ich.
Er nahm es mir aus der Hand, um zu sehen, ob etwas darin versteckt sei, die Spitze ärgerte ihn. Verfluchtes Klassenabzeichen, sagte er.
Ich fragte wieso.
Die Spitze, sagte er, die müßte abgerissen werden.
Ich antwortete, ich sähe nicht ein, wieso Spitze ein Klassenabzeichen sei, niemand hindere ihn daran, sich seine sämtlichen Taschentücher mit Spitze einfassen zu lassen.
Er kochte vor Wut.
Meine Streitereien mit Schönfeld waren ein heimliches Vergnügen für das ganze Haus; sie wußten alle, daß er von mir immer eine Antwort bekam und daß ich häufig genug das letzte Wort behielt, und darauf warteten sie schon. Daß sich dahinter Furcht verbarg, wußte keiner. Außer meinem freundlichen Wachtmeister vielleicht.
Als Ausgleich für die entzogene Leseerlaubnis brachte er mir auf meinen Wunsch, heimlich natürlich, den Faust mit. Den zweiten Teil, der erste sei leider vergriffen.
Ich lernte lange Passagen auswendig, jeden Tag eine Seite.
Natürlich auch heimlich.
Die Seite, die ich lernen wollte, trennte ich vorsichtig aus dem Buch, legte sie so neben mich auf den Schemel, daß niemand sie sehen konnte. Dann las ich sie mir halblaut vor, bis ich sie im Kopf hatte. Anschließend ging ich in der Zelle umher und wiederholte alle zuvor gelernten Stellen. Mein Gedächtnisschatz wurde immer größer, manchmal vergaß ich mich auch und sprach lauter und genoß die herrliche Sprache.
Es dauerte nicht lange, da erzählte mein Wachtmeister mir schmunzelnd, die dächten nun, ich sei wahnsinnig. Am Nachmittag sei einer ins Wachtzimmer gekommen und habe gesagt: Seht euch mal die Frau an, die ist jetzt meschugge geworden, die redet dauernd vor sich hin. Da hätten sie zu sechst vor meiner Zelle gestanden und mir zugehört, wie ich aus dem Faust deklamierte. Er habe natürlich gewußt, was ich da machte, aber die anderen, die hätten geglaubt, ich sei nun soweit, spräche mit mir selber und dann noch so seltsame Sachen.
Einige von uns sind wirklich verrückt geworden. Eine Zeitlang hatten wir einen auf dem Flur, der sang ununterbrochen: O Tannenbaum. Und dann war da einer, der schrie tagelang. Ich kann nicht mehr, schrie er, schlagt mich doch tot.

In der Woche vor Pfingsten kamen Handwerker ins Haus; der Dachboden sollte ausgebaut werden — die Zuchthäuser des Landes waren wohl übervoll. Bis tief in die Nacht hinein wurde gearbeitet. Ich lebte in meiner Zelle neben dem Hauseingang wie auf einer Insel, an der es laut und geschäftig vorbei strömte. Es war schwer auszuhalten, besonders da viele von den Handwerkern einen Blick auf die Todeskandidatin werfen wollten, die da unter zweitausend Männern saß. Mein Spion war ständig in Tätigkeit.
Mir bescherten sie einen Strohsack, den sie liebevoll so prall gefüllt hatten, daß ich beim Liegen herunterrollte. Ich glaube, daß ich damals kaum hundert Pfund wog. Er brachte aber den Vorteil, daß mein Bett nicht mehr hochgeschlossen werden konnte, nun hatte ich auch tagsüber die Gelegenheit, mich schnell mal ein paar Minuten hinzulegen oder bequemer zu sitzen.
Pfingsten war alles fertig.
Ich genoß die Stille.
Vom Fenster aus sah ich den Gefangenenzug, der sich zur Kirche bewegte, auch ich hatte den Winker herausgehängt, aber er wurde sofort zurückgeschoben. Ein rüder junger Wachtmeister fragte höhnisch, ob ich wirklich glaubte, daß ein Isolierhäftling in die Kirche gelassen würde.
Ich sagte, dann wollte ich wenigstens mit dem Pfarrer sprechen.
Arschloch, sagte er.
Als das Haus leer und Ruhe eingekehrt war, stellte ich mich in die Sonnenbahn, die schräg in die Zelle fiel, und schaute dem Flug der Dohlen zu, die im Schloßturm nisteten.
Da hörte ich etwas wie einen Bienenschwarm, ein anhaltendes seltsames Rauschen und Summen. Als es näherkam, unterschied ich: Murmeln, Scharren, Schlurfen, ein Gefangenenzug mußte das sein.
Ich kletterte seitlich am Fenster hoch, blickte hinaus und sah in ein bekanntes Gesicht — genau vor meinem Fenster stand Pahlen. Er sah mich auch, Glanz kam in seine Augen; er hob die Hände und drückte sie zusammen, die Gesichter der anderen wandten sich mir zu, jetzt wurde es gefährlich, ich ließ mich schnell herunterfallen.
Ein Glücksgefühl, gleichzeitig Entsetzen: Wie sah er aus, was hatten sie mit ihm gemacht? Der Schädel fast so fleischlos wie ein Totenkopf, tief in den Höhlen die Augen. Draußen schurrte und schlurfte es wieder, sie betraten das Haus, die neuen Bewohner unseres Dachbodens.
Ich setzte mich in eine Ecke neben der Tür, dachte nach. Warum hatten sie ihn hierher gebracht? Und wo war er in der Zwischenzeit? Würden wir Verbindung aufnehmen können?

Die Tür wurde aufgeschlossen. Schönfeld, mein Peiniger. Er fragte, was ich da in der Ecke mache.
Ich besinne mich, sagte ich.
Er fragte, ob ich etwas gesehen hätte.
Ich tat ahnungslos.
Er sagte: Der Pahlen ist wieder im Haus. Scharf beobachtete er mich.
Ich verzog keine Miene.
Der säße bereits in Einzelhaft, sagte er, ich solle ja nicht glauben, daß da eine Verbindung zustande käme. Und wenn ich meine Lage nicht verschlechtern wolle, dann täte ich besser daran, ihm zu versprechen, daß ich dergleichen auch nicht suchen wolle. Erstens würde es mir doch nicht gelingen, und zweitens käme es heraus. Und dann wüßte ich ja, wo ich landen würde.
Ich sagte, ich fürchtete mich nicht.
Er schrie, ich solle mich hüten, dann knallte er die Tür hinter sich zu.
Ich fühlte auf einmal, daß ich zitterte.

Er verstieg sich immer mehr.
Nun fing er an, meine Zelle während des Rundgangs zu durchsuchen, dabei fand er einen kleinen Spiegel, ein Geschenk von einem Wachtmeister. Er hatte unter meinem Waschlappen gehangen.
Nach dem Rundgang wurde ich ins Wachtzimmer geführt.
Der Spiegel lag vor ihm.
Nun wußte ich schon Bescheid.
Woher haben Sie den, fragte Schönfeld.
Ich sagte, ich hätte ihn schon lange.
Woher?
Gefunden.
Wo?
Im Hof.
Wann?
Letzten Winter, im Schnee. Da blitzte sowas, und da habe ich mich gebückt und es aufgehoben. Den hatte wahrscheinlich jemand verloren.
Aha, höhnte er, im Winter, im Schnee. Da hat es geblitzt, und da haben Sie sich gebückt. Und ich soll Ihnen das glauben?
Ja natürlich. So wie ich es Ihnen sage.
Das nehme ich Ihnen nicht ab, ich will genau wissen, von wem sie den haben.
Er gab mir Bedenkzeit bis zum Abend. Wenn ich es bis dahin nicht gesagt hätte, würde er seine Maßnahmen ergreifen.

Ehe ich eingeschlossen wurde, flüsterte der dicke Wachtmeister mir zu, die Zelle würde noch einmal durchsucht, wenn ich etwas Verbotenes hätte, könnte ich es ihm geben.
Ich hatte noch einiges, den Bleistift zum Beispiel, mit dem ich immer meine Briefe schrieb. Und den Faust.
Als er zur Essensausgabe mit dem Hauptkalfaktor kam, reichte ich ihm beides, eingewickelt in ein Paar Socken. Er nahm es mir ab, und ich dachte, na, das ist ja nochmal gutgegangen.
Es dauerte keine zehn Minuten, da stand Schönfeld vor mir.
Ich glaubte, jetzt ginge das wieder los mit dem Spiegel, und war eigentlich ganz gelassen, es konnte mir ja nicht mehr viel passieren.
Aber er fragte nicht nach dem Spiegel, er wollte wissen, woher ich den Bleistift hätte.
Ich antwortete wahrheitsgemäß, ich hätte keinen Bleistift.
Er gäbe mir fünf Minuten Zeit.
Ich sagte, die brauchte ich nicht.
Also?
Ich habe keinen Bleistift.
Er kam dicht auf mich zu. Dreykorn, sagte er, ich weiß, daß Sie sich lieber erschießen lassen, als daß Sie mir die Wahrheit sagen.
Das kam mir vor wie ein Triumpf über ihn. Er muß das auf meinem Gesicht gelesen haben, denn er schrie auf einmal, außer sich vor Wut: Packen Sie Ihre Sachen! Nein, lassen Sie alles liegen! Raus mit Ihnen!
Es ging hinüber zu den Arrestzellen, persönlich sperrte er mich in den Käfig, den ich nun schon kannte. Dann ließ er mich allein.
Ich fand das alles sehr rätselhaft.
Wie kam er auf den Bleistift? Er konnte doch nichts wissen, also wahrscheinlich eine Fangfrage, ich mußte nur weiter ableugnen, das war alles.
Er erschien wieder.
Sie hatten also nichts, fragte er.
Nein.
Na, dann will ich Ihnen mal einen Zeugen gegenüberstellen.
Er schrie etwas hinaus, und herein kam der dicke Wachtmeister.
Schönfeld forderte ihn auf, zu erzählen, wie alles gewesen sei.
Nun wußte ich natürlich, daß der Dicke mich verraten hatte. Aber warum nur, er hatte mir doch so oft geholfen!
Der Wachtmeister erzählte, ich hätte bei der Ausgabe des Mittagessens dem Hauskalfaktor ein Paar gestopfte Strümpfe gegeben, dabei habe er eine Stichprobe gemacht. Er stockte, er konnte nicht weiter.
Ich sah den behäbigen, gemütlichen Menschen mit zitterndem Kinn

und starrem Blick seinen Spruch aufsagen und fühlte, wie groß seine Angst war, ich könnte mit einer anderen Wahrheit herausrücken.
Schönfeld sah bloß mich an. Triumphierend sagte er zu dem Dicken: Und da fanden Sie den Bleistift und den Faust.
Der Behäbige schnaufte vor Angst.
Nun, fragte Schönfeld, stimmt das, was der Wachtmeister gesagt hat?
Ich sagte: Ja, es stimmt.
Der Dicke hörte zu zittern auf, für ihn war nun alles in Ordnung. Er wurde entlassen.
Mir ließ der Hauskommandant noch keine Ruhe.
Woher der Bleistift komme?
Ich besäße ihn schon lange, sagte ich scheinheilig, noch aus dem Lazarett, in die Todeszelle hätte ich ihn hinübergerettet, und von da aus sei er mir mit dem Strohsack ins Erdgeschoß transportiert worden, das hätte ich doch schon mal erzählt.
Ja verdammt, sagte er, man ist immer noch nicht vorsichtig genug. Und woher stammt der Faust?
Der habe eines Morgens vor meiner Zelle gelegen.
Wo?
Auf dem Schemel unter den Kleidern.
Wer ihn dorthin gelegt habe?
Weiß ich nicht.
Das müsse ich wissen, sagte er.
Wieso, fragte ich, bei zweitausend Menschen im Haus.
Er hielt mir vor, daß ich keine Leseerlaubnis hätte. Also sei es für mich verboten gewesen, den Faust zu haben, ich hätte Anzeige erstatten müssen.
Da fragte ich ihn, was er tun würde, wenn er nach sechs Jahren Haft den Faust vor seiner Zelle fände. Verboten oder nicht, ich hätte mich gefreut.
Er sagte, er hätte auch nichts gegen den Faust an sich, nur sei es mir eben nicht erlaubt. Und jetzt könne ich mich auf eine gepfefferte Strafe gefaßt machen.
Ich sagte, dafür ließe ich mich gern bestrafen.
Wofür, fragte er, und was ich denn davon hätte.
Ich lachte ihm ins Gesicht: Ich habe ihn auswendig gelernt.
Er wurde verrückt vor Wut. Völlig außer sich schrie er, ich würde die Arrestzelle nicht eher verlassen, als bis ich gestanden hätte, woher der Faust stamme. Es gäbe ja auch noch Detektive im Haus, die würden auf jeden Fall alles rausfinden.
Als er die Tür zuschlug, hörte ich ihn sagen: Verdammte Hexe!

Es wird dunkel. Abendgeräusche im Haus, dann Stille. Zu mir ist keiner gekommen. Kein Essen, keine Pritsche. Verschärfter Arrest. Und ich weiß nicht, wie lange.

Diese erste Nacht ist endlos. Ich stehe, ich hocke, und als ich ganz müde bin, lege ich mich auf den Fußboden, aber auf dem Rücken halte ich es nicht lange aus, die Auskühlung kommt schnell. Und wenn ich mich wärmesuchend auf der Seite zusammenkrümme, dann tun mir nach kurzer Zeit die Hüftknochen so weh, daß ich wieder eine andere Stellung suchen muß.

Doch das alles will ich gern aushalten, wenn nur nicht herauskommt, wer mir den Faust gegeben hat. Morgen wird Schönfeld wieder kommen, ich bin soweit, daß ich um recht glaubhafte Lügen bete.

Anderntags erschien der Dicke an meiner Käfigtür. Er bat um Verzeihung, ich möge ihn doch verstehen.

Das könne ich nicht, sagte ich, ich sei tief enttäuscht, er habe mir doch selber seine Hilfe angeboten. Es sei wohl eine Falle gewesen?

Das stritt er entsetzt ab. Ich hätte ihm die Sachen in Gegenwart des Hauskalfaktors gereicht und ihn damit diesem Mann in die Hand gegeben, ich wisse nicht, was im Haus los sei.

Ich hielt ihm vor, daß der Hauskalfaktor mir seit Monaten geholfen habe, manchmal mit seiner eigenen Unterstützung.

Es sei alles viel schärfer geworden, sagte er. Aber ich würde es nicht bereuen, daß ich ihn herausgehalten hätte. Je nach Dienst würde er dafür sorgen, daß ich regelmäßig zu essen kriegte. Ich käme bestimmt in meine Zelle zurück, auch das werde er bewerkstelligen.

Er hielt alle seine Versprechen.

Nur durch seine Hilfe gelang es mir, bei Kräften zu bleiben und Schönfelds täglichen Verhören Widerstand entgegenzusetzen. Immer wieder kam die Drohung mit den Detektiven. In meiner Angst fragte ich den Dicken, was es damit auf sich habe.

Alles Quatsch, sagte er, der will Sie nur zu einem Geständnis bringen. Detektive? Sowas gibt's hier gar nicht.

Nach zehn Tagen gab Schönfeld auf, er kam nicht mehr.

Ich blieb weiter in der Karzerzelle. Fünf Wochen lang.

Ich litt keinen Hunger, dafür sorgte der Dicke. Und ich bekam fast jede Nacht die Pritsche, aber die Ungewißheit war schwer zu ertragen. Wenn man weiß, wie lange eine Strafe dauert, kann man sich darauf einrichten, eine Weile geht es hinunter, aber dann hat man die Mitte hinter sich, man schöpft Hoffnung, zählt die Tage, sieht das Ende. Ich sah kein Ende, Schönfeld konnte mich bis in den Winter hinein hier schmoren lassen, wie würde ich das aushalten?

In der dritten Woche stand der freundliche Wachtmeister an der äußeren Zellentür.
Er sagte, er dürfe nicht näherkommen, sie seien angewiesen, bei mir nur noch zu zweit aufzuschließen, in der Verwaltung vermute man, daß einer vom Wachtpersonal mir beistehe. Er habe nun aber noch einen Brief von meiner Mutter. Es sei ihm unangenehm, aber es gäbe nur einen Weg, ihn in meine Zelle zu schmuggeln. Morgen, wenn er wieder Dienst habe, müsse ich eine Monatsbinde anfordern, er werde den Brief darin verstecken.
In der Lagerzeit hatte bei vielen Frauen die Periode ausgesetzt, auch bei mir. Wir empfanden es als eine Freundlichkeit der Natur und waren dankbar dafür. Nun aber war mit der Gewöhnung an die neuen Umstände längst wieder Regelmäßigkeit eingetreten. Aber ich saß jetzt unter lauter Männern.
Und mußte sagen, was ich brauchte.
Nur mit einiger Überwindung hatte ich mich, als es wieder soweit war, an einen Wachtmeister gewandt. Zu meinem Entsetzen brachte er mir, am Finger baumelnd, eine einzige Binde. So war er damit über den Flur gegangen, das ganze Zellenhaus war nun informiert. Am nächsten Tage machte er es auf dieselbe Art. Ich bat, mir doch eine ganze Packung zu geben, damit ich nicht jedesmal fragen müsse. Meine Bitte wurde abgeschlagen, ich mußte weiterhin jede Binde einzeln anfordern. Dienstliche Vorschrift, hieß es, man kann aber auch sagen Schikane oder Sadismus. Und alle vier Wochen das gleiche Spiel.
Am folgenden Abend nun standen sie zu zweit vor meinem Käfig, der freundliche Wachtmeister und ein anderer, den ich nicht kannte. Ich verlangte eine Binde.
Mein Wachtmeister ging sie holen, während der andere an der äußeren Tür wartete. Darauf wurde sie unter seinen Augen hereingereicht. Und damit der Brief meiner Mutter.
Es war der letzte, den ich auf diesem Wege von ihr bekam. Kurz darauf wurde der größte Teil der Wachmannschaften ausgetauscht, auch mein Wachtmeister war darunter.
Am Ende der fünften Woche kam Schönfeld wieder.
Der dicke Wachtmeister war bei ihm, sein Verrat hatte ihm anscheinend das Vertrauen des Hauptwachtmeisters eingetragen, er war auch unter den wenigen, die nicht abgelöst wurden — und hat noch viel für mich getan.
Schönfeld fragte, ob ich ihm jetzt etwas zu sagen hätte.
Ich sagte nein.

Er ließ die Tür aufschließen.
Raus, sagte er.
Dann drohte er gleich wieder, ich solle nicht glauben, daß ich ohne Strafe davonkäme. Ich hätte eine Wiedergutmachung zu leisten. Ich müßte schnellstens alles kaputte Zeug, das sich angesammelt hätte in den fünf Wochen, wieder in Ordnung bringen.
Ich wußte längst vom Hauptkalfaktor, daß sie diesen Berg für mich hatten anwachsen lassen und daß dann der Dicke dies als Bestrafung für mich vorschlug.
Ich spielte mit, nahm meine Strafe still und friedlich hin und erlaubte Schönfeld, sich als Sieger zu fühlen, zog in meine alte Zelle und machte die alte Arbeit.
Wieder einmal, wie schon so oft, verschlechterten sich unsere Lebensbedingungen von einem Tag auf den anderen nur dadurch, daß die alten Wachmannschaften größtenteils abgelöst wurden.
Sie waren zu weich gewesen.
Ihre Stelle übernahmen junge Männer mit rauhem Ton und rauhen Sitten. Man hatte ihnen eingebleut, daß wir alle Schwerverbrecher seien. Und sie glaubten es vorbehaltlos, schon ganz Kinder der neuen Zeit.
Die Umstellung war schwer.
An ein Verstopfen des Spions war nicht mehr zu denken. Nichts konnte ich ungesehen tun, wochenlang war der Beginn jedes neuen Tages eine Qual für mich, das Waschen, das Kübeln, alles wurde beobachtet.
Eine dunkle Zeit begann, wir gingen in den November, die Sonne tauchte nicht mehr auf hinter dem gegenüberliegenden Bau, das furchtbare Frieren fing wieder an. Und ich hatte nicht einmal die wärmenden Heizungsrohre, an die ich mich im letzten Jahr gelehnt hatte, die Verschalung war wieder verschlossen. Ich blieb fast den ganzen Tag auf den Beinen, um nicht von der Kälte verschlungen zu werden.
Weihnachtszeit.
Körbe voller Pakete wurden ins Haus getragen, die Nachmittage gingen mit ihrer Verteilung hin, so viele waren es. Ich hörte, wie die glücklichen Empfänger aus ihren Zellen geschlossen wurden, um ihr Paket abzuholen.
Für mich nichts.
Ich schrieb immer noch den erlaubten monatlichen Brief, wohl wissend, daß er nie abgeschickt wurde. Antwort kam nie, kein Brief, kein Päckchen. Das ganze Haus wußte es. Morgens fand ich oft etwas Eß-

bares unter meinen Kleidern, es stammte von einem der Häftlinge, die an meiner Zelle vorbei zur Arbeit geführt wurden.
Weihnachten 1951. Wir erhielten allgemeine Leseerlaubnis.
Die Bücherei war entnazifiziert und katalogisiert, aber es gab so wenige Verzeichnisse, daß man sich in Sekundenschnelle entscheiden mußte. Später wurde auch das als zu umständlich aufgegeben, da bekam man einfach irgendein Buch, Einspruch konnte man nur erheben, wenn man es schon einmal hatte.
Ich bat um den ersten Teil des Faust.
Schönfeld ließ es sich nicht nehmen, meine Wahl zu kommentieren: Immer dieses verstaubte Zeug, was anderes hätte ich wohl nicht finden können.
Ich hatte gehofft, durch das Lesen über diese für mich dunkelsten Tage des Jahres hinwegzukommen. Aber am dreiundzwanzigsten brach es wieder über mich herein, der Zorn, die Bitterkeit, das Hadern mit meinem Geschick. Und mit Bernhard.
Kam ihm denn nie ein Gedanke an das, was er mir angetan hatte? Wie konnte er überhaupt noch Weihnachten feiern? Und was würde aus den Kindern? Was sagte er ihnen über mich? Nicht die Wahrheit, da war ich sicher. Von meiner Mutter wußte ich mittlerweile, daß auch zwischen ihr und Bernhard keine Verbindung mehr bestand, seit fünf Jahren hatte sie ihn nicht mehr gesehen. Und viel später erfuhr ich von seiner Schwester, daß er auch keine Beziehungen mehr zu seiner Familie hatte.
Ich redete mir ein, daß den Kindern ihre eigenen Erinnerungen an mich geblieben sind. Aber wie viele Erinnerungen habe *ich* aus der Zeit, als ich fünf Jahre alt war? Und wußten sie überhaupt, daß ich noch am Leben war?
Fragen, Fragen, und keine Antworten.
Wenn ich zurückdenke, kommt es mir vor, als sei es in diesen Tagen überhaupt nicht hell geworden. Ich fühlte nichts, nur diese hoffnungslose, bittere Vereinsamung.
Heiligabend gab es Extraverpflegung, ein Stück Stollen, eine Salzgurke und ein Würstchen, ich rührte sie nicht an.
Nachmittags kam der dicke Wachtmeister und fragte mich, wann ich das letzte Mal draußen gewesen sei.
Ich konnte es ihm nicht sagen, lange schon hatte keiner mehr Zeit gefunden, mit mir den Rundgang zu machen.
Kommen Sie, sagte er, dann gehen wir ein bißchen spazieren, aber nach hinten raus, da sind wir unbeobachtet. Und weil Heiligabend ist, lasse ich Sie länger herumlaufen.

Es roch nach Weihnachten, sogar in diesem Haus. In der Mitte des Flurs stand eine riesige Tanne, die gerade von Kalfaktoren mit Lametta und Papiersternen behängt wurde.
Draußen lag dünner Schnee, weiß und unberührt. Durch die Holzschuhe hörte man sofort, wenn einer im Hof herumlief. Die Männer kamen an die Fenster, und plötzlich schwebte ein Tannenzweig herunter und fiel in den frischen Schnee. Dreimal machte ich meine Runde, dann traute ich mich, ihn aufzuheben. Ich fragte den Dicken, ob ich ihn mitnehmen dürfe in meine Zelle.
Er sagte, das könne er nicht erlauben; er hatte ja große Angst.
Da bin ich weitergegangen. Als ich das nächste Mal an ihm vorbeikam, fragte er mich, ob ich denn gar nichts zu Weihnachten bekommen hätte.
Ich sagte nein, nichts.
Ob denn meine Eltern nicht mehr lebten.
Ich sagte ihm, daß meiner Meinung nach meine Post nicht abgeschickt würde.
Das könne er nicht glauben, meinte er abweisend, an und für sich arbeite die Post im Hause zuverlässig. Und etwas strenger: Gehen Sie weiter. Aber das sagte er nur, weil er Angst hatte, er könne im Gespräch mit mir gesehen werden.
Bei der nächsten Runde hielt er mich wieder an. Ich könne Weihnachten nicht so in der Zelle sitzen, das ginge nicht. Nachher, beim Hineingehen, werde er mir einen Zweig abmachen von der Tanne im Flur. Und wieder: Gehen Sie weiter.
Ich war lange draußen, weit über die Zeit. Auf dem Rückweg mußten wir an der Tanne im Flur vorbei, aber er hielt nicht an, da erinnerte ich ihn an sein Versprechen.
Er tat, als wäre es ihm nur entfallen. Ja richtig, sagte er. Er schickte mich in meine Zelle und kam nach einer Weile mit einem Zweig zurück. Zufällig hing so ein Papierstern daran, und er wollte ihn abmachen, aber auf meine Bitte hin ließ er ihn dran. In seiner Ängstlichkeit mußte er mich natürlich noch einmal verwarnen. Wenn der Zweig entdeckt würde, dürfe ich auf keinen Fall sagen, von wem er stamme, er käme sonst in Teufels Küche. Und ich müßte ihn so anbringen, daß keiner ihn sehen könne.
Da blieben nur die Wände rechts und links von der Tür.
Wie ich aber dabei war, mir eine Befestigungsmöglichkeit zu suchen, ging die Tür wieder auf. Der Dicke stand dort und sagte: Geben Sie den Zweig mal wieder her.
Enttäuscht dachte ich: Dieser Feigling, jetzt tut es ihm schon leid, daß

er mir das erlaubt hat. Ich gab ihm den Zweig, da holte er etwas hinter seinem Rücken hervor. Hier, sagte er, hier haben Sie einen richtigen kleinen Weihnachtsbaum.
Es war eine winzige künstliche Tanne, wie man sie im Krieg in die Feldpostpakete packte, mit acht winzigen Kerzen und acht winzigen Kugeln.
Nach Weihnachten erfuhr ich, wie er darauf gekommen war.
Aus den Paketen wurden alle schmückenden Dinge herausgenommen, die kamen im Paketzimmer auf einen Haufen. Und dort hatten die Kalfaktoren das Bäumchen gefunden, und als sie sahen, wie der Dicke für mich einen Zweig abbrach, da hatten sie sich gesagt, der hat ein weiches Herz, geben wir ihm mal das Bäumchen, vielleicht bringt er es ihr.
Ich habe das Bäumchen in der Zimmerecke auf meinen Tisch gestellt und daneben den Faust aufgebaut. Das Spitzentaschentuch, über das Schönfeld sich so aufgeregt hatte, legte ich als Decke darunter, dazu kam der Stollen, so feierte ich Weihnachten, das siebte in Gefangenschaft.
Es war so kalt, daß ich auch abends turnte. Als ich anfing, begannen die winzigen bunten Kugeln mitzuschwingen, ich spielte mit ihnen wie ein Kind mit einem Weihnachtsspielzeug. Wenn ich einen Sprung machte, zitterten sie einen Augenblick lang, dann schwangen sie leise hin und her, es war, als tanzten sie mit. Hielt ich ein, dann beruhigten auch sie sich.
Mitten in meinem Spiel hörte ich ein leises Klopfen.
Ich legte mein Ohr an die Tür. Was ist?
Einer der Kalfaktoren wollte wissen, ob ich mich über das Bäumchen freute.
Und ob, sagte ich. Und von wem es sei.
Es käme aus einem Weihnachtspaket, sagte er. Der Empfänger sei traurig gewesen, weil er es nicht behalten durfte, nun werde er ihm erzählen, daß ich es hätte.
Ich sagte ihm, ich würde das Bäumchen morgen vor dem Kirchgang ans Fenster stellen, dann könne der unfreiwillige Geber es wenigstens noch einmal sehen.
Die Kirchgänger wurden in drei Zügen aus dem Haus geführt.
Auch ich hatte um Erlaubnis gefragt, Schönfeld aber lehnte grob ab.
Als der zweite Zug vorbeizog, klopfte es. Hinter der Tür sagte mir einer, den ich nicht kannte und auch nachher nie gesehen habe, wie froh er sei, daß der Baum aus seinem Paket nun bei mir sei.
Da war mir, als bekäme ich ihn noch einmal geschenkt.

Ich nahm mir den Faust vor, las unbehindert, leise oder laut, wie ich wollte, und freute mich am Klang dieser Sprache. Und je weiter ich kam, desto mehr fühlte ich mich persönlich angesprochen. Ich sah mich um in meiner Zelle und sprach dabei nach, was ich bei Goethe fand: In dieser Armut welche Fülle, in diesem Kerker welche Seligkeit.

Im Januar 1952 brach eine Kältewelle ein.

Rastlos lief ich in meiner Zelle hin und her, unaufhörlich deklamierend. Wer jetzt am Spion stand, mochte mich wieder für verrückt halten, wenn er mich so hörte:

Nur mit Entsetzen wach' ich morgens auf,
Ich möchte bittre Tränen weinen,
Den Tag zu sehn, der mir in seinem Lauf
Nicht einen Wunsch erfüllen wird, nicht einen ...

Abends wickelte und schnürte ich mich in meine Decken ein, daß ich darin verpackt war wie in einem Schlafsack, ich lag da wie eine Mumie.

In der Nacht vom dritten zum vierten werde ich wach, jemand versucht mir die Decke wegzuziehen. Ich sehe einen Wachtmeister über mir, ich weiß sofort, was er vorhat. Aber ich weiß auch, daß er mir nichts tun kann, meine Decken sind so verschnürt, daß ich sie selber nur mit Mühe aufkriege.

Ich erkenne das Gesicht über mir. Es ist der, der mir oben in der Todeszelle das Butterbrötchen gebracht hat. Er ist auch in der Zwischenzeit sehr freundlich gewesen, in seinem Beisein hat mir der Hauptkalfaktor neulich einen weichen wollenen Leibwärmer geschenkt; der sei eingelaufen und passe nur noch mir.

Ich bin wütend, ich fahre ihn an, er solle machen, daß er aus meiner Zelle komme, und das ganz schnell, sonst würde ich um Hilfe rufen.

Er bleibt noch einen Augenblick stehen, unschlüssig, dann stößt er einen Fluch aus und macht kehrt.

Ich konnte nicht mehr schlafen.

Bisher hatte ich mich in diesem Männerhaus so sicher gefühlt wie in Abrahams Schoß, nun sagte ich mir: Das kann wieder passieren, du mußt etwas unternehmen.

Der Kalfaktor fragte mich am andern Morgen, ob ich den Arzt brauchte, ich sähe nicht gut aus. Da habe ich mich entschlossen. Nein, sagte ich, ich wolle keinen Arzt, aber ich müsse den Kommandanten sprechen.

Der Kommandant kam nicht, Hauptwachtmeister Schönfeld erschien und fragte barsch, was los sei.

Ich sagte, ich müsse darauf bestehen, ins Frauenhaus verlegt zu werden. Es sei nicht zulässig, als Frau unter zweitausend Männern gefangengehalten zu werden.
Was ich wolle, sagte er, mir täte doch niemand etwas.
Ich sagte, heute nacht habe mir beinahe jemand etwas getan.
Ob ich damit sagen wolle, daß einer von der Volkspolizei?
Ich sagte, ich hätte mich doch wohl klar genug ausgedrückt.
Er fragte, wer denn das gewesen sein solle.
Ich antwortete, das sei nicht wichtig. Ich hätte auch nicht die Absicht darüber irgendwelche Angaben zu machen. Ausschlaggebend seien die unmöglichen Verhältnisse im Haus. Ich würde gezwungen, mich vor den Augen der Wachtmeister zu waschen, von intimeren Dingen ganz zu schweigen, da brauche man sich nicht zu wundern, wenn so etwas vorkomme.
Er brach in kaltes böses Gelächter aus. Wer mein mieses Gestöcke sähe, dem könne doch nur schlecht werden.
Ich sagte, offensichtlich dächten nicht alle so.
Das sei genug, schrie er, ich solle sofort meine Sachen packen.
Mit Schwung raffte ich die beiden Schlafdecken zusammen, meine zwei Taschentücher, Schüssel, Löffel und Handtuch. Ich hatte keinen Zweifel daran, daß ich nun ins Frauenhaus käme, aber er schlug eine andere Richtung ein.
Ich wanderte hinter dem schmalen eleganten Schönfeld den langen Flur entlang und hatte Zeit, mir über seinen hölzernen Gang Gedanken zu machen. Er öffnete eine Tür neben dem Duschraum, da ging es hinunter in den Keller — dürftiges Licht aus schwachen Birnen, modrige Kälte, er machte eine zweite Tür auf, kalt schlug es mir entgegen wie aus einer Gruft.
Drinnen befahl er mir, die Decken abzulegen, ging weiter zu einem schweren Eisengitter, das eine kleine gemauerte Innenzelle abschloß. Er machte mir das Gitter auf, ich ging hinein, er schlug es zu, sperrte ab. Wir standen einander gegenüber, er betrachtete mich, als sei ich ein gefährliches Tier.
Vielleicht, sagte er, gelingt es Ihnen hier schneller, sich zu besinnen.
Ich sagte, was er hier mache, sei ein Verbrechen gegen die Menschlichkeit.
Verbrechern gegenüber, sagte er, könne man nichts verbrechen.
Er ging, etwas später hörte ich, weit entfernt, eine Tür ins Schloß fallen. Da erst fing ich an zu begreifen, daß ich wirklich hier bleiben sollte. Ich sah mich um, ich stand in einem Käfig, vielleicht 1,80 Meter lang und 1,20 Meter breit, hoch war er nicht einmal zwei Meter. Die

Wände rauh verputzt, der Fußboden aus rohen Dielen. Es war so kalt hier unten, daß jeder Atemzug als Nebelwolke zu sehen war. An den Wänden rann Wasser herunter. Bei Tag herrschte graue Dämmerung, die übrige Zeit stand ich im Dunkeln.
Von nebenan kamen schaurige Schreie. Da tobte einer, brüllte, schrie, winselte. Immer dasselbe: Holt mich hier heraus, ich kann's nicht mehr aushalten, was habe ich denn getan? Das darf man doch nicht tun mit einem Menschen, holt mich raus, habt ihr mich denn vergessen?
Ich stand in meinem Käfig und hörte dieses Geschrei, drei Tage lang. Wodurch konnte ein Mensch so weit gebracht werden? Und wie weit konnte ich gebracht werden? Ich betete darum, daß er endlich aufhören möge. Aber als er nach drei Tagen aufhörte, da habe ich gelauscht und gedacht, ach, wenn er doch noch einmal rufen würde.
Es war der Verrückte, der im letzten Sommer oben im Zellenhaus immer »O Tannenbaum« gesungen hatte. Als das für die anderen unerträglich wurde, hatte man ihn herausgeholt und ihn hier unten eingesperrt. Was aus ihm geworden ist, weiß ich nicht.
Eine halbe Stunde nach Schönfelds Weggang kamen zwei, ein Wachtmeister und eine Wachtmeisterin. Er schloß auf, ich mußte in die vordere Abteilung der Zelle, dann ließ er uns allein.
Sie sagte: Ich muß Sie jetzt ganz durchsuchen.
Ich zog mich aus, sie durchsuchte alles, aber sie nahm mir nichts weg, das wunderte mich schon sehr, ich hatte ja den wollenen Leibwärmer, so etwas nahmen sie einem sonst immer fort.
Ich durfte mich wieder anziehen, und sie sagte: Ich muß Sie jetzt wieder in dieses kleine Loch einschließen.
Ich ging in den Käfig.
Als ich an ihr vorbeiging, strich sie mir ganz leicht über den Rücken.
Das hat mich sehr getröstet.
Dreimal am Tag kamen sie zu mir herunter. Zwei Wachtmeister, die sich gegenseitig bewachten, und Hauptkalfaktor Jahn.
Durch seine Hände ging im neuen Zellenhaus alles, was Verpflegung und Versorgung der Gefangenen betraf, in mancher Beziehung war er einflußreicher als ein Wachtmeister. Er hatte mich gern und ich ihn, ich atmete auf, als ich am ersten Morgen sein vertrautes Gesicht sah. Ich brauchte Freundlichkeit, die ganze Nacht hatte ich auf den nackten Dielen gelegen, ich war durchfroren und deprimiert. Ich wartete auf einen Blick, aber er sah an mir vorbei, mürrisch reichte er mir ein großes Kochgeschirr, in dem nur ganz wenig Kaffee war. Mehr brauche ich nicht, sagte er zu den Wachtmeistern.

Einer der Wachtmeister fragte ihn, ob er mir nicht gleich das Waschwasser holen wolle.
Entrüstet antwortete Jahn, er habe anderes zu tun, als dauernd in den Keller zu gehen.
Ich war wie vor den Kopf geschlagen.
Sie schlossen zu und gingen. Ich lehnte mich gegen die rauhe Zementwand, wärmte mir die Hände an der heißen Schüssel und nahm einen Schluck von dem Kaffee. Welche Überraschung! Er war zuckersüß, das hatte es noch nie gegeben, ich trank die heiße, süße Flüssigkeit in kleinen Schlucken. Auf dem Boden des Kochgeschirrs schwappte etwas hin und her, ich fischte es heraus, eine Käseecke, in Stanniol verpackt. Ich kauerte mich an der Wand zusammen und aß den Käse, dabei liefen mir die Tränen herunter.
Während der fünf Wochen, die ich dort unten war, hat Jahn die Wachtmeister durch Unfreundlichkeit getäuscht und mich weiter so versorgt; daß ich es überstanden habe, danke ich ihm. Jeden Morgen bekam ich diesen übersüßten Kaffee, in den oft noch Marmelade und Fett eingerührt waren, an drei Tagen war das meine ganze Ernährung, offiziell bekam ich ja nur jeden vierten Tag zu essen.
Er half mir noch mehr.
Eigentlich hätte ich mein Waschwasser um halb sechs bekommen sollen, aber Jahn sagte ärgerlich, die Kalfaktoren hätten keine Zeit, sich im Keller aufzuhalten, die Hausarbeit gehe vor. So bekam ich mein Waschwasser erst um neun Uhr, und heiß war es auch, weil sie es von ihrem Schrubbwasser abzweigten. Oft schaffte er es, daß ich vergessen wurde, dann hielt ich mich manchmal bis zu drei Stunden in der vorderen Zelle auf, wo Pritsche und Decke waren.
Anfangs hatte der Käfig keinen Kübel, sondern ein Loch im Boden, unter dem eine Schüssel eingeschoben war. Die ging den Kalfaktoren schon in den ersten Tagen kaputt, so daß man mir einen Kübel in den Käfig stellen mußte. Auf diese Weise verschaffte Jahn mir eine Sitzgelegenheit.
Am zwölften Tag holten mich zwei Wachtmeister aus meinem Verlies, mein Bündel blieb in der Zelle. Da wußte ich, daß auch ich wieder dorthin zurückkehren würde. Sie brachten mich in das Verwaltungsgebäude zum Anstaltsleiter, es war nicht mehr Walke. Der Neue saß am Schreibtisch, neben ihm stand Schönfeld.
Der Kommandant sagte, ich befände mich nun seit längerer Zeit in Kellerhaft, der Grund sei mir ja wohl bekannt.
Ich sagte, ich kennte den Grund nicht, und ich protestierte gegen die Willkür, mit der man gegen mich vorgegangen sei.

Diese Behandlung, sagte er, hätte ich mir selbst zuzuschreiben. Es läge ganz bei mir, wie lange ich im Keller bliebe. Er schob ein Blatt Papier über die Tischplatte. Hier sei ein Protokoll, ich solle es genau durchlesen, wenn ich meine Unterschrift darunter setzte, sei von ihnen aus die Sache erledigt.

Schönfeld beugte sich eilfertig vor und legte mir einen Stift zum Unterschreiben hin.

Ich nahm das Blatt hoch und las: Ich bestätige, daß ich behauptet habe, von einem Angehörigen der Volkspolizei sittlich belästigt worden zu sein. Ich gebe zu, daß ich absichtlich gelogen habe, um das Ansehen der Volkspolizei herabzusetzen und zu schädigen.

Ich habe das dreimal gelesen, Wort für Wort habe ich mir eingeprägt.

Während der zwölf Tage im Keller hatte ich mir den Kopf zerbrochen, warum ich dort unten saß, jetzt wußte ich es, ich sollte meine Aussage widerrufen.

Nun, fragte der Kommandant, haben Sie es sich überlegt?

Ich reichte das Blatt zurück. Da gibt es nichts zu überlegen, sagte ich, das Protokoll ist eine Lüge, und Sie wissen das genau. Das unterschreibe ich nicht.

Er fragte, ob das mein letztes Wort sei.

Ich sagte, ja.

Die beiden sahen sich an, dann winkte der Kommandant zur Tür.

Ich wurde zurückgebracht.

Als wir über den Hof gingen, war gerade Rundgang. Der diensttuende Wachtmeister sah uns kommen und pfiff zum Dauerlauf, damit man mir keine besondere Beachtung schenken konnte, denn das Laufen in den Holzpantinen erforderte alle Aufmerksamkeit. Dennoch, er konnte es nicht verhindern, daß sich zusammengelegte Hände hochreckten. Sie grüßten mich. Sie wünschten mir Glück, indem sie mir zeigten, daß sie mir den Daumen hielten. Sie legten wie in Verzweiflung die Hände vors Gesicht, um mir ihr Mitleid deutlich zu machen.

Ich ging wieder in den Keller mit dem Wissen, daß ich dort oben viele Freunde hatte.

In der dritten Woche wurde ich mitten in der Nacht wach, auf der Treppe polterte es von vielen Schritten. Dann wurde die äußere Zellentür aufgeschlossen, ich sprang auf und stand schon, als vier Wachtmeister in die Zelle eindrangen. Sie stellten sich vor das Gitter und leuchteten mich mit Taschenlampen an. Torkelnde Bewegungen, zu lautes Lachen, das sagte mir genug, sie waren betrunken.

Sie schlossen das Gitter auf. Ich nahm meinen ganzen Mut zusammen und fragte, was das solle.

Aus dem Dunkel trat ein fünfter, der Dicke. Ruhig sagte er: Zellenkontrolle. Er war nicht betrunken.
Ich solle herauskommen, sagte er, es sei besser.
Ich gehorchte, so schnell ich konnte.
Die vier leuchteten die Wände meines Käfigs ab, Zentimeter um Zentimeter. Ich dachte an meine kostbare Stopfnadel, mit der ich mir immer die Decken zusammengesteckt hatte, nun war sie verloren.
Der Dicke winkte mich in den Gang hinaus.
Ich fragte ihn, was die eigentlich wollten.
Er sagte, man vermute bei mir eine Verbindung nach draußen. Ob ich etwas Verbotenes hätte.
Ich sagte, ja, aber keine Verbindung nach draußen, so etwas hätte ich nicht, bloß eine Stopfnadel, die würden sie nun finden.
Wer weiß, sagte er, die seien doch sternhagelvoll.
Die vier waren fertig mit dem Käfig, sie hatten nicht einmal meine Stopfnadel gefunden, nun durchwühlten sie das Deckenbündel in der äußeren Zelle.
Ein neues Geräusch auf der Treppe, rasch und leicht.
Eine Wachtmeisterin.
Eine Straffe, Forsche, eine von denen, die einem mehr Angst machen können als jeder Mann, der Gummiknüppel wippt bei jedem Schritt.
Sie fragt die vier, wieweit sie seien.
Fertig, sagt einer von ihnen, nun könne sie weitermachen. Die vier trampeln über meine Sachen zur Tür und knuffen sich gegenseitig in den Gang hinaus wie Schuljungen.
Ausziehen, befiehlt sie.
Ich weiß, jetzt würde ich alles verlieren, was ich zusätzlich habe, die Leibbinde, das Unterhemd, ein zweites Sockenpaar.
Und so kommt es.
Nackt stehe ich in der Kellerzelle, während die Wachtmeisterin mit einer Taschenlampe jedes einzelne Kleidungsstück überprüft und dabei entscheidet, was ich behalten darf und was nicht.
Dann kommen die verhaßten Kniebeugen, die Mundhöhle wird ausgeleuchtet, das Haar durchwühlt.
Hinlegen, sagt sie.
Ich frage wohin.
Auf den Fußboden, sagt sie, aber dalli.
Ich will protestieren. Aber ich weiß auch, was dann passiert. Die vier draußen auf dem Flur warten nur darauf. Nein, ich muß gehorchen.
Ich lege mich auf den Boden, ich bin so voll von Angst und Entsetzen, daß ich die Kälte des Zements nicht spüre.

Spreizen Sie die Beine, befiehlt sie.
Ich gehorche.
Sie untersucht mich mit rohem Griff.
Fertig, sagt sie, aufstehen. Nehmen Sie den Haufen da mit und ziehen Sie sich in der Innenzelle an.
Ich war allein. Finsternis um mich. Mir kam nicht der Gedanke, mich anzuziehen. Ich stand da und dachte, jetzt kannst du nicht mehr leben. Dann fingen meine Kiefer an, schnatternd aufeinanderzuschlagen Da habe ich mich mechanisch Stück für Stück angezogen.
Dann hatte ich wieder keine Kraft mehr, ich rutschte an der Wand herunter und blieb einfach liegen.
Der Morgen begann wie jeden Tag. Ich hörte die vertrauten Geräusche, aber es war, als gingen sie mich nichts an. Ich blieb in meiner Ecke, ich weiß nicht, ob aufgeschlossen wurde, ich glaube, jemand sprach mit mir, aber mir war alles gleichgültig.

In der vierten Kellerwoche kam Schönfeld.
Er blieb vor dem Eisengitter stehen und betrachtete mich. Ich lehnte mich gegen die Wand, ich hatte keine Kraft mehr in den Knien. Die Hände nahm ich auf den Rücken, seit einigen Tagen zitterten sie, und ich wollte nicht, daß er es sah.
Er fragte mich, ob ich nun unterschreiben würde.
Auf einmal hatte ich das Gefühl, daß nicht ich die Unterlegene war, sondern er.
Ich sagte, ich wüßte nicht, warum ich jetzt unterschreiben solle, an der Sachlage habe sich nichts geändert, nur an seiner Schuld, die würde von Tag zu Tag größer.
Er drehte sich auf dem Absatz um und ging.
Ein paar Nächte darauf wurde ich wach durch ein glucksendes Geräusch, gleichzeitig stieg ein widerlicher Geruch hoch, wie Jauche, aber woher sollte die kommen? Im Schwarzgrau des frühen Wintertages sah ich eine dunkle Lache, die sich von der Außenmauer her langsam ausbreitete, Zentimeter um Zentimeter kroch stinkende Brühe herein und floß seitlich an meinen Käfig heran. Dessen Boden war mit Holzdielen ausgelegt und lag daher höher als der Boden der größeren Zelle, aber wie lange würde es dauern, bis auch meine Insel erreicht war?
Nun mußten sie mich herausholen, sie konnten mich doch nicht in stinkender Jauche stehen lassen.
Sie konnten.
Alle paar Stunden wurden Kalfaktoren hinuntergeschickt, die

schippten die Jauche mit Schaufeln in Kehrichteimer. Es dauerte Tage, bis das Abflußrohr repariert war, aus dem die Brühe heraussikkerte, solange wurde sie herausgeschippt, stieg wieder, wurde aufs neue beseitigt.

Zwei Wachtmeister hatten sich vor meinen Käfig postiert, während die Kalfaktoren schaufelten. Einer von ihnen fragte höhnisch, wie ich mich hier denn so fühlte.

Ich sagte ihm, daß keinem Tier zugemutet würde, was sie hier mit mir machten.

Er antwortete höhnisch, wie gut ich das begriffen hätte, daran könne ich sehen, was ich ihnen wert sei.

Dann hatte der Dicke Nachtwache. Das bedeutete fünf gute Tage. Als Schichtführer erlaubte er es sich, mit Jahn allein herunterzukommen. Der Kalfaktor stellte mir jeden dieser fünf Abende die Pritsche in den Käfig und überredete den Dicken, mir einen Strohsack zu erlauben. Erst stimmte er zu, dann packte ihn wieder die Angst. So war er eben. Ich sage das ohne Abwertung, denn umso mehr war der Mut zu bewundern, die Selbstüberwindung, die er aufbrachte, wenn er meinetwegen alle Vorschriften mißachtete.

Als Jahn drängte, er werde den Strohsack jeden Morgen vor dem Schichtwechsel herausholen, da gab der Dicke nach. Angstschwitzend, aber er überwand sich.

Mit dem ersten warmen Nachtlager schmuggelte Jahn mir eine große Ecke Emmentaler in die Zelle. Ich wickelte mich in meine Decken, genoß die Strohwärme und ließ langsam den Käse auf der Zunge zergehen. Und dankte dem Himmel für alle meine Freunde.

Der Dicke ist es auch, der mich zum erstenmal hinausbringt.

Er kommt an einem Vormittag, sperrt das Gatter auf und sagt, ich solle herauskommen, er mache das nicht mehr mit, er bringe mich jetzt an die frische Luft.

Ich erschrecke über mich selbst, als ich mich die Treppe hinaufarbeite, oben auf dem Flur fällt es mir schwer, gerade zu gehen, manchmal torkele ich.

Und dann dieses Gefühl von Schwäche in den Knien. Bei jedem Schritt habe ich Angst, einzuknicken und zu fallen.

Der Dicke bringt mich zum Hinterhof.

Tageslicht, zum erstenmal seit fünf Wochen. Sonne auf weißem Schnee, meine Augen sind nicht mehr daran gewöhnt, ich sehe nur farbige Kreise, die ineinander verschwimmen, ich muß die Augen schließen. Blind taste ich mich an der Mauer entlang, der Schnee knirscht unter meinen Füßen, ich fühle die klare Kälte auf der Haut und in meinen Lungen. Wie lange brauche ich für die eine Runde? Ich blinzle vorsichtig, in der Hoffnung, daß meine Augen sich an das Licht gewöhnt haben. Wieder die tanzenden Kreise. Schnell mache ich sie wieder zu.

Nun noch eine Runde, sagt der Wachtmeister.

Ich schaffe die zweite nicht.

Ein Atemzug, ein paar Schritte, wieder ein Atemzug, dann muß ich mich an der Mauer festhalten, es ist eine Qual.

Er sieht es wohl, er sagt, es sei genug für heute.

Während er mich hinunterführt, spricht er mit sich selbst. Er könne das nicht mehr verantworten. Und es sei ihm egal, was geschehe. Und heute abend werde er dafür sorgen, daß ich wieder einen Strohsack bekäme.

Das war in der fünften Woche meiner Kellerhaft.

Ich bekam nun jeden Abend den Strohsack. Der Dicke war auf einmal sehr mutig, im Hause wehte ein anderer Wind, Schönfeld war nicht mehr da, ein Jahr lang sah ich ihn nicht. Ein anderer hatte die Leitung des Zellenhauses übernommen, ein sachlicher Mann, ich hatte nicht oft mit ihm zu tun. Manchmal schien mir, als wolle er eine Begegnung mit mir vermeiden.

Ich wurde herausgeholt und in eine der Arrestzellen auf der Nordseite gebracht. Ein fremder Wachtmeister teilte mir mit, daß ich im Anschluß an die Kellerhaft eine vierwöchige Arreststrafe zu verbüßen hätte, wegen ungebührlichen Verhaltens dem Anstaltsleiter gegenüber.

Von einer Unterschrift des Protokolls war nicht die Rede.

Wieder zog ich in eine der altbekannten Arrestzellen.

Ich legte mein Bündel im Vorraum ab und ging gleich weiter in den zweiten Verschlag. Nach den Wochen im Keller konnte ich das nicht als eine Strafe empfinden, da war es eine Verbesserung. Zwar war das Nordfenster dreifach vergittert, aber ein großes Heizungsrohr lief durch die Zelle, ich hockte mich auf den Fußboden, wärmte mich und war zufrieden.

Nach wenigen Stunden mußte ich wieder packen, meine Hoffnung sank. Ich konnte nur an eine Verschlechterung denken. Doch diesmal irrte ich mich. Ich kam in eine Normalzelle mit Tisch, Schemel, Bord und Bett. Meine unbekannten und bekannten Helfer waren wohl am Werk gewesen.

Zum erstenmal seit fünf Wochen packte ich mein Deckenbündel aus, richtete mich ein, wanderte umher und las die Verse an den Wänden.

Die Mitgefangenen hatten meine neue Unterbringung bald entdeckt

und begrüßten mich im Vorbeigehen mit stürmischen Klopfzeichen. Auch ein altbekanntes Zeichen wurde durchgegeben, dreimal kurz: Pahlen. Durch den Türspalt flüsterte er mir rasch zu, daß er mit meiner Mutter in Verbindung stehe.
Die Postverbindung war so zustande gekommen: Als Pahlen ins Zellenhaus zurückverlegt wurde, schrieb ich ihm einen Gruß und legte ihn dem monatlichen Brief an meine Mutter bei, den der freundliche Wachtmeister für mich besorgte. Von Westdeutschland wurde dann der Brief offiziell nach Waldheim zurückgeschickt, und zwar mit dem Absender von Schwester Irma, bei der meine Mutter untergekommen war. Den wirklichen Schreiber konnte nur Pahlen erkennen. Auf diese Weise kam er an die Adresse meiner Mutter.

Nach vier Wochen kam der Anstaltsleiter.
Er fragte mich, ob ich mich jetzt besonnen hätte und unterschreiben wolle.
Ich antwortete mit einem Nein. Es habe sich nichts geändert, und ich würde nichts unterschreiben!
Dann packen Sie Ihre Sachen, sagte er. Sie kommen wieder in den Keller.
Er ging, und ich fing an, meine Sachen zusammenzupacken, mir zitterten die Finger dabei. Ich würde nie unterschreiben, das war sicher, aber ich wußte auch, daß der Keller diesmal mein Tod sein würde.
Die Tür ging auf.
Was wollte denn der Alte von Ihnen, fragte der dicke Wachtmeister.
Ich sagte, ich müsse wieder in den Keller.
Das ist Quatsch, sagte er, glauben Sie das ja nicht, es ist nur ein letzter Versuch, Sie umzustimmen. Die wissen genau, daß Sie das nicht mehr aushalten. Holen Sie jetzt Ihre Schüssel, Sie kriegen gleich Essen. Ihre Arrestzeit ist abgelaufen.
Er hatte recht.
Noch am selben Nachmittag brachten sie mich in meine alte Zelle, auch dafür hatte der Dicke gesorgt, indem er ihnen listig klarmachte, daß sie dort in nächster Nähe des Wachtzimmers immer ein Auge auf mich haben könnten.
Ich hatte das Gefühl, nach Hause zu kommen.
Die Sonne stand schon so hoch, daß ihre Strahlen wieder in die Zelle fielen, ich wanderte mit dem Lichtstreifen, der langsam den Raum durchquerte, genoß die Wärme und wurde auch innerlich wieder warm.
So gefährlich meine Feinde sein mochten, ich hatte auch Freunde, die

mich nicht vergaßen, die sich auch von persönlichen Schwierigkeiten und Gefahren nicht abhalten ließen.
Diesmal waren es die Ärzte. Eines Morgens wurde ich unter scharfer Bewachung ins Lazarett geführt und geröntgt.
Hinter dem Schirm saß Dr. Zotz, ein Kinderarzt, den ich von Jamlitz her kannte. Er durchleuchtete mich und hielt dabei, während wir uns so gegenübersaßen, meine beiden Hände und drückte sie.
Die Wachtmeister, die mich hergebracht hatten, warteten draußen. Mit aufwendigen medizinischen Ausdrücken erklärte er ihnen, ich hätte einen Befund, Schatten auf der Lunge und so weiter. Sie blickten respektvoll und hielten sich von nun an in etwas größerem Abstand zu mir, auch auf dem Rückweg.
Ich überlegte mir das: ein Lungenbefund. Es regte mich nicht sehr auf. Ich sagte mir, das kann ja gar nicht anders sein nach dem, was ich im Keller mitgemacht habe.
Um es vorwegzunehmen, ich hatte keinen Befund.
Die Ärzte hatten nur nach einem Weg gesucht, um mir bessere Lebensbedingungen zu verschaffen. Ich muß nach der Kellerhaft erschreckend ausgesehen haben.
An meiner Zellentür wurde ein großes Pappschild angebracht: Tbc.
Das war aber nicht das einzige, was ich bekam. Als erstes brachte man mir zwei weiße Bettlaken, dann gab es bessere Verpflegung, mehr Butter und Zucker, und jeden zweiten Tag einen Viertelliter Milch. In der Mittagszeit durfte ich eine Stunde liegen, meist wurden es zwei, die Wachtmeister kontrollierten nicht genau. Was das bedeutete an einem Tag, der von morgens fünf bis abends neun ging, muß nicht erklärt werden.
Zellendurchsuchungen fanden kaum noch statt, nicht um mich zu schonen, sondern aus Angst vor Ansteckung. Einmal erschien der Anstaltsleiter während meiner Mittagsruhe und fragte: Was ist denn passiert, warum liegen Sie?
Ich sagte nichts und blieb weiter liegen.
Der Wachtmeister flüsterte ihm etwas zu.
Er ging entsetzt zurück. Was, fragte er, Sie haben Tb? Schleunigst verließ er die Zelle. Er kam nie wieder.
Die Hausärzte — alles Häftlinge — machten Zellenbesuche, gaben Medikamente aus und bestimmten, wer ins Lazarett mußte. Zu mir kam nun täglich ein gutaussehender dunkelhaariger Mann, noch jung, fünfunddreißig vielleicht, ich weiß seinen Namen nicht und auch nicht, was ihn nach Waldheim gebracht hatte. Ich weiß nur noch, daß er Jude war.

Wenn er mit einem Wachtmeister an meine Zellentür kam, wünschte er mir unbefangen und herzlich guten Tag und brachte mir eine Handvoll Pillen, die manchmal nach Pfefferminz schmeckten und manchmal nach Anis, jedenfalls aber so gut, daß ich sie immer in kurzer Zeit weglutschte.
Nach einiger Zeit erschien er ungewohnt früh und sagte, er wolle schon morgens kommen, dann hätte ich den ganzen Tag Zeit, meine Pillen zu lutschen.
Ich entgegnete ihm lachend, daß die nie länger als eine Stunde reichten.
Darauf sagte er, das sei die Tagesration an Hustenbonbons, die er für das ganze Haus zur Verfügung hätte, er habe sie alle mir gebracht, damit ich mich ein wenig über den Tag hinwegtrösten könne.
Von da an lutschte ich achtsamer.
An einem Mittag rief er durch die Zellentür, heute würde geduscht, ob ich nicht Lust hätte, in die Wanne zu steigen.
Im Duschraum war, wie in all diesen Badeeinrichtungen, eine große Wanne, ich hatte sie schon manches Mal sehnsüchtig angesehen, aber genauso fürchtete ich mich davor, sie zu benutzen, denn sie war für die Schwerkranken da und für Leute mit eiternden Wunden. Das sagte ich ihm.
Er antwortete, ich brauchte keine Sorgen zu haben, er werde sie persönlich desinfizieren, ich könne unbesorgt hineinsteigen. Und was darin sei, gehöre mir.
Was darin schwamm, war ein Waschlappen und eine Handbürste. Kostbarkeiten, die ich seit Jahren nicht zu Gesicht bekommen hatte. Die Wanne sah sauber aus, unbesorgt stieg ich hinein, der Geruch des Desinfektionsmittels hing noch in der Luft.
Es war während der Mittagspause der Wachtmeister, das gab mir viel Zeit, ich habe diese Badestunde sehr genossen, entspannt und fröhlich habe ich angefangen zu singen.
Eine ungeahnte und tiefgehende Erkenntnis kam mir dadurch, daß ich nie eine Zahnbürste hatte. Wer über ein Geldkonto verfügte — und mittlerweile waren das die meisten Häftlinge, — konnte sich unter anderem auch eine gute Zahnbürste kaufen. Ich aber besaß kein Konto. Ein paarmal hatten mitleidige Wachtmeister mir eine Holzzahnbürste besorgt, wie sie damals in der DDR hergestellt wurden. Sie hielt aber höchstens acht Tage. Wenn ich ihnen dann die borstenlose Bürste zeigte, fragten sie mich, was ich eigentlich damit anstellte, ob ich wohl meine Schuhe damit putzte.
Ich sagte, die Bürsten seien nicht gut, ob sie das nicht selber wüßten.

Aber offenbar zogen auch sie es vor, sich westliche Zahnbürsten zu beschaffen.
Ich sagte einem, er solle doch einen Versuch machen. Er tat es, kam nach drei Tagen: Er wundere sich, daß ich acht Tage damit ausgekommen sei, die seine habe nur zwei Tage gehalten.
Als ich wieder einmal wagte, um eine Zahnbürste zu bitten, da hörte das dieser Arzt. Beim nächsten Besuch bot er mir seine eigene an, er sagte, er habe sie erst kürzlich aus dem Westen geschickt bekommen, man habe sie ihm als Arzt gelassen, sie sei aus Zelluloid mit Naturborsten, allerdings habe er sie schon einige Male benutzt. Ob ich sie trotzdem haben wollte, selbstverständlich werde er sie für mich gründlich reinigen.
Ich habe mir das überlegt, aber nur eine Sekunde. Eine Zahnbürste ist ja nicht etwas, was man zusammen mit einem anderen benutzt, ich glaube, früher hätte ich nicht einmal die meines Mannes genommen, aber hier habe ich ja gesagt und daß ich mich über sein Angebot freute.
Er brachte sie mir.
Und wie er so war, zum Trost erzählte er mir noch, daß er sich schon eine neue bestellt habe.
Darüber habe ich nachgedacht. Früher hätte ich das nicht gekonnt. Einmal hätte ich überhaupt nicht die Zahnbürste eines anderen benutzen können. Und dann war da noch etwas: Ich habe nie ein Haßgefühl gegen einen Juden oder die Juden gehabt, ich hatte nur das Gefühl, sie seien von anderer, mir fremder Art. Ich glaube zum Beispiel nicht, daß ich einen Juden geheiratet hätte. Und jetzt, sagte ich mir, benutzt du von einem Juden die Zahnbürste, das kam mir intimer vor als alles andere. Da wußte ich auf einmal, es waren falsche Vorstellungen, die ich da gehabt hatte. Hier änderte sich etwas in mir, als ich diese einfühlsame und selbstlose Hilfsbereitschaft eines guten Menschen erlebte, und dieser Mensch war ein Jude.
Er wurde später in die Röntgenabteilung verlegt. Von einem Tag auf den anderen sah ich ihn nicht mehr. Ich habe ihm nachgeweint.

Seit meiner Kellerhaft war ich nicht mehr die einzige Frau im Zellenhaus. Neben mir lag eine neue Todeskandidatin, wir machten zusammen unsere Runde, und sie war der erste Mensch, mit dem ich durch die Wand gesprochen habe. Sie klopfte zuerst, ich ging an die Stelle, woher das Geräusch kam, und legte das Ohr an die Wand. Eine ferne Stimme: ich müsse laut gegen die Wand sprechen und dabei die Hände wie einen Trichter um den Mund legen.

So konnte man sich tatsächlich verständigen, aber man mußte sehr laut sprechen, und wenn man Pech hatte, wurde es draußen auf dem Gang gehört.
Sie erzählte mir, sie sei politische Gefangene, und ich habe das auch geglaubt. Ihr nächster Zellennachbar war angeblich ihr Freund, sie wollten heiraten, wenn sie jemals wieder frei kämen.
Dann kam die sonst muntere Person eines Tages tränenüberströmt zum Rundgang, auf meine Fragen gab sie keine Antwort, der Wachtmeister sagte mir, sie solle in zehn Tagen hingerichtet werden.
Sie erschien nun nicht mehr zum Rundgang. Ich hörte, daß sie noch da war, aber auf meine Klopfzeichen gab sie keine Antwort. Ich wußte also nichts, als sie eine Woche später wieder zum Rundgang auftauchte, blasser und schmaler, aber fast so fröhlich wie vorher. Wahrscheinlich lebenslänglich, flüsterte sie mir zu. Erleichtert atmete ich auf.
Beim nächstenmal hatte sie ein Anliegen. Ich solle einen Brief für sie schreiben, an diesen Zellennachbarn, daß sie an ihn dächte und daß sie sich freue, wenn sie einmal heiraten könnten.
Ich fragte sie, warum sie ihm nicht selber schreibe.
Sie würde zu scharf beobachtet, sagte sie, und sie habe auch keinen Bleistift.
Ich tat es nicht gern, aber ich ließ mich breitschlagen. Ich dichtete einen innigen Liebesbrief, rollte ihn fein zusammen und steckte ihn ihr beim darauffolgenden Rundgang hinter dem Rücken des Wachtmeisters zu.
Sie klopfte mir ihren Dank gegen die Zellenwand.
Am nächsten Tag war dieser Brief beim Anstaltsleiter.
Aber nicht ich wurde dafür bestraft, sondern Pahlen, der von nichts wußte. Wieder einmal stand er am Fenster der Arrestzelle, wenn ich meinen Rundgang machte, schmal und sehr blaß, aber mit der mutigen Fröhlichkeit, die ich so an ihm bewunderte.
Ich war einem Spitzel auf den Leim gegangen.
Ich begriff lange nicht, was das sollte.
Warum veranlaßte sie mich, diesen merkwürdigen Brief zu schreiben?
Ich habe es mir später so zusammengereimt: Da ist nun ein Brief von mir an einen Mann, in meiner eigenen Handschrift, mit der Ankündigung, daß wir eines Tages heiraten werden.
War dieser Brief etwa für Bernhard bestimmt? Zu seiner Entlastung? Etwa so: Es geht ihr ja gar nicht so schlecht, sie liebt einen anderen, trägt sich sogar mit Heiratsgedanken.
Ich weiß es nicht.

Nach Jahren begegnete ich dieser Frau noch einmal. Schluchzend kam sie auf mich zu. Es täte ihr so leid, sie wisse, wie abscheulich sie sich benommen habe. Aber es sei ihr keine Wahl geblieben, der Anstaltsleiter habe gesagt, in zehn Tagen rolle ihr Kopf, es sei denn, sie fände sich zu Spitzeldiensten bereit. Es sei ihr sehr schwergefallen.
Ich glaubte ihr wieder. Irgendwann wurde bei jedem von uns der Versuch gemacht, Spitzeldienste zu erpressen, später auch bei mir.
Kurz danach kam eine Mitgefangene zu mir und fragte, warum ich mich mit dieser widerlichen Person beschäftige.
Ich sagte, sie hätte ein schweres Schicksal. Wie wir alle.
Die gehört nicht zu uns, sagte die andere, das ist eine Mörderin, die hat ihre Chefin mit einer Bügeleisenschnur erdrosselt.
Nachdem sie mir diesen Streich gespielt hatte, wurde sie ins Frauenhaus verlegt. Mein neuer Nachbar war derjenige, für den angeblich der Brief bestimmt war. Anderthalb Jahre haben wir Zelle an Zelle gewohnt.
Nach einer Weile fingen wir an, uns durch die Wand zu unterhalten. Wir haben einander viel anvertraut. Er hieß Walter und war Ingenieur. Während des Krieges habe er in Tschenstochau eine Munitionsfabrik geleitet. Nach dem Krieg sei ihm das zur Last gelegt worden, das und die Beschäftigung von Fremdarbeitern. Er erzählte mir von seiner Familie, meine Nachbarin mußte also auch in dieser Beziehung gelogen haben, er hatte in Leipzig eine Frau und zwei Kinder, von denen Pakete und Briefe kamen.
Ich habe ihn dann gefragt, ob er Schach spiele. Als er bejahte, machte ich ihm den Vorschlag, Schachbretter herzustellen und durch die Wand zu spielen.
Das haben wir dann auch getan. Er machte sich ein Schachbrett aus einem Stück Pappkarton von seinem Paket, und ich bat einen Kalfaktor um ein Stück Pappe. Mit einer Bleistiftmine zog ich die Felder, dann färbte ich sie ein. Das machte ich so: Aus meinem Strohsack zog ich einen Halm und faserte ihn fein aus wie einen Pinsel. Unsere Zellenwand war neu gestrichen und hatte in der Mitte einen roten Streifen, ich habe das Rot vorsichtig abgekratzt und mit Graupenwasser angerührt. Dann habe ich mit dem Strohpinsel rote Karos auf die Pappe gemalt. Die Figuren riß ich aus Zeitungsrändern. Ich besaß nun also ein richtiges Schachspiel.
Natürlich hatte die Herstellung Tage gedauert, da man alles heimlich machen mußte.
Dann haben wir gespielt. Er war viel besser als ich, und ich war sehr stolz, wenn ich ihn einmal schlug.

Wir haben uns damit jeden Vormittag drei Stunden beschäftigt. Wenn es schnell ging, schafften wir zwei Partien an einem Vormittag, sonst nur eine. Natürlich wurden wir auch erwischt, ein junger Wachtmeister hatte es besonders auf uns abgesehen. Mehrmals gelang es ihm, uns die mühselig hergestellten Schachpappen wegzunehmen, vor unseren Augen wurden sie zerrissen. Aber wir stellten unermüdlich neue her.
Ich hatte damals schon viel auswendig gelernt. Nach dem Faust bestellte ich mir einen Gedichtband und lernte Gedichte auswendig. Daran wollte ich meinen Nachbarn auch teilhaben lassen, aber er sagte, das sei doch alles Mist. Was in Büchern stehe, lerne man nicht, das sei bloß Belastung, sowas lese man nach. Er beschäftige sich lieber mit mathematischen Aufgaben, für ihn sei das lohnender.
Auf dem Gebiet trafen wir uns also nicht.
Auch nicht auf einem anderen, an dem mir viel lag.
Er hörte mich ja in meiner Zelle herumspringen, ich machte immer noch die Übungen, die ich zur Erwärmung und zur Erhaltung meiner Beweglichkeit brauchte, nicht einmal im Kellerkäfig hatte ich sie ganz aufgegeben. Nun mußte ich sie ihm durch die Wand erklären, er wollte mitmachen. Eine Weile haben wir zusammen geturnt, aber nicht lange, dann sagte er, das sei Kraftvergeudung, er höre auf damit.
In vielem anderen waren wir uns einig, ja, ich lernte noch einiges von ihm.
Weder ihm noch mir war der Besuch des Gottesdienstes erlaubt. Er sagte, wir müßten immer wieder darauf bestehen, denn nach ihren Bestimmungen habe jeder Gefangene das Recht auf Kirchenbesuch. Und wenn uns das nicht erlaubt würde, könnten wir verlangen, daß der Pfarrer uns in der Zelle aufsuchte.
Wir haben also immer wieder nach dem Pfarrer verlangt.
Ganz offen lachte man uns aus und sagte, wir seien in der Isolierzelle, damit wir uns nicht mit anderen unterhalten könnten. Auch der Hinweis darauf, daß bestehende Bestimmungen verletzt würden, änderte nichts. Hier ging es nach Schönfelds Prinzip: Verbrechern gegenüber kann man nichts verbrechen.
Mir gönnten sie nicht einmal die Gesellschaft einer Spinne.
Mein Nachbar lockte mithilfe von Speckschwarten und Kuchenkrümeln aus seinen Paketen Vögel an sein Fenster. Ich sah sie heranfliegen und versuchte, es ihm gleichzutun, aber sie verschmähten mein armseliges Gefängnisbrot und das talgige Fett, das ich von meiner Zuteilung abzweigte, ganz selten verirrte sich ein Spatz zu mir.

Da gab ich es auf und schenkte meine Aufmerksamkeit einer kleinen grauen Spinne, die immer wieder an einer Stelle der Decke auftauchte. Ich sah ihr zu, wie sie sich ruckhaft vorwärtsbewegte, ihren Faden spann und sich daran herunterließ. Anderthalb Meter über dem Boden pflegte sie eine Ruhepause einzulegen, dann hielt ich ihr meine Hand hin und redete ihr gut zu. Sie ließ es sich gefallen, ja ich bildete mir ein, daß sie mich verstand, denn wenn ich meine Hand wegnahm und sagte, jetzt könne sie wieder weiter, fing sie aufs neue an, sich herunterzuspinnen, bis sie auf dem Boden war.
Derselbe Wachtmeister, der sich durch die Zerstörung unserer Schachbretter schon hervorgetan hatte, kam in so einem Augenblick in meine Zelle gestürzt, riß die Spinne von ihrem Faden, schleuderte sie auf den Boden und zertrat sie.

Wieder ging ein Jahr zu Ende, das siebte meiner Haft, seit zwei Jahren lebte ich in strenger Isolierung, immer noch zählte ich offiziell zu den Todeskandidaten, genau wie mein Nachbar. Monat für Monat schrieb ich den vorgedruckten Brief, von dem ich längst wußte, daß er nie das Haus verließ.
Wie lange noch?
Seit Pahlen wieder im Hause war, hatte ich eine indirekte Verbindung zu meiner Mutter. Sie schrieb an ihn, und ihm gelang es immer, das Wichtige daraus an mich weiterzugeben, obwohl er nach dem letzten Arrestaufenthalt im dritten Stock auf der Nordseite untergebracht war, so weit entfernt wie nur möglich. Dennoch hatte er es fertiggebracht, eine Verbindung herzustellen. Während des Rundgangs zum Beispiel übergab er einem Häftling, der im dritten Stock genau über mir lag, daumengroße Kostproben aus den Paketen, die meine Mutter seit einiger Zeit an ihn schickte. Wenn ich nach dem Zählappell an den Gitterstäben über mir das dreimalige Klopfen hörte, wußte ich, daß sie mir etwas herunterlassen wollten, an einem langen Faden, der aus der Garneinfassung unserer Wolldecken stammte. Ich sprang vom Fenster zum Spion und wieder zurück. War das Päckchen schon auf meiner Höhe? Schaute gerade einer durch den Spion? Wenn es vor meinem Fenster pendelte, riß ich es ab. Die oben spürten den Zug, holten den Faden ein. Bisher hatte es immer geklappt.
Aber dann kam der Tag, an dem es nicht klappte.
Es war einen Tag vor Weihnachten. Also ein dreiundzwanzigster. Heute wurde mein Junge zwölf Jahre alt. Bitterkeit tobte in mir, Zorn und ohnmächtige Verzweiflung. Im Flur schurrten sie in ihren Pantinen schwer vorbei. Rundgang.

Da sprach einer durch die Zellentür. Achtung, heute abend Brief von Mama.
Das war Pahlen.
Ich konnte es nicht glauben, wie hatte er das bewerkstelligt?
In seinem Novemberbrief hatte er meine Mutter gebeten, einen Brief an Gesche zu richten, irgendwann hatte ich ihm geschrieben, daß es mein Kosename sei. Und meine Mutter hatte sofort begriffen und war darauf eingegangen.
Selten ist mir ein Nachmittag so lang geworden.
Draußen trieb der Wind dichte schwere Flocken heran, ein günstiges Wetter für unser Vorhaben. Der Zählappell war noch nicht vorbei, da hörte ich von oben das Klopfen. Auch das war günstig, draußen das ideale Wetter, und drinnen waren die Wachtmeister mit der Zählung beschäftigt, es konnte einfach nicht schiefgehen.
Ich stand am geöffneten Fenster, über mir sah ich den Brief. Schon wollte ich danach greifen, da trieb der Wind die leichte Rolle gegen eine elektrische Zuleitung. Der Faden verfing sich, nun flatterte der Brief einen halben Meter über mir, unerreichbar.
Ich rückte den Tisch ans Fenster, türmte den Schemel darauf. Wenn jetzt die Zellentür aufgemacht wurde, war ich geliefert, aber mir war alles egal, ich wollte meinen Brief. Ich stand auf Zehenspitzen, streckte den Arm hinauf, so weit ich konnte, aber es fehlten zwanzig Zentimeter.
Draußen schepperte die Glocke.
Einschluß, schrien die Schichtmeister.
Ich war wie der Blitz von meinem Turm herunter, hatte ihn ebenso schnell abgebaut.
Die Zellentür wurde aufgerissen, der Wachtmeister raunzte mich an, warum ich noch nicht ausgezogen sei, mir würde wohl die Zeit zu kurz, zur Abwechslung könne ich mich jetzt mal als Letzte hinlegen.
Ich segnete seinen Entschluß, so wenig gut er es auch meinen mochte, das ließ mir Zeit, weiter nach meinem Brief zu fischen. Ich baute wieder den Turm und versuchte nun, ihn mit Hilfe des Blechlöffels herunterzuholen, fast wäre es mir auch gelungen. Aber als die oben den leichten Zug am Faden spürten, dachten sie wohl, es hätte geklappt, und holten ein, da riß der Faden, mein Brief segelte im Schneewind herunter wie eine besonders große Flocke. Aus.
Von oben klopften sie mir einen fröhlichen Gruß herunter. Sie ahnten nicht, wie schief alles gegangen war.
Ich lag lange wach und überdachte die Folgen. Eigentlich konnte es so schlimm nicht werden. Sie wußten nicht, an wen der Brief adres-

siert war, sie konnten auch nicht wissen, wer ihn mir hatte übergeben wollen.
Der nächste Morgen begann wie alle Tage. Waschen, Kübeln, Kaffeeausgabe. Wie immer im Winter trank ich nur ein paar Schlucke von der heißen Brühe, dann stellte ich die Blechschüsseln auf den Boden und nahm ein warmes Fußbad, das half mir über ein paar eisige Stunden hinweg. Dabei aß ich die Hälfte meiner Brotration.
So saß ich, als die Tür aufging. Auf der Schwelle stand der Kommandant. Ich war so erstaunt, daß ich still sitzenblieb und ihn nur anblickte.
Er sah auf mein Fußbad, dann schüttelte er den Kopf. Was haben Sie denn nun wieder angestellt, sagte er.
Ich lächelte ihn scheinheilig an, so früh am Morgen sei ich noch ganz unschuldig.
Auch er hatte mit einem Lächeln zu kämpfen, ganz eilig drehte er sich um und verschwand aus meiner Zelle. Ich dachte, ob der wohl Humor hat? Dann konnte es so schlimm nicht werden.
Aber ich wußte jetzt, daß der Brief meiner Mutter in ihren Händen war. Für die Männer über mir fürchtete ich immer noch nichts, es gab ja keine Beweise.
Glaubte ich.
Leider hatten sie dem Brief Grüße angefügt und mit vollem Namen unterzeichnet, damit war natürlich heraus, aus welcher Zelle der Brief heruntergelassen worden war. Aber noch kannten sie nicht den ursprünglichen Empfänger, den wollten sie unbedingt herausfinden.
Mir tat niemand etwas, sie wußten, daß ich eher sterben würde als ihn nennen. So versuchten sie es mit den fünf anderen.
Als ich am Weihnachtstag meinen Rundgang machte, waren sie schon im Karzer. Es war furchtbar für mich, denn einer von ihnen war schon über siebzig, und als ich meine Runde drehte, schaute der zu einem Fenster heraus. Ich sagte ihm im Vorbeigehen, wie leid es mir täte, er winkte fröhlich ab, das mache er gern für mich.
Sie haben fünf Wochen im Karzer gesessen. Sie sind bedrängt worden, über die Herkunft des Briefes auszusagen, ihre Weihnachtspakete wurden ihnen entzogen. Sie haben eisern geschwiegen.
Nun dachte die Anstaltsleitung sich etwas anderes aus.
Die fünf kamen in ihre Zelle zurück, aber ein sechster wurde ihnen beigegeben, ein Krimineller. Eines Tages flüsterte mir einer von ihnen durch die Tür zu, sie hätten nun einen Spitzel in der Zelle, aber sie hielten dicht, ich brauchte keine Angst zu haben.
Ein paar Tage später klopfte es wieder an die Tür. Eine fremde

Stimme sagte: Ich bin der Spitzel von oben, ich soll herausfinden, wie die Briefverbindung zustande gekommen ist, aber Sie brauchen sich keine Sorgen zu machen, gegen Sie spitzele ich nicht.
Für die Volkspolizei war das also eine vollkommene Pleite.
Meine Isolierung war mißglückt. Ich hatte Kontakte im Haus, ja sogar eine Postverbindung zu meiner Mutter. Aber sie wußten nur, daß sie existierte, nicht, wie sie zustande gekommen war, das ganze Haus hatte sich gegen sie verschworen, sogar ihr eigener Spitzel.
Da gaben sie auf.

Im Januar 1953 kam Schönfeld in Begleitung des Postverwalters und des Hauskommandanten in meine Zelle. Ungemein gepflegt wie immer, inzwischen Polizeirat, war er nun, nach einem einjährigen Lehrgang, wieder zu uns nach Waldheim gekommen, aber ich sah ihn kaum, er hatte einen Verwaltungsposten.
Er tat so, als wisse er von nichts.
Seit Jahren, sagte er, beschuldigte ich die Anstaltsleitung, daß sie meine Post zurückhalte. Nun habe er ihren Postrat mitgebracht, der mir bestätigen würde, daß meine Post so abginge wie die der anderen Gefangenen.
Der Postrat sah Schönfeld an wie ein braver Junge und bestätigte es.
Schönfeld fuhr fort. Gerade weil ich ihnen so schwere Vorwürfe machte, hätten sie beschlossen, mir besonders entgegenzukommen, um mich von ihrer Anständigkeit und ihrem guten Willen zu überzeugen.
Ich gab mir Mühe, keine Miene zu verziehen.
Er versprach mir, meinen nächsten Brief eigenhändig in den Kasten zu werfen und auch die Antwort persönlich zu überbringen.
Nun wandte er sich großmächtig an den Postmann. Geben Sie der Gefangenen einen großen Briefbogen mit Umschlag.
Der Postmann gehorchte.
So, sagte Schönfeld, nun könne ich einen ausführlichen Brief schreiben und meiner Mutter mitteilen, daß sie ebenso ausführlich antworten dürfe. Das sei allerdings eine Ausnahme. Wenn die Postverbindung endlich zustande gekommen sei, gäbe es den üblichen Zwanzig-Zeilen-Brief. Natürlich dürfe ich nichts über die Anstalt berichten, aber das sei mir ja bekannt.
Ich nickte.
Er fragte, ob ich nun zufrieden sei.
Ich antwortete mit einem Lächeln.
Nach einer Woche war die Antwort da.

Schönfeld brachte sie mir persönlich, wie versprochen. Na sehen Sie, sagte er lächelnd.
Ich nahm den Brief ohne ein Wort. Ich wartete, bis er draußen war. Keine Schritte. Stand er am Spion? Ich drehte ihm den Rücken zu, ich dachte nicht daran, den Brief aufzumachen, solange er zusah. Eine Weile blieb es still, dann leise Schritte, nun war ich wirklich allein.
Nach acht Jahren der erste Brief, den ich offen haben und lesen durfte!
Vertraute Schriftzüge: Meine geliebte Gesche ...
Ich las durch einen Tränenschleier, las wieder und wieder, mußte mich zurückhalten, diesen Brief nicht auch auswendig zu lernen, wie die vielen heimlichen vorher, und ihn dann zu vernichten. Nun brauchte ich das nicht mehr, ich durfte ihn haben und konnte ihn hervorholen, wann ich wollte.
An meinem neununddreißigsten Geburtstag kam das erste Paket für mich.
Bei der Essensausgabe kündigte der Kalfaktor mir strahlend eine Überraschung an, ich glaube, das halbe Haus freute sich mit mir. Wie lange schon ließen sie mich an ihren Paketen teilhaben, es verging kein Tag, an dem ich nicht irgendeinen Leckerbissen unter meinen Kleidern fand.
Nachmittags wurde ich aufgefordert, mit meiner Blechschüssel zum Paketempfang zu kommen. Nun hatte auch mich die Aufregung gepackt. Ein Raum im Erdgeschoß war eigens für die Übergabe eingerichtet worden. Er sah aus wie ein Laden, mit hohen Regalen, in denen die Pakete lagen, und einem langen Holztisch, Verpackungsmaterial häufte sich in einer Ecke. Neben dem Tisch stand ein großer Karton, da hinein kam alles, was beschlagnahmt wurde. Es gab ja längst genaue Vorschriften. Für Zucker, Fett, Wurst, Gebäck und Obst war als Höchstgrenze ein Pfund festgesetzt. War die Sechspfundgrenze überschritten, dann ging das ganze Paket zurück. Traubenzukker war verboten, ebenso Trockenobst und alles mit Schokolade Überzogene. Die bunten Bänder liebevoller Verpackung wurden roh heruntergerissen und wanderten sofort in den Abfall, alles Persönliche zerstörten sie vorsätzlich.
Ich mußte zusehen, wie Wurst, Käse und Zucker in meine Blechschüssel geschnitzelt wurden. Immer diese krankhafte Suche nach Verborgenem! Ich ertrug es, in meiner Zelle würde ich Zeit haben, alles wieder zu trennen. Aber als sie mir über der vollen Schüssel eine Apfelsine zerschnitten, da schrie ich vor Entsetzen auf.

Der Wachtmeister schnitt weiter und sagte boshaft, jetzt erlebte ich am eigenen Leibe, wie es früher in den KZs zugegangen sei, da habe man es mit seinen Paketen auch so gemacht. Demonstrativ zerschnitt er die letzte Zitrone in dünne Scheiben, kippte sie mit Schwung über die Wurststücke und Keksbrocken und entließ mich mit der bösen Bemerkung, nun könne ich in aller Ruhe sortieren.

Auf dem Flur stand ein Kalfaktor.Er mißdeutete mein Gesicht. Das erste Paket haue einen leicht um, flüsterte er mir zu, die Freude sei zu groß.

Ich sagte: Ich koche.

Er blickte erstaunt.

Vor Wut, sagte ich und zeigte ihm das Durcheinander in der Blechschüssel.

Im März kam Schönfeld abermals, wieder in seiner neuen Rolle als Freund und Gönner. Ich hätte doch immer gern zu den Frauen gewollt, nun wollten sie mir auch da entgegenkommen.

Ich schwieg und staunte.

Er rieb sich die Hände. Ich hätte mich ja manchmal über sie geärgert, aber ich müsse doch zugeben, daß sie auch von mir geärgert worden seien.

Er schwieg und wartete.

Wir schwiegen beide. Ich hatte nicht die Absicht, ihm entgegenzukommen, nicht einen Schritt.

Also, sagte er, ich schlage vor, wir begraben den Streit. Sie kommen noch heute hinüber ins Frauenhaus.

Ich sagte nichts.

Allerdings, fügte er hinzu, eine Bedingung müsse er daran knüpfen. Plötzlich sprach er schnell, und ich wußte, nun kam das Eigentliche. Ich müsse versprechen, über alles, was in diesem Hause geschehen sei, zu schweigen. Vor allem über die Geschichte vor einem Jahr, ich wisse schon.

Ich fragte, ob er von dem Kellerarrest spreche.

Ja, sagte er.

Über solche Vorkommnisse, sagte ich, spreche wohl niemand gern.

Sie werden also schweigen?

Wahrscheinlich, sagte ich, aber versprechen könne ich es nicht.

Also dann nicht, rief er ärgerlich, dann bleiben Sie eben hier.

Er ging und knallte die Tür hinter sich zu.

Ich war hochzufrieden.

Ich wollte nicht fort von hier, schon lange nicht mehr. In den Jahren war mir meine Zelle vertraut geworden und nicht nur die, ich kannte

jedes Geräusch im Haus, erkannte die meisten an Stimme oder Schritt. Ich wußte, an welchen Wachtmeister ich mich mit welchem Anliegen wenden mußte. Nur der Dicke zum Beispiel gab mir eine Nagelschere, die anderen rieten zu dem, was sie offenbar selber machten: abbeißen. Erst viel später in Hoheneck, als keine Aussicht bestand, eine Schere zu bekommen, verfiel ich darauf, den rauhen Putz der Wände als Nagelfeile zu benutzen.
Nein, ich wollte nicht weg. Hier hatte ich alle die Freunde und Kameraden unter Wachtmeistern und Häftlingen, die mir in diesen dunklen drei Jahren zugewachsen waren. Ja, selbst das Feindliche, dem der Sträfling in diesem Hause nicht entgehen konnte und das ich zur Genüge erlebt hatte, war mir nicht fremd. Ich wußte, was im schlimmsten Falle auf mich zukam.
Was aber erwartete mich im Frauenhaus?
Nichts Gutes, dachte ich mit dem Pessimismus des erfahrenen Häftlings.
Ich war entschlossen zu bleiben, aber wie das in einem Gefangenenleben so ist, ich hatte keine Wahl, der Umzug war beschlossen und kam schneller, als ich dachte.
Den letzten Anstoß gab ein Veilchenstrauß.
Eines Morgens fand ich ihn in meiner Holzpantine. Der Geber, es war wohl einer aus dem Gärtnereikommando, konnte nicht ahnen, was Veilchen für mich bedeuteten. Kein Fest in meinem Elternhaus ohne Veilchen, und wie oft hatte ich sie als junges Mädchen und später als junge Frau zum Anstecken geschenkt bekommen.
Und nun: Veilchen in Waldheim, im neuen Zellenhaus, in dieser kalten Hölle. Und gebunden, wie es sich gehört: Die dunkelblauen Blütenköpfe in einem Kranz herzförmiger Blätter, ein gelber Bastfaden um die langen dünnen Stiele.
Und dann der Duft.
Für mich fiel Weihnachten, Pfingsten und Ostern zusammen. Ich stellte sie so hin, daß niemand sie sehen konnte. Aber die Freude war kurz, in der Nacht machten sie eine Großrazzia, ich wußte es längst, ehe sie bei mir waren: Die Schritte, das Schließen, die Befehle, diesmal war es ein Massenaufgebot.
Zu mir kam niemand.
Das kannte ich ebenfalls, wahrscheinlich wurde auch im Frauenhaus das Unterste zu oberst gekehrt, dann war für mich eine Weile keine Wachtmeisterin frei.
Ich lag und wartete.
Mein Veilchenstrauß fiel mir ein. Zum Verstecken war er zu groß. Ich

könnte ihn eingewickelt im Kübel verbergen, aber ich brachte es nicht über mich. Ich kletterte am Fenster hoch und legte ihn draußen auf den Sims.
Ich lag schon wieder im Bett, als aufgeschlossen wurde. Zwei Wachtmeisterinnen durchsuchten die Zelle. Und mich. Nichts wurde gefunden. Sie wollten schon gehen, da kam die eine auf den Gedanken, das Fenster zu untersuchen. Ich mußte ihr den Schemel bringen, sie stieg hinauf, hielt mir triumphierend die Veilchen hin. Ich wüßte doch wohl, daß ich so etwas nicht haben dürfe.
Sie gingen mit meinen Veilchen. Es war meine letzte Nacht in der Todeszelle.

Vorbemerkung zu Kapitel 10

17. Juni 1953.
Knapp vier Jahre nach ihrer Gründung stand die DDR vor ihrer schwersten Krise. Dreihundert streikende Arbeiter formierten sich auf der Ostberliner Stalinallee zu einem Demonstrationszug. Innerhalb von Stunden wuchs die Demonstration sich zu einem Aufstand aus, der ebenfalls auf andere Städte übergriff, unter anderem auf Magdeburg, Halle, Bitterfeld, Leipzig, Merseburg, Erfurt, Jena, Karl-Marx-Stadt.
In einigen Städten wurden Gefängnisse und Zuchthäuser gestürmt, in denen politische Gefangene saßen. Auch wenn diese Aktionen erfolglos verliefen, weil die Demonstranten nahezu unbewaffnet der Volkspolizei entgegentraten, blieb dieser Tag nicht ohne Auswirkungen auf die Häftlinge. Aus Angst vor einem erfolgreichen Ende des Aufstandes änderte das Wachtpersonal ihnen gegenüber vielfach sein Verhalten. Manche Aufseher suchten sich sogar Zeugen, die ihnen bestätigten, daß sie die Häftlinge immer anständig behandelt hatten.
Was war geschehen?
Auslösendes Moment für die Erhebung war die Weigerung der DDR gewesen, die am 28. Mai beschlossene Erhöhung der Arbeitsnormen zurückzunehmen, die für die Arbeiter eine beträchtliche Lohneinbuße bedeutete. Daraufhin kam es am 16. Juni zu ersten Streikaktionen und zur Ausrufung des Generalstreiks für den nächsten Tag. Aber der Aufruhr vom 17. Juni war der Kulminationspunkt einer größeren, einer politischen und gesellschaftlichen Krise.
Die Sowjets verhängten den Ausnahmezustand. Verbände der Roten Armee und der Kasernierten Volkspolizei sorgten für ein rasches Ende des Aufstandes. Dem russischen Vorbild folgend, begann die Regierung mit Säuberungsaktionen — auch in den eigenen Reihen. Einer besonders strengen Kontrolle wurden alle jene unterzogen, die früher »feindlichen« Gruppierungen angehört hatten. Führende Männer des Staates stürzten, weil sie Ulbrichts Kurs nicht um jeden Preis billigten; unter ihnen der Außenminister Georg Dertinger, der Justizminister Max Fechner, der Chefredakteur des *Neuen Deutschland* Rudolf Herrnstadt, einst Chefredakteur der Zeitung des Nationalkomitees *Freies Deutschland* in Moskau, und der Minister für Staatssicherheit Wilhelm Zaisser, einstmals Bechlers Lehrer auf der Antifaschule Krasnogorsk.
An Bernhard Bechler ging diese Krise vorüber. Er hatte sich um die Niederwerfung des Aufstandes verdient gemacht. Außerdem bürgte seine Ehe mit der kämpferischen Altkommunistin, deren Bruder als Sekretär sein Vorzimmer hütete, für seine Linientreue. Vergangenheit und Herkunft hatte er abgeschüttelt. Es gab keine Verbindung mehr zu seinem früheren Leben. Seine jüngste Schwester, Herta, unternahm 1952 einen letzten Versuch, einen Kontakt herzustellen, er scheiterte. Sie traf ihren Bruder nicht an, wohl aber Erna Bechler und die beiden Kinder von Margret Bechler. Jahre später, bei ihrem Besuch in Hoheneck, berichtete sie ihrer inhaftierten Schwägerin:

»Ich war an der See und bin, als ich zurückkam, über Berlin gefahren. Ich wußte nicht, wo Bernhard damals lebte. Ich habe mich durchgefragt bis zu General Vinzenz Müller, und da merkte ich, daß die Müllers irgendwie Anweisungen hatten, nicht zu sagen, wie Bernhard zu erreichen ist. Die jüngere Tochter aber sagte schließlich: Na, der Schwester kön-

nen wir es doch sagen. Bernhard wohnte nebenan. Heidi kam und öffnete mir die Tür. Heidi ist ein ganz entzückendes Mädchen geworden. Die ist dir sehr ähnlich. Äußerlich vielleicht nicht so, aber in ihren Bewegungen und wie sie spricht und vor allem wenn sie lacht, dann ist sie ganz Du. Als sie sich auf eine Stuhllehne setzte, da dachte ich, du wärst es. Ich habe ständig an dich gedacht. Bübchen, er wird jetzt Hans-Bernhard genannt, war auch dabei, aber es war viel schweigsamer und reservierter.
Im übrigen konnte ich den Kindern nichts von dem sagen, was mir eigentlich am Herzen lag, nämlich von dir. Die ganze Zeit ist die Frau dabei geblieben. Sie hat auch eines der Kinder in die Küche geschickt, um das Mittagessen für mich zu bestellen. Sie hat das Zimmer nicht verlassen, von morgens 10 Uhr bis nachmittags 17 Uhr nicht, wo ich dann ging, weil ich mir sagte, du schaffst es nicht, sie hinaus zu bekommen.
Die Kinder waren sehr natürlich zu der Frau. Und sie hatte etwas Herzliches den Kindern gegenüber. Die Nachbarn haben mir erzählt, wie sie Hans-Bernhard einmal gerettet hat. Als sie dieses Haus bezogen, war der Küchenschrank nicht richtig gestellt, er kippte und darunter stand der Junge. Da soll sie zugesprungen sein und diesen kippenden Schrank aufgehalten haben, und dabei soll sie sich verletzt haben.
Ich saß dann dort und wartete, daß Bernhard noch kommen würde. Die Frau sagte, sie wüßte nicht, wann er kommt. Ich fragte, ob ich ihn denn nicht mal anrufen könnte. Aber sie sagte, nein, das ginge nicht. Da dachte ich, nun gehst du zu Müllers rüber und rufst ihn von da aus an. Das tat ich auch, und ich erwischte Bernhard am Telefon. Ich sagte: Du, ich bin für einige Tage in Berlin, ich möchte dich so sehr gerne sprechen, kannst du es nicht möglich machen? Er gebrauchte aber Ausflüchte und sagte dann: Nein, das ist ganz unmöglich. Bitte versuche auch nicht, mich zu dann, nein, das ist ganz unmöglich. Bitte versuche auch nicht, mich zu treffen, es ist mir nicht angenehm, du mußt das begreifen, ich wünsche dir gute Reise, auf Wiedersehen.
Ich hatte den Eindruck, er will mich nicht haben. Ich bin nicht wieder hingegangen und werde auch nie wieder den Versuch machen. Ich glaube, das nächste Mal wäre ich gar nicht hereingelassen worden.«

Kapitel 10

Im Zuchthaus Waldheim: Umwandlung in lebenslänglich März 1953 bis März 1954

Am Nachmittag nach der Großrazzia wurde ich abgeholt, eine Wachtmeisterin brachte mich ins Frauenhaus. Ich freute mich auf die alten Freundinnen und Bekannten, ich hoffte, Hanna wiederzusehen, Tea, aber nein, ich wurde aufs neue isoliert.

Ich kam in eine Arrestzelle, da ich nicht versprochen hatte, über die Vorgänge im neuen Zellenhaus zu schweigen.
Es war eine Nordzelle, ich hatte hier einen der schlimmsten Tiefpunkte meiner Gefangenschaft.
Zur Straße hin waren die Zellen des Frauenhauses mit Mattglas abgeschirmt, das war schon schlimm genug, die Nordseite jedoch, die zum Hof lag, hatte Holzkästen, die unten am Fenster fest aufsaßen. Oben ließen sie einen zehn Zentimeter breiten Spalt frei. Alles Licht in der Zelle kam von diesem Spalt, man lebte in ewigem Dämmer. Es war viel angenehmer, Gitter vor dem Fenster zu haben, da konnte man doch ein Stück Himmel sehen und lebte im Tageslicht.
Aber es war nicht nur das, die Zelle sah auch so verlassen aus.
Sie war nicht leer, eine eiserne Bettstelle mit Strohsack stand darin, Tisch und Schemel. Und der Kübel war, was wir immer sehr schätzten, mit einem Holzkasten umkleidet. Aber von allem ging diese Verlassenheit aus, die sich mir so sehr mitteilte, daß ich der Verzweiflung nahe war. Es waren nicht nur die sichtbaren Anzeichen von Schmutz und Verwahrlosung, sondern das, was dahintersteckte: eine abgrundtiefe Gleichgültigkeit, ein endgültiges Aufgeben.
Um meiner Stimmung Herr zu werden, habe ich mir Wasser und Schrubber bestellt und gründlich saubergemacht.
Ich habe immer wieder beobachtet, daß diese nüchternen, einfachen Dinge mir halfen, über eine schwierige seelische Lage hinwegzukommen.
Ich war gerade fertig, als das Abendbrot kam. Es bestand aus einer Schöpfkelle Kaffeebrühe.
Danach saß ich wieder bis zum Zählappell.
Die Bedrückung wich nicht, ich war froh, als ich mir endlich die Decke über den Kopf ziehen konnte. Ich habe lange geweint unter meiner Decke. Noch nie war ich mir so verlassen vorgekommen, vom Licht abgesperrt und von den Menschen. So hatte ich mich nicht einmal im Kellerkäfig gefühlt.
Jetzt wußte ich, was es bedeutete, daß die Menschen drüben im Haus so oft an mich gedacht und etwas für mich getan hatten, das war nun alles abgeschnitten; hier dachte niemand an mich, ich war auf mich zurückgeworfen und in dieser trostlosen dunklen Zelle allein, ganz allein.
Um es vorwegzunehmen, vor mir hatte hier ein junges Mädchen gelebt. Sie war mit neunzehn verhaftet worden und nun schon vier Jahre im Gefängnis. Später erzählte sie mir, sie sei wegen Spionage verurteilt worden. Ein Brief, irgend etwas Geheimes, sollte von ihr

über die Grenze gebracht werden. Und dann wurde er bei ihr gefunden, und sie bekam fünfundzwanzig Jahre — damit wurde sie nicht fertig.

Sie lernte nie, ihr Geschick zu bewältigen. Den Frauen in ihrer Nähe machte sie das Leben zur Hölle, später legte man sie mir in die Zelle. Sie brachte es fertig, die Glühbirne aus der Fassung zu schrauben, zu zerbrechen und die Scherben hinunterzuschlucken.

Nach dem Appell am anderen Morgen brachte eine Wachtmeisterin mir ein Stück Stoff, ich solle ein paar Probeknopflöcher machen. Wenn sie gut ausfielen, bekäme ich Arbeit in die Zelle.

Als sie nach einer halben Stunde wieder erschien, war ich beim dritten Knopfloch, sie betrachtete es und fand es gut, ab morgen hätte ich Knopflöcher zu säumen.

Ich machte sie darauf aufmerksam, daß bei dem Dämmerlicht Nähen unmöglich sei.

Sie sagte, das sähe sie ein, ob ich denn überhaupt arbeiten wolle.

Ich sagte, ich hätte nichts dagegen.

Ein paar Tage passierte nichts, dann wurde ich verlegt. Ich kam in eine Zellengemeinschaft auf der Südseite. Das Licht war auch hier nicht besonders gut, für meine Knopflöcher brauchte ich den beliebten Fensterplatz, das hatte manchen Ärger zur Folge. Es gab oft Verstimmungen, nach der Stille meiner Einzelzellen habe ich sehr darunter gelitten.

Wir waren sechs.

Drangvolle Enge herrschte. Wie in Bautzen, in Mühlberg, in Jamlitz. Wieder die dreistöckigen Betten, zwischen denen kaum Platz war, wieder der eine Kübel für alle. Ich war froh, unter Menschen zu sein, das ließ mich vieles schweigend ertragen, aber ich habe dort auch erlebt, wie schwer es ist, auf so kleinem Raum in Frieden zu leben. Die eine wollte dies, die andere das. Wenn die eine zu erzählen anfing, sagte die andere, sie könne es nicht mehr hören. Wir stießen ständig aneinander, äußerlich und innerlich.

Jeden Morgen um acht kamen die Oberhemden, sie waren dunkelblau, Uniformhemden für die Vopo. Die durchgeschlagenen Knopflöcher mußten umsäumt werden. Fünfundsiebzig in acht Stunden, das war die Norm, es wurden aber bis zu einhundertfünfzig geschafft. Ich brachte es höchstens auf zwanzig. Man sagte mir, daß meine Arbeitsleistung ein Minimum darstelle, aber niemand erhob Einspruch, weil ich erste Qualität lieferte.

Ich bekam jetzt regelmäßig Post.

Um Pfingsten schrieb meine Mutter, sie habe nun endlich in ihrer

Heimatstadt Bremen eine eigene Wohnung gefunden. Vor Freude seien ihr die Tränen gekommen. Sie war jetzt sechsundsechzig und nicht mehr so ganz allein wie vorher in Dresden.
Meine Bettnachbarin hatte auch Post bekommen. Nach dem Lesen verkroch sie sich unter die Bettdecke. Wir machten das alle so, wenn wir allein sein wollten, um mit uns selbst ins reine zu kommen. Ich wußte also, da war etwas. Als die anderen schliefen, habe ich mich zu ihr gesetzt und ihr die Decke vom Kopf gezogen. Ich vermutete, daß bei ihr zu Hause jemand gestorben wäre. Als ich fragte, gab sie mir den Brief, ich solle ihn lesen, es sei vielleicht gut, sie wisse nicht, was sie tun solle.
Ich ging zum Fenster, las beim Licht der Scheinwerfer, die den Hof ausleuchteten.
Ich brauchte lange. Der Brief war von ihrem Mann, er schrieb, daß sie ja fünfundzwanzig Jahre Zuchthaus hätte, er wüßte zwar nicht wofür und begriffe es auch nicht, aber es sei doch ein Faktum, und er fühle sich nicht imstande, fünfundzwanzig Jahre auf sie zu warten. Angenommen, sie lebten noch, so wären sie dann beide alt, und was sie dann noch voneinander hätten? Er habe eine andere Frau kennengelernt, sie führe ihm schon eine Weile den Haushalt und sorge auch für das Kind. Und er glaube, aus Vernunftgründen sei es richtig, diese Frau zu heiraten. Er habe die Frau recht gerne und bäte um ihr Verständnis.
Er fand kein einziges herzliches Wort für sie. Er schien überhaupt nicht daran gedacht zu haben, daß sie hier saß und diese fünfundzwanzig Jahre vor sich hatte. Und daß er frei war, sein Haus hatte, sein Kind und seine Arbeit.
Ich setzte mich wieder zu ihr und redete ihr zu, sich in seine Situation zu versetzen. Sie solle bedenken, daß er allein zu Hause gesessen habe, niemand habe für ihn und das Kind gekocht und gewaschen. Wenn er abends kam, war das Haus kalt und leer, das hielte kein Mann aus, die innere und äußere Unordnung sei ihm zuviel geworden. Zuerst habe doch jeder das Gefühl, sein eigenes Leben in Ordnung bringen zu müssen, und da habe er eben nicht an sie gedacht. Das sei sehr hart für sie, aber ein bißchen könne sie ihn vielleicht doch verstehen.
Sie sagte, sie wisse einfach nicht, was sie ihm antworten solle. Sie seien glücklich verheiratet gewesen, und das habe ihr so geholfen, und nun solle das auf einmal nicht mehr wahr sein, so von heute auf morgen. Wie gern, sagte sie, hätte sie mir seinen letzten Brief gezeigt, der sei noch voller Liebe und Zärtlichkeit gewesen. (Sie konnte es nicht, weil

wir den alten Brief abgeben mußten, wenn wir einen neuen bekamen.)
Ich riet ihr, ihm ganz herzlich zu schreiben, vielleicht sei das alles nur eine Anwandlung des Augenblicks gewesen.
Das könne sie nicht, sagte sie, herzlich könne sie jetzt nicht sein.
Da fragte ich, ob ich es für sie tun solle.
Sie atmete auf und sagte erleichtert, ja.
Ich setzte mich also hin und schrieb an diesen fremden Mann, als wäre er mein eigener. Ich verstünde, schrieb ich, daß er so nicht weiterleben könne. Aber ich bäte ihn um ein wenig Geduld. Ich glaubte nicht, daß diese ganze Haftzeit durchgestanden werden müsse, vor einem Jahr schon seien Menschen mit höheren Strafen unvermutet entlassen worden. Es sei durchaus möglich, daß auch ich bald daheim sei, vielleicht schon in einem Jahr. Und ob er nicht diese Zeit, das eine Jahr, um unserer Liebe willen ertragen wolle. Ich schrieb ihm, ich brauchte dieses Gefühl, erwartet zu werden, um überhaupt am Leben zu bleiben. Und alle meine Kraft käme aus dem Gedanken, eines Tages wieder zu Hause zu sein, bei ihm und unserem Kind. Ob er mir nicht helfen könne, diese Zeit zu tragen.
Einige Tage darauf bekamen wir unsere Zwanzig-Zeilen-Bogen. Sie schrieb diesen Entwurf ab, und mein Brief ging aus dem Haus als ihr eigener. Dann mußten wir vier Wochen warten. Und dann kam wieder ein Brief von ihm. Ich habe den Atem angehalten, als sie ihn las. Sie fing wieder an zu weinen und reichte mir den Brief herüber, diesmal aber waren es Freudentränen.
Er schrieb, wie gut es sei, daß sie ihm alles klargemacht habe, jetzt wisse er erst, was ihre Ehe wert sei und welchen Sinn das alles habe. Sie solle verzeihen, daß er ihr so wehgetan habe, selbstverständlich würde er auf sie warten. Auch er habe von vorzeitigen Entlassungen gehört, und nun hoffe und glaube er, daß sie bald wieder bei ihm und dem Kind sein werde.
Wir sind kurz darauf auseinandergekommen, diese Frau und ich, und ich habe sie nicht wiedergesehen. Ich kann mich erinnern, daß sie vierundfünfzig mit uns nach Hoheneck ging. Von dort wurden im Juni sechzig Frauen entlassen, darunter auch sie. Das war ungefähr ein Jahr nach diesen Briefen.
Während ich mit den Frauen in der Zelle zusammenlebte, fragte ich die Hauptwachtmeisterin in einem günstigen Augenblick, ob ich im Chor mitsingen dürfe. Sie war gerade guter Laune und erlaubte es.
In Waldheim gab es einen Frauen- und einen Männerchor, streng getrennt natürlich. Sie übten regelmäßig in der ehemaligen Schloßkirche. Deren festlich-frohe barocke Ausschmückung mit posauneblа-

senden Putten, bunten Blumengirlanden und vergoldetem Zierrat war unverändert geblieben, nur der Altarraum war verändert worden. Mit einem Bretterüberbau hatte man ihn in eine Bühne verwandelt.

Als wir wieder einmal auf der Bühne standen und sangen, ging die Tür auf und drei Offiziere betraten das Kirchenschiff, darunter Schönfeld. Die Chorleiterin wollte abbrechen, aber der Anstaltsleiter gab ein Zeichen, daß wir weitersingen sollten. Die drei blieben stehen und hörten einen Augenblick zu. Plötzlich war Schönfelds Blick auf mir. Ich wußte, was in ihm vorging. Von da an würde er wieder auf der Lauer liegen, nach einem Anlaß suchen, mich erneut zu isolieren.

Es geschah bei einem unserer täglichen Rundgänge, auf die ich mich besonders freute, weil im Hof des Schloßbaus in der Nähe der Kirche zwei herrliche alte Linden standen, die gerade blühten. Ich konnte mich an ihnen nicht satt sehen und sagte ihnen immer leise guten Tag und auf Wiedersehen.

Diesmal waren wir um die Mittagszeit draußen, als die Essenholer aus dem Neuen Zellenhaus, die ich alle so gut kannte, über den Hof kamen. Der Rundgang wurde angehalten, um sie vorbeizulassen. Zufällig stand ich an ihrem Weg. Da gingen sie nicht wie sonst hinter der Frauenreihe herum, sondern durchbrachen sie und kamen mit ihren Kübeln freudestrahlend an mir vorbei. Ich strahlte ebenso zurück.

Sofort kam Schönfeld herausgeschossen und schrie, für die Essenträger sei sofort eine Lücke zu machen und wehe, wer ein Wort spräche. Eilfertig rückten die Frauen auseinander, mit dieser unterwürfigen Beflissenheit, die mir so zuwider war! Wie unter Zwang blieb ich stehen. Da war er auch schon bei mir, sagte mit hohntriefender Höflichkeit: Wenn ich die gnädige Frau auch bitten darf, beiseite zu treten.

Ich sah ihm ins Gesicht: Weil Sie so höflich bitten, Herr Schönfeld, will ich Ihnen den Gefallen tun.

Das war zu viel. Sofort abführen! schrie er.

Eine Wachtmeisterin brachte mich ins Haus, eine von den freundlichen. Auf der Treppe sagte sie: Dreykorn, nun werden Sie schon wieder bestraft. Ich soll Sie in eine Isolierzelle bringen, aber ich tue es wirklich nicht gern.

So war ich wieder in einer der üblichen Einzelzellen. Ich hatte mich kaum umgesehen, da kam Schönfeld.

Ich beobachte Sie schon lange, wie Sie sich hier aufführen. Sie sind eine Gefährdung für die Anstalt!

Ich? Wieso?

Sie haben Ihre Gesinnung nicht geändert, das habe ich ja drüben schon gemerkt. Nun bewegen Sie sich hier unter den Frauen und können ungehindert Ihre Anschauungen verbreiten.
Das haben Sie sich wohl überlegt, als Sie mich neulich in der Kirche im Chor entdeckten?
Ja, sagte er, ich würde ihn schon sehr gut kennen. Warum ich dann noch frage?
Und ging.

Ich bin also wieder in der Arrestzelle, in der nichts ist außer Eisenbett und Strohsack, Schemel und Kübel. Doch ist die Isolierung nicht mit Essensentzug verbunden, ich darf auch weiter arbeiten und behalte die Lesegenehmigung.
Dafür ist sie zeitlich nicht beschränkt.
Tatsächlich blieb ich in Waldheim bis zuletzt in Isolierhaft, die nur dann und wann aufgehoben wurde, wenn die Zellen alle besetzt waren. Oder um mich zu quälen, da zwang man mich, mit tobenden Verrückten zusammenzuleben, bis meine Nerven erschöpft waren und ich mich weigerte.
Aber alles in allem bin ich nicht unglücklich über die Einzelhaft. Es mag schwer zu verstehen sein, ich empfinde sie mittlerweile als angenehm, vielleicht bin ich schon zu lange allein gewesen. Ich habe das Gefühl, in meiner Einzelzelle intensiver und auch sauberer leben zu können.
Ich saß nun wieder im ewigen Dämmer.
Mit der Arbeit war es aus. Am ersten Tage schaffte ich gerade drei Knopflöcher, die Wachtmeisterin sagte mir, das sei die absolute Mindestleistung. Zwar setzte ich mich unter das Fenster, aber auch dort war das Licht so trüb, daß ich kaum einfädeln konnte. Immer wieder ließ ich die Arbeit sinken, weil mir alles vor Augen verschwamm.
Nach wenigen Wochen mußte ich ganz aufgeben, die Augen versagten. Auch die Brille eines Verstorbenen, die mir gebracht wurde, half nicht, eine Brille ist nun mal kein Ausgleich für fehlendes Licht.
Aber jetzt hatte ich Zeit zu lesen.
Ich bestellte mir die Bibel und fing wieder an, auswendig zu lernen, die Bergpredigt zum Beispiel und viele Psalmen. Anfangs brauchte ich mehr Zeit, man muß sich ja erst in die Sprache eines Dichters finden, ob das nun Goethe ist oder Luther. Dann aber geht es schnell, die Sprache ist einem in Klang und Redewendung und Wortwahl vertraut geworden.

Es dauerte eine Zeit, bis ich mich an die Geräusche des Frauenhauses gewöhnt hatte, lange blieben sie verwirrend und erschreckend. Bei den Männern ordnete sich alles ohne großen Gefühlsaufwand, hier lebte ich auf einmal am Rande eines brodelnden Vulkans. Wilde Empörung, nackte Verzweiflung und tosender Haß, das äußerte sich in ungehemmten Ausbrüchen. Und hauste dicht neben zarten Freundschaften und feiner Geduld.

Einige der isolierten Frauen veranstalteten regelmäßig einen Zauber, der kaum zu beschreiben ist. Schemel wurden zerschmettert, Waschkrüge und Schüsseln zerschlagen, es schepperte, klirrte und krachte. Und dazu ein Heulen und Schreien und Kreischen, das nichts Menschenähnliches mehr hatte.

Eine rief immer wieder: Ich will hier raus, ich will hier raus. Ich erfuhr bald, wer das war: die zierliche Blonde, die mehrmals drüben bei uns ihren Arrest verbüßte, als es hier noch keine Isolierzellen gab. Diese aufsässige Person, die sich beim Rundgang einmal mit dem Gesicht zur Wand stellen mußte, aus Solidarität hatte ich mich neben sie gestellt.

Sie hatte schnell heraus, daß ich hier war. Mehrere Tage hintereinander machte sie sich bemerkbar durch Klopfzeichen an den Heizungsrohren, die unverkleidet durch unsere Zellen liefen.

Ich hörte das Klopfen, legte mein Ohr an das Metall, weitab rief jemand meinen Namen. Ich fragte, wer da sei.

Ich freue mich, daß Sie hier sind, sagte die ferne Stimme, Sie haben mir damals sehr geholfen, als Sie sich neben mich stellten.

Ich fragte, warum sie so tobe.

Weil das kein Leben mehr sei, sagte sie, sie könne es nicht mehr ertragen, dieses Sitzen im Dunkel, kein Mensch, keine Arbeit, nie ein Paket oder ein liebes Wort.

Ich fragte, ob sie denn keine Eltern habe.

Sie hatte niemanden, war Fürsorgezögling. Aber sie habe sehr gute Jahre gehabt, bei einer freundlichen Pflegemutter, die aber leider geheiratet habe, einen Pfarrer, der zwei Söhne ins Haus brachte. Da sei alles aus gewesen, sie wurde schief angesehen, war fünftes Rad am Wagen, mußte von der Schule, kein freundliches Wort mehr, das hielt sie nicht aus. Sie schloß sich — mehr aus Trotz — einer Werwolforganisation an, viel Widerstand hätten sie nicht geleistet, aber dafür habe sie fünfundzwanzig Jahre bekommen.

Ich weiß nicht, was daran stimmte, aber ich habe es ihr geglaubt, und ich habe auch nie etwas anderes gehört als das, was sie mir durch die Heizrohre erzählte.

Ich überlegte mir immer wieder, ob ich etwas für dieses Kind tun konnte.
Bernhards Patentante fiel mir ein. Wiesbaden, das war ja wohlhabender Westen, sie selbst eine vermögende Frau. Auch hilfsbereit. Und so fromm wie alle Bechlers (Bernhard war eine Ausnahme, sein Bruder, der als Generalmajor und Ritterkreuzträger aus dem Krieg kam, wurde später Prediger). Ich wußte, sie würde helfen, wenn sie konnte.
So gab ich Melanie die Anschrift dieser Tante, diktierte ihr auch ein paar Sätze, die klarmachten, daß die Verbindung durch mich zustande gekommen war.
Melanie fragte glücklich, ob sie auch etwas für mich tun könne.
Ich bat sie, nicht mehr zu toben.
Sie tobte nicht mehr, sie war wie ausgewechselt. Das Wachtpersonal stand vor einem Rätsel, aber sie waren gern bereit, diesen neuen friedlichen Zustand zu erhalten, die tobende Melanie war ihnen wohl sehr auf die Nerven gegangen.
Sie bekam Arbeitserlaubnis, nun säumte auch sie Knopflöcher in Vopohemden, aber sie schaffte, anders als ich, auf Anhieb neunzig.
Dann kam auch schon das erste Paket aus Wiesbaden.
Eine Wachtmeisterin schloß zu ungewohnter Zeit auf, neben ihr stand Melanie, strahlend hielt sie mir ihre Eßschüssel hin, die randvoll war mit Leckerbissen. So etwas Schönes, sagte sie, habe sie noch nie gehabt. Ich nahm nur eine Zitrone, die obenauf lag, sie sollte ihr Glück genießen. Die Wachtmeisterin blickte befremdet von einem zum anderen, Melanies Großzügigkeit mochte ihr ebenso rätselhaft sein wie mein bescheidenes Verhalten.
Nun begann Melanies Aufstieg.
In ihrem Glücksrausch steigerte sie die Knopflöcherproduktion auf das Doppelte, also hundertachtzig an einem Tag, die Norm lag bei siebzig.
Die Belohnung blieb nicht aus.
Wer mehr als die Norm schaffte, durfte sich von zu Hause ein Foto schicken lassen, und man behielt es so lange in der Zelle, wie die Norm erfüllt wurde, rutschte man darunter, wurde einem das Bild fortgenommen.
Melanie klopfte mir also die Nachricht durch, sie dürfe sich ein Bild schicken lassen, ob ich einen Wunsch hätte.
Ich dachte an ein Bild der Kinder, das letzte. Der Junge sitzt und schaut zu Heidi auf, und sie hat den Arm um ihn gelegt und sieht auf ihn herunter, sie hatten sich sehr lieb, das sah man auf diesem Bild.
Ich beschrieb es ihr.

Die Vorstellung, nach so vielen Jahren ein Bild von meinen Kindern zu haben, machte mich so glücklich, daß ich mögliche Komplikationen nicht bedachte und auch nicht Melanies Charakter.
Nun wartete ich.
Melanies Aufstieg ging weiter, der erste Vertrauensposten wurde ihr zugewiesen, sie teilte nun das Essen aus und säuberte außerdem morgens die Wachtzimmer.
In dieser Zeit erwies sie ihren Mithäftlingen einen großen Dienst. In dem Wachtzimmer wurden nämlich unsere Briefe zensiert, man schnitt einfach heraus, was man uns vorenthalten wollte. Was blieb, waren oft nur unverständliche Teile, und wir fragten uns, was wohl wirklich da gestanden haben mochte. Es ist sogar vorgekommen, daß von einem Brief nur Anrede und Unterschrift übrigblieben.
Melanie nun brachte es fertig, zwischen Scheuern und Staubwischen diese herausgeschnittenen Teile aus dem Papierkorb zu sammeln und den Empfängerinnen zukommen zu lassen, ohne daß es je bemerkt worden wäre.
Auch mich vergaß sie nicht, das merkte ich bei jeder Essensausgabe. Meine Suppenschüssel war immer reichlich gefüllt, und wenn es grünen Salat gab, dann bekam ich ihre Portion dazu, sie behauptete, sie äße ihn doch nicht.
Das Essen war inzwischen etwas besser geworden. Im Männerhaus gab es in der ersten Zeit nur die ungenießbare Rübenschnitzelbrühe, inzwischen hatten wir so etwas wie einen Speisezettel, auf dem sich einige Gerichte abwechselten. Freitag bekamen wir Nudelsuppe, sonntags meist Pellkartoffel mit Gulasch. Wenn man Glück hatte, fand man fünf Pellkartoffeln in der Kelle, die der Kalfaktor einem zuteilte. Die erfrorenen, süßschmeckenden Kartoffeln konnte man wenigstens essen, oft genug aber gab es auch angehackte, faulende und giftig grüne. Gegen Gulasch habe ich seit jener Zeit eine unüberwindliche Abneigung, es war eine trübe Mehlsauce, in der einige Fleischstücke schwammen, zähe Sehnenabschnitte oder Innereien. Auch die Makkaroni, die wir bekamen, waren nahezu ungenießbar. Es muß eine Art Bruch gewesen sein, der zu Kleister zusammengekocht war. Dazu gab es eine süße Fruchtsauce, die aus verdünnter Marmelade bestand. Ein anderes Essen, eine dünne graue Mehlsuppe, die nicht sättigte, war besonders bei den Männern verhaßt. Ich mochte den leicht süßlichen Geschmack, und während ich sie aß, stellte ich mir die herrlichsten Süßspeisen vor.
Ich blieb nicht allein.
Die Arrestabteilung war schnell überfüllt, nun waren wir oft zu zweit,

manchmal sogar zu dritt. Meine erste Mitbewohnerin war eine Zeugin Jehovas. In Waldheim gab es etwa hundert von ihnen, sie wurden in einem Stockwerk isoliert gehalten, man sah in ihnen eine große Gefahr.

Diese Frau aber mußte zusätzlich abgesondert werden, sie war Laienpredigerin und geistiger Mittelpunkt ihrer Glaubensgenossen. Sogar hier im Haus war ihr eine Bekehrung gelungen, man hatte sie erwischt, als sie die Neubekehrte unter der Dusche taufte.

Nun war aber keine Zelle frei. Da legte man sie zu mir, weil man sich sagte, die Dreykorn ist nicht zu beeinflussen, da besteht keine Gefahr, daß die sich bekehren und taufen läßt. Und das war auch ganz richtig gesehen.

Die Tür ging also auf. Herein kam eine Frau mit einer Decke, die alles enthielt, was einem Häftling so gehörte: Eßschüsseln, Handtuch, Waschzeug und die Reste vom letzten Paket. Die Frau hatte ein lebendiges, strahlendes Gesicht. Sie war vielleicht Mitte fünfzig, frisch und blühend mit dunklen Augen und weißen Zöpfen, die sie wie eine Krone trug.

Sie kam herein, schüttelte mir beide Hände und stellte sich vor. Seeliger hieß sie, Frau Seeliger. Sie hatte den naiven zuversichtlichen Gesichtsausdruck, den ich schon bei anderen Zeugen Jehovas wahrgenommen hatte, diese unbedingte Gläubigkeit, aber bei ihr leuchteten geistige Beweglichkeit und Mutterwitz durch.

Noch bevor sie sich einrichtete, entdeckte sie die Bibel, der ich einen Ehrenplatz auf dem Zellentisch gegeben hatte. Sie lag auf dem Taschentuch mit der Klöppelspitze, das einmal Schönfelds Zorn erregt hatte.

Endlich, sagte sie, endlich eine Bibel. Wir dürfen nämlich keine haben.

Sie nahm sie in die Hand und blätterte darin und erzählte mir zugleich, was sie am meisten beschäftigte, daß nämlich der Untergang der Welt kurz bevorstünde. Hier sei es zu lesen, im Matthäus-Evangelium, Kapitel 24, Vers 29 und folgende: Bald aber nach der Trübsal derselbigen Zeit, werden Sonne und Mond den Schein verlieren, und die Sterne werden vom Himmel fallen, und die Kräfte der Himmel werden sich bewegen. Und alsdann wird erscheinen das Zeichen des Menschen Sohnes im Himmel. Und alsdann werden heulen alle Geschlechter auf Erden, und werden sehen kommen des Menschen Sohn in den Wolken des Himmels, mit großer Kraft und Herrlichkeit. Und er wird senden seine Engel mit hellen Posaunen; und sie werden sammeln seine Auserwählten von den vier Winden, von

einem Ende des Himmels zu dem andern ... Wahrlich, ich sage euch: Dies Geschlecht wird nicht vergehen, bis daß dieses alles geschehe.
Sie blickte mich triumphierend an, ob das nicht genau stimme: Bald nach der Trübsal derselben Zeit. Das Weltende stünde nahe bevor, ihre Propheten glaubten an das Jahr vierundfünfzig.
Ich war etwas verblüfft, nach dieser Rechnung blieb uns ein gutes Jahr bis zum Weltuntergang.
Jaja, sagte sie, die vierzig sei eine heilige Zahl, eine Zeitperiode Gottes im Leben des Menschen, überall zu finden. 1914 sei eine Weltordnung zusammengebrochen, danach hätte Chaos geherrscht, vierzig Jahre lang, also stünde die neue Weltordnung unmittelbar bevor.
Ich fragte sie, was sie denn machten, wenn nichts geschähe, kein Weltuntergang und keine neue Weltordnung.
Das bedeute nur, daß sie sich verrechnet hätten. Es könne ja auch 1917 sein, mit der russischen Revolution habe die Herrschaft des Teufels über die Erde begonnen. Aber auch da sei nicht mehr lange hin, wir alle würden es erleben.
Ich frage mich, ob Frau Seeliger noch immer rechnet. Sicher aber ist sie bei ihrem Glauben geblieben, die Bibel war für sie eine Art Terminkalender Gottes, in dem sie als eine der Auserwählten nun auch zu lesen verstand.
Kurz vor dem Appell erzählte ich ihr, daß ich die vorschriftsmäßige Meldung als Strafgefangene ablehne und es deshalb immer Schwierigkeiten gebe.
Sie sagte, ihr sei es auch unangenehm, aber sie vertiefte sich wieder in die Bibel und vergaß alles um sich.
Sie hockte auf dem Rand des Strohsacks, der für sie hereingeschafft worden war, und bereitete sich auf die Nacht vor, löste ihre Flechten, streute Haarnadeln um die Bibel, kämmte und bürstete und murmelte einen Psalm nach dem anderen, sie überhörte sogar das Zeichen zum Appell. Ich mußte sie anrufen, als ich die Wachtmeisterin kurz vor unserer Tür hörte. Sie sprang auf und stellte sich unter das Fenster, über ihre Schulter hing die lange Flechte, deren Ende sie murmelnd weiter bearbeitete. Als die Tür aufgeschlossen wurde, sagte sie ganz versunken: Psalm 125, Vers 1: Die auf den Herrn hoffen, werden nicht fallen ...
Die Wachtmeisterin schüttelte den Kopf und tickte sich an die Stirn und knallte die Tür zu. Wir schauten uns an und brachen in Lachen aus.
Wir lachten viel miteinander.
Nach dem Appell machte Frau Seeliger sich zur Nacht fertig. Von der

Bibel konnte sie sich immer noch nicht trennen. Da lag sie zwischen Strümpfen und Unterwäsche, und das war mir ein Dorn im Auge, ich hatte ihr immer einen Ehrenplatz gegeben. Ich bat sie, das Buch auf eine andere Stelle zu legen, sie erwiderte schlagfertig, besser die Bibel zwischen Unterwäsche und gelesen, als ungelesen auf einem Ehrenplatz.

Am nächsten Morgen kam das, worauf ich schon gewartet hatte, der Bekehrungsversuch. Sie sagte, sie bete ja nun immer und immer laut und sie wolle das gern weiter tun, ob sie mich mit ihrem Glauben bekanntmachen dürfe.

Ich sagte ihr, das dürfe sie gerne, aber bitte ohne den Versuch einer Bekehrung, ich hätte selber einen festen Glauben und wolle nicht, daß daran gerüttelt werde. Ebenso verspräche ich, den ihren nicht anzutasten.

Sie sagte, das respektiere sie, und wir haben uns immer an die Absprache gehalten.

Sie betete viel, nach dem Aufstehen und vor dem Zubettgehen und vor jeder Mahlzeit. Sie dankte Gott für alles.

Einmal gab es eine dürftige Kohlsuppe, unsere Schüsseln standen schon auf dem Tisch, und wir saßen mit gefalteten Händen nebeneinander, und sie fing an: Himmlischer Vater, der Dir die Seraphine und Cherubine Tag und Nacht zu Füßen liegen, der Du die Menschen hast kommen lassen und sie abrufst, wenn ihre Zeit um ist, der Du auch unser Leben in Deiner Hand hältst und es betreust und führst, Tag um Tag, ich danke Dir für die Gnade, daß Du immer unter uns weilst und uns so viel Gutes schenkst, auch in diesem Leben hier. Und so möchte ich Dir auch jetzt für dieses Mittagessen danken, das Deine Gnade uns beschert hat. Amen.

Wir ergriffen unsere Löffel. Frau Seeliger kostete und sagte: Pfui Teufel, nichts als versalzenes Wasser, das ist ja ein Höllenfraß.

Ich mußte lachen.

Erstaunt blickte sie hoch.

Ich fragte sie, ob ihr nicht bewußt sei, daß sie gerade Gott gedankt habe, um ihn sofort danach zu verfluchen, für ein und dasselbe Essen.

Sie sah ganz erschrocken aus. Einsichtig sagte sie, sie habe das noch nie so gesehen, und danach fluchte sie eine ganze Weile nicht mehr.

Sie brachte Stunden damit zu, mir ihren Glauben darzulegen.

Die Zeugen Jehovas seien das auserwählte Volk, ihnen allein werde in nicht allzu langer Zeit das Himmelreich gehören, nur ihnen. Auch ich könne nicht in die ewige Seligkeit eingehen, weil ich ja nicht zu diesem auserwählten Volk gehörte. Aber da ich wirklich fromm sei,

sei ich nicht ganz verdammt, mein Geist würde zwischen Himmel und Erde schweben, während die Ungläubigen und Gottlosen in der Hölle ihre verdiente Strafe bekämen.
Ich schwieg zu diesen Auslegungen, aber die Güte und Standhaftigkeit dieser Frau rang mir immer wieder Hochachtung ab. Tagtäglich bezahlte sie für ihren seltsamen Glauben, und sie zahlte ohne Haß und Rachsucht. Seit neun Jahren saß sie nun in den Lagern und Zuchthäusern, fünf Jahre in denen des neuen Staates, dazu kamen die vier Jahre KZ unter Hitler.
Nach fünfundvierzig war sie nur eine kurze Zeit frei; sie und ihr Mann, ein vollausgebildeter Prediger, wurden gleichzeitig verhaftet, sie wußte seither nichts von ihm. Sie selber hatte man zu fünfundzwanzig Jahren wegen Agententätigkeit verurteilt. Als »Beweisstück« hatten die Stadtpläne, nach denen sie ihre Hausbesuche machten, gedient. Auf ihnen waren die Häuser bezeichnet, wo sie abgewiesen worden waren, den zweiten Besuch wollten sie sich ersparen. Und nun unterstellte man ihnen, daß sie Vorarbeit für eine amerikanische Invasion leisteten — ihre Zentrale war ja tatsächlich in Amerika —, indem sie die Häuser der Kommunisten kennzeichneten, die dann sofort als Widerstandsnester ausgeräumt werden könnten.
Und dafür fünfundzwanzig Jahre.
Ja, sagte Frau Seeliger, ohne ihr Strahlen zu verlieren, was wir für den Himmel leiden, wird uns hundertfach vergolten werden.
Sie sprach oft von dieser neuen Welt. Einer paradiesischen Welt friedlicher glücklicher Arbeit, ohne Kriege und Krankheit. Ärzte gäbe es nicht mehr, weil es keine Krankheit gäbe. Dieser gesegneten Einfalt mochten sie viele Anhänger verdanken, die Aussicht auf ein goldenes Jenseits half, alle diesseitigen Dunkelheiten zu ertragen.
Eine andere Quelle der Kraft kam aus ihrer selbstlosen Freundlichkeit. Sie war keine drei Tage in meiner Zelle, als sie das erste Paket erhielt. Wertvolle Lebensmittel waren darin und Delikatessen, die ich seit vielen Jahren nicht mehr gesehen hatte.
Frau Seeliger teilte in zwei gleiche Teile. Das mußte ich zurückweisen, ich sagte ihr, ich bekäme solche Pakete nicht, meine Mutter könne sich das nicht leisten, es sei mir also unmöglich, zu vergelten.
Darum ginge es nicht, sagte sie, bei ihnen würde alles geteilt. Und mit jedem, wie in der ersten Christengemeinde. Ich müsse meinen Teil nehmen, ihr zuliebe.
Frau Seeliger durfte sich auch ein Buch bestellen, und da sie eigentlich nur an einem interessiert war, nämlich an der Bibel, fragte sie mich, was sie wählen solle. Ich schlug ihr den Wilhelm Meister vor.

In der Zeit nähte ich für Melanie aus einem Bettuch weiße Schürzen, sie war ja vom Ehrgeiz gepackt und wollte den Wachtmeisterinnen mit ihrer flinken Sauberkeit imponieren. Ich saß also und nähte, und Frau Seeliger las mir *Wilhelm Meisters Lehr- und Wanderjahre* vor. Sie las gut und war mit all ihrer Fröhlichkeit dabei, und ich muß sagen, daß ich ohne sie dieses Werk Goethes nie kennengelernt hätte. Außerdem war es eine willkommene Abwechslung zu den Bibelauslegungen, die mir keinen Tag erspart blieben.

Ich hatte so manche Vorteile von dieser Zellengemeinschaft. So bekam ich sonnabends immer Frau Seeligers Blutwurstzuteilung, denn die Zeugen Jehovas dürfen kein Blut zu sich nehmen. Sie begründen das mit Stellen aus den Büchern Moses.

Frau Seeliger verzichtete also auf die Blutwurst, jeden Samstagabend die besondere Delikatesse unserer Kaltverpflegung. Sie war aber großherzig genug, sie mir zu überlassen. Ich sei ihren Riten nicht verpflichtet, meinte sie. Bei uns machte sich die Weigerung also nicht bemerkbar, im Stockwerk der Zeugen Jehovas, wo sie unter sich waren, gab es deswegen den Wurstkrieg.

Schönfeld bekam Wind von der allgemeinen Ablehnung. Nun hatte er ja immer den Drang, jeden Eigenwillen zu brechen; er gab also den Befehl, die zurückgewiesene Blutwurst am kommenden Tag in die Suppe zu schneiden. Daraufhin lehnten die Zeugen Jehovas das Mittagessen ab.

Schönfeld erschien bei ihnen.

Er ließ alle Zellen öffnen, stellte sich auf den Gang und hielt ihnen eine Rede. Sie hätten seine eiserne Faust noch nicht kennengelernt, und sie würden zerschellen an dieser Blutwurst.

Große Worte.

Die Zeugen Jehovas zerschellten an seiner Faust ebensowenig wie einstmals an der Härte der SS. Sie lächelten und siegten in ihrer leisen Art. Eine Woche lang wiesen sie das Mittagessen zurück, weil in jeder Suppe Blutwurst schwamm, dann streckte Schönfeld die Waffen, seine Kräfte waren erschöpft, der Wurstkrieg war zu Ende.

Wir vertrugen uns sehr gut, Frau Seeliger und ich, es war das, was man ein harmonisches Zusammenleben nennt. Aber die langen Religionsgespräche wurden mir manchmal zuviel, und ich schlug ihr vor, mit mir einen Volkstanz einzuüben. Ich sang die Melodie, machte ihr die Schritte vor, und sie hüpfte und sprang bereitwillig trotz ihrer vierundfünfzig Jahre. Bis vor kurzem hätte sie das abgelehnt, sagte sie, aber nun fände sie es herrlich. Und zum Schluß hakten wir uns ein und sprangen um einander herum.

Wir wußten, daß wir beobachtet wurden, aber wir machten uns die Auswirkungen nicht klar. Eine Wachtmeisterin sagte böse, uns ginge es wohl zu gut. Und danach war es aus mit dem freundlichen Zusammenleben, Frau Seeliger mußte packen und ausziehen.
Ich war gespannt, was nun würde.
Nach dem Appell Klopfzeichen. Ich legte meinen Kopf an das Rohr, es war Frau Seeliger, man hatte sie in der Nachbarzelle untergebracht. Freude auf beiden Seiten.
Nun konnten wir uns weiter unterhalten, wenn auch nicht mehr so ungezwungen wie in der gemeinsamen Zelle, und manchmal stieg ich am Fenster hoch und schob ihr einen Trinkbecher Suppe herüber, Melanie versorgte mich ja reichlich.
Die Bibel hatte ich ihr gleich mitgegeben.
Sie fand so großen Trost darin, und ich wußte ja schon viel auswendig. Ich machte mit ihr aus, nicht zu verschweigen, von wem die Bibel stammte, ich wollte nicht, daß sie lügen mußte, wenn das Buch bei ihr entdeckt wurde. Denn ich wußte, wie hart die Zeugen Jehovas für solchen Besitz bestraft wurden.
Frau Seeliger hatte sie monatelang, aber dann wurde sie doch bei einer der großen Razzien gefunden. Mein Name fiel nicht. Frau Seeliger schwieg und alle, die davon wußten. Eine allgemeine Paketsperre von vier Wochen war die Strafe, die die Zeugen Jehovas mit der üblichen Gelassenheit auf sich nahmen.
Mir besorgte Melanie eine neue Bibel.
Da bestand unsere Freundschaft noch, aber lange sollte es nicht mehr dauern. Die Volkspolizei schenkte ihr immer mehr Vertrauen. Zuletzt übertrug man ihr sogar die Aufgabe, die Isolierten und Arrestanten zum Rundgang zu führen und dabei zu beaufsichtigen, das habe ich weder vorher noch nachher erlebt. Die Wachtmeisterinnen entledigten sich damit einer sehr lästigen Pflicht, denn der Hinterhof, in dem wir herumlaufen mußten, war überaus häßlich und klein, er lag zwischen Waschräumen und Abortanlagen und war von Unkraut überwuchert.
Für Melanie aber hatte es den Reiz des Neuen.
Man lieferte ihr nicht nur die Schlüssel der Hinterpforte aus, sondern auch uns Gefangene, und dem war sie nicht gewachsen.
Sie befahl schnelleres Gehen, andere Abstände, Armeschlenkern, Marschieren und Antreten und benahm sich in jeder Weise schlechter als unsere Wärterinnen.
Sie redete sich damit heraus, daß sie beobachtet würde, aber etwas beschämt war sie doch.

Die anderen verärgerte sie mehr als mich. Was der Gefangene sich von seinem Wärter gefallen läßt, erträgt er nicht von einem Mitgefangenen, vielleicht litten sie auch mehr unter ihr, weil sie mir gegenüber ja immer noch diese große Dankbarkeit empfand, jedenfalls glaube ich, daß schon an ihrem Sturz gearbeitet wurde.
Ich wartete immer noch geduldig auf das Kinderbild. Und wußte nicht, daß es längst angekommen war. Ich erfuhr es auch nicht von ihr, sondern von einer Mitgefangenen. Sie fragte, ob ich von Melanies entzückenden Kindern gehört hätte, sie zeige deren Bild jedem und habe es sogar mit in die Kirche genommen.
Ich wußte natürlich sofort, daß es sich um meine Kinder handelte, die Melanie offenbar als ihre eigenen ausgab, und ich vermutete, daß die andere Frau es auch wußte und mir einen Hinweis geben wollte.
Am Ende des nächsten Rundgangs sprach ich sie an. Ich sagte ihr, daß die Frauen über das Bild redeten und daß es doch meine Kinder seien, warum sie mir nicht erzählt habe, daß es angekommen sei.
Ohne Verlegenheit erklärte sie mir, ich müsse das verstehen, sie habe ja nun eine Position: es sei immer damit zu rechnen, daß Offiziere in ihre Zelle kämen und das Bild sehen wollten, sie könne es mir nur zeigen, überlassen nicht, das sei zu gefährlich, wir hätten ja abgemacht, daß wir immer so tun würden, als kämen die Briefe und Pakete von ihren Verwandten.
Am Tag darauf fragte ich sie, ob sie das Bild dabei habe.
Sie reichte es mir.
Ich nahm es ohne ein Wort und steckte es unter meine Jacke. Es sah wohl so endgültig aus, daß sie nicht wagte, es zurückzufordern.
In meiner Zelle habe ich mich hingesetzt und das Bild angesehen, ich weiß nicht wie lange. Alles kommt wieder: Herbst 1944. Heidi war damals gerade fünf geworden. Der Junge stand kurz vor seinem vierten Geburtstag. Er war so ängstlich, so weinerlich in der fremden Umgebung gewesen, wie es überhaupt nicht seiner Art entsprach. Heidi stand neben ihm, hatte beschützend den Arm um ihn gelegt und schaute fast mütterlich zu ihm nieder, während er, scheu und etwas trotzig, zu ihr aufschaute.
Ich sehe meine beiden vor mir, höre sie sprechen, sehe sie mir entgegenlaufen. Neun Jahre sind seitdem vergangen und acht, seit wir voneinander getrennt wurden. Heidi wird in wenigen Wochen vierzehn und mein Junge zu Weihnachten dreizehn. Das Alter, in dem Kinder ihre Mutter am nötigsten brauchen. Wer ist für sie da? Zu wem können sie mit ihren Fragen, ihren Bedrängnissen kommen? Nichts weiß ich von ihnen, aber auch gar nichts.

Ich muß einen Weg finden, und vielleicht gibt es jetzt eine Möglichkeit. In bestimmten Zeitabständen hält der Pfarrer Sprechstunden für die Gefangenen ab. Ich will versuchen, über ihn Nachricht an meine Kinder zu geben.
Ich sitze noch so, als eine Wachtmeisterin aufschließt und sagt: Dreykorn, geben Sie der Pollack das Bild zurück.
Ich hätte es doch eben erst bekommen, sagte ich. Geben Sie her: Der Kommandant kommt gleich zur Pollack, da will sie ihm das Bild zeigen.
Da habe ich nichts sagen können und habe das Bild herausgeben müssen. Aber es hat rumort in mir, dieses eitle Ding, brüstet sich mit meinen Kindern. Und ich hatte ihr vertraut und mußte nun das leichtfertige Spiel mit ansehen, das sie mit dem trieb, was mir kostbar war.
Ich hielt es nicht aus.
Als abends die Hauptkalfaktorin kam, die uns mit Seife und Wäsche versorgte, sie hieß Elli, bat ich sie, mir einen Gefallen zu tun. Ich wollte so gern das Kinderbild zurückhaben, das in Melanies Zelle sei.
Sie war eine stille kluge Frau, sie blickte mich an und sagte, das seien wohl meine Kinder.
Ich fragte, wie sie daraufkomme.
Sie erzählte mir, daß sie das Gespräch zwischen Melanie und mir über die Rohre mitangehört habe, und sie würde dafür sorgen, daß ich es bekäme.
Als abends der Kaffee ausgeteilt wurde, reichte sie mir im Beisein der zellenschließenden Hauptwachtmeisterin wortlos das Kinderbild zurück.
Ich hatte es eben aufgestellt, als die Zelle wieder geöffnet wurde. Die Hauptwachtmeisterin, eine kräftige, resolute, aber nicht unsympathische junge Frau, kam an den Tisch heran, nahm das Bild, schaute die Kinder an, schaute mich an und noch einmal das Bild.
Ich hätte doch auch Kinder, sagte sie.
Ja.
Und auch Junge und Mädchen?
Ja.
Wie alt?
Dreizehn und vierzehn.
Und wann das Foto gemacht worden sei?
Ich sagte, ich hätte das Foto von Melanie bekommen.
Aber es seien doch meine Kinder.
Ich schwieg.

Sie fragte, wie lange ich eingesperrt sei.
Acht Jahre, sagte ich.
Sie rechnete, das stimme genau mit dem Alter der Kinder auf diesem Bild überein. Und alles andere auch, dann seien es also meine Kinder.
Ich schwieg.
Sie sagte, sie gebe mir bis morgen früh Bedenkzeit. Bis dahin würde ich mir wohl überlegt haben, ob das meine Kinder seien.
Ich sagte, darüber brauchte ich nicht nachzudenken.
Dann kommen Sie mit, sagte sie.
Sie hatte ein eigenes Zimmer, das hinter der Wachtstube lag, dahin gingen wir. Sie setzte sich hinter ihren Schreibtisch, das Bild lag vor ihr.
Schließen Sie das Fenster, sagte sie.
Ich gehorchte.
Sehen Sie nach, ob draußen jemand ist.
Ich sah nach, das Wachtzimmer war leer.
Sie zeigte auf den Stuhl vor ihrem Schreibtisch: Setzen Sie sich.
Ich tat es.
Sie sagte, nun seien wir ganz unter uns, ich hätte mich ja eben selbst davon überzeugt. Sie habe das so eingerichtet, damit wir uns aussprechen könnten, von Mensch zu Mensch.
Ich sagte, ich wollte das sehr gern, hätte aber bisher die schlechtesten Erfahrungen gemacht.
Sie blickte mich offen an. Ich könne ihr vollkommen vertrauen.
Gut, sagte ich. Es sind meine Kinder.
Sie fragte, warum ich solche Umwege machte, ich sollte mir doch selbst ein Foto schicken lassen.
Ich erzählte ihr, daß ich erst seit kurzem Postverbindung mit meiner Mutter hätte, und bis jetzt sei mir ein Foto nicht erlaubt worden.
Sie sagte, ich könne das Bild für acht Tage in der Zelle behalten. Dann käme es zu meinen Effekten.
Mit einem Tintenradiergummi löschte sie die Anschrift, daß Melanie Besitzerin des Fotos sei, und schrieb meinen Namen darüber.
So, das sei in Ordnung, sagte sie. Nun das andere. Warum ich nicht gefragt hätte, ob meine Angehörigen Melanie Post und Pakete schikken dürften.
Ich sagte, weil es nicht erlaubt worden wäre. Aber Melanie habe doch einen Halt gebraucht. Ich bat sie, es dabei zu belassen, denn es sei doch auch für die Wachtmannschaften eine große Erleichterung, daß sie jetzt so vernünftig sei.
Sie versprach es.

Ich stand auf und streckte ihr über den Schreibtisch die Hand entgegen.
Sie sah darüber hinweg und reichte mir das Bild.
Melanie wurde bald darauf von ihrem Posten abgelöst und begann von neuem, in der Dunkelzelle zu toben.
Einige Zeit darauf gelang es mir, in die Sprechstunde des evangelischen Pfarrers zu kommen. Ich dachte mir, der glaubt und fühlt sich der Wahrheit verpflichtet und der Menschlichkeit, und ich machte mir doch schon so lange Gedanken um die Kinder, besonders um Heidi, die nun im Konfirmandenalter war. Ich war so weltfern zu glauben, daß sie konfirmiert würde wie Bernhard und ich. Ich wollte den Pfarrer bitten, Heidi den Konfirmationsspruch zu überbringen, den ich für sie ausgesucht hatte: Ich will dich segnen und du sollst ein Segen sein.
Da ich in Isolierhaft war, kam ich als letzte an die Reihe, ich hatte Zeit, den Kirchenraum genauer anzusehen, man hatte ihn zu einer Art Behelfstheater umgebaut, den Altarraum füllte eine Bretterbühne mit rotem Vorhang, die vergoldeten Gipsputten der Empore schauten so verwundert darauf wie ich.
Plötzlich stand Melanie neben mir. Sie sprach mich an. Noch nie habe sie einem Menschen so vertraut, sagte sie bitter, nun sei sie so enttäuscht worden.
Ich fragte sie, ob sie denn keine Pakete mehr bekäme.
Sie antwortete kalt, das müsse ich doch besser wissen. Und darum ginge es auch nicht mehr. Sie sei zum Verhör geholt worden und habe aussagen sollen, wem das Kinderbild gehöre. Und dann sei sie geschlagen worden, weil sie nicht sagte, was ich längst zugegeben hatte.
Es war schrecklich für mich, und das sagte ich ihr auch, und dann erklärte ich ihr, wie alles gekommen sei. Sie glaubte mir sicher, aber sie sagte, in ihr sei alles wieder zerstört, etwas sei kaputtgeschlagen worden. Trotzdem wolle sie nicht vergessen, daß sie das Gute einmal gehabt habe.
Eine Wachtmeisterin trennte uns, und ich wurde zu dem Pfarrer geführt. Als die Wachtmeisterin mich übergab, blieb er hinter seinem Schreibtisch sitzen, reichte mir die Hand, ohne aufzustehen, und wies auf eine Sitzgelegenheit. Empfindlich stellte ich bei mir fest, daß er einen Menschen in mir sah, bei dem gutes Benehmen nicht nötig war, zweitklassig also.
Er schrieb meine Personalien auf, dann hörte er sich stillschweigend meine Bitte an, die Kinder ausfindig zu machen und dafür zu sorgen, daß ihre Taufsprüche ihnen auch als Konfirmationssprüche gegeben

würden, er notierte sich sogar die jeweiligen Bibelstellen. Dann sagte er, er gehe jetzt vier Wochen in Urlaub, es würde also eine Weile dauern, bis er mir Nachricht geben könne, falls es ihm überhaupt gelänge. Ich solle mich jedenfalls zum neuen Sprechtag melden.
Heute muß ich sagen, dieser Mann war unaufrichtig. Was ich nach achtjähriger Haft nicht wissen konnte, kann ihm nicht fremd gewesen sein. Irgendwie, so meine ich, hätte er mir nahebringen müssen, daß Bernhard Bechler seine Kinder wahrscheinlich nicht mehr konfirmieren ließ. Aber er hütete sich, darauf einzugehen.
Er fragte mich nur, ob ich noch irgendwelche Fragen oder Zweifel hätte.
Ich sagte, ich könnte das Glaubensbekenntnis nicht mehr mit Überzeugung beten. Da heißt es von Christus... niedergefahren zur Hölle, am dritten Tage wieder auferstanden von den Toten. Ich sagte ihm, in diesen Zeiten wisse doch jeder, daß es eine fleischliche Auferstehung nicht geben könne, das Fleisch sei verbrannt, zerfetzt oder in alle Winde zerstreut, ich hielte mich jetzt an das, was Jesus gesagt hat: Das Reich Gottes ist inwendig in uns. Und so dächte ich mir auch die Auferstehung: im Menschen selbst, innerlich.
Er blieb trostlos gleichgültig. Es gäbe viele Wege zu Gott, welchen ich auch beschritte, ausschlaggebend sei nur, daß ich überhaupt einen suche.
Damit war ich entlassen. Ich ging ohne Trost.

Sie ließen mir keine Ruhe.
Meine Post bekam ich regelmäßig, und da meine Mutter in ihren Mitteilungen kluge Vorsicht walten ließ, war sie nur selten durch Zensur verstümmelt. Pahlen stand immer noch mit ihr in Verbindung, aus ihren Briefen las ich heraus, daß er nicht mehr in Waldheim war. Sie mögen vermutet haben, daß er der eigentliche Absender meines Weihnachtsbriefes war, kurz darauf wurde er in die Festung Torgau überführt.
Es waren die Paketsendungen, mit denen sie mich quälten.
Ein Würfel Kunsthonig genügte, ein andermal waren es Backpflaumen, also verbotenes Trockenobst, und das ganze Paket wurde zurückgeschickt.
Weihnachten erreichte diese Verfolgung ihren Höhepunkt. Alle meine Verwandten hatten mit kleinen Liebesgaben zu dem Paket beigesteuert, das ich von meiner Mutter bekam. Die Wachtmeisterin hielt mir jedes einzelne dieser liebevoll verpackten Geschenke hin und sagte: Verboten. Verboten war der Beutel mit Schokoladenkrin-

geln, verboten ein Spitzentaschentuch, verboten die Geschenkpakkung mit Seife, alles wanderte in die große Kiste neben dem Tisch. Das war das einzige Mal, daß ich bettelte. Umsonst!
Von da an habe ich ganz auf mein Paket verzichtet, wenn eine der gehässigen Wachtmeisterinnen hinter dem Tisch stand. Sie wußten es schon und fragten, ob ich das Paket haben wolle oder nicht. Und ich sagte nein, und es kam ungeöffnet in die große Kiste. Ab und zu hatte ich Glück, dann packte eine harmlose kleine Anfängerin aus oder eine der wenigen, die diese Treibjagd nicht mitmachten, dann durfte ich alles behalten.
Nein, sie ließen mir keine Ruhe, nicht einmal in der Isolierzelle. Kurz nach Frau Seeligers Auszug brachte die Oberwachtmeisterin ein armseliges Bündel Mensch herein, ein kleines schmuddeliges Straßenmädchen mit einer späten Syphilis, zierlich und zigeunerhaft. Und schon nicht mehr ganz zurechnungsfähig, das ganze Haus fürchtete ihre Anfälle, übrigens war sie meine Vorgängerin in dieser Zelle.
Hinter ihr kam Schönfeld herein. Höhnisch sagte er, sie würde zu mir verlegt, damit ich Gesellschaft hätte, ich hätte doch sicher das Bedürfnis, mich einmal auszusprechen.
Ich gab keine Antwort.
Das Mädchen sank auf das zweite Bett, das inzwischen hereingeschoben worden war.
Ich fragte sie, ob sie krank sei.
Sie sagte, sie liege immer.
Ich schlug ihr vor, sich auch jetzt hinzulegen, ich dachte, dann ist sie erstmal untergebracht.
Sie gehorchte, um ihr schmutziges Bündel kümmerte sie sich nicht, das lag auf dem Zellenboden. Ich hielt es für besser, aufzuräumen, also packte ich es aus. Alles war unvorstellbar verwahrlost, Wäsche und Kleider klebrig von Marmelade und Essensresten. Und während ich sortierte und zum Waschen beiseite legte, was gewaschen werden mußte, stach ich mich. Eine Nähnadel.
Ich sagte zu ihr, die müsse sie aber besser verstecken, und legte die Nadel in einen Spalt in der Wand, aus dem man sie nur mit Hilfe einer zweiten herausholen konnte. Sie sah mir mit großen Augen zu.
Ich war dabei, ihre Sachen zu waschen, als die Zellentür aufging, eine Wachtmeisterin rief mich heraus. Vor der Tür sagte sie, das Mädel habe eine Nadel; falls ich sie fände, müßte ich sie abliefern.
Ich sagte, ich hätte sie schon gefunden, aber ich würde sie ihr nicht geben, das sei nicht meine Aufgabe.

Sie antwortete nicht, wortlos schloß sie mich wieder ein. Das Mädel fragte, was die denn gewollt habe.
Die Nähnadel.
Und?
Ich sagte ihr meine Antwort.
Da blühte das kleine verwahrloste Geschöpf auf. Das habe noch nie jemand gemacht, bis jetzt habe man sie in den Zellen immer verraten. Wenn sie was angestellt habe, sei sie sofort gemeldet worden.
So hatte ich sie unversehens gewonnen.
Ich nahm die Gelegenheit wahr und sagte ihr, wir müßten uns miteinander einrichten, aber eines müsse sie wissen, daß es aus sei, wenn sie anfinge zu toben und mit Sachen um sich zu schmeißen und so weiter, das machte ich nicht mit.
Sie versprach, das nicht mehr zu tun. Und sie hat sich angestrengt und bemüht, ihr Versprechen zu halten. Aber dann kamen Tage, da sagte sie: Mir kribbelt es in den Fingern, ich muß was kaputtmachen.
Ich hielt ihr mein Taschentuch hin.
Das sei zu leicht, sagte sie, in ihren Händen sei viel mehr Unruhe.
Da gab ich ihr eine Zahnbürste und sagte, sie solle die Borsten herausreißen.
Auch das half nicht, sie wurde immer unruhiger, ihre Hände fuhren über die Bettdecke, suchten, suchten. Zielllos riß sie am Laken, stieß mit den Füßen gegen die Wand. Wie konnte ich ihr helfen?
Ich schlug ihr vor, mit mir zu singen.
Sie stimmte sofort zu. Wir sangen: Meerstern ich dich grüße. Sie sang die zweite Stimme, es war ihr Lieblingslied, und indem sie es mir beibrachte, kamen wir über die Nacht hinweg.
Sie aß wie ein Spatz.
Ich redete ihr gut zu, aber sie wies fast alles zurück, nur eines verlangte sie immer wieder, ich solle ihr Brot in Zuckerwasser einweichen und gären lassen, das sei fast so gut wie Alkohol. Es wurde ihr auch nicht leicht gemacht, sie hatte den dicksten Holzlöffel, der mir je zu Gesicht gekommen ist. Als ich ihr zusah, wie sie damit Pellkartoffeln zu schälen versuchte, tat sie mir leid. Sie durfte keinen Aluminiumlöffel haben, weil sie schon drei durchgebrochen und die Stiele verschluckt hatte.
Ich setzte mich an ihr Bett; wir müßten einen Ausweg finden, sagte ich, mit dem Löffel könne sie nicht essen, wir würden ihn jetzt einfach durchbrechen, dann müsse man ihr einen anderen geben.
Sie sah mich atemlos an: Was, das raten Sie mir? Einen Löffel kaputtmachen?

Ich bat sie, ihn mir zu geben, ich würde es tun, sie müsse mir aber versprechen, dann ordentlich zu essen.
Sie versprach es, und ich brach den Löffel in Stücke.
Sie sagte, das habe noch keiner gemacht.
Ich schwieg, ich hatte meine Zweifel über den Ausgang dieses Abenteuers, nun hing alles von der Wachtmeisterin ab. Ich wartete auf eine von den freundlichen, zeigte ihr die Löffelstücke und sagte, mit einem solchen Löffel könne man nicht essen, ich wolle einen ordentlichen für meine Zellengenossin haben, einen Aluminiumlöffel.
Sie begriff und brachte einen besonders guten, und Anita dankte mir damit, daß sie sich Mühe gab und etwas aß.
Sie ist schon eine Weile in meiner Zelle, da erleben wir einen seltsamen Tag.
Plötzlich weht so etwas wie eine andere Luft. Die Wachtmeisterinnen sprechen mit uns wie mit ihresgleichen. Sie lassen freundliche Worte fallen. Eine sagt: Wir sind nun schon eine Weile zusammen, da kennen wir uns doch, warum sollen wir die Zellen dreimal verriegeln, einmal genügt auch. Dann haben Sie nicht mehr das Gefühl, so ganz eingesperrt zu sein.
Das sagt sie frühmorgens.
Wirklich merkwürdig.
Nach der Kaffeeausgabe schließen sie gar nicht mehr ab, da legen sie nur noch die Kette vor.
Mittags werden wir in den Hof geführt. Anita schafft kaum noch eine Runde, so geschwächt ist sie. Meist lehnt sie an einem Baum. Ich nehme die Gelegenheit wahr, mich schneller und freier zu bewegen, versuche auch innerlich Abstand zu gewinnen.
Ein paar Handwerker befestigen das große Außentor mit Eisenbahnschienen, als würde eine Belagerung erwartet. Doppelte Posten gehen drinnen und draußen auf und ab, zu uns aber sind alle freundlich, kein böses Wort fällt.
Dieser Tag ist nicht wie andere.
Ich drehe meine Runde und suche nach einer Erklärung für die Ungereimtheiten. Wird ein Ausbruch befürchtet? Eine Meuterei? Aber im Hause ist alles ruhig.
Plötzlich schreit Anita auf, ich drehe mich um, eine Wachtmeisterin steht neben ihr und redet auf sie ein, zeigt auf Anitas Hand, jetzt will sie ihr etwas wegnehmen, aber Anita preßt die Finger zusammen, da hebt die Wachtmeisterin ihren Gummiknüppel und schlägt zu, die Hand öffnet sich, eine Glasscherbe fällt zu Boden.
Der Rundgang wird abgebrochen.

Trotzdem: keine Aufregung, keine Unfreundlichkeit, wir werden in die Zelle zurückgeführt, auch diesmal kein Einschluß. Ich frage Anita, was passiert ist.
Sie weint verzweifelt. Die Schienen vor dem Tor, ob ich die nicht gesehen hätte. Und die Posten. Hier kämen wir niemals heraus, das Leben habe keinen Sinn mehr.
Ich versuche, ihr die andere Seite zu zeigen. Daß die Wärter Angst haben, mehr als wir. Und gerade heute.
Sie sagt, die habe sie aber geschlagen. Und zeigt mir die geschwollene Hand.
Ich rede ihr weiter zu. Nach einer Weile gelingt es mir, sie ins Bett zu schaffen, aber ruhig ist sie nicht. Gegen Abend steigert sich die Rastlosigkeit, ihre Augen glänzen, heute wolle sie es denen zeigen, ihnen das Leben schwermachen.
Ich bitte sie, an mich zu denken.
Aber sie sagt, es ginge nicht mehr, nun müsse es geschehen. Sie steht auf und kauert sich neben der Tür auf den Boden, unvermittelt fängt sie zu schreien an, die Stimme kippt und bricht, aber sie hört nicht auf. Sie steigert sich in eine Art Krampf hinein, ein schreiendes, tobendes Bündel Mensch, in einer Form außer sich, wie ich es noch nie erlebt habe. Das geht länger als eine halbe Stunde. Niemand kümmert sich darum, es kümmert sich überhaupt keiner um uns, kein Zählappell, nichts, eigentlich müßten wir schon in den Betten sein, was ist das für ein Tag?
Ich werfe den Winker heraus. Auch jetzt rührt sich keiner. Ich hocke neben Anita. Sie liegt auf dem Boden, die Augen verdreht, Schaum vor dem Mund, in den Händen Haarbüschel, die sie sich ausgerissen hat, ich halte sie fest und versuche, sie daran zu hindern, aber die kleine Person hat Kräfte, die ihre normalen weit übersteigen. Sie reißt ihre Hände aus den meinen, verkrallt sich in ihrem langen Haar und zerrt neue Strähnen heraus, es scheint ihr nicht wehzutun.
Draußen machen jetzt die Häftlinge Spuk. Das hilft. Unsere Tür geht auf, aber sie wird sofort wieder zugeschlagen, von draußen ruft eine Wachtmeisterin, sie wolle einen Arzt holen.
Ich kämpfe weiter mit Anita, dann ist der Arzt endlich da, sie bekommt Morphium, nun gelingt es uns, sie aufs Bett zu legen, die verkrampften Glieder entspannen sich, aber erst nach einer halben Stunde können wir ihre Finger zurückbiegen, die immer noch die Haarsträhnen festhalten, ihre Augen fallen zu, sie schläft.
Der Arzt sagt, er werde sie noch eine Weile unter Morphium halten müssen, dies sei der Endzustand einer fortgeschrittenen Syphilis.

Ich will wissen, ob es ansteckend sei. Davor habe ich Angst, seit Anita in der Zelle ist; wir haben nur eine Waschschüssel und einen Kübel, ein zweiter ist mir verweigert worden.
Er sagt nein, in dem Zustand nicht mehr.
Ich will es nicht glauben.
Er versichert es noch einmal, man hätte sie doch sonst gar nicht zu mir legen dürfen.
Ich bleibe ungläubig, ich hielt damals schon alles für möglich.
Nun liegt das Mädchen, dieses arme Kind, im Morphiumdämmer. Weit weg, aber nicht so weit, daß sie nicht auf den Kübel müßte. Auch sonst arbeiten Blase und Darm bei ihr nicht mehr normal, in dieser Nacht aber kann sie sich überhaupt nicht mehr helfen. An die zehnmal bin ich aufgestanden, habe sie aus dem Bett gehoben und ausgezogen und auf den Kübel gesetzt, alles im Dunkeln. Im Dunkeln hebe ich sie wieder herunter, ziehe sie an, lege sie zurück ins Bett.
Ich hätte mir gern die Hände gewaschen, aber ich habe weder Wasser noch Seife noch Handtuch.
Ich schlafe kaum, ich liege wach und warte auf das leise Wimmern, mit dem sie mir anzeigt, daß sie auf den Kübel muß. Ich höre die Turmuhr schlagen, elf, zwölf, dieser seltsame Tag ist zu Ende. Es war der 17. Juni 1953.

Der neue Tag war wieder wie die anderen, am Morgen zeigten die Wachtmeisterinnen ihre alten Gesichter, freundlich die freundlichen, gehässig die gehässigen. Ich bat eine, mir doch etwas zum Desinfizieren zu geben, es war keine von den guten, sie lehnte ab, auch Seife bekam ich nicht. Ich kämpfte den Ekel nieder und vertraute auf den Himmel.
Mit der Zeit entdeckte ich einen Anlaß für Anitas Anfälle. Irgendwie hing es mit dem Vollmond zusammen, das Mondlicht löste etwas aus in ihr. Wenn der dünne silberblasse Streifen durch die Zelle wanderte, kam die Unruhe über sie. Ich wandte das einzige Mittel an, das half, ich sang mit ihr.
Stundenlang haben wir Choräle gesungen, alle Lieder, die ich kannte, sie hatte eine hübsche Stimme. Solange wir sangen, war sie zu halten, aber es war ja nun in der Nacht, nach Stunden fielen mir die Augen zu, und ich sagte: Komm, jetzt schlafen wir, wir sind ja beide müde. Aber wenn wir dann aufhörten und sie sich selbst überlassen war, ging es wieder los. Ich also wieder hin und gesungen, erst wenn der Mond so weit gewandert war, daß kein Strahl mehr in die Zelle fiel, erst dann beruhigte sie sich.

Die anderen Häftlinge schwiegen zu unseren nächtlichen Gesängen, auch die Wachtmeisterinnen, ich ersparte ihnen damit Schlimmeres, und sie wußten das, aber meine Nervenkraft erschöpfte sich mehr und mehr.
Und immer noch ließen sie mir keine Ruhe.
Eines Tages brachten sie weiteren Zuwachs. Noch so eine, nein schlimmer, ich kannte bisher nur ihre Stimme, fluchend, randalierend, obszön.
Die Wachtmeisterin sagte in vollem Ernst, ich sei nun für die beiden verantwortlich. Sobald ich merkte, daß sie etwas vorhätten, müsse ich Meldung machen. Insbesondere dürfe die Neue keinen Löffelstiel mehr schlucken, sie habe den letzten zu lange im Magen gehabt, die Magenwände hätten abgeschabt werden müssen und seien nun so dünn, daß beim nächsten Mal Lebensgefahr bestünde.
Also passen Sie auf, fügte sie wichtig hinzu.
Die Neue, Erika mit Namen, hatte alles mit angehört, sie schien sich geschmeichelt zu fühlen. Sie sah die syphilitische Kleine im Bett liegen und legte sich sofort in das andere. Das große Theater begann. Es war, als flössen zwei Schmutztropfen zusammen. Es fing damit an, daß die Berlinerin sich auszog, sich auf ihr Bett stellte und einen Bauchtanz vorführte. Sie wand sich und grölte und beschimpfte dabei Jesus Christus in der unflätigsten Weise, ohne Zorn und Wut, nur aus einer tiefsitzenden unbegreiflichen Gemeinheit heraus.
Anita sah mich erschrocken an und wehrte sich schwach, immer wieder sagte sie: Das darfst du hier nicht tun, das darfst du Frau Dreykorn nicht antun. Aber die Berlinerin lachte und machte weiter.
Ein paar Tage ging das so, und der Widerstand der kranken Kleinen wurde immer schwächer, und dann sagte Erika, heute sei der tolle Tag, noch einmal würde das Leben genossen und dann — ab die Post.
Sie lehnten die Mittagssuppe ab, in ihren Trinkbechern hatten sie seit Tagen Brot eingeweicht und mit Marmelade und Zucker verrührt, konnte man sich damit wirklich betrinken? Ich wußte es nicht, aber mir war klar, daß sie noch mehr vorhatten.
Den Rundgang lehnten sie auch ab. Ich war glücklich, aus der Zelle zu kommen, ich mußte ja auch die Wachtmeisterin warnen. Ich sagte ihr, ich glaubte, daß die beiden in der Nacht einen Selbstmordversuch machen wollten, aber sie nahm es auf die leichte Schulter. Als wir auf dem Rückweg am Wachtzimmer vorbeikamen, bat ich sie, Meldung zu machen. Das brachte auch nichts. Die Hauptwachtmeisterin kam heraus und sagte, ich hätte die volle Verantwortung. Ihr Dienst sei zu Ende, ich würde schon fertig damit.

Am Spätnachmittag bauten die beiden sich eine Festtafel auf, die Trinkbecher mit dem gegorenen Brot und Appetithappen aus ihren Paketen.
Dann begann das Fest.
Erika stand auf ihrem Bett, mit gespreizten Beinen, halbausgezogen, in schamloser Stellung und sang: Nun danket alle Gott.
Ich wollte ihr eine langen, aber eine innere Stimme warnte mich: Die schlägt zurück, der bist du nicht gewachsen. Ich verzog mich ans Fenster, faltete die Hände über dem letzten Brief meiner Mutter; ich hielt mich förmlich fest daran. Möge dieser Abend schnell vorübergehen.
Die beiden genossen ihr Mahl, spielten betrunken, grölten und schrien.
Dann kam der Höhepunkt, mit allem anderen hatten sie sich nur Mut gemacht. Sie knickten die Stiele ihrer Löffel ab und rieben sie mit Fett ein. Dann machten sie sich Zuckerwasser zurecht, damit sollte der eingefettete Löffelstiel heruntergespült werden.
Nach dem Appell wurden die Schemel mit den Kleidern hinausgestellt, obenauf hatten die Löffel zu liegen, damit derartige Versuche sofort bemerkt wurden.
Eine Wachtmeisterin schloß auf, ich stellte den Hocker hinaus, einsam lag mein Löffel obenauf, merkte sie nichts? Hinter mir grölte es, ein paar freche Worte von Erika, die Wachtmeisterin war ganz Auge und Ohr, sie achtete nicht auf die Löffel, gleich würde sie zuschließen.
In meinem Kopf liefen diese Gedanken ab: Wenn du sie die Löffel schlucken läßt, wirst du sie los, dann hast du endlich Ruhe, niemand kann dir einen Vorwurf machen, du hast mit der Meldung schon alles getan. Die andere Stimme aber sagte: Du hast nicht alles getan, und du wirst für diese beiden Menschenleben zur Verantwortung gezogen werden.
Da wußte ich, was ich zu tun hatte. Ich sprang auf Erikas Bett zu, zerrte den Löffelstiel unter der Decke hervor und warf ihn auf den Gang hinaus. Sie sprang hoch, griff nach dem Schemel und schrie, den schlüge sie mir auf dem Kopf zusammen. Und ich wußte, daß sie das in der nächsten Sekunde tun würde.
Mit einem Satz war ich hinaus, die Wachtmeisterin schlug die Tür zu, schloß und griff zu ihrer Trillerpfeife. Hinter mir krachte der Schemel gegen die Eisentür.
Es war ein Höllenlärm, dicht neben mir der Alarmpfiff, drinnen das Keifen der Berlinerin und Anitas hohes Kreischen.

Nach einer halben Stunde herrschte Ruhe, das schreckliche Fest war zu Ende, die Berlinerin wurde in einer Zwangsjacke an mir vorbei in eine leere Arrestzelle geschleppt, es hatte der Kraft von vier Männern bedurft, Anita wimmerte nur, einer von den vieren holte den zweiten Löffelstiel, sie gab ihn ohne Widerstand her.
Ich mußte wieder in die Zelle.
Wir waren allein, ich setzte mich auf ihr Bett und redete auf sie ein, aber sie war in dem Zustand der Rastlosigkeit, den ich so gut kannte. Sie könne nicht mehr, sagte sie, und sie wolle auch nicht. Und schon hatte sie die Finger in den Haaren, Kreischen, Schaum vor dem Mund, es endete damit, daß der Arzt geholt wurde.
Ich sagte ihm, daß ich das nun schon monatelang mitmachte, ich könne nicht Tag und Nacht auf den Beinen sein, zuletzt noch das qualvolle Zusammensein mit der Berlinerin, er müsse mir jetzt helfen.
Da versprach er mir, sie am nächsten Tag ins Lazarett zu holen.
Dieses Versprechen hielt er. Als ich allein war, merkte ich erst, wie wenig Kraft ich hatte. Sie holten mich zum Rundgang, aber ich weigerte mich; ich habe ihnen gesagt, ich könne nicht mehr, sie müßten mir erlauben, mich hinzulegen, auch am Tag, ich müsse erst mal in Ruhe schlafen.
Sie gaben nach.
Ich durfte mich hinlegen. Und sie sorgten dafür, daß ich in Ruhe gelassen wurde, aber nach vierzehn Tagen kamen sie wieder an mit Anita. Sie hatte auch im Lazarett alles in Bewegung gehalten. Nun brachten sie sie wieder zu mir. Sie sagten ganz offen, nur ich würde fertig mit ihr.
Im Lazarett hatte sie zur Beschäftigung ein Halma- und Mühlespiel bekommen, außerdem ein Gesangbuch. Beides war ihr gelassen worden. Wir spielten regelmäßig zusammen und sangen von ihren Lieblingschorälen alle Strophen, die es gab.
Alles ging gut, bis eines Tages die Hauptwachtmeisterin kam, das aufgebaute Spiel kurzerhand zusammenpackte und auch das Gesangbuch mitnahm.
Ich bat sie, es Anita zu lassen, weil es doch mit ihr bisher so gut gegangen sei.
Sie sagte kalt, Vergünstigungen müßten verdient sein. Wenn vier Wochen Ruhe herrsche, werde sie es sich überlegen.
Ich sah, wie es in Anita sofort wieder zu arbeiten begann. Aller guter Wille erlosch.
Ich habe dann noch drei Wochen mit ihr zusammengelebt.
Die Anfälle kamen immer häufiger, mehrmals in der Nacht half ich

ihr auf den Kübel, aber öfter kam ich zu spät, sie war kaum noch lenkbar. An Singen war nicht mehr zu denken, auch ich hatte nicht mehr die nötige Kraft.
In meinem Kopf war nur noch ein Gedanke: Wie komme ich heraus? An einem Nachmittag, auf dem Rückweg vom Rundgang, sah ich eine offene Arrestzelle. Da bin ich einfach hineingegangen und habe zu der Wachtmeisterin gesagt: Ehe ich weiter dieses Leben führe, gehe ich lieber freiwillig in Arrest. Sie können hinter mir schließen, ich bleibe hier.
Sie war eine von den Freundlichen. Sie sagte: Ich kann Ihnen das voll nachfühlen, das ist mehr gewesen, als ein Mensch ertragen kann. Ich werde sehen, daß man Sie davon befreit.
Ich blieb nur eine halbe Stunde, dann kamen sie und sagten, ich könne zurück, die Kleine sei weg.
Ich habe ihnen natürlich nicht geglaubt, ganz vorsichtig bin ich an die Tür der offenen Zelle getreten und habe einen Blick hineingeworfen. Sie war leer.
Ich weiß nicht, was aus der Berlinerin geworden ist, Anita machte schon in der nächsten Nacht einen weiteren Selbstmordversuch, sie zerschlug wieder einmal die elektrische Birne und schluckte das Glas, aber sie überstand auch das. Die Entlassungswelle im Januar 1954 brachte ihr die Freiheit, doch das zerstörte Menschenkind wußte damit nichts mehr anzufangen. In Waldheim ging bald eine Geschichte über ihr Ende um, sie soll ihr Entlassungsgeld in Alkohol umgesetzt haben und am zweiten Tag in einem Straßengraben gestorben sein.
Ich genoß die Stille, das Alleinsein, ich erholte mich, einige Wachtmeisterinnen halfen mir durch stillschweigende Rücksicht, aber dann war wieder so eine neue Forsche da, die verlangte die vorgeschriebene Meldung. Ich weigerte mich. Sie sagte, das müsse sie weitergeben, und ich antwortete, daß ich sie nicht daran hindern könne.
Im allgemeinen war damit der Fall erledigt, die meisten gaben es nicht weiter, diese jedoch nahm ihren Auftrag ernst. Sie erstattete Meldung bei der Politleitung.
Ein Volkspolizeioffizier erschien bei mir, straff, jung, dienstlich, er stand in der Tür, allein, und sah mich erwartungsvoll an.
Sie verweigern die Meldung?
In der von Ihnen verlangten Form: ja!
Sie haben sich, wie alle anderen auch, an die Vorschrift zu halten.
Da habe ich ihm zornig geantwortet, daß sie sich doch auch nicht nach den Anordnungen richteten, die ihnen vorgegeben seien. Zum

Beispiel sei jede Verbindung zu meinen Kindern unterbunden worden, jahrelang habe man meine Post unterschlagen und zurückgehalten. Fünf Jahre lebte ich nun schon in Isolierhaft, ob das wirklich erlaubt sei?

Indem ich das alles sagte, war ich auf ihn zugegangen. Nun stand ich dicht vor ihm, die Hände erhoben. Er befahl mir, sofort wieder zum Fenster zurückzukehren, wo ich zu bleiben hätte. Was mir einfiele, so nahe heranzukommen!

Also auch noch feige, sagte ich, und das bei einer Frau.

Er sagte, ich bekäme einen Aktenvermerk.

Den solle er ruhig machen, antwortete ich, er könne ihn unter jenen schreiben, den mir in Bautzen die Russen gegeben hätten, dann wisse er auch, wohin er gehöre.

Er sagte nichts mehr, wortlos ging er.

Im März 1954 lief ein Raunen kommender Veränderung um, das störte mich auf in meiner Einsamkeit, es konnte sich nur um eine Verlegung handeln, Entlassungen waren im Januar gewesen. Und Verlegung bedeutet Verschlechterung, das weiß der erfahrene Häftling nun einmal. Aber wir hatten ja nie eine Wahl.

Im März werden wir von einem Tag auf den anderen in einem großen Raum zusammengezogen, alle Frauen von Waldheim. Uns vom Strafflur bringt man als letzte dorthin. Es wird still in dem Saal, als wir mit unseren Bündeln kommen. Ich suche mit den Augen nach Bekannten, Freunden.

Hanna? Nein, sie ist nicht mehr da. Entlassen, Gott sei Dank.

Aber Tea.

Mit ausgestreckten Armen kommt sie auf mich zu. Immer noch das leuchtende gute Gesicht, die warme Stimme: Sie habe die ganze Zeit an mich gedacht, seien wir nicht wie Schwestern, und jetzt wollten wir zusehen, daß wir zusammenblieben.

Aber in Hoheneck wurden wir wieder auseinandergerissen, ich sah sie nur noch einmal beim Rundgang, sie steckte mir einen Leckerbissen aus ihrem Paket zu, dann erfuhr ich, daß sie entlassen worden war, begnadigt nach neunjähriger Haft und mit einer Bewährungsfrist von drei Jahren. Und Tea war sanftmütig genug, Urteil und Begnadigung hinzunehmen.

Frau Mutschmann treffe ich auch. Sie hat immer noch ein schweres Leben, die unwürdigsten Arbeiten werden ihr auferlegt, der Haß der sächsischen Wachtmeisterinnen richtet sich immer noch gegen die Frau des ehemaligen Gauleiters von Sachsen. Neulich hat eine der

Wärterinnen ihr die Leibbinde heruntergerissen, die sie sich aus Lumpen zusammengestückelt hatte. Sie lächelt mir zu, heiter, ihr weißes Haar leuchtet.
Wir haben alle wieder Haare.
Unsere Köpfe sind nur jenes eine Mal geschoren worden, danach nie wieder. Die Fotos, die danach von uns gemacht wurden, sollen vernichtet worden sein, jedenfalls wurden wir alle noch einmal fotografiert, als das Haar nachgewachsen ist.
Ein dunkles Mädchen mit breitem Gesicht, das ich überhaupt nicht kenne, drückt mich an ihren mächtigen Busen. Sie sagt, immer wenn es unerträglich gewesen sei, habe sie sich gesagt, daß ich es noch schwerer hätte, ihr und anderen sei daraus Kraft gekommen.
Um mich herum schwirrt, schwatzt und lacht es, es ist zuviel; ich habe auf einmal das Gefühl, nicht mehr atmen zu können. Ein Würgen, ein Japsen nach Luft, dann Dunkelheit, weich und wohltuend.
Als ich zu mir komme, liege ich in einem Nebenraum. Himmlischer Friede umgibt mich, alles ist sauber und wohlgeordnet, weißes Bettzeug, wohlige Wärme, ich ziehe mir die Decke über den Kopf und genieße die Stille dieser letzten Tage.
Es ist allzu schnell vorbei, wieder werden wir aufgescheucht. Man bringt uns in einen leeren Bodenraum, in einer Ecke stehen eiserne Bettgestelle, in der anderen liegen Matratzenteile, nun sollen wir uns das Lager für eine letzte Nacht in Waldheim selber zurechtsuchen. Sofort geht der Kampf los. Um den guten Platz, die Matratze, um das Bettgestell. Ich kämpfe nicht mit, ich bin zu müde. Da steht auf einmal der Offizier neben mir, der mir einen Aktenvermerk angedroht hat. Ob ich schon eine Schlafgelegenheit hätte, fragt er.
Ich sage, nein.
Er bemüht sich eigenhändig, schafft ein Bett heran und Matratzen, dann ruft er nach Wäsche und bleibt so lange, bis alles da ist und ich mich hinlegen kann. Ich bin sprachlos, das ist mir vorher und nachher nicht passiert, ich frage mich noch heute, was in diesem Mann vorgegangen ist.
Am anderen Morgen werden die Effekten geprüft. Wenn nicht mehr alles da ist, können wir uns beschweren, aber es hat wenig Sinn, das Verlorene wird dadurch auch nicht wieder herangeschafft. Bei mir fehlt der Trauring. Ich will nur eins, das Bild der Kinder. Es ist noch da.
Als die Decke zusammengeschlagen wird, nehme ich es heimlich an mich. Von da an habe ich es bei mir, bis es in Hoheneck wieder gefunden wird.

Wir werden hinuntergeführt.
Im Hof treibt man uns in merkwürdige Gefährte. Es sind hohe dunkelgrüne Wagen mit kleinen Gitterfenstern. Drinnen gehen von einem schmalen Mittelgang Käfige zu beiden Seiten, nach vorn mit Maschendraht gesichert. An sich für eine Person gedacht, müssen sie nun zwei oder drei von uns aufnehmen; wie wir uns in der Enge einrichten, bleibt uns überlassen.
Wir haben den 5. März 1954. Es ist ein kalter grauer Tag, gegen zwölf fährt der Wagen an, wir holpern über eine Schwelle, hinter uns liegt Waldheim.
Was liegt vor uns?

Immer weiter entfernten sich beide Staaten Deutschlands von der Wiedervereinigung.
Die Aufstellung militärischer Streitkräfte auf beiden Seiten wurde zum Symbol der endgültigen Spaltung.
Am 20. Mai 1955 verkündete Willi Stoph vor der Volkskammer der DDR, »daß es angesichts der bedrohlichen Entwicklung durch die Wiedererrichtung des Militarismus in Westdeutschland notwendig ist, in der DDR damit zu beginnen, nationale Streitkräfte aufzustellen«.
Zwei Wochen später, am 6. Juni, wurde in der Bundesrepublik ein Verteidigungsministerium eingerichtet, dessen erster Minister Theodor Blank, der bisherige Sicherheitsbeauftragte, wurde.
Am 18. Januar 1956 wurde in der DDR die Kasernierte Volkspolizei in Nationale Volksarmee (NVA) umbenannt. Ein sinnfälliges Datum — es war der Jahrestag der Reichsgründung von 1871. Der Verteidigungsminister, Willi Stoph, berief sich dann auch auf diese Traditionen:

> »Im Gegensatz zu den westdeutschen Söldnerformationen, die amerikanische Uniformen haben, wird unsere Nationale Volksarmee deutsche Uniformen tragen, die den nationalen Traditionen unseres Volkes entsprechen. In der militärischen Geschichte unseres Volkes gibt es bedeutende fortschrittliche Traditionen, die auch in der Uniform ihren Ausdruck finden ...«

Zwei Tage später trat auch die andere deutsche Armee in Erscheinung: Konrad Adenauer nahm die Parade der ersten Soldaten ab. Am 6. März wurde dann die allgemeine Wehrpflicht eingeführt, und die neue Truppe erhielt ihren Namen: Bundeswehr.
Die sich jetzt in gegnerischen Lagern gegenüberstanden, waren vielfach die alten Kameraden von einst. Gemeinsam hatten sie in der Hitler-Wehrmacht für ein Großdeutsches Reich gekämpft.
Sie waren nicht entbehrlich. Man brauchte ihre Erfahrung, im Westen wie im Osten.
Bereits 1951 hatte der damalige Oberbefehlshaber der Nato-Streitkräfte in Europa, General Dwight D. Eisenhower, eine Ehrenerklärung für die deutschen Soldaten abgegeben.
In einem Gespräch mit den ehemaligen Generalen Speidel und Heusinger, die beide beim Aufbau der Bundeswehr eine wichtige Rolle spielen sollten, hatte er festgestellt, »... daß ein wirklicher Unterschied zwischen dem deutschen Soldaten und Offizier einerseits und Hitler und seinen verbrecherischen Helfern andererseits besteht ...«
Auch in der Nationalen Volksarmee glaubte man auf sie nicht verzichten zu können. Zwar rückten viele altgediente Kommunisten, Spanienkämpfer, Freiwillige der Roten Armee, in hohe Posten, aber Berufssoldaten, ehemalige Generale, Offiziere und Unteroffiziere der Hitler-Wehrmacht erwiesen sich für den zügigen Aufbau der neuen Armee als unentbehrlich. Zunächst versuchte die DDR die Existenz von ehemaligen Wehrmachtsgeneralen in der Nationalen Volksarmee zu verschleiern. Als das nicht mehr ging, entschloß sie sich zu folgender Darstellung:

»Gewiß, es gibt in der Nationalen Volksarmee einige Offiziere, die der zerschlagenen Wehrmacht angehörten. Sie gleichen aber nicht denen, die in der Nato-Bundeswehr an der Spitze stehen. Sie erkennen vorbehaltlos die führende Rolle der Partei der Arbeiterklasse an und ordnen sich der historischen Notwendigkeit der Führung des Staates und seiner Armee durch die Arbeiterklasse bedingungslos unter.«

Soweit es sich bei den »Ehemaligen« um Mitglieder des Nationalkomitees Freies Deutschland handelte, war diese Erklärung glaubhaft. Zu diesen zählten Vinzenz Müller, Arno von Lenski, Martin Lattmann, Otto Korfes — und Bernhard Bechler.

Kapitel 11

In der Strafvollzugsanstalt Hoheneck: bis zur Entlassung März 1954 bis April 1956

Wir hatten keine Möglichkeit, den Weg zu verfolgen, den wir nahmen. Als wir noch mit Viehwagen transportiert wurden, saß immer eine Beobachterin an der Entlüftungsluke, in den neuen Gefängniswagen gab es dergleichen nicht. Wir merkten nur, daß wir hielten, anfuhren, wieder hielten. Das ging so bis zum Nachmittag. Nach einem letzten Mal hörten wir, wie ein Tor kreischend aufging, der Wagen ruckte an, holperte über eine Schwelle. Und wir fühlten bis ins Herz: Wir sind wieder in einem Gefängnis.

Wir stiegen aus und standen in einem Burghof, romantisch anzusehen, bis auf die Zellenhäuser, die seitlich angebaut waren. Der Hof gefiel uns, eine Gartenanlage in französischem Stil, Kiespfade und Buchsbaumeinfassungen und ein paar Linden, eine übermächtige, alt und hoch, die liebten wir vor allem, wenn sie blühte.

In einem Sommer wurde diese Linde gefällt. Das machten Wachtmannschaften. Die Zellenbewohner, die zum Hof hinaus lebten, ich lebte auch dort, konnten das verfolgen. Und da begriffen wir, daß so ein Baum ein Lebewesen ist wie wir. Wie ihm nämlich eine Schlinge umgelegt wurde und dann fünf Wachtmeister daran zogen, da ging ein Zittern durch den Baum wie von Todesangst. Und durch uns, die am Fenster standen, ging auch ein Zittern, weil wir mit ihm fühlten. Dann auf einmal jubelten alle an den Fenstern, weil die Schlinge abgerutscht war und der Baum sich noch einmal aufrichtete. Aber das

war natürlich nur vorübergehend. Der Baumstamm war ja schon angesägt. Sie kamen dann mit einem Trecker und rissen ihn um.
Der Hof wurde ganz mit Asphalt ausgegossen, damit er weiträumiger für den Rundgang wurde, besser zu übersehen.
So wie wir aus den Wagen kamen, wurden wir zusammengetan, immer fünf in eine Zelle, dort hatten wir uns zurechtzufinden.
Es ging wieder alles von vorn los: keine Waschschüsseln, keine Bettwäsche, kein Kochgeschirr. Burg Hoheneck in Stollberg/Sachsen stand vor dem Verfall, nichts funktionierte, alles war verkommen. Wir wußten, was uns erwartete: Kälte, Schmutz und Hunger.
Als das die Frauen sahen, die sich in vielen Jahren so oft zurechtfinden und arrangieren mußten, lehnten sie sich einfach an die Wand und weinten. Es waren vor allem die Älteren, sie konnten nicht mehr; auch später brachten sie die Kraft nicht auf, sie siechten langsam dahin und starben.
Die erste Zellengemeinschaft hielt nur wenige Tage, dann wurden die Lebenslänglichen herausgesucht und zusammengelegt. Nun waren wir zu dritt, eine KZ-Aufseherin — unter den Lebenslänglichen gab es einige harte Frauen ohne Herz und guten Willen, meine Mitbewohnerin soll eine der berüchtigsten gewesen sein. Sie hatte uns schon in Bautzen tyrannisiert. Als Zuchthäuslerin war sie ebenso eifrig wie damals als KZ-Aufseherin. Beim ödesten Arbeitseinsatz erfüllte sie gewichtig die Norm, charakterlos und auf den eigenen Vorteil bedacht. Von Anfang an stritt sie mit der dritten, die ihr allzu deutlich Verachtung zeigte. Das war eine empfindliche Baltendeutsche, vom Kriegsgeschick ins Zuchthaus geweht, weil sie in Fremdarbeiterlagern gedolmetscht hatte, sie beherrschte vier oder fünf Sprachen. Wenn sie von ihrer Verurteilung sprach, war sie immer noch fassungslos, es sei doch ein Arbeitseinsatz gewesen, Kriegsverpflichtung.
Mit der KZ-Aufseherin lag die empfindsame Frau im Dauerstreit, und ich stand dazwischen, es rieb mich mehr auf als die unzulänglichen sanitären Verhältnisse. Als ich aus irgendeinem Grund in die Ambulanz ging, fragte die Ärztin, die ich schon aus Bautzen kannte, ob ich mich eingelebt hätte.
Überhaupt nicht, sagte ich.
Sie fragte, mit wem ich zusammen sei.
Ich nannte ihr den Namen der KZ-Aufseherin.
Um Gotteswillen, sagte sie, da muß was geschehen. Wollen Sie ein paar Tage ins Lazarett? Das kann ich machen bei Ihrem Blutdruck.
Ich verschwand also erstmal ein bißchen. Lange konnten sie mich nicht behalten, aber als ich zurückkam, war die KZ-Wärterin nicht

mehr da, unterdessen war der Arbeitseinsatz geregelt worden, wir Lebenslänglichen hatten lange Tuchstücke auf schadhafte Stellen und Webfehler zu untersuchen, Holzspäne und Fusseln waren mit Pinzetten herauszuzupfen, grobe Schäden wurden durch eingezogene Fäden kenntlich gemacht.
Eine mühsame Arbeit.
Die Ballen wurden über breite Tische gezogen, Meter um Meter mußte unter grellem Neonlicht genau geprüft werden, denn wer nach der anschließenden Kontrolle einen Ballen zurückbekam, fiel weit hinter die Norm zurück. Mit der Normerfüllung aber waren Vergünstigungen verbunden: Ein weiterer Monatsbrief, ein zusätzliches Paket, Geld für HO-Einkäufe.
Es wurde gearbeitet wie wild. Unbelehrbare redeten sich ein, daß Spitzenarbeiterinnen vorzeitig entlassen würden; sie taten es nicht unter zweihundertprozentiger Normerfüllung. Hoheneck war ein reines Frauengefängnis, auch Männerarbeiten wurden von uns ausgeführt, wir arbeiteten als Maurer, Elektriker, Maler und Lastträger. Nur die Oberleitung hatte ein Mann.
Die Frauen waren natürlich keine Fachkräfte, und nichts wurde fachgerecht gemacht; seit Jahren ging das so, Hohenecker Althäftlinge erzählten, daß sie noch vierundfünfzig im Winter drei Monate mit einem Viertelliter Kaffee auskommen mußten, als Getränk und zum Waschen.
Wir erlebten Ähnliches in einem strengen Winter, alle Leitungsrohre froren ein, man mußte sich mit Eisstückchen abreiben. Wii haben Schnee vom Hof mitgebracht und uns damit gewaschen. Natürlich waren auch die Heizungsrohre eingefroren, also Kälte draußen und drinnen, wir wurden überhaupt nicht mehr warm. Ich erinnere mich — ich war damals wieder in Einzelhaft —, daß eine Kommission kam und fragte, ob ich die Kälte aushielte.
Mir bliebe ja nichts anderes übrig, sagte ich.
Als der Frühling kam, tauten die Leitungen auf: es gab Rohrbrüche und Wasserschäden, ein männliches Arbeitskommando zog ein. Wir bekamen es nie zu sehen. Weiß der Himmel, welche Treppen und unterirdischen Gänge sie benutzen mußten, es gab ja genug davon. Als ich später entlassen wurde, führte man mich auf solchen Wegen in die Freiheit, um Aufsehen zu vermeiden, aber das gelang dann nicht ganz.
Jetzt, im Sommer 1954, wurde von einer neuen Entlassungswelle gesprochen, meine Baltendeutsche war sehr nervös, immer wieder dachte sie über ihr Schicksal nach. Erst den Mann verloren, sagte sie,

dann die Heimat, dann Kind und Freiheit. Fünfzig sei sie gewesen, als sie interniert wurde, nun gehe sie auf die sechzig zu. Tag für Tag, jammerte sie, stiehlt man mir dieses einmalige Leben.
Entlassungen.
Tea war dabei.
Die Baltendeutsche hoffte und hoffte.
Man holte sie aus der Zelle, brachte sie nach kurzer Zeit zurück, eine Verzweifelte, die sich weinend auf ihren Strohsack warf. Fünfzehn Jahre, schluchzte sie, und das aus Gnade. Entlassung, ja — etwas anderes hätte man ihr nicht anbieten dürfen! Tagelang aß sie nicht, saß dumpf brütend, nichts half. Dabei hätte sie sich nicht so zu sorgen brauchen, nach dem unerforschlichen Ratschluß der DDR-Behörden setzte man sie schon ein Jahr später in Freiheit, lange vor mir.
An mir gingen die Gnadenakte vorbei.
Und ich war damit einverstanden.
Ich hätte die Strafreduzierung unterzeichnen müssen, also die Begnadigung anerkennen, und damit nachträglich Urteil und Strafmaß. Ich wollte aber keine Gnade.
Meine Mitgefangenen redeten mir erschrocken zu, als ich diese Meinung von mir gab, rauskommen sei wichtiger, sagten sie. Ich ahnte nicht, daß auch meine Mutter dieser Auffassung war. Sie hatte nur einen Wunsch: meine Haftzeit zu verkürzen oder zu beenden. Ihre Gnadengesuche waren in entsprechendem Ton abgefaßt, flehentliche Bitten, Gnade vor Recht ergehen zu lassen.
Ich wußte nichts davon.
Ich hätte es nicht erlaubt. Als ich es erfuhr, war ich außer mir. Man hatte mich in die Verwaltung gerufen, eine Wachtmeisterin fragte, ob ich wüßte, daß meine Mutter ein Gnadengesuch eingereicht habe.
Ich verneinte, sagte, es sei nicht in meinem Sinn.
Hämisch gab sie zurück: Es sei auch abgelehnt worden.
Ich stimmte ihr fast heiter zu: Zum erstenmal seit Jahren sind wir einer Meinung. Ich bin kein Verbrecher, ich brauche Ihre Gnade nicht.
Das paßte ihr auch nicht. Sie kochte vor Wut. Und sie war die Stärkere, mir wurde sogleich eine Lehre erteilt. Nach dem Rundgang kündigte mir eine der Wachtmeisterinnen an, morgen würde ich verlegt. Und die Kalfaktorin klärte mich weiter auf, wohlmeinend und beängstigend: Ich käme zu einer in die Zelle, die ihre drei Kinder umgelegt habe, bisher habe sie in Einzelhaft gesessen.
Wir wurden also in eine Zelle zusammengelegt, und wie das immer so ging, man erzählte sich etwas voneinander.

Sie fing an, sie dachte wohl, ich hätte allerlei von ihr gehört, da wollte sie das ihrige dazu sagen. Sie habe einen sehr gutaussehenden Mann gehabt, erzählte sie, die Frauen seien ihm nur so nachgelaufen, und eine habe ihn ihr weggefangen, da sei er überhaupt nicht mehr nach Hause gekommen. Sie sei zu ihm gegangen, mit den Kindern, und da hätten die beiden im Bett gelegen, nackt, und sie habe ihm die Decke fortgerissen. Er solle sich wenigstens vor den Kindern schämen, habe sie geschrien, und sie würde nicht aus dem Zimmer gehen, bis er mitkäme. Er habe sie aber einfach die Treppe hinuntergeworfen. Zerschunden sei sie wieder hinaufgekrochen, habe die Kinder genommen und ihm gesagt, wenn er bis abends nicht zu Hause sei, werde sie die Kinder umbringen.
Sie hörte auf zu erzählen, warf sich herum und stöhnte. Ich fragte, ob er denn gekommen sei.
Nein, er war nicht gekommen. Da habe sie zu nichts mehr Lust gehabt. Und da hätten die Kinder angefangen zu kränkeln, aber es sei nicht wahr, daß sie die Zwillinge ohne Decke in die Winterkälte gestellt habe, wie die Leute behaupteten. Sie seien an Lungenentzündung gestorben, und das dritte habe Zahnkrämpfe gehabt und morgens tot in seinem Bett gelegen. Und dann redeten die Leute, und sie wurde verhaftet. Tagelang habe man ihr zugesetzt, ein Geständnis zu unterschreiben. Und dann kam einer, der sagte: Geben Sie es doch endlich zu, dann steht die Sache am günstigsten für Sie. Und sie gab es zu.
Ich sagte, das hätte sie als Mutter doch nicht tun dürfen.
Sie sah mich verständnislos an. Aber wenn die ihr doch versprochen hätten, daß dann alles in Ordnung sei?
Ich schwieg. Vielleicht hat sie gelogen, vielleicht war es Beschränktheit. Viel war da nicht.
Mit ihrem nächsten Monatsbrief kam sie zu mir, sie könne nicht richtig schreiben, ob ich ihr helfen wolle. Da setzte ich den Brief an ihren Mann auf. Er habe sie doch früher besucht, schrieb ich, denn das erzählte sie immer, nun aber habe sie lange nichts von ihm gehört und warte auf Nachricht von ihm. In dem Sinn schrieb ich und versuchte, sein Herz damit zu rühren, daß sie ja nur noch ihn hätte und daß es doch schwer für sie sei, das Urteil allein zu tragen.
Immer dringlicher wurde mir bedeutet, daß ich nicht nach den Kindern fragen solle. Ich hatte ihr Bild in dieser Zeit ständig bei mir. In jeder Zelle war ein offenes Bord, in dem die Eßschüsseln standen. An der Seitenwand war nun ein kleiner Nagel, den man von der Tür nicht sehen konnte. Mit einer Nähnadel hatte ich Löcher durch den Rand des Bildes gebohrt und einen Faden durchgezogen, nachts

hängte ich das Bild dort hin, da war es sicher und konnte nicht beschädigt werden.
Daß ich nicht nach den Kindern fragen sollte, erfuhr ich zum erstenmal in der Sprechstunde des Pfarrers. Es war derselbe wie in Waldheim, er besuchte wohl abwechselnd die Gefängnisse und Zuchthäuser in der Umgebung. Ich ging zu ihm, und er sagte: Ja, was wünschen Sie?
Dasselbe wie in Waldheim, sagte ich, ob er etwas erfahren habe von meinen Kindern.
Ach ja, sagte er, als erinnerte er sich erst jetzt. Er nahm ein Aktenstück in die Hand und blätterte darin, ich sah also, daß er etwas unternommen hatte. Dann klappte er die Akte zu und sagte, er könne mir keine Auskunft geben.
Ich fragte, ob ich sehen dürfe, was die Akte enthielte.
Nein, sagte er, das können Sie nicht.
Ich fragte, ob Bernhard ablehnend geschrieben habe.
Er antwortete, daß er auch das nicht sagen könne.
Das alles kam reserviert und ablehnend. Ich ließ mich aber nicht so einfach abspeisen und bedrängte ihn weiter. Und da sagte er: Fragen Sie nicht mehr nach Ihren Kindern. Ich kann Ihnen keine Auskunft geben, das muß ich Ihnen ein für allemal sagen.
Mir war klar, daß von irgendeiner Seite aus mein Anliegen blockiert wurde. Das konnte von Bernhard ausgehen, aber genausogut von der Anstalt, sie hatten ja auch sechsunddreißig Monate meine Briefe zurückgehalten. Ich sagte ihm, daß ich mich wundern müsse, wenn die Kirche gemeinsame Sache mit dem Unrecht mache.
Er meinte, ich hätte nicht die Einsicht, er versuche, das Beste aus allem zu machen, ob ich sonst noch einen Wunsch hätte.
Nein, an ihn hatte ich keinen Wunsch mehr.
Ganz einsam fühlte ich mich, als auch meine Mutter in einem ihrer nächsten Briefe schrieb, ich solle mit dem Fragen nach den Kindern aufhören, ich schadete mir nur selbst damit.
Ich begriff das nicht, was ich da las.
Konnte eine Mutter sich schaden, wenn sie nach ihren Kindern fragte? Und auch wenn es ihr schadete, wie könnte sie aufhören zu fragen? Was konnte mir, die ich verurteilt worden war, den Rest meines Lebens hinter Zuchthausmauern zu verbringen, was konnte mir noch schaden? Die Frage nach den Kindern war die einzige, die ich noch hatte, sie gab meinem Leben Sinn.
Ich hörte auf keinen von ihnen, nicht auf die Kirche und nicht auf meine Mutter. Es gibt Dinge, die jeder für sich entscheiden muß.

Ich fragte weiter.
Ich fragte auch nach meinen Kindern, als diese Kommission in meine Zelle kam. Es waren ein paar Offiziere, und einer von ihnen tat etwas Außergewöhnliches, er kam einen Schritt herein, das machten sonst nicht einmal die Wachtmeister. Es mußte jemand sein, der mit Haftanstalten keine Erfahrung hatte.
Er blieb mitten in der Zelle stehen und sagte: Sie heißen jetzt Frau Dreykorn?
Ja.
Sie sind die Frau von Bernhard Bechler?
Ja.
Wie geht es Ihnen? Er fragte das nicht ironisch, sondern beinahe mit Interesse.
Den Verhältnissen entsprechend.
Er fragte, ob ich mit der Verpflegung auskäme.
Ja.
Ob ich gern etwas dazu hätte.
Nein, ich käme aus.
Ich sähe aber blaß aus und sehr schmal.
Ich sagte, ich hätte seit zehn Jahren keine Nachricht von meinen Kindern.
Er fragte, ob ich etwas unternommen hätte.
Ja oft, sagte ich, nichts habe Erfolg gehabt.
Er wendete sich um, mir schien, er tauschte Blicke mit den andern. Dann drehte er sich zu mir und sagte, im Grunde läge alles an mir selber. Ich hätte das damals nicht tun dürfen, dann säße ich nicht hier und wäre bei den Kindern.
Wenn ich das nicht getan hätte, sagte ich, wäre ich mit den Kindern ins KZ gekommen, und dann lebten die Kinder heute vielleicht nicht mehr, das hätte ich mir damals sehr gründlich überlegt.
Er sagte, das wisse er, ich hätte es in meiner Revisionsbegründung ausdrücklich betont, deshalb habe man auch nicht an eine Affekthandlung denken können.
Ich sagte ihm, ich stünde zu dem, was ich damals getan hätte. Ich säße lieber lebenslänglich im Zuchthaus, als daß meine Kinder im KZ gestorben wären. Ich sei nach wie vor überzeugt, ihnen das Leben gerettet zu haben.
Er sagte nichts weiter und ging.
Hinterher fragte ich mich, ob dieser Mann nicht in Bernhards Auftrag dagewesen war, ihm vielleicht von mir berichten mußte. Es gab so ein paar Geschichten. Als ich in Hoheneck zum erstenmal in der Ambu-

lanz war, kam eine Wildfremde auf mich zu und fragte, ob ich Frau Bechler sei, und dann erzählte sie mir, sie habe in Brandenburg mit einer ehemaligen Sekretärin des Außenministers Dertinger zusammengesessen, die habe viel mitbekommen und habe gesagt, sie wisse positiv, daß Bechler an dem Todesurteil gegen seine eigene Frau mitgewirkt habe. Ich verschloß mich sofort und sagte, Tratsch interessiere mich nicht; aber in meinem Herzen konnte ich den Gedanken lange nicht loswerden. Damals in der Todeszelle war er von selbst in mir aufgestiegen.
Und dann die andere Geschichte, die mir ein Mitgefangener nach der Entlassung erzählte. Er habe auf dem Todesflur lange in der gegenüberliegenden Zelle gesessen, und da habe er einmal durch den Spion beobachtet, daß eine Kommission stehengeblieben sei, und einer habe nicht wie üblich nach Frau Dreykorn gefragt, der habe gesagt: Wo ist Frau Bechler? Dann habe er sich an den Spion gestellt und hindurchgeschaut, und als sie wieder gegangen wären, hätten die Wachtmeister gesagt, das sei Bechler selber gewesen.
Ich habe mir das angehört und nichts gesagt, ich weiß bis heute nicht, was ich glauben soll. Ich mußte mich lange gegen die ganze brutale Wahrheit abschirmen, um bei Verstand zu bleiben. Aber kann denn ein Mann seine Frau, mit der er sechs Jahre verheiratet war und die die Mutter seiner Kinder ist und der er oft gesagt hat, er liebe sie, kann dieser Mann sich vor ihre Zelle stellen und sie, die zum Tode Verurteilte, durch einen Spion betrachten? Und dann weggehen und nichts tun?

Die Mörderin und ich, wir lebten friedlich und einträchtig miteinander. Wir brachten den ganzen Tag in der Zelle zu, seit vor einigen Wochen über unserem Arbeitssaal die Decke heruntergekommen war; nun gingen breite Risse durch das alte Gemäuer, und die Stoffputzerei mußte wegen Einsturzgefahr aufgegeben werden.
Meine Zellengenossin hing an mir wie ein zutrauliches Kind. Als ich mich Heiligabend zum Kirchenbesuch meldete, sagte sie, das ginge doch nicht, ich könne sie an diesem Abend nicht allein lassen.
Ich versuchte ihr klarzumachen, daß es sich nur um eine Stunde handele, aber sie war störrisch und bockig, ich verdürbe ihr den ganzen Abend, rief sie böse. Ich ging also mit der bedrückenden Aussicht auf einen unerfreulichen Weihnachtsabend.
Wir waren nur dreißig in dem kleinen kahlen Raum, den man für den Gottesdienst zur Verfügung gestellt hatte. Offiziell waren Kirchenbesuche erlaubt, aber die Verwaltung tat, was sie konnte, um die Häft-

linge abzuschrecken und fernzuhalten. Diesmal war die Weihnachtspredigt zwar angesagt worden, aber gleichzeitig wurde bekanntgegeben, daß der Raum nicht geheizt werden könne. Da zuckten alle älteren Frauen zurück, sie konnten sich eine Erkältung nicht leisten.
Ich hatte damit gerechnet, daß einer von den Sprechstundenpfarrern die Predigt halten würde. Nun war ich froh, einen Fremden zu sehen, zu den beiden hatte ich nach ihrem windelweichen Verhalten kein Zutrauen mehr. Es war ein Gemeindepfarrer aus Chemnitz, auch nicht gerade ein Held, aber voll guter Absichten. In rührendem Bemühen um Festlichkeit hatte er den kahlen Raum mit Tannengrün und Kerzenleuchtern geschmückt, auf dem Altar stand ein Transparent, das von hinten angestrahlt wurde. Während der Pfarrer vor dem Altar die Weihnachtsgeschichte las, zeigten unsere Wachtmeisterinnen, daß sie nichts davon hielten. Sie klimperten mit Schlüsselbunden, tuschelten miteinander und verrückten die Kerzen, um neue Lichtwirkungen auszuprobieren, und dann krochen sie hinter den Altar, um sich die Rückseite des Transparents anzusehen, die Absicht war deutlich.
Eine Weile ließ der Pfarrer sie gewähren, aber als die Unruhe immer größer wurde, hielt er ein. Stille. Er schwieg solange, bis das Schwatzen in seinem Rücken verstummte, langsam kehrten sie an ihre Plätze zurück. Und während das geschah, fing er zu sprechen an. Es ließ mich aufhorchen, nichts Weihnachtliches, er ging von einem Bibelspruch aus, den ich nicht mehr wiedergeben kann. Und dann sagte er, die Stunde der Vergeltung werde kommen, und einmal werde Gericht gehalten, und dann werde sich herausstellen, wer die Verbrecher und wer die Gerechten seien.
Das war ja nun keine Weihnachtsgeschichte und nichts von Frieden auf Erden, aber diese Worte trösteten mein Gefangenenherz mehr als alles andere.
Nun war ich doppelt froh, zur Predigt gegangen zu sein, aber auf dem Rückweg fiel mir meine Zellengenossin ein, in welcher Laune mochte sie jetzt sein? Doch als ich dann in der Tür stand, war ich ganz gerührt. Das arme Wesen hatte die Zelle gewienert und auf Hochglanz gebracht. Ich zog sofort die Holzschuhe aus, um den blanken Fußboden zu schonen, und sagte: Was haben Sie sich bloß für Mühe gemacht! Sie strahlte und antwortete, sie habe alles schön machen wollen, damit ich eine Freude hätte.
Wir hatten beide Weihnachtspakete bekommen, und um die Zelle zu schmücken, hatte sie von sich einen kleinen Schinken aufgehängt und von mir eine Rügenwalder Teewurst, denn Tannengrün und Weihnachtsschmuck durften wir ja nicht haben.

Wir haben den ganzen Abend Halma gespielt. Spiele waren an Festtagen erlaubt, wir hatten ein Halma in der Zelle, und dann haben wir unser Festmahl verzehrt — Brote mit einem Aufstrich aus dem Vorrat unserer Pakete. Sie war so begeistert, daß sie sagte, so müßten wir es eigentlich jeden Tag machen.
Wir blieben nur noch zwei Wochen zusammen.
Die Arbeitskraft der Lebenslänglichen sollte wieder genutzt werden. Da aber der Saal auf unbestimmte Zeit gesperrt war, hob man ohne Begründung die strenge Absonderung der Lebenslänglichen auf und teilte uns der Schneiderei zu, in der die anderen Frauen seit langem arbeiteten.
Nun mußten neue Zellengemeinschaften gebildet werden, das erforderte die Schichtarbeit, ich kam zu fünf jüngeren Frauen, von denen ich keine kannte. Es waren Neupolitische, also solche, die sich nach den Gesetzen der DDR schuldig gemacht hatten.
Angebliche Spionagetätigkeit und Agententätigkeit, das waren nach den Erzählungen meiner Mitgefangenen in diesem neuen Staat ungemein häufige Verbrechen, ich glaube, jede zweite war deswegen verurteilt worden.
In dieser Gemeinschaft traf ich Ilse Bauer, wir lebten in den letzten finsteren Wochen meiner Haft in Nachbarzellen, abgesperrt von Licht und Luft und anderen Menschen, und unsere Gespräche durch die Wand gaben uns beiden Kraft, diese Zeit zu überstehen.
Ich war eigentlich ganz gern in dieser neuen Zellengemeinschaft, die Neupolitischen hatten mehr Reserven und Lebenshoffnung, das übertrug sich auf mich. Auch war der Gemeinschaftssinn groß. Wenn für eine Besuch angekündigt wurde, dann bekam sie das beste Hemd in der Zelle, außerdem durfte sie sich als erste waschen und mit mehr Wasser, als ihrer Zuteilung entsprach, denn alle legten großen Wert darauf, ihren Angehörigen sauber und gepflegt gegenüberzutreten. Ich sah nun, wie das zuging, selber hatte ich ja noch nie Besuch gehabt. Ich dachte mir, daß sie hier in Hoheneck vielleicht nicht soviel von mir wußten, faßte Mut und beantragte eine Besuchsgenehmigung. Nun mußte man aber genau angeben, von wem man besucht werden wollte. Meine Mutter lebte in Bremen, die kam nicht in Frage, doch in Weimar hatte ich noch meine Patentante, eine Schwester meines Vaters, sie war an die achtzig. Ich versuchte es, ich dachte, vielleicht kommt sie.
Und Tante Lene kam wirklich.
Wieviel Mut gehörte für die alte Frau dazu, mich hier aufzusuchen!
Der Besuch wurde mir also angekündigt, ich drehte mir die Haare ein

und legte die Hose unter den Strohsack, damit sie Bügelfalten hatte, und sorgte dafür, daß ich so adrett wie möglich aussah.

Dann ist es soweit. Ich werde aus dem Nähsaal geholt und ins Besucherzimmer geführt. Da sitze ich und warte, und mein Herz klopft: Zum erstenmal seit zehn Jahren werde ich mit einem Menschen sprechen, den ich in meinem anderen Leben gekannt habe.

Ich höre Stimmen und weiß, nun erhält meine Tante Verhaltensregeln. Man durfte nur über Privates sprechen.

Dann kommt sie zur Tür herein. Sie ist sehr klein, und es rührt mich, als ich sehe, daß sie sich für diesen Besuch nicht weniger sorgfältig zurechtgemacht hat als ich. Sie begrüßt mich herzlich und sagt, ich sähe ja blendend aus, meine Mutter würde sich freuen, wenn sie erführe, wie gut es mir ginge. Sie wendet sich zu der Wachtmeisterin, die mit uns am Tisch sitzt und sagt, es sei doch eigentlich ganz erstaunlich, aber wahrscheinlich würden wir gut gehalten.

Die Wachtmeisterin wahrt eisiges Schweigen.

Meine Tante Lene bleibt weiter bei ihrem höflichen Teestundenverhalten, sie zeigt mir Fotos und will sie auch der Wachtmeisterin reichen, doch die bleibt weiter eisig. Ich würde gern dazwischenfahren, aber ich kann diesen freundlichen alten Menschen nicht kränken, der für diese Umgebung keine Verhaltensregeln hat und haben kann.

Ich frage nach den Kindern.

Sie wisse überhaupt nichts von ihnen, sagt sie. Und auch nur sehr wenig von meiner Mutter. Bremen sei doch ziemlich weit weg, und man sei auch nicht mehr die Jüngste.

Sie weiß eigentlich nur von Weimar zu berichten, das scheint ihr wohl ein unverfängliches Thema. Sie erzählt mir also vom Wiederaufbau der Stadt und von den großen Leistungen des neuen Regimes, bis ich sage: Ach weißt du, das interessiert mich nicht so sehr, laß uns lieber von Menschen sprechen.

Dann ist die halbe Stunde um, und sie geht wieder.

Wir sehnten uns nach Besuch, aber oft kamen wir niedergeschlagen und bedrückt aus dem Zimmer heraus. Man spürte nichts als Fremdheit. Ich wußte nicht, was in den Köpfen meiner Besucher vorging, wenn sie die Wachtmeisterinnen einbezogen oder gewollt politische Bemerkungen machten. Und ich sah auch, daß sie mich nicht verstanden. Da hatte man sich große Mühe gegeben, menschenwürdig auszusehen, und dann sagten sie, dir geht es aber gut.

Ich war sehr enttäuscht, aber ich beantragte doch wieder Besuchserlaubnis, diesmal für meine Schwägerin Herta, Bernhards jüngste Schwester. Sie mußte doch etwas von den Kindern wissen.

Juni 1955.
Wieder ein Sommer, der elfte hinter Gittern. Ein Jahr zuvor war ich vierzig geworden, es gab dunkle Stunden, da glaubte ich, mein Leben sei vorbei.
Die Fließbandarbeit in der Schneiderei riß an meinen Nerven.
Ich staunte, als ich zum erstenmal die Leistungen unserer besten Arbeiterinnen zu sehen bekam, hundertzwanzig Kragen in einer Schicht, das war keine Seltenheit. Die Nähmaschinen standen hintereinander am Band, jede Näherin nahm das Stück, das auf sie zukam, viertelfertig, halbfertig und nähte ihren Anteil, uns Neulingen gab man die leichten Arbeitsgänge, so hatte ich am Anfang immer eine gerade Naht zu nähen, bis zu vierhundertmal in acht Stunden, wie ich das gehaßt habe. Jede war in ihrer Schnelligkeit von der Vorgängerin abhängig, wenn alles glatt laufen sollte, durfte keine mit der Arbeit aussetzen, unsichtbar waren wir an die Maschine gekettet, Sklavinnen, es war nicht einmal möglich, aufs Klo zu gehen.
Natürlich hatten wir auch fanatische Näherinnen, die uns andere zu immer größerer Schnelligkeit zwangen, aus Ehrgeiz oder wegen der Vergünstigungen. Es ging so weit, daß zwischen den vier Bändern einer Schicht täglich ein Wettbewerb ausgetragen wurde. Als Preis war ein rotes Banner ausgesetzt, das jeweils an der Spitze des schnellsten Bandes aufgestellt wurde. Und nicht wenige hatten den Ehrgeiz, dies Fähnchen Tag für Tag neu zu erobern. Ich habe später mal gelesen, daß Bernhard für seine Leistungen den Orden »Banner der Arbeit« bekommen habe. Von mir kann ich nicht behaupten, daß ich dort in Hoheneck viel dazu beigetragen hätte, meinem Band das rote Banner zu sichern.
Ich erfüllte gerade die Norm, diese Raserei war mir auch deshalb zuwider, weil sie so auf Kosten der Qualität ging. Ich habe erlebt, daß bei einem Herrenhemd auf beiden Seiten linke Ärmel eingesetzt wurden, es schien gar keine Rolle zu spielen. Ich stellte mir vor, wie den Leuten zumute war, die das tragen sollten, und äußerte die Vermutung, daß solcher Ausschuß doch gar nicht zu verkaufen sei, aber eine Neupolitische belehrte mich, die Leute seien froh, wenn sie überhaupt etwas bekämen.
Das galt allerdings nur für Inlandsware.
Bei jedem Exportauftrag wurden wir auf die Notwendigkeit einwandfreier Arbeit hingewiesen. Da die Bänder aber auf Schnelligkeit eingestellt waren, kamen dann ganze Posten zurück, wegen zu großer Stichweiten oder anderer Mängel. Dann gab es saure Gesichter, denn das ging von der Norm ab. Und damit von den Vergünstigungen.

Neuerdings konnte man etwas kaufen für sein hartverdientes Geld. Im umgebauten Burgteil war ein HO-Laden eingerichtet worden mit Verkaufsstand und Tischen und Stühlen wie in einem Café. Kein schlechter Gedanke, doch wurde uns hier wie immer der Genuß durch ein lächerliches Verbot vergällt: Wir durften nichts mit in unsere Zellen nehmen. Was wir gekauft hatten, mußte an Ort und Stelle verzehrt werden. Eine unsinnige, ja bösartige Vorschrift, denn unsere von jahrelanger Unterernährung geschwächten Mägen vertrugen nicht, was ihnen nun in einer halben Stunde zugemutet wurde.
Viel Geld stand keiner von uns zur Verfügung, wir schlossen uns also zum Kauf zusammen, dann saß so eine Tischgemeinschaft etwa vor einem Glas Stachelbeeren und einer Dose Dorschleber in Öl, einer Packung Kekse und einem Würfel Margarine, dazu kauften sich die einzelnen Kremschokolade, Würstchen und Brause. Und das wurde nun alles durcheinander gegessen, kein Wunder, daß in den anschließenden Schichten eine Wachtmeisterin nur damit beschäftigt war, Pillen und Tropfen gegen die anfallenden Beschwerden auszuteilen.
Im Trott dieses Zuchthauslebens ging wieder ein Sommer vorbei, ich lebte im Rhythmus der Schichten: Früh, Spät, Nacht, die fiel mir am schwersten. Damals konnte ich schon nicht mehr schlafen.
Die Nachtschicht hörte morgens um sechs auf, dann kehrte man müde und ausgelaugt in den Zellenbau zurück, man bekam den Morgenkaffee und durfte sich hinlegen, aber was bedeutete das? Ein Häftling ist ein Mensch, der keinen Anspruch stellen darf, nicht auf Würde und nicht auf Rücksicht. Die Nachtschicht hatte zwar ein Recht auf Schlaf, aber niemand dachte daran, die Tagesroutine auf sie einzustellen.
Das sah dann so aus: Man legt sich hin und versucht zu schlafen. Nicht leicht, weil der innere Rhythmus dagegen ist.
Nach einer Stunde geht die Tür zum erstenmal auf, die Kaltverpflegung wird gebracht, man nimmt sein Margarinestück in Empfang, das Brot und die Marmelade. Legt sich wieder hin. Versucht zu schlafen.
Nun wird aber gekübelt: Tür auf, Kübel raus, Tür zu. Eine Weile später der umgekehrte Vorgang.
Dann wird man rausgeschlossen und zum Waschen geführt, dafür gibt es keine feste Zeit, es kann irgendwann zwischen sechs und zwölf sein.
Dann Rundgang.
Und danach werden die Raucher gesondert herausgeschlossen, weil in den Zellen nicht geraucht werden darf. Zehn Minuten.

In meiner Zelle waren sie sehr nett, sie sagten: Komm mit, auch wenn du nicht rauchst, dann hast du wenigstens für zehn Minuten frische Luft.
Sie drückten mir die Zigarette in die Hand: Hauptsache, du läßt sie abbrennen. Und wollten sich totlachen, wenn sie mich so an der Zigarette lutschen sahen, und ich habe es natürlich auch ein bißchen übertrieben, um ihnen Spaß zu machen.
Danach macht man einen letzten Versuch, die Müdigkeit aus Herz und Gliedern zu kriegen. Nun stört einen vielleicht keiner mehr, aber was immer bleibt, ist der Lärm des Zellenhauses, das Schreien, Rufen und Schließen, so habe ich das Schlafen verlernt.
Ich war immer noch kein guter Häftling, ich wurde es nie, aber in jenen Wochen wurde mein Trotz stiller, ich mußte mit meinen Kräften haushalten, zu keiner Zeit bin ich so ruhig gewesen.
Sie waren es, die mich aufstörten.
Sie nahmen mir das Bild der Kinder.
Bei einer der überraschenden Razzien wurde es gefunden. Damit waren sie nicht zufrieden, wieder kamen die inquisitorischen Fragen: woher, wie lange, warum? Und dann die kalte Bemerkung, daß es nun zu den Effekten käme.
Aber das genügte noch nicht.
Ein paar Tage später wurde mir die Strafe bekanntgegeben: Acht Wochen Einzelhaft wegen Verstoßes gegen die Gefängnisordnung.
Die Umstellung war schwer, ich hatte mich an die gute Gemeinschaft meiner Zelle gewöhnt. Aber dann war ich glücklich, von der mörderischen Nachtschicht befreit zu sein. Ich begann, alles Auswendiggelernte zu wiederholen, und lief laut deklamierend in der Zelle auf und ab. Da kamen Klopfzeichen aus der Nachbarzelle. Als ich mein Ohr an die Wand legte, hörte ich meine Nachbarin rufen, ihr sei gerade ein Gedicht von Agnes Miegel eingefallen, sie fände es wunderbar, ob sie es mir einmal sagen solle.
Wort für Wort schrie sie es zu mir herüber, zweimal, damit ich es lernen konnte.

> Wenn ich wüßte, daß du warten würdest,
> wandern würde ich, wer weiß, wie weit,
> Erd' und Heimat würde ich verlassen
> und die Stätten meiner Kinderzeit.
> Lachend würde ich mit schnellen Schritten
> durch das finstre Tal des Todes gehn,
> wüßt' ich nur, ich würde drüben
> dich und deine lieben Augen sehn.

Mir gefiel es in der Stimmung, in seiner dunklen Ungewißheit, den sehnend suchenden Gefühlen. Mit meinem neuen Besitz ging ich wandernd in der Zelle auf und ab. Während ich die Verse sprach, Klang und Bedeutung in mich aufnahm, fielen mir die gehäuften Konjunktive auf, die dem Gedicht das Traumhafte, Sehnsuchtsvolle, wunschhaft Unwirkliche gaben.
Von dem Augenblick an formten sich auch mir manchmal Gedanken zu Versen, es wurde Teil meiner Selbstfindung.
Diese Erfahrung brachte mich, Jahre später, auf den Gedanken, für meine Examensarbeit an der Pädagogischen Hochschule Flensburg ein entsprechendes Thema zu wählen: Die Bedeutung des Gedichts in der Gefangenschaft.

Sie vergaßen mich nicht. Nach Verbüßung meiner Strafe kam ich in die alte Zelle zurück, wurde mit Wärme empfangen. Und mit all den Neuigkeiten und Flüsterparolen.
Eine fehlte aus unserem Kreis: Ilse Bauer.
Dunkelhaft, sagten die anderen, man hörte Entsetzen in den Stimmen. Ich dachte an den Zementkäfig in Waldheim und war auch erschrocken. Und warum, fragte ich.
Fluchtversuch, sagten sie. Genaues wußte keiner.
Später, als Ilse und ich Wand an Wand in Dunkelhaft saßen, erfuhr ich mehr. Sie war für das Beladen der Firmenautos zuständig, die Fertigware und Stoffballen in Hoheneck abholten, das brachte sie auf den Gedanken an Flucht; es war nicht schwer, einen unbewachten Augenblick zu erwischen und sich hinter der Ladung zu verstecken. So gelangte sie unbemerkt hinaus, aber auf der Landstraße geriet die Ladung ins Rutschen, einer der schweren Ballen drückte auf ihren Arm, quetschte ihn ab, eine Weile hielt sie es aus, der Arm wurde taub. Angst kam, wie lange dauert es, bis ein Arm abstirbt? War das die Freiheit wert? Sie machte sich bei dem Fahrer bemerkbar und der, linientreu und ängstlich, brachte sie auf schnellstem Weg nach Hoheneck zurück.
Und kurz vorher, erzählten sie in der Zelle, habe eine von ihnen im Traum die Burgfrau gesehen.
Ich tat das mit Unglauben ab, schon in Waldheim hatte es eine Gespenstergeschichte gegeben, dort war angeblich ein Mann mit Schlapphut umgegangen, ich hatte ihn nie zu Gesicht bekommen. Hier in Hoheneck geisterte eine Burgfrau. Es wurde behauptet, daß ihr Erscheinen Veränderungen ankündige. Was ich für Unsinn hielt, bis sie mir im Traum begegnete, und noch im selben Jahr.

Was gab es noch? Eine weitere Unglaubwürdigkeit: Sabotage in der Schneiderei.
Sabotage — eines der Worte, mit denen man hierzulande schnell bei der Hand war. Es kam immer wieder vor, daß falsch zugeschnitten wurde, kein Wunder bei der großen Eile. Und natürlich war dann viel verdorben. Oder daß ein Bügeleisen auf einem Stapel zugeschnittener Teile stehenblieb und durchschmorte.
Wir sagten Übermüdung, die Wachtmeisterinnen schrien Sabotage, aber keine nahm das ernst.
Doch diesmal war es anders.
Eines Abends fehlten bei einem Band alle Scheren, beim anderen die Spulen der Nähmaschinen, da konnte nicht mehr die Rede sein von Übermüdung und Hast, das war Absicht, beide Bänder standen eine ganze Schicht lang still, am anderen Tag fand man Spulen und Scheren in den Kübeln.
Nie kam heraus, wer es gewesen war.
Ich bewunderte den Mut der Täterinnen.
Die Bewachung wurde nun natürlich schärfer gehandhabt, die Schikanen vermehrten sich. Unablässig strichen die Wärterinnen um die Nähmaschinen, blieben hier mal stehen und dort einmal. Sehr häufig bei mir. War es Verdächtigung oder bloß Schikane?
In einer Nachtschicht sieht mir wieder eine über die Schulter, es macht mich nervös, ich drehe mich um und schaue in ein freundliches Gesicht. Ich bin beim Paspeln von Kittelschürzen. Nach einer Weile sagt sie: Wie gut ich das könnte, sie sei viel ungeschickter.
Sie bleibt noch weiter stehen, sagt: Stimmt es, daß man Ihnen keine Nachricht von Ihren Kindern zukommen läßt?
Ja.
Sie sagt, das könne nicht möglich sein, gesetzlich sei das nicht zulässig. Was soll ich darauf antworten? Ich könnte ihr von vielen Gesetzesübertretungen ihrer Kollegen und Vorgesetzten erzählen, aber ich schweige.
Sie sagt, sie müsse sich erkundigen. Wenn es irgendwie möglich sei, werde sie das nächste Mal, wenn eine Kommission käme, meinen Fall vorbringen. Das sei wider die Bestimmung und unmenschlich.
Sie machte nicht nur Worte, viel später — um das vorwegzunehmen — kam sie und sagte mir, sie habe nichts für mich tun können. Ich dürfe keine Verbindung zu meinen Kindern haben. Nun wisse sie, daß hier Unrecht geschehe, und sie werde es nicht vergessen.
Das sagte sie mit großem Ernst, und ich hatte von da an das Gefühl, daß sie innerlich auf meiner Seite war. Sie hatte nicht viele Möglich-

keiten, aber wenn ich mich mit einer Bitte an sie wandte, tat sie, was in ihrer Macht stand.
Sie fanden nie heraus, wer die Sabotageakte verübt hatte, aber Schuldige mußten her, und mehr auf gut Glück griffen sie sich zwei junge Mädchen heraus und sperrten sie in Einzelhaft.
Von uns wurde Distanzierung zu den Isolierten erwartet, ich hatte aber zu lange so gelebt und konnte nicht vergessen, wie überempfindlich diese künstliche Vereinsamung macht und wie bald man aus der erzwungenen Zurückhaltung Abwendung herausliest. Als wir nach dem Rundgang an einer von ihnen vorbeigeführt wurden, da las ich dieses ängstliche Warten in ihrem Gesicht, und ich rief sie beim Namen und grüßte sie, und sie strahlte und grüßte zurück.
Die Wachtmeisterin stürzte auf mich zu und sagte, Kontakte mit Isolierten seien verboten, ob ich das nicht wisse.
Doch, antwortete ich, aber es gebe menschliche Gebote, die höher stünden als ihre ...
Sie werde mich melden, sagte sie.
Und ich: Ich würde mich deshalb nicht anders verhalten.
Sie ging wütend weg.
Als wir in die Zelle geschlossen waren, flehten die anderen mich an, endlich »vernünftig« zu werden. Aber sie gaben bald auf. Ich wollte mich nicht anpassen, wo menschliche Würde so verletzt wurde, lieber in Kauf nehmen, daß man mich schikanierte.
Und ich wurde schikaniert.
Bei jenem Rundgang zum Beispiel, wo wir wartend standen, weil eine von uns die Küchenabfälle zu den Schweineställen tragen sollte. Es hatte Pellkartoffeln gegeben, und die Kiste war randvoll, die wog gut und gerne einen halben Zentner.
Die Wachtmeisterin ließ ihre Blicke über die Reihen gehen, ich stand weit entfernt, trotzdem rief sie: Dreykorn, bringen Sie die Kiste hinüber. Ich ging quer über den Hof auf die Kiste zu, ich hob sie an und hatte das Gefühl, entzweizubrechen, ich schleppte und zog und dachte, jetzt holst du dir einen Schaden fürs Leben, ich weiß nicht, wie ich hinüberkam, erst drüben durfte mir dann jemand die Treppe hinunterhelfen.
Die draußen hatten indessen ihre Kreise gedreht. Als ich hinaufkam, rief die Wachtmeisterin, ich solle mich an der alten Stelle einreihen. Und wehe, wenn ein Wort gesprochen würde.
Jetzt erlebte ich wieder einmal, daß Gefangene sich eine innere Freiheit bewahren.
Unruhe herrschte, stumm und doch spürbar, schwer faßbar für die

Wärterin, die immer nervöser wurde. Sie kommandierte überflüssig viel, aber als wir zu den Zellen geführt wurden, konnte sie nicht verhindern, daß alle, die an mir vorbeikamen, die Hand ausstreckten, eine Welle von Spontaneität überschwemmte den Gefängnistrott, sie mußte hilflos zusehen.

Seit fast einem Jahr hatte es keinen Kirchgang mehr gegeben. So lange mußte die Ausrede vom Umbau herhalten, erst im Oktober wurde wieder eine Predigt angesagt, genau zu Heidis Geburtstag, der diesmal auf den Erntedanktag fiel.
Nun wurde das alte Spiel gespielt.
Einerseits die offizielle korrekte Ansage der Predigt, andererseits die hinterhältige Festlegung: gleichzeitig sei der sonntägliche Hofgang. Daran lag uns allen. Er war nicht mit dem täglichen Rundgang zu vergleichen. Wir durften uns ganz frei bewegen, herumlaufen, stillsitzen, schwatzen, eine Stunde lang. Jede überlegte sich also, gehst du nun eine Stunde lang an die frische Luft oder setzt du dich in den kalten Kultursaal? Gleichzeitig war nämlich bekanntgegeben worden, der Saal sei noch nicht zu heizen und das Mitnehmen von Decken könne nicht gestattet werden.
Die Zahl der Kirchgängerinnen war entsprechend gering, ich wurde als eine der ersten herausgeschlossen. Während ich neben der Zellentür stand, konnte ich beobachten, wie die Wachtmeisterin vorbeiging. Sie schloß längst nicht alle heraus, die sich gemeldet hatten, zuerst schaute sie durch den Spion und entschied zum Beispiel: nur Alte, die brauchen nicht. Das habe ich sie sagen hören. Dann schob sie den Winker zurück und ging zur nächsten Zelle, und die verschüchterten Frauen drinnen wagten nicht, sich ein zweites Mal bemerkbar zu machen.
Wir standen in dem kahlen Raum, draußen schien die Sonne, vielleicht der letzte schöne Tag. Ich fror, aber ich bedauerte meinen Entschluß nicht. Der Pfarrer, der mich Weihnachten so durch seinen offenen Zorn beeindruckt hatte, predigte wieder, er hatte ein Bibelwort gewählt, das uns sehr anging: Nimm uns in Ehren an. Das richtige Wort für uns Erniedrigte und Gedemütigte, denen offiziell die Ehre aberkannt war. Mir ging das Herz auf, und voller Begeisterung sang ich die Paul-Gerhard-Lieder mit. Auch die schienen mir speziell für uns ausgesucht, aber das zeigt nur, wie stark der Häftling alles auf sich bezieht, es waren in Wirklichkeit die vorgeschriebenen Erntedanklieder.
Wir wurden zurückgeführt und stellten fest, daß wir nichts versäumt

hatten, erst jetzt wurden die anderen mit uns zum Hofgang herausgeschlossen.
Ich suchte mir einen warmen Platz, hielt das Gesicht in die Sonne, genoß einen der seltenen Augenblicke innerer und äußerer Wärme. Ich war noch voll vom Singen und von der Predigt, dachte auch an den Pfarrer, der nie erfahren würde, daß sein Kommen einen Sinn hatte. Drüben wurde er gerade von einer Wachtmeisterin zum Ausgang begleitet, sie gingen mitten über den Hof. Als ich das sah, kam mir der Gedanke, ihm etwas Freundliches zu sagen. Er sollte wissen, daß er uns Trost brachte, direkt und indirekt.
Ich muß es ihm sagen, denke ich, damit er nicht resigniert und aufgibt, aber ich weiß wohl, welcher Aufruhr dadurch entstehen wird.
Jetzt ist er zwei Schritte vor mir, und ich denke, tust du es oder tust du es nicht, und ich spüre die Feigheit in mir, und er entfernt sich immer weiter und ist schon zehn Schritte weg, und ich denke, wenn überhaupt, dann muß es jetzt sein, und laufe los, quer über den Hof. Er ist nur noch drei Schritte vom Tor entfernt, da bin ich bei ihm, ich nehme seine Hand und sage, wir dankten ihm für alles, was er uns durch die Predigt gegeben habe. Und daß wir seine Worte so sehr brauchten.
Kommen Sie bitte wieder, sage ich.
Er sieht mich sprachlos an.
Ich lasse seine Hand los und gehe zurück. Da höre ich, wie er sich umdreht, laut ruft er hinter mir her: Gott behüte Sie.
Ich gehe zurück zu den anderen.
Sie umringen mich und fragen, warum ich das getan hätte, ich müßte doch wissen, daß sie mich jetzt bestrafen würden.
Im Moment ist mir das gleichgültig, auch später habe ich mein Verhalten nicht bedauert, obwohl ich hart dafür bestraft wurde.
Ich kann nicht sehen, was die Wachtmeisterin tut, als ich zurückgehe, aber die anderen erzählen es mir. Sie sagt sofort, er solle die Hände öffnen, er hält ihr die offenen Handflächen hin. Nichts. Daraufhin öffnet sie ihm das Tor, er darf gehen.
Ich habe ihn nach meiner Entlassung wiedergesehen, und er hat mir erzählt, was danach in ihm vorging. Er habe sich immer wieder gefragt, was ihm nun passieren würde, dann habe er sich gesagt, du wirst hinnehmen was kommt, es war gut, was aber geschieht mit der Frau dort drinnen? Und er habe Angst um mich gehabt, und in den nächsten Gottesdiensten habe er immer mein Gesicht gesucht, mich aber nie gefunden. Und er habe nicht gewagt zu fragen.
Zuerst sah es so aus, als sollte dieses Zwischenspiel ohne Folgen blei-

ben. Der Sonntag ging vorüber, und auch am Montag geschah nichts. Wie immer wurden wir zum HO-Einkauf geführt, wir labten uns an Dorschleber in Öl und aßen Apfelmus und Brötchen dazu, hatten das übliche Magendrücken und verfluchten die feindseligen Anordnungen, die reine Freude nicht erlaubten.
Ich hatte Spätschicht.
Gegen Schichtende, kurz nach neun, kam eine Gruppe von Wachtmeisterinnen. Als ich sah, daß die dabei war, die den Pfarrer über den Hof geführt hatte, wußte ich, daß sie nach mir suchten. Also doch ein Nachspiel.
Um zehn wurden wir zurückgeführt. Wir waren noch nicht in den Betten, da hörten wir Flüstern auf dem Flur, hastiges Hantieren, die Geräusche kannten wir: Zellenkontrolle. Schon stand eine von ihnen in der Tür, wir mußten auf den Gang hinaustreten, und sie tastete uns ab, sah in den geöffneten Mund, griff in die Haare. Zwei andere hatten schon mit der Durchsuchung der Zelle begonnen. Was sie fanden, war kümmerlich: eine normale Zellenkontrolle hätte die beanstandeten Gegenstände achtlos hinausgeworfen. Es war eine daumengroße Spiegelscherbe, die mir gehörte. Bei den anderen fand sich ein Kartenspiel, selbstgemacht, und ein Kopfkissen, zusammengenäht aus einem Handtuch und gefüllt mit Monatsbinden. Das war alles.
Ich blieb nur noch diese Nacht in der Gemeinschaftszelle, am anderen Tag mußte ich meine Sachen packen: Umsiedlung in eine Arrestzelle, wieder einmal. Es war so ein Loch mit Holzschute, Licht kam nur durch einen schmalen Spalt, ich saß wieder im Dämmer, war angewiesen auf das, was ich im Kopf hatte.
Eine Weile ließen sie mich schmoren, dann ging eines Tages die Tür auf, die freundliche Wachtmeisterin kam, um mich zum Verhör zu holen, auf dem Flur flüsterte sie es mir zu.
Im Wachtzimmer waren sämtliche Wachtmeisterinnen versammelt. Am Schreibtisch saß die Hauptwachtmeisterin, bekannt für ihr scharfes Mundwerk. Ich hatte das Gefühl, daß eine Schau abgezogen werden sollte, und wappnete mich.
Bei der Zellenkontrolle seien verbotene Gegenstände gefunden worden: ein Spiegel, ein Kartenspiel, ein Kopfkissen. Das letztere sei besonders verwerflich. Bei solcher Verwendung von Monatsbinden müsse man von Vergeudung von Volkseigentum sprechen. Wie diese Dinge in die Zelle gekommen seien.
Ich schwieg.
Sie holte die winzige Spiegelscherbe hervor. Ob die mir gehört habe.
Ich bejahte.

Wo sie versteckt gewesen sei.
Zwischen Bettkante und Strohsack.
Sie nickte zufrieden. Und woher ich sie hätte.
Geschenkt bekommen.
Von wem.
Ich hob die Schultern. Im übrigen besitze jeder zweite Häftling etwas dieser Art, sagte ich, das sei ihr doch bekannt, bei den Razzien wandere das ohne großes Getöse auf den Abfallhaufen.
Es seien noch andere Sachen gefunden worden, die Spielkarten, das Kopfkissen, woher die stammten.
Das könne ich nicht sagen.
Woraus die Spielkarten gemacht worden seien, fragte sie.
Aus Pappe.
Ich solle nicht frech werden, sagte sie, das sähe sie selbst, sie wolle wissen, woher die Pappe sei.
Darüber könne ich keine Auskunft geben.
Sie schob mir ein Stück Papier über den Schreibtisch, das solle ich lesen und unterschreiben.
Ich las. Da stand ungefähr, daß in der Zelle verbotene Gegenstände gefunden worden seien, dann folgte die Aufzählung.
Ich sagte, ich hätte mich nur zu dem Besitz des Spiegels bekannt.
Das sei gleichgültig, sagte sie, ich hätte für das einzustehen, was in der Zelle gefunden worden sei. Ich hätte durch den Besitz einem Verbot zuwidergehandelt.
Ich sagte ihr, meine Zuwiderhandlungen seien Lappalien im Gegensatz zu ihren.
Was meinen Sie damit, fragte sie scharf.
Ich fing an, aufzuzählen: das Zurückhalten der Post, die Trennung von meinen Kindern, die Isolierung — was sei dagegen der Besitz einer daumennagelgroßen Spiegelscherbe?
Sie unterbrach mich. Ich wolle also nicht unterschreiben.
Ich sagte, ich dächte nicht daran.
Abführen, sagte sie.
Die Freundliche brachte mich zurück. Wir waren ganz allein auf dem Flur, da sagte sie, das hätte ich prima gemacht, die dummen Gänse hätten mich nämlich hereinlegen wollen, aber ich sei ihnen nicht auf den Leim gegangen.
Gleich am nächsten Tag wurde ich in das Dienstzimmer des Politoffiziers beordert. Er saß an einem Schreibtisch in der Fensterecke, er schrieb oder tat so, jedenfalls sah er nicht auf. Ich machte mich bemerkbar. Margret Dreykorn, sagte ich.

Er fuhr herum. Ob das meine Meldung sein solle.
Ich sagte, ja.
Ob mir nicht gesagt worden sei, wie die Meldung zu lauten habe.
Als ich nicht antwortete, sagte er selber den Spruch her: Strafgefangene Dreykorn bittet eintreten zu dürfen.
Ich sagte ihm, so könne ich mich unmöglich melden, ich hätte überhaupt nicht den Wunsch gehabt, zu ihm zu kommen.
Das war der Augenblick, wo er auf mich einschrie, wie leid es ihnen täte, daß mir vor fünf Jahren nicht der Kopf vor die Füße gelegt worden sei. Und daß es noch nachgeholt werden könne. Ich sei mir doch klar darüber, daß man mich nicht begnadigt habe.
Ich antwortete ihm, daß er tun müsse, was er für richtig halte. Ich wolle ihn nur darauf aufmerksam machen, daß ich in diesem Hause Hunderte von Freunden hätte. Wenn sie mich hinrichteten, würden es Tausende sein. Außerdem sei dazu ein neues Gerichtsverfahren nötig. Und dabei würde ich berichten, mit welchen Methoden in dieser Strafanstalt gearbeitet würde. Ich hätte jahrelange Erfahrung und Beweise über Beweise.
Das verschlug ihm die Sprache. Er starrte mich entgeistert an, er brachte nur ein paar Worte heraus. Er sagte: Sie sind ja ein ganz gefährlicher Mensch. Dann rief er die Wachtmeisterin herein und ließ mich abführen. Was er nun wirklich gewollt hat, weiß ich nicht.
Ich war ganz zufrieden mit mir. Seit sie mir das Bild weggenommen hatten, war ich so von Zorn und Haß erfüllt, daß jeder ihrer Fehler, jedes Versagen, ja schließlich sogar jede Unmenschlichkeit mich mit Genugtuung erfüllten. Nie war ich weiter entfernt von jenem Gebot, das uns auferlegt, unsere Feinde zu lieben und denen Gutes zu tun, die uns hassen. Als mir das klar wurde, löste sich etwas in mir, ich hatte da schon Wochen in Dunkelheit gesessen; wenn ich ins Helle kam, sah ich kaum etwas. Da geht der Blick wohl eher nach innen, und ich erkannte, daß ich Haß und Feindseligkeit mit Verachtung beantwortete, und versuchte, in mich zu gehen und mich zu ändern, ich kann nicht sagen, daß es mir gelungen ist.
Anfang Dezember verkündete mir der Kommandant offiziell meine Strafe: Dunkelarrest wegen Überschreitung der Gefängnisordnung. Er begründete kurz, daß ich im Oktober dem Pfarrer auf dem Hof die Hand gegeben hätte, wohlwissend, daß ein solches Verhalten nicht erlaubt sei.
Dunkelhaft? Kann es denn noch dunkler sein als in meiner Arrestzelle? Es kann, aber noch erfahre ich es nicht, erst einmal bleibe ich dort.

In der Nacht träume ich. Von der Burgfrau, an die ich nie geglaubt habe. Ich bin halbwach, ein Grenzgefühl, halb Traum, halb Fantasie, schwer zu beschreiben. Zuerst sehe ich eine Feuersäule, aus ihr löst sich eine Gestalt, ich bin ganz sicher, daß es die Burgfrau ist. Sie läßt mich sehen, was mit mir geschehen wird. Ich sehe mich also, wie ich bepackt mit meinem Deckenbündel hinter einer Wachtmeisterin in den Keller gehe. Meine Mutter steht jammernd an der Seite. Ein finsteres Loch tut sich vor mir auf. Ich frage die Burgfrau, was mit mir wird. Sie sagt, das sei das Letzte, nicht lange danach käme die Freiheit. Sie geht zurück in die Flammensäule, und ich werde wach.
Dieses merkwürdige Ereignis beschäftigt mich natürlich, aber als Tag um Tag vergeht, ohne daß etwas geschieht, vergesse ich es wieder.

Weihnachten 1955.
Ich war immer noch im Arrest.
Der 23. Dezember, seit Jahren mein schwärzester Tag. Überraschend wurde aufgeschlossen. Ich solle mitkommen, Besuch.
Eine Weile saß ich allein in dem Zimmer mit den karierten Vorhängen, das unseren Besuchern einen so falschen Eindruck gab. Ein Kanonenofen bullerte vor Wärme. Ich genoß den unerwarteten Segen, dann ging die Tür auf: Herta, Bernhards jüngste Schwester. Sie war in Schwarz, ich fragte nach dem Grund. Mutter ist tot, sagte sie. Nun dachte ich mir, daß sie dann wohl mit Bernhard zusammengetroffen sei, vielleicht auch mit den Kindern. Aber sie hatte ihn nicht gesehen. Sie hätten ihm geschrieben, erzählte sie, aber er habe nicht geantwortet, nichts sei gekommen, sie wüßten nicht einmal, ob ihre Nachricht ihn erreicht habe. Zweiundfünfzig habe sie zum letzten Mal mit ihm gesprochen.
Die Kinder?
Sie las mir die Frage von den Lippen und erzählte von ihrer letzten Begegnung mit ihnen. Danach habe sie nie mehr Kontakt gesucht, sie habe befürchtet, Bernhard könne böse werden und es sie entgelten lassen.
Für Mutter war es am schlimmsten, sagte sie, sie hat ihn seit sechsundvierzig nicht mehr gesehen. Da ging es uns sehr schlecht, wir hatten nichts mehr, Vater ist buchstäblich verhungert. Und Bernhard ist nicht mal zur Beerdigung gekommen. Aber sie hat es ihm nicht nachgetragen, ganz zuletzt hat sie noch an ihn gedacht und gesagt: Er ist doch mein lieber Sohn.
Wir saßen uns still gegenüber. Ja, sagte sie, er habe sich sehr verändert. Dann sah sie sich um, wechselte das Thema, fragte nach mir.

Ich wollte sie nicht beunruhigen, ich hätte mich zurechtgefunden, sagte ich. Erzählte von meinen Übungen, den körperlichen und den geistigen. Und daß ich in diesen letzten Wochen darauf gekommen sei, meine Gedanken und Gefühle auch in solche Form zu bringen.
Das sei ja großartig, meinte sie begeistert, hier könne der Mensch wohl erst richtig zu sich selber finden.
Was sollte ich darauf antworten. Ich war versucht, sie zu fragen, warum sie dann nicht gleich hierbleibe, um auch zu sich zu finden, natürlich tat ich es nicht.
Wir wurden darauf aufmerksam gemacht, daß die Zeit um sei.
Herta erhob sich sofort. Sie öffnete ihre große Tasche und nahm einen Strauß Alpenveilchen heraus. Als Abschiedsgruß, sagte sie.
Die Wachtmeisterin erhob Einspruch. Blumen seien verboten.
Hertas Ansicht vom Gefängnisleben geriet ins Wanken. Was, sagte sie empört, nicht einmal ein paar unschuldige Blumen?
Die Wachtmeisterin belehrte sie. Wenn sie das nächste Mal käme, solle sie die Blumen früher herausnehmen und auf den Tisch legen, dann hätte ich Gelegenheit, sie während der ganzen Besuchszeit zu betrachten.
Herta entfernte sich kopfschüttelnd.
Ich blieb weiter in der Arrestzelle, lebte in ewigem Dämmer, turnte, deklamierte und übte mich darin, Verse zu formen.
Am Neujahrsmorgen flüsterte eine Kalfaktorin mir durch die Zellentür zu, in der Sylvesternacht seien die letzten Internierten entlassen worden, auch die mit hohen Reststrafen. Die Baltendeutsche zum Beispiel. Und sogar Frau Mutschmann.
Mich allein behielten sie zurück.
Nun schien mir gewiß, daß ich den Rest meines Lebens hinter Zuchthausmauern verbringen würde. Halb unbewußte Hoffnungen brachen in sich zusammen, ich war tief deprimiert.
Dann werde ich zum Rundgang geführt. Und da geschieht etwas, was mir unvergeßlich geblieben ist. Während ich dort meine Runden drehe, versunken in schwarze Gedanken, Schwere in allen Gliedern, dieses bleierne Gefühl der Hoffnungslosigkeit, höre ich, wie im Zellenhaus ein Fenster aufgemacht wird. Ich sehe hin, kann aber auf die Entfernung nichts erkennen, meine Augen sind erschreckend schwach geworden. Ich sehe niemanden, aber plötzlich klingt Gesang aus den Fenstern heraus. Sie singen: Ich hebe meine Augen auf zu den Bergen, von denen mir Hilfe kommt.
Ich weiß, daß sie das mir singen.
Und gleichzeitig fangen unten in Stollberg die Glocken zu läuten an.

Gesang und Glockengeläut, und meine Füße treten eine erste Spur in frischgefallenen Schnee, das sehe ich auf einmal, fast glücklich gehe ich zurück in meine Dämmerzelle.
Es war ein guter Jahresbeginn.
Ein paar Tage später gingen rund um mich Maurerarbeiten los, es bohrte, klopfte, hackte, die Geräusche rückten immer näher, und eines Morgens mußte ich packen und ausziehen. Ich erinnerte mich meiner Strafe, was würde jetzt kommen? Aber der unerforschliche Ratschluß meiner Bewacher ließ mich in einer winzigen Lazarettzelle landen, eben renoviert, klein aber komfortabel, ausgestattet sogar mit einem Wasserklosett. Was mögen sie sich dabei gedacht haben?
Wenige Stunden später bekam ich eine Nachbarin: Als wir zum Rundgang herausgeschlossen wurden, stand ein sehr großes Mädchen vor mir: Ilse Bauer. Wir sind im Arrest erster Klasse, flüsterte sie. Mir schien es auch so, aber es wurde jetzt sehr kalt, und alle Leitungen froren ein, wir fielen zurück in alte Primitivität: keine Heizung, kein Wasser zum Waschen, ein Achtelliter Trinkzuteilung. Und dann die alte Kübelei.
Wir ließen keinen Rundgang aus, obwohl uns vor der Kälte graute, Winter und Sommer trugen wir ja dasselbe dünne Drillichzeug. Und wir nahmen die Waschschüsseln mit hinaus und füllten sie mit Schnee. Ich kann nicht beschreiben, welche Überwindung es kostete, sich in der eiskalten Zelle auszuziehen und mit Schnee abzureiben, aber wir haben es getan und denken heute natürlich, daß uns das gesund erhalten hat.
Aus dieser Zeit habe ich noch einen anderen Rundgang in Erinnerung.
Februar: eisige Kälte, ein scharfer, beißender Wind. Die Wachtmeisterin hatte alle Isolierten zugleich herausgeschlossen, sie hatte wohl auch keine Lust, mehr als einmal hinauszugehen. Wir stapften über den eisharten Boden, die dünnen Drillichjacken blähten sich im Wind. Als wir die Hände in die Ärmel steckten, schrie sie: Hände raus!
Wir ließen also die Hände draußen und hofften, daß sie uns nicht erfroren. Mir war erbärmlich kalt, meine Finger waren taub, ich sah auf die Wachtmeisterin, sie hatte dünne Strümpfe an, und ich stieß einen Fluch aus und sagte: Hoffentlich erfrieren ihr die Beine.
Sie rief: Dreykorn, was haben Sie da eben gesagt?
Daß Sie hoffentlich an den Beinen ebenso frieren wie wir an den Händen, rief ich hinüber.
Sie antwortete nicht. Weitergehen, befahl sie. Nach einigen Runden

gab sie auf einmal die Erlaubnis, daß wir die Hände in die Ärmel stekken durften.
In dieser Zeit, wo wir uns nicht einmal mehr waschen konnten, kam mein dritter und letzter Besuch. Ich war nicht glücklich, als er mir angekündigt wurde, ein Onkel, angeheiratet, der Mann einer Kusine meiner Mutter, den ich nur ein paarmal gesehen hatte. Von der Familie wußte der bestimmt so gut wie nichts, und ich dachte, was kann dieser Besuch dir geben.
Wieder wurde ich nach vorn gebracht ins Verwaltungsgebäude, wurde zuerst in das warme Zimmer geschlossen, dann kam mein Onkel und mit ihm ein Wachtmeister, offensichtlich war das erste einschüchternde Gespräch schon geführt worden.
Ich hatte das Gefühl, ein völlig Fremder sitze mir gegenüber.
Er erzählte von sich und von seiner Familie. Daß sein ältester Sohn gefallen sei und daß sein Jüngster in München studiere. Und daß seine verstorbene Frau jeden Tag an mich gedacht habe. Und daß es ihm selber gut gehe, er habe Gelegenheit, als Architekt am Wiederaufbau mitzuwirken. Und nun fing er an, das neue Regime zu loben. Er erzählte von einem Treffen mit meiner Mutter in Westberlin, als sie das Gnadengesuch für mich eingereicht habe. Er bäte mich ausdrücklich auf ihren Wunsch, doch das Fragen nach den Kindern zu unterlassen. Ich selber schließe mich diesem Wunsch voll an, denn du ahnst ja gar nicht, wie sehr du dir damit schadest, sagte er. Die Kinder sind bestimmt wohlversorgt, und für ihre Ausbildung wird alles getan. Wieder die fatale Wendung zum Wachtmeister: Die Regierung der DDR ist darin ganz vorbildlich.
Ich war befremdet. Ich dachte, den haben sie aber ganz schön umgebogen. Dann schaute ich ihn mir an, und während ich das tat, sah ich, welche Mühe ihm das Sprechen machte. Sein Unterkiefer zitterte, und seine Hände, die auf dem Tisch lagen, waren auch nicht ruhig. Auf einmal wußte ich, daß er diesen ganzen Unsinn redete, um seine Aufregung zu verbergen. Ich konnte nun etwas Freundliches zu ihm sagen, und wir fingen an, richtig miteinander zu sprechen, und zum Abschied sagte er mir, in dieser halben Stunde habe er mich ins Herz geschlossen. Seine Frau habe ihm auf dem Sterbebett gesagt: Vergiß Grete nicht. Deshalb sei er gekommen, er habe ihr das versprochen. Nun wolle er mir in Chemnitz ein Konto einrichten, und wenn ich entlassen würde, dann solle ich zu ihm kommen, es sei ja nur eine Stunde Bahnfahrt, und er wohne immer noch im alten Haus. Du kommst zu mir, sagte er, ich helfe dir, du kannst dich darauf verlassen.
Als ich wieder in meiner Zelle war, kam mir dieser Besuch wie ein

freundlicher Wink des Schicksals vor. Hoffnungen wurden wach, ohne daß ich so recht davon wußte. Und als ich nach ein paar Tagen packen mußte, schlug mein Herz schneller. Entlassung?

Nein, Verlegung.

Ilse und ich wurden ins Zellenhaus gebracht, im Parterre war der Umbau in vollem Gang, wir aber kamen in den Keller, der war schon fertig: fünf Dunkelzellen, kein Fenster, kein Luftloch, die Wände noch feucht, der Putz unbekritzelt, weit offen die schweren Eisentüren, wir waren die ersten Bewohner dieser neuen Einrichtung.

Auf dem Kellergang wurden wir von Einsfünfzig in Empfang genommen, einer der Hauptwachtmeisterinnen, eiskalt und winzig, deshalb Einsfünfzig genannt. Zuerst durchsuchte sie Ilse, sie mußte sich ganz ausziehen, wir hatten Februar, und es war sehr kalt. Einsfünfzig war wieder einmal gnadenlos.

Dann nahm sie mich vor. Nichts. Die Bleistiftminen in den Hosennähten waren noch nie gefunden worden. Zuletzt sagte sie: Machen Sie mal das Haar auf; daran hatte schon lange keine mehr gedacht, und es war ärgerlich, weil ich einen kleinen Bleistift in der Haarrolle versteckt hatte. Nun fiel er herunter und kullerte ihr vor die Füße. Sie sagte: Woher kommt der Bleistift?

Ich antwortete nicht gleich, da mischte sich die zweite Wachtmeisterin eifrig ein: Aus den Haaren, ich habe es genau gesehen.

Natürlich wollte Einsfünfzig eigentlich wissen, woher ich den Bleistift hatte, aber die schnelle Antwort der jungen Wachtmeisterin lenkte sie ab, sie gab sich zufrieden. Sie ging hinaus, die Tür fiel zu, ich stand im Finstern.

In dieser völligen Dunkelheit suchte ich meine Sachen zusammen.

Ich dachte, hier kannst du nicht leben.

Aber man konnte.

Wir aßen im Dunkeln, wuschen uns im Dunkeln, schliefen im Dunkeln. Wir hatten eiserne Feldbetten mit dünnen alten Matratzen, Strohsäcke wären uns lieber gewesen, sie waren wärmer. Während des Tages war Hinlegen verboten, aber wir taten es, um Kräfte zu sparen, wenn oben geschlossen wurde, war immer noch Zeit genug zum Aufstehen.

In der Zelle gab es ein richtiges Klosett, aber es war noch nicht angeschlossen, und wir fanden schnell heraus, daß die leeren Rohre gut leiteten. Anfangs, als wir noch Kraft hatten, hingen wir oft über den Brillen und redeten miteinander und teilten uns mit, wie weit wir mit unseren Gedanken und Gedichten waren.

Nach ein paar Tagen brachte eine Wachtmeisterin mir einen Eimer

Wasser, ich sollte den Gang vor den Kellern scheuern, bald hatte ich aber nicht mehr die Kraft. Da erinnerte ich mich an die Fellschneiderei in Waldheim und goß das Wasser nur über den Fußboden, es war mir egal, ob es trocknete. Und wenn ich dann merkte, wie mein Atem kürzer wurde, sagte ich zu der Wachtmeisterin, nun brauchte ich neues Wasser. Mit solchem Schmutzwasser wischte ich nicht, wenn sie das könnte, ich nicht. Diese Anspielung auf ihre Sauberkeit beschämte sie so, daß sie frisches Wasser holte. In der Zwischenzeit ruhte ich mich aus.

Hier unten wurde alles von Wachtmeisterinnen gemacht.

Man wollte wohl nicht, daß Kalfaktorinnen über die Zustände in den Dunkelzellen reden konnten. Das war ein großer Nachteil, jetzt war das Essen sehr knapp bemessen, und weil die Wachtmeisterinnen zu faul waren, zweimal zu kommen, stand es außerdem schlimm mit dem Wasser, das von oben heruntergebracht werden mußte. Unsere Krüge waren nie mehr als halbvoll, das mußte reichen zum Waschen, Zähneputzen und für das Auswaschen der Eßschüsseln.

Bald ging das Zeitgefühl verloren.

Wir wußten nur noch, daß Morgen war, weil sie Kaffee brachten. Wenn die Suppe kam, war Mittag, und wenn sie den Schemel herausholten, dann mußte Abend sein. Einmal, das war wohl schon im März, hörte ich durch alle Mauern hindurch einen Vogel zwitschern, und da wußte ich, daß die Sonne aufgegangen war.

Unsere Kräfte schwanden.

So oft wir konnten, lagen wir. Wir sprachen nicht mehr viel miteinander, Ilse sagte selten etwas, und mein Kopf war bleischwer, ich schnappte nach Luft wie ein Fisch; wie wirkte sich Sauerstoffmangel aus? Meine Fingernägel wurden immer länger, ich erinnerte mich daran, daß ich immer gehört hatte, bei Toten wüchsen sie noch im Sarg. Ich konnte sie nicht schneiden, in stundenlanger Arbeit gelang es mir, sie an der rauhen Zementwand abzuraspeln, ein scheußliches Gefühl, aber nun waren sie wieder kurz.

Ein einziges Mal wurden wir auf den Hof geführt.

Schnee war gefallen, und die Sonne schien. Ich war blind wie damals in Waldheim, als ich die vielen Wochen im Keller gesessen hatte. Und wie damals tastete ich mich an der Wand entlang. Da fühlte ich, wie jemand seinen Arm unter meinen schob, es war ein Mann. Er hakte mich einfach ein und sagte: Kommen Sie, ich führe Sie. Es war einer der Bauarbeiter. Er führte mich, und die Wachtmeisterin schwieg dazu. Es war ja manchmal so, daß etwas, was einer ganz selbstverständlich tat, auch selbstverständlich hingenommen wurde.

Ich bekam Post von meiner Mutter. Die monatlichen Paketsendungen in Strafzeiten fielen weg. Nicht aber die Briefe. Das erste Glücksgefühl wich tiefer Enttäuschung. Ich las: ... Laß endlich dein Dagegenangehen sein. Übernimm eine vernünftige Arbeit, damit du ein nützliches Glied der Gesellschaft wirst ...

Mir war, als stünde ich endgültig allein und vom letzten Menschen verlassen, der mir noch geblieben war.

Wenn ich in den Jahren der Gefangenschaft auch viele Demütigungen und Enttäuschungen erfahren hatte, diese schien mir die grausamste zu sein.

Erst später erfuhr ich, was meine Mutter veranlaßt hatte, mir so zu schreiben. Sie hatte gehört, daß auf besonderes Gesuch hin Besuchserlaubnis für Westdeutsche in Strafanstalten der DDR gegeben würde. Anfang 1956 war sie nach Ostberlin gefahren und hatte im Ministerium darum nachgesucht.

Die Beamten hatten sich jovial gegeben und versichert, sie seien ja gar nicht so und es ließe sich gewiß möglich machen. Sie möchte doch am folgenden Tage noch einmal vorsprechen.

Inzwischen hatten sie in Hoheneck angefragt, wie ich mich verhielte, und nur Negatives erfahren. Als meine Mutter hoffnungsfreudig wiederkehrte, wurde ihr mit aller Schärfe klargemacht, daß bei solch renitentem Verhalten keinerlei Vergünstigungen gewährt werden könnten. Sie legten ihr nahe, als Mutter ihren ganzen Einfluß auf mich geltend zu machen, damit ich endlich einsichtig würde. Und das hatte sie dann auch getan.

An einem Morgen klopft Ilse. Über die Kloschüssel erzählt sie mir, sie habe geträumt. Sie habe Schnee gesehen. Und einen Wald, der brannte. Und durch den Wald sei jemand gegangen mit einem Koffer. Sie habe sich überlegt, wer das sei. Und das könne nur ich sein.

Du wirst entlassen, sagt sie.

Ich rede ihr gut zu. Wir hätten beide lebenslänglich. Und außerdem noch unbegrenzte Dunkelhaft. Ob sie mich wohl hierher gesetzt hätten, wenn sie mich entlassen wollten? Wir dürften uns nichts vormachen, sage ich, das habe doch keinen Zweck, es sei geradezu gefährlich.

Ich halte es wirklich für vollkommen unmöglich, obwohl mir mein eigener Traum einfällt, in dem ich alles gesehen habe, was später geschah: die Verlegung in den Keller, das Entsetzen meiner Mutter, und die Versicherung der Burgfrau, daß mit diesem Letzten das Maß voll sei und die Erlösung nahe.

Ich gehe in meiner Zelle auf und ab. Nun fange ich natürlich auch an, mir etwas vorzumachen.
Am nächsten Morgen ruft Ilse und sagt: Es kann nicht anders sein, du wirst entlassen, ich habe genau dasselbe wieder geträumt.
Ich wiederhole meine Einwände.
Sie sagt mit stiller Hartnäckigkeit, daß ihre Träume immer stimmten.
Also gut, sage ich, dann möchte ich wissen, was ich für dich tun kann, wenn ich draußen bin.
Sie bittet mich, zu ihrem Vater zu gehen, er habe keine Ahnung, was aus ihr geworden sei.
Das alles erzählt sie mit großer Dringlichkeit, sie glaubt ganz ernsthaft, daß ich entlassen werde, und ich verspreche, weiterzugeben, was sie mir mitgeteilt hat.
Aber alles bleibt ruhig, nichts deutet auf eine Veränderung hin, und wir werden immer schwächer.
Als ich zwei Tage nach Ilses Traum wach werde, kommt mir der Gedanke, daß ich bisher alles auf mich genommen habe, aber jetzt spüre ich, wie meine Kräfte nachlassen, ich kann nicht mehr richtig sehen; wenn ein bißchen Licht einfällt, habe ich Sterne vor Augen, und ich möchte nicht vor diesen Frauen zusammenbrechen, die tagtäglich zu uns herunterkommen und uns so vergehen sehen. Selbstmord? Nein. Ich könnte das irgendwie machen, es würde mir schon gelingen. Aber das darf man ja nicht tun. Nach dem Glauben muß man das Leben auf sich nehmen. Und da möchte ich Gott bitten, daß er mich nun sterben läßt. Damals war ich ja daran gewöhnt, meine Gedanken zu formen, ich hatte mehr als achtzig Gedichte gemacht in diesen Monaten. Und wie ich nun im Dunkeln meiner Zelle an der Wand auf und ab gehe, formt sich der Gedanke: Manchmal möchte ich den Vater bitten, daß er mich erlösen soll.
Ich weiß nicht weiter. Es kommt kein neuer Gedanke, nichts fügt sich an. Ich gehe hin und her, da höre ich, wie aufgeschlossen wird, erst der Gang, dann meine Zelle, und eine Wachtmeisterin sagt: Kommen Sie mal mit. Barsch wie immer.
Ich denke, was kann denn das nun wieder sein, du mußt dich zusammennehmen, du darfst dir nichts anmerken lassen, du bekommst bestimmt wieder eine neue Strafe, wahrscheinlich völliger Essensentzug. Es wird wohl der Bleistift sein, den Einsfünfzig fallen sah. Du mußt es gelassen hinnehmen, aber wie sollst du das noch schaffen.
Hinter der Wachtmeisterin steige ich in den ersten Stock, werde in ein neu eingerichtetes Zimmer geführt, es riecht nach frischer Farbe und Fußbodenöl, hinter einem Schreibtisch sitzt ein Wachtmeister.

Ich stehe vor ihm. Er sagt: Frau Dreykorn?
Ich sage, ja.
Er sieht mich großartig an und sagt: Unser junger Staat, die Deutsche Demokratische Republik, ist so stark und steht so gefestigt da, daß sie es sich erlauben kann, Verbrecher wie Sie auf freien Fuß zu setzen. Sie werden mit dem heutigen Tag entlassen. Wohin wollen Sie gehen?
Das ist so ungeheuerlich, daß ich nicht antworten kann.
Er fragt, ob ich nicht verstanden hätte.
Ich bin immer noch sprachlos.
Woher kommen Sie eigentlich, fragt er, wo waren Sie bis jetzt, kommen Sie von der Arbeit?
Nein, sage ich, aus der Dunkelhaft.
Aha, sagt er, da sehen Sie mal, wie wir sind. Also, wohin wollen Sie entlassen werden?
Ich denke nach, so schnell ich kann. Natürlich will ich zu meiner Mutter nach Bremen. Aber ich habe gehört, daß sie nicht nach dem Westen entlassen. Ich sage also, nach Chemnitz, zu meinem Onkel.
Er fragt, ob ich nicht wisse, daß das jetzt Karl-Marx-Stadt heiße. Und wie der Name des Onkels sei.
Ich antworte.
Nun gut, sagt er, Sie werden jetzt zur Entlassung vorbereitet. Sie findet heute noch statt. Und zu der Wachtmeisterin: In die Wartezelle.
Wartezelle?
Klingt das nicht, als wollten sie es sich noch einmal überlegen?
Während ich ihr folge, frage ich mich voller Unruhe, was jetzt meine Entlassung noch verhindern könne. Es geht in den Keller, meine Sachen zu holen. Ich packe und überlege, wie ich Ilse ein Zeichen geben kann. Ich weiß, wie sie jetzt wartet, so oft bin ich in dieser Lage gewesen. Aber die Wachtmeisterin folgt jeder meiner Bewegungen, ich wage nicht einmal, mit dem Holzschuh gegen die Wand zu treten. Es kommt mir so wichtig vor, ihr eine Botschaft zu geben, aber ich traue mich nicht.
Nun geht es wieder hinauf in den obersten Stock.
Ich muß auf jedem Absatz stehenbleiben, das Bündel absetzen, nach Luft schnappen, während die Wachtmeisterin, immer schon eine Treppe höher, ungeduldig mit ihren Schlüsseln klappert. Als ich keuchend oben ankomme, hält sie eine Tür auf, ich trete ein, lasse das Bündel fallen, lehne mich gegen die Wand, hinter mir wird geschlossen. Da kommen drei Frauen auf mich zu, die ich flüchtig kenne; so wie man sich eben kennt, wenn man sich nur auf dem Rundgang begegnet oder beim Schichtwechsel. Eine von ihnen ist beim Umbau die

Wendeltreppe heruntergefallen, sie soll sich das Rückgrat verletzt haben, das Gehen und Stehen fällt ihr schwer.
Sie begrüßen mich aufgeregt. Das hätte kein Mensch zu hoffen gewagt, daß ich einmal dabei sein würde, ausgerechnet ich.
Ich frage, ob es denn wirklich wahr sei. Ich glaube es immer noch nicht.
Ganz sicher, sagen sie, heute noch. Jeden Augenblick könne es jetzt soweit sein.
Sie schieben mir Butterbrote zu und Obst aus ihren letzten Paketen, aber ich kann nichts essen.
Dann holt eine Wachtmeisterin alle drei gleichzeitig, und ich bleibe allein zurück und kriege wieder Angst. Warum war ich nicht dabei? Haben sie es sich doch überlegt?
Gegen Mittag geht die Tür wieder auf. Die Wachtmeisterin von vorhin fordert mich auf, alle meine Sachen mitzunehmen. Ich müsse sie abgeben, ehe ich zur Entlassung eingekleidet werden könne.
In dem Augenblick geht der Mittagsgong.
Ich stehe da mit meinen Sachen.
Sie zögert, dann sagt sie: Na, dann machen wir es eben nach dem Essen.
Jetzt denke ich, heute kommst du bestimmt nicht mehr heraus, jetzt schaffen sie es zeitlich nicht mehr.
Es gibt Pellkartoffeln und Hering. Der Hering ist wahnsinnig salzig, ich esse ihn aber doch, um mich abzulenken und zu beschäftigen. Trotzdem wird die Unruhe in mir immer größer.
Aber es war wirklich nur die Mittagspause, die dazwischen gekommen ist. Meine Entlassung geht unaufhaltsam weiter. Zwischen zwei und drei werde ich wieder abgeholt. Wir gehen seltsame Wege, steile Treppen hinunter, dunkle Gänge entlang, alles einsam und lange nicht betreten. Immer wieder schließt die Wachtmeisterin mit unförmigen, verrosteten Schlüsseln, alle Türen kreischen, dann stehen wir vor einer, die sich trotz aller Versuche nicht öffnen läßt.
Wir kehren um.
Ich schleppe mich unter der Last meines Bündels hinter ihr her und frage mich, was das soll. Ehe wir den äußeren Burghof überqueren, erfahre ich es. Sie drängt zu noch größerer Eile. Eigentlich, sagt sie, habe niemand merken sollen, daß ich entlassen würde, daher der Weg durch den alten Bau. Und wenn ich nun versuchen sollte, nach einem der Fenster zu sehen oder mich bemerkbar zu machen, dann brächte sie mich sofort ins Zellenhaus zurück. Ihre Sorge ist überflüssig, an den Fenstern der Arbeitssäle zeigt sich zu dieser Stunde niemand. Die

Schicht ist gerade im ersten Arbeitsschwung, da hat keiner Zeit hinauszuschauen.
Im Lazarettbau werde ich der Ärztin vorgeführt. Sie runzelt die Stirn, während sie mich abhört, meint dann, das mit dem Herzen komme wohl von der Aufregung, bestätigt, daß ich gesund sei, und wünscht mir Glück.
Nun geht es in den Lazarettkeller, da ist ein Duschraum, wir mußten sonst zu zweit oder dritt unter einer Dusche stehen, wenn wir hingeführt wurden, jetzt habe ich den ganzen Raum für mich. Bis auf die beiden Wachtmeisterinnen, die zu meiner Bewachung abgestellt sind. Auf einem Schemel liegt Unterwäsche, grellrosa, und ein Hüftgürtel aus steifem Drell. Auch rosa. Und ein Paar Perlonstrümpfe. In dem Aufzug schleppe ich mein Bündel hinauf zum Dachboden, wo die Effekten untergebracht sind.
Stück für Stück werden die Häftlingssachen zurückgenommen.
Stück für Stück begutachtet man, was ich von meinen eigenen noch brauchen kann. Die Blusen sind vergilbt und brüchig, in den braunen Halbschuhen, die Irma mir in Buchenwald besorgt hat, fehlen die Schnürsenkel.
Sie lassen mich den Deckenmantel überziehen, den ich mir in Buchenwald genäht habe. Der sei schick, sagen sie, ich brauchte keinen anderen. Von ihnen bekomme ich ein Kleid, das schlimmste meines Lebens, ein monströser Sack in blaurotem Karo. Dazu schwarze Spangenschuhe.
Nun diskutieren sie meine Frisur.
Die Nackenrolle geht nicht, es sähe so aus, als schmuggelte ich darunter etwas hinaus.
Ich wende ein, daß ich mich mit den feuchten grauen Strähnen wohl kaum auf der Straße sehen lassen könne.
Ach was, sagt die eine. Mit harter Hand nimmt sie meine Haare zusammen und dreht sie mit Gewalt zu einem festen Knoten, dann sticht sie von allen Seiten Klemmen in den zwiebelgroßen Dutt. Ich habe geschwiegen und gedacht, das ist das Letzte und nicht wirklich wichtig.
Da ist das Bild von den Kindern.
Ich wickle es in das Spitzentaschentuch und lege es in die Tasche. Meine Tasche. Die Strohtasche, mit der ich vor elf Jahren von Altenburg aufgebrochen bin, wie zu einem Einkauf. Gelegentlich habe ich sie wiedergesehen in dieser langen Zeit, letztes Zeichen eines fast vergessenen Lebens in Freiheit, nun umschließen meine Finger die Griffe, und ich glaube endlich, daß es hinaus geht.

Vom Lazarettbau führen sie mich zurück in die Verwaltung, wieder über den großen Hof. Oben in der Schneiderei ist Zigarettenpause, die großen vergitterten Fenster stehen weit offen: Stimmen, das Pausengeräusch, verschwommen das weiße Rund von Gesichtern, ich sehe nicht mehr gut. Dann muß mich eine entdeckt haben, die Geräusche ändern sich, Gedränge an den Fenstern; sie wollen mich, diesen hoffnungslosesten Fall von Waldheim und Hoheneck, in die Freiheit ziehen sehen. Sie winken, drücken die Hände gegeneinander, deuten Umarmungen an, rufen: Vergiß uns nicht, auf Wiedersehen in Freiheit, auf Wiedersehen.
Kein Verbot gilt mehr.
Auch nicht für mich.
Ich stelle die Strohtasche auf den Asphalt, ich winke mit beiden Armen und rufe zurück: Ich vergesse euch nicht.
Und immer wieder: Auf Wiedersehen.
Die Wachtmeisterin sagt, ob ich denn vergessen hätte, was sie vorhin angeordnet habe, nun sei es genug. Aber ihre Stimme ist ohne Schärfe und Bosheit. Ich folge ihr in den Verwaltungsbau, die Unruhe ist abgefallen von mir; lange kann es nun nicht mehr dauern. Im ersten Stock sitze ich einem Zivilisten gegenüber, der mich fragt, wofür ich ihn wohl hielte.
Ich habe keine Ahnung.
Mit lächelnder Überheblichkeit stellt er sich als Mitglied des Politbüros vor. Er öffnet eine dicke Akte, die schon vor ihm auf dem Schreibtisch liegt, und fängt an zu blättern. Und wie er so blättert und liest und weiterblättert, sehe ich alle die Briefe, die ich in Waldheim geschrieben habe. An Bernhard, an meine Mutter und an alle die anderen, von denen ich glaubte, daß sie mir antworten würden. Man unterschlug sie und fügte sie gleichzeitig mit bürokratischem Ordnungssinn meiner Akte bei.
Der Zivilist fragt mich, wie mir zumute sei.
Ich weiß nicht, worauf er hinaus will.
Er hebt die Akte hoch. Wenn er darin läse, müsse er schon sagen: allerhand, daß ich entlassen würde. Ich hätte mir wirklich eine Menge geleistet. Und jetzt Entlassung. Einfach so. Von heute auf morgen. Ich müßte doch eigentlich vor Glück und Dankbarkeit überquellen. Erwartungsvoll sieht er mich an.
Ich erkläre ihm, daß ich aus der Dunkelhaft komme, gestern noch geglaubt hätte, den Keller nicht lebend zu verlassen, so schnell sei das nicht abzuschütteln.
So, sagt er, na, das wird sich wieder geben. Sie werden sich schon

damit vertraut machen. Es ist ja nun vorbei, und das haben Sie der Großmut unserer Regierung zu danken. Wenn ich Sie wäre und überhaupt als anständiger Mensch, dann hätte ich das Gefühl, mich erkenntlich zeigen zu müssen für dieses großartige Geschenk.

Ich sage ihm, ich wüßte nicht wofür. Ich hätte elf Jahre meines Lebens verloren, wüßte nichts von meinen Kindern; es sei alles getan worden, die Verbindung zu ihnen zu verhindern. Er solle die Akten aufschlagen, ja dort in der Mitte. Das seien die Briefe, die ich aus der Todeszelle an meine Angehörigen geschrieben hätte, keiner sei abgeschickt worden, darüber hinaus habe man mir erklärt, meine Angehörigen wollten eben mit einer Verbrecherin nichts zu tun haben. Wofür also dankbar sein?

Er klappt die Akte zu, sagt, es seien auf beiden Seiten Fehler gemacht worden, wir wollten die Angelegenheit als abgeschlossen betrachten. Ob mir das recht sei?

Ich bin einverstanden.

Nun meine ich gehen zu können, aber er fängt wieder an. Er sähe ein, daß das mit den Kindern Unrecht gewesen sei, er fühle da ganz mit mir. Da seien auf ihrer Seite wirklich Fehler gemacht worden, aber sie seien bereit, wiedergutzumachen, sie hätten auch die Macht dazu. Wenn sie wollten, daß ich die Kinder wiedersähe, dann würde ich sie auch wiedersehen. Das verspräche er mir. Aber ich müßte natürlich etwas dafür tun.

Ich frage, wie er sich das vorstelle.

Ganz einfach, sagt er und rückt etwas näher, wie um leiser zu sprechen. Ich hätte doch Angehörige und Bekannte im Westen. Leute in guten Positionen. Nun hätte ich nichts weiter zu tun, als alle Post, die ich von dort bekäme, ihnen zuzuleiten. Ich würde dabei nicht bloßgestellt, man gäbe mir eine Decknummer.

Ich brauchte keine Decknummer, sage ich, ich hätte einen Namen.

Na ja, sagt er, darüber können wir uns immer noch unterhalten. Jetzt handelt es sich erst einmal darum, ob Sie für uns arbeiten und uns Nachrichten aus dem Westen übermitteln wollen.

Ich antworte mit Nein. Das sei keine Tätigkeit, die ich übernehmen könne. Weder für den Osten noch für den Westen.

Er sagt, daß sie dafür doch die Verbindung zu den Kindern herstellen wollten.

Ich antworte ihm, daß ich die Mutter meiner Kinder bin. Und daß ich ein Recht darauf habe, sie zu sehen. Ohne Bedingung.

Jetzt klingelt das Telefon.

Er hebt ab. Nein, nein, sagt er, ich bin noch nicht soweit.

Dann sagt er, wir müßten jetzt zum Schluß kommen. Da ich nicht für sie arbeiten wolle, könne er, was die Kinder angehe, nichts für mich tun.
Ich sage ihm, daß ich meine Kinder auch ohne ihre Hilfe finden würde.
Wir werden sehen, sagt er.
Dann nimmt er ein Blatt in die Hand und fängt an, mir vorzulesen, was ich alles nicht tun darf, wenn ich erst einmal draußen bin.
Nie über meine Haftzeit sprechen.
Nie einen Namen der Haftbehörde und des Wachtpersonals nennen.
Nicht von meiner Verurteilung sprechen und über die Vorkommnisse in den Haftanstalten.
Menschenskind, denke ich, das unterschreibst du unter keinen Umständen. Aber wie machst du es, daß du trotzdem entlassen wirst? Ich bin sehr aufgeregt, und schwach bin ich auch, und ich denke, es wird mir nicht schwerfallen, einen Herzanfall zu bekommen. Ich fange also an, so zu atmen, schwer und hastig und ungleichmäßig.
Und er fragt sofort: Haben Sie etwas mit dem Herzen?
Und ich sage, nein nein, das geht gleich vorbei.
Ich mache mal das Fenster auf, sagt er. Und während er das tut: Bin ich Ihnen zu nahe getreten, ist es wegen der Kinder?
Ich antworte nicht, ich atme weiter drauf los, und die Tränen laufen mir nur so über das Gesicht, das kommt nun wirklich von selber.
Um Gottes willen, sagt er, das hätte ich nicht tun sollen.
Das Telefon klingelt. Er sagt, nein nein, noch nicht, es dauert aber nicht mehr lange, ich komme gleich zum Schluß.
So allmählich lasse ich meinen Atem ruhiger werden.
Geht es Ihnen besser? fragt er.
Ich nicke.
Also dann, sagt er, ich werde zusehen, daß es schnell geht. Hier haben Sic cin Stück Papier. Schreiben Sie mal, ohne sich aufzuregen, was Sie von selber versprechen können.
Ich schreibe, daß ich mich an niemand rächen werde. Dann lese ich es ihm vor.
Sie gehören wohl einer Sekte an, sagt er.
Nein, sage ich, das tue ich aus christlicher Überzeugung.
Also gut, sagt er geduldig. Und was noch?
Daß ich keine Spionage und Agententätigkeit übernehme, weder für den Osten noch für den Westen. Ich lehne jede Tätigkeit dieser Art ab.
Er sagt, das sei gut, damit könne er etwas anfangen. Und nun solle ich noch aufschreiben, was er mir diktiere.

Und wieder liest er mir seinen ganzen alten Mist vor. Ich schreibe indessen meinen Namen unter das andere.
Er unterbricht sich. Was machen Sie denn da, sagt er, zeigen Sie mal.
Ich reiche ihm das Papier.
Mensch, sagt er, so einen schwierigen Fall wie Sie habe ich noch nicht gehabt. Er gibt mir das Blatt zurück. Nun schreiben Sie wenigstens noch den Vollzugsort hin.
Ich schreibe: Hoheneck, den 28. April 1956.
Wieder Telefonklingeln. Ja. sagt er, kommt sofort.
Er ruft einen Wachtmeister. Alles erledigt, sagt er.
Im nächsten Zimmer bekomme ich eine Fahrkarte. Nach Chemnitz. Und außerdem noch fünfzig Mark.
Ich werde zum Tor geführt, dort wartet eine Wachtmeisterin mit einer von den dreien, die ich heute morgen in der Wartezelle getroffen habe. Es ist die mit der Rückgratverletzung. Die Wachtmeisterin sagt, wir hätten bis Karl-Marx-Stadt den gleichen Weg, dann müsse die andere Frau nach Leipzig umsteigen, ich solle ihr behilflich sein.
Bisher war es immer so, daß das große Tor geöffnet werden mußte, wenn ich eines meiner zahlreichen Gefängnisse verließ, um in ein anderes überführt zu werden. Nun ist der Aufwand viel geringer. Eine unscheinbare Gittertür tut sich auf für uns beide.
Ich hake die Frau unter und lade mir mit der freien Hand unser beider Gepäck auf. Die Wachtmeisterin hat offenbar den Auftrag, uns zum Bahnhof zu bringen, aber gern tut sie es nicht; zwar geht sie auf gleicher Höhe mit uns, doch mit einem seitlichen Abstand, als gehöre sie nicht dazu. Sie müssen sich beeilen, sagt sie, der Zug geht in zwanzig Minuten.
Die Kranke kann nur langsam gehen, ich spüre die Qual, die ihr jede hastige Bewegung verursacht. Ich tue, was ich kann, flüstert sie. Schweiß steht ihr auf der Stirn. Mir ist auch ganz warm, vor Anstrengung und vor Aufregung. Was geschieht, wenn wir zu spät kommen? Sie haben gesagt, das sei der letzte Zug. Ich will nicht zurück. Ich schleppe die Bündel und ziehe die Frau hinter mir her, ich, die ich heute morgen keine vier Treppen steigen konnte?
Dann sehen wir den Bahnhof vor uns, er ist nicht viel größer als ein Bahnwärterhäuschen. Geschafft, sagt die Wachtmeisterin, Sie haben noch zwei Minuten. Sie kommt mit bis zur Sperre. Während wir dem Kontrolleur die Karten hinhalten, verabschiedet sie sich von uns.
Sie sagt: Auf Wiedersehen.
Und ich, gedankenlos und schon sehr weit weg, ich sage auch: Auf Wiedersehen.

Vorbemerkung zu Kapitel 12

1956.
Als die Kasernierte Volkspolizei sich zur Nationalen Volksarmee wandelte, wurde aus dem Generalmajor der Kasernierten Volkspolizei Bernhard Bechler der Generalmajor der Nationalen Volksarmee.
1958 absolvierte er erneut einen militärischen Lehrgang in der Sowjetunion. Aber seine Ausbildung war damit noch nicht beendet. Bei seinem Biographen in der *Märkischen Volksstimme* vom 26. April 1975 liest sich das so:

»Bernhard, wir brauchen auch noch für größere Aufgaben qualifizierte Offiziere. Zwei Jahre Generalstabsakademie, was das bedeutete, brauchte ihm niemand zu erklären. Bernhard Bechler wurde General der NVA. Er gab, was er der jungen Republik zu geben in der Lage war.«

Welche Aufgaben er im einzelnen zu erfüllen hatte, wissen wir nicht, die Informationen über hohe Funktionäre und Militärs in der DDR sind dürftig.
Am 9. Februar 1971, zu Bechlers 60. Geburtstag, veröffentlichte das *Neue Deutschland* folgende Passage aus der Grußadresse des Zentralkomitees der SED:

»... Insbesondere in der Nationalen Volksarmee hast Du Dir große Verdienste bei ihrem Aufbau, bei der Meisterung der sowjetischen Militärwissenschaft und bei der Ausbildung und Erziehung ihrer Offizierskader erworben.«

Für seine Verdienste war er schon früher zweimal ausgezeichnet worden: 1960 hatte er den Orden »Banner der Arbeit« und im Mai 1965 zum 20. Jahrestag der Kapitulation den »Vaterländischen Verdienstorden« in Gold erhalten.
Bernhard Bechler, heute Generalmajor a. D., scheint überwiegend für die theoretische Schulung des militärischen Nachwuchses verantwortlich gewesen zu sein. Einige Jahre war er an der Militärakademie »Friedrich Engels«, zeitweise als Leiter der Ersten Fakultät, Mitarbeiter der Forschungsstelle für Truppenführung und Direktor des Instituts für Mechanisierung und Automatisierung. Diese Militärakademie war in Dresden.
Bernhard Bechler war also in die Stadt zurückgekehrt, in der der junge Oberfähnrich 1933 auf einem Ball die Abiturientin Margret Dreykorn kennengelernt hatte; später war er oft hierher gefahren, um sie zu treffen, hier hatten sie sich verlobt, geheiratet, in der Bayreuther Straße 4. In derselben Straße, nur wenige Häuser entfernt, nahm er jetzt seine Wohnung.
Als die Mutter seiner Kinder, nachdem sie 1956 nach elfjähriger Haft entlassen worden war, den Versuch unternahm, ihre Kinder wiederzusehen, wurde ihr das verwehrt. Erst 1957 erfuhr Margret Bechler den Aufenthalt ihres Sohnes von ihrem Onkel. Der alte Herr, immer noch tief bewegt vom Geschick seiner Verwandten, hatte sich am ersten Jahrestag der Entlassung, am 28. April 1957, auf den Weg nach Naumburg gemacht, wo der sechzehnjährige Hans-Bernhard in der ehemaligen kaiserlichen Kadettenanstalt zum Offizier der Nationalen Volksarmee herangebildet wurde.
In einem Brief schilderte er Margret Bechler diese Begegnung:

»Von neun bis elf Uhr konnte ich mit Hans-Bernhard im Park auf- und abgehen. Äußerlich ein gutaussehender schlanker Sportsmann, innerlich ganz der Vater, d. h. Dir zur Zeit verloren. Er hörte sich alles ohne Stel-

lungnahme an, beschaute sich ohne großes Interesse Deine Fotografie und betonte, daß er keine Jugenderinnerung an Dich hat. Mit Vater und Mutter hat er ein gutes Verhältnis, das er auf keinen Fall stören wolle. Außerdem ist es bei Verlust der Karriere unmöglich, mit irgend jemand aus dem Westen zu korrespondieren oder zu sprechen ... Seine Schwester Heidi würde genau so denken und handeln, zumal sie beide als Unmündige über keinen freien Entschluß verfügen.
Wir sind so verblieben, das Gespräch bleibt unter uns. Ich soll Pfingsten Heidi in Potsdam sprechen, um unbeeinflußt ihre Meinung kennenzulernen. Vor Pfingsten ist sie auswärts zu einem praktischen Kursus. Dann soll diese dem Vater mitteilen, daß eine persönliche Begegnung mit ihm in seinem Interesse stattfindet.
Hans-Bernhard verabschiedete sich recht beeindruckt, aber ohne jeden Gruß und Dank für mein Kommen.
Was wir immer befürchteten: die Kinder sind zur Zeit im Gegenlager verankert, Hans-Bernhard muß noch zwei Jahre lernen bis zum Abitur und befürchtet Störung.
Du kannst Dir denken, daß ich ihm geschildert habe, was Du als Opfer seines Vaters durchlebt hast und Dein einziger Gedanke ein Wiedersehen mit den Kindern sei. Zu alledem hat er keine Stellung genommen. Ich fand ihn aufs äußerste reserviert und vorsichtig um seiner Karriere willen. Er meinte, daß auch Heidi im Hinblick auf die Stellung ihres Vaters nicht an Dich schreiben oder Briefe von Dir annehmen wird. Über Deine Entlassung war er orientiert. Scheinbar schwebst Du wie eine äußerst unangenehme Gefahr über der Familieneintracht. Heidi hat das Abitur. Ihre Anschrift verriet er nicht ... Ein Schreiben von Dir, so sagte er, müsse er unangenehm berührt zurückgehen lassen, wozu ein Gebot ihn zwänge.
Es tut mir herzlich leid, daß ich Dir keine bessere Botschaft schicken kann. Zwölf Jahre einseitiger Erziehung wirken sich aus. Die zweite Mutter ist immer krank und schon öfter operiert. Um die Kinder hat sie sich aus leicht verständlichen Gründen sehr bemüht ...«

Wie aber könnte eine Mutter aufhören, nach ihren Kindern zu fragen? Margret Bechler wartet auf Antwort.

Kapitel 12

Bis heute: Warten auf Antwort

In dem Zug nach Chemnitz hatten wir ein ganzes Abteil für uns. Wir wählten natürlich die Fensterplätze, durften wählen, was für ein ungewohntes Gefühl. Als wir uns auf altersdunklen Holzbänken gegenübersaßen, ruckte es, der Zug fuhr an. Draußen glitt die Landschaft

vorbei, gelbe Wiesen, kahle Bäume; ich sah: es war noch nicht Frühling. Und die Stiefmütterchen, in kleinen Vorgärten sauber auf Reihe gepflanzt, hatten noch keine Blütenköpfe. Ich suchte in mir nach einem Gefühl von Freiheit und fand es nicht.
In Chemnitz setzte ich die kranke Frau in den Zug nach Leipzig. Wir waren sauber angezogen und für mein Empfinden auch unauffällig, aber irgend etwas an uns mußte aus dem Rahmen fallen; ich hatte den Eindruck, daß alle sofort wußten, woher wir kamen.
Der Zug war voll. In dem Abteil, in dem ich sie unterbrachte, kein Platz frei. Aber sofort streckten sich uns hilfsbereite Hände entgegen, hoben und schoben, ein Sitzplatz wurde freigemacht, das Gepäck verstaut. Von allen Seiten versicherte man mir, ich könnte unbesorgt sein, sie würden sich um alles weitere kümmern. Und ich glaubte ihnen. Als der Zug aus der Halle fuhr, standen sie am Fenster, wünschten mir alles Gute, und wir winkten uns zu wie Menschen, die sich in der Fremde getroffen haben und wissen, daß sie zusammengehören.
Als ich allein den Bahnsteig entlang zum Ausgang ging, spürte ich Freiheit in jeder Bewegung. Auf dem Bahnhofsplatz mußte ich stehenbleiben, die Stadt, die ich zuletzt im Frühling 1939 gesehen hatte, heil und unversehrt, war nicht wiederzuerkennen: Trümmer, nichts als Trümmer. Wie war das möglich, elf Jahre nach dem Krieg? Ganze Straßenstücke waren gesperrt, ich wußte einfach nicht, in welche Richtung ich gehen mußte.
Ein junges Mädchen gab mir Auskunft. Zur Stollberger Straße müsse ich mit der Straßenbahn fahren, aber es sei nicht weit bis zur nächsten Haltestelle.
Ich ging dorthin. Es kam mir seltsam vor, dieses freie Gehen. Ich war einsam auf der Straße. Es war, als wenn ich lebte und doch nicht lebte.
Die Straßenbahn kam. Sie war überfüllt, aber ich stieg trotzdem ein.
Ich hatte nur den Fünfzig-Mark-Schein. Ich sagte zu der Schaffnerin: Bitte, seien Sie mir nicht böse wegen des Scheins, ich habe kein anderes Geld.
Wieder schienen alle zu wissen, woher ich kam.
Einer sagte sofort: Ich bezahle für Sie.
Wohin wollen Sie denn, fragte ein anderer.
Und ein Dritter: Er habe noch sein Frühstück, ob ich etwas zu essen brauchte.
Zwischen ihnen entsprann sich ein Gespräch; sie überlegten, was für mich am besten sei, wo ich aussteigen solle, damit ich nicht lange zu laufen hätte.
Aber obwohl sie mir alle helfen wollten, war mir das enge Zusam-

mensein mit ihnen sehr schwer: ich war froh, als sie mir sagten, ich müsse nun aussteigen. Sie beschrieben mir auch noch, wie ich dann zu gehen hätte, aber das konnte ich gar nicht mehr aufnehmen.
Das Haus war leicht zu finden, da die Straße fast völlig zerstört war, es war eines der wenigen, die noch standen. Ich drehte den Knauf der Gartentür, doch er war fest, ich mußte also klingeln. Mich wunderten die vielen Namensschilder, sechs Parteien wohnten jetzt hier in diesem Haus, das einmal für eine Familie gedacht war.
Ich klingelte. Wartete. Es war so ein Augenblick, wo sich alles in einem spannt: Ist jemand zu Hause? Wird aufgemacht? Und dann — wie wirst du empfangen? War es richtig, daß du hierher gekommen bist?
Ich klingelte noch einmal.
Was sollte ich tun, wenn niemand zu Hause war? Ich kannte doch sonst keinen Menschen in Chemnitz.
Die Haustür ging auf. Auf dem Podest über den Gartenstufen erschien ein Mann mit Hornbrille, mein Onkel. Er fragte, was ich wolle.
Ich rief zurück, daß ich es sei. Grete.
Er starrte mich ungläubig an: Du, du bist entlassen worden? Ja, komm nur herein.
Ich ging die Stufen hinauf, hatte wieder das Gefühl des Abstands wie bei seinem Besuch in Hoheneck. Ich bat ihn, mir doch guten Tag zu sagen.
Da reichte er mir die Hand. Sie zitterte, und auch sein Unterkiefer. Wie in Hoheneck.
Drinnen fragte er, ob ich etwas zu trinken haben wolle.
Ich sagte ja, ich hatte großen Durst. Von dem Salzhering am Mittag.
Er fragte, ob er Kaffee kochen solle.
Ja bitte, sagte ich.
Ob ich mit in die Küche kommen wolle?
Gern, sagte ich. Ich dachte: wie seltsam.
Er nahm eine Schachtel Streichhölzer und strich das erste an. Es zerbrach. Das nächste fiel ihm aus der Hand, ehe er es anmachen konnte. Und das dritte ging aus, als er es an den Gasbrenner hielt. Da legte er die Schachtel aus der Hand und sagte, gleich käme die Frau, die ihm den Haushalt besorgte, ob ich solange warten könne.
Und ich wußte auf einmal, daß dieser seltsame Empfang denselben Grund hatte wie seine Steifheit in Hoheneck: Er war überwältigt von Gefühlen und wußte nicht, wie er sie herauslassen sollte.
Er konnte Gefühle nicht äußern, weder in Worten noch in Umarmungen, auch später nicht. Ihre Stärke zeigte sich mir immer nur in

der rückhaltlosen Bereitschaft, für mich einzutreten und mir alle Schwierigkeiten abzunehmen.
Die Haushälterin kam gottseidank bald, und im Nu war alles geordnet: Das Zimmer für mich, ein Bad und das Abendbrot.
Wir saßen bei Tisch. Er faltete die Hände und betete: Wer gegessen hat und satt ist, soll den Namen des Herrn, seines Gottes, loben. Dies, so sagte er mir, sei das Losungswort der Herrnhuter Brüdergemeine für den heutigen Tag, also für meinen Entlassungstag. Und dann fügte er etwas hinzu: Mein Gott, sagte er, ich danke Dir, daß Du mich diesen Tag erleben läßt.
In dem Augenblick fühlte ich mich geborgen und dachte: du bist zu Hause.
Frau Hübsch zeigte mir das Zimmer, in dem ich schlafen sollte, früher habe dort der jüngste Sohn gewohnt. Sie hatte Wäsche von sich mitgebracht, ihre schönste, und während sie das Bett zurechtmachte, erzählte sie mir, wie mein Onkel unter dem Besuch in Hoheneck gelitten habe. Vierzehn Tage habe er kaum gegessen und gesprochen.
Dann ging sie.
Ich bin allein. Und wieder weit weg von allen Menschen. Ich gehe in dem Zimmer umher. Mache eine Schublade auf. Und wieder zu. Bleibe vor dem Spiegel stehen. Er ist nicht sehr groß, aber überwältigend für einen Menschen, der sich seit Jahren nur in zentimetergroßen Scherben gesehen hat. Oder in einer dunklen Fensterscheibe. Wie grau meine Haare sind. Dann mache ich die Zimmertür auf. Mein Herz klopft plötzlich ganz hart, schnell mache ich sie wieder zu. Soviel Freiheit ist zuviel für mich.
Ich kann nicht schlafen in dieser Nacht.
Das Bett ist sehr weich. Ich muß aufstehen und das Unterbett herausnehmen, es ist mir einfach zuviel Weichheit.
Ich liege im Dunklen und überlege: Wie sieht es aus in deinem Leben und was wird dir die Zukunft bringen?
Die Kinder? Du mußt sie suchen. Am besten zuerst an Herta schreiben, vielleicht kommt sie von Dresden herüber. Wir müssen herausbekommen, wo Bernhard jetzt wohnt. Und dann muß ich hingehen. Die Kinder treffen. Und ihn.
Ich male mir aus in dieser Nacht, wie das Wiedersehen sein wird. Es gelingt mir nicht. Ich kann mir die Kinder nicht vorstellen. Sie sind jetzt fünfzehn und sechzehn Jahre alt. Ich sehe sie immer noch so, wie sie damals waren, als ich von ihnen fort mußte.
Da war die erste Nacht, in der ich nicht schlafen konnte, und das hat mich bis heute nicht verlassen.

Man sollte denken, daß nach einer solchen Entlassung der Mensch auflebt, aber seltsamerweise sank ich ab, ich konnte kaum ein paar Schritte gehen in diesen ersten Wochen, alles fiel mir schwer, zu nichts konnte ich mich aufraffen. Mühsam schrieb ich die Briefe, die meine Freiheit ankündigten: an meine Mutter vor allem. Und an Herta. Sie kam sofort, brachte Blumen mit und frisches Obst. Sie setzte sich an den Flügel, spielte Mozart und Schubert und erzählte ausführlich von der Vergangenheit. Aber nichts von den Kindern. Sooft ich darauf zu sprechen kam, immer lenkte sie ab. Und schließlich sagte sie mir offen, sie wolle nichts damit zu tun haben. Das sei ja nun alles passiert, und die Frau sei den Kindern eine gute Mutter gewesen, in der Beziehung könne ihr kein Vorwurf gemacht werden. Und ich sei doch nun frei und hätte mein Leben vor mir, für dieses Wunder müsse ich Gott jeden Tag danken. Sie könne nichts mehr tun, das sei sicher — nach der Abfuhr, die Bernhard ihr zweiundfünfzig erteilt habe, und wenn er nicht einmal beim Tode seiner Mutter von sich habe hören lassen. Und er sei ja wer, irgendwie müsse sie befürchten, daß er Maßnahmen ergreifen würde, wenn sie sich in seine Angelegenheiten einmischte.
Was sollte ich tun?
Im Augenblick sah ich keinen Weg, die Adresse Bernhards herauszufinden. In seinem Vorzimmer saß der Bruder seiner Frau. Es dürfte also wenig aussichtsreich sein, ihm zu schreiben. Wahrscheinlich würde er ebensowenig antworten, wie er auf den Tod seiner Mutter reagiert hatte.
Um mich abzulenken, holte mein Onkel abends seine Kunstmappen hervor und erklärte mir die Bilder alter Meister. Er führte mich in Museen und Kirchen, in diesem ersten Frühling in Freiheit fand ich langsam zurück zu Leben und Lebensfreude.
Aber ich wußte, daß es nur ein Atemholen sein konnte. Meine Mutter wartete in Bremen schon ungeduldig auf mein Kommen. Am 3. Juni wurde sie neunundsechzig Jahre, da wollte ich unbedingt bei ihr sein. Wir gingen zur Polizei und beantragten die Ausreisegenehmigung. Man ließ uns warten.
Ich saß auf einer Bank, schmuddelige Wände, ein langer Flur, hin- und hereilende Menschen, befugte und ängstliche, man erkannte es an ihrem Gehabe.
Dann saßen wir vor einem arroganten jungen Mann, von dem ich mir nicht viel erhoffte. Ausreisegenehmigung, sagte er, da müsse ich erst einmal einen Antrag stellen, so ohne weiteres gehe das nicht, ich sei doch noch im arbeitsfähigen Alter. Und bis zum 3. Juni? Ausgeschlos-

sen, so ein Antrag laufe mindestens ein halbes Jahr. Und woher ich denn überhaupt käme.
Aus der Haftvollzugsanstalt Hoheneck, sagte ich.
Er schwieg einen Augenblick, dann hakte er nach.
Wie lange?
Elf Jahre.
In Hoheneck? fragte er.
Nein, sagte ich. Und zählte auf: Zwickau, Bautzen, Jamlitz, Mühlberg, Buchenwald, Waldheim, Hoheneck.
Er fragte nach meinem Urteil.
Lebenslänglich, sagte ich.
Ob ich mehr darüber sagen wolle?
Ich erklärte ihm, daß das nicht gewünscht werde. Und auch ich wollte es nicht. Dieses Kapitel sei mit meiner Entlassung abgeschlossen.
Es war still geworden, die ganze Rauhbeinigkeit von ihm abgefallen.
Ich solle ihm den Antrag einreichen, sagte er, morgen schon, er werde sehen, was sich machen lasse.
Am übernächsten Tag hatte ich die Ausreisegenehmigung. Diesmal brauchten wir nicht zu warten, wir wurden sofort vorgelassen, der junge Mann stand höflich auf, als wir eintraten, er reichte mir die Hand und sagte, mein Schicksal sei ihm sehr zu Herzen gegangen, er freue sich, daß er mir mit der Ausreisegenehmigung einen kleinen Dienst erweisen könne.
Ich bedankte mich und sagte ihm, daß ich die letzten elf Jahre nur deshalb überstanden hätte, weil ich immer wieder auf Menschen wie ihn getroffen sei.
Ich konnte meine Reise sofort antreten. Niemand machte mir Schwierigkeiten, auch nicht an der Grenze. Der Übertritt von Ost nach West ging glatt und nicht ohne Freundlichkeit, die Papiere wurden kurz eingesehen, dann wünschte man mir höflich gute Reise.
Wir fuhren durch Niemandsland. Nichts schien sich verändert zu haben. Die Landschaft, die an dem großen Fenster vorüberglitt, war nicht anders: Wald und Hügel und leuchtende Juniwiesen, kurz vor der ersten Mahd. Die Veränderung war in mir, ich atmete anders, ohne Druck und Angst, zum erstenmal das Gefühl: nun kann mir nichts mehr passieren.
Das Abteil war voll. Meine Mitreisenden hatten längst erkannt, daß ich vor kurzem noch in einer anderen Welt gelebt habe. Große Freundlichkeit, Hilfsbereitschaft, Herzlichkeit, die sich in Geschenken äußerte: Apfelsinen, Schokolade, was man so hatte. Und sehr viel Takt.

Und dann kam die westdeutsche Zugkontrolle.
Meine Papiere wurden geprüft, lange, gründlich, griesgrämig. Dann fragte der Beamte, ob ich denn überhaupt eine Aufenthaltsmöglichkeit hätte.
Ich sagte, ich führe zu meiner Mutter.
Und er: Wo wohnt denn Ihre Mutter?
Und Ich: In einem Altersheim.
Ja, sagte er, da können Sie sich doch gar nicht aufhalten.
Ich sagte, meine Mutter habe dort eine Wohnung für sich.
Ja, und was ich denn vorhätte.
Darauf gab ich keine Antwort. Weil ich enttäuscht war. Und weil ich es selber nicht wußte.

Bremen. Die Türme des Domes. In wenigen Minuten werde ich meine Mutter wiedersehen, seit 1944 zum erstenmal. Und allein, ohne meinen Vater.
Ich sehe sie sofort, so schmal wie immer, das Gesicht ganz klein und blaß. Dann ein Strahlen, sie hat mich erkannt. Wir fallen uns um den Hals, staunend sagt sie: Wie kann man so gut aussehen nach elf Jahren Gefangenschaft.
Wir hatten uns viel zu erzählen. In einem aber wich sie mir aus, genau wie Herta: die Kinder? Die seien bestimmt gut versorgt, um die brauchte ich mir keine Gedanken zu machen. Ich solle froh und dankbar sein, daß ich noch am Leben sei.
Sie verstand auch nicht, daß ich mir immer wieder überlegte, was aus mir werden solle. Sie meinte, es werde sich alles finden, sicher würde ich wieder heiraten.
Ich habe nicht wieder geheiratet. Und als sie starb, wurde mir klar, daß sie die Sorge um mich nie ganz zurückdrängen konnte. Ihre letzten Worte — kaum verständlich — zeugen davon. Hast du noch Angehörige, fragte sie.
Nachdem ich die nötigen Behördenwege erledigt hatte, suchte ich Grete Schulz auf. Wiedersehen wollte ich sie und natürlich von den Kindern hören. Sie waren in den Westen übergesiedelt, nachdem ihr Gut enteignet wurde.
Viel erfuhr ich nicht; wie Bernhard die Kinder 1945 abgeholt hatte, das war alles.
Ich mußte weitersuchen.
Mir war aber auch klar, daß ich meinen Kindern außer meiner Liebe nichts zu bieten hatte. Ich mußte mir eine neue Lebensgrundlage schaffen. Ich dachte oft an das Losungswort der Herrnhuter Brüder-

gemeine für meinen Entlassungstag: Wer gegessen hat und satt ist, soll den Namen des Herrn, seines Gottes, loben. Es bestärkte mich in einem lange gefaßten Vorsatz: mein Weg sollte der Weg der Kirche sein. General von Knobelsdorff, ehemals Bernhards Vorgesetzter, vermittelte mir eine Begegnung mit Bischof Lilje. Als es soweit war, begleitete er mich.

Der Bischof kam mir mit ausgestreckten Armen entgegen: Ob ich mich schon eingelebt hätte?

Ich sagte ihm, daß vieles schwer sei, vor allem brauchte ich einen Beruf, damit ich meinen Kindern eine Heimat bieten könnte, falls sie einmal den Wunsch hätten, zu mir zu kommen. Ich hätte den festen Glauben, daß das, was mich in der Haft gehalten und getröstet hätte, mir auch jetzt meinen Weg zeigen würde. Und ich fragte ihn, ob er in seiner Kirche vielleicht einen Platz hätte, den ich mit meinen Kräften und Erfahrungen ausfüllen könnte.

Ganz schlicht sagte er: Ich helfe Ihnen.

Er gab mir die Adresse einer Vikarin, einer seiner tüchtigsten Mitarbeiterinnen, wie er sagte. Sie würde mir weiter behilflich sein. Als ich mich verabschiedete und er mir die Hand gab, sah ich Tränen in seinen Augen. Ich dachte: Jetzt öffnet sich dir der Weg, der dir bestimmt ist.

Mit diesem Gefühl ging ich zu der Vikarin.

Auch sie empfing mich herzlich. Sie habe eben am Telefon von meinem besonderen Schicksal gehört. Selbstverständlich würden sie etwas Geeignetes für mich finden. Am besten sei es wohl, wenn sie mich weitervermittle an die zuständigen Stellen. Soviel sie wisse, werde in einem Heim in Kassel eine Mitarbeiterin benötigt. Kassel war mir sehr recht. Dort lebte Bernhards Bruder Helmut mit seiner Familie. Sie hatten alle die Jahre hindurch zu mir gehalten und empfingen mich auch jetzt herzlich. Helmut begleitete mich zu der kirchlichen Dienststelle, an die ich verwiesen worden war.

Die Helferin in Kassel, ich weiß nicht, welchen Rang sie hatte, war eine hart wirkende Frau. Sie las mein Empfehlungsscheiben, ohne irgendwelches Mitgefühl zu zeigen. Sehr geschäftsmäßig sagte sie, natürlich benötigten sie immer Hilfe, sie glaube, mir da etwas vermitteln zu können. In einem ihrer Müttergenesungsheime werde eine Küchenhilfe gebraucht.

Ich sagte, daß ich mir meine Arbeit anders gedacht hätte nach diesen elf Jahren.

Na ja, sagte sie, schließlich wissen wir gar nicht, wer Sie sind. Wir müssen Sie ja auch erstmal prüfen.

Da sagte ich ihr, ich sei vom Himmel elf Jahre lang geprüft worden, ich glaubte nicht, daß ich nun noch von der Kirche geprüft werden müßte.
Danach hörte ich nichts mehr, nicht von dieser Frau und nicht von der Vikarin. Und auch nicht von Bischof Lilje, den mein Schicksal doch so beeindruckt hatte, daß ihm beim Abschied die Tränen kamen. Was würde nun werden?
Für die erste Zeit brauchte ich mir keine Sorgen zu machen, ich hatte den Status eines Spätheimkehrers und war für ein Dreivierteljahr krankgeschrieben. Auch fand ich überall liebevolle Aufnahme bei Freunden und Verwandten.
Aber innerlich war ich auf der Suche: nach einer Aufgabe, einem Ziel, einer Erfüllung. Und immer auch mit dem Gedanken, eines Tages meinen Kindern sagen zu können: das habe ich noch aus meinem Leben gemacht, es ist gelungen, trotz allem.
Von Kassel fuhr ich nach Bonn, zu Bernhards Schwester Käthe. Ihr Mann arbeitete damals im Finanzministerium und vermittelte mich an eine Sozialreferentin der Bundesregierung.
Frau Dr. Clausen vergoß zwar keine Tränen wie Bischof Lilje, aber sie tat etwas ungleich Wertvolleres: mit Offenheit und Wärme ging sie an mein Problem heran.
Schauen Sie, sagte sie aufrichtig, ich könnte Ihnen die Leitung eines Studentenheimes vermitteln, jetzt sofort, und ich bin sicher, daß es bei Ihnen in besten Händen wäre. Aber ich weiß nicht, ob ich nach der nächsten Wahl noch Bundestagsabgeordnete bin. Und dann würde vielleicht gefragt werden, was für eine Ausbildung Sie haben. In diesem Lande braucht man heute Examen und Papiere. Die müssen Sie sich verschaffen. Ich schlage Ihnen vor, etwas zu lernen und sich eine Grundlage zu schaffen, die allem standhält, ehe Sie zu alt dazu sind.
Blitzartig wurde mir klar, daß diese Frau die Dinge richtig sah. Ich fragte sie, woran sie dächte.
Fürsorgerin, sagte sie, oder etwas in der Art.
Ich überdachte das und wußte, es ging nicht. Ich konnte nicht nein sagen, und wenn ich dann die Not der Menschen sah, denen ich helfen sollte und nicht so helfen konnte, wie ich wollte, würde ich zugrunde gehen. Ich dachte mich zu dem durch, was ich wirklich wollte: einen Beruf, der mich mit jungen Menschen zusammenbrachte, damit ich meine Kinder verstehe, wenn wir einmal wieder zusammenkommen.
Also Lehrerin, sagte sie, Volksschullehrerin. In manchen Bundeslän-

dern seien dafür nur vier Semester erforderlich, der Bedarf sei groß, in zwei Jahren könne ich einen Beruf meiner Wahl und ein gesichertes Auskommen haben.
Die Entscheidung fiel mir leicht: ich wurde Lehrerin. Ich wußte damals noch nicht, daß auch Heidi sich in diesen Tagen für denselben Beruf entschieden hatte.
Jetzt sagte ich mir: du weißt nun, was wird. Und du bist noch ein Vierteljahr krankgeschrieben. Jetzt kannst du dich wieder auf die Suche nach den Kindern machen. Ich meldete mich bei meinem Onkel an, und er schickte mir einen Besucherschein für vierzehn Tage.
Meiner Mutter sagte ich nichts davon. Sie würde versuchen, mich zurückzuhalten, aus Angst, mich noch einmal und diesmal für immer zu verlieren. Aber es gab nichts, was mich zurückhalten könnte. In der ersten Adventwoche fuhr ich legal in die DDR.
Der Übergang ging glatt, aber die Reise war völlig ergebnislos. In den vierzehn Tagen, für die ich Aufenthaltserlaubnis hatte, erfuhr ich nichts, weder Bernhards Adresse noch den Aufenthalt der Kinder. Herta besuchte mich, aber auch sie wußte nichts. Oder wollte nichts wissen. Sie sagte mir noch einmal, wenn Bernhard schon sie als seine Schwester nicht sehen wolle, um wieviel unangenehmer müsse ihm da eine Begegnung mit mir sein. Und unter keinen Umständen wolle sie ihm Unannehmlichkeiten machen.
Der Bericht ist quälend.
Ich fuhr nach Bremen zurück und feierte mit meiner Mutter Weihnachten. Sie war wenig erbaut von meinen Berufswünschen. Volksschullehrerin?
Ich ließ mich nicht beirren.
Ungleich härter war der Widerstand, dem ich auf dem Ausgleichsamt begegnete, als ich eine Studiengenehmigung beantragte. Der Beamte fragte unfreundlich: Für Ihre Tochter?
Nein, für mich.
Ausgeschlossen! Sie haben ja schon weiße Haare. Wie alt sind Sie denn?
Dreiundvierzig.
Da können Sie gleich wieder gehen. Wie kommen Sie denn darauf? Wer sind Sie überhaupt?
Ich sei Spätheimkehrer, erklärte ich ihm, elf Jahre in Gefangenschaft, und nun wolle ich mir eine neue Lebensgrundlage schaffen.
Er sagte belehrend, das Höchstalter für Spätheimkehrer sei achtundzwanzig, in Ausnahmefällen zweiunddreißig, ich aber sei dreiundvierzig.

Damit war der Fall für ihn erledigt.
Ich ging aufs nächste Amt.
Warum denn ausgerechnet Lehrerin, hieß es da. Ich könne doch auch etwas machen, was den Staat nicht so viel koste.
Ich sagte, ich hätte durch die Gefangenschaft meine Kinder verloren und wüßte nicht, ob ich sie wiederfinde, deshalb möchte ich einen Beruf ergreifen, wo ich mit Kindern zu tun hätte.
Wo ich denn verhaftet worden sei? In Thüringen? Wären Sie doch drüben geblieben, dann hätten Sie Ihre Kinder vielleicht schon, sagte der Beamte.
Ich sagte ihm, daß ich vorher Spionage für den Osten hätte treiben müssen.
Warum ich denn das nicht gemacht hätte?
Ich war empört und ging hinaus.
Als nächstes trug ich mein Anliegen beim Schulsenator vor. Er erkundigte sich nach den Verhältnissen meiner Mutter, rechnete mit dem sozialen Minimum und meinte, wenn wir beide uns sehr einschränkten, möchte es zur Not gerade reichen. Jetzt verlor ich die Fassung: Meine Mutter sei siebzig, sie habe in ihrem Leben genug geopfert, sagte ich. Er müsse mir helfen, sonst würde ich an meiner Heimkehr verzweifeln.
Ich brach in Tränen aus, da half er mir.
Am 1. April 1957 konnte ich an der Pädagogischen Hochschule Flensburg mit dem Studium beginnen. Am ersten Jahrestag meiner Entlassung, am 28. April, kam von meinem Onkel die Nachricht, daß er meinen Sohn in der Kadettenanstalt in Naumburg/Saale besucht habe. Außerdem sei es ihm gelungen, die Anschrift Bernhard Bechlers ausfindig zu machen, wie, das soll ungesagt bleiben.
Mein Sohn sei verloren für mich, heißt es in seinem Brief. Das mag sein. Aber ich bin nicht verloren für ihn. Ich bin seine Mutter. Und ich liebe das Kind, das ich unter Lebensgefahr zur Welt gebracht habe, wie alle Mütter ihre Kinder lieben. Ich klammere mich an den Gedanken, daß es möglich sein müßte, mit Heidi zu sprechen. Ich sehe immer noch das Kind, dem lautlos Tränen über das weiche runde Gesicht liefen, als ich in Handschellen vor ihm stand. Kann sie das ganz vergessen haben?
Nach den Gesetzen der DDR würde sie am 3. Oktober 1957 mündig. Ich wollte sie nicht heimlich treffen, hinter dem Rücken des Vaters oder der zweiten Mutter. Ich stellte mir das so vor, daß ich in den Abendstunden zu Bernhards Haus gehen würde. Er würde dann da sein. Und Heidi auch, ich nahm doch an, daß sie ihren Geburtstag

zu Hause verlebte. Ich hoffte, dasselbe Glück zu haben, wie Herta damals: ich klingle und Heidi macht mir auf. Dann, dachte ich, müßte alles gut werden.
Mein Onkel unterstützte mich auch diesmal mit allen Kräften. Er verschaffte mir eine dreitägige Aufenthaltsgenehmigung für Ostberlin, damit begründet, daß er mir die Kunstschätze zeigen wolle, die von den sowjetischen Freunden an die DDR zurückgegeben worden waren.
Die Genehmigung kam, sie lief vom 2. bis zum 4. Oktober.
Bevor ich abreiste, weihte ich Freunde in meine Pläne ein und bat sie, nach mir zu fragen und zu suchen, falls ich nicht zurückkäme. Sie beschworen mich, mein Leben nicht noch einmal zu gefährden. Ich machte ihnen klar, daß ich fahren müßte: Meine Kinder sollten später einmal nicht zu mir sagen: Warum hast du uns nie gesucht? Warum bist du nie zu uns gekommen?
Am 2. Oktober 1957 kommen wir gegen Mittag in Ostberlin an. Wir hatten Hotelzimmer im alten Adlon, das gleich hinter dem Brandenburger Tor liegt, vergangene Pracht, ungepflegt und verlassen. Gegen Mittag machen wir uns auf den Weg, denn mein Onkel besteht darauf, mich zu begleiten. Bald stellt sich heraus, daß wir einem verhängnisvollen Irrtum erlegen sind. Wir haben Strausberg, Bernhards jetzigen Wohnsitz, mit dem Strausberger Platz verwechselt. Strausberg aber liegt nicht mehr in Ostberlin, sondern in der DDR, eine gute Stunde S-Bahn entfernt.
Wir machen uns auf den Weg. Als wir jedoch in Hoppegarten halten, steigen viele Leute aus, dafür betreten Volkspolizisten den Zug und fordern die Ausweise.
Ich zeige meine Aufenthaltsgenehmigung für Ostberlin vor, und der junge Vopo sagt: Bitte, verlassen Sie den Wagen. Ich schaue ihn ungläubig an, ich hätte doch eine gültige Aufenthaltsgenehmigung.
Nur für Ostberlin, sagt er, Strausberg liegt außerhalb. Und nun verlassen Sie den Wagen, der Zug muß weiter.
Er sagt es nicht unhöflich, aber uns bleibt nichts anderes übrig, als ihm zu folgen.
Wir stehen auf dem Bahnsteig, der Zug entfernt sich, erst langsam, dann immer schneller. Und mit ihm alle meine Hoffnungen und Wünsche. Ich muß nach Strausberg.
Es tue ihm leid, sagt der junge Volkspolizist, er habe diese Bestimmungen nicht gemacht, aber sie seien nun einmal so.
Er nimmt uns mit in seinen Warteraum. Wohin ich denn wolle? Ich sage ihm, daß ich Verwandte besuchen möchte.

Dann solle ich doch eine Aufenthaltsgenehmigung beantragen, rät er mir.
Ich sage ihm, das würde doch viel zu lange dauern, ich hätte doch nur diese drei Tage.
Er sagt wieder, es tue ihm leid, wirklich. Dann schweigt er und denkt nach. Und dann sagt er, er habe bis zweiundzwanzig Uhr Dienst. Ich solle meinen Ausweis bei ihm hinterlegen, dann ließe er mich auf Ehrenwort fahren. Wenn ich zurückkäme, bliebe alles unter uns. Käme ich aber nicht, dann müsse er sofort Anzeige erstatten. Also ersparen Sie sich und mir Schwierigkeiten, sagt er. Ich reiche ihm den Ausweis. Und meine goldene Uhr, das einzige Wertstück, das ich besitze.
Der nächste Zug nimmt uns endgültig mit nach Strausberg. Vom Bahnhof, der außerhalb liegt, rumpeln wir in einer uralten Straßenbahn zum Marktplatz. Eine verträumte Kleinstadt, hätte nicht auffällig viel Militär das Straßenbild bestimmt.
Wir erkundigen uns nach der Lenhartzstraße, wir haben ein Stück zurückzugehen, bis zu einem Friedhof, dort sollten wir rechts einbiegen, dann kämen wir auf die Lenhartzstraße. Es wird schon dämmrig, als wir den Friedhof erreichen, die Lindenallee, die man uns bezeichnet hat. Wir gehen knapp hundert Meter weiter und sind in der Lenhartzstraße, aber es gibt weder Namensschilder noch Hausnummern.
An der Straßenecke stehen drei junge Leute. Mein Onkel hält sich zurück, dieses letzte Stück will ich allein gehen. Ich gehe auf die drei zu und frage, wo General Bechler wohne. Sie zeigen auf das erste Haus hinter der Ecke, kaum zwanzig Schritte entfernt, dort, wo die Rolläden heruntergelassen seien.
Es ist ein Doppelhaus, im Siedlungsstil, einstöckig und ohne jede architektonische Feinheit, es hat weder Balkon noch Veranda, nur ein steiles Dach über dem ersten Stock, wo alle Läden heruntergelassen sind.
Im Garten ein paar Strauchgruppen, sonst nur Rasen. Keine Blumen. Ich erinnere mich daran, was für ein Blumenfreund Bernhard war, wie gern er im Garten gearbeitet hat. Die heruntergelassenen Läden sagen mir eigentlich schon, daß Heidi nicht zu Hause ist. Aber nun bin ich hier.
Ich habe das Gefühl, mich noch einmal sammeln zu müssen, bevor ich den Klingelknopf drücke, aber ich habe keine Zeit dazu, denn über den Rasen kommt ein Hund auf das Tor zugesprungen und bellt mich wütend an. Ich klingle schnell, um ihn zum Schweigen zu bringen. Es ist ein Chow-Chow. Oben geht die Tür auf. Den Weg vom

Haus herab, vielleicht sind es zehn Meter, kommt eine Frau: mittelgroß, vollschlank, gepflegt. Weiße Seidenbluse, sandfarbener Rock, ebensolche Strickjacke. Und weißblondes Haar.
Ich sage guten Abend und frage, ob ich einen Augenblick hereinkommen dürfe.
Sie sagt, es sei niemand da.
Sie sei aber doch da, sage ich, vielleicht könnte ich mit ihr ein paar Worte sprechen.
Für Sie bin ich nicht zu sprechen, sagt sie.
Aber sie könne doch nicht wissen, wer ich sei.
Doch, sagt sie, ich habe Sie sofort erkannt.
Sie lächelt mich an, die ganze Zeit. Und währenddessen sagt sie: Was wollen Sie eigentlich hier? Sie sind doch verschollen, Sie existieren überhaupt nicht mehr.
Aber ich lebte doch, sage ich, stünde doch hier vor ihr. Und ich wolle meine Kinder ...
Ihre Kinder? sagt sie. Sie haben überhaupt keine Kinder. Das sind Bernhards Kinder und meine.
Ich sage, ich hätte sie aber doch geboren. Und ihre frühe Kindheit behütet. Und wenn sie die Kinder weiter aufgezogen habe, dann sei das doch eine Verbindung zwischen ihr und mir.
Sie sagt: Nein, Sie sind eine Verbrecherin, und zu Verbrechern habe ich keine Beziehung.
Ich dränge den Zorn zurück, der in mir hochsteigt. Ich frage, wann Bernhard nach Hause komme.
Später, sagt sie.
Da weiß ich wenigstens, daß er überhaupt kommt.
Die Frage hat sie beunruhigt, sie sieht mich scharf an.
Ob ich überhaupt eine Aufenthaltsgenehmigung hätte, ich solle sie doch mal herzeigen.
Ich antworte, sie möge sich um ihre eigenen Papiere kümmern. Das begreift sie nicht gleich. Ach so, sagt sie nach einer Pause, ich meinte wohl ihren Trauschein. Keine Sorge, der sei in Ordnung. Ich hätte aber auch einen in der Tasche, sage ich, und der sei heute noch gültig.
Sie sagt, das sei ihr egal, hier gelte ein anderes Gesetz. Und ich sei immer noch eine Mörderin. Man hätte mich überhaupt nicht entlassen dürfen, ihrer Meinung nach.
Ihre Meinung interessiere mich nicht, sage ich. Ich sei wegen meiner Tochter gekommen, die sei heute großjährig geworden und habe wohl das Recht, ihre Mutter kennenzulernen und dann selbst zu entscheiden, und auch mein Sohn sei alt genug dafür.

Die Kinder hätten längst entschieden, sagt sie. Die wüßten, daß ich eine Verbrecherin sei, ein ganz gemeiner, niedriger Mensch. Die stünden auf ihrer Seite und wollten mich nicht kennenlernen.
Ich erkläre ihr, daß ich das aus ihrem Munde nicht annehmen könne. Wenn meine Kinder so dächten, dann doch nur, weil ich ihnen so dargestellt worden sei. Von ihr. Und dafür würde sie einmal zur Rechenschaft gezogen.
Auf welche Art? fragt sie.
Das Leben, sage ich, das Leben würde es mit sich bringen.
Dann drehe ich mich um.
Hinter mir höre ich ihr Lachen.
Ich gehe zurück zur Kreuzung, wo mein Onkel wartet. Wir stehen im Schatten der Alleebäume. Ich sage ihm, das Gespräch sei sinnlos gewesen, aber ich wolle noch versuchen, mit Bernhard zu sprechen, er müsse bald nach Hause kommen. Es ist kurz vor sieben.
Die Frau muß meine Absicht geahnt haben. Sie kommt den Gartenweg herunter zum Tor, mit Mantel und Kopftuch, neben sich den Hund. Ich drücke mich tiefer in den Baumschatten. Sie sucht die andere Straßenseite ab, schaut hinter jeden Baum, dann kommt sie herüber, entdeckt mich.
Gehen Sie sofort hier weg, schreit sie.
Ich bleibe stehen und sage nichts. Ich denke mir, hier auf der Straße hat sie ihr Recht verloren.
Aber so ist es nicht. Sie läuft die Straße hinunter, zieht eine Trillerpfeife aus der Tasche, pfeift und ruft: Polizei, Polizei.
Mein Onkel nimmt meinen Arm, das habe jetzt keinen Sinn mehr, sagt er, und ich muß ihm recht geben, ich habe ja nicht einmal einen Ausweis. Wir gehen zurück zu dem Friedhof, steigen in die Bahn.
Gegen acht sind wir in Hoppegarten.
Ich bekomme meinen Ausweis zurück und die Uhr. Der junge Polizist fragt, ob ich meine Verwandten getroffen hätte. Ich sage, nein, ich hätte kein Glück gehabt.
Nein, ich habe kein Glück gehabt.
Das war vor einundzwanzig Jahren, jetzt schreiben wir 1978. Heidi ist mittlerweile neununddreißig, Hans-Bernhard achtunddreißig. Und ich selbst werde bald fünfundsechzig. Doch noch immer muß ich an die Wahrsagerin von Waldheim denken. Ich würde meine Tochter wiedersehen, hat sie prophezeit, aber erst nach vielen Jahren. Wie lange ist das schon her.
Aber ich habe die Hoffnung nicht aufgegeben. Ich werde weiter warten.

Nachwort

Meine Geschichte ist nicht denkbar ohne die Zeit und die Zwänge der Zeit, in der sie geschah. Ein Mangel an politischem Interesse und politischer Bildung ließ mich zudem schlecht ausgerüstet sein für die Auseinandersetzungen und Entscheidungen, in die ich gestellt war. Wie viele Frauen meiner Generation war ich damals ganz auf das Wohl meiner Familie eingestellt. Darüber hinaus waren Heimat, Volk und Vaterland selbstverständliche Grundwerte.

Ich war niemals überzeugte Anhängerin des Nationalsozialismus. Nicht durchschaut habe ich damals, wie gerade patriotisches Denken und Fühlen ausgenutzt und mißbraucht wurden. Und als ich es während des Krieges zu durchschauen begann, besonders nach dem Fall von Stalingrad, geriet ich in einen Zwiespalt, eine politische Schizophrenie: ich konnte den Untergang Deutschlands nicht wollen. In verhängnisvoller Weise sah ich mich auf eine Seite gedrängt, die ich innerlich ablehnte. Daß ich in diesen Zwiespalt meine Familie verstrickt sah und sie vor Gefahren bewahren wollte — meine Kinder vor dem drohenden KZ, meinen Mann vor einer Urteilsvollstreckung nach einem deutschen Sieg —, das hat diesen Zwiespalt fast unerträglich gemacht.

Ich kann nicht erwarten, daß dies noch voll zu verstehen ist. Heute weiß ich, was für Verbrechen unter dem Nationalsozialismus an Millionen unschuldiger Menschen begangen worden sind. Dennoch frage ich mich immer wieder, ob ich mich in meiner damaligen Situation anders hätte verhalten können. Auch der Leser wird mich fragen. Warum ich z. B. nicht den Sender des Nationalkomitees Freies Deutschland abgehört habe, um die Stimme meines Mannes zu erkennen. Hätte ich mich und meine Kinder den Strafen — Konzentrationslager oder Todesurteil — aussetzen sollen, die damit verbunden waren? Mein Schwager Helmut Bechler, als verdienter Frontoffizier, beantragte damals eine offizielle Abhörerlaubnis, um die Stimme seines Bruders Bernhard ausmachen zu können und mir, wie seiner Familie, Gewißheit zu verschaffen. Sie wurde strikt abgelehnt. Wenn ich es wider alle Vernunft doch getan und die Stimme meines Mannes wirklich erkannt hätte, wäre ich zu jener Zeit überzeugt gewesen, daß er unter physischem und psychischem Druck stand, daß er gezwungen war, sich so zu äußern.

Meine Ehe, ohne Absprache mit meinem Mann, zum Schein aufzulösen, wäre mir treulos erschienen. Nur wenn die Kinder dadurch

Schaden erlitten hätten, wäre ich im äußersten Falle dazu bereit gewesen. Damals waren sie in einem Alter, in dem ich ihnen das meiste noch fernhalten konnte. Den Schaden trug ich und war bereit dazu.
Ob ich die Festnahme von Anton Jakob hätte vermeiden können, ist die Frage, die ich mir immer wieder stelle. Daß ich es nicht tun wollte und ihn wiederholt aufforderte zu gehen, ist wahr und entspricht den Tatsachen. Welche Sympathien sollte ich wohl einem System gegenüber haben, das meinen Mann zum Tode verurteilt hatte und mich überwachen und bespitzeln ließ? Erst die Unvorsichtigkeit von Anton Jakob, seine Meinung im Hause vor Personen zu äußern, die mit meiner Überwachung beauftragt waren und mir dies auch ausdrücklich zu verstehen gaben, zwang mich, eine Entscheidung zu treffen. Ich weiß heute noch nicht, wie ich mich anders hätte verhalten können, um meine Kinder vor dem KZ zu bewahren.
Ganz anders denke ich indessen über die Zeitspanne, in der ich Anton Jakob folgte, seine Festnahme veranlaßte und ihn der Polizei übergab. Ich hätte versuchen müssen, ihn irgendwie entkommen zu lassen. Ob es gelungen wäre, steht dahin.
Wenn ich versagt und gegen mein menschliches Gefühl gehandelt habe, dann da. Ich habe es sofort nach der Verhaftung Anton Jakobs gewußt und bitter bereut. Daß ich später das Gnadengesuch nicht befürwortet habe, ist nur aus der besonderen Situation zu verstehen, die nach dem Attentat auf Hitler alle unter Überwachung Stehenden besonders gefährdete.
Während meiner langjährigen, schweren Haft, deren gesundheitliche Schäden mir bleiben, war mir immer bewußt, daß ich für ein geopfertes Menschenleben büßen mußte, aber ich habe ebenso gewußt, daß ich meinen Kindern das Schlimmste erspart hatte und sie am Leben geblieben sind.
Die Jahre meiner Gefangenschaft empfinde ich als eine menschliche Prüfung. Von vielen Erfahrungen scheint mir besonders die wichtig zu sein, daß der Wesenskern des Menschen unverletzbar ist und er in Ausnahmesituationen sogar ein hohes Maß innerer Freiheit erwerben kann, wenn er an dem festhält, was für sein Leben wertbestimmend ist. Für mich ist es der Glaube an das Gute im Menschen und der Glaube an Gott. Beides ist mir trotz vieler Anfechtungen erhalten geblieben.
Aber was wäre wohl aus mir geworden, wenn ich auf meinem schweren Wege nicht immer auch menschliche Hilfe und Zuneigung erfahren hätte?
Nach meiner Entlassung habe ich ein neues Leben aufbauen können.

Aus gutem Grund bin ich Lehrerin geworden. In meinen Schülern habe ich auch immer meine Kinder gesehen und versucht, ihnen das zu sein und zu geben, was ich sonst meinen eigenen gegeben hätte. Aber ich habe ebenso von ihnen empfangen: Jugend, Frohsinn, Beweglichkeit, Vertrauen, Zuneigung.
Dieses Buch ist für meine Kinder geschrieben.

Mit meinem Dank an Frau Stalmann möchte ich schließen. Sie benutzte für dieses Buch in erster Linie meine Erzählungen, die ein Journalist vor fast zwanzig Jahren bei mir zu Hause auf Tonband aufgenommen hat. Frau Stalmann lag außerdem ein von mir verfaßtes Manuskript vor, in dem ich in den Jahren 1962 bis 1968 auf 700 Schreibmaschinenseiten mein Leben minuziös aufgeschrieben hatte, das der Verlag in dieser Form jedoch nicht veröffentlichen mochte. Schließlich stand ich Frau Stalmann für Fragen, die ihr im Laufe ihrer Arbeit kamen, zur Verfügung.
Die Zusammenstellung der Dokumentation im Anhang des Buches besorgte die Redakteurin für Zeitgeschichte des Kindler Verlages, Ulrike Riemer.

Wedel, Juni 1978 Margret Bechler

Anhang

DIE BECHLER-STORY

Eine Dokumentation

1941 Bernhard Bechler beim OKH in Lötzen/Ostpreußen als Adjutant des Generals z. b. V. Eugen Müller. Bechler war seit neun Jahren Berufsoffizier. 1932 trat er als Fähnrich in das Hunderttausendmann-Heer der Weimarer Republik ein, in das Infanterieregiment 10 (Dresden). Seine militärische Karriere verlief stetig: 1934 Beförderung zum Leutnant, 1936 zum Oberleutnant (das Foto von 1935 zeigt den Leutnant Bechler bei einer Parade), 1937 Regimentsadjutant in Chemnitz, 1938 Korpsadjutant in Reichenberg/Sudetenland, dann in Altenburg. Den Beginn des Krieges erlebte Bechler als Kommandant eines Munitionslagers am Westwall, dort wurde er Hauptmann. 1940 kam er ins Oberkommando des Heeres, wo er die Vorbereitungen für den Überfall auf die Sowjetunion miterlebte. Zum Fronteinsatz war er bisher nicht gekommen, aber Ende 1941 meldete er sich freiwillig nach Rußland. Dort erhielt er seine letzte Beförderung in der deutschen Wehrmacht: er wurde Major.

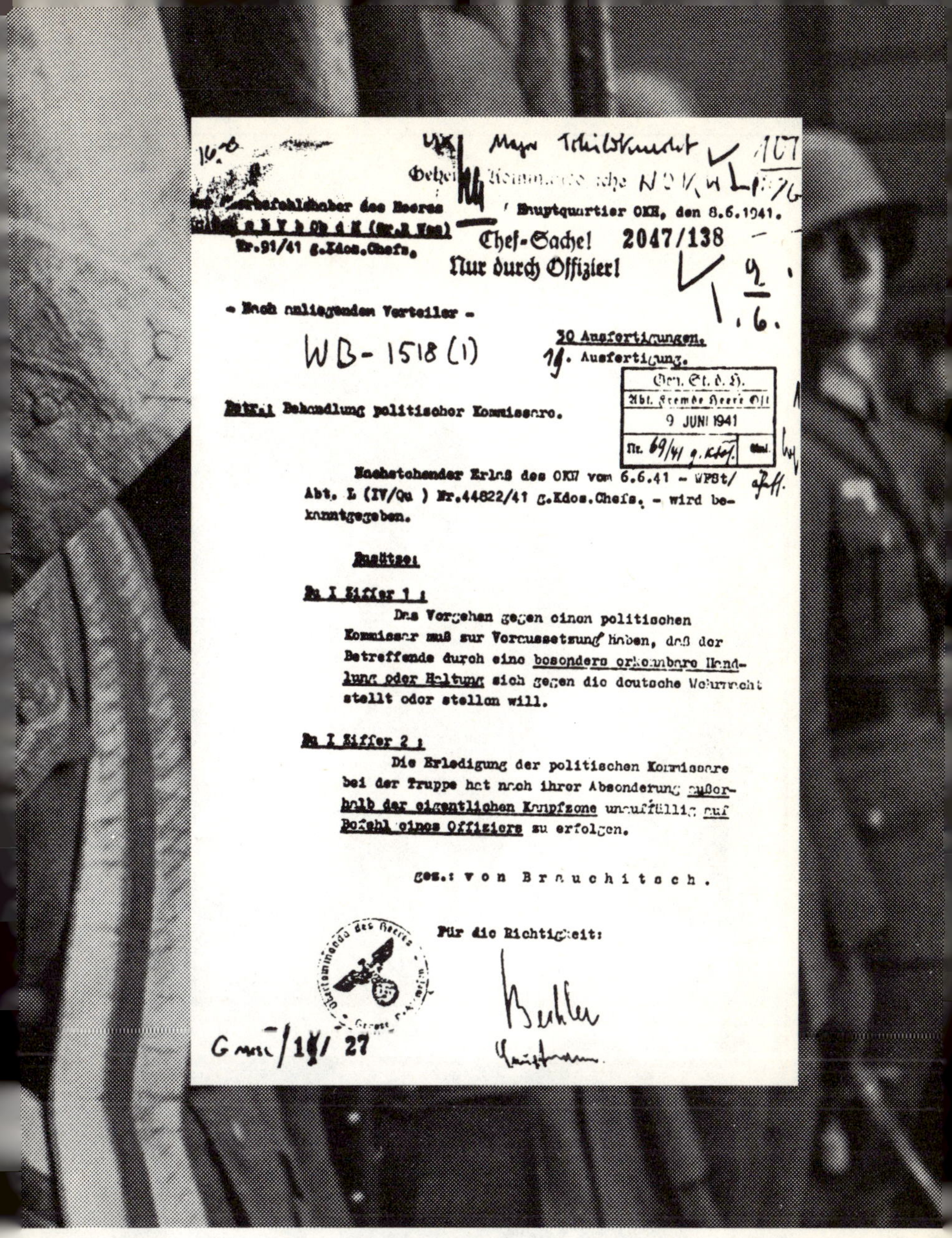
Geheime Kommandosache

Chef-Sache! 2047/138

Nur durch Offizier!

Hauptquartier OKH, den 8.6.1941.

Nr.91/41 g.Kdos.Chefs.

– Nach anliegendem Verteiler –

WB-1518 (1)

30 Ausfertigungen.
19. Ausfertigung.

Gen. St. d. H.
Abt. Fremde Heere Ost
9 JUNI 1941
Nr. 69/41 g. Kdos.

Betr.: Behandlung politischer Kommissare.

Nachstehender Erlaß des OKW vom 6.6.41 – WFSt/Abt. L (IV/Qu) Nr.44822/41 g.Kdos.Chefs. – wird bekanntgegeben.

Zusätze:

Zu I Ziffer 1:

Das Vorgehen gegen einen politischen Kommissar muß zur Voraussetzung haben, daß der Betreffende durch eine besonders erkennbare Handlung oder Haltung sich gegen die deutsche Wehrmacht stellt oder stellen will.

Zu I Ziffer 2:

Die Erledigung der politischen Kommissare bei der Truppe hat nach ihrer Absonderung außerhalb der eigentlichen Kampfzone unauffällig auf Befehl eines Offiziers zu erfolgen.

gez.: von Brauchitsch.

Oberkommando des Heeres

Für die Richtigkeit:

Bechler
Hauptmann

Der Kommissarbefehl–neben dem »Gerichtsbarkeitserlaß« der zweite jener berüchtigten, verbrecherischen Befehle, mit denen der »Fall Barbarossa«, der Einmarsch in die Sowjetunion, vorbereitet wurde. Darin wurde angeordnet, politische Kommissare der Roten Armee, »wenn im Kampf oder Widerstand ergriffen, grundsätzlich sofort mit der Waffe zu erledigen«. Dieser alle völkerrechtlichen Konventionen mißachtende Befehl ging zurück auf eine Rede Hitlers vom März 1941. Gemäß seiner dort ausgegebenen Parole »Der Kommunist ist vorher kein Kamerad und nachher kein Kamerad« machten sich Generale der deutschen Wehrmacht an die Ausarbeitung. *Ein* Entwurf übertraf vorangehende Konzepte an Schärfe und bestimmte wesentlich die Endfassung – er kam aus dem OKH, vom General z. b. V. Eugen Müller. Seine Abteilung hatte später auch den Befehl als »Geheime Kommandosache« an die Truppen weiterzuleiten. Das Begleitschreiben wurde »Für die Richtigkeit« von Müllers Adjutanten unterzeichnet, von Bernhard Bechler.

Am 2. Februar 1943 endete die Schlacht um Stalingrad. Die Reste der geschlagenen Armee traten den Weg in die Gefangenschaft an: 90000 Soldaten, mehr als 2000 Offiziere, 22 Generale, an ihrer Spitze der Generalfeldmarschall Paulus (Bild rechts). Zwei Monate lang hatte die 6. Armee unter unermeßlichen Opfern versucht, die eingeschlossene Stadt zu halten. Nach der Niederlage wurde Stalingrad zur Wende – nicht nur für den Kriegsverlauf, auch für manche der Überlebenden. Die Erfahrung tausendfachen, sinnlosen Sterbens, die Einsicht in Hitlers gewissenlose Kriegführung, das Zaudern des Oberbefehlshabers Paulus,

Stalingrad 1943

der sich gegen Hitlers Durchhaltebefehle nicht zum Ausbruch entschließen konnte – dies alles ließ in der Kriegsgefangenschaft bei manchen von ihnen die Bereitschaft zum Widerstand wach werden: »Für Deutschland gegen Hitler«. Zu ihnen gehörte der Major und Bataillonskommandeur Bernhard Bechler.

FREIES DEUTSCHLAND.

Am 13. Juli 1943 wurde in Krasnogorsk bei Moskau das »Nationalkomitee Freies Deutschland«, am 12. September 1943 in Lunjowo der »Bund Deutscher Offiziere« gegründet. Beide Organisationen arbeiteten eng zusammen. Die Wochenzeitung des Nationalkomitees, deren erste Nummer am 21. Juli 1943 erschien, zeigt als Emblem die Farben des deutschen Kaiserreiches: schwarz-weiß-rot. Die Zeitung wandte sich an die kämpfende Truppe und an die Kriegsgefangenen in Rußland.

Die Schriftsteller Erich Weinert (sitzend) und Friedrich Wolf, beides deutsche Emigranten, unterzeichnen in Krasnogorsk bei Moskau die Gründungsurkunde des Nationalkomitees Freies Deutschland. Weinert wurde Präsident des Komitees.

Der Vorstand des Bundes Deutscher Offiziere. In der ersten Reihe von rechts: Oberst Günter van Hooven; der Präsident General Walther von Seydlitz; Oberst Luitpold Steidle; General Edler von Daniels. In der zweiten Reihe als sechster: General Martin Lattmann. Zweiter von rechts: Bernhard Bechler.

Wellen-länge	Kilo-hertz	ZEIT (MEZ) 10.30–10.50	11.30–11.50	18.30–18.50	19.40–20.00	21.15–21.40	22.00–22.15
25,36	11830	•					
28,72	10445	•	•				
31,12	9610	•					
31,65	9480		•				
37,27	8050			•	•	•	•
40,92	7332,5				•		•
41,1	7300					•	•
42,98	6980				•	•	
43,00	6977			•			
43,23	6940			•	•	•	•
49,59	6050			•			
50,68	5920				•		
309	970			•	•	•	•
483,9	620			•	•	•	•

Die Rundfunksendungen des Nationalkomitees konnten nicht nur von den Soldaten an der Ostfront, sondern auch in großen Teilen Deutschlands abgehört werden. Viermal täglich strahlte der Sender seit dem 18. Juli 1943 zwischen 10.30 Uhr und 23.15 Uhr sein Programm aus. Es folgte dem Schema: Nachricht, Kommentar und Namensdurchsage deutscher Kriegsgefangener, dazwischen als Pausenzeichen die ersten Takte des Liedes »Der Gott, der Eisen wachsen ließ«. Die einzelnen Beiträge stammten von den deutschen Emigranten und gefangenen Offizieren. Ziel der Sendungen war es, über die tatsächliche militärische Lage, die nach Stalingrad für die deutschen Truppen zunehmend aussichtsloser wurde, zu informieren und den Deutschen die Augen über Verbrechen und Greueltaten ihres Führers zu öffnen. Auch Bechler sprach über den Sender. Seine Frau in Deutschland hätte ihn hören können . . .

eutschland

Nr. 2
29. JULI
1943

ITEES »FREIES DEUTSCHLAND«

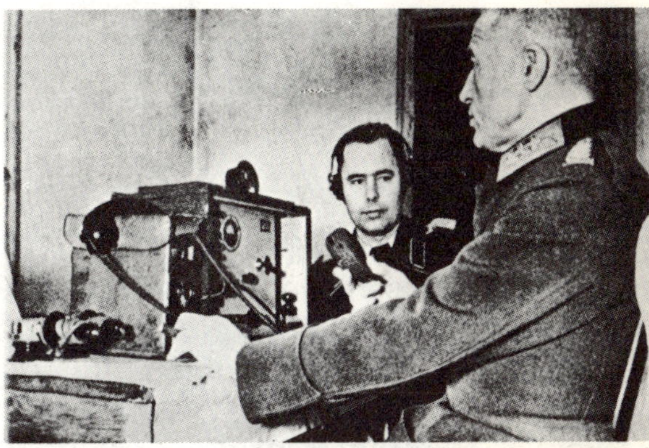

Frontpropaganda. General von Seydlitz im Februar 1944 am Kessel von Korsun. Hier wie auch in anderen Frontabschnitten hoffte das Nationalkomitee, mit Hilfe von Funkanlagen, Schallplattenübertragungen, Lautsprecherwagen, der Zeitung *Freies Deutschland* und Flugblättern die eingeschlossenen Truppen zur Einstellung des Kampfes und zur Vermeidung weiterer Opfer bewegen zu können – vergebens.

Heinrich Graf Einsiedel, Fliegerleutnant und Bismarckurenkel, gehörte zu jenen jungen Kriegsgefangenen, die sich sofort dem Nationalkomitee angeschlossen hatten. Ab 1944 stand er in engem Kontakt mit Bernhard Bechler. Gemeinsam besuchten sie die Antifaschule, gemeinsam übernahmen sie Kommandos als Frontbevollmächtigte. Einsiedel jedoch wurde bald nach Moskau zurückgerufen – wegen zu deutlicher Kritik am Vorgehen der sowjetischen Truppen in Ostpreußen.

Major Bernhard Bechler

Mitglied des Vorstandes
des Bundes Deutscher Offiziere

Hitlers Befehle (19. 12. 1943)

Erinnerungen (27. 12. 1943)

An unsere Frontbevollmächtigten! (21. 2. 1944)

Zwischen Zossen und Paris. Erlebnisse im OKH (27. 2. 1944)

22. Oktober 1940 (12. 3. 1944)

Front gegen die Kriegsverbrecher (19. 3. 1944)

Das Tagebuch des Obergefreiten Drechsel (23. 4. 1944)

Die Vaterlandsliebe der Russen (30. 4. 1944)

Im Hauptquartier des »größten Strategen aller Zeiten« (18. 6. 1944)

Himmler, Herr und Henker der Wehrmacht (26. 11. 1944)

Die Ausgangsstellungen sind bezogen (3. 12. 1944)

rlebnisse im Hauptquartier des OKH bringe ich eute einige noch wenig bekannte Tatsachen, die iederum eine einzige Anklage gegen Hitler und eine Umgebung sind.

Ich bin der Bewegung „Freies Deutschland" beietreten, …

Und ich könnte es vor meinem Gewissen nicht verantworten, wollte ich diese Tatsachen, die mit dazu beitragen werden, vielen Deutschen die Augen zu öffnen, verschweigen. Im Gegenteil, ich bin überzeugt, daß das deutsche Volk all die dereinst mit Vorwürfen überhäufen wird, die nicht … ersönlichen Erfah… System Hitlers … t haben. Es wird … rchen, den Kampf … t ehrlich und mit … n.

In mein … uartiermeisters (damals General der Artillerie lüller) erlebte ich in der Zeit von Oktober 1940 is März 1942 die folgenden Vorfälle, die alle … der einen oder anderen Weise vom OKH in as besetzte Frankreich hineinspielten. Zum beseren Verständnis sei nochmals vorausgeschickt: ie Militärbefehlshaber in Paris und Brüssel unterstanden unmittelbar dem Oberbefehlshaber des Heeres, … ossen bei … ivile Verw… iet kam es fortlaufend zu Zusammenstößen zwichen dem Oberbefehlshaber des Heeres und dem ührerhau… eneral M… eitung. … erholt zu mündlichen Besprechungen nach Paris nd Brüssel fuhr. Ich begleitete ihn jeweils.

1. Vom … n nahm d… Westgebieten spürbar zu. Sie erreichte ihren rsten Höhepunkt im Verlaufe der großen militäri… chen Kris… elle von … as Land. … ntstand die Frage, wie man dieser Welle am been Herr werden könne. Zwei Standpunkte traten … inander … aris, Gene… bjektiv … wollte mit allen Mitteln einschreiten, jedoch ur gegen diejenigen, deren Schuld erwiesen war … itler stan… rundsatz … cht, um so schärfer und rücksichtsloser müssen … ir durchgreifen. Er kannte auch hier nur ab… chreckende … r Anordn… ttentat is… us allen Schichten der Bevölkerung zu neh… ien und zu erschießen, falls die Täter nicht in … r festges…

2. Hitler … Nantes … ge innerhalb einer Woche erfolgten. Er ließ … Franzosen aus allen Schichten der Stadt … antes fes… iß im Fal… 0 Franzosen drei Tage später erschossen werden ürden. Ein Sturm der Entrüstung ging durch die elt: die diplomatischen Vertreter neutraler Staaten … e verschie… nzahl von … iesem Einspruch schloß sich Marschall Pétain on Vichy aus an. Dadurch kam es zu einem andel, der … ekannt ist. … gen die … f bedacht war, sich die Sympathien der franösischen Bevölkerung zu erwerben, richtete an itler und an den Militärbefehlshaber in Paris elegramme, in denen er sich selbst als Geisel ir Nantes zur Verfügung stellte. Diese Telegramme aren reine Demonstrationen, denn er wußte … gut wie jeder andere, daß Hitler schon aus litischen Zweckmäßigkeitsgründen von diesem ngebot nicht Gebrauch machen würde. Um so ntschlossener" trat er in den Telegrammen auf. … gab den genauen Zeitpunkt seines Eintreffens nd den Eintreffort an der Demarkationslinie beannt. Als Folge dieser Telegramme kam es zu erhandlungen zwischen dem Führerhauptquartier nd Pétain. Sie endeten mit folgender Vereinbaung: das Prinzip, Geiseln zu nehmen und zu schießen, bleibt bestehen. Für die Vorfälle in antes werden nur fünf Geiseln erschossen, die nderen auf freien Fuß gesetzt. In Zukunft weren nur Kommunisten (die zum Teil bereits in n Gefängnissen saßen) als Geiseln erschossen. — … die Kommunisten innerhalb der Widerstandsewegung in Frankreich eine führende Rolle spiel… … we de … ch … se V… eir… ar… ng … …

… für die Befreiung des Landes eintrat.

3. Im Falle Nantes wie bei jedem der späteren Attentate und Sabotageakte befahl Hitler persönlich die Anzahl der zu erschießenden Geiseln. Welches Ausmaß die Willkür hierbei annahm, wird klar, wenn man sich das Bild der Widerstandsbewegung konkret vorstellt. Wir rechneten damals wie folgt:

… der Attentate und Sabotageallein auf die Initiative der französischen Bevölkerung zurück und werden ohne Beihilfe von außen von französi… rioten durchgeführt, in der Mehr… Kommunisten. … ent der Attentate und Sabotageakte werden von der französischen Bevölkerung mit Beihilfe von außen durchgeführt. …

Hitler setzte die Zahl der zu erschießenden Gei… … OKH und dem Militärbefehlshaber in Paris war dieses Vorgehen peinlich. Sie hatten zwar nichts … achweisbare Attentate Kommu… schossen wurden. Aber es war … wenn sich nach Erschießung völlig unbeteiligter Zivilisten herausstellte, daß nicht Franzosen, sondern Engländer das Attentat … Die Neigung, Attentate zu erfinden, war unter den deutschen Wehrmachtangehörigen vorhanden. … Landes breite Möglichkeiten, der ständige Etappendienst wirkte demoralisierend. In einem Falle … Falle war einer in der Betrunkenheit in einen Kanal gefallen. Um nicht bestraft zu werden, er… begann eine Schießerei — später entschuldigte er sich mit einem Angriff von Partisanen. Im vierten … hätten ihn überfallen und verwundet. Im fünften Falle — ein Fall, bei dem ich persönlich die Ge… nicht auf seine Kompanie zurückkahre, behauptete der Kompaniechef hartnäckig, es handle sich um ein Attentat. So waren erfundene Attentate eine laufende Erscheinung. Unzählige Franzosen haben ihretwegen auf Hitlers persönlichen Befehl das Leben gelassen.

4. Schon im November 1941 fand auf Grund der Unzuträglichkeiten, die sich ergeben hatten, zwischen General Müller und General von Stülpnagel in Paris eine Aussprache statt. Ich nahm an ihr teil. General von Stülpnagel, der „schwarze Stülpnagel", wie er im Militär hieß, war vorher stellvertretender Kommandierender General in Wien gewesen und wurde infolge vorgerückten Alters nicht mehr in Frontstellungen verwendet. Er war ein typischer deutscher General alten Stils und daher über Hitlers Einwirkungen in seinem Dienstbereich empört. Er erzählte uns über das Auftreten von Hitlers Botschafter Abetz in Paris, über dessen Orgien und Feste sowie über die unlauteren und unmilitärischen Zumutungen, die Abetz ihm, dem Militärbefehlshaber, gemacht habe. Er lehnte jede weitere Zusammenarbeit mit ihm ab. Stülpnagel erzählte uns ferner den jüngsten …

… schenke machen und hatte dazu den Befehl erteilt, ein von der Wehrmacht in Reims beschlagnahmtes Warenhaus ausräumen und seinen Inhalt unter seine (Görings) Angestellten verteilen zu lassen. Einer von Görings Adjutanten, ein Major von der Osten, hatte den entsprechenden Befehl ausgefertigt, mit dem sich ein Feldwebel der Luftwaffe nach Reims begab. Als er gerade dabei war, Stöße von Büstenhaltern, Höschen usw. auf Lastkraftwagen zu verladen, wurde er von einer Streife der Feldgendarmerie aufgegriffen. General von Stülpnagel, der den Fall als Plünderung ansah, ließ den Feldwebel verhaften. Major von der Osten gab den Fall an General Stülpnagel an Brauchitsch weiter. Brauchitsch und Göring hatten hierüber unerfreuliche Auseinandersetzungen, deren Ausgang zu diesem Zeitpunkt nicht feststand. In diesem Zusammenhang fiel mir ein Wort ein, das Hitler einmal in einem seiner Tobsuchtsanfälle im Führerhauptquartier äußerte: „Ich besitze ein konservatives Heer, eine … serliche Marine und eine nationalsozialistische Luftwaffe!"

Stülpnagel schloß seine Ausführungen zu Müller etwa wörtlich wie folgt: „Müller, sagen Sie dem Feldmarschall von Brauchitsch, daß ich als Befehlshaber in Frankreich bin und allein die Verantwortung trage für die Ruhe und Sicherheit in Frankreich. Wenn ich nach oben melde, daß die Ruhe und Sicherheit in diesem Lande gesichert sind, so verlange ich, daß man mir glaubt. Ich verbitte mir die fortwährenden … durch den Führer in meinem Befehlsbereich. Wenn man kein Vertrauen zu mir hat, … um meine sofortige Entlassung. Ich habe … wiederholten Malen gefordert, dem Führer persönlich Vortrag halten zu dürfen. Das ist bis … n. Der F… chließlich … sdienstes, … daß er den eigentlich Verantwortlichen dazu … Ich verlange nochmals eine sofortige Unterredung mit Hitler und stelle schon heute fest: Ich gehöre einem alten Militärgeschlecht an; wir haben unsere Hände in unschuldigem Blut gewaschen … ich habe nicht die Absicht, von dieser Tradition abzuweichen."

… r persönlich erschienen diese Worte … lich. Inzwischen habe ich begreifen gelernt, wieviel verderbliche Unentschlossenheit und Selbsttäuschung sie verdecken. Wie konnte er sich … glaubt … gegen Hitlers Verbrechen … Wie konnte er über … nur der Selbsttäuschung … dienen, sachlich wirkungslos bleiben und persönlich nur zur Absetzung des „Opponenten" führen. Heute scheint mir, daß von diesem Verhalten des Generals von Stülpnagel, das ja im wesentlichen dem Verhalten des Generalfeldmarschalls von Brauchitsch usw. entsprach, eine gerade Linie zum Verhalten des Generalfeldmarschalls von … zur Verdeckung der schlimmsten Hitlerverbrechen öffentlich gebrauchen läßt.

Generals von Stülpnagel … jahr 1942 seine Entlassung … Er wurde durch seinen Namensvetter, den bisherigen Vorsitzenden der Waffenstillstandskommission in Wiesbaden, General der Infanterie … Da Name und Dienstgrad … erfolgte über die Veränderung keine offizielle Verlautbarung.

5. Hitler hörte tatsächlich, wie Stülpnagel anführte, ausschließlich auf die Berichte des Sicherheitsdienstes. Das konnte ich immer wieder selbst feststellen. Sehr oft wurde ich bereits am Morgen (6—7 Uhr) aus dem Führerhauptquartier angerufen und zurechtgewiesen. Was war geschehen? In der betreffenden Nacht war irgendein Attentat in Frankreich erfolgt, das aus Paris noch nicht gemeldet worden war. … wußte das Führerhauptquartier bereits Bescheid. Ich stellte schließlich fest, daß neben dem militärischen Dienstweg noch ein SS-Dienstweg unmittelbar aus Frankreich ins Führerhauptquartier bestand. Er führte über den sogenannten SS-Sonderzug Himmlers, der in der Nähe sowohl des OKH wie des Führerhauptquartiers im Wald und das Sonderhauptquartier Himmlers da…

Inzwischen ist die gesamte Zivilverwaltung in Frankreich und damit auch die Gerichtsbarkeit gegen Landeseinwohner an einen höheren SS-Führer übergegangen. Zweifellos zur Erleichterung der konservativen deutschen Generalität, aber noch größeren Unglück der französischen …

Bernhard Bechler war ständiger Mitarbeiter der Zeitung *Freies Deutschland*. Hier einige Ausschnitte, aus denen die Vielzahl der Themen, über die er schrieb, hervorgeht. Wegen seiner Berichte über Erlebnisse beim Oberkommando des Heeres bezichtigten ihn einige Mitglieder des Offiziersbundes als Nestbeschmutzer.

Der Aufruf der 50 Generale

An Volk und Wehrmacht

Moskau, 8. 12. 1944.

D e u t s c h e !

Aus tiefer Sorge um die Zukunft unseres Volkes, um unsere heißgeliebte Heimat und um den Fortbestand Deutschlands wenden wir deutschen Generale zusammen mit vielen hunderttausenden Soldaten und Offizieren aus russischer Kriegsgefangenschaft uns in letzter Stunde an Euch, deutsche Männer und Frauen.

Mit innerster Anteilnahme verfolgen wir Eure verzweifelten Anstrengungen in den ungeheuer verlustreichen Abwehrkämpfen, den übermenschlichen Arbeitsleistungen und wachsenden Entbehrungen.

Unser ganzes Volk ist jetzt restlos in den zerstörenden Kampf hineingeworfen: an allen Fronten verbluten die Männer vom Greis bis zum Knaben, in der Heimat leiden Frauen und Kinder unter der zunehmenden Wucht feindlicher Luftangriffe im härtesten Arbeitseinsatz. Noch nie hat ein Krieg so unsagbares Unglück über unser Vaterland gebracht! Die Stunde des Zusammenbruchs unter der erdrückenden Uebermacht der vereinigten Gegner rückt immer näher.

In diese Lage hat Adolf Hitler Deutschland geführt!

Er hat unser Volk mit nationalen und sozialen Versprechungen betrogen. Nur durch eine gewaltige Aufrüstung beseitigte er die Arbeitslosigkeit, wir aber sahen darin einen allgemeinen wirtschaftlichen Aufschwung. Wir ließen uns die schon damals gegen unser Volk begangenen Grausamkeiten gefallen, die Beseitigung von Recht und Gesetz, die Ueberheblichkeit des Rassendünkels, den Kampf gegen die Religion, die Korruption unter den Parteiführern.

Im Taumel der ersten Erfolge erkannten wir nicht die schwere Gefahr der maßlosen Pläne Hitlers, die uns in diesen unheilvollen Krieg hineinführten. Wir sind getäuscht und mißbraucht worden. Wir waren seine blinden Werkzeuge und wurden schließlich seine Opfer.

Der Staatsmann Hitler hat in der Heimat eine schrankenlose Willkürherrschaft errichtet. Er hat jeden mit anderen Ländern geschlossenen Vertrag gebrochen und die deutsche Wehrmacht, auf ihre Gehorsamstreue bauend, für seine Eroberungspläne und zur Unterdrückung anderer Völker eingesetzt. Auf seinen Befehl haben Himmlers Henker in den besetzten Ländern unmenschliche Grausamkeiten verübt und damit die Ehre des deutschen Namens vor der Welt mit Schande bedeckt.

Diese Politik der Vertragsbrüche und groben Verletzungen des Völkerrechtes hat schließlich alle Völker der Welt gegen Deutschland zum Kriege zusammengeschlossen. Nach Ausschaltung unserer erfahrenen Heerführer und nach Uebernahme des alleinigen Oberbefehls durch Hitler folgten seit Stalingrad Niederlage auf Niederlage.

Es gibt keine Hoffnung mehr auf eine Aenderung der Lage! Mit Hitler verhandelt keine Macht der Welt mehr!

Der Krieg ist verloren!

Das Ergebnis dieser Staats- und Kriegführung Adolf Hitlers für Deutschland sind Millionen von Toten, Krüppeln und Obdachlosen! Die Familien sind zerrissen, Hungersnot, Kälte und Krankheiten ziehen drohend herauf.

Trotzdem will Hitler den Krieg fortsetzen. Himmler und Goebbels malen Schrecken und Angst an die Wand vor der Rache der Feinde, vor dem angeblichen Bolschewisten-Terror und vor einer Versklavung unseres ganzen Volkes in hoffnungsloser Zukunft. Sie appellieren an das Nationalgefühl, an die Liebe zu Heimat und Vaterland und treiben dadurch das deutsche Volk in einen Verzweiflungskampf bis zur Selbstaufopferung.

Diese selbstmörderische Fortsetzung des sinnlos gewordenen Krieges dient nur der Erhaltung Hitlers und seiner Parteiführer. Deshalb haben auch

Bernhard Bechler befand sich mit seinen Initiativen gegen Hitlers Krieg in hervorragender militärischer Gesellschaft. Generalfeldmarschall Paulus unterzeichnete gemeinsam mit neunundvierzig Generalen, darunter Vinzenz Müller, mit dem Bechler nach dem Krieg eng zusammenarbeiten würde, einen Appell, der zum Sturz Hitlers und zur Beendigung des Krieges aufforderte.

SS und Partei die ausschlaggebenden Führerstellen an sich gerissen.

Unser Volk aber darf nicht untergehen!
Deshalb muß dieser Krieg sofort beendet werden!

Was aber kommt dann? fragt Ihr.

Wohl wird unser Vaterland von den Gegnern besetzt werden, aber das sinnlose Sterben an den Fronten und in der Heimat hört auf und unsere jetzt noch übriggebliebenen Wohnungen und Arbeitsstätten bleiben erhalten!

Wohl werden die Sieger Sühne fordern für das ihren Völkern zugefügte Unrecht, aber nur diejenigen werden vor ein Gericht gestellt werden, die sich vor den Gesetzen der Kultur und Menschlichkeit als Verbrecher schuldig gemacht haben!

Natürlich wird unsere Zukunft schwer sein, wir werden arbeiten, wiederaufbauen, aber es wird auch wieder einen Weg bergauf geben!

An Stelle von Terror, Willkür und Rassenhaß werden Recht, Ordnung und Menschlichkeit herrschen.

An Stelle des Elends und Schreckens ohne Ende wird Friede sein. Durch unseren Fleiß und ehrlichen Willen wird mit jedem Schritt auf neuen Wegen der Tag näherrücken, an dem das deutsche Volk frei und gleichberechtigt seinen Platz unter den anderen Völkern einnehmen wird.

Hindenburg und Ludendorff haben 1918 die Beendigung des Krieges gefordert, als er militärisch angesichts der Uebermacht aussichtslos geworden war.

Aus dem gleichen Grunde rufen wir Generale zusammen mit vielen hunderttausenden Soldaten und Offizieren, die sich in der Bewegung "Freies Deutschland" zusammengeschlossen haben, aus russischer Kriegsgefangenschaft Euch zu: Unser ganzes Fühlen und Denken gehört allein dem Schicksal unseres Volkes!

Deutsches Volk steh auf zur rettenden Tat gegen Hitler und Himmler, gegen ihr unheilbringendes System!

Einig in allen Schichten, hast Du die Macht! Die Waffen zur Tat hast Du auch!

Befreie Dich selbst von dieser pflichtvergessenen und verbrecherischen Staatsführung, die Deutschland in den sicheren Untergang treibt!

Beende den Krieg, ehe durch den gemeinsamen Ansturm der verbündeten Gegner die Wehrmacht und das Letzte vernichtet wird, was uns in der Heimat noch geblieben ist.

Es gibt keine Wunder, die uns noch helfen könnten.

Deutsche, stellt durch Eure mutige Tat die Ehre des deutschen Namens vor der Welt wieder her und tut damit den ersten Schritt in eine bessere Zukunft!

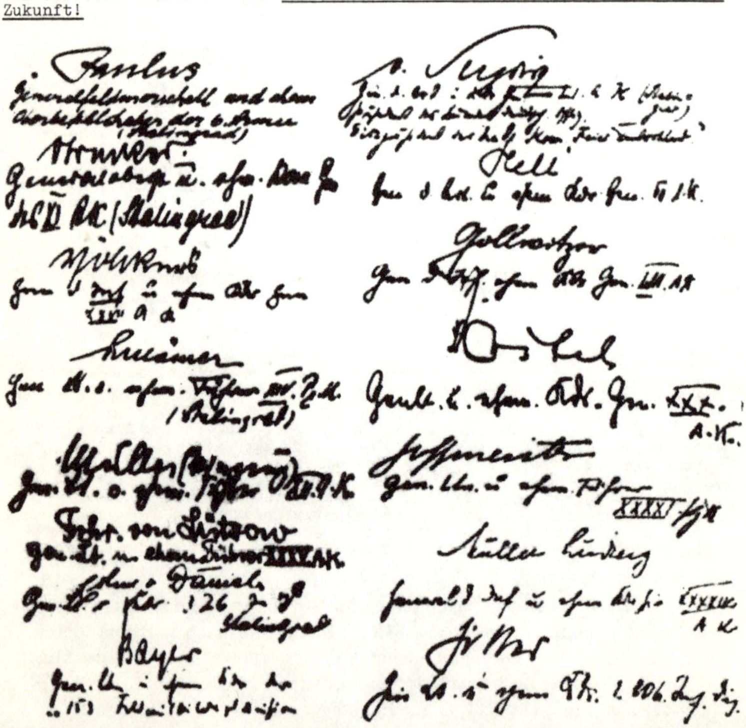

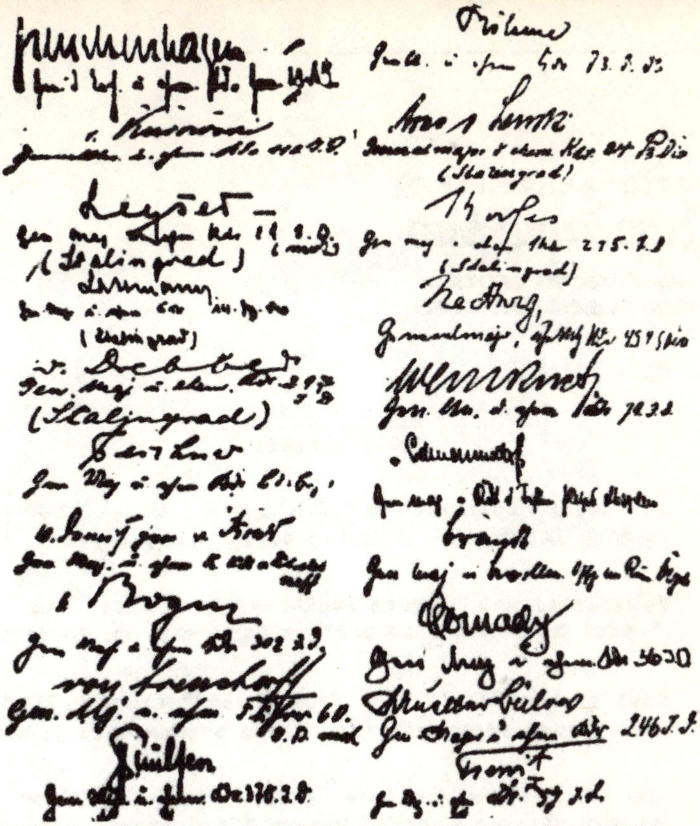

PAULUS, Generalfeldmarschall und ehem. Oberbefehlshaber der 6. Armee (Stalingrad); v. SEYDLITZ, Gen.d.Art. u. Kdr.Gen. LI. A.K. (Stalingrad), Präsident des Bundes Deutsch. Offiz., Vizepräsident des Nat.Kom."Freies Deutschland"; STRECKER, Generaloberst u. ehem. Kdr.Gen. des XI. A.K. (Stalingrad); HELL, Gen.d.Art. u. ehem. Kdr.Gen. VII. A.K.;VÖLCKERS, Gen.d.Inf. u. ehem. Kdr.Gen. XXVII. A.K., GOLLWITZER, Gen.d.Inf., ehem. Kdr.Gen. LIII. A.K.; SCHLÖMER, Gen.Lt. u. ehem. Führer XIV. Pz.K. (Stalingrad), POSTEL, Genlt. u. ehem. Kdr.Gen. XXX A.K.; MÜLLER Vinzenz, Gen.Lt. u. ehem. Führer XII. A.K.; HOFFMEISTER, Gen.Ltn. u. ehem. Führer XXXXI. Pz.K.; Frhr. von LÜTZOW, Gen.Lt. u. ehem. Führer XXXV. A.K.; EDLER v. DANIELS, Gen.Lt. u. Kdr. 376. I.D.(Stalingrad); MÜLLER Ludwig, General d. Inf. u. ehem. Kdr.Gen. XXXXIV. A.K.; BAYER, Gen.Lt. u. ehem. Kdr. der 153. Feldausbildungsdivision; HITTER, Gen.Lt. u. ehem. Kdr.d. 206. Inf.Div.; BUSCHENHAGEN, Gen.d.Inf. u. ehem. Kdr.Gen. LII. A.K.; BÖHME, Genlt. u. ehem.Kdr. 73. I.D.; v. KUROWSKI, Generalltn. u. ehem. Kdr. 110. I.D.; Arno v. LENSKI, Generalmajor u. ehem. Kdr. 24. Pz.Div. (Stalingrad); LEYSER, Gen.Maj. u. ehem.Kdr. 29.I.D.(mot.) (Stalingrad); KORFES, Gen.Maj. u. ehem.Kdr. 295. I.D. (Stalingrad); LATTMANN, Gen.Major u. ehem.Kdr. 14. Pz.Div. (Stalingrad); NEDTWIG, Generalmajor, ehemlg. Kdr. 454. S.Div.; von DREBBER, Gen.Maj. u. ehem.Kdr. 297. I.D. (Stalingrad); WEINKNECHT, Gen.Ltn. u. ehem.Kdr. 79.I.D.; TESCHNER, Gen.Maj. u. ehem. Kdr. LS-Brig. 1; v. ERDMANNSDORFF, Gen.Maj. u. Kdt. d. Festen Platzes Mogilew; v. DEWITZ gen. v. KREBS, Gen.Maj. u. ehem. K.Kdt. v.Kischineff; BRANDT, Gen.Maj. u. Bevollm. Offz. im Rum. Ölgeb.; v. BOGEN, Gen.Maj. u. ehem.Kdr. 302. I.D.; CONRADY, Gen.Maj. u. ehem.Kdr. 36. I.D.; von ARENSTORFF, Gen.Mj. u. ehem.Führer 60.I.D. mot.; MUELLER-BÜLOW, Gen.Major u. ehem. Kdr. 246. I.D.;Graf v. HÜLSEN, Gen.Maj. u. ehem.Kdr. 370.I.D.; TROWITZ, Gen.Mj. u. ehem. Kdr. 57.I.D.; FRENKING, Generalmajor,Kdr.282.I.D.; LINDEMANN, Gen.Major, ehem.Kdr. 361.I.D.; GIHR, Generalmajor u. ehem.Kdr. 707.I.D.; STINGL, Gen.Mjr. u. ehem.K.Kdt. Jassy; ENGEL, Gen.Maj. u. ehem. Kdr. 45.Div.; TRONNIER, Gen.Maj. u. ehem.Kdr. 62. I.D.; v. LILIENTHAL, Generalintendant; BUSCH, Gen.Maj., eh. WO Rumänien; TRAUT, Generalltn. u. ehem.Kdr. der 78. Sturm-Div.; DEBOI, Gllt. u. ehem.Kdr. der 44. Division (Stalingrad); KLAMMT, Gen.Maj. u. ehem.Kdr. 260.I.D.; WULZ, Generalmajor und ehem. Artillerie-Kommandeur IV.A.K. (Stalingrad); von STEINKELLER, Generalmajor und Kommandeur der Div. "Feldherrnhalle"; Dr. RAESS, Generalarzt, ehem. Deutsche Heeresmission Rumänien; GEBB, Generalmajor u. ehem. Kdeur 9. I.D.

Hier die Namen der fünfzig Generale, ein Teil der Unterschriften ist faksimiliert. Ihr Aufruf blieb, wie die schon 1943 erfolgten Aufrufe von 95 Stalingradoffizieren, ohne nennenswerten Erfolg.

NATIONALKOMITEE
Freies Deutschland
UND
BUND DEUTSCHER OFFIZIERE

Der Präsident

AUSWEIS
УДОСТОВЕРЕНИЕ

für Major Bernhard BECHLER, Mitglied des
майору Бернгарду БЕХЛЕРУ, члену руководства

Vorstandes des "Bundes Deutscher Offiziere" im
"Союза немецких офицеров" в Национальном Комитете

Nationalkomitee "Freies Deutschland" als Bevollmächtig-
"Свободная Германия" о том, что он является уполномо-

tem des Nationalkomitees "Freies Deutschland" an der
ченным Национального Комитета "Свободная Германия"

2. Bjelorussischen Front.
на 2-м Белорусском фронте.

Nationalkomitee
Национальный Комитет
"Freies Deutschland"
"Свободная Германия"

Der Präsident:
Президент
/E. Weinert/
(Э. Вейнерт)
Weinert

Moskau, den
30. Dezember 1944.
Москва,
30 декабря 1944.

NATIONALKOMITEE
„FREIES DEUTSCHLAND"

Mit diesem Ausweis fuhr Bernhard Bechler im Februar 1945 zur Armeegruppe Rokossowski nach Polen, um die vordringende Rote Armee zu begleiten und auf die deutschen Truppen einzuwirken, den Kampf aufzugeben.

Freies Deutschland

Major Bernhard Bechler
Mitglied des Vorstandes des Bundes Deutscher Offiziere
und Frontbevollmächtigter des Nationalkomitees „Freies Deutschland"

Bericht über meine Tätigkeit am Kessel von Graudenz vom 20. Februar bis 6. März 1945

Am 18. Februar wurde der Kessel Graudenz geschlossen. Nach Aussagen des Generalmajors Fricke erhielt er in der Nacht vom 17. zum 18. Februar drei Funksprüche hintereinander aus dem »Führer«hauptquartier mit dem ausdrücklichen Befehl, sich einschließen zu lassen.

Ich traf am 20. Februar abends am Kessel von Graudenz ein.

Noch in der Nacht zum 21. Februar baten drei Gruppen kriegsgefangener deutscher Soldaten, in den Kessel zurückkehren zu dürfen, um ihre Kameraden vor dem Untergang zu retten. Dieser Versuch scheiterte, da die in Graudenz eingeschlossene Truppe Befehl hatte, auch auf Deutsche, die sich der Stellung näherten, zu schießen. Wir hatten dabei zwei Verwundete.

Eine andere Gruppe, die mit weißer Fahne hinüberging und die Kapitulationsbedingungen überbrachte, wurde festgenommen.

Am 28. Februar schrieb ich einen persönlichen Brief an Generalmajor Fricke, den ich durch einen Obergefreiten, ebenfalls mit weißer Fahne, in den frühen Morgenstunden überbringen ließ. Der Brief wurde angenommen, der Obergefreite ebenfalls verhaftet. Nach Aussagen des Generals Fricke wurden diese Männer mit einem Fieseler-Storch »befehlsgemäß« nach Deutschland ausgeflogen. Gleichzeitig wurden auch die Kapitulationsbedingungen sowie mein persönlicher Brief, einem »Führer«befehl gemäß, ungeöffnet mit dem Fieseler-Storch nach Berlin gebracht.

Ich hatte dem Brief ein *offenes* persönliches Schreiben an General Fricke beigegeben. Dieses Schreiben haben alle Offiziere und ein großer Teil von Soldaten gelesen. Mein Name und meine Anwesenheit wurde deshalb bei der Truppe sehr schnell bekannt. Allein diese Tatsache wirkte sich am Ende des Kampfes außerordentlich günstig auf die Bereitschaft zur Verbindungsaufnahme mit mir aus.

Major Bernhard Bechler

Ich habe dann in jeder Nacht mit dem Grabenlautsprecher in den Kessel Graudenz hineingesprochen. Die Erfolge waren zunächst gering, steigerten sich jedoch dann mehr und mehr. So ging ein geschlossener Zug in Stärke von 1:29 Mann unter Führung des Oberfeldwebels Schlagmeier, eine Gruppe in Stärke von 1:10 unter Führung von Unteroffizier Swoboda vom Bataillon Hauptmann Borgis und eine Gruppe von »Volkssturm«männern in Stärke von 12 Mann auf unsere Seite über. Daneben erfolgten viele Einzelübertritte, so daß insgesamt etwa hundert Soldaten durch die Arbeit mit dem Grabenlautsprecher das Leben gerettet wurde.

Trotz unserer Tätigkeit kämpfte die deutsche Truppe noch immer weiter, wobei die Brigade »Hermann Göring«, die zum größten Teil aus jungem Ersatz bestand (darunter ein volles Bataillon von Offiziersanwärtern), zweifellos die Seele des Widerstandes bildete.

Andere Gründe für den sinnlosen Widerstand waren:

Versprechungen – die 2. Armee sollte von Konitz über Tuchel zum Entsatz kommen. Die Angriffsspitzen seien bereits 10 km von Graudenz entfernt. In Wirklichkeit war die 2. Armee zu diesem Zeitpunkt bereits geschlagen und im Zurückgehen;

ein »Führer«befehl, wonach Graudenz zum Zwecke späterer Operationsziele unbedingt gehalten werden müsse;

viele glaubten nicht, daß wirklich ich selbst durch den Grabenlautsprecher sprach. Andere glaubten, ich würde dazu mit der Pistole gezwungen, obgleich meine Stimme wie auch der Inhalt meiner Sendungen natürlich klangen;

noch immer große Angst vor der Gefangenschaft, besonders beim »Volkssturm«;

der Terror des deutschen Offiziers.

Nach dem Angriff der Roten Armee wurde die Lage der Truppen in der Festung Graudenz immer aussichtsloser. Am 5. März 1945 begab ich mich zusammen mit einem russischen Begleitoffizier zu einem russischen Bataillon und entsandte von dort aus zwei deutsche Soldaten als Parlamentäre zu den deutschen Truppen. Ich übergab ihnen ein kurzes Handschreiben von mir. Die Parlamentäre kamen zurück mit folgendem Schreiben des Abschnittkommandeurs Hauptmann Findeisen:

»Dem Nationalkomitee! Ich bitte um Bekanntgabe der Übernahme- bzw. Übergabebedingungen. Ich stehe für mein Wort! Gez. Findeisen, Hauptmann und Abschnittsführer.«

Gleichzeitig ließ er den Parlamentären sagen, daß ich ihm und seinen

Zu Bechlers erstem großen Einsatz kam es bei der Belagerung der Festung Graudenz. Im *Freien Deutschland* vom 28.3.1945 berichtete er ausführlich über den Verlauf dieser Aktion (siehe auch die folgenden Seiten).

Soldaten durch mein persönliches Schreiben vom 28. Februar bekannt sei; er möchte mich möglichst selbst sprechen.

Die Parlamentäre wurden zurückgeschickt mit je einem Schreiben von mir und von dem Vertreter der Roten Armee. Der Hauptmann kam daraufhin persönlich zu uns. Er rettete damit etwa 130 seiner Soldaten. Aber

---

Am Kessel von Graudenz haben der

Obergefreite Erich Conrad,

6. Komp., Gren. Rgt. 257, aus Bernburg an der Saale, geb. am 28. Februar 1912, von Beruf Autoschlosser, und der

Obergefreite Wolfgang Machacek,

Stab II. Btl., Gren. Rgt. 257, aus Ahrensburg bei Hamburg, geb. am 14. Dezember 1923, Beruf Bäcker, ganz hervorragend gearbeitet. Sie sind an einem Tage siebenmal unter Einsatz ihres Lebens zu den deutschen Stellungen gegangen, haben selbst rund 300 deutsche Soldaten auf die Seite des Nationalkomitees herübergebracht und damit praktisch die Voraussetzungen für die Kapitulation des Generalmajors Fricke am darauffolgenden Tage geschaffen.

BECHLER

Frontbevollmächtigter des Nationalkomitees »Freies Deutschland« und Mitglied des Vorstandes des Bundes Deutscher Offiziere

---

sein Verhalten war bezeichnend für die Einstellung des deutschen Offiziers. Nachdem er sich entschlossen hatte zu kapitulieren, hielt er es für notwendig, diese Kapitulation erst seinem General zu melden. Ich machte ihn darauf aufmerksam, daß der General bestimmt dagegen sein werde. Er ließ sich jedoch nicht davon abhalten. Als er nach einer Stunde noch immer auf dem Funkwege keine Verbindung zu seinem General bekam, ließ er sein Bataillon die Waffen strecken und setzte es zu mir in Marsch. Er selbst aber lief persönlich zu Fuß zu seinem General, um ihm die Kapitulation zu melden. Er setzte sich damit der Gefahr aus, noch dafür erschossen zu werden, was allerdings nicht geschah.

Ich schickte die beiden Parlamentäre zu weiteren deutschen Truppen. Als sie in eine Kaserne kamen, fanden sie einen Regimentsstab mit dem Kommandeur, Oberstleutnant Städtle, vor. Bei diesem Stab befanden sich auch noch eine Reihe anderer höherer Stabsoffiziere. Sie waren nahezu alle betrunken. Oberstleutnant Städtle sah die Sinnlosigkeit des Kampfes ein und wollte mit mir Verbindung aufnehmen. Auch er fragte erst beim General an, der es verbot. Er führte den Befehl aus. Ein Leutnant dieses Stabes ging mit der Pistole auf einen der Parlamentäre los und brüllte ihn an: »Ihr deutschen Lumpen!« Ein Major warf sich dazwischen und verhinderte somit die Erschießung des Parlamentärs. Der Parlamentär verließ daraufhin den Stab und rief den in Stellung liegenden Soldaten zu: »Kameraden, eure Offiziere sind besoffen. Kommt mit! Drüben ist ein Vertreter des Nationalkomitees. Ich habe ihn selbst gesprochen. Er garantiert euch das Leben und die gesunde Rückkehr in eure Heimat.« Daraufhin zog der Rest des Regiments in Stärke von etwa 180 Mann, mit dem Parlamentär an der Spitze, singend in die Gefangenschaft. Die Offiziere blieben betrunken allein in der Kaserne zurück.

Die beiden Parlamentäre waren der Obergefreite Conrad und der Obergefreite Machacek.

Auch weitere Offiziere mit ihren Soldaten begaben sich in die Gefangenschaft. Darunter Hauptmann Friebe, Kommandeur I./2. Regt. der Brigade »Hermann Göring«, sowie Oberleutnant Feuerhardt. Sein Bataillon hatte aus 500 blutjungen Offiziersanwärtern bestanden. Von ihnen lebten am Ende des Kampfes noch 30!

Durch dieses geschlossene Übergehen auf die Seite des Nationalkomitees »Freies Deutschland« am 5. März wurden schließlich die Voraussetzungen des Entschlusses zur Kapitulation für Generalmajor Fricke geschaffen. Über 1200 Verwundete befanden sich außerdem auf der Festung. Generalmajor Fricke konnte sich jedoch auch dann noch nicht zu einem klaren Entschluß aufraffen. Völlig unorganisiert warfen die Soldaten der Festung die Waffen beiseite und traten geschlossen auf den Zufahrtsstraßen an. Inzwischen hatte Generalmajor Fricke einen Stabsarzt als Parlamentär ohne jede Vollmachten zu der russischen Seite entsandt. Sein Auftrag lautete: der russischen Seite mitzuteilen, daß er den Befehl gegeben habe, die Kampfhandlungen einzustellen, daß er um Übernahme und Betreuung seiner Verwundeten bitte und einen russischen Offizier zum Zwecke der Führung von Verhandlungen erbitte.

Ich traf noch vor Ankunft des Vertreters des Oberkommandos der Roten Armee bei General Fricke ein. Die Unterhaltung, die jetzt stattfand, liegt in besonderer Anlage bei.

Die Betreuung der Verwundeten war hervorragend. Russische Ärzte wurden eingesetzt und die deutschen Ärzte, das deutsche Sanitätspersonal und die deutschen Krankenschwestern zur Betreuung bei den Verwundeten belassen. Das gleiche gilt von der Behandlung der Kriegsgefangenen von Graudenz. Auch deren Behandlung war sehr gut.

Es kann kein Zweifel bestehen, daß die Seele des Widerstandes heute der Offizier ist. Mit einem Terror ohnegleichen zwingt er den Soldaten zu kämpfen. Unzählige Soldaten haben mir erzählt, wie ihre Offiziere deutsche Soldaten beim Zurückgehen erschossen haben. Bei vielen Einheiten wurden hinter den Stellungen besondere MGs aufgebaut, die nur darauf zu achten hatten, den niederzuschießen, der freiwillig zu den Russen übergehen will. Unter den Gefangenen befand sich eine größere Anzahl von Soldaten, die Verwundungen hatten, die sie von hinten von eigenen Offizieren erhalten hatten. Ein »kleines« Beispiel für viele:

Der *Obergefreite Johann Schmidt* aus Sinzig/Rhld., 4. Komp., Flak-Btl. 828, sagte aus:

»Ich ging zusammen mit zwölf Feuerwehrmännern aus Graudenz zu den Russen über. Die Feuerwehrmänner waren nicht zum Kampf eingesetzt, sondern nur zum Löschen von Bränden. Als ihre Maschinen zerschossen waren, wollten sie sich gefangengeben. Zwei deutsche MGs schossen von hinten auf sie, wobei fünf von ihnen den Tod fanden.«

Ein weiteres Beispiel für das verantwortungslose Verhalten der höheren und mittleren Führung:

Der Btl.-Führer in einem Regiment der Brigade »Hermann Göring«, *Hauptmann Friebe,* sagte aus:

»Durch die Angriffe der Russen war ich gezwungen, mit meinem ausgebluteten Bataillon zwei Straßenzüge in Graudenz zu räumen. Da mein Bataillon zu schwach war, war auch ein Widerstand in der neuen Stellung nicht möglich. Ich bat deshalb in einem Funkspruch um Genehmigung, mich nach der eigentlichen Festung zurückziehen zu dürfen. Als Antwort erhielt ich den Befehl, im Gegenangriff die beiden geräumten Straßenzüge zurückzugewinnen. Das war unmöglich. Ich war wütend, fühlte mich von meiner Führung verraten und beschloß, selbständig zu kapitulieren.«

Dieser Offizier bat, zusammen mit fünf seiner Kameraden aus der Brigade »Hermann Göring«, alle seine Kräfte der Bewegung »Freies Deutschland« zur Verfügung stellen zu dürfen.

Unterredung mit dem Kommandanten der Festung

Zehn Minuten vor Ankunft des Bevollmächtigten des russischen Oberkommandos traf ich den Generalmajor Fricke in einem tiefen Keller auf der Feste Courbiére in Graudenz.

Der Ia stellt mich vor.

FRICKE: »Ich kenne Sie, Sie haben mir einen Brief zugestellt, aber Sie wissen ja, daß es mir nach einem Führerbefehl verboten ist, derartige Briefe zu öffnen. Ich mußte ihn ungeöffnet nach oben durch Fieseler-Storch weitergeben. Das gleiche gilt von dem Kapitulationsangebot der Roten Armee. Ich habe deshalb auch keine Kenntnis von den Bedingungen der Kapitulation.«

– »Damit haben Sie, Herr General, meine Frau und meine zwei Kinder dem Konzentrationslager und dem Tode ausgeliefert. Denn durch diesen persönlichen Brief hat die Gestapo nunmehr einen klaren, handschriftlichen Beweis meiner Tätigkeit.«

Schweigen, er hält die Hand auf seine Augen.

FRICKE: »Das tut mir sehr leid, Bechler, aber ich habe nur befehlsgemäß gehandelt.«

– »Und was ist mit den Überbringern des Briefes und der Kapitulationsbedingungen der Roten Armee und mit den Gruppen des Nationalkomitees geschehen, die ich zu Ihren Truppen geschickt habe?«

FRICKE: Sie sind mit dem Fieseler-Storch ausgeflogen worden.«

– »Damit haben Sie auch diese deutschen Männer den Henkern der SS und damit dem Tode ausgeliefert.«

Langes, betretenes Schweigen.

FRICKE: Ich habe nur befehlsgemäß gehandelt!«

Pause.

FRICKE: »Ich habe nur die Waffenruhe befohlen, um das Leid meiner 1500 Verwundeten zu mildern und weil eine infanteristische Verteidigung nicht mehr möglich war.«

– »Ich freue mich, Herr General, daß Sie wenigstens das Leben noch der letzten Soldaten gerettet haben. Aber die Stadt Graudenz ist zerstört. Die 10000köpfige Zivilbevölkerung hat furchtbar gelitten und geblutet, und viele deutsche Soldaten sind gefallen.«

FRICKE: »Meine Männer haben sich ganz glänzend geschlagen und tapfer gekämpft.«

– »Ja, Ihre Soldaten haben tapfer gekämpft, aber der Kampf war sinnlos. Sie haben nicht *für* Deutschland, sondern *gegen* Deutschland gekämpft.«

FRICKE: »Ich hatte den Befehl meines Vorgesetzten auszuführen. Ich bin Soldat!«

– »Ja, Herr General, das ist das Traurige, weil jeder ›befehlsgemäß‹ handelt, weil jeder ›zu Befehl‹ sagt, deshalb stirbt das ganze deutsche Volk.

Daß das deutsche Volk den Krieg verloren hat, wissen Sie, Herr General. Wenn ein Krieg verloren ist, muß er beendet werden, sonst ist jedes weitere Opfer sinnlos. Hindenburg und Ludendorff handelten so 1918. Heute findet sich kein deutscher General dazu. Und als am 20. Juli endlich einige Generale den Versuch unternahmen, wurden sie von der Masse der Generalität als Verbrecher bezeichnet und dem Strang ausgeliefert.

Wofür haben Sie, Herr General, in Graudenz eigentlich gekämpft? Dieser Kampf war völlig sinnlos und hat an der Gesamtlage nichts geändert. Der Tod Ihrer Soldaten war sinnlos.«

Schweigen. Nach einer Pause:

FRICKE: »Ja, wir haben aber doch eine Menge russischer Truppen gebunden!«

Ich lache und erzähle dem General, daß es verhältnismäßig geringe Kräfte der Roten Armee waren, die Graudenz eingeschlossen hielten.

– »Glauben Sie wirklich, daß das Fehlen dieser schwachen Kräfte den Gesamtverlauf des Kampfes an der Hauptfront irgendwie beeinflußt hat? Die Tatsachen beweisen ja selbst das Gegenteil.«

FRICKE: »Ich bin völlig unpolitisch, ich bin Soldat und habe Befehle auszuführen.«

– »Ja, leider, Herr General, das glaubten wir aktiven Offiziere alle. Wir haben dabei gar nicht bemerkt, daß wir ein verdammt politisches Machtmittel in der Hand Hitlers sind.«

Schweigen.

FRICKE: »Sagen Sie, Bechler, werden eigentlich alle Stäbe und Generale von den Russen anständig behandelt? War das immer schon so?«

– »Aber sicher, Herr General, sie werden alle so ritterlich behandelt.«

Er legt seine Hand vor seine Augen und seufzt schwer. Schweigen. Er trinkt Baldriantropfen.

Ich erzähle dem General vom Nationalkomitee, vom Bund Deutscher Offiziere und von den anderen Generalen. Dann wörtlich:

– »Sehen Sie, Herr General, seit Stalingrad ist es immer das gleiche. Die Führung, die deutsche Generalität, befiehlt jeweils stets in einem Kessel ihren Soldaten, bis zum letzten Blutstropfen zu kämpfen. Und zum Schluß, wenn die Masse der Soldaten tot ist, ist diese Führung nicht bereit, das Opfer selbst zu bringen, das sie von ihren Soldaten forderte. Sie rettet ihr Leben jeweils durch Gefangengabe oder Ausfliegen. Sie müßten einmal die noch überlebenden Soldaten nach dem Kampf sprechen hören können.«

Längere Pause.

FRICKE: »Wissen Sie eigentlich, daß Sie gegen das Völkerrecht verstoßen, Bechler?«

– »Vom Völkerrecht zu sprechen, wo Hitler täglich das Völkerrecht mit Füßen tritt, dürfte nicht am Platze sein, Herr General. Sie wissen, daß ich als Adjutant im Hauptquartier des OKW war. Ich will Ihnen ein kleines selbsterlebtes Beispiel erzählen. Es war im Frühjahr 1942. Eine russische Frau mit Waffen war in deutsche Kriegsgefangenschaft geraten. Hitler sollte entscheiden, was grundsätzlich mit solchen Frauen geschehen soll. ›Erschießen natürlich‹, rief er damals aus. ›Im übrigen ist es Beleidigung der deutschen Frau, von russischen Frauen zu sprechen, so etwas gibt es in Rußland nicht, das sind alles Bestien.‹ Als ein General ihn auf das Völkerrecht hinwies, rief Hitler empört aus: ›Was Völkerrecht ist, bestimmen wir, wenn wir den Krieg gewonnen haben.‹«

Ich erzähle dem General von Maidanek und anderen Verbrechen Hitlers in allen besetzten Ländern. Wörtlich:

– »Und dieser Hitler ist heute noch der Führer des deutschen Volkes. Und diesem Verbrecher sagt heute noch die deutsche Generalität, das deutsche Offizierskorps ›Zu Befehl, mein Führer‹. Es ist eine Schande, Herr General!«

Schweigen. Der General trinkt Baldrian.

Der russische General trifft ein und fordert Generalmajor Fricke auf, sich anzuziehen und mit nach draußen zum Wagen zu kommen. Seine Koffer werden ihm nachgetragen. Er verabschiedet sich nicht von mir.

Zwei Stunden später. Ich spreche den Kommandeur eines Regiments, einen Oberstleutnant. Er flüstert mir ins Ohr: »Wissen Sie, Herr Bechler, wir haben im Offizierskorps längst gewußt, warum der General nicht kapitulieren wollte. Das war schon ein offenes Geheimnis für uns. Er hat nämlich noch kein Ritterkreuz. Vor einigen Tagen wurde er namentlich im Wehrmachtsbericht erwähnt. Er glaubte nun, sein Ritterkreuz würde jeden Tag kommen.«

Ich schweige und enthalte mich eines offenen Urteils.

Der General bedankt sich bei dem russischen General für die ritterliche Behandlung. Antwort des russischen Generals: »Ich habe nur meine Pflicht getan!«

Bei den Verhandlungen zwischen dem General und den russischen Generalen ist eine russische Dolmetscherin mit anwesend. Der leitende Sanitätsoffizier beim General, Stabsarzt Dr. Pohl, entblödet sich nicht, während einer Pause beim Packen seiner Koffer dieser Dolmetscherin ein Päckchen Bohnenkaffee anzubieten, was natürlich abgelehnt wird. Außerdem ist seine erste Frage an sie: »Darf ich meine Ziehharmonika mitnehmen?«

Копия телеграммы.
Abschrift des Telegramms

DEM FRONTBEVOLLMÄCHTIGTEN DES
NKFD, MAJOR BECHLER

Übermitteln Sie Major Bechler unseren besonderen Dank für seinen mutigen Einsatz bei der Arbeit unter der Besatzungstruppe von Graudenz.

WEINERT V. SEYDLITZ

НАЧАЛЬНИК 7 ОТДЕЛА ПУ 2 БФ
ПОДПОЛКОВНИК

/ЗАВАШТАНСКИЙ/.

«24» марта 1945 г.

Das von Erich Weinert und Walther von Seydlitz unterzeichnete Danktelegramm bezeugt: Graudenz war zu einem außerordentlichen Erfolg für Bernhard Bechler geworden. Auch die Russen erkannten das an: Sie zeichneten ihn mit dem Orden des Großen Vaterländischen Krieges aus.

Geheim!

Im Namen des Deutschen Volkes

In der Strafsache gegen

Die Gestapo sah in Bechlers Einsatz bei der Belagerung der Festung Graudenz einen der Höhepunkte der Aktivitäten des Nationalkomitees. Bereits im Dezember 1944 war Bechler aus der Wehrmacht ausgestoßen und in Abwesenheit zum Tode verurteilt worden – wie auch andere der ehemaligen Generale und Offiziere der deutschen Wehrmacht. Walther von Seydlitz war der erste gewesen. Für ihre Familien in Deutschland bedeutete das: Überwachung durch die Gestapo, Ausschluß aus der Volksgemeinschaft, Sippenhaft.

D e u t s c h e s   V o l k !

Die Flammenzeichen rauchen ! Der Faschismus in Italien ist mit dem Sturz Mussolinis beseitigt. In kurzer Zeit wird Italien einen Sonderfrieden machen!

Hitler, der Tyrann Europas, wird in seinem Machthunger trotzdem den Krieg fortführen und es müssen weiterhin tausende unserer Söhne, Brüder und Väter Leben und Gesundheit opfern für eine aussichtslose Sache. Weitere Städte werden der Vernichtung anheimfallen und unsagbares Elend wird über deren Bewohner kommen.

Und wofür das alles? Auf diese Frage kann es nur eine Antwort geben:

Hitler führt diesen bereits verlorenen Krieg nur weiter, um die unvermeidliche Katastrophe hinauszuschieben und sich und seinen Kumpanen damit noch eine Galgenfrist zu verschaffen.

Deutsches Volk! Das darfst Du nicht zulassen! Sabotiere den Kriegseinsatz mit allen erdenklichen Mitteln! Denn da der Sieg überhaupt nicht mehr in Frage kommt, kann es sich nur darum handeln den Krieg und damit die Leidenszeit des ganzen deutschen Volkes zu verkürzen.

Eisenbahner - stört den Wehrmachtsverkehr!
Rüstungsarbeiter - sabotiert die Fertigung mit allen Mitteln!
Aktivisten - vervielfältigt Flugblätter und verbreitet sie in allen Kreisen des Volkes!
Soldaten - rettet euch in die Gefangenschaft, verweigert den Gehorsam !

Hitler und die Partei allein sind die Schuldigen am Kriege! Sie sollen für ihre Verbrechen am Deutschen Volke und an der ganzen Welt die verdiente Strafe erleiden! Keiner wird seinem Schicksal entrinnen. Diesmal muß gründlich aufgeräumt werden mit den ewigen Kriegstreibern.

Deutsches Volk! Du hast im Kampfe gegen Deine Gegner soviel Mut und Tapferkeit bewiesen für eine Sache, die nicht die Deine war! Nun zeige ebensoviel Mut im Kampfe gegen Deine inneren Feinde und Bedrücker, gegen den Nationalsozialismus!

Nieder mit Hitler ! Schluß mit dem Kriege!

Es lebe die Freiheit, der Friede und Deutschland!

Nationalkomitee "Freies Deutschland!"
Bezirk München

Lesen und weitergeben!   Lesen und weitergeben!

Wir rufen auch Dich, deutscher Soldat! Heimat und Vaterland sind in Gefahr, von Hasardeuren verspielt zu werden. Kämpfe mit uns und Deinen Kameraden. Für Freiheit und Frieden, für ein freies Deutschland und freies Europa.

Nationalkomitee Freies Deutschland – Ausschuß Berlin

Berlin, den 15. Februar 1944

Kämpft für ein freies Deutschland! Kämpft mit uns für Frieden und Wiederaufbau! Rettet Deutschland! Hitler muß sterben auf daß wir leben!

Nationalkomitee Freies Deutschland – Ortsgr. Berlin
I. A. Hartmann Stahl

Berlin, Mai/Juni 1944

Das National-Komitee Freies Deutschland kämpft für Frieden, Freiheit und Brot!

Meldet Euch bei den Ortsausschüssen des NKFD, die in allen Stadtteilen errichtet werden.

Nationalkomitee Freies Deutschland – Bezirk Leipzig

Leipzig am 23. April 1945

Freies Deutschland in der Heimat . . . Zwar blieb Nationalkomitee und Offiziersbund der eigentliche Erfolg – Einstellung der Kampfhandlungen, Sturz Hitlers – versagt, zwar gelang kein Anschluß an die bürgerliche Opposition gegen Hitler in Deutschland, doch ihre Appelle und Ideen blieben nicht ohne Echo. Unter der Devise »Freies Deutschland« bildeten sich zahlreiche kleine Widerstandsgruppen, die für die Zielsetzungen des Nationalkomitees eintraten. 1943, im Juli – in dem Monat, in dem das Nationalkomitee in Rußland gegründet wurde –, hatten bereits Gruppen in München, die sich »Freies Deutschland« nannten, Flugblätter verteilt. Es folgten Aktionen mit Flugblättern und vervielfältigten Rundschreiben in Leipzig, Berlin und anderen Teilen Deutschlands.

Geheime Staatspolizei
Staatspolizeileitstelle München

15 201/43 II A (S 2)

München, den 29. Juli 1943

31. 7. 1943

Eilt sehr!

Anlg.: 1 ... m. ...
Amt ...

An das

Reichssicherheitshauptamt – Amt IV –

Berlin SW 11

Prinz Albrechtstr.8.

Betrifft: Staatsfeindliche Flugblätter.

Vorgang: Meine Berichte vom 9.2. und 5.5.1943, B.Nr. 14 380/43 II G 2.

Anlagen: 2 Flugblätter.

Am 28.7.1943 wurden 87 Flugblätter erfasst, die in der Nacht vom 27. auf 28.7.1943 im Stadtkreis München gestreut und in Briefkästen eingeworfen wurden. Auf der Gehbahn der Reichenbachbrücke in München wurden 27 Stück und auf dem freien Platz vor der St.Pius-Kirche in München-Ramersdorf 37 Stück gefunden, die in einem kleinen Häufchen beisammen lagen. Weitere 14 Stück konnten bei der Briefkastenentleerung des Postamtes 22 erfasst werden.

Das Flugblatt stellt eine neue Auflage dar und befasst sich mit dem Rücktritt Mussolinis, der erstmals bei den Morgenmeldungen des Rundfunks am Montag, den 26.7.1943, früh 7 Uhr bekannt gegeben wurde. Das Flugblatt trägt die Ueberschrift "Deutsches Volk" und ist mit "Nationalkomitee Freies Deutschland" unterzeichnet. Es hat hochverräterischen Inhalt und for-

Streng vertraulich!

Reichssicherheitshauptamt

Amt IV

KPD, und andere marxistische Organisationen

Die von den Stapo(leit)stellen durchgeführten **Festnahmen** wegen defaitistischer Äußerungen marxistisch-kommunistischer Tendenz und wegen Wehrkraftzersetzung sowie wegen kommunistischer Schmierereien und Flugblattverbreitung in unabhängigen Einzelaktionen stiegen in der Berichtszeit an.

Die Stapoleitstelle Magdeburg nahm 8 Personen fest, die sich innerhalb des **»Nationalkomitees Freies Deutschland«** maßgeblich illegal betätigt hatten. Die Festnahmen erfolgten im Zuge der zentral durchgeführten Aufrollung des »Nationalkomitees Freies Deutschland« im Reich.

... bis zur bedingungslosen Kapitulation. Gestapo und Reichssicherheitshauptamt verfolgten zunehmend die Tätigkeit von Widerstandsgruppen in deutschen Großstädten, die sich mit der Gesinnung identifizierten, wie sie das Nationalkomitee Freies Deutschland in Rußland vertrat. Widerstandsgruppen in Deutschland vervielfältigten auch den Inhalt von Radiosendungen des Nationalkomitees und schickten diese Informationen in Form von Feldpostbriefen an Soldaten an der Ostfront. So entstand eine Wechselwirkung zwischen antifaschistischem Widerstand in russischer Kriegsgefangenschaft und in der Heimat. Aber der Krieg ging ohnehin seinem Ende zu. Volksgerichtshofprozesse, Standgerichte und Todesurteile endeten erst mit der bedingungslosen Kapitulation Deutschlands am 8. Mai 1945.

MILITÄRREGIERUNG —— DEUTSCHLAND

Kontroll-Gebiet des Obersten Befehlshabers

GESETZ Nr. 5

Auflösung der Nationalsozialistischen Deutschen Arbeiterpartei

Um der von der NSDAP errichteten Herrschaft von Gesetzlosigkeit, Terror und Unmenschlichkeit innerhalb des besetzten Gebietes ein Ende zu bereiten, wird hiermit bestimmt.

1. Die nationalsozialistische Deutsche Arbeiterpartei und die nachstehend verzeichneten Ämter, Organisationen und Institute werden in dem vollen Umfange, in [illegible]e ihre Tätigkeit in dem besetzten Gebiet ausgeübt ha[illegible] aufgelöst und für gesetzwidrig erklärt. Jegliche Tätigkeit seitens der Partei, der folgenden Aemter, Organisationen und Institute, vorbehaltlich der in Paragraph 5 getroffenen Ausnahmen, ist untersagt:

1. Partei-Kanzlei,
2. Kanzlei des Führers der NSDAP,
3. Auslands-Organisation der NSDAP,
4. Volksbund für das Deutschtum im Ausland,
5. Volksdeutsche Mittelstelle,
6. Parteiamtliche Prüfungskommission zum Schutze des NS-Schrifttums,
7. Der Reichsorganisationsleiter der NSDAP,
8. Der Reichsschatzmeister der NSDAP,
9. Der Beauftragte des Führers für die Überwachung der gesamten geistigen und weltanschaulichen Schulung und Erziehung der NSDAP,
10. Der Reichspropagandaleiter der NSDAP,
11. Reichsleiter für die Presse, und der Zentralverlag der NSDAP (Eher Verlag),
12. Reichspressechef der NSDAP,
13. Reichsamt für das Landvolk,
14. Hauptamt für Volksgesundheit,
15. Hauptamt für Erzieher,

48. Deutscher Gemeindetag,
49. Geheime Staatspolizei,
50. Deutsche Jägerschaft,
51. Sachverständigenbeirat für Bevölkerungs- und Rassenpolitik,
52. Reichsausschuß zum Schutze des Deutschen Blutes.

2. Die nachstehend verzeichneten militär-ähnlichen Organisationen, ihre Werbestellen, Ausbildungsanstalten und die zugehörigen Lagerhäuser werden alsbald aufgelöst werden. Anordnungen betreffend Personal und NSKOV Ausrüstung werden von der Militärregierung erlassen werden. Bis zum Empfang dieser Anordnungen haben alle hauptamtlichen beschäftigten Offiziere und Mannschaften auf ihren Posten in ihrer Organisation zu verbleiben. Weitere Anwerbungen sind verboten.

1. SA (Sturmabteilungen), einschließlich der SA-Wehrmannschaften,
2. SS (Schutzstaffeln), einschließlich der Waffen-SS, des Sicherheitsdienstes und aller Ämter, die gleichzeitig Befehlsgewalt über die Polizei und die SS ausüben,
3. NSKK (NS-Kraftfahrkorps),
4. NSFK (NS-Fliegerkorps),
5. HJ (Hitler-Jugend), einschließlich ihrer verschiedenen Unterorganisationen,
6. RAD (Reichsarbeitsdienst),
7. OT (Organisation Todt),
8. TN (Technische Nothilfe).

3. Alle Amtsstellen der NS-Volkswohlfahrt in dem besetzten Gebiet werden geschlossen. Deren Wohlfahrtstätigkeit wird, vorbehaltlich weiterer Anweisung durch die Militärregierung, von dem Bürgermeister übernommen.

Militärregierung in Deutschland. Einen Monat nach der bedingungslosen Kapitulation der deutschen Wehrmacht übernahmen die vier Siegermächte am 5. Juni 1945 die Regierungsgewalt in Deutschland. Es entstanden vier Besatzungszonen. Die Militärregierung erließ eine Reihe von Kontrollratsgesetzen, wie das hier abgedruckte Nr. 5. Die Deutschen hatten sich vom Nationalsozialismus nicht selbst zu befreien vermocht. Jetzt wurden die NS-Organisationen von den Besatzungsmächten aufgelöst, soweit sie sich nicht von selbst aufgelöst hatten. Eine politische Neuordnung wurde vorbereitet.

Ein Opfer der Nachkriegswirren: Margret Bechler (rechte Seite). Am 9. Juni 1945 war sie in Altenburg/Thüringen von den Amerikanern verhaftet und am 1. Juli den Russen übergeben worden. Man warf ihr vor, die Festnahme eines Kommunisten, eines Abgesandten ihres Mannes, und damit dessen Todesurteil verursacht zu haben. Dabei war sie als Frau Bernhard Bechlers selber von der Gestapo streng bewacht worden und hatte infolgedessen, wollte sie sich und ihre Kinder vor der Sippenhaft der Nazis retten, kaum anders handeln können. Ihre Haft sollte elf Jahre dauern. Ihre beiden Kinder hat sie nie wiedersehen dürfen.

Bernhard Bechler
als Politiker in der DDR

Entfernung der Mitglieder der NSDAP aus dem Justizdienst

I. Der Neuaufbau der staatlichen Gerichtsorganisation macht es erforderlich, alle ehemaligen Mitglieder der NSDAP aus dem Justizdienst zu entfernen. Dabei macht es keinen Unterschied, ob diese Mitglieder vor dem Mai 1945 ausgeschieden sind oder nicht. Den Parteimitgliedern sind gleichzustellen:

1. ehemalige Mitglieder der SS, SA, des NSKK, des NSFK und der Frauenschaft sowie Anwärter der Partei und ihrer vorbezeichneten Gliederungen,
2. diejenigen Personen, die zwar nicht der Partei angehörten, die aber bei Durchführung der nationalsozialistischen Maßregelungspolitik gegenüber Antifaschisten entscheidend mitgewirkt haben.

II. Ich ersuche deshalb die Herren Landgerichtspräsidenten und Oberstaatsanwälte, sowie die Herren aufsichtsführenden Amtsrichter, Staatsanwälte und Amtsanwälte bei den Amtsgerichten, die in Betracht kommenden Beamten und Angestellten der von ihnen geleiteten Behörden in meinem Auftrage sofort und ausnahmslos aus ihren Stellungen zu entlassen.

Über das Veranlaßte ersuche ich umgehend an mich zu berichten und zwar unter Angabe von Name und Anschrift der entlassenen Beamten und Angestellten.

Soweit hinsichtlich der Frage, ob ein Beamter oder Angestellter nach den vorgeschriebenen Richtlinien entlassen werden soll, Zweifel bestehen, ersuche ich gleichfalls um sofortigen Bericht.

III. Sollte durch die Entlassungen bei der dortigen Behörde ein untragbarer Personalmangel im mittleren oder unteren Dienst eintreten, so stelle ich anheim, von dort aus geeignete neue Kräfte einzustellen. Auch hierüber bitte ich mir zu berichten. Bei Eintritt eines starken Mangels an Kräften des richterlichen, staatsanwaltschaftlichen, amtsanwaltschaftlichen oder gehobenen Dienstes stelle ich anheim, bei mir unter Darlegung des Sachverhalts Ersatz anzufordern.

Bis zum 30. 9. 1945 ist mir von den einzelnen Justizbehörden zu berichten, daß bei ihrer Behörde weder ein ehemaliges Mitglied der NSDAP, noch Persönlichkeiten, die nach Ziffer I dieser Verfügung den Parteimitgliedern gleichzustellen sind, beschäftigt werden. Für die Richtigkeit dieser Meldung mache ich die Herren Behördenvorstände persönlich verantwortlich.

IV. Die Herren Landräte und Oberbürgermeister der Stadtkreise ersuche ich, die vorstehenden Maßnahmen genau zu überwachen und gegebenenfalls von sich aus das Erforderliche zu veranlassen.

Potsdam, den 18. September 1945

Die Provinzialverwaltung
Mark Brandenburg
I. V.: Bechler

Az VI 369.
An die Präsidenten
und Oberstaatsanwälte der Landgerichte,
aufsichtsführenden Richter, Staatsanwälte und
Amtsanwälte bei den Amtsgerichten,
Oberlandräte, Landräte, Oberbürgermeister.

Bechler unterzeichnete den Erlaß über die Entfernung von NSDAP-Mitgliedern aus dem Justizdienst der Ostzone. Er war schon am 1. Mai mit der sowjetrussischen Armee in Berlin einmarschiert und wurde von den Russen sogleich mit wichtigen politischen Aufgaben betraut. Seit Juli 1945 war er Erster Vizepräsident der Mark Brandenburg. Brandenburg, Sachsen und Mecklenburg waren die ersten drei Provinzialverwaltungen, die von der sowjetischen Militäradministration Deutschlands gebildet wurden.

Entwicklung neuer Arbeitsmethoden in der Verwaltung

Von Bernhard Bechler

Der alte faschistische Verwaltungsapparat mußte 1945 als Voraussetzung zur Entwicklung unserer neuen realen Demokratie völlig zerschlagen werden. Der alte Berufsbeamte hatte sich durch die bedingungslose Ausführung aller faschistischen Befehle so korrumpiert, daß seine Verwendung, damals wie heute, untragbar war und ist. Neue Menschen, insbesondere aus der Arbeiterklasse, zogen in die Büros ein und leisteten in den letzten drei Jahren eine große Arbeit.

Mit großer Sorge ist jedoch feststellbar, daß diese neuen Menschen es nicht verhindern konnten, daß in unserem Verwaltungsapparat Formalismus und Bürokratismus schon wieder höchste Blüten treiben. Hier muß eine entscheidende Änderung erfolgen und in Zukunft größerer Wert auf die Entwicklung neuer Arbeitsmethoden innerhalb der Verwaltung zur Überwindung der bestehenden Mängel gelegt werden.

Wie auf allen Gebieten, muß auch in den
Verwaltunge
Partei zum .
daß unsere F
waltung zu e
gehen. Sie m
und Problem
Entwicklung
Stellung neh
sich nicht n
lichen Schul
aller Angest
einer vorbild
Arbeit zu b
beseitigen. E
Parteiarbeit
schnellstens

Die Durch
genden Auf
burdenheit d
werktätigen
funktionär u
für die Du

Partei in der Verwaltung voll verantwortlich ist. Die Mitarbeit der Bevölkerung durch die Massenorganisationen, insbesondere FDGB und VdgB, muß verstärkt werden. Sie wird gewährleistet nicht nur durch eine regelmäßige Berichterstattung über die geleistete Arbeit vor den gewählten Organen, sondern vor allem von der Gesamtheit der Bevölkerung. An diese Aufgabe muß planmäßig herangegangen werden. Eine Übertragung vieler Aufgaben, besonders in den Gemeindeverwaltungen, auf die Organe der Massenorganisationen wird die Verwaltungsarbeit vereinfachen. Ähnlich wie in den Betrieben müssen wir auch in den Verwaltungen dazu übergehen, Produktionsberatungen durchzuführen. An diesen Beratungen müssen die Vertreter der Massenorganisationen teilnehmen Es darf in Zukunft kein Gesetz und keine Entscheidung von grundsätzlicher Bedeutung geschaffen werden, bei dem nicht vorher die Massenorganisationen mitgehört worden sind.

Auch die Aktivistenbewegung in den Verwaltungen muß neue Wege gehen. Es kommt nicht darauf an, büromäßig gut und lange zu arbeiten, entscheidend ist vielmehr, wie weit ein Verwaltungsangestellter Vorschläge zur
len zur Ver-
nd zur Ein-
rbeitskräften
nkten allein
in der Ver-
t werden.

ß es jedem
ankommen,
nicht nur zu
wickeln. Der
Typus darf
ß gleichzeitig
beit muß er
t politischem
sapparat hat
dienen.

rklasse, ver-
nd Schaffung
en der Ver-
Bevölkerung
Welle der
Kritik von unten und deren Berücksichtigung bei der täglichen Arbeit, sind die Voraussetzungen zur Stärkung des Vertrauens der Werktätigen zu unserer neuen Verwaltung und zur Entwicklung neuer Arbeitsmethoden.

Im *Neuen Deutschland* berichtete Bernhard Bechler hin und wieder über seine Tätigkeit. In diesem Artikel hier geht es um die Ausbildung einer politisch zuverlässigen Beamtenschaft.

Bechler am Rednerpult. Der Erste Vizepräsident der Provinzialregierung der Mark Brandenburg war jetzt viel auf Reisen, um Anordnungen und Erlasse zu erläutern, ihre Durchführung zu überwachen und die Menschen für eine neue Gesellschaftsform zu gewinnen.

BERNHARD BECHLER
ERSTER VIZEPRÄSIDENT
DER PROVINZIALVERWALTUNG
MARK BRANDENBURG

POTSDAM, den 30. Juni 1946
Spandauer Straße 32-34

Ich beantrage, meine Ehefrau, Frau Margret Bechler geb. Dreykorn, geb. 2.2.14 zu Altona, letzte Wohnung Altenburg/Thür., Barbarastr. 26, für tot zu erklären.

Meine Ehefrau hat Ende 1943 einen kommunistischen Funktionär aus Zwickau in Sachsen bei der Gestapo angezeigt und seine Verhaftung herbeigeführt. Darüber hinaus hat sie laufend weiter mit der Gestapo in Verbindung gestanden und ihr Hunderte von anonymen Briefen, die ihr auf Grund meiner Tätigkeit im Sender "Freies Deutschland" übermittelt wurden, ausgeliefert. Dieser kommunistische Funktionär wurde - nachdem meine Ehefrau am 20. 7. 144 ein Gnadengesuch abgelehnt hatte - hingerichtet.
Meine Nachforschungen nach meiner Ehefrau begannen nach meiner Rückkehr nach Deutschland etwa Mitte Juni 1945. Mitte Juli 1945 wurde mir von russischer Seite erklärt, dass meine Ehefrau für schuldig erklärt worden sei. Sie war nach russischen Mitteilungen nicht mehr auffindbar.

Ich bin bereit, diese Angaben zu beeiden. Heiratsurkunde füge ich bei.

Ich bin bereit, Herrn Min.-Dir. Hoeniger in das von meiner Ehefrau hinterlassene Tagebuch Einblick zu geben.

Bemerken möchte ich noch, dass meine Ehefrau Ende Mai 1945 verhaftet wurde.

Bernhard Bechler heiratet.
Er hat beantragt, seine Frau, in Haft, für tot erklären zu lassen

Bernhard Bechler stellte 1946 den Antrag, seine Frau für tot erklären zu lassen. Nur ein einziges Mal hatte er, wenn überhaupt, versucht, ihren Aufenthalt ausfindig zu machen, 1945, auf Drängen seiner Schwiegermutter. Aber er gab sich mit dem angeblich negativen Bescheid von Marschall Schukow, dem Oberbefehlshaber der sowjetischen Streitkräfte in Deutschland, daß seine Frau nicht auffindbar sei, zufrieden. Und schon wenige Monate nach seinem Antrag heiratete er zum zweiten Mal: eine langjährige Kommunistin, Garantin seiner politischen Zuverlässigkeit.

DER MINISTER DES INNERN

PROVINZIALREGIERUNG MARK BRANDENBURG

G.Z.: 1022/631 Potsdam, den 20.6.47

Herrn
Pfarrer H.Schmidt

B a u t z e n/Sa.
Schloßstr. 6

Sehr geehrter Herr Pfarrer!

Ihr Schreiben vom 10.6.47 habe ich erhalten. Da es sich bei der in Ihrem Schreiben zum Ausdruck gebrachten Angelegenheit um eine reine Angelegenheit der Besatzungsmacht handelt, bin ich nicht in der Lage, Ihnen hierzu irgendeine positive Mitteilung machen zu können.

Ich bedaure, Ihnen nur dieses mitteilen zu können.

Bernhard Bechler wird Innenminister der Mark Brandenburg

Bernhard Bechler schrieb 1947, inzwischen zum Innenminister von Brandenburg ernannt, den hier abgedruckten Brief an Pfarrer Schmidt in Bautzen. Dieser hatte sich auf Ersuchen der Familie Dreykorn an Bechler gewandt, ihm mitgeteilt, wo sich seine Frau befindet und ihn dringend gebeten, etwas für die Freilassung von Margret Bechler zu unternehmen. Der hier in Faksimile wiedergegebene Brief bedarf keines Kommentars. Bechler erledigte die Anfrage auf seine Weise: daß er nicht zuständig sei. Seine Antwort entzieht sich jeder humanen und moralischen Wertung.

Margret Bechlers Weg durch Lager und Gefängnisse: Zwickau, Bautzen, Jamlitz, Mühlberg, Buchenwald, Waldheim, Hoheneck. In Waldheim (Foto) verurteilte man sie im Zuge der Kriegsverbrecherprozesse zum Tode und hielt sie in jahrelanger Isolierhaft.

Bernhard Bechler in Zivil. Bernhard Bechler als Politiker war nur eine Etappe seiner unaufhaltsamen Karriere. 1949 trat er als Innenminister der Mark Brandenburg zurück. Er wurde wieder Berufssoldat und brachte es schließlich zum Generalmajor der Nationalen Volksarmee.

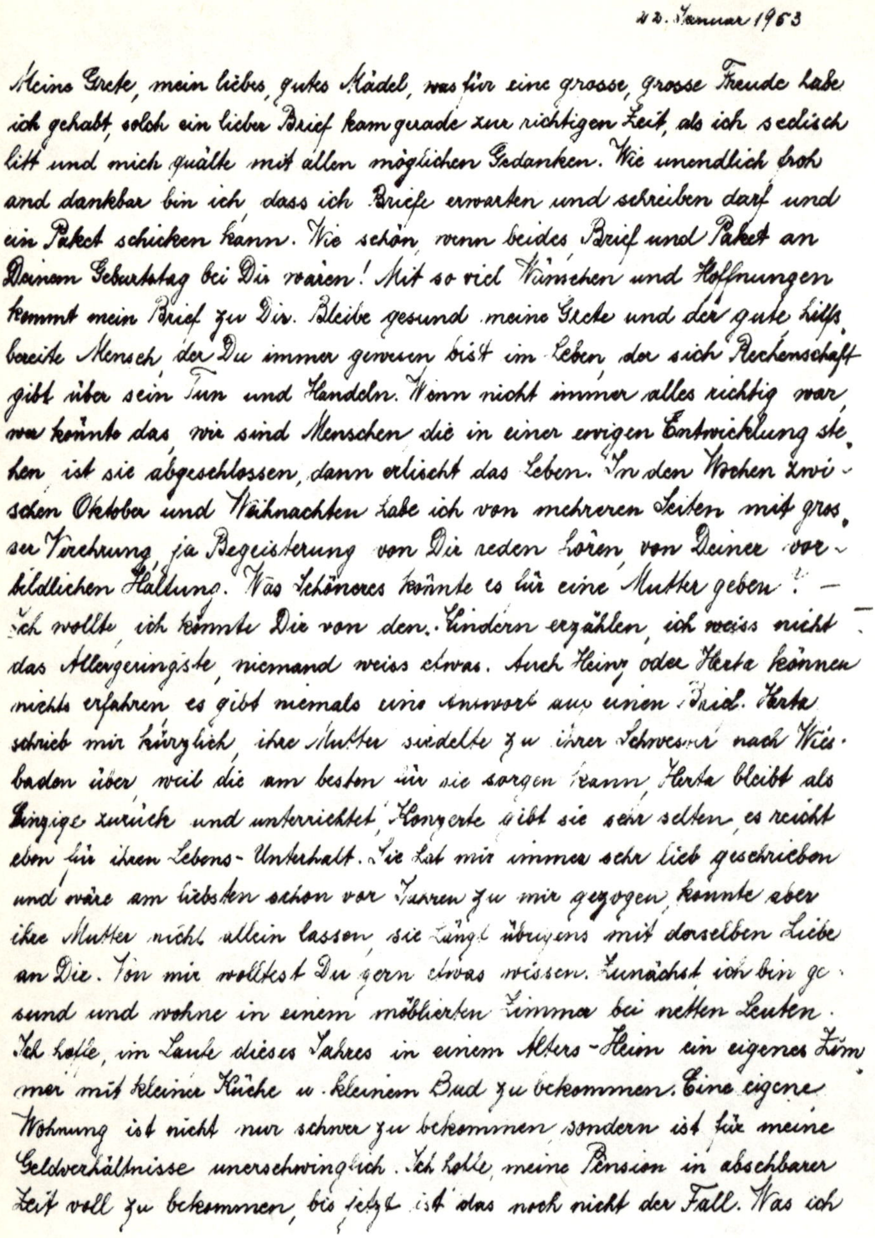

22. Januar 1953

Meine Grete, mein liebes, gutes Mädel, was für eine grosse, grosse Freude habe ich gehabt, solch ein lieber Brief kam gerade zur richtigen Zeit, als ich seelisch litt und mich quälte mit allen möglichen Gedanken. Wie unendlich froh und dankbar bin ich dass ich Briefe erwarten und schreiben darf und ein Paket schicken kann. Wie schön, wenn beides Brief und Paket an Deinem Geburtstag bei Dir wären! Mit so viel Wünschen und Hoffnungen kommt mein Brief zu Dir. Bleibe gesund meine Grete und der gute hilfsbereite Mensch, der Du immer gewesen bist im Leben, der sich Rechenschaft gibt über sein Tun und Handeln. Wenn nicht immer alles richtig war, wer könnte das, wir sind Menschen die in einer ewigen Entwicklung stehen ist sie abgeschlossen, dann erlischt das Leben. In den Wochen zwischen Oktober und Weihnachten habe ich von mehreren Seiten mit grosser Verehrung ja Begeisterung von Dir reden hören, von Deiner vorbildlichen Haltung. Was Schöneres könnte es für eine Mutter geben? – Ich wollte ich könnte Dir von den Kindern erzählen, ich weiss nicht das Allergeringste, niemand weiss etwas. Auch Heinz oder Herta können nichts erfahren es gibt niemals eine Antwort auf einen Brief. Herta schrieb mir kürzlich, ihre Mutter siedelte zu ihrer Schwester nach Wiesbaden über weil die am besten für sie sorgen kann, Herta bleibt als Einzige zurück und unterrichtet, Konzerte gibt sie sehr selten, es reicht eben für ihren Lebens-Unterhalt. Sie hat mir immer sehr lieb geschrieben und wäre am liebsten schon vor Jahren zu mir gezogen, konnte aber ihre Mutter nicht allein lassen, sie hängt übrigens mit derselben Liebe an Dir. Von mir wolltest Du gern etwas wissen. Zunächst, ich bin gesund und wohne in einem möblierten Zimmer bei netten Leuten. Ich hoffe, im Laufe dieses Jahres in einem Alters-Heim ein eigenes Zimmer mit kleiner Küche u. kleinem Bad zu bekommen. Eine eigene Wohnung ist nicht nur schwer zu bekommen sondern ist für meine Geldverhältnisse unerschwinglich. Ich hoffe, meine Pension in absehbarer Zeit voll zu bekommen, bis jetzt ist das noch nicht der Fall. Was ich

Ein Brief der Mutter an ihre Tochter im Zuchthaus Waldheim. Nach achtjähriger Haft, 1953, durfte Margret Bechler erstmals Kontakt mit der Außenwelt aufnehmen. Sie schrieb ihrer Mutter, und am 22. Januar kam der hier abgedruckte Antwortbrief. Bis dahin hatte man sie – anders als ihre Mitgefangenen – sorgsam isoliert. Keine Nachricht von ihr gelangte nach draußen. Sie hörte nichts von ihren Eltern, sie sollte nichts über den Verbleib ihrer beiden Kinder erfahren.

14. März 1955
Bremen
Schwachhauser-Heerstr. 264

Sehr geehrter Herr Probst,

durch Herta Bechler – die Schwägerin meiner Tochter Margret Bechler geb. Dreykorn z. Zt. in Hoheneck – weiß ich daß Sie sich noch der Stunde erinnern, als ich vor bald 5 Jahren vor Ihnen saß u. Sie in meiner Not u. Herzensqual um Hilfe bat. Ich bin Ihnen damals dankbar gewesen für diese Stunde.
Es sind bittere Jahre geworden, die seitdem vergangen sind, bitter, sehr schwer für meine Tochter u. auch für mich voller Sorgen.
Inzwischen bin ich nach langer Abwesenheit in meiner Vaterstadt wieder heimisch geworden u. komme noch einmal mit der Bitte zu Ihnen: Können Sie uns beiden nicht helfen, damit dieses schlimme Martyrium ein Ende hat?
Herr Probst, mein Kind ist doch kein Verbrecher. Ich weiß daß meine Tochter ihr schweres Schicksal mit vorbildlicher Tapferkeit getragen hat, sie trägt nicht umsonst den Beinamen: „der Engel von Waldheim", ist bewundert u. verehrt worden in all den Jahren, ich habe es oft gehört. Sie lebt nur u. unter ihrem Lebensspruch: „Sei getreu bis in den Tod" u. trägt eine große Menschenliebe u. Verstehen im Herzen. Glauben Sie nicht daß es sich lohnt, diesem Menschen zu helfen, um ihr die Freiheit wieder zu geben, damit sie zeigen kann, was die 10 Jahre der inneren Einkehr aus ihr gemacht haben zum Wohl für Andere?
Ich wende mich heute nur als Mutter an Sie, die um ihr letztes Kind bangt u. darum bittet. –

Ihre Alice Dreykorn.

Ein Brief der Mutter an Probst Grüber: »Ich wende mich heute als Mutter an Sie, die um ihr letztes Kind bangt«, schrieb Alice Dreykorn 1955 an Probst Grüber in der Hoffnung auf eine Intervention der Kirche für die Freilassung ihrer Tochter. Sie richtete auch ein Gnadengesuch an Wilhelm Pieck, den Präsidenten der DDR. Alle Gesuche waren erfolglos. Mußte Margret Bechler in Haft bleiben, weil sie die Frau Bernhard Bechlers war?

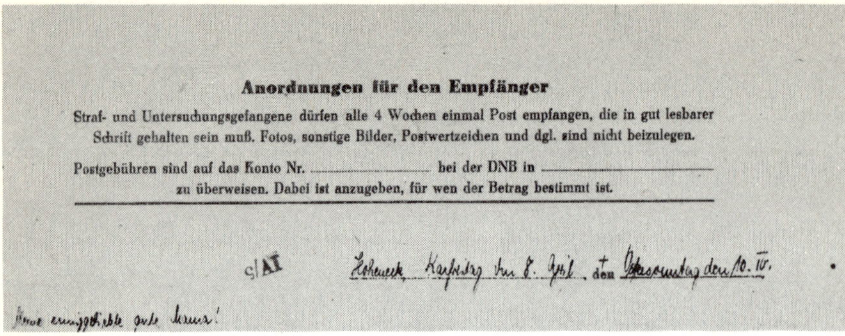

Anordnungen für den Empfänger

Straf- und Untersuchungsgefangene dürfen alle 4 Wochen einmal Post empfangen, die in gut lesbarer Schrift gehalten sein muß. Fotos, sonstige Bilder, Postwertzeichen und dgl. sind nicht beizulegen.

Postgebühren sind auf das Konto Nr. .... bei der DNB in .... zu überweisen. Dabei ist anzugeben, für wen der Betrag bestimmt ist.

S/AI

Hoheneck, Karfreitag den 8. April den Ostersonntag den 10. IV.

Meine einziggeliebte gute Mama!

Viele, ach viele Gedanken suchen meine Kinder.

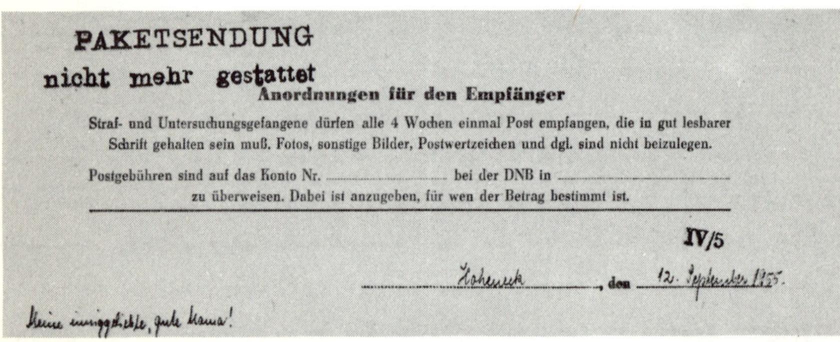

PAKETSENDUNG
nicht mehr gestattet

Anordnungen für den Empfänger

Straf- und Untersuchungsgefangene dürfen alle 4 Wochen einmal Post empfangen, die in gut lesbarer Schrift gehalten sein muß. Fotos, sonstige Bilder, Postwertzeichen und dgl. sind nicht beizulegen.

Postgebühren sind auf das Konto Nr. .... bei der DNB in .... zu überweisen. Dabei ist anzugeben, für wen der Betrag bestimmt ist.

IV/5

Hoheneck, den 12. September 1955.

Meine einziggeliebte, gute Mama!

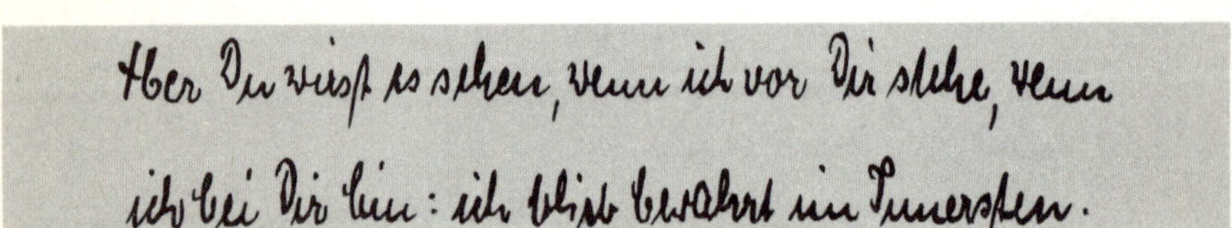

Aber Du wirst es sehen, wenn ich vor Dir stehe, wenn ich bei Dir bin: ich blieb bewahrt im Innersten.

Die letzte Station

Die letzte Station: Hoheneck. Der Gedanke an die Kinder, ihr Glaube, ihre Selbstbewahrung – das half Margret Bechler, trotz aller Entbehrungen und Schikanen, die elfjährige Haft durchzustehen. Hier Ausschnitte aus zwei Briefen an ihre Mutter. Am 28. April 1956 wurde sie entlassen.

In Freiheit

Nach ihrer Entlassung reiste Margret Bechler zu ihrer Mutter in die Bundesrepublik aus. Sie besuchte die Pädagogische Hochschule Flensburg und ist heute als Lehrerin in Wedel/Holstein tätig. Ein Kontakt mit den beiden Kindern wurde ihr bis heute verwehrt.

Dr. G. H. DREYKORN
Rechtsanwalt u. Notar

Sprechzeit: 15 - 17.30 Uhr, außer Mittwoch u. Sbd.
außerdem täglich 8 - 8.30 Uhr

Telefon: ~~83 61 07~~ 84 8166
Postscheckkonto Berlin-West 72989

Zehlendorf,
BERLIN ~~XXXXXXXXXX~~, den 12.12.1956
~~XXXXXXXXXXXXX~~ Ithweg 22
(nahe Rüdesheimer Platz u. Südwestkorso)

Magistrat von Groß-Berlin
Standesamt
Eing. 1 DEZ. 1956
Anlagen
Wert: -,60
-,60 DM Gebühren bezahlt
Kass.-Einnahme L.-Nr.
14/12.56

An das
Standesamt I

Berlin N 54
Rückertstraße 9

Betr.: Todeserklärung.

Ich bitte Sie um Auskunft, ob in dem dort geführten Todeserklärungsbuch Frau Margret B e c h l e r geb. Dreykorn geführt wird. Es könnte auch sein, daß Frau Bechler unter ihrem Mädchennamen Dreykorn für tot erklärt worden ist. Die angeblich für tot Erklärte ist am 2. Februar 1914 in Hamburg-Altona geboren.

Die Todeserklärung könnte in den Jahren 1946-1950 ausgesprochen worden sein. Wahrscheinlich um 1948/1949 herum.

Ich

1947/48

Abt. Todeserklärungen
kein Vorgang 17.12.56.

14.12.56

Fahrverbindungen: U-Bahn und Omnibus 17 bis Rüdesheimer Platz, ca. 3 Minuten
Omnibus 1 und 16 bis Südwestkorso/Geisenheimerstr., ca. 3 Minuten; S-Bahnhof Schmargendorf (Südring) 15 Minuten

Vorderseite △

Rückseite ▽

Ich bitte, für den Fall der Todeserklärung mit eine beglaubigte Abschrift anzufertigen. Briefmarken für das Rückporto sowie -,60 DM für Gebühren füge ich in der Anlage bei.

Hochachtungsvoll!

Dreykorn

Magistrat von Groß-Berlin
Abteilung Innere Angelegenheiten
Standesamt I
Berlin N 54, Rückerstraße 9
- Stand 7/C-

Berlin, den 18. Dez. 56

Urschriftlich

mit dem Bemerken zurückgesandt, daß beim Standesamt I von Groß-Berlin über Frau Margret Bechler geborene Dreykorn weder ein Eintrag im Sterbebuch, noch im Buch für Todeserklärungen ermittelt werden konnte.

Beauftragter für Personenstandswesen
In Vertretung:
Kolberg

»Kein Vorgang«. Mit diesem Vermerk schickte das Standesamt I in Berlin-Ost die oben abgedruckte Anfrage des Westberliner Rechtsanwalts Dreykorn zurück. War Margret Bechlers Todeserklärung nicht rechtskräftig geworden? Oder wurde das Dokument nachträglich entfernt, als sich herausstellte, daß sie noch lebte?

Dr. G. H. DREYKORN
Rechtsanwalt u. Notar
Sprechzeit: 15 - 17.30 Uhr, außer Mittwoch u. Sbd.
außerdem täglich 8 - 8.30 Uhr
Telefon: 83 81 07
Postscheckkonto Berlin-West 72989

Berlin-Zehlendorf, den 28.12.1956
Ithweg 22
~~BERLIN-WILMERSDORF, GEISENHEIMERSTR. 44 (nahe Rüdesheimer Platz u. Südwestkorso)~~

Liebe Grete!

Ich habe in Deiner Personenstandsangelegenheit wunschgemäß die erforderlichen Schritte unternommen.

1. Falls Du für tot erklärt worden wärest, hätte dies beim Standesamt I von Groß-Berlin registriert sein müssen. Es ist das zentrale Register für solche Erklärungen. Die Antwort ersiehst Du aus der Anlage im Original: Kein Eintrag.

2. Unser hiesiges Standesamt hat amtlich in Dresden nachgefragt

   a) ob eine Heiratsurkunde ausgestellt werden kann,
   b) ob dort ein Scheidungsvermerk bekannt ist,
   c) ob dort ein Vermerk vorhanden ist, wonach Dir die Führung des Namens untersagt ist.

Die Antwort lautet: Keinerlei Vermerke.

Deine Heiratsurkunde füge ich in der Anlage bei.

Demnach ist die Lage für Dich folgende:
Du hast Dich bei den zuständigen Stellen nach einer evtl. Todeserklärung, Scheidung usw. erkundigt. Dir selbst ist ja nichts zugestellt worden. Nachdem alle Auskünfte negativ sind, gehst Du mit diesem Brief und der Heiratsurkunde zur Polizei. Es ist kein Grund vorhanden, daß man Dir die Führung des Namens Bechler und die Tatsache Deiner Verheiratung im Ausweis verweigern könnte.

Du kannst bemerken, daß die von mir angestellten Ermittlungen teilweise durch das Standesamt

Berlin Kreuzberg, teilweise nach Beratung durch den Chefstandesbeamten durch mich selbst gemacht worden sind. Andere Ermittlungen würde auch ein Standesamt nicht vorgenommen haben.

Laß Dir deshalb unter Vorlage meines heutigen Briefes und der Heiratsurkunde Deinen Personalausweis berichtigen.

Ich danke Dir für Deine freundlichen Grüße und wünsche Dir und Deiner Mutter ein gutes neues Jahr.

Mit besten Grüßen von uns an dich und Tante Lia

Dein

Vetter Heinz

Fahrverbindungen: U-Bahn und Omnibus 17 bis Rüdesheimer Platz, ca. 3 Minuten
Omnibus 1 und 16 bis Südwestkorso/Geisenheimerstr., ca. 3 Minuten; S-Bahnhof Schmargendorf (Südring) 15 Minuten

Heiratsurkunde

F2

(Standesamt I Dresden --- Nr. 789/1938 --)

Der Wehrmachtsangehörige Max Bernhard B e c h l e r ---, ---

geboren am 9. Februar 1911 --- in Langenfeld, Vogtland ---

(Standesamt Langenfeld --- Nr. 24 --)

wohnhaft in Chemnitz ---;

und die Margret Helene Dreykorn, ohne Beruf ---, ---

geboren am 2. Februar 1914 -- in Altona ---

(Standesamt Altona --- Nr. 249 ---)

wohnhaft in Dresden ---;

haben am 7. Mai 1938 --- vor dem Standesamt I Dresden --- die Ehe geschlossen.

Vermerke: Keine.

Standesamt X Dresden --, den 19. Dezember -- 1956/wi

(Siegel) Der Standesbeamte

In Vertretung:

Zum amtlichen Gebrauch gebührenfrei

Best.-Nr. B 152 Heiratsurkunde (ohne Elternangabe)
Vordruck-Leitverlag, Erfurt

Ag 140 1575/100 9 55 15138 V/4/9 DVE 2569

Die beim Standesamt Dresden 1956 angeforderte Heiratsurkunde. Sie weist ebenfalls keinerlei Vermerke auf. Den auch in der DDR üblichen Verfahrensweisen entsprechend hätte darin sowohl die Todeserklärung wie die spätere Scheidung, die Margret Bechler während ihrer Haft allerdings nur mündlich mitgeteilt worden war, vermerkt sein müssen. Nur Bechler weiß, was geschah.

Unsere NVA – eine moderne Armee

Faktoren ihrer politischen und militärischen Qualität

Von Generalmajor Bernhard Bechler

Die Armee unserer Republik hat sich in den wenigen Jahren ihres Bestehens zu einer schlagkräftigen Streitmacht entwickelt. Beim kürzlich beendeten Manöver „Oktobersturm" wurden die Leistungen unserer Sol
Offiziere von den Ver
mehrfach gelobt.

Dieses Herbstmanöv
macht, daß die Nationa
zialistischen Militärkoal
wird deshalb nach den
Zusammenwirkens mit
gegliedert, bewaffnet,
Sie hat und wird auch i
die Technik, die Bewaf
halten, welche sie benö
der Koalition übertrag

Bei allen Truppen
wurde ferner nachgew
armee so ausgerüstet u
daß sie gemeinsam m
kräften erfolgreich in ei
von Kernwaffen geführ

Genosse Bernhard Bechler

Das ZK hat Generalmajor Bernhard Bechler zum 60. Geburtstag die herzlichsten Glückwünsche übermittelt und ihm Dank und Anerkennung für sein unermüdliches Wirken und seine hohe persönliche Einsatzbereitschaft als langjähriger verantwortlicher Funktionär in den bewaffneten Organen der DDR ausgesprochen. „Insbesondere in der Nationalen Volksarmee hast Du Dir große Verdienste bei ihrem Aufbau, bei der Meisterung der sowjetischen Militärwissenschaft und bei der Ausbildung und Erziehung ihrer Offizierskader erworben", heißt es in dem Glückwunschschreiben.

Der Vorsitzende des Ministerrates der DDR, Willi Stoph, übermittelte Generalmajor Bernhard Bechler ebenfalls herzliche Grüße und Glückwünsche.

Waffen werden

Der sozialistischen Militärdoktrin zufolge würden in einem künftigen Kriege auch herkömmliche Waffenarten eingesetzt werden (z. B. Panzer und Rohr-Artillerie). Sie hätten in den Gefechten verschiedene Aufgaben sowohl selbständig als auch im Zusammenwirken mit neuen Waffenarten zu erfüllen. Millionenstarke Streitkräfte wären an den Kampfhandlungen beteiligt, und der Gegner könnte nur durch gemeinsame Anstrengungen aller Teilstreitkräfte und Waffengattungen endgültig besiegt werden.

Darum verfügen moderne Armeen heute auch über Waffen, die schon aus dem zweiten Weltkrieg bekannt sind. Doch ebensowenig wie auf anderen Gebieten gibt es im Militärwesen einen Stillstand.

Der Prozeß, den wir Revolution im Militär-

Artillerie wurde hinsichtlich der Kaliber, der Schußentfernung und der ballistischen Eigenschaften erhöht. Die Truppenluftabwehr entwickelte sich zu einer neuen Waffengattung, die ebenso wie
teidigung des Landes mit
wehrraketen ausgerüstet

e Verbände unserer Land-
ande, gegen einen Aggres-
e gleichzeitig mit Schlägen
wendig zu manövrieren,
sfeld vorzugehen und eine
Kampfaufgaben zu lösen.
sind den Landstreitkräf-
ezug auf Feuerkraft, Stoß-
igkeit nicht unterlegen. Sie
em einheitlich ausgerüstet.
iftverteidigung und unsere
ihre Aufgaben nach einem
ereinten Oberkommandos
t, daß sie die wichtigsten
iums schützen und gegne-
uft auf lebenswichtige Ob-
rhindern können.
unsere Seestreitkräfte, die
ische Schläge von Raketen-
gträger-Stoßgruppierungen
abzuwehren und die eigenen Seeverbindungswege zu schützen. Und was Raketen-Kernwaffen anlangt, so schützt das nukleare Potential der Sowjetarmee alle Länder des Warschauer Vertrages.

Im Frieden gefechtsbereit

Die Frage, ob eine Armee modern ist oder nicht, kann jedoch keinesfalls nur mit dem Hinweis auf ihre Bewaffnung, Ausrüstung und Technik beantwortet werden. Es gibt noch andere äußerst wichtige Merkmale. Entscheidend dabei ist, in welchen Händen eine Armee liegt, welche Gesellschaftsordnung sie hervorgebracht hat und für welche Ziele sie eingesetzt werden soll. Unsere Soldaten Unteroffiziere und Offiziere kommen aus

Den Beitrag »Unsere NVA« veröffentlichte Bechler am 20.11.1965 im *Neuen Deutschland.* Bechler war zuerst Inspekteur, danach Generalmajor der Kasernierten Volkspolizei geworden, bis er in die später gegründete Nationale Volksarmee (NVA) übertrat. Der Glückwunsch zu seinem sechzigsten Geburtstag ist dem *Neuen Deutschland* entnommen.

bei uns

Von Aristoteles erzählt man sich folgende Geschichte: Eines Tages kam einer seiner Schüler zu ihm und sagte: „Meister, ich habe ein Weib gefunden. Was soll ich tun?" Aristoteles antwortete: „Junger Freund, heirate nur. Bekommst du ein gutes Weib, wirst du gut, bekommst du ein schlechtes Weib, wirst du Philosoph."

Bernhard Bechler wurde Philosoph, jedoch nicht, weil er mit einem Weib schlecht verheiratet war, sondern mit seiner Gesellschaft. Das aber merkte er erst, als die Katastrophe bereits geschehen war. Dabei hatte er zuerst die besten Absichten gehabt. Lehrer wollte er werden. Das aber gestattete ihm die Weltwirtschaftskrise nicht. Einen Ausweg schien allein die Reichswehr zu bieten. Doch dieser Weg gefiel dem gefühlsbetonten jungen Mann nicht. Nicht ganz abgeneigt diesem Weg gegenüber zeigte sich der Vater, der Leiter eines kleineren Betriebes war und deutschnational wählte.

Die Wochen gingen ins Land. Es zeigte

Genosse General. Seit 1956 hatte Bernhard Bechler maßgeblichen Anteil am Aufbau der Nationalen Volksarmee, vor allem bei der Schulung der Offizierskader. Sein Privatleben blieb all die Jahre streng abgeschirmt. 1975, als Bechler bereits Generalmajor a. D. war, erschien über ihn ein seine politischen und militärischen Verdienste in der DDR würdigender Bericht in der Beilage »bei

BEILAGE DER „MÄRKISCHEN VOLKSSTIMME"

SONNABEND, DEN 26. APRIL 1975

17

BERNHARD BECHLER

Orden des Großen Vaterländischen Krieges (Verliehen vom Präsidium des Obersten Sowjets)

Vaterländischer Verdienstorden in Gold

Vaterländischer Verdienstorden in Silber

Banner der Arbeit und andere hohe Auszeichnungen

Da erschien des öfteren der Oberstleutnant Partionow im Lager. Trotz des unsagbaren Leides, das sie seinem Volke zugefügt hatten, stand er, was seine Aufgeschlossenheit und sein Menschsein betraf, dem Genossen Koslow nicht nach. Bernhard Bechler nahm sich ein Herz und wandte sich mit seiner Frage an ihn.

Und was machte der Genosse Oberstleutnant? Er erzählte ihm nichts über die Rote Armee. Er unterhielt sich mit ihm über die Geschichte seines Volkes. Er erzählte ihm, wie es 1917 Schluß gemacht hat mit dem imperialistischen Krieg, wie es sich frei gemacht hat von der Tyrannei des Zaren, der Fürsten, der Großgrundbesitzer und Fabrikherren, wie es an die Stelle der zerschlagenen volksfeindlichen Macht die Macht des Volkes setzte und die Fabriken, den Boden mit seinen reichen Schätzen und die Banken übernahm und wie es lernte, alles zum eigenen Besten zu gestalten und zu wahren und zu verteidigen.

Bernhard Bechler begann zu ahnen, wo er die Quelle für die gewaltige Schlagkraft

uns« der *Märkischen Volksstimme.* Auf die Frage des Journalisten: »Gut verheiratet, Bernhard?«, antwortete der Genosse General: »Jawohl, gut verheiratet!« Seine Frau, Erna Bechler, berichtet er, sei »den Kindern eine herzensgute Mutter« gewesen. Er verschweigt, daß es sich um seine *zweite* Frau handelt, die die beiden Kinder aufzog, während Margret Bechler seit dreiunddreißig Jahren verwehrt wird, ihre Kinder, die inzwischen längst erwachsen sind, zu sehen und zu sprechen . . .

Für Bildteil und Dokumentation stellten uns freundlicherweise Material zur Verfügung: Margret Bechler, Jochen von Lang, Heinrich Graf Einsiedel, Institut für Zeitgeschichte München, Gesamtdeutsches Institut Berlin, ADN, Süddeutscher Bilderdienst, Archiv Kindler Verlag Zürich.
Das Bild auf Seite 21 der Dokumentation im Anhang ist eine Fotomontage.

7-1-20-8-8